AA ROAD ATLAS FRANCE

GW00697387

3rd edition January 2001

©Automobile Association Developments Limited 2001

Maps © Institut Géographique National (France)

The Automobile Association retains the copyright in the original edition ©1999 and in all subsequent editions, reprints and amendments to editions

Published by AA Publishing (a trading name of The Automobile Association Developments Limited, whose registered office is Norfolk House, Priestley Road, Basingstoke, Hampshire, RG24 9NY. Registered number 1878835).

ISBN 0 7495 2574 6

A CIP catalogue record for this book is available from the British Library.

Printed by G. Canale & C. S.P.A., Torino, Italy

The contents of this atlas are believed to be correct at the time of printing. However, the publishers cannot be held responsible for loss occasioned to any person acting or refraining from action as a result of any material in this atlas, nor for any errors, omissions or changes in such material.

contents

Map pages	inside front cover
Route planner	II
Legend	III
France road maps	**2 - 201**
Corsica road maps	**202 - 207**
Town plan legend	208
Paris environs	209
Central Paris	210 - 211
Town plans	212 - 225
Department map	226
Place name index	227 - 286
Distance chart	inside back cover

town plans

Aix-en-Provence	212	Cherbourg	216	Nancy	222
Ajaccio	212	Clermont-Ferrand	217	Nantes	222
Albi	212	Colmar	217	Nice	222
Amiens	212	Corte	217	Niort	222
Angers	212	Dieppe	217	Orléans	222
Angoulême	212	Dole	217	Paris	210
Annecy	213	Dunkerque	217	Pau	223
Auch	213	Épinal	218	Perpignan	223
Avignon	213	Grenoble	218	Poitiers	223
Bar-le-Duc	213	La Rochelle	218	Porto Vecchio	223
Bastia	213	Le Havre	218	Reims	223
Bayeux	213	Le Mans	218	Rennes	223
Bayonne-Anglet-Biarritz	214	Lille	219	Rouen	224
Belfort	214	Limoges	218	St-Brieuc	224
Besançon	214	Lorient	219	St Étienne	224
Bordeaux	215	Luxembourg	219	St-Malo	224
Brest	214	Lyon-Villeurbanne	220	Strasbourg	224
Bruxelles/Brussel	215	Marseille	220	Tarbes	225
Caen	216	Metz	221	Toulon	225
Calais	216	Monaco	221	Toulouse	225
Cannes	216	Montauban	221	Tours	225
Chambéry	216	Mont-de-Marsan	221	Vannes	225
Charleville-Mézières	216	Montpellier	221		

Grands axes de France   Route planner
Reiseplanungskarte   Kaartindeling Frankrijk

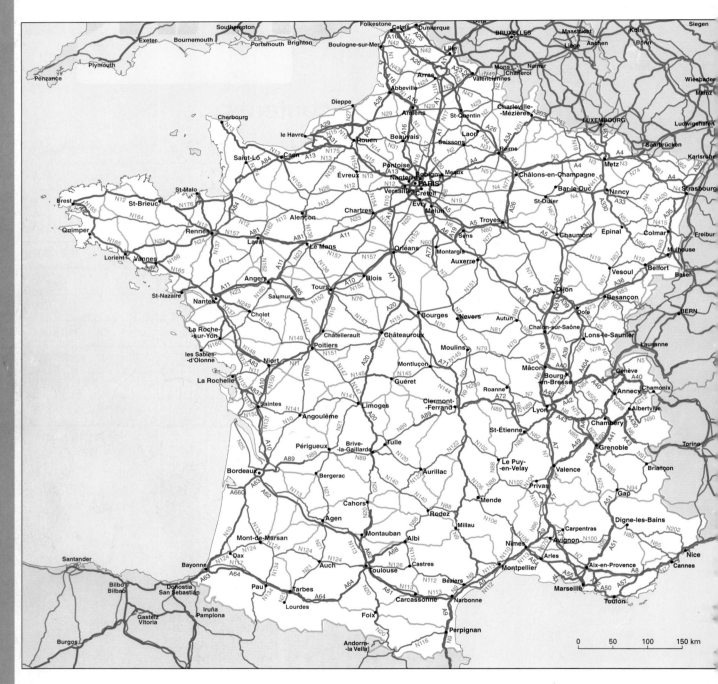

Légende

Legende: Strassenkarten

Legend

Legenda

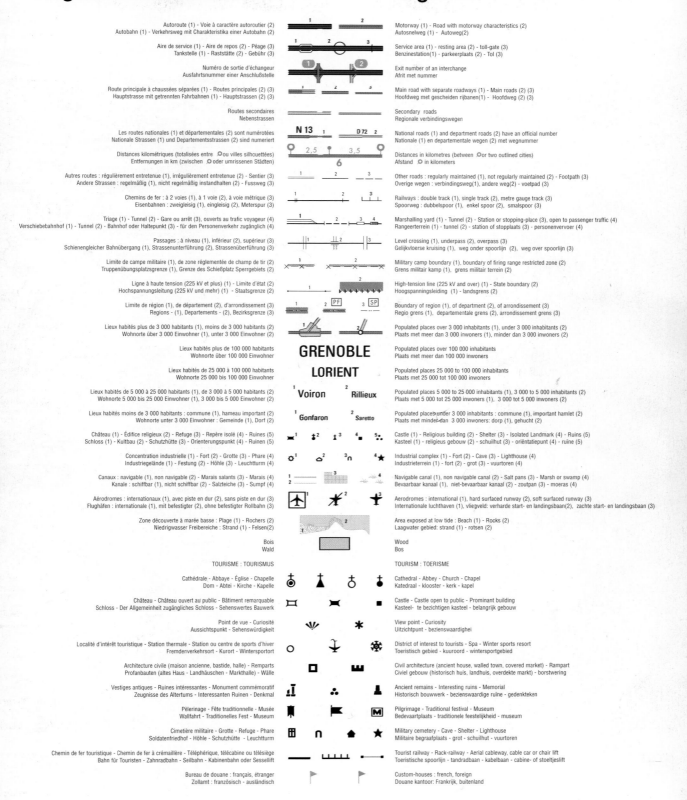

Français / Deutsch		English / Nederlands
Autoroute (1) - Voie à caractère autoroutier (2)		Motorway (1) - Road with motorway characteristics (2)
Autobahn (1) - Verkehrsweg mit Charakteristika einer Autobahn (2)		Autosnelweg (1) - Autoweg(2)
Aire de service (1) - Aire de repos (2) - Péage (3)		Service area (1) - resting area (2) - toll-gate (3)
Tankstelle (1) - Raststätte (2) - Gebühr (3)		Benzinestation(1) - parkeerplaats (2) - Tol (3)
Numéro de sortie d'échangeur		Exit number of an interchange
Ausfahrtsnummer einer Anschlußstelle		Afrit met nummer
Route principale à chaussées séparées (1) - Routes principales (2) (3)		Main road with separate roadways (1) - Main roads (2) (3)
Hauptstrasse mit getrennten Fahrbahnen (1) - Hauptstrassen (2) (3)		Hoofdweg met gescheiden rijbanen(1) - Hoofdweg (2) (3)
Routes secondaires		Secondary roads
Nebenstrassen		Regionale verbindingswegen
Les routes nationales (1) et départementales (2) sont numérotées	N 13 1 D 72 2	National roads (1) and department roads (2) have an official number
Nationale Strassen (1) und Departementsstrassen (2) sind numeriert		Nationale (1) en departementale wegen (2) met wegnummer
Distances kilométriques (totalisées entre ○ou villes silhouettées)	2,5 3,5 6	Distances in kilometres (between ○or two outlined cities)
Entfernungen in km (zwischen ○ oder umrissenen Städten)		Afstand ○ in kilometers
Autres routes : régulièrement entretenue (1), irrégulièrement entretenue (2) - Sentier (3)		Other roads : regularly maintained (1), not regularly maintained (2) - Footpath (3)
Andere Strassen : regelmäßig (1), nicht regelmäßig instandhalten (2) - Fussweg (3)		Overige wegen : verbindingsweg(1), andere weg(2) - voetpad (3)
Chemins de fer : à 2 voies (1), à 1 voie (2), à voie métrique (3)		Railways : double track (1), single track (2), metre gauge track (3)
Eisenbahnen : zweigleisig (1), eingleisig (2), Meterspur (3)		Spoorweg : dubbelspoor (1), enkel spoor (2), smalspoor (3)
Triage (1) - Tunnel (2) - Gare ou arrêt (3), ouverts au trafic voyageur (4)		Marshalling yard (1) - Tunnel (2) - Station or stopping-place (3), open to passenger traffic (4)
Verschiebebahnhof (1) - Tunnel (2) - Bahnhof oder Haltepunkt (3) - für den Personenverkehr zugänglich (4)		Rangeerterrein (1) - tunnel (2) - station of stopplaats (3) - personenvervoer (4)
Passages : à niveau (1), inférieur (2), supérieur (3)		Level crossing (1), underpass (2), overpass (3)
Schienengleicher Bahnübergang (1), Strassenunterführung (2), Strassenüberführung (3)		Gelijkvloerse kruising (1), weg onder spoorlijn (2), weg over spoorlijn (3)
Limite de camp militaire (1), de zone réglementée de champ de tir (2)		Military camp boundary (1), boundary of firing range restricted zone (2)
Truppenübungsplatzgrenze (1), Grenze des Schießplatz Sperrgebiets (2)		Grens militair kamp (1), grens militair terrein (2)
Ligne à haute tension (225 kV et plus) (1) - Limite d'état (2)		High-tension line (225 kV and over) (1) - State boundary (2)
Hochspannungsleitung (225 kV und mehr) (1) - Staatsgrenze (2)		Hoogspanningsleiding (1) - landsgrens (2)
Limite de région (1), de département (2), d'arrondissement (3)	PF SP	Boundary of region (1), of department (2), of arrondissement (3)
Regions - (1), Departements - (2), Bezirksgrenze (3)		Regio grens (1), departementale grens (2), arrondissement grens (3)
Lieux habités plus de 3 000 habitants (1), moins de 3 000 habitants (2)		Populated places over 3 000 inhabitants (1), under 3 000 inhabitants (2)
Wohnorte über 3 000 Einwohner (1), unter 3 000 Einwohner (2)		Plaats met meer dan 3 000 inwoners (1), minder dan 3 000 inwoners (2)
Lieux habités plus de 100 000 habitants	**GRENOBLE**	Populated places over 100 000 inhabitants
Wohnorte über 100 000 Einwohner		Plaats met meer dan 100 000 inwoners
Lieux habités de 25 000 à 100 000 habitants	**LORIENT**	Populated places 25 000 to 100 000 inhabitants
Wohnorte 25 000 bis 100 000 Einwohner		Plaats met 25 000 tot 100 000 inwoners
Lieux habités de 5 000 à 25 000 habitants (1), de 3 000 à 5 000 habitants (2)	**Voiron** ¹ **Rillieux** ²	Populated places 5 000 to 25 000 inhabitants (1), 3 000 to 5 000 inhabitants (2)
Wohnorte 5 000 bis 25 000 Einwohner (1), 3 000 bis 5 000 Einwohner (2)		Plaats met 5 000 tot 25 000 inwoners (1), 3 000 tot 5 000 inwoners (2)
Lieux habités moins de 3 000 habitants : commune (1), hameau important (2)	**Gonfaron** ¹ **Saretto** ²	Populated places under 3 000 inhabitants : commune (1), important hamlet (2)
Wohnorte unter 3 000 Einwohner : Gemeinde (1), Dorf (2)		Plaats met minder dan 3 000 inwoners: dorp (1), gehucht (2)
Château (1) - Édifice religieux (2) - Refuge (3) - Repère isolé (4) - Ruines (5)		Castle (1) - Religious building (2) - Shelter (3) - Isolated Landmark (4) - Ruins (5)
Schloss (1) - Kultbau (2) - Schutzhütte (3) - Orientierungspunkt (4) - Ruinen (5)		Kasteel (1) - religieus gebouw (2) - schuilhut (3) - oriëntatiepunt (4) - ruïne (5)
Concentration industrielle (1) - Fort (2) - Grotte (3) - Phare (4)		Industrial complex (1) - Fort (2) - Cave (3) - Lighthouse (4)
Industriegelände (1) - Festung (2) - Höhle (3) - Leuchtturm (4)		Industrieterrein (1) - fort (2) - grot (3) - vuurtoren (4)
Canaux : navigable (1), non navigable (2) - Marais salants (3) - Marais (4)		Navigable canal (1), non navigable canal (2) - Salt pans (3) - Marsh or swamp (4)
Kanäle : schiffbar (1), nicht schiffbar (2) - Salzteiche (3) - Sumpf (4)		Bevaarbaar kanaal (1), niet-bevaarbaar kanaal (2) - zoutpan (3) - moeras (4)
Aérodromes : internationaux (1), avec piste en dur (2), sans piste en dur (3)		Aerodromes : international (1), hard surfaced runway (2), soft surfaced runway (3)
Flughäfen : internationale (1), mit befestigter (2), ohne befestigter Rollbahn (3)		Internationale luchthaven (1), vliegveld: verharde start- en landingsbaan(2), zachte start- en landingsbaan(3)
Zone découverte à marée basse : Plage (1) - Rochers (2)		Area exposed at low tide : Beach (1) - Rocks (2)
Niedrigwasser Freibereiche : Strand (1) - Felsen(2)		Laagwater gebied: strand (1) - rotsen (2)
Bois		Wood
Wald		Bos

TOURISME : TOURISMUS

TOURISM : TOERISME

Cathédrale - Abbaye - Église - Chapelle		Cathedral - Abbey - Church - Chapel
Dom - Abtei - Kirche - Kapelle		Katedraal - klooster - kerk - kapel
Château - Château ouvert au public - Bâtiment remarquable		Castle - Castle open to public - Prominant building
Schloss - Der Allgemeinheit zugängliches Schloss - Sehenswertes Bauwerk		Kasteel- te bezichtigen kasteel - belangrijk gebouw
Point de vue - Curiosité		View point - Curiosity
Aussichtspunkt - Sehenswürdigkeit		Uitzichtpunt - bezienswaardighei
Localité d'intérêt touristique - Station thermale - Station ou centre de sports d'hiver		District of interest to tourists - Spa - Winter sports resort
Fremdenverkehrsort - Kurort - Wintersportort		Toeristisch gebied - kuuroord - wintersportgebied
Architecture civile (maison ancienne, bastide, halle) - Remparts		Civil architecture (ancient house, walled town, covered market) - Rampart
Profanbauten (altes Haus - Landhäuschen - Markthalle) - Wälle		Civiel gebouw (historisch huis, landhuis, overdekte markt) - borstwering
Vestiges antiques - Ruines intéressantes - Monument commémoratif		Ancient remains - Interesting ruins - Memorial
Zeugnisse des Altertums - Interessanten Ruinen - Denkmal		Historisch bouwwerk - bezienswaardige ruïne - gedenkteken
Pèlerinage - Fête traditionnelle - Musée		Pilgrimage - Traditional festival - Museum
Wallfahrt - Traditionelles Fest - Museum		Bedevaartplaats - traditionele feestelijkheid - museum
Cimetière militaire - Grotte - Refuge - Phare		Military cemetery - Cave - Shelter - Lighthouse
Soldatenfriedhof - Höhle - Schutzhütte - Leuchtturm		Militaire begraafplaats - grot - schuilhut - vuurtoren
Chemin de fer touristique - Chemin de fer à crémaillère - Téléphérique, télécabine ou télésiège		Tourist railway - Rack-railway - Aerial cableway, cable car or chair lift
Bahn für Touristen - Zahnradbahn - Seilbahn - Kabinenbahn oder Sessellift		Toeristische spoorlijn - tandradbaan - kabelbaan - cabine- of stoeltjeslift
Bureau de douane : français, étranger		Custom-houses : french, foreign
Zollamt : französisch - ausländisch		Douane kantoor: Frankrijk, buitenland

Les noms de localités imprimés en caractères gras n'ont qu'une valeur touristique indépendante de tout chiffre de population.
Names shown in bold are places of tourist interest and not an indication of population size.
Die fett gedruckten Ortsnamen weisen auf einen touristischen Ort hin, unabhängig von der Einwohnerzahl
De vet gedrukte plaatsnamen zijn toeristisch interessante plaatsen, ouafhankelijk van het inwonersaantal

1:250 000

5 km   3   1   0   5   10   15 km

III

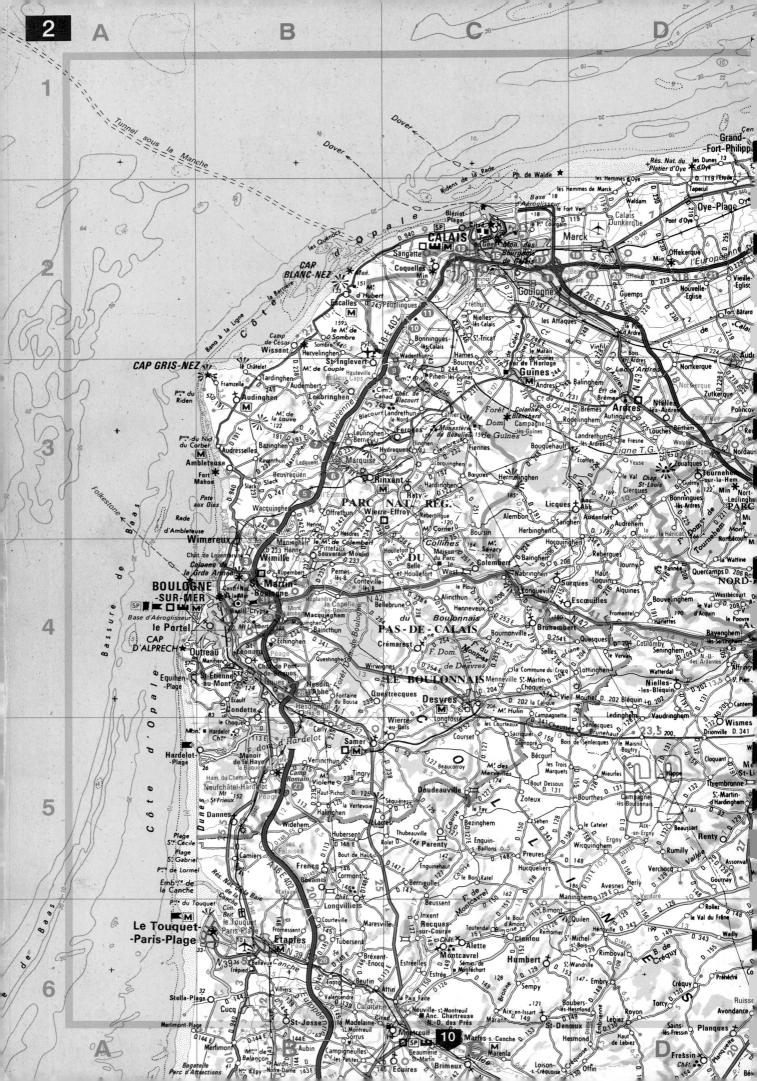

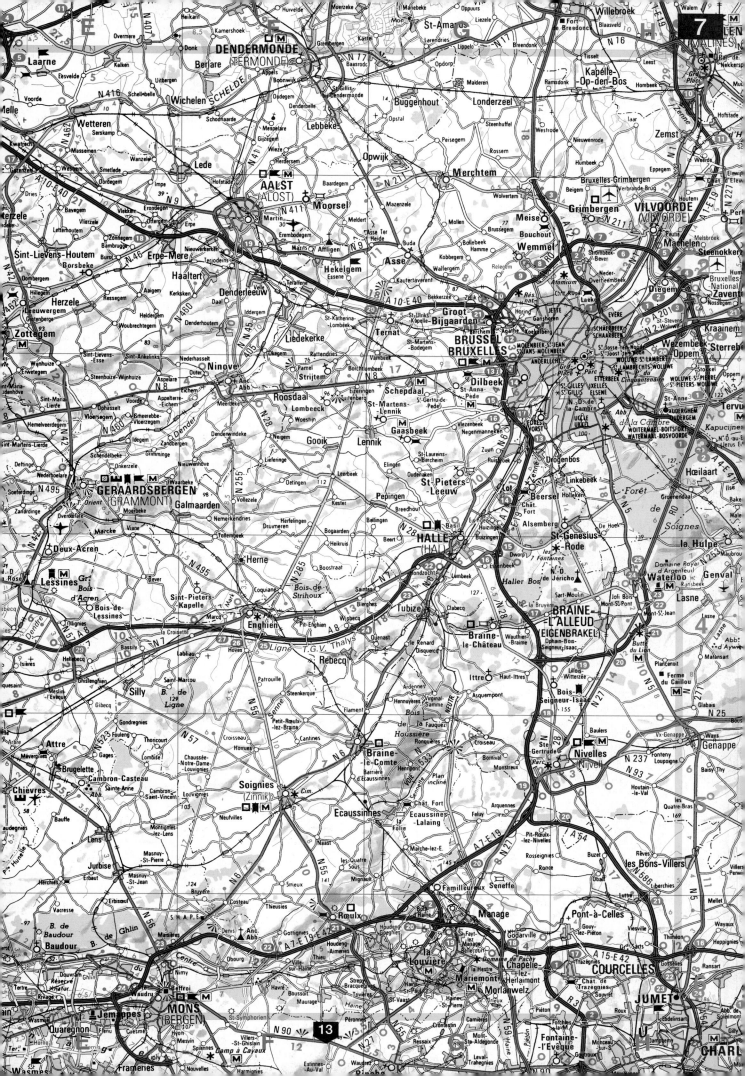

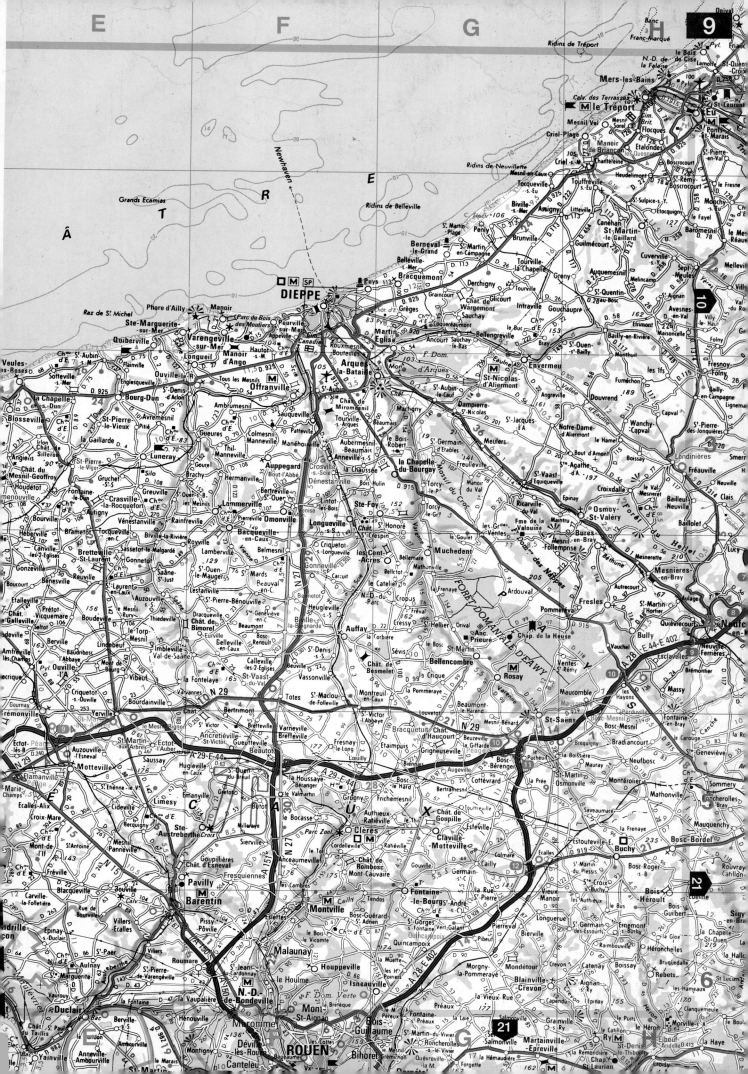

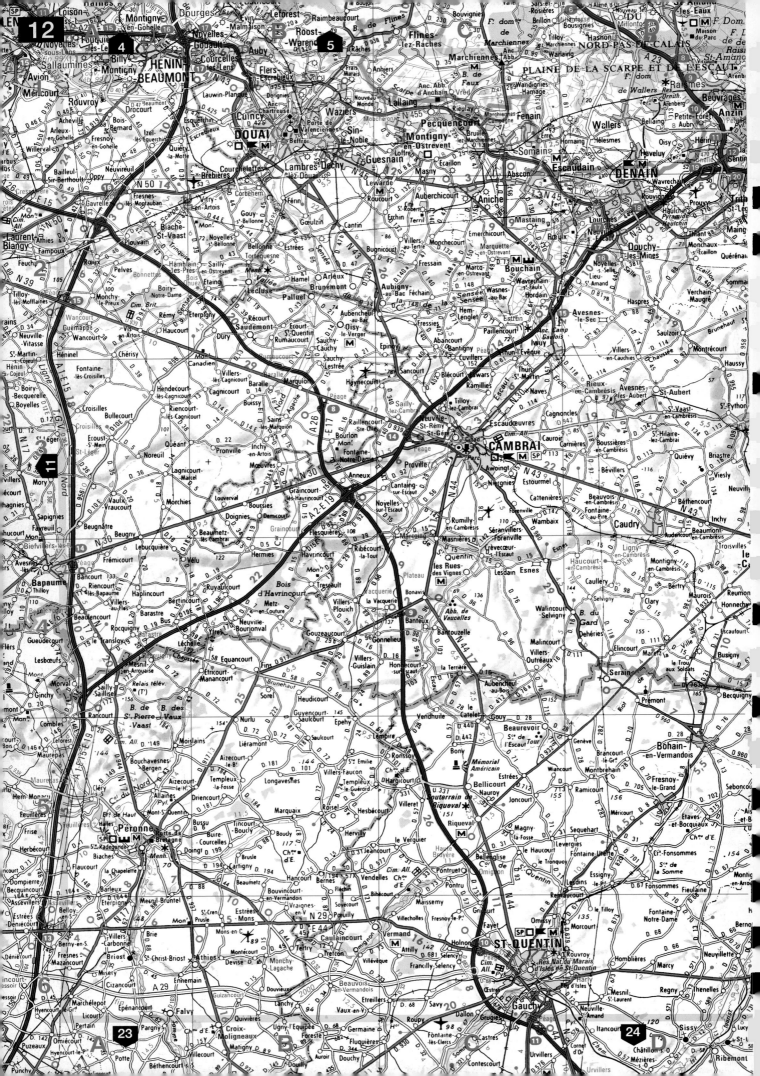

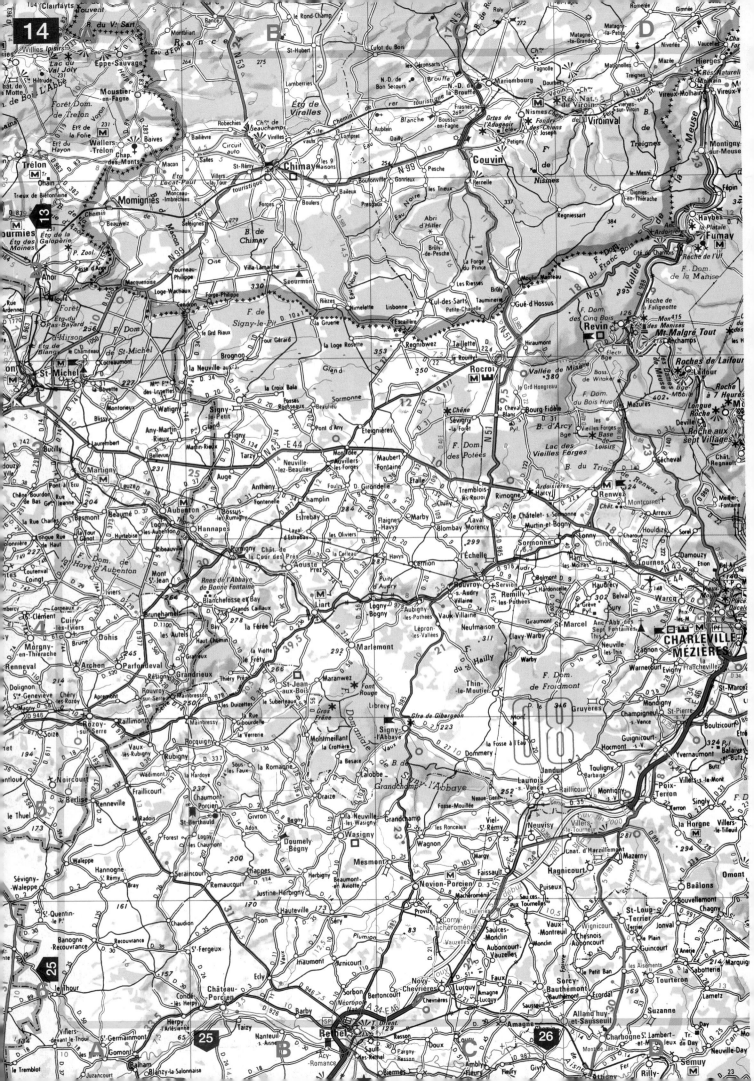

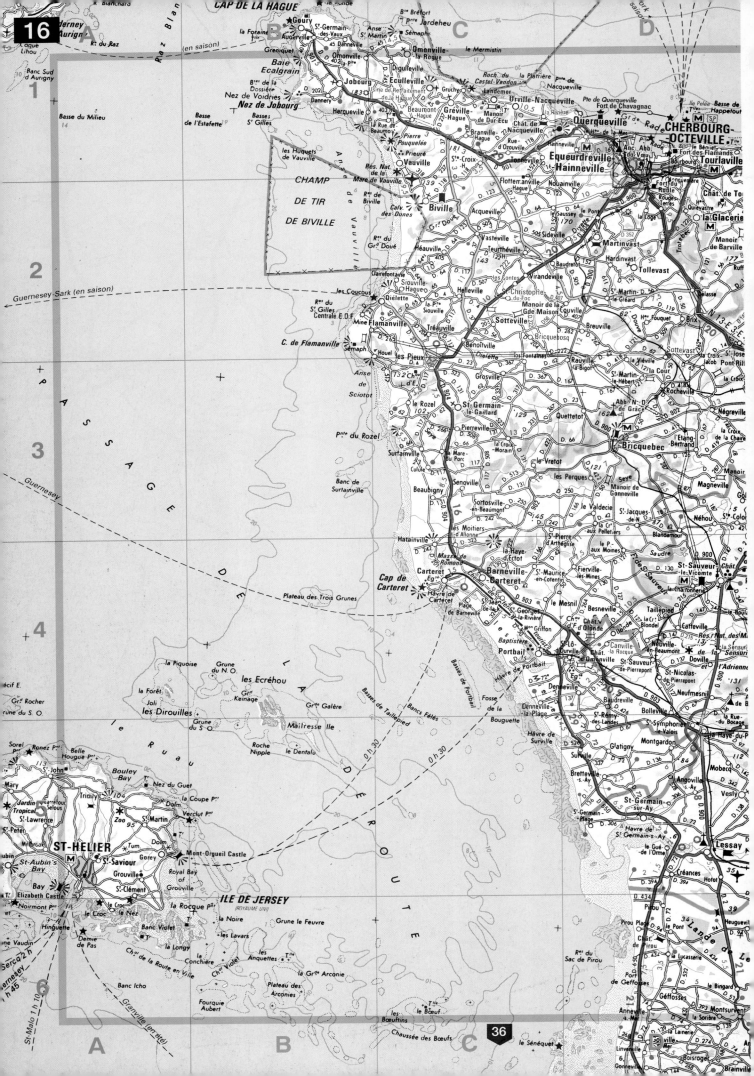

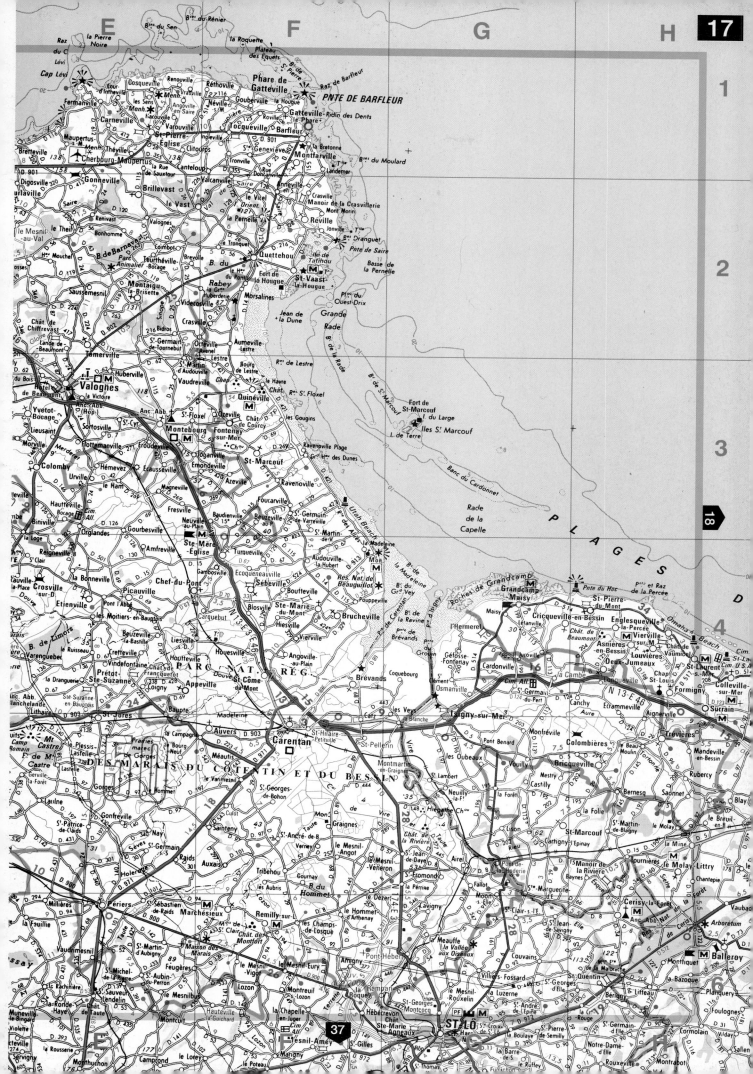

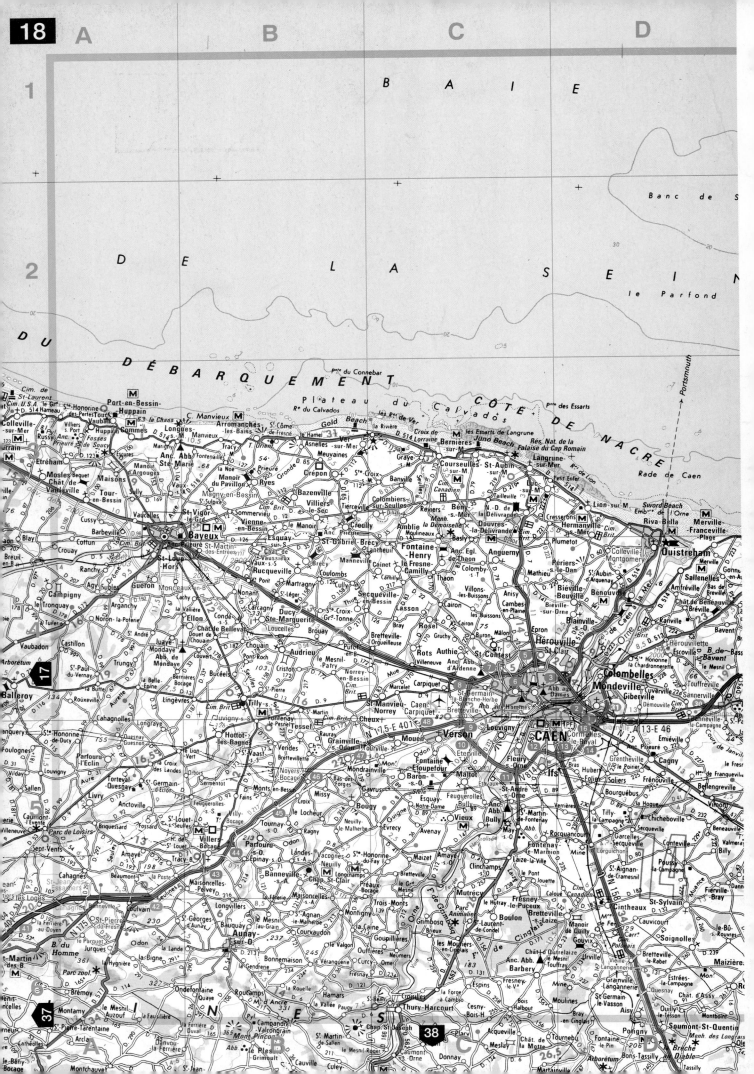

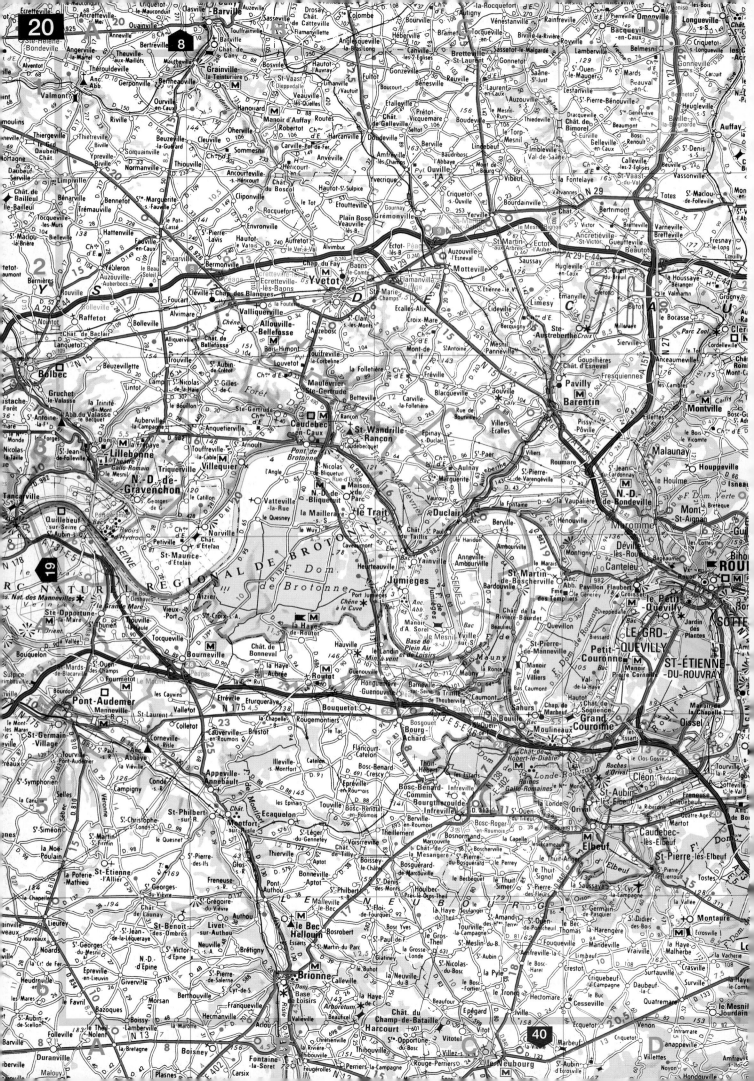

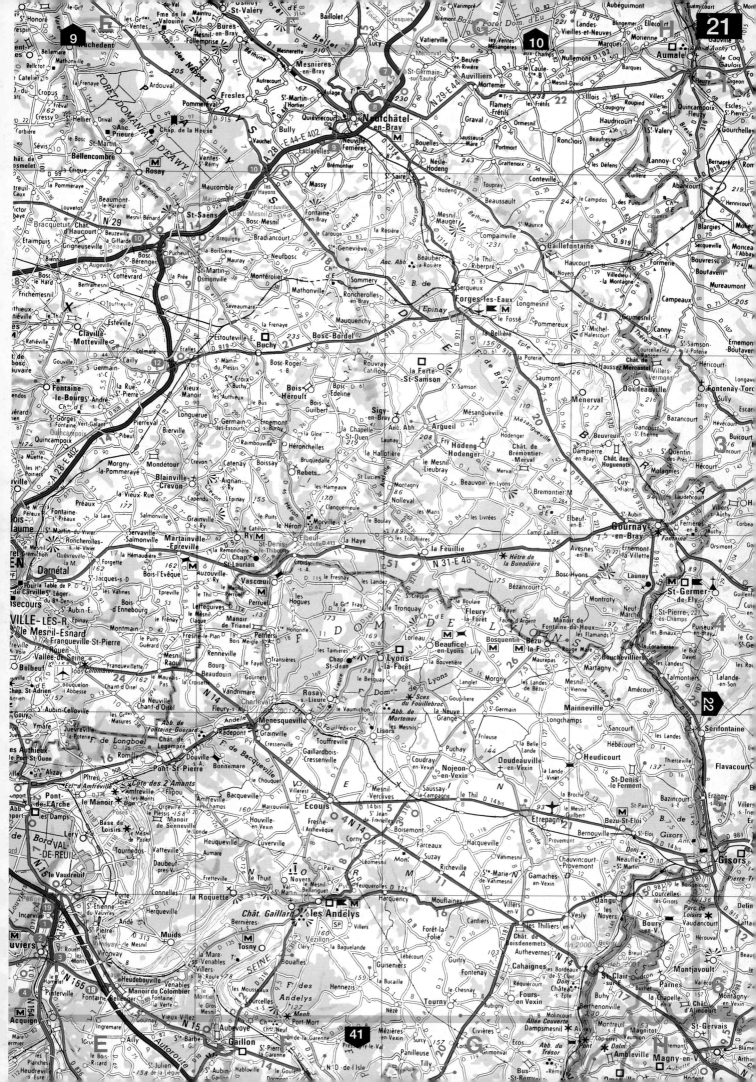

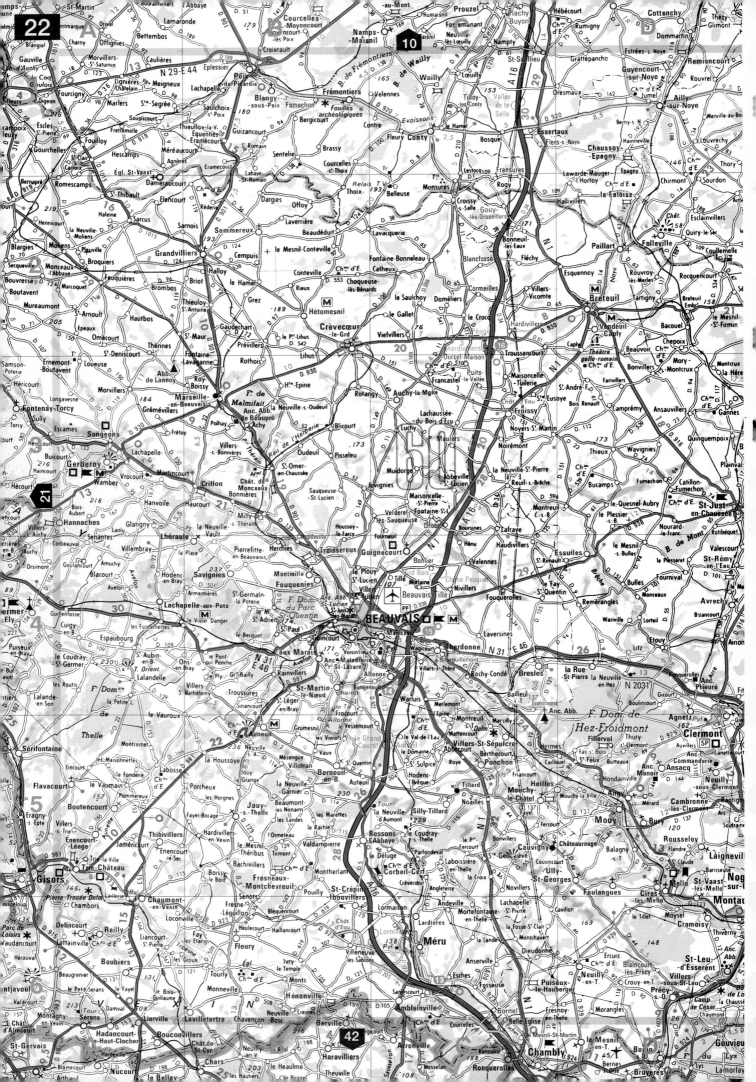

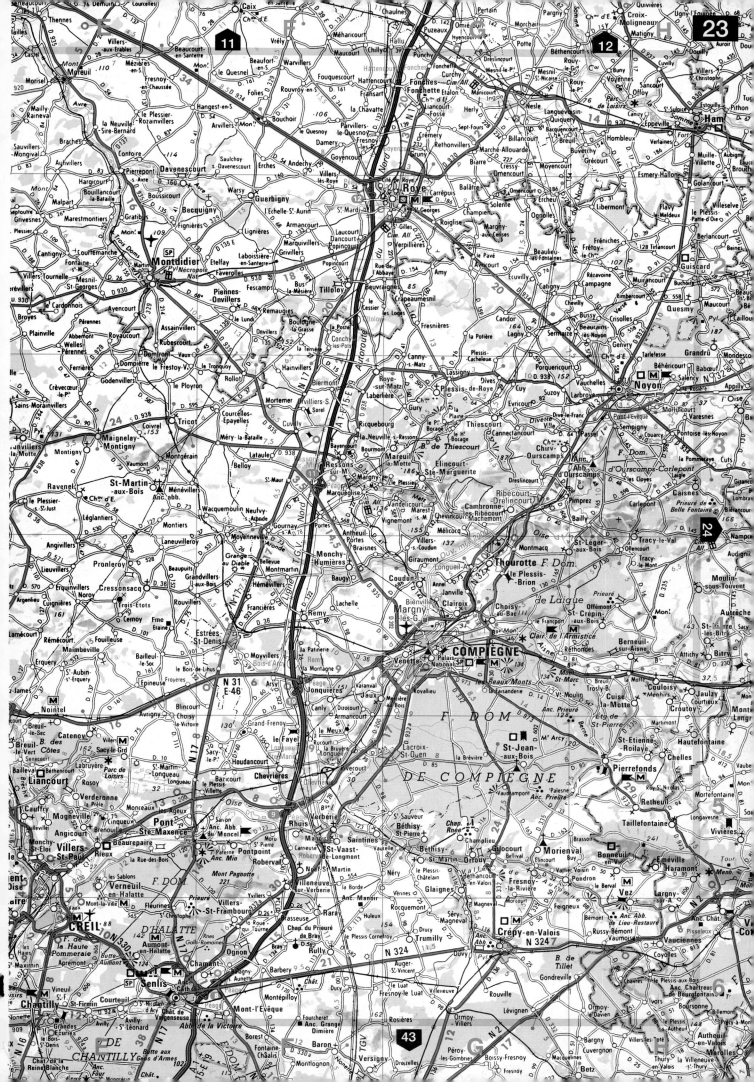

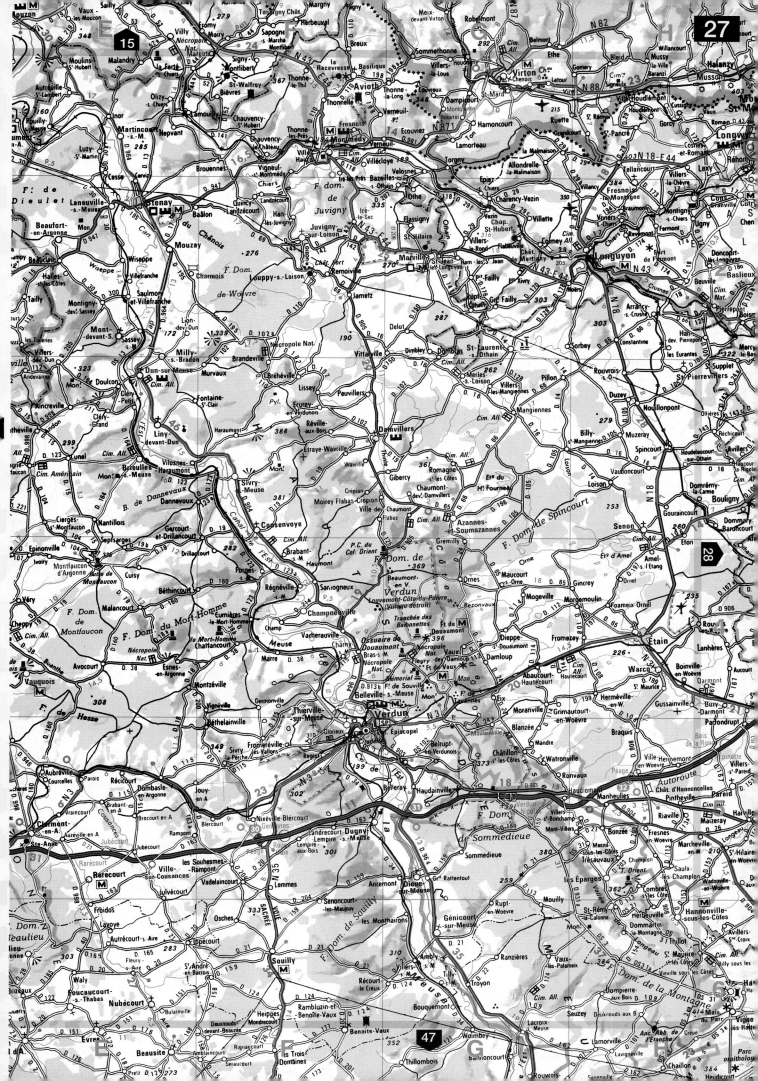

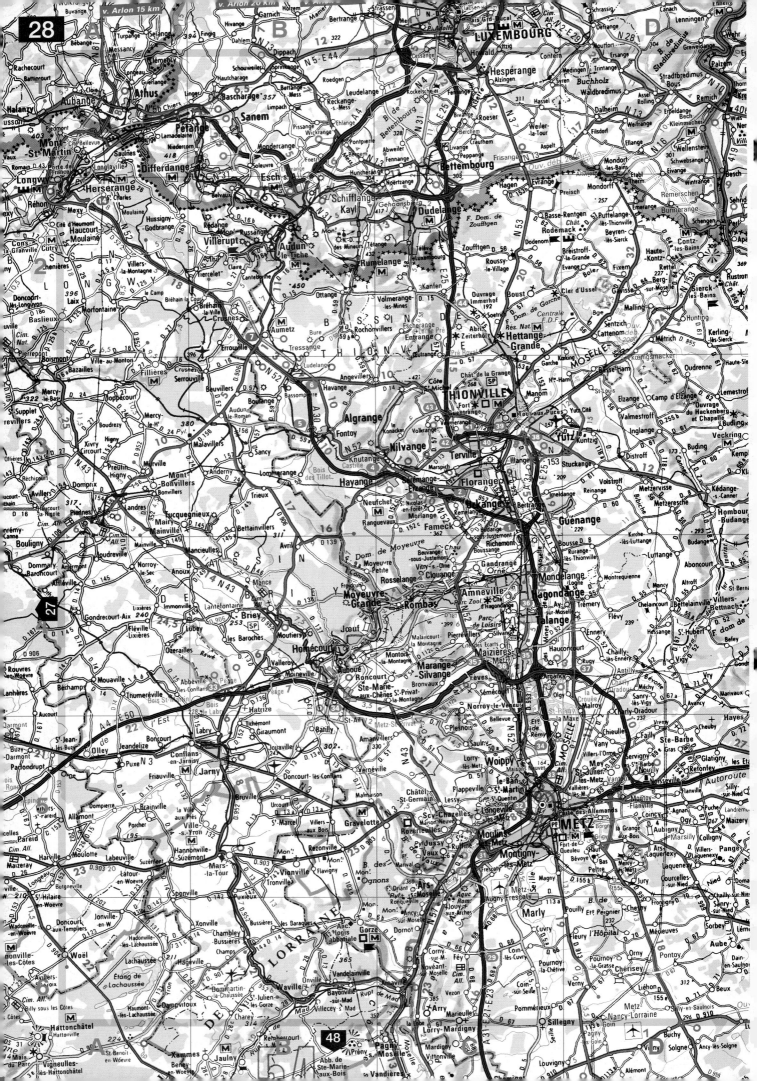

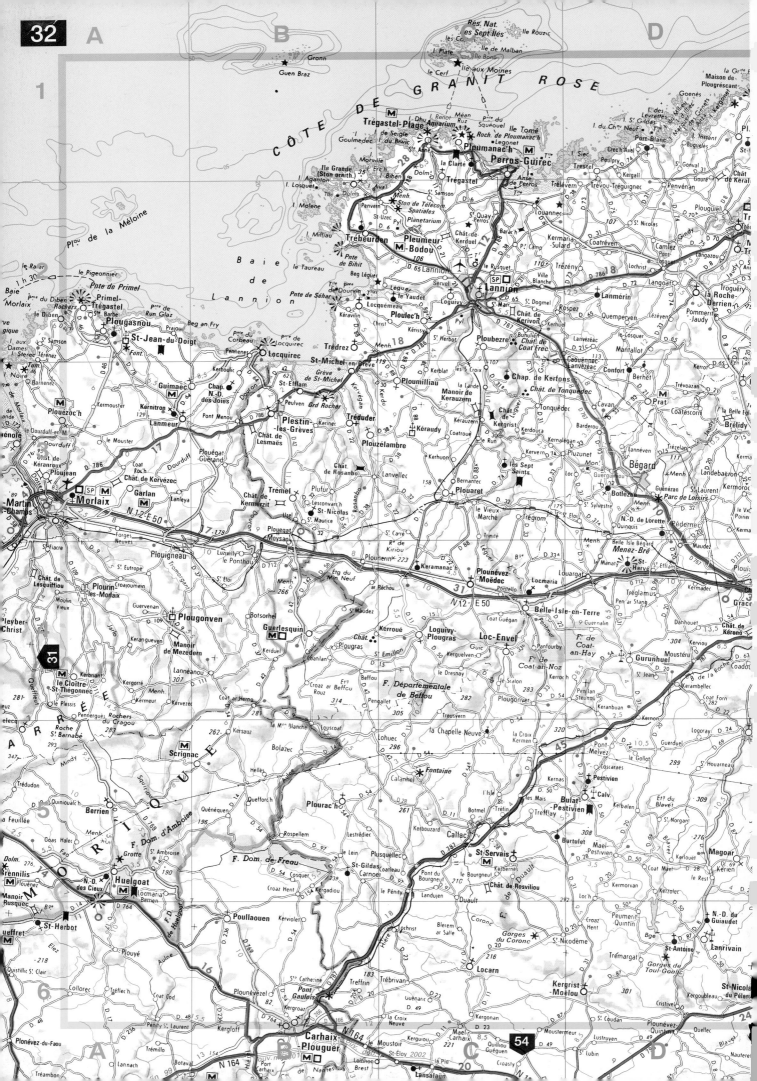

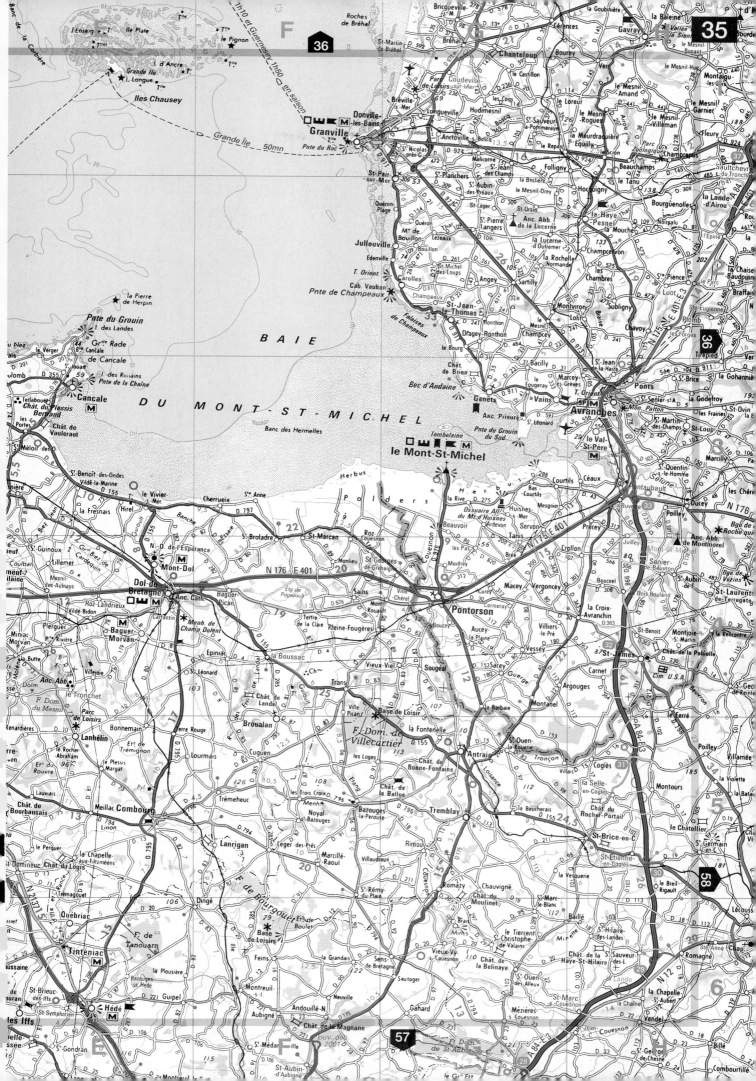

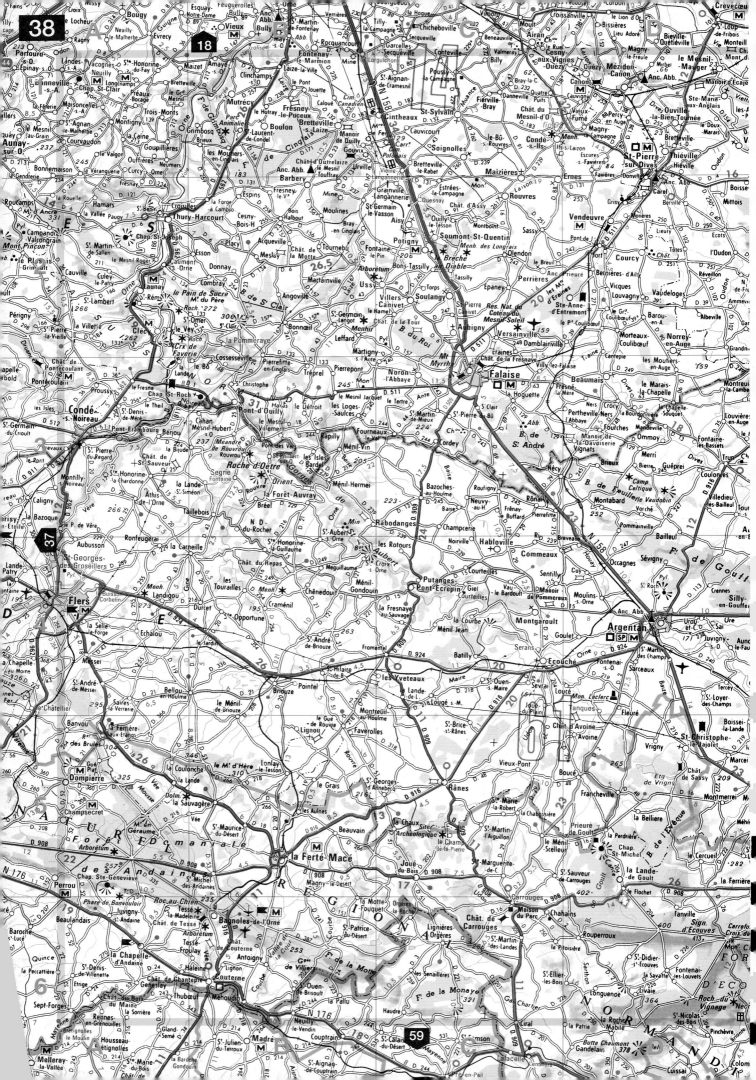

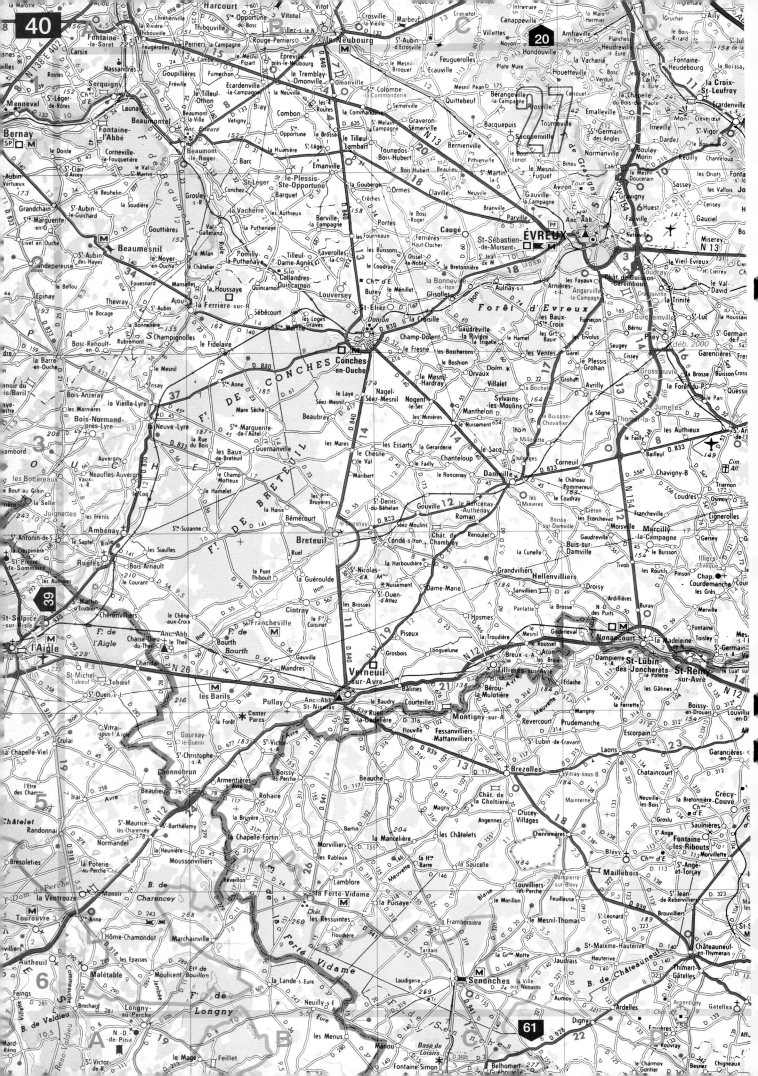

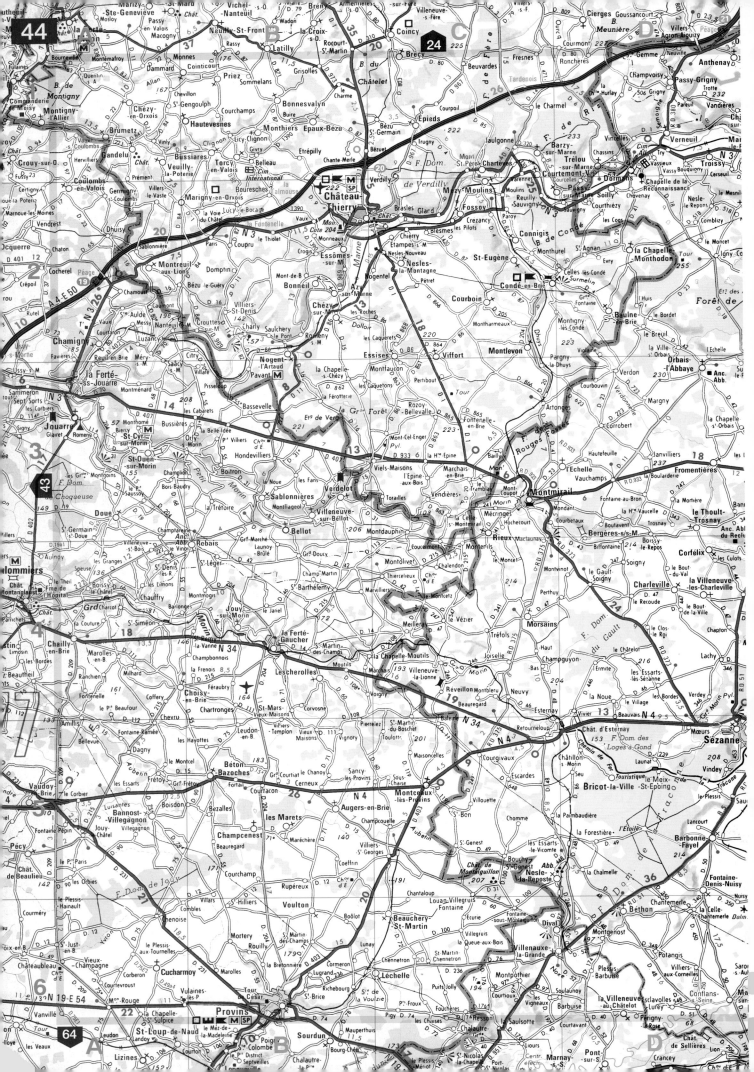

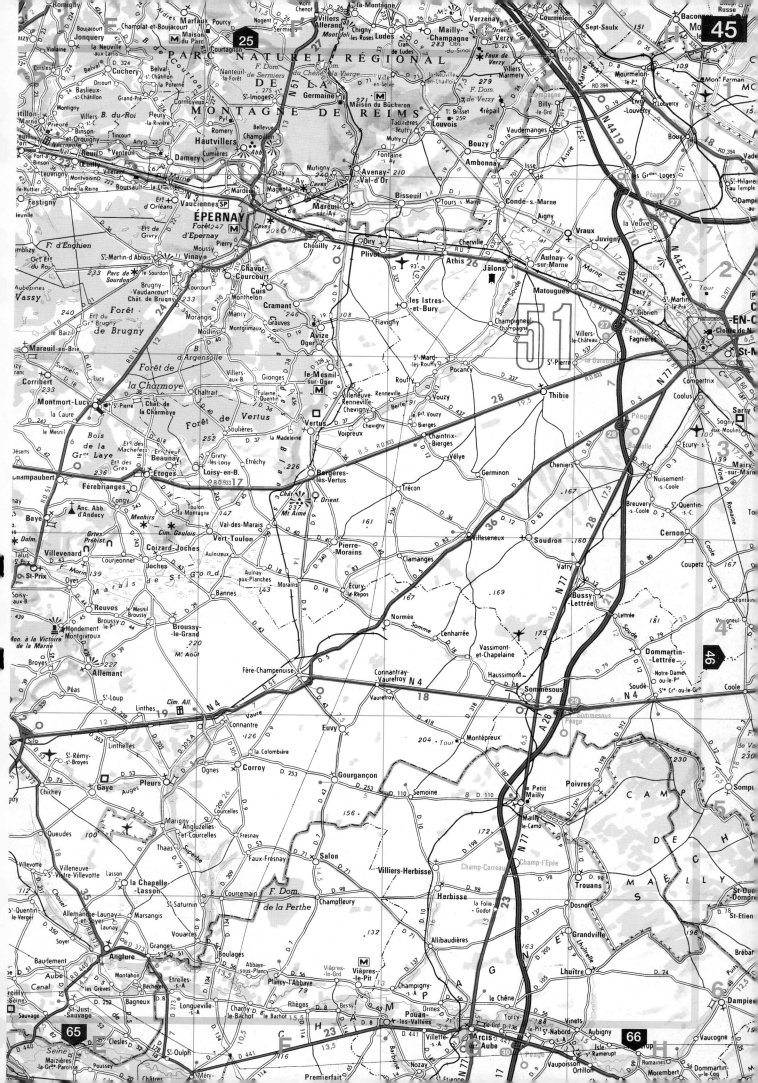

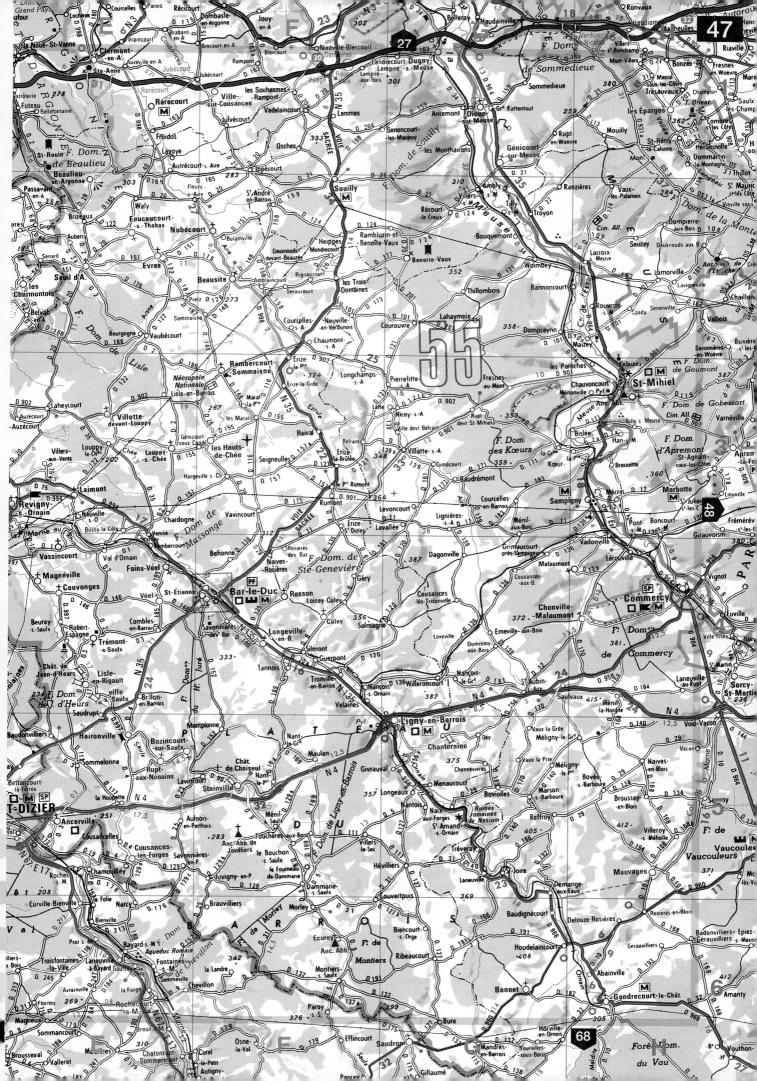

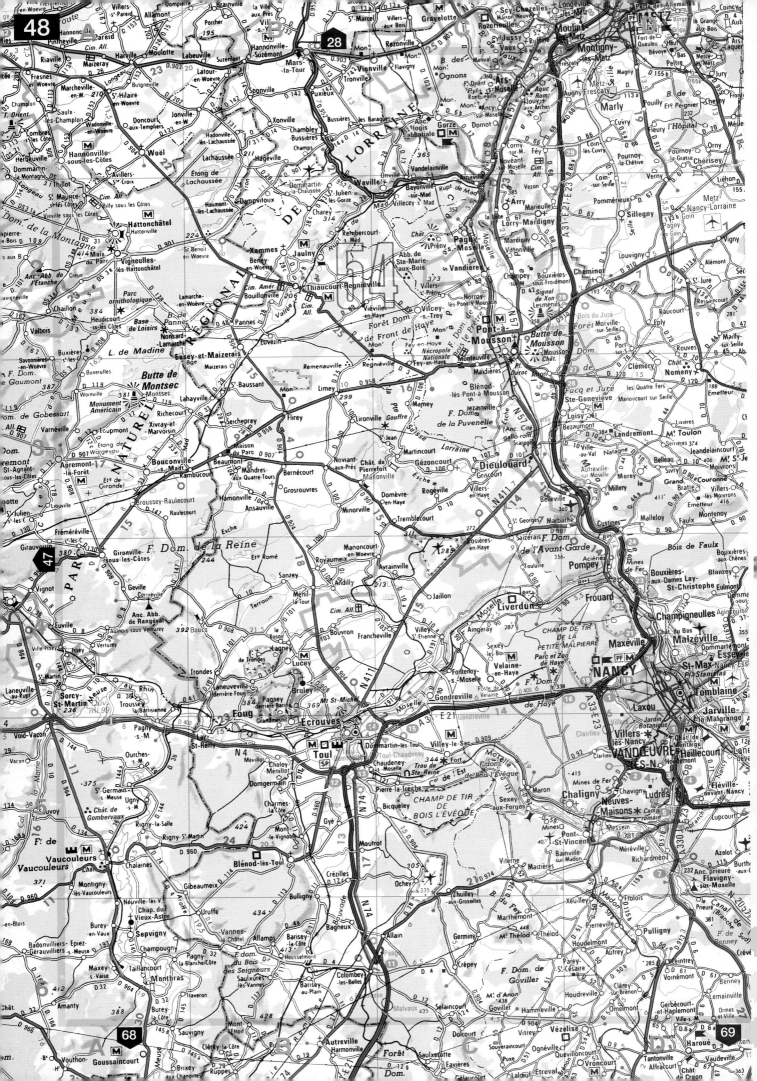

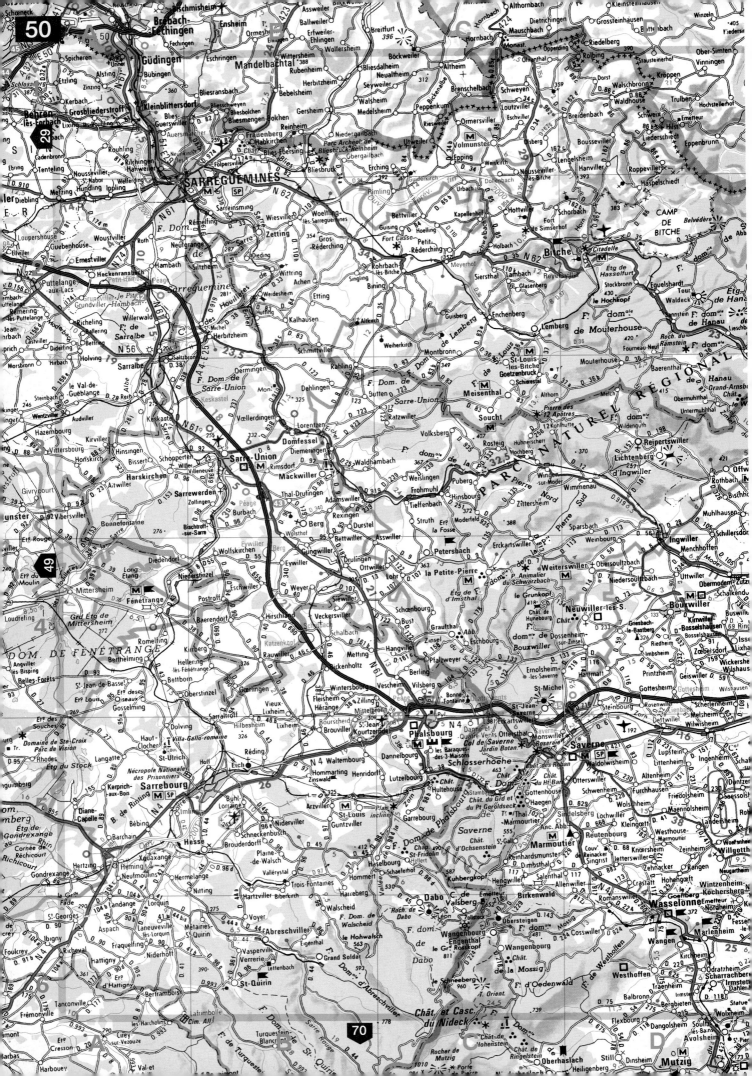

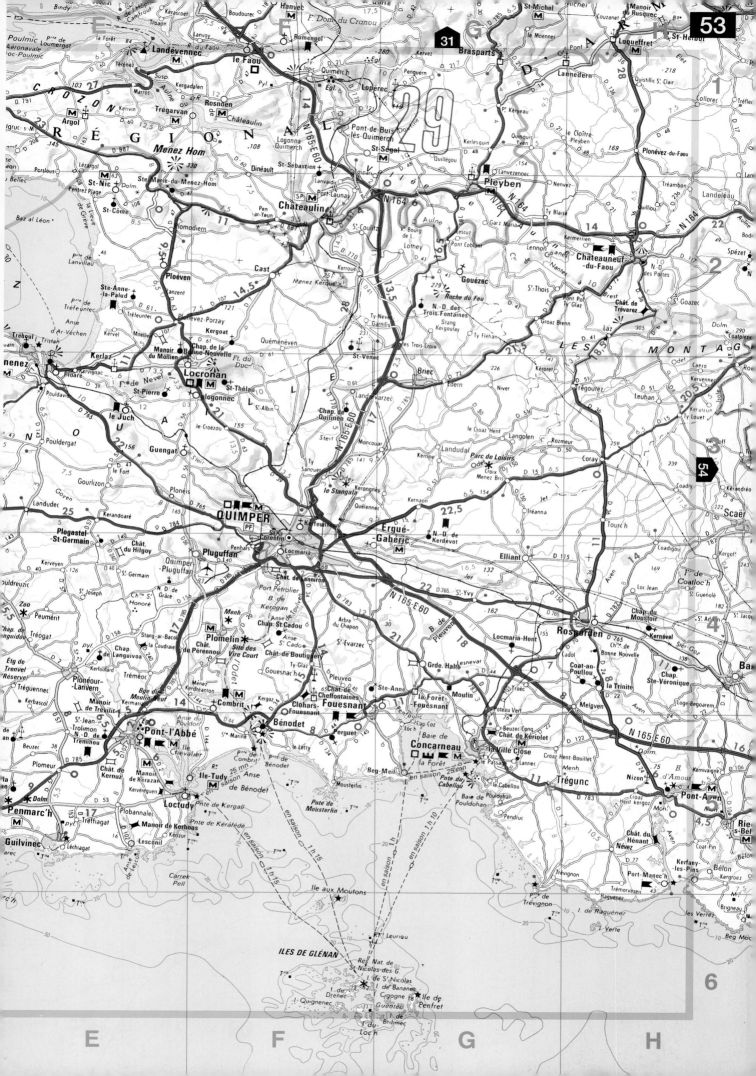

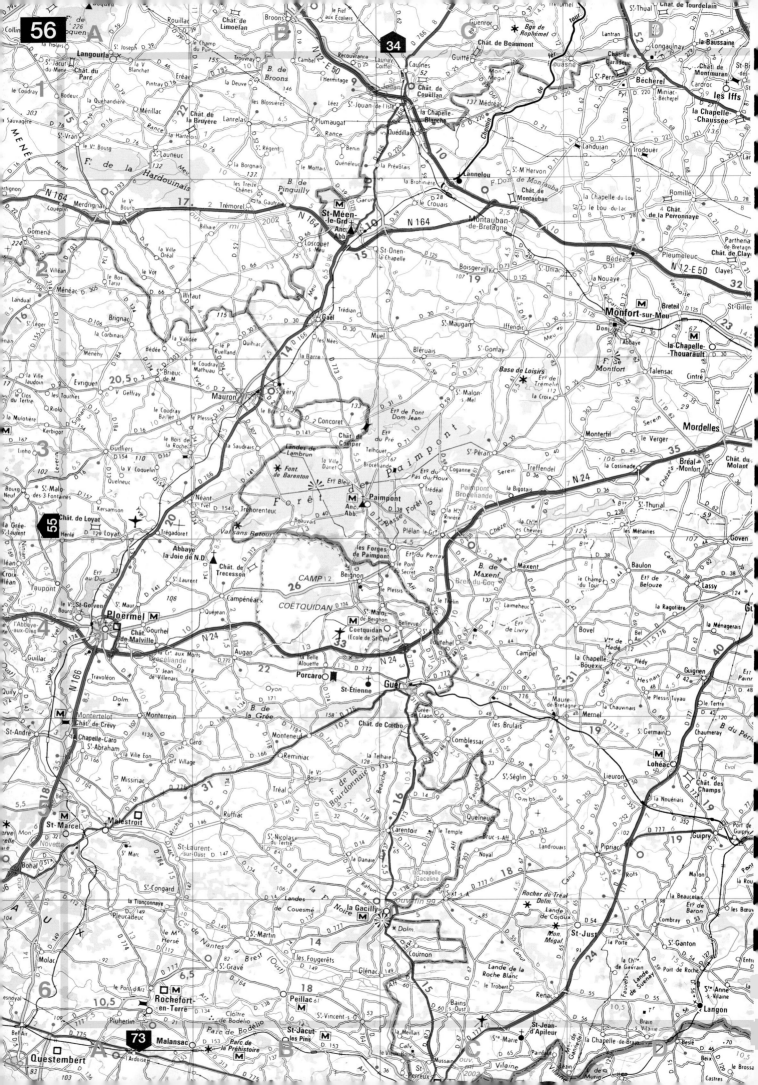

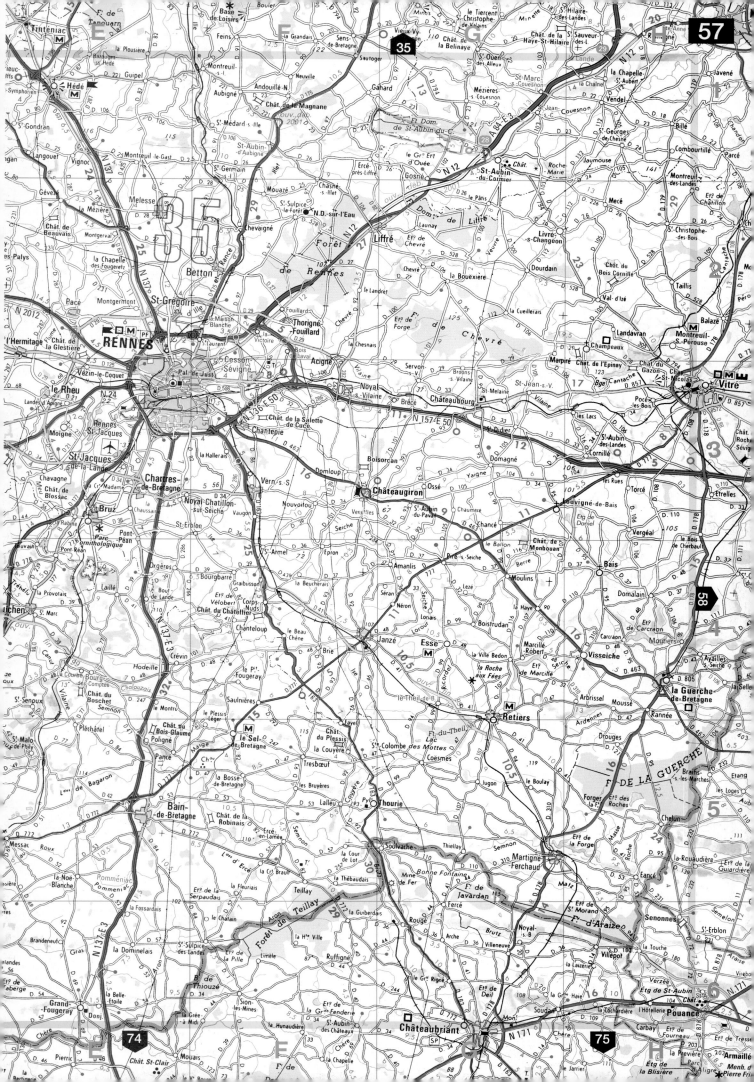

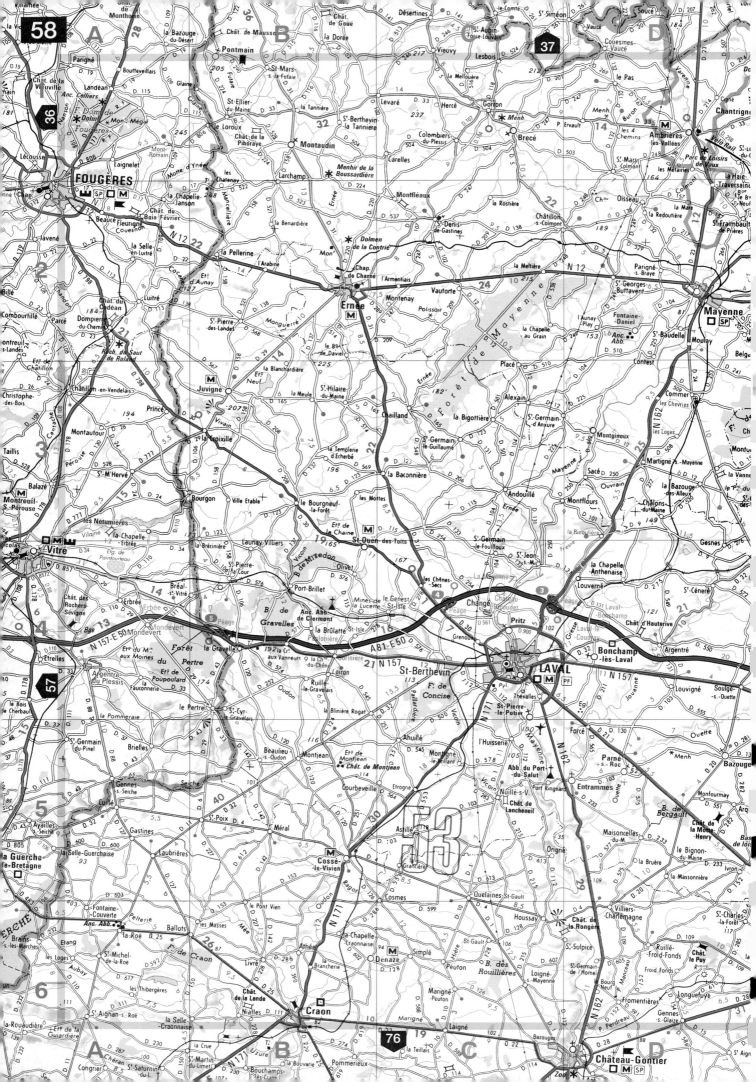

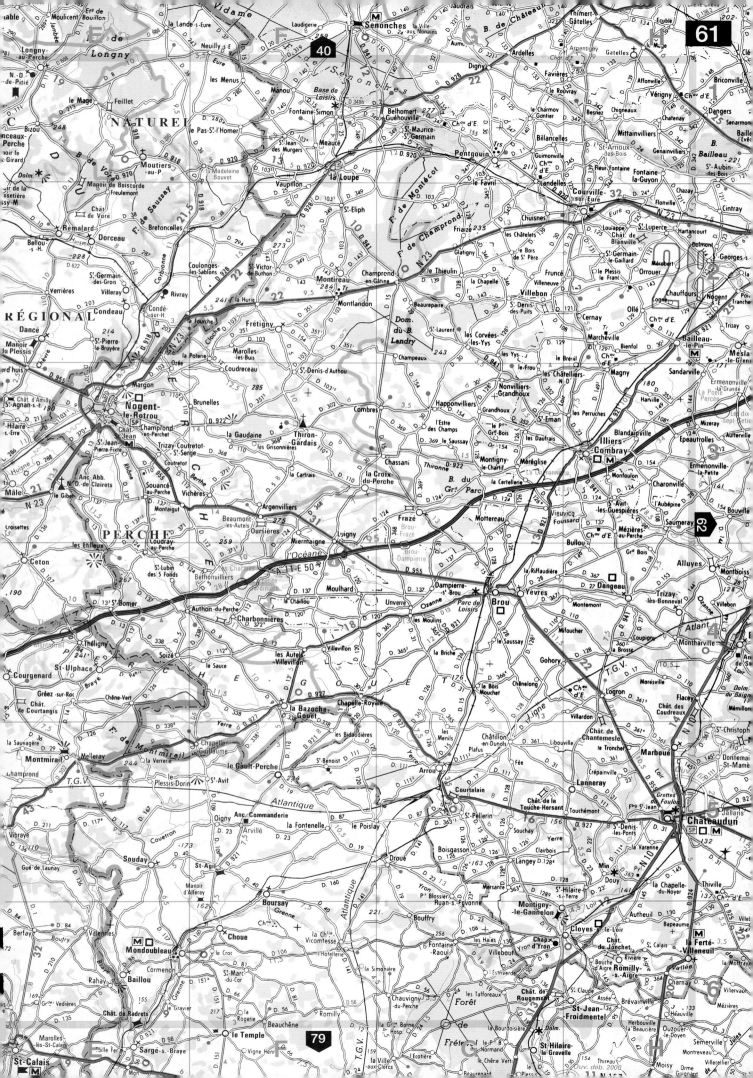

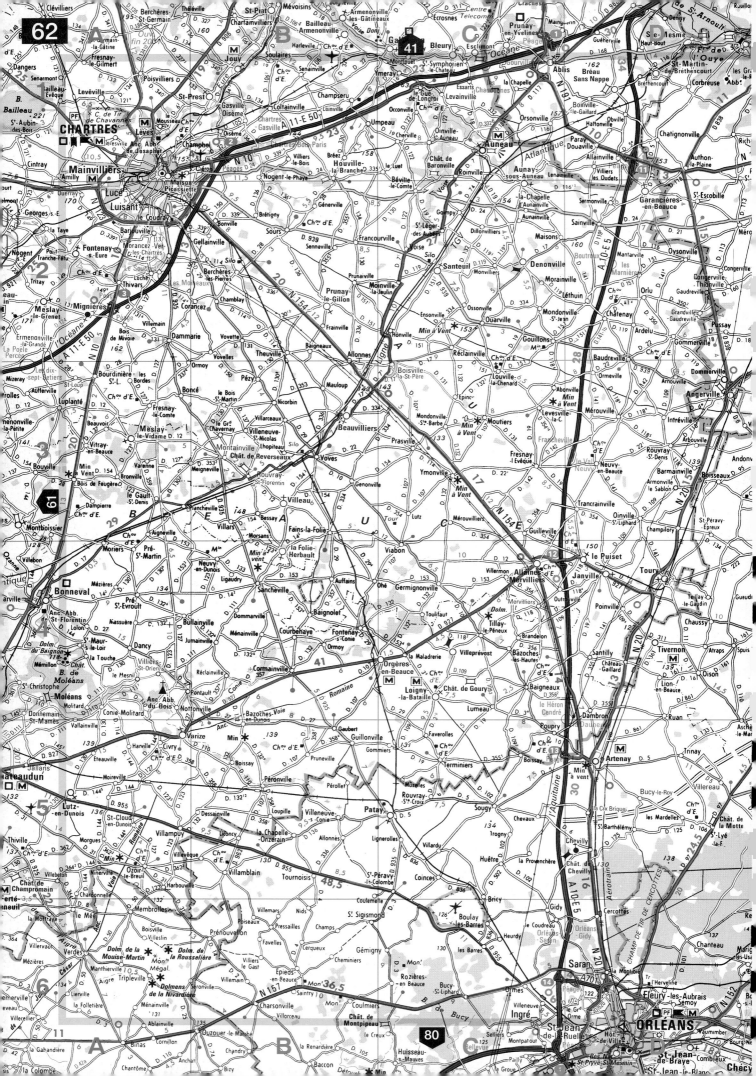

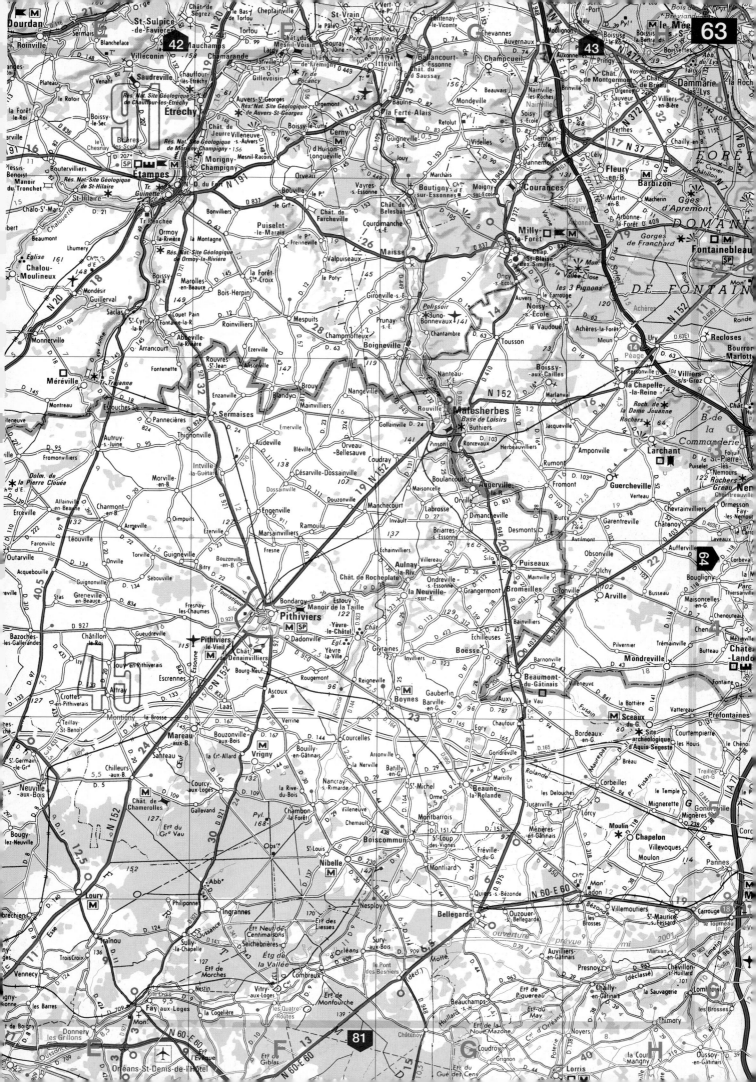

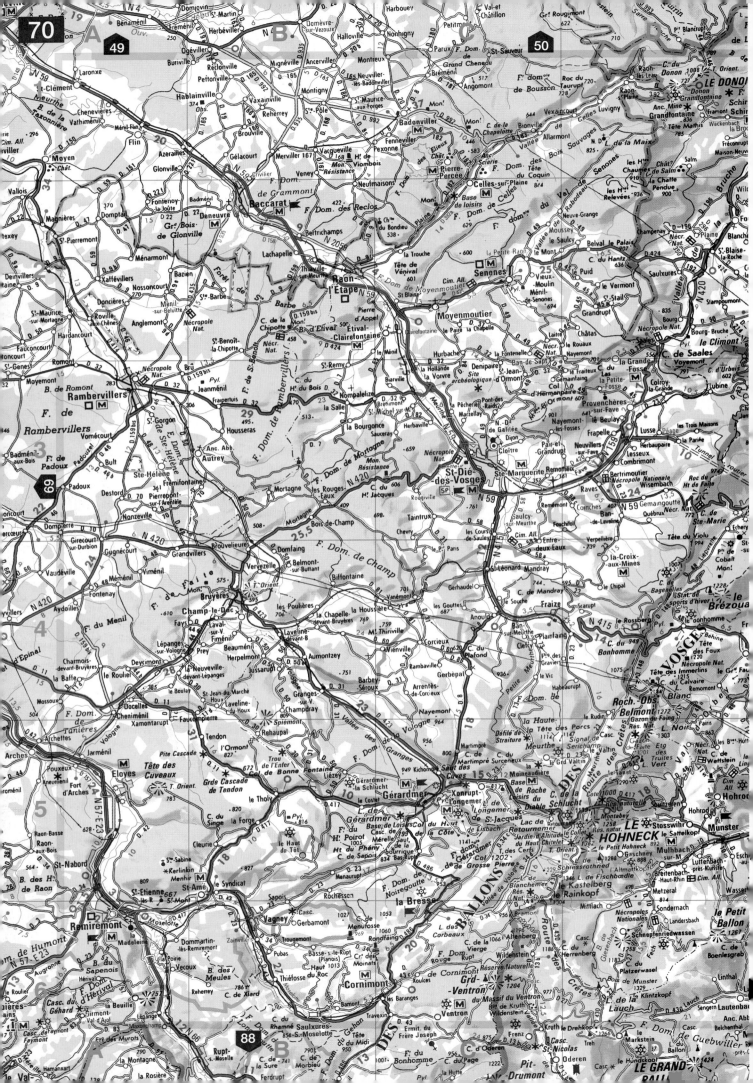

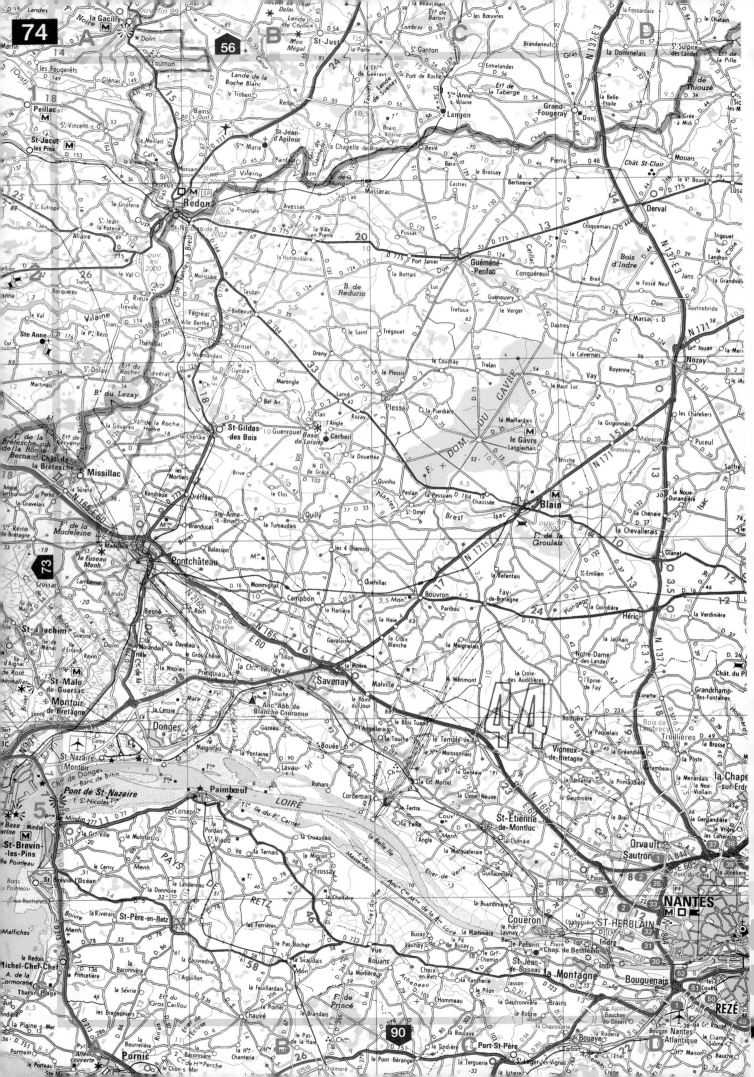

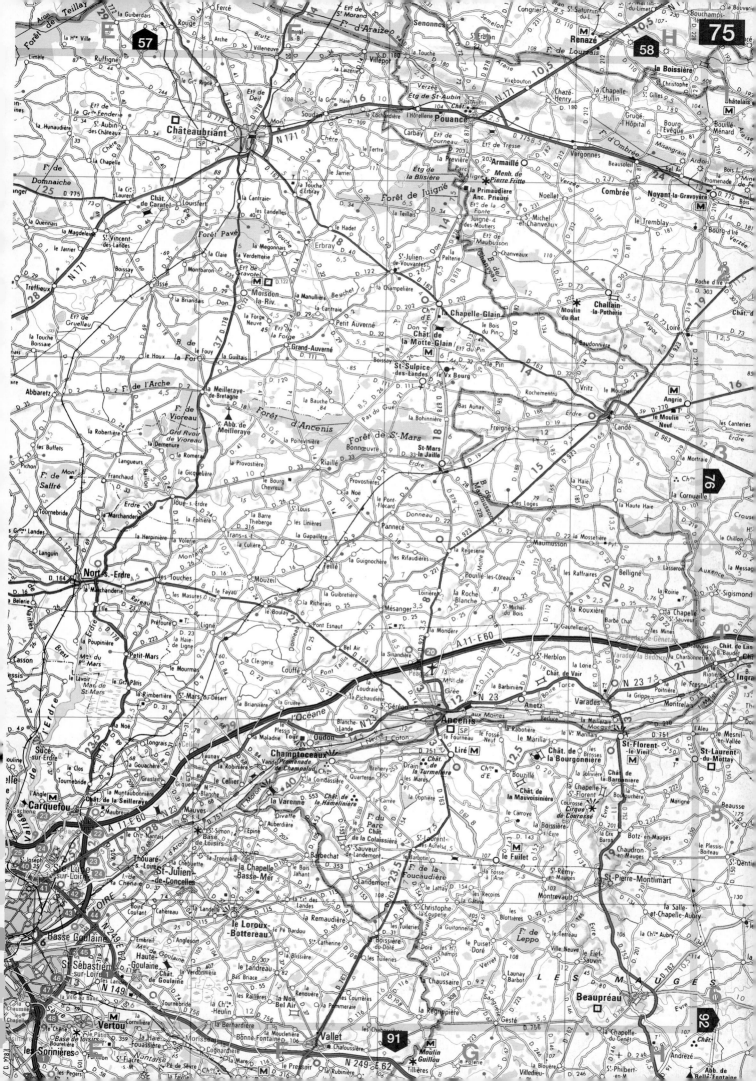

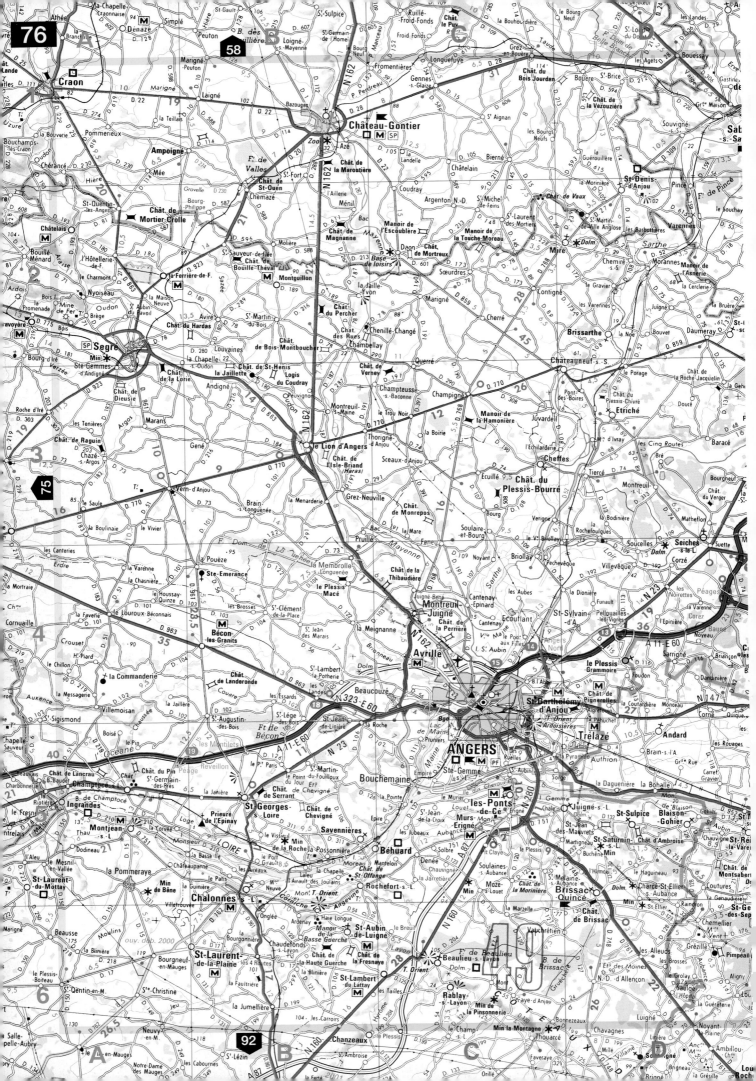

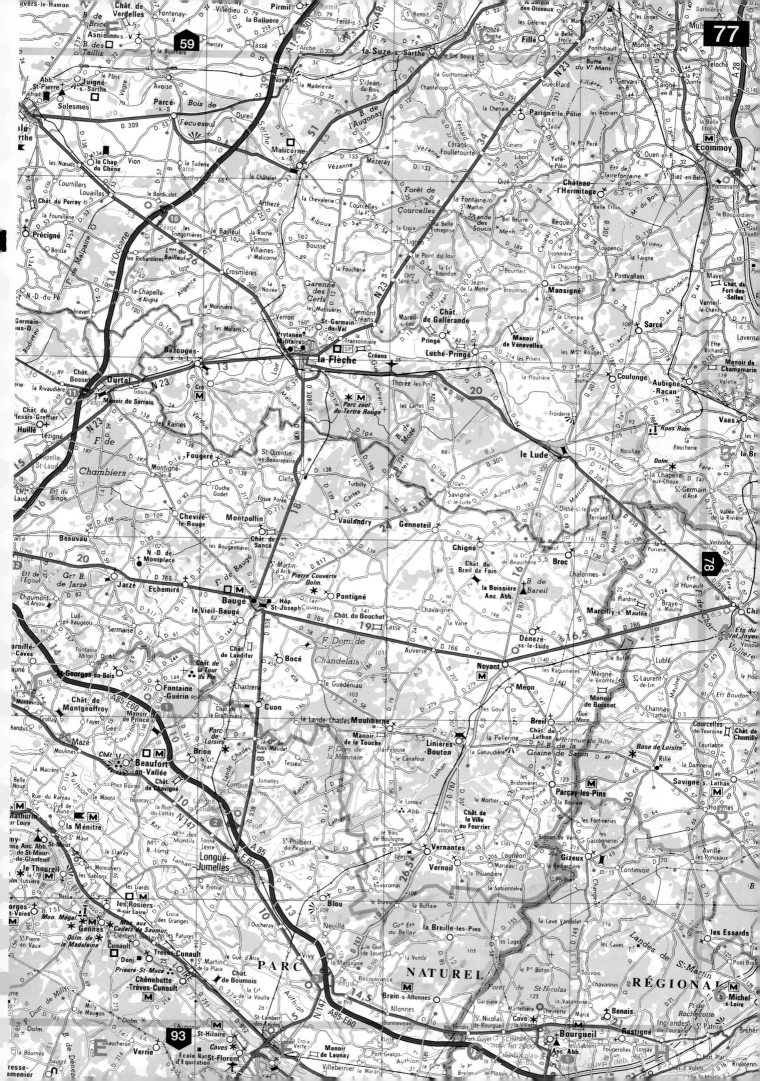

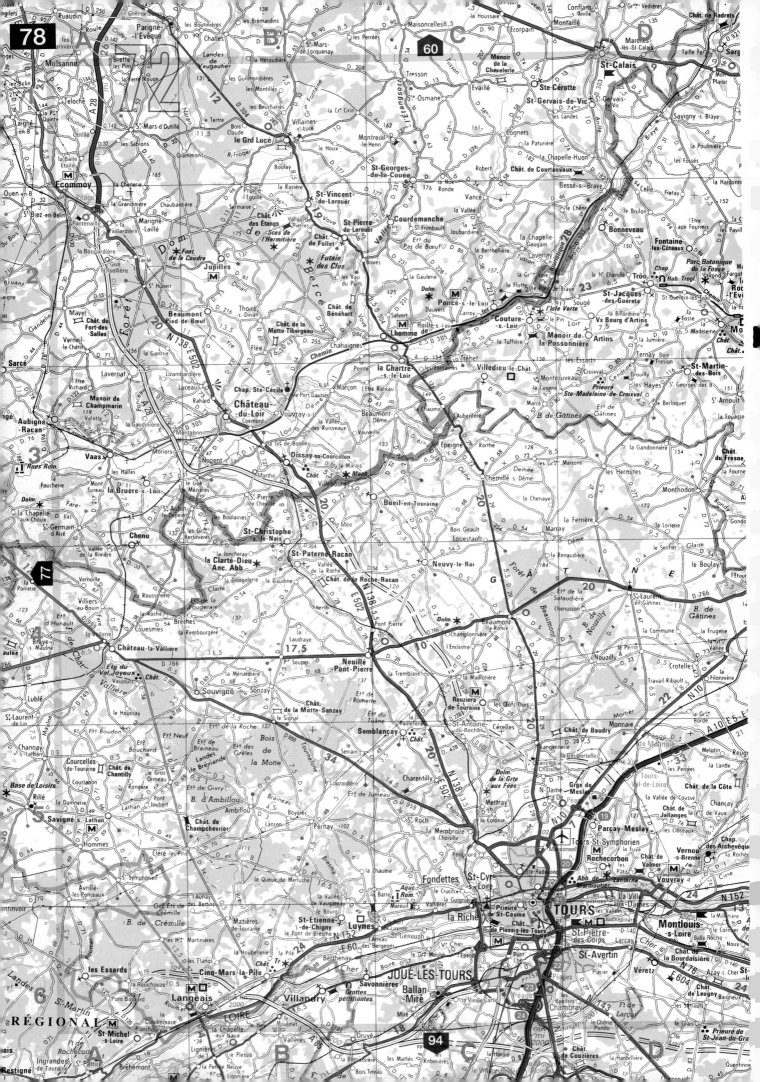

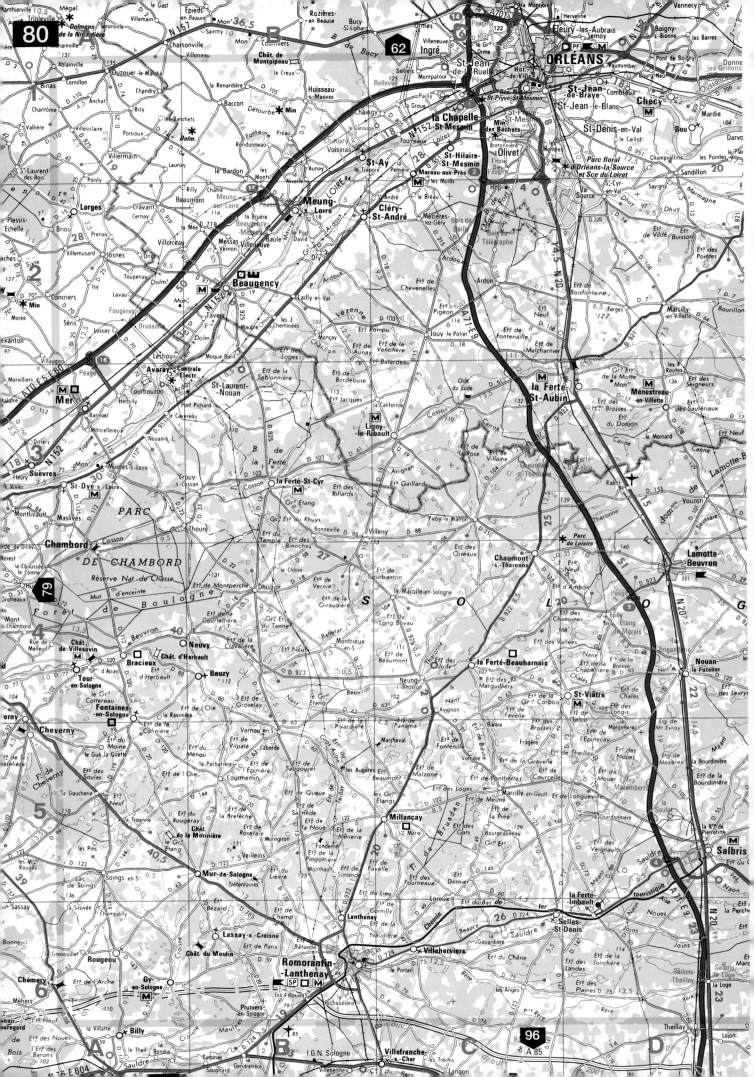

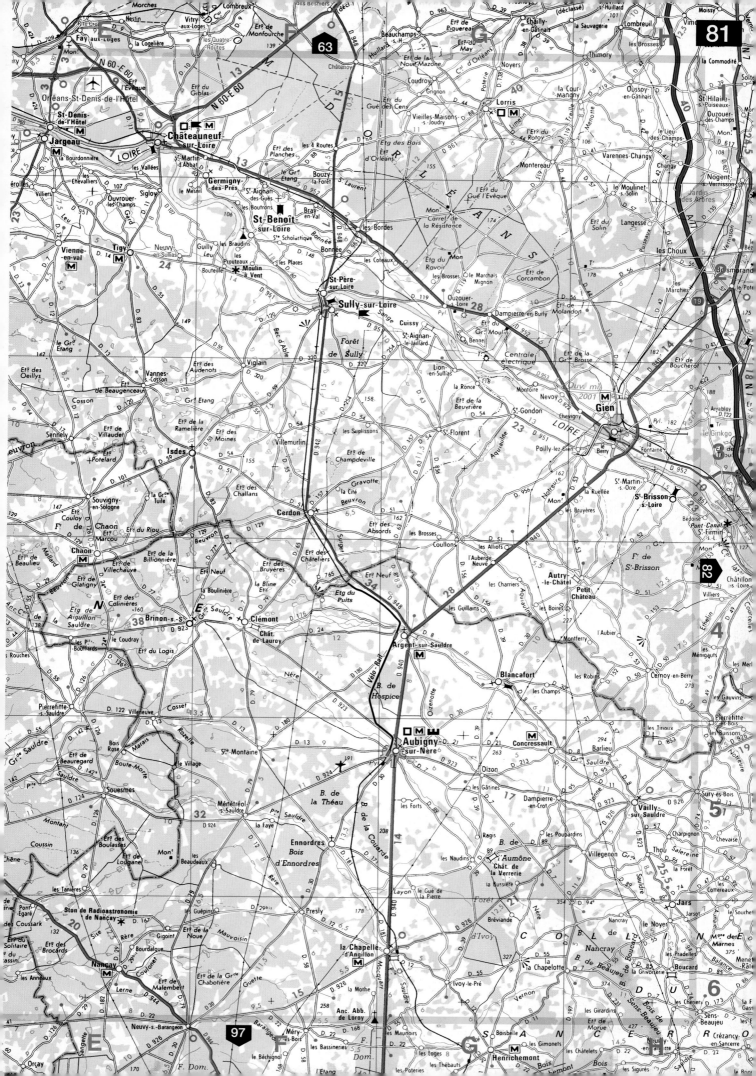

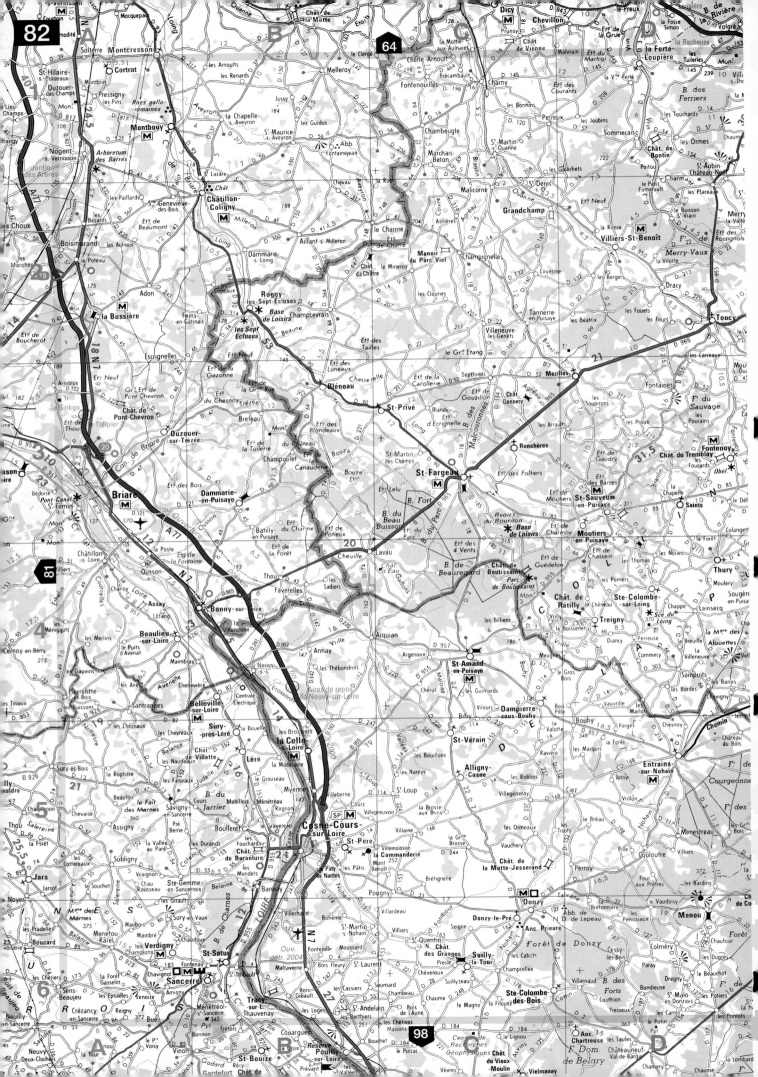

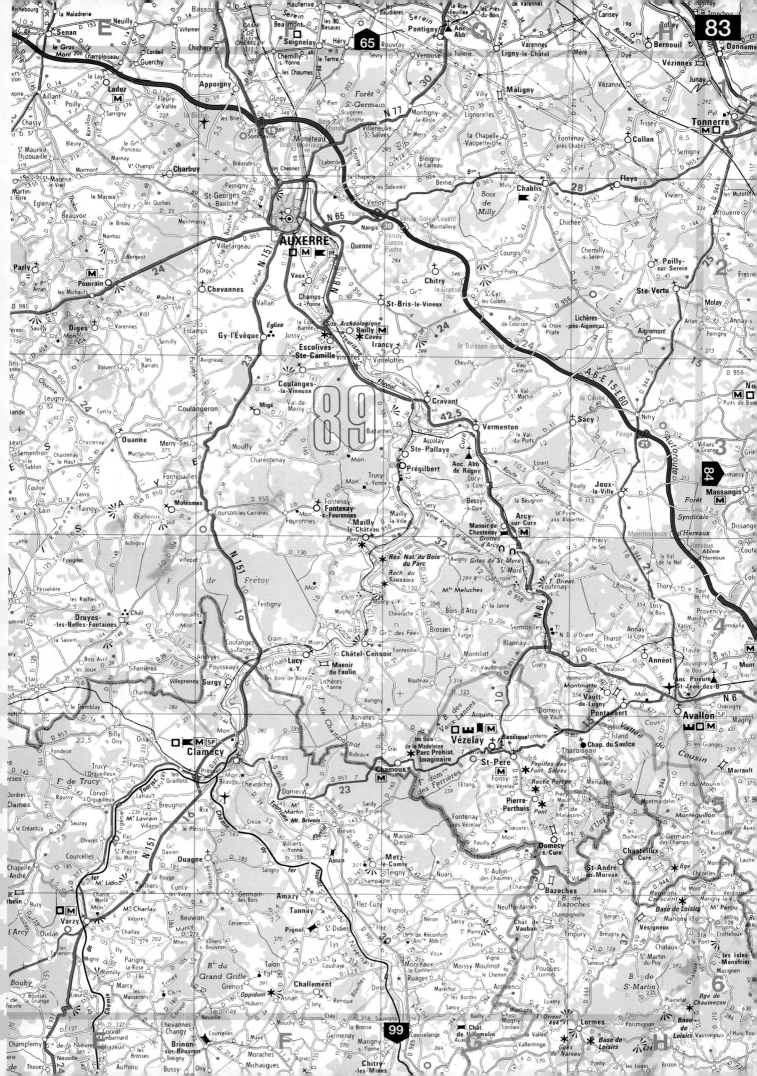

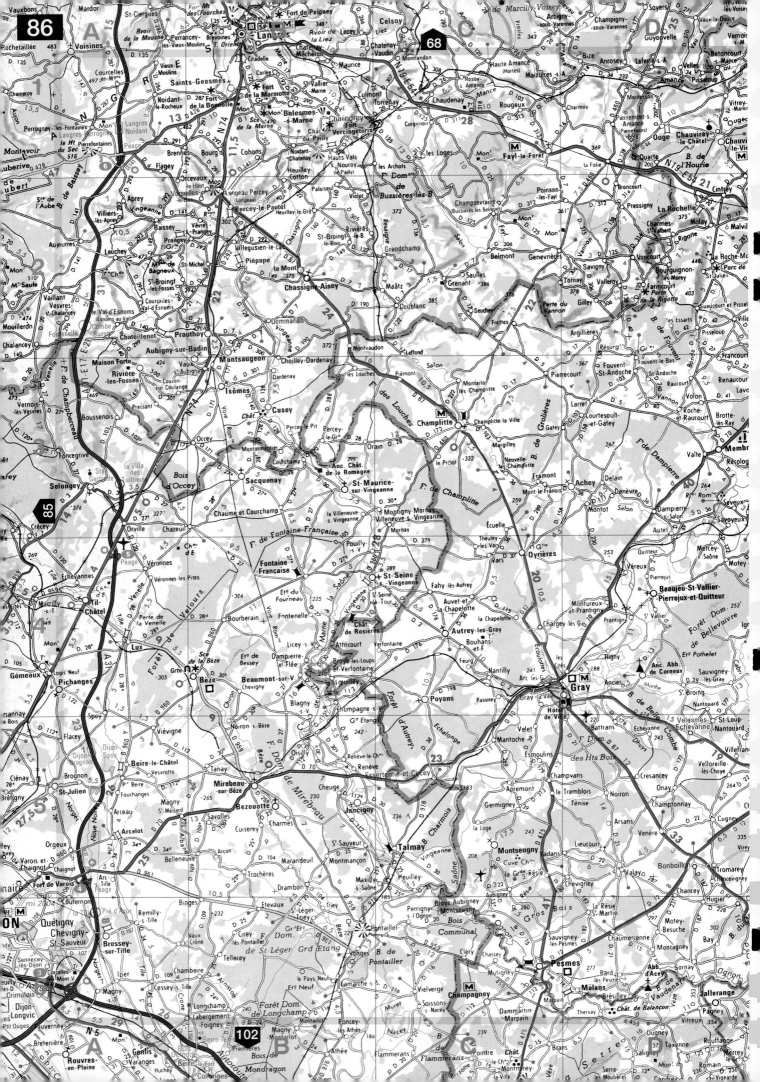

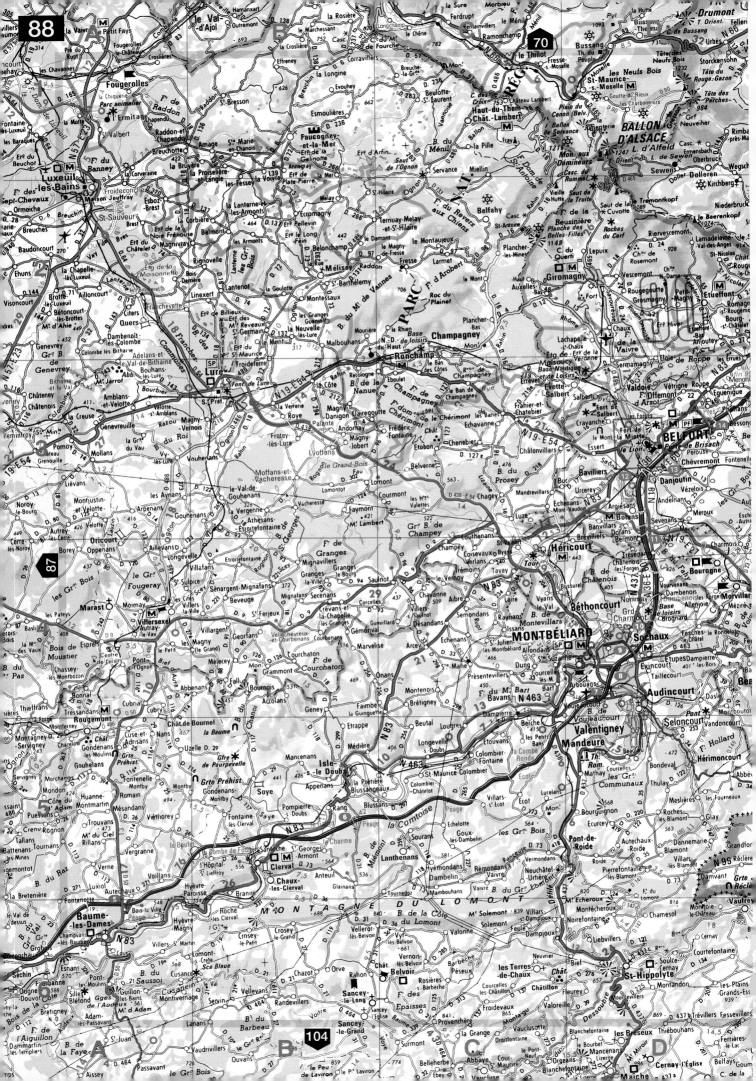

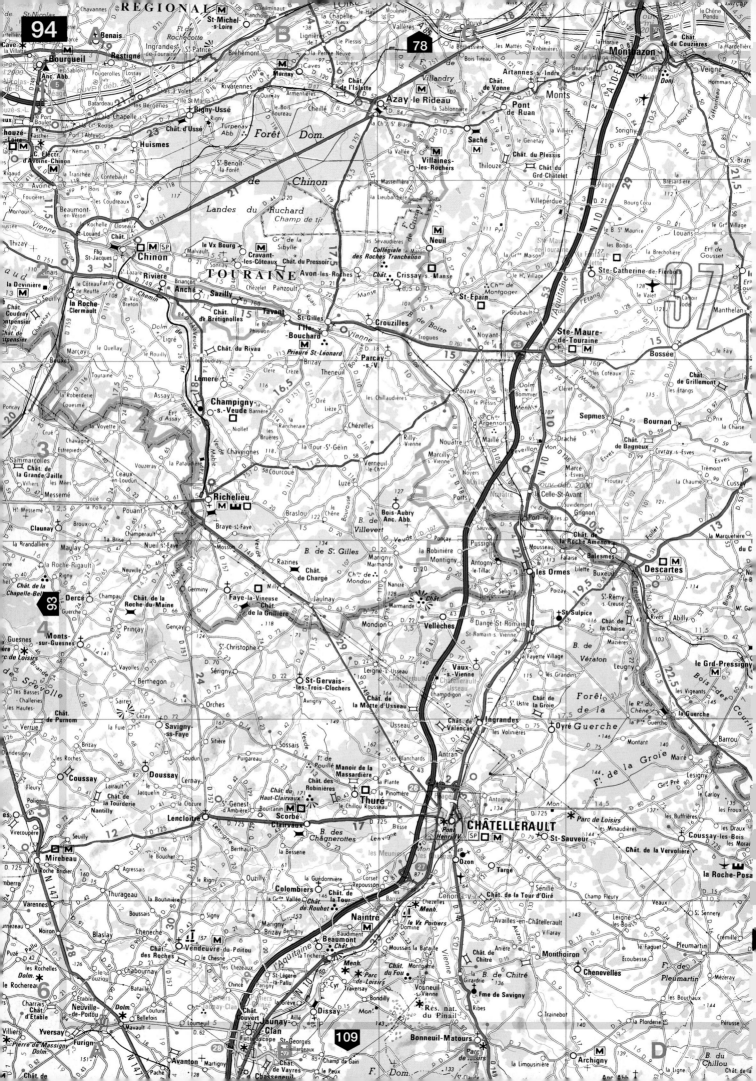

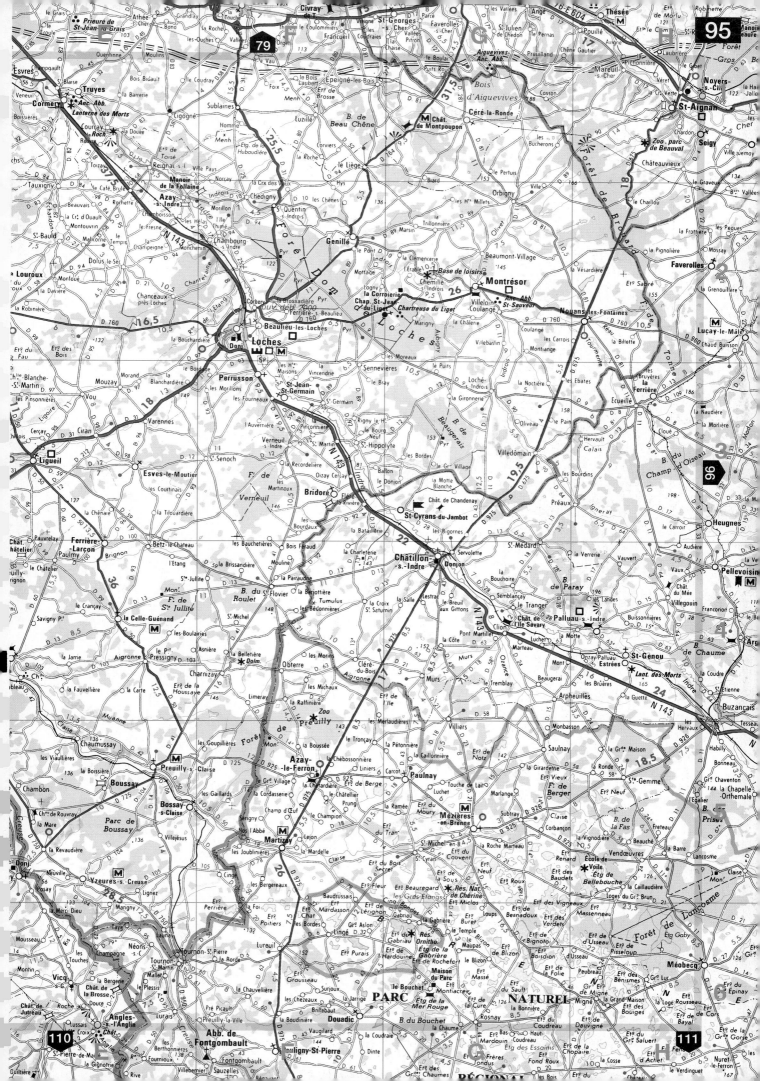

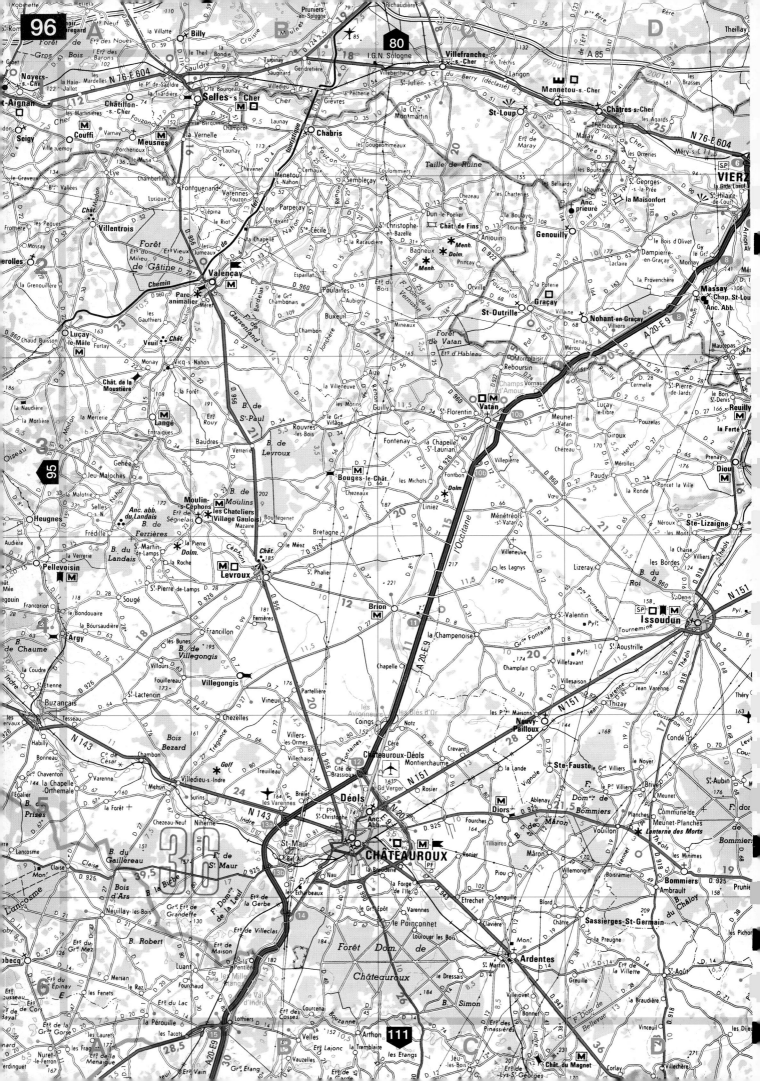

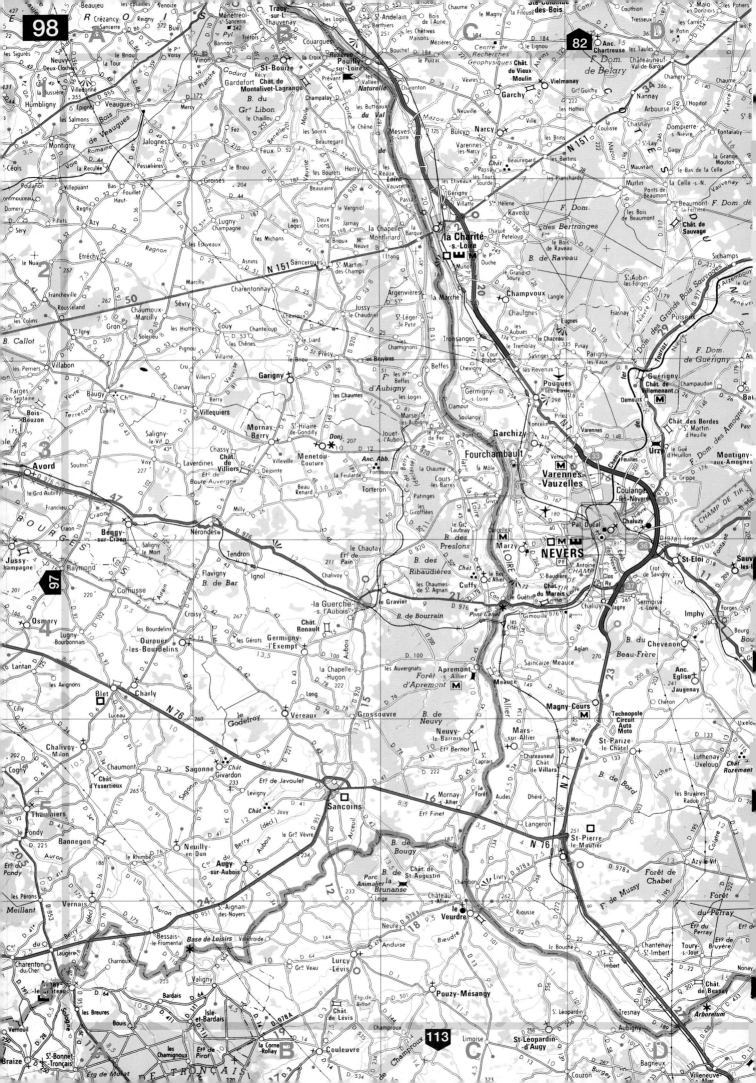

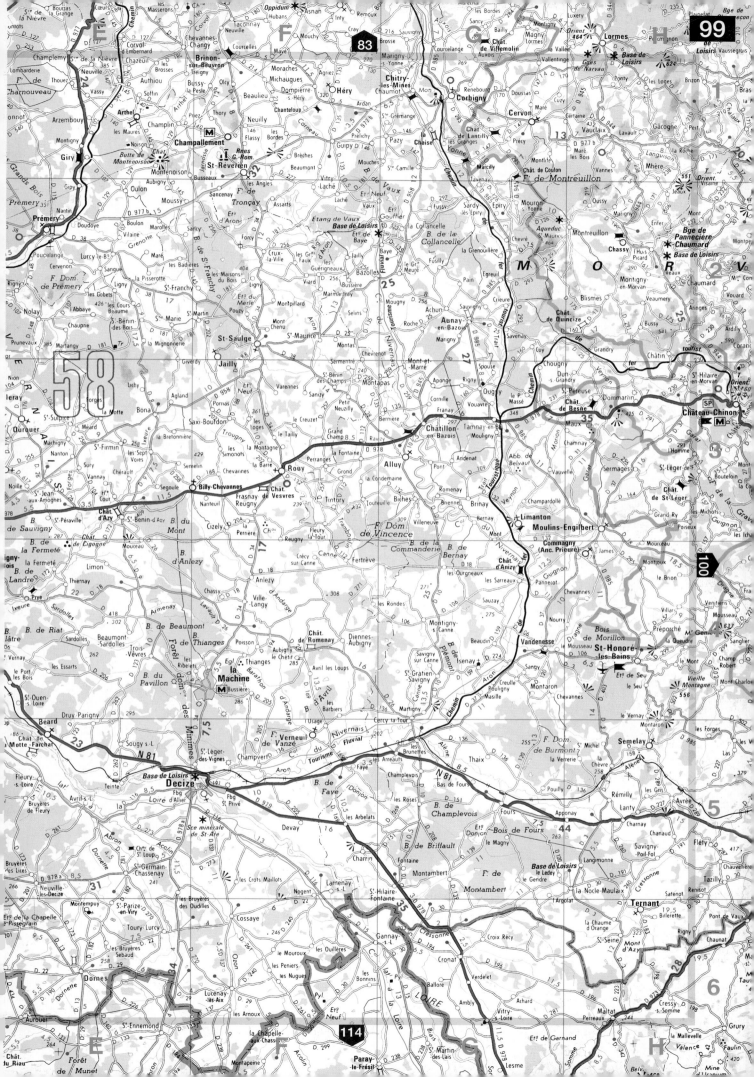

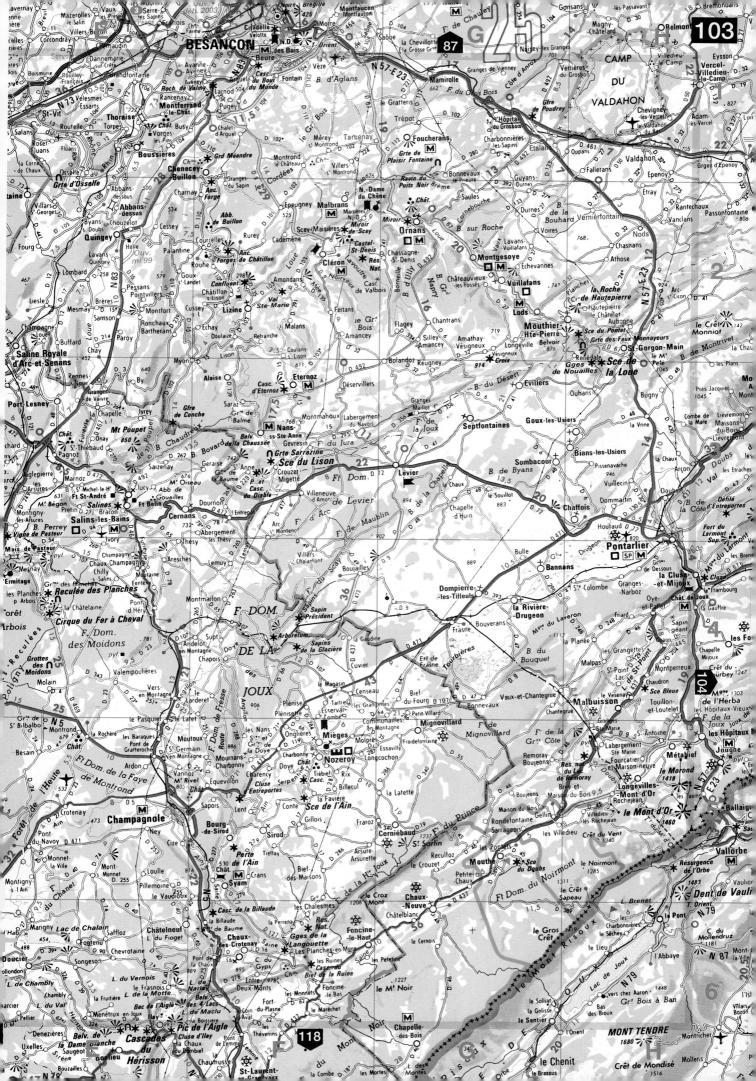

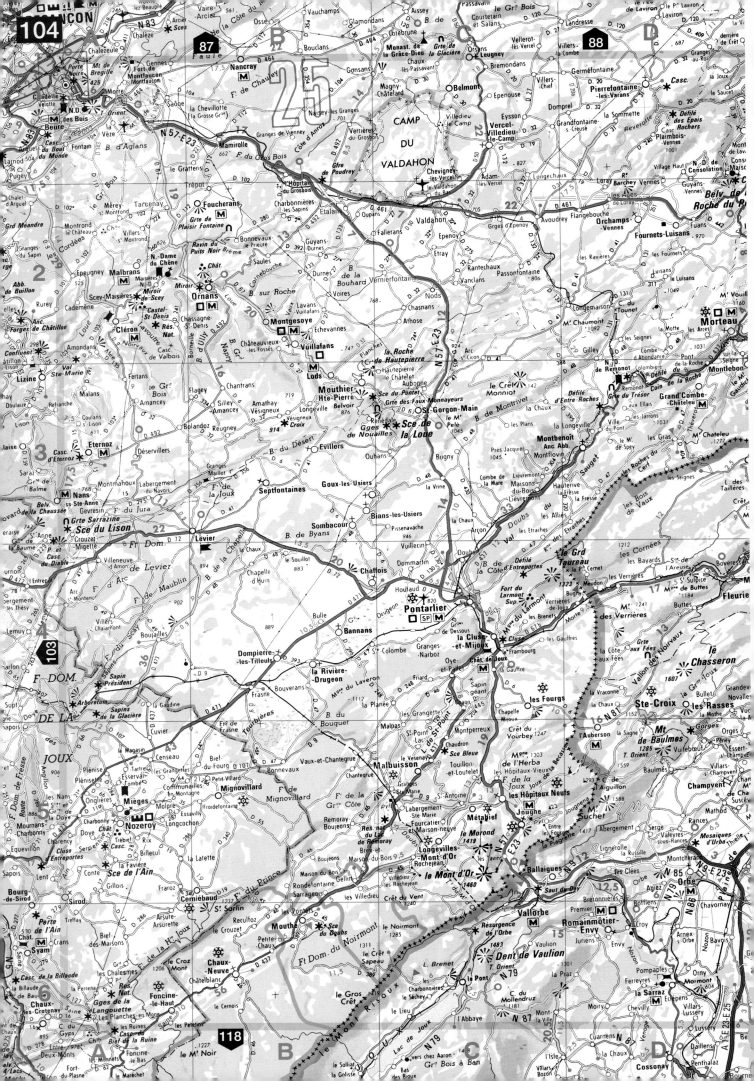

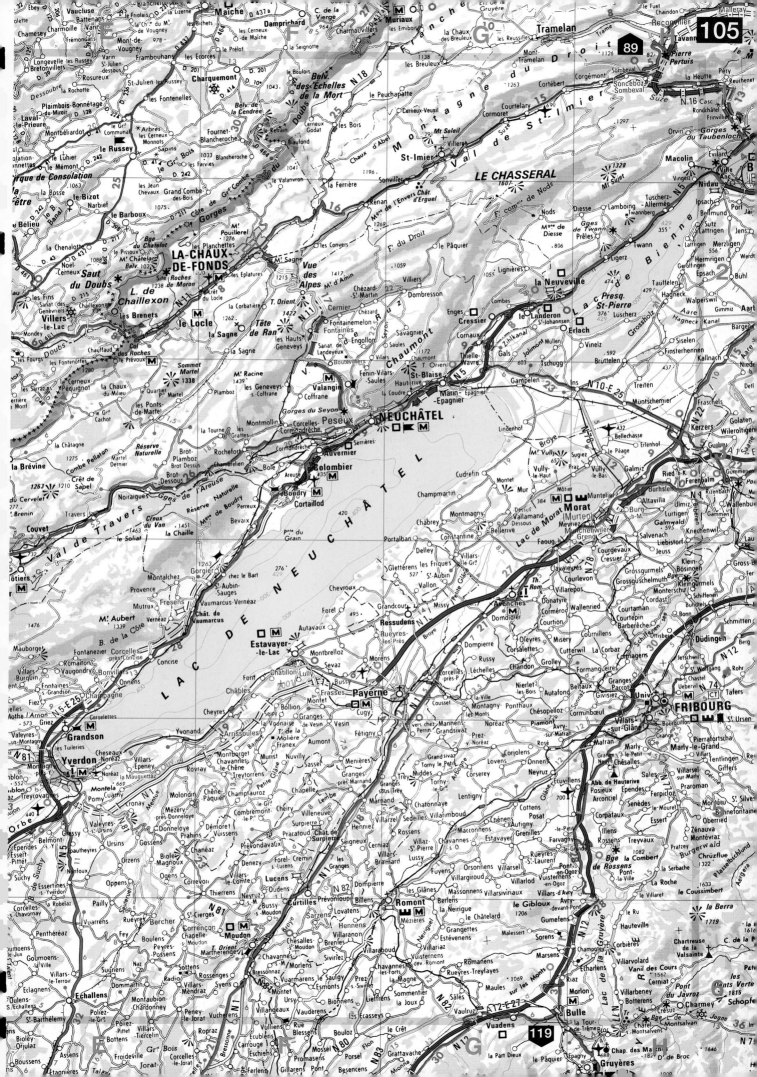

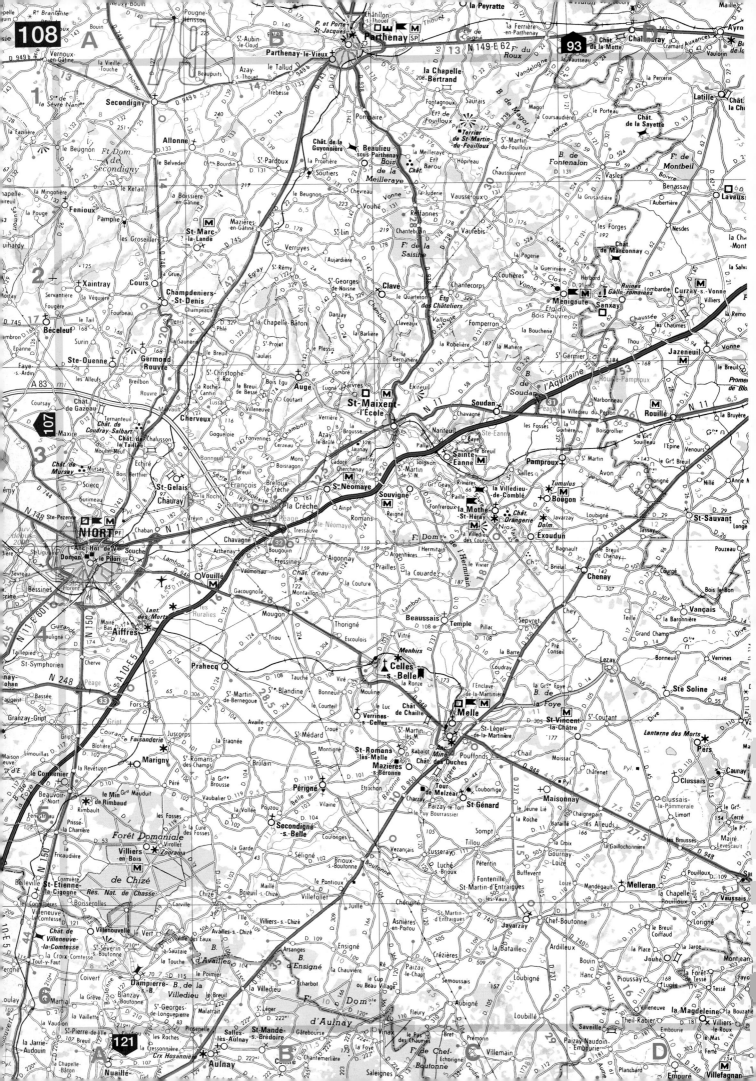

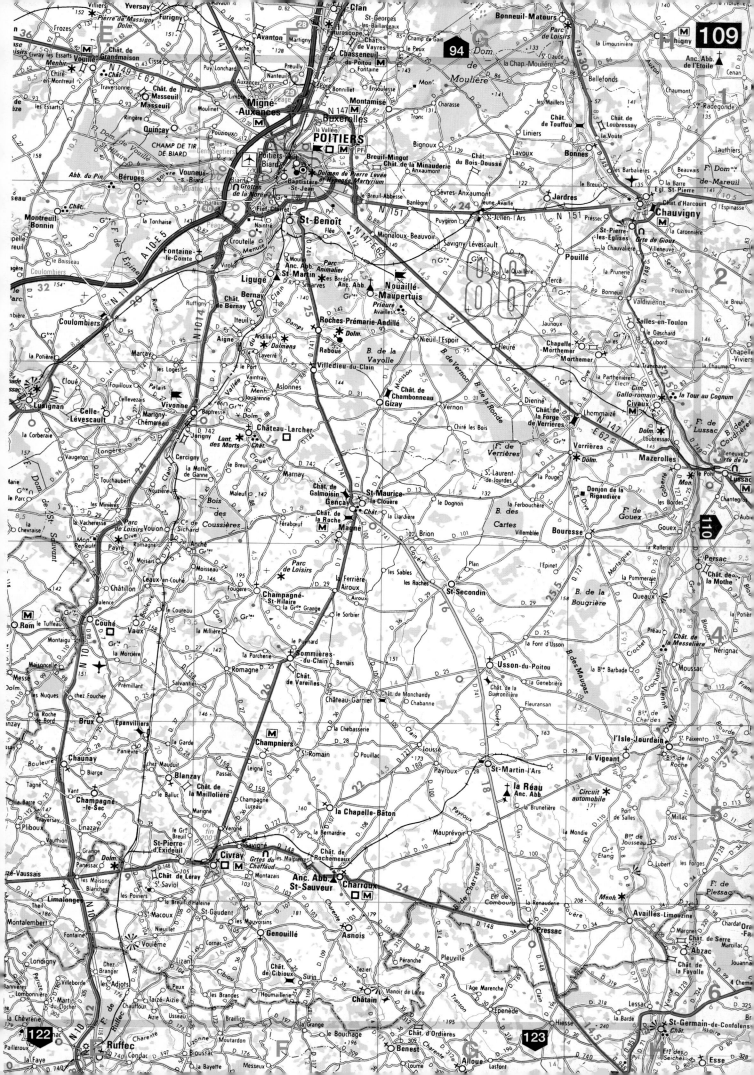

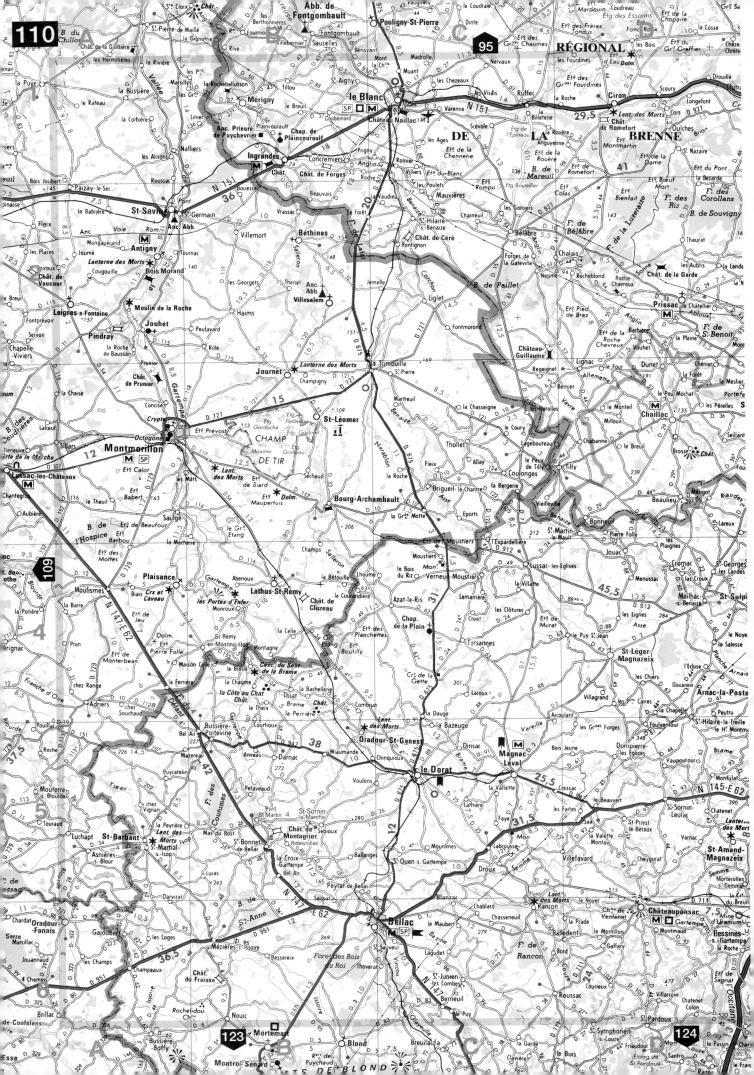

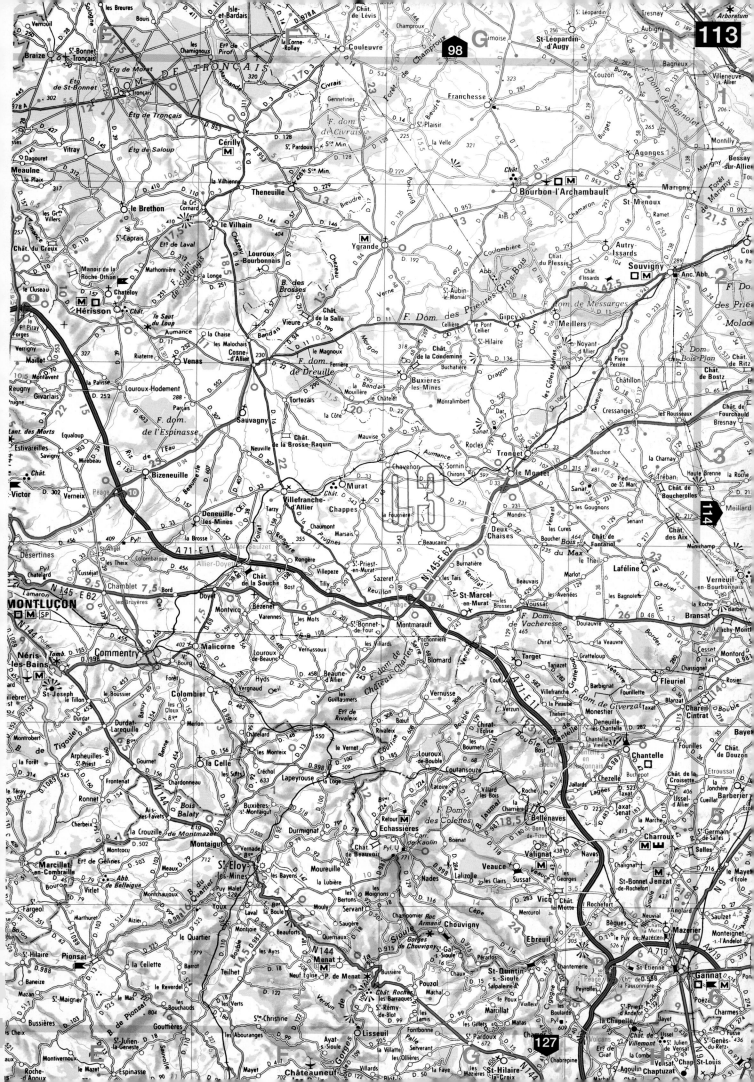

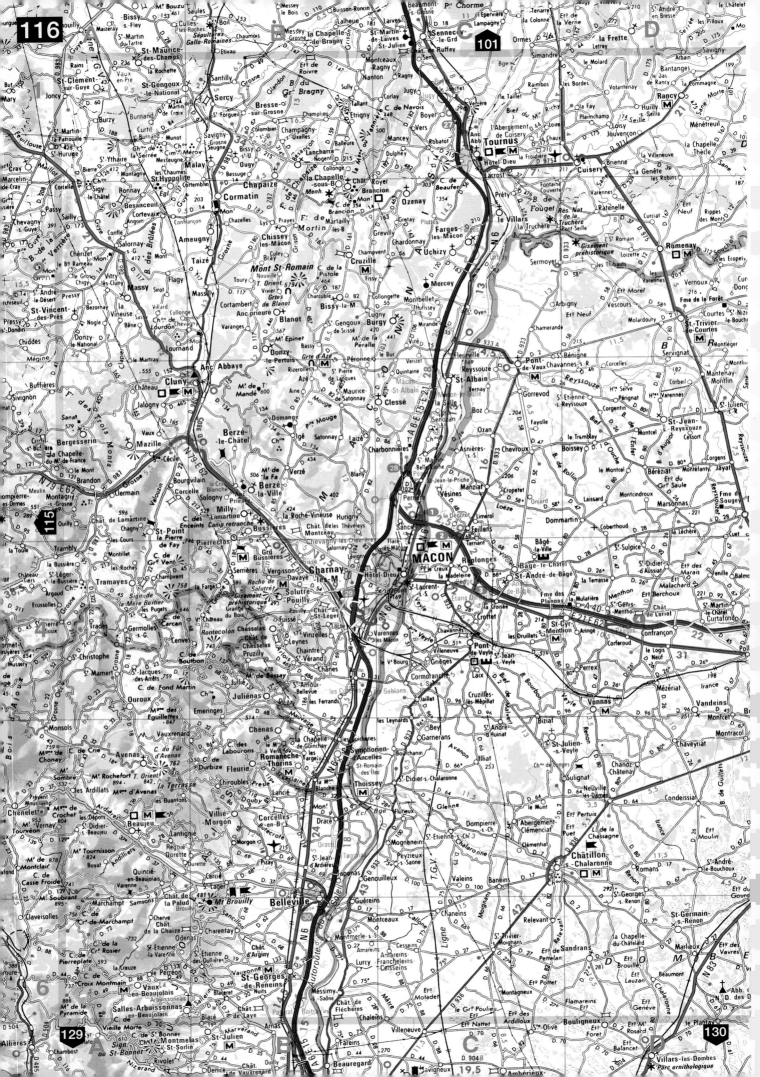

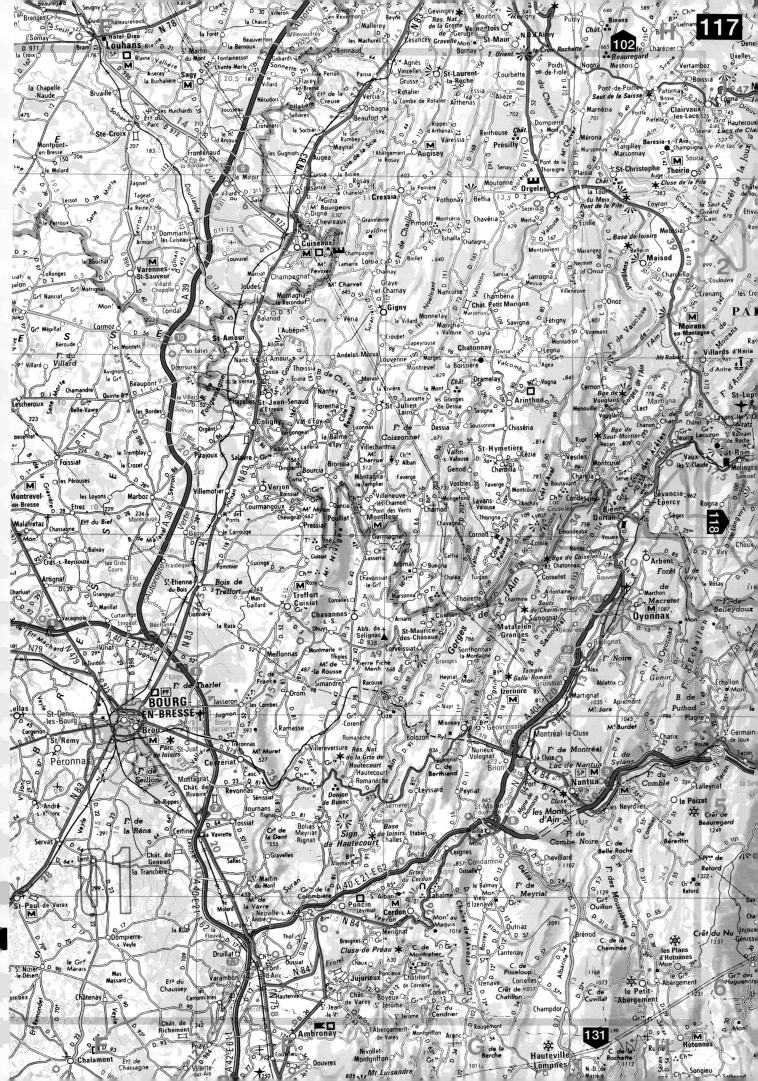

106

ÎLE D'OLÉRON

St-Georges-d'Oléron
Domino
Chéray
Sauzelle
Boyardville
St-Pierre-d'Oléron
la Biroire
la Chefmalière
Zoo
la Cotinière
Dolus-d'Oléron
R⁺ Lagrand
R⁺ de la Perroche
la Perroche
la Remigeasse
Vert-Bois
R⁺ de Rouchoux
R⁺ du Jard
la Grande Plage
le Grand-Village-Plage
Forêt Domⁱ de St-Trojan
St-Trojan-les-Bains
Pⁿᵗᵉ de Manson
Pⁿᵗᵉ de Maumusson
Pⁿᵗᵉ de Gatseau

Anse de la Malconche
Mⁱᵉ du Douhet
Fᵗ Domⁱ des Saumonards
Rade des Trousses
Pᵗ tournant de la Pérrotine
les Allards
le Château-d'Oléron
la Gaconnière
Font
Bourcefranc-le-Chapus
Fort du Chapus
Banc de Tromp Sal
Parcs à Huîtres

Catherine
Fort Boyard
Île d'Aix
Fᵗ d'Enet
Pⁿᵗᵉ de la Fumée
Pⁿᵗᵉ de l'Épée
Rade de l'Île d'Aix
Fouras
le Porteret
les Fontenelles
les Palles
Île Madame
Pⁿᵗᵉ de Surgères
Passe aux Bœufs
Port-des-Barques
St-Nazaire-s-Charente
St-Laurent-de-la-Prée
Fort Lupin
Charente
Soubise

Moeze
Couteau d'Oléron
Platin de St-Froult
Platin des Tannes
Havre de Brouage
Pⁿᵗᵉ des Chardons
Brouage
Hiers-Brouage
Nodes
le Chapus
Chât. de la Gataudière
le Breuil
Marennes
le Lindron
Mauzac
Luzac
St-Just-Luzac
Ronce-les-Bains
R. Domⁱ de la Tremblade
la Cayenne
la Grève
la Tremblade
Mⁱ du Gardour
Coux
Dirée
Foulloux
Avallon
Forêt PRESQU'ILE D'ARVERT Domⁱ
Arvert
de la Coubre
Étaules
les Mathes
l'Île-d'Étaules
la Brousse
Chaillevette
Châtressac
les Marvou
Mornac-s-Seudre
Coulonges
Breuillet
St-Augustin
le Grallet
Bⁱ de la Mauvaise
Phare de la Coubre
Pⁿᵗᵉ DE LA COUBRE
Bonne Anse
la Palmyre
Zoo de la Palmyre
Base de Loisirs
Barre à l'Anglais
B des Combots
Montrevel
la Grande Côte
la Palud
St-Palais-s-Mer
Terre-Nègre
Corniche
Nauzan
Baie de Nauzan
Conche
Pontaillac
Pⁿᵗᵉ du Chay
Grde Conche
Royan
Médis
St-Georges-de-Didonne
début 2003
Chⁱ de Didonne
Pointe de Vallières
Pⁿᵗᵉ de Suzac
F. de Suzac
Pⁿᵗᵉ DE GRAVE
Phare de Grave
Port Bloc
Port du Verdon
Fort du Verdon
le Verdon-s-Mer
Pⁿᵗᵉ de la Chambrette
Conche des Nonnes
Meschers-s-Gironde
Pⁿᵗᵉ de Meschers
Grtes de Matata
Talmont
Semussac
Chénaumoine
Bⁱ des Marguerites
Bⁱ de Talmont

Grand Banc
Mathes du Grand Banc
Passe de l'Ouest
Gⁱᵉ Passe de l'Ouest
Embⁱᵉ de la Gironde
Baitures de Cordouan
Plⁱᵉ de Cordouan
Tᵉ de Cordouan
Phare de Cordouan
Bᵉ du Chevrier
Passe du Sud ou de Grave
Bᵉ du Gros Terrier
le Logit
Fⁱ de Tourbillon
Soulac-s-Mer
l'Amélie
Pⁿᵗᵉ de la Négade
Lède de la Négade
Lillan
Vieux-Soulac
Neyran
Jeune Soulac
Montalivet-les-Bains
Lède de la Canillouse
les Huttes
Grayan-et-l'Hôpital
Passe de Capzeau
Talais
Bⁱ de Talais
les Mattes
le Gurp
Lède du Gurp
Etⁱ de la Barreyre
l'Hôpital
les Eyres
Daugagnan
Vensac
Moulin de Vensac
Noaillac
St-Vivien-de-Médoc
Phare de Richard
Pⁿᵗᵉ de Richard
Jau-Dignac-et-Loirac
Dignac
le Centre

ROCHEFORT
Tonnay-Charente
Pont susp
Hôpital
Mais. de Loti
Pont transbordeur
Martrou
Échillais
Soubise
Breuil-Magné
le Gⁱᵉ Vergeroux
Vergeroux
Montierneuf
les Chaumes
St-Agnant
St-Symphorien
St-Fort
Villeneuve
Champagne
Pont-l'Abbé-d'Arnoult
St-Jean-d'Angle
la Gripperie-St-Symphorien
Beaugeay
Moeze
Crx Hosannière
Thionnet
Loubresse
la Tour
les Deux Moulins
St-Just-Luzac
les Pibles
St-Symphorien
la Gⁱᵉ
St-Sornin
Nadeau
Broue
Donj
Ste-Gemme
Nieulle-s-Seudre
St-Martin
Souhe
les Touches
Fléac
Cadeuil
D. 728
Nancras
Balanzac
St-Sulpice-d'Arnoult
l'Isleau
St-Porchaire
Pont-l'Abbé
Beurlay
Romegoux
Ste-Radegonde
Soulignonne
Corme-Royal
Sablonceaux
Anc. Abb. de Sablonceaux
le Pont
Maleville
Vouillac
le Gua
Montsanson
Eguille
St-Romain-de-Benet
Pisany
Tour de Pirelongue
Thézac
Meursac
Corme-Écluse
Thaims
la Sauveté
Saujon
Pompierre
le Vivier
Semussac
Grézac
les Brunets
Cozes
Arces
Javrezac
Soulignac
Barzan
Plassac
Mⁱⁿ du Fâ
les Rimondières
Chenac-sur-Gironde
Chenac-St-Sévrin-d'Uzet
Toutvent
Mortagne-s-Gironde
Boutenac-Touvent
Floirac
St-Romain
Port Maubert
Valeyrac
Bégadan
Queyrac
Vendays-Montalivet

134

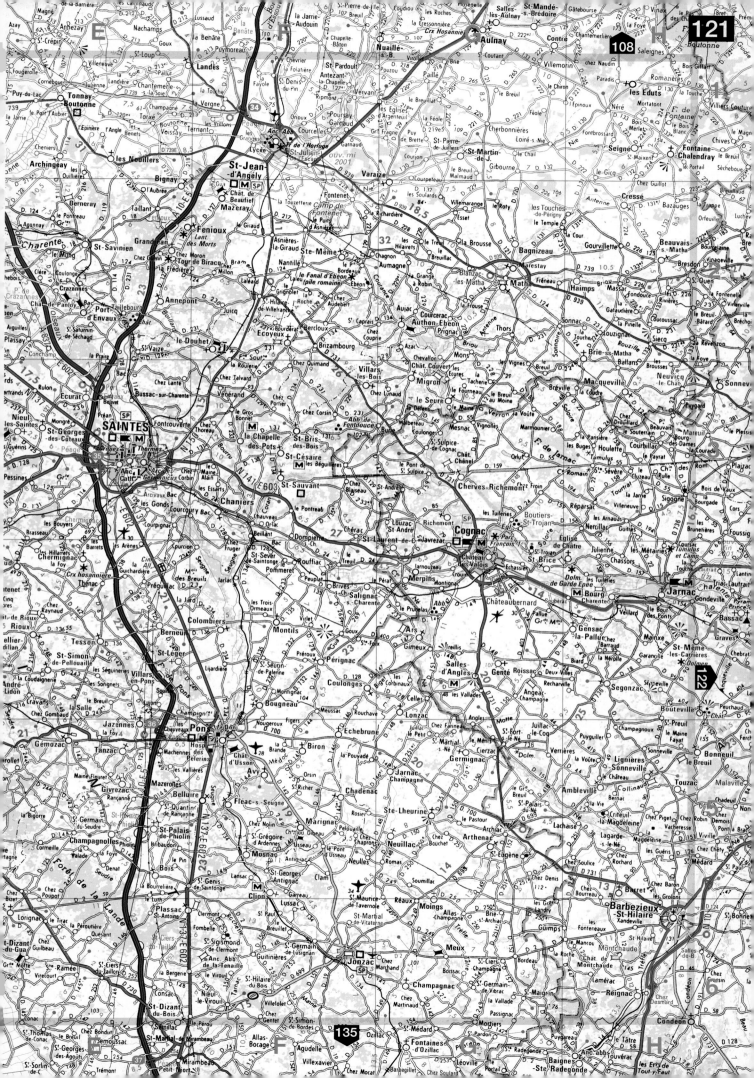

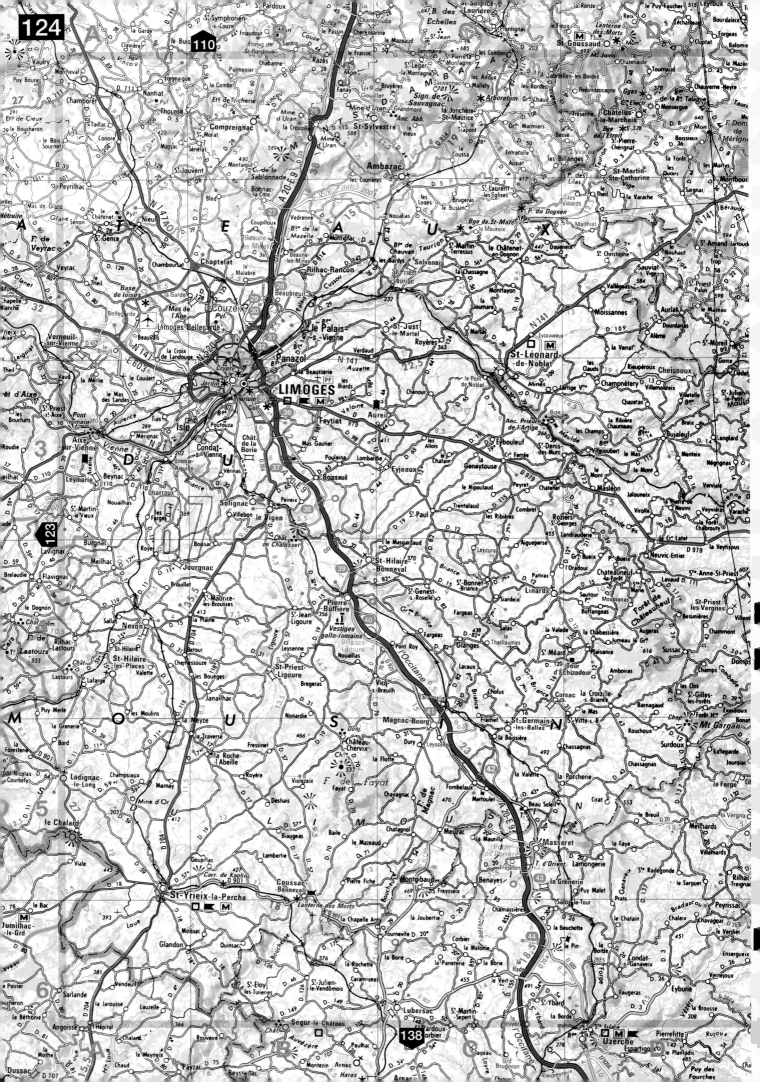

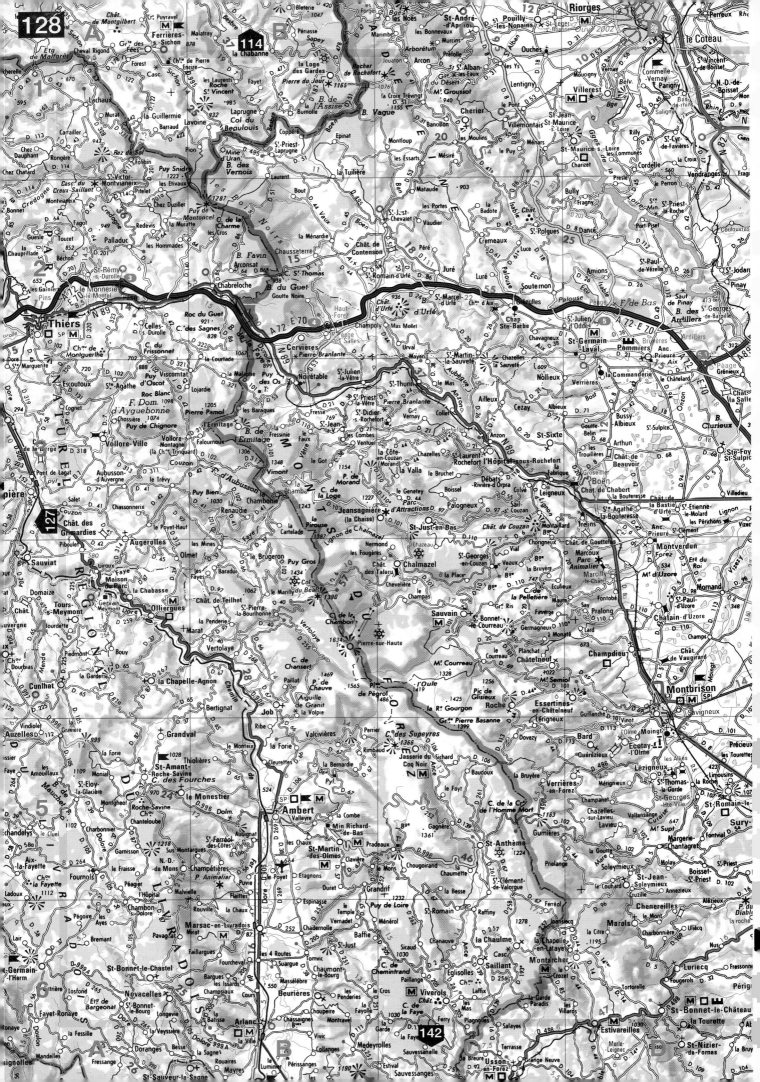

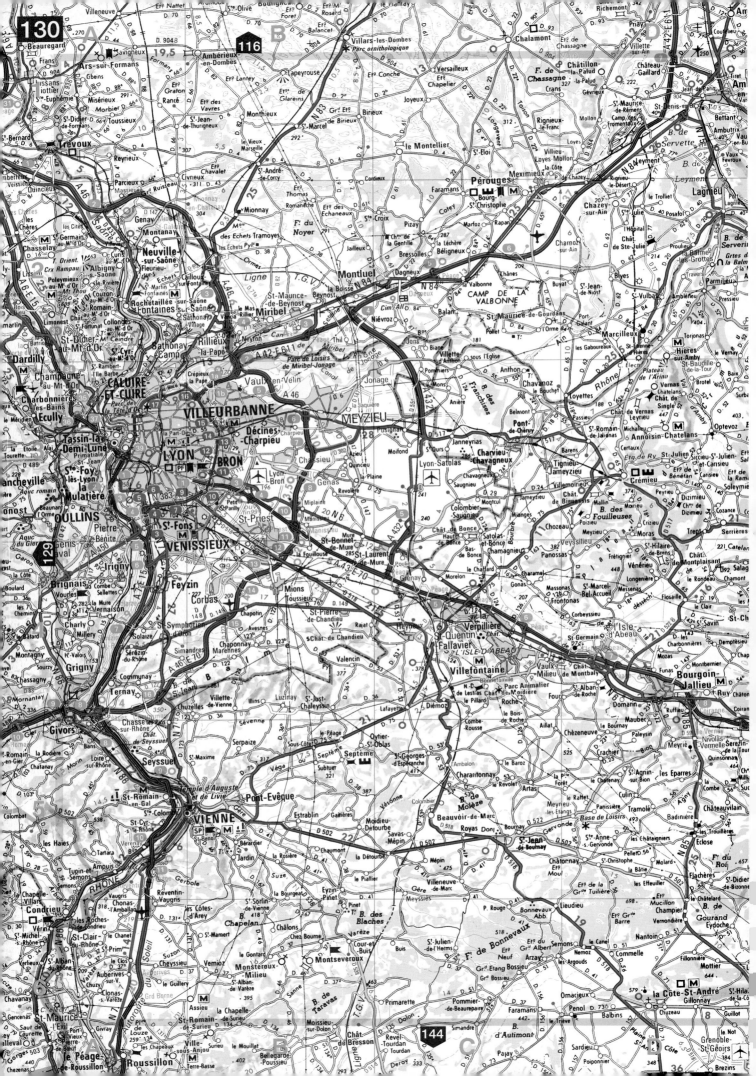

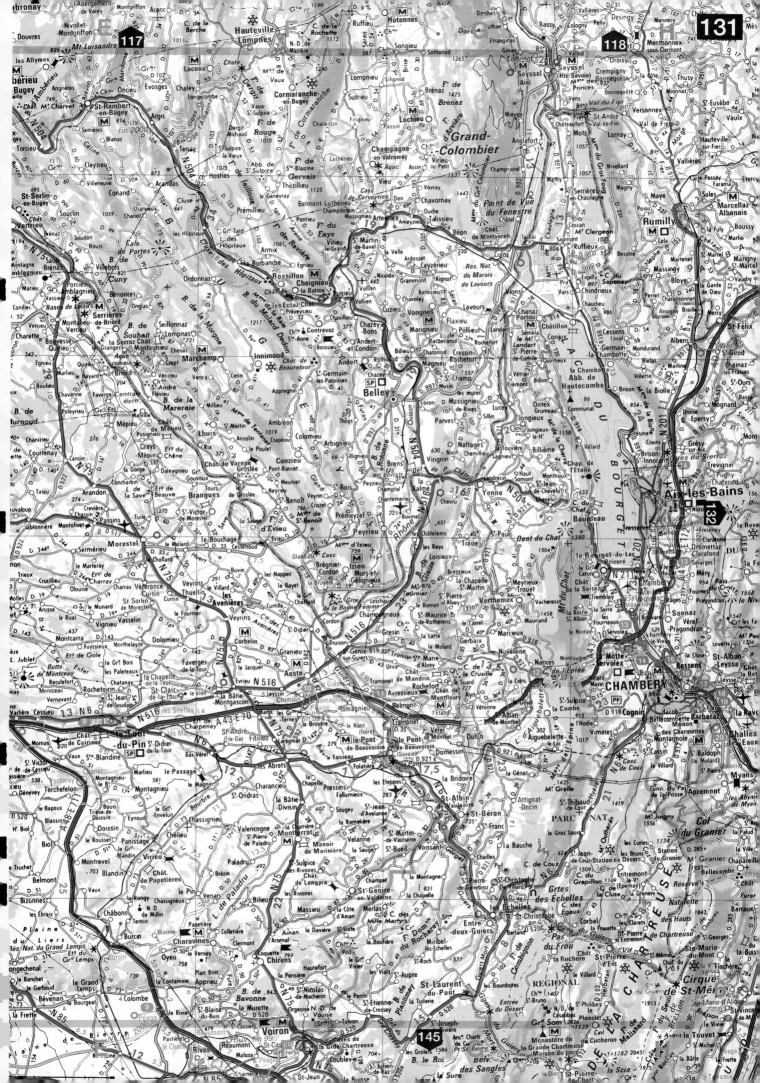

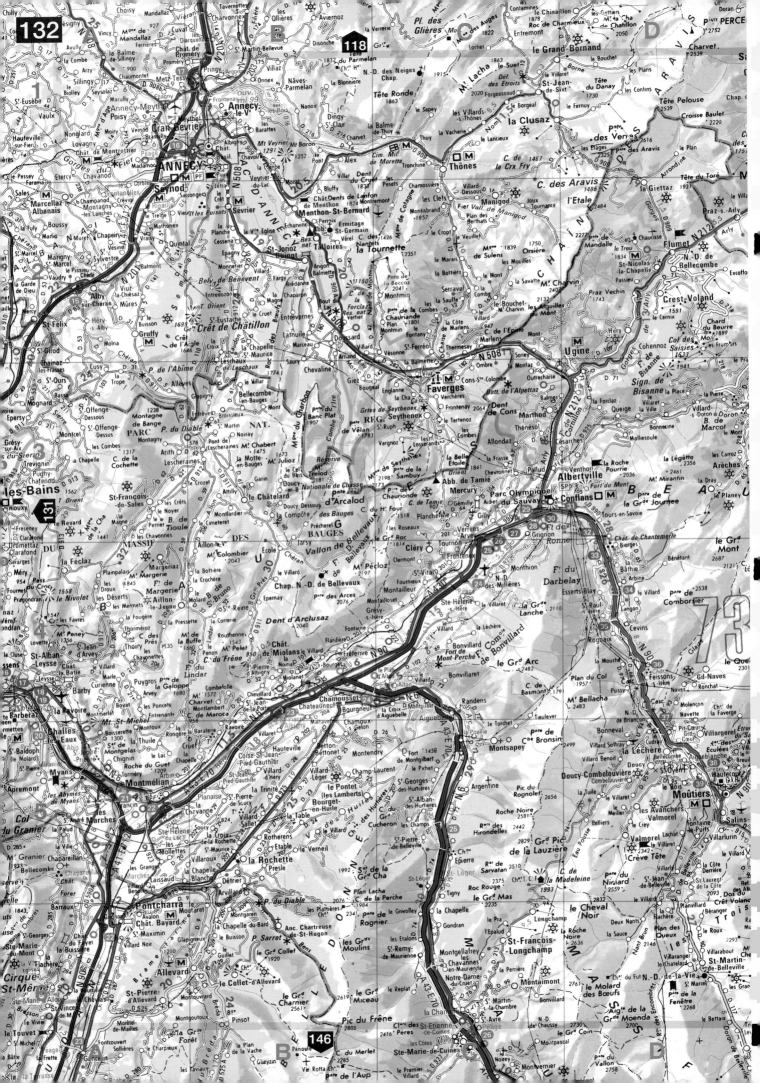

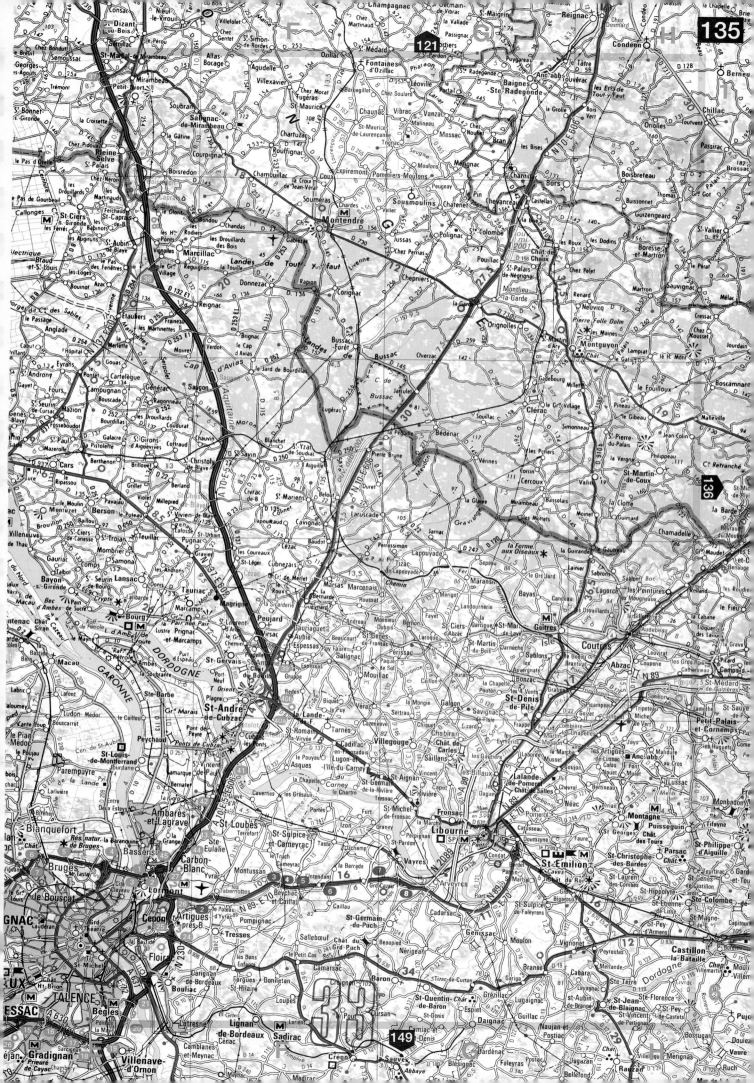

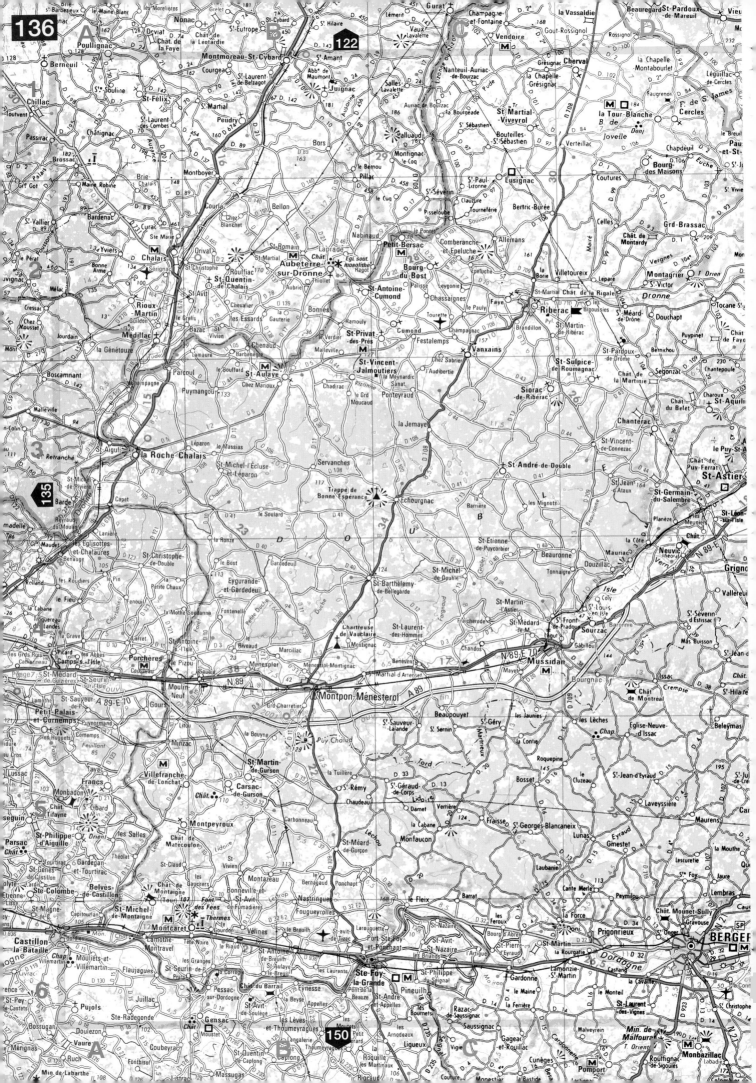

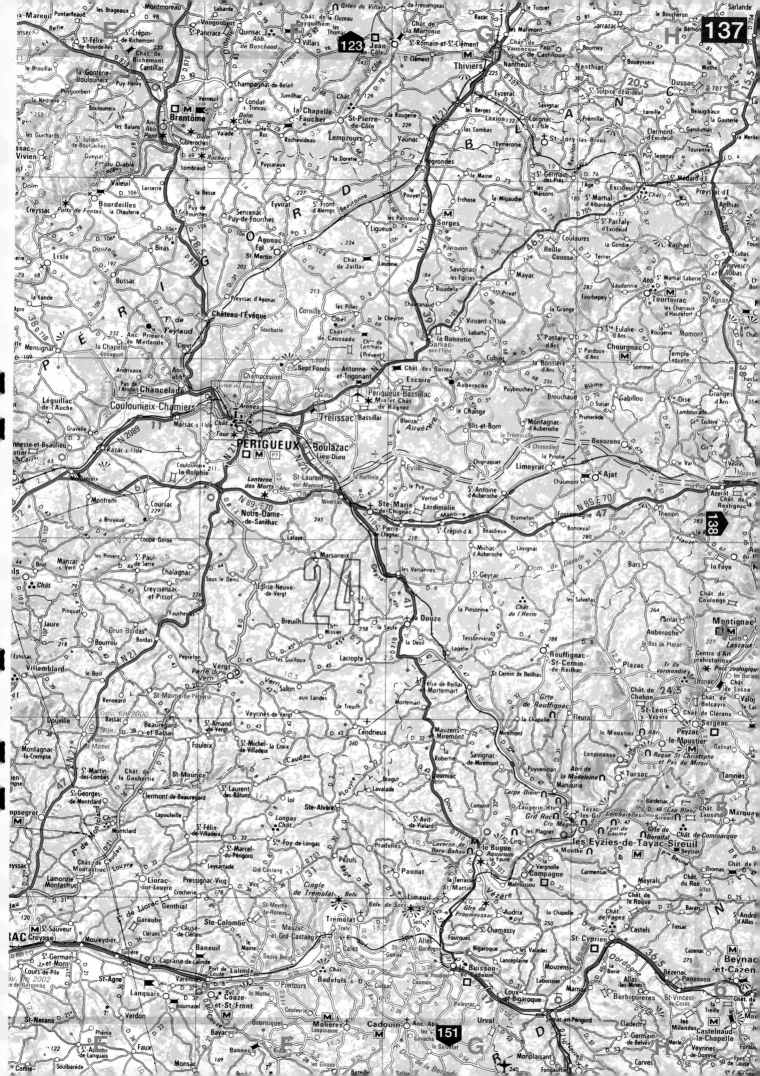

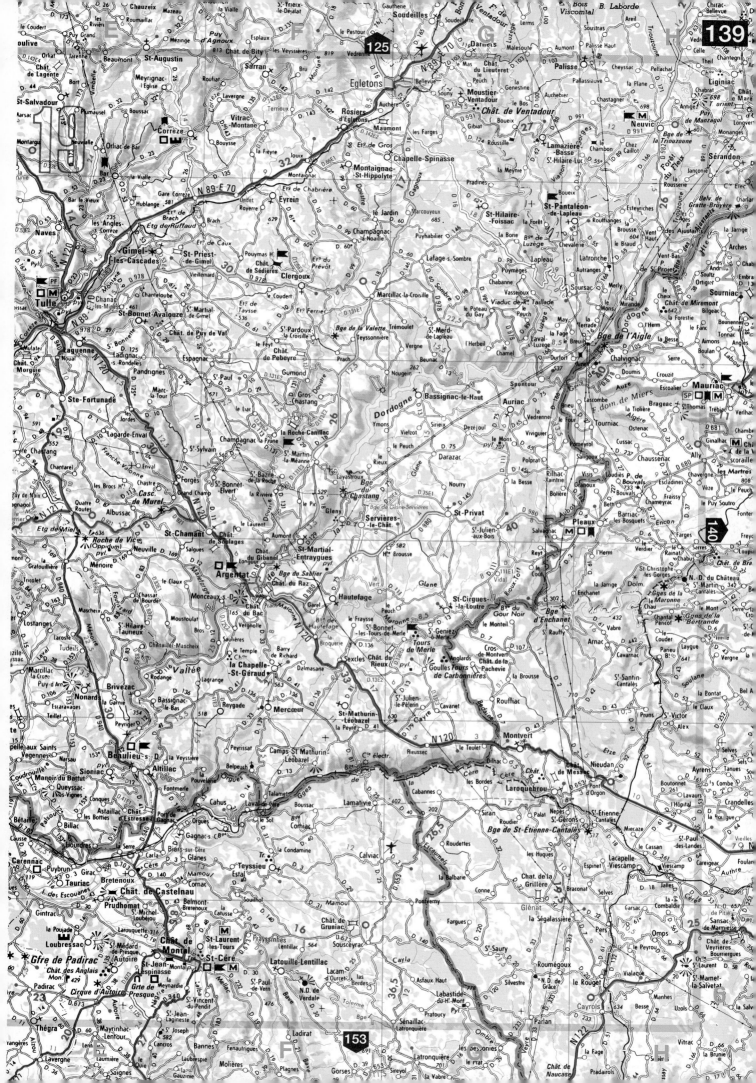

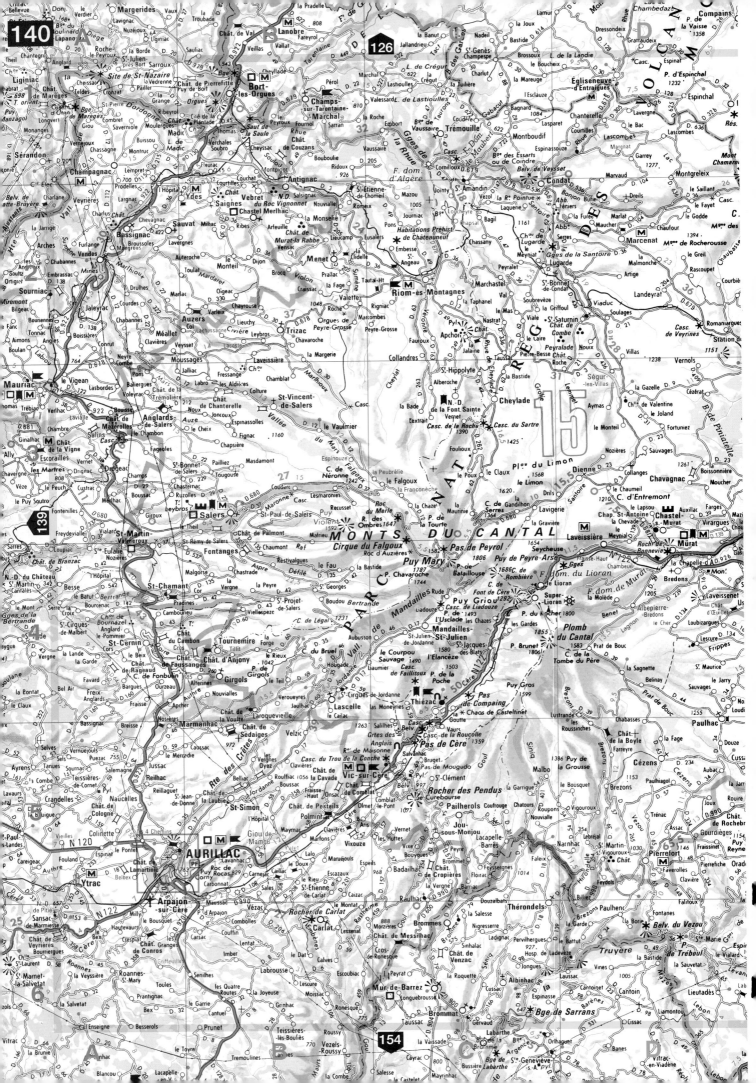

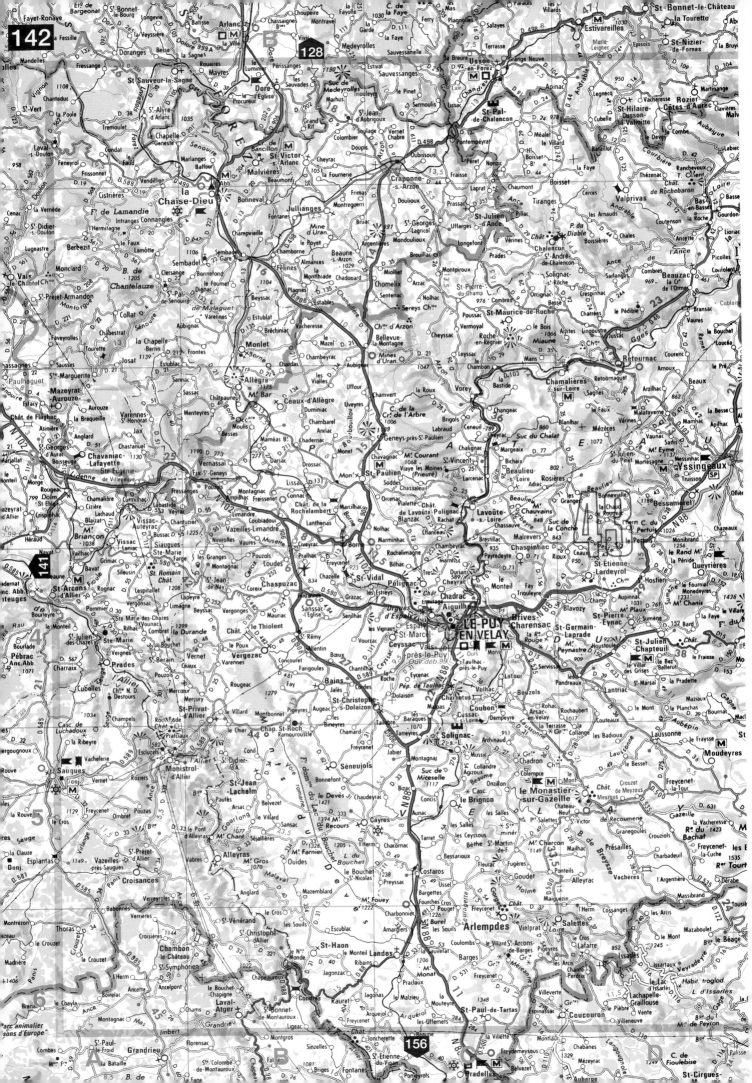

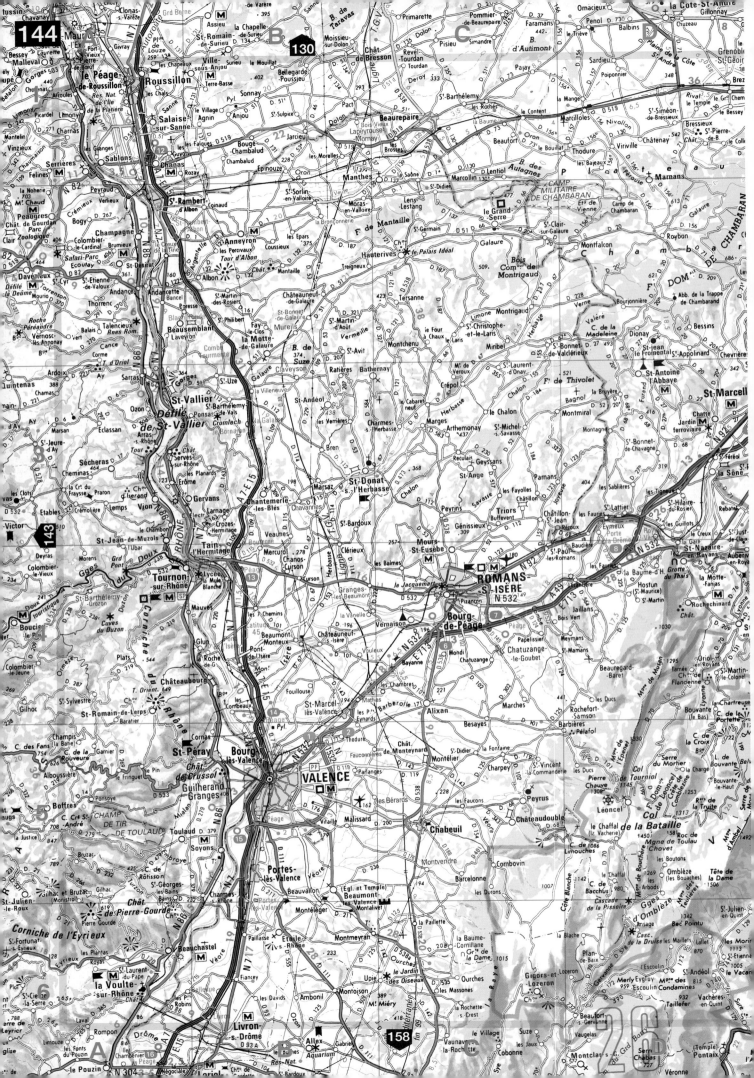

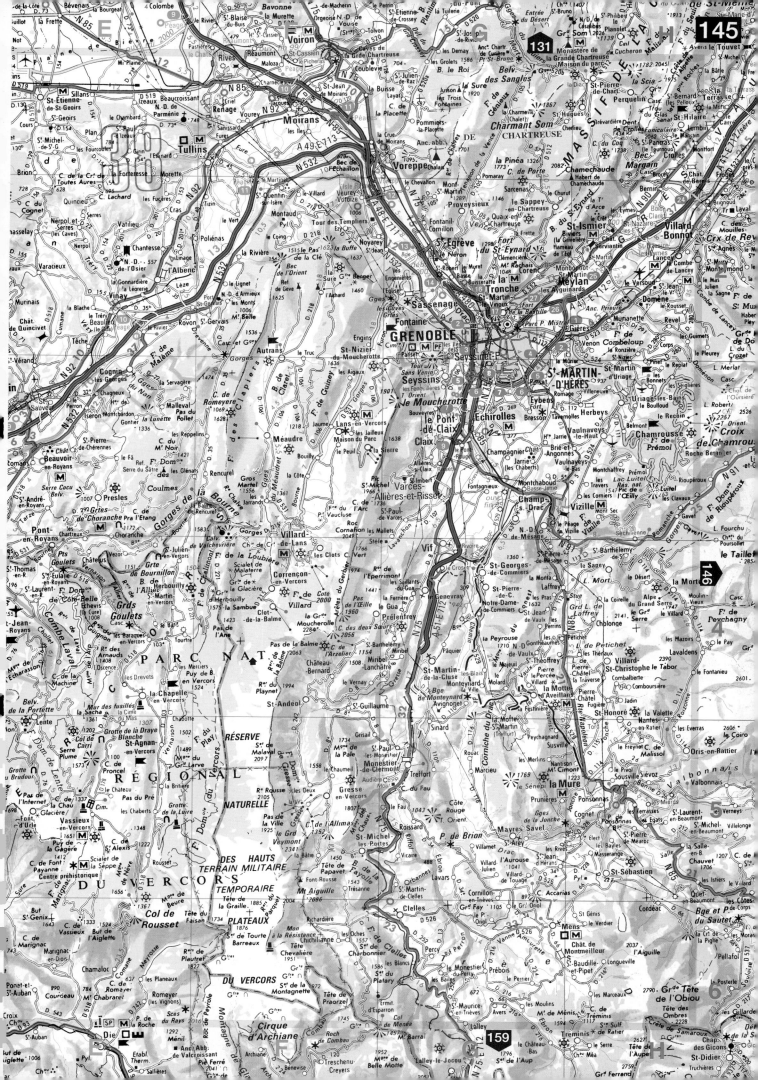

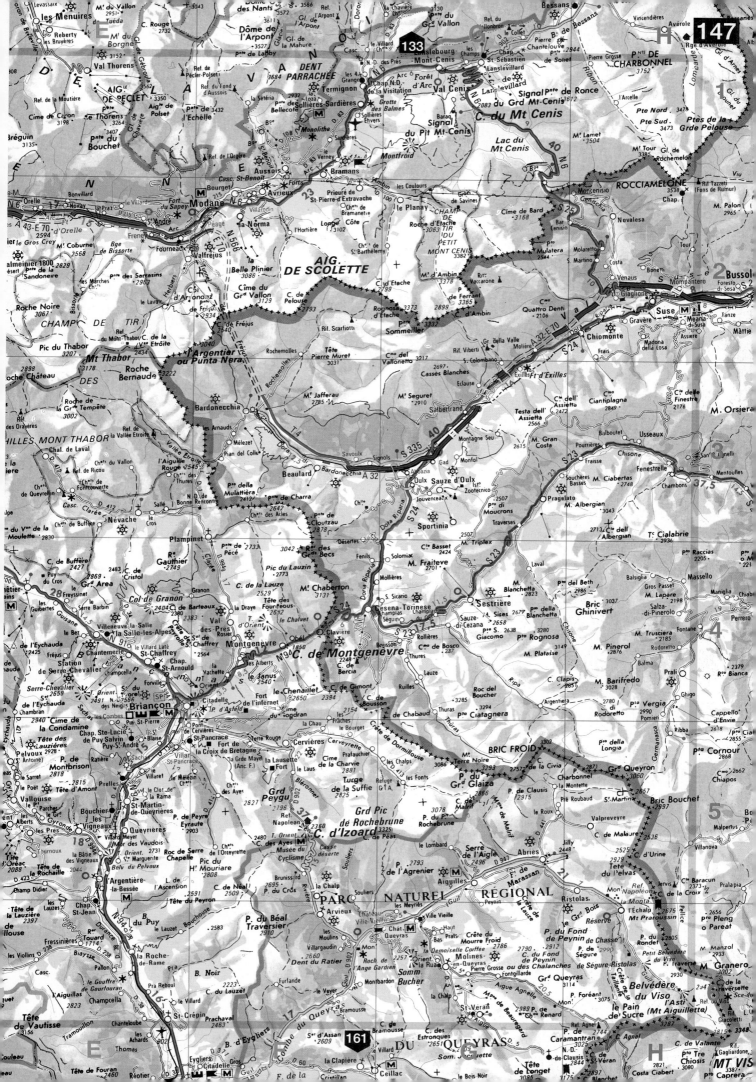

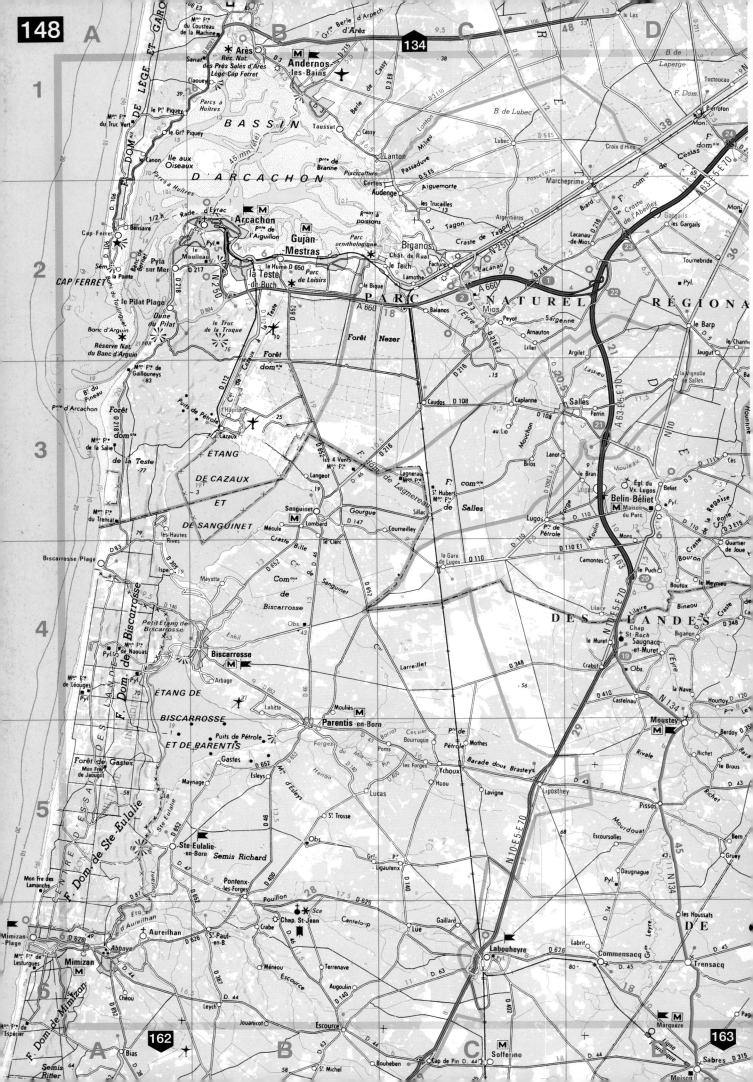

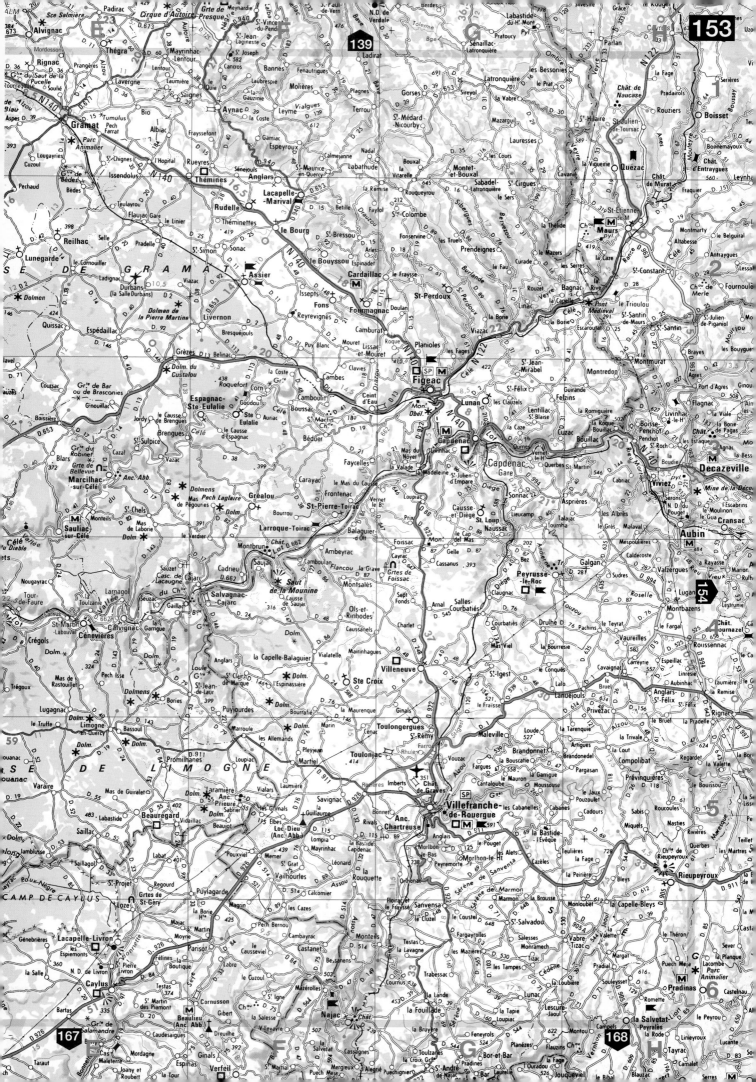

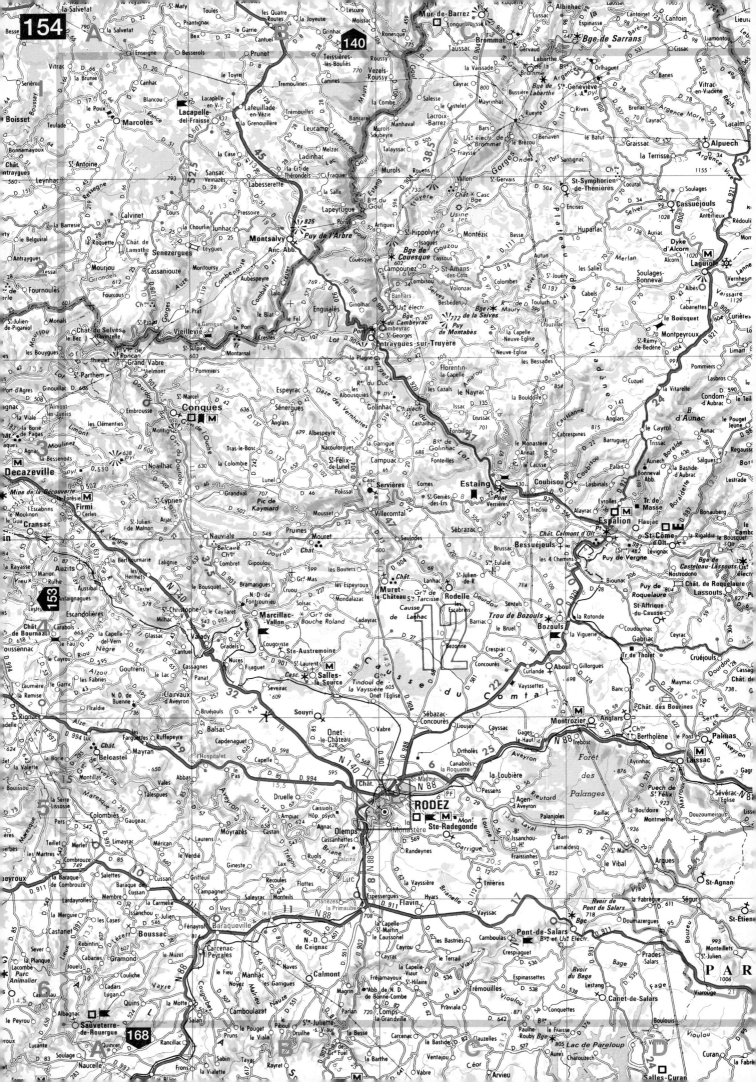

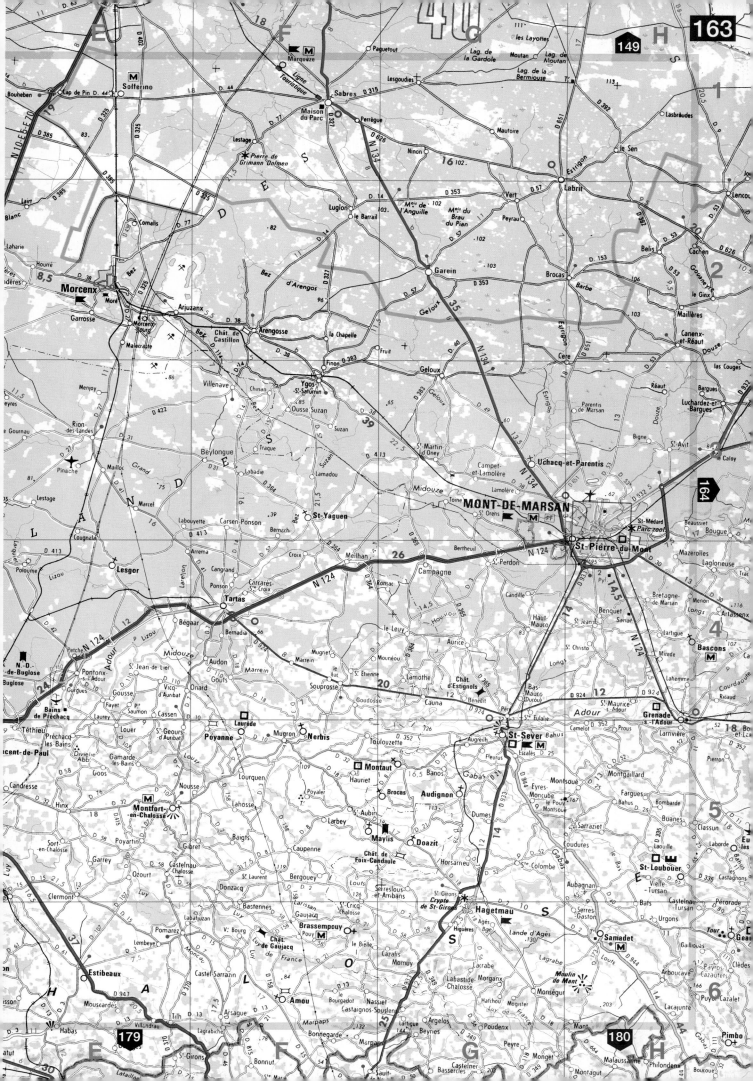

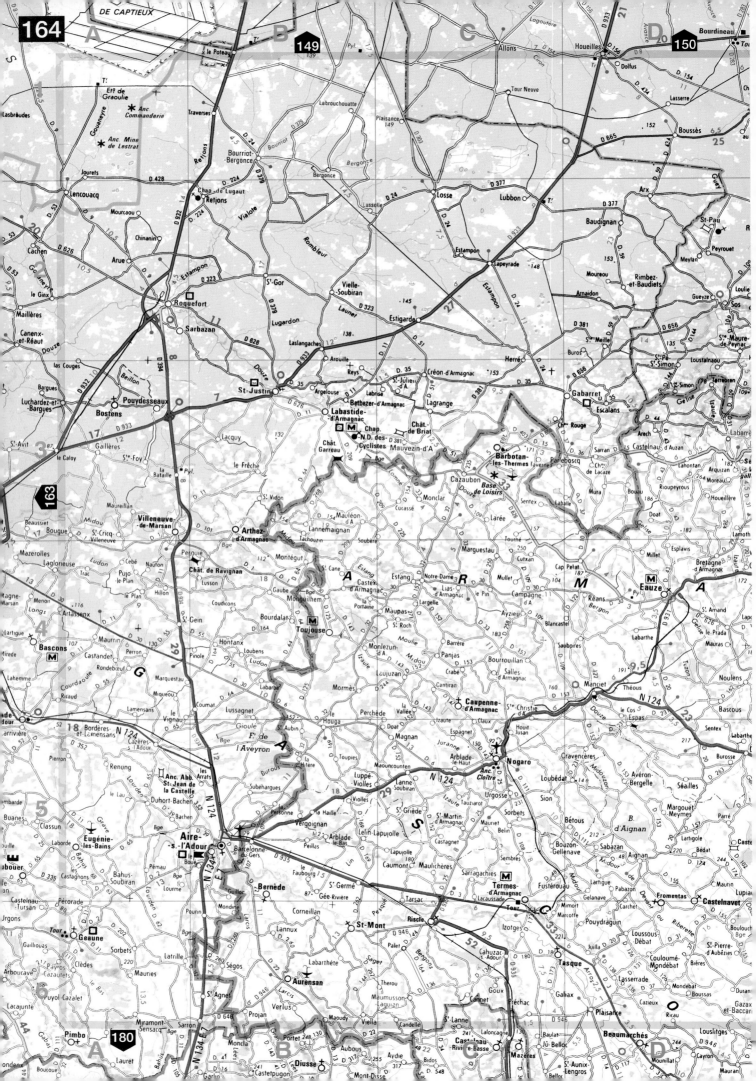

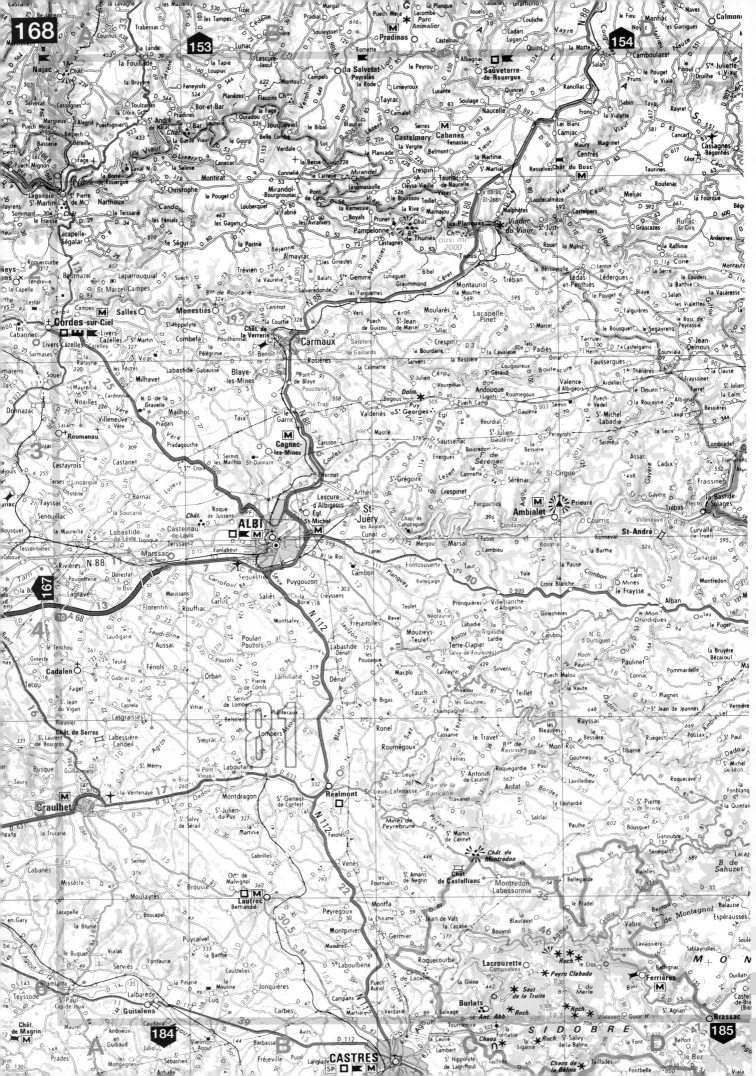

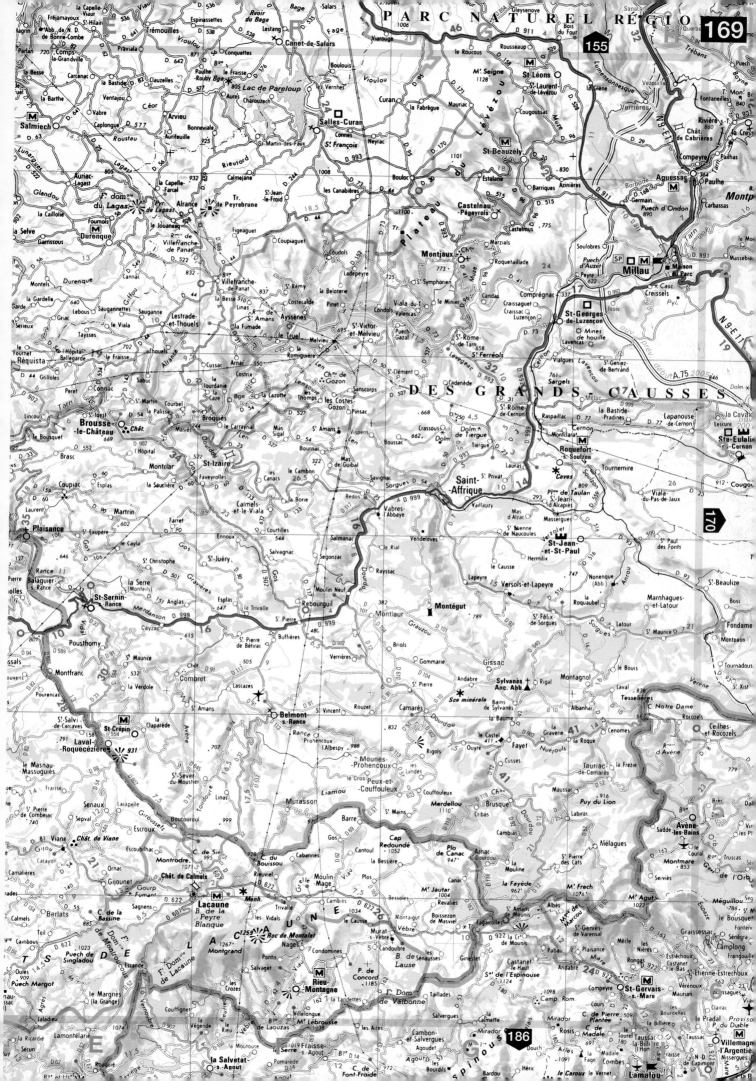

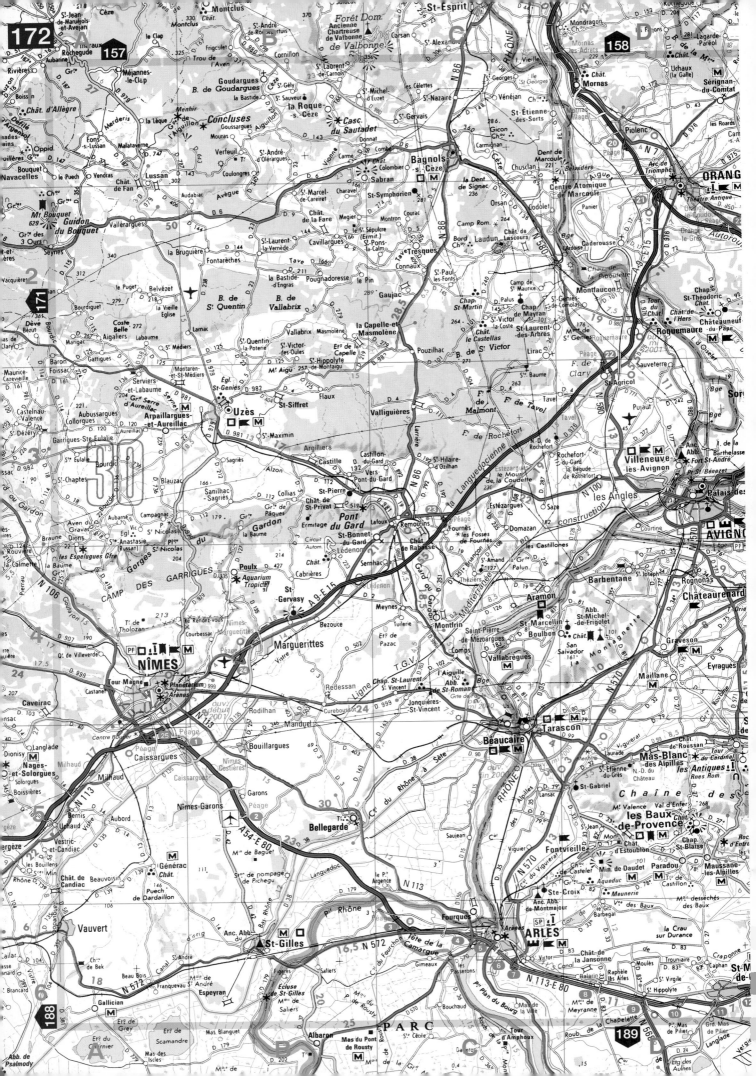

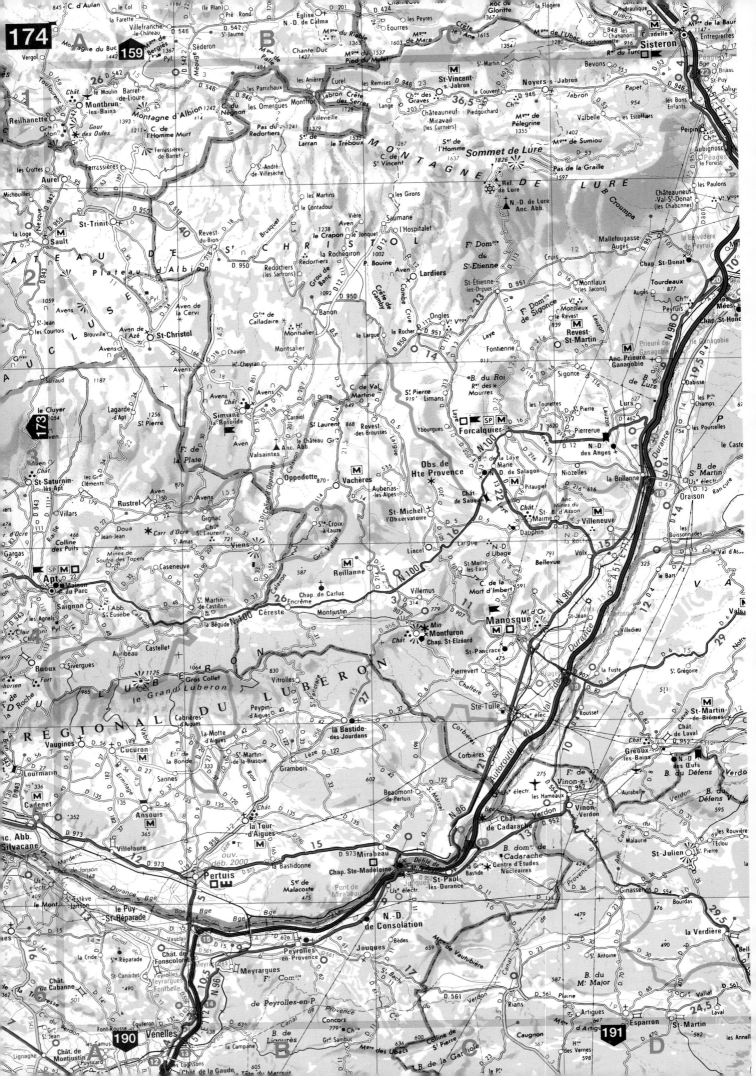

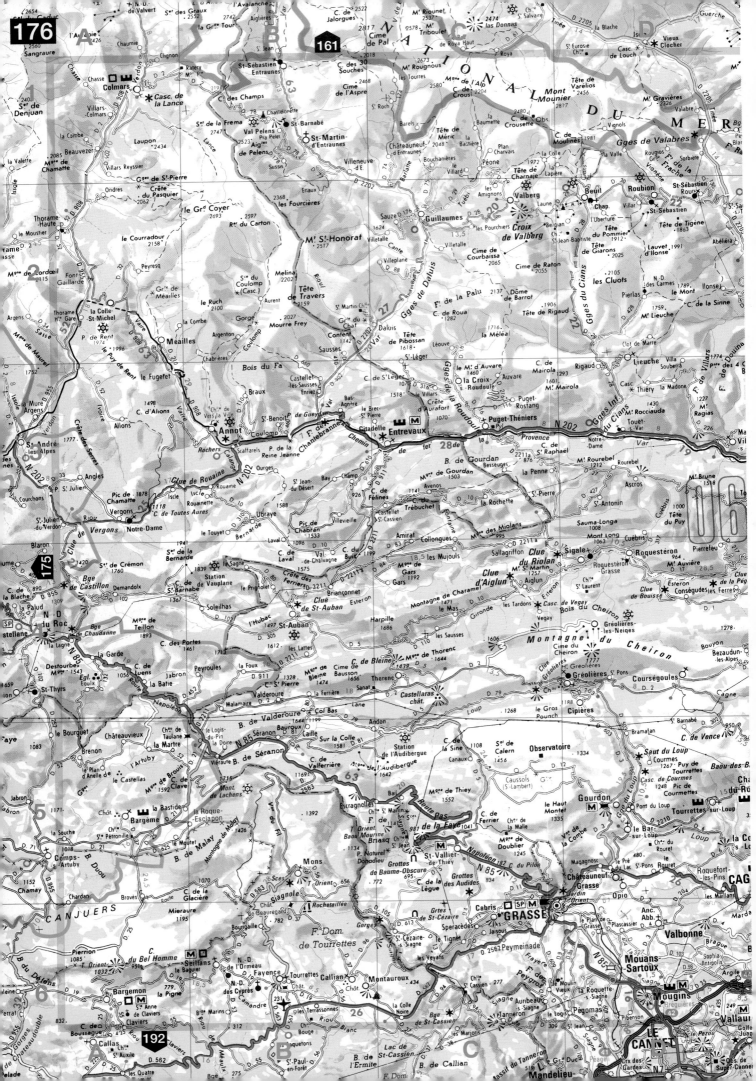

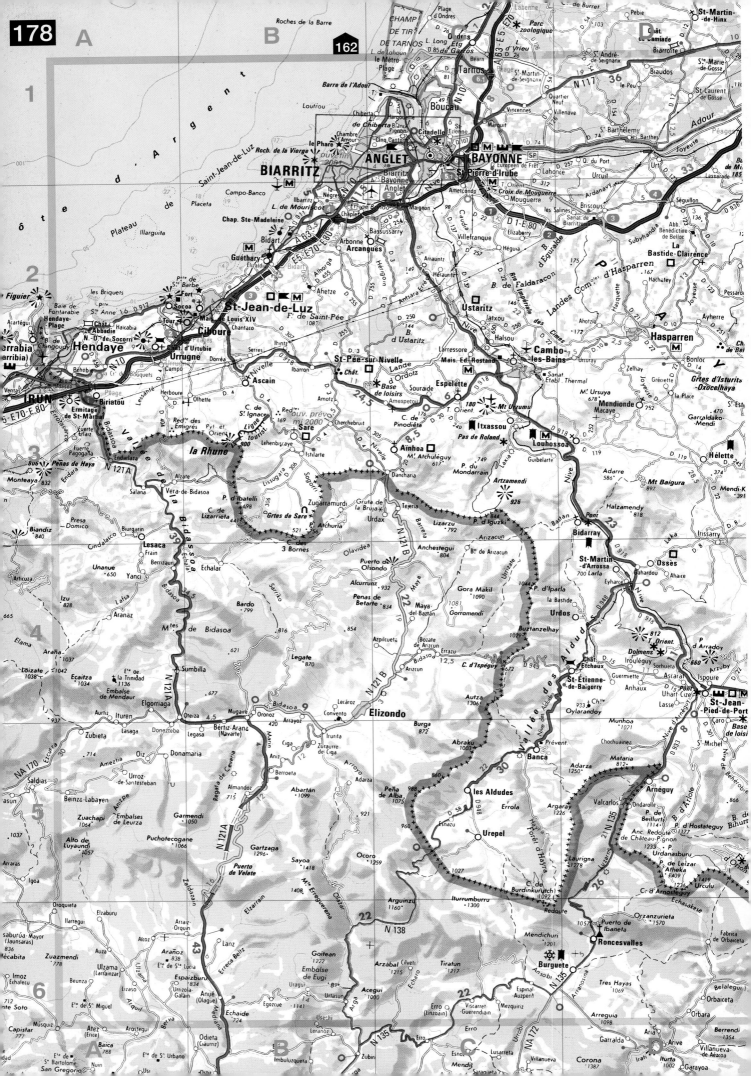

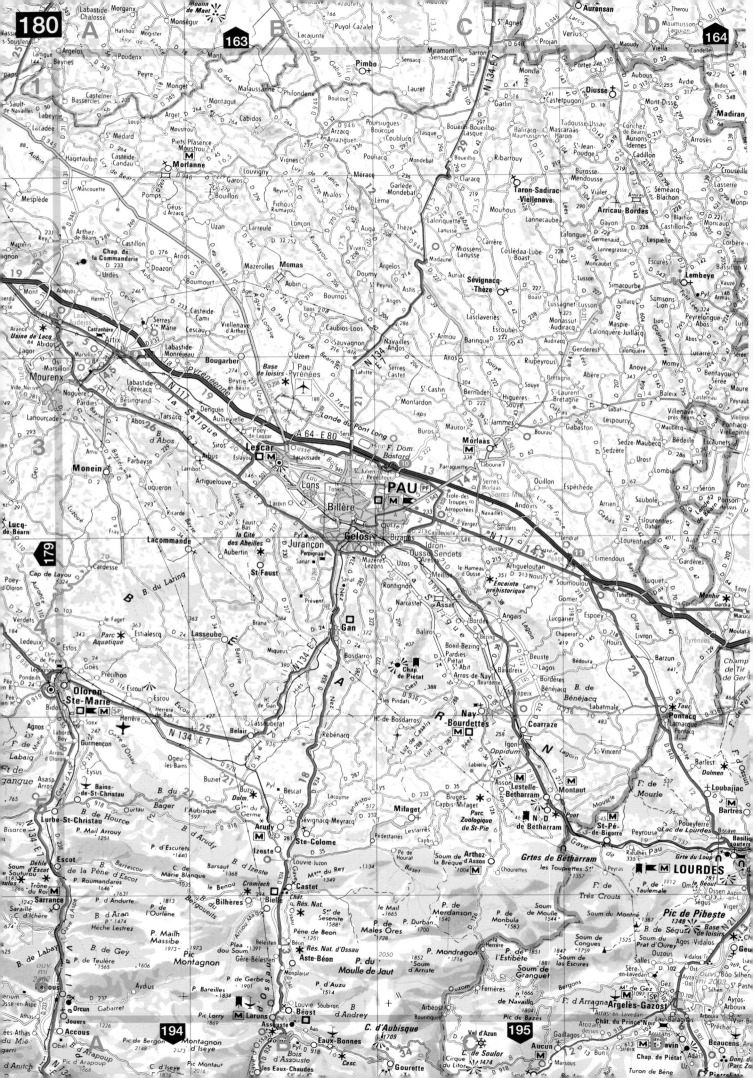

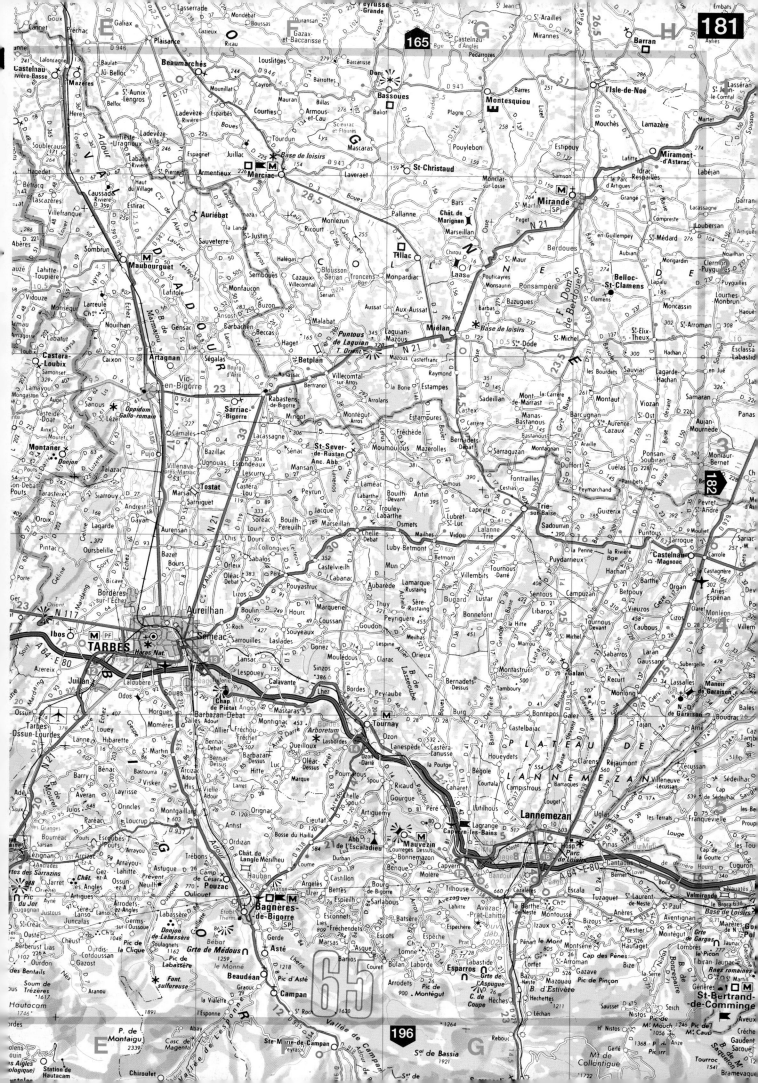

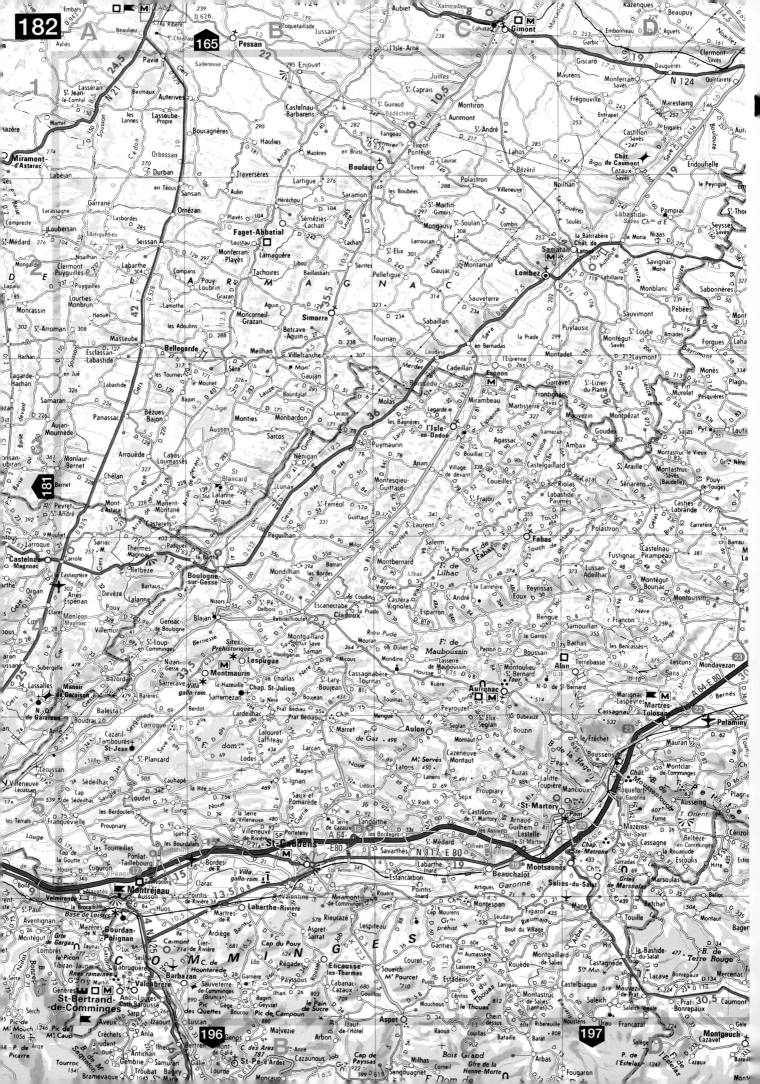

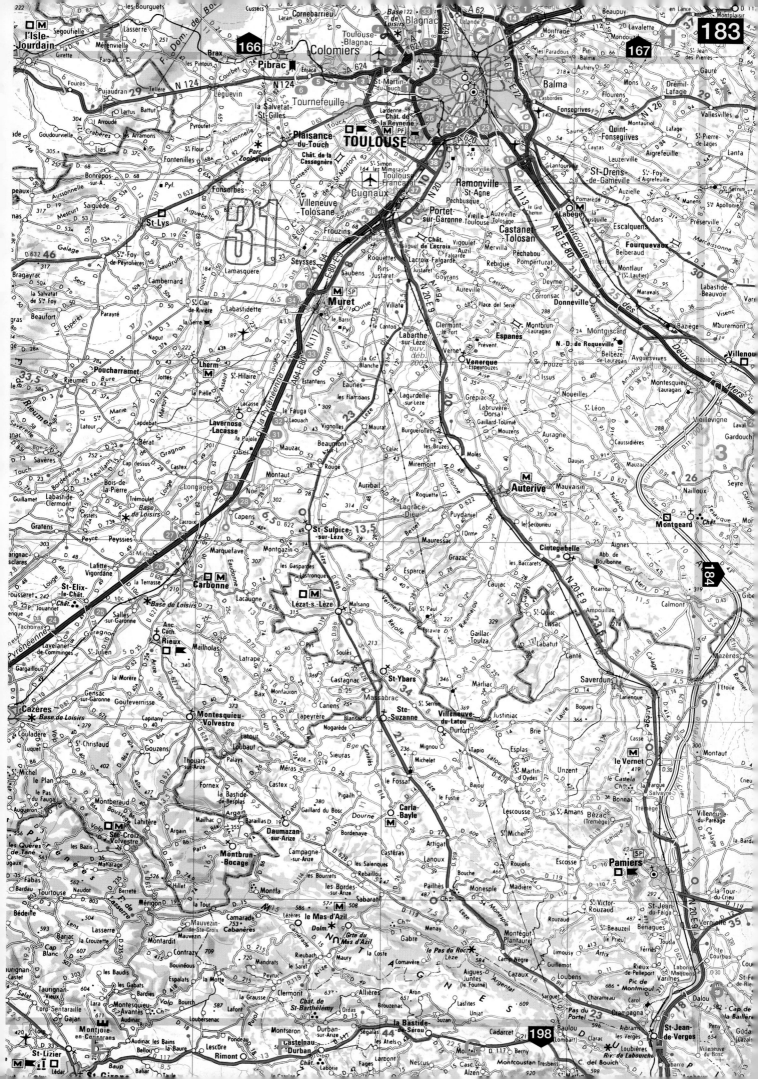

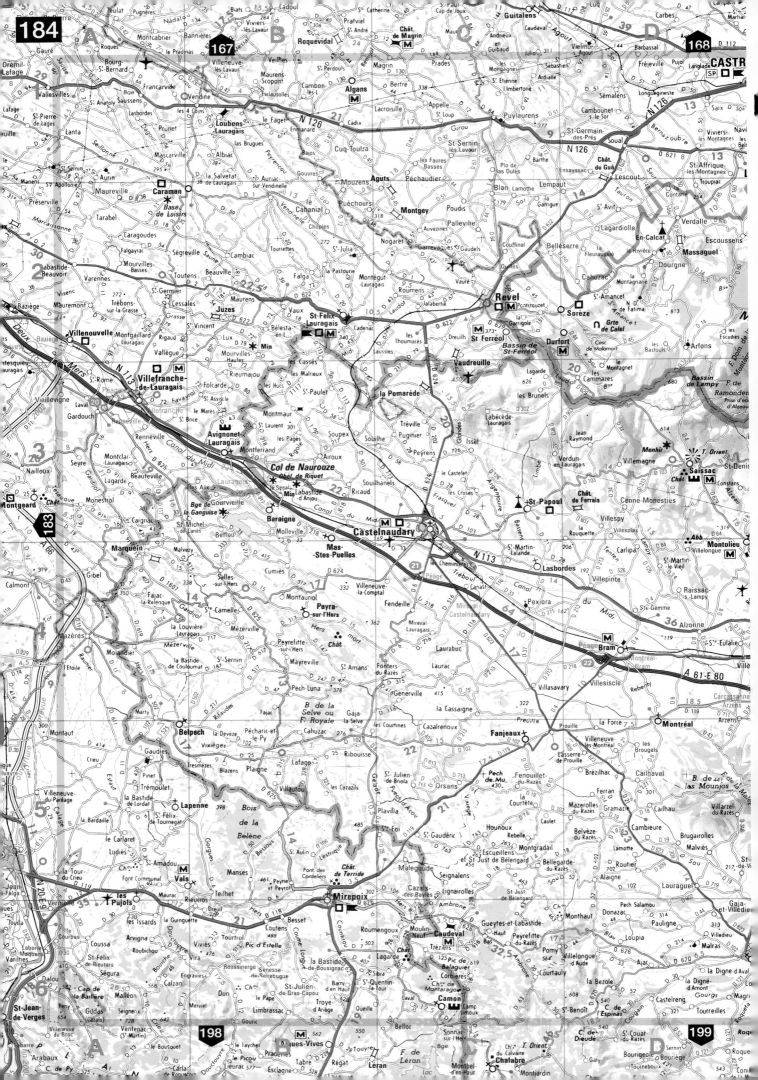

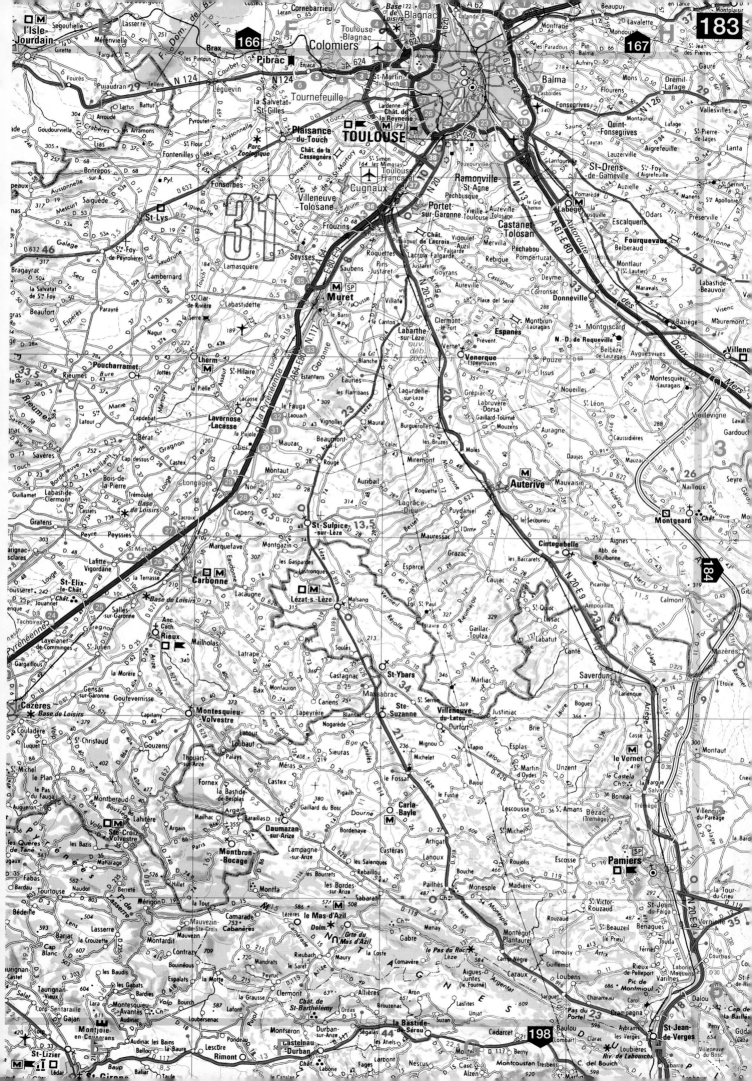

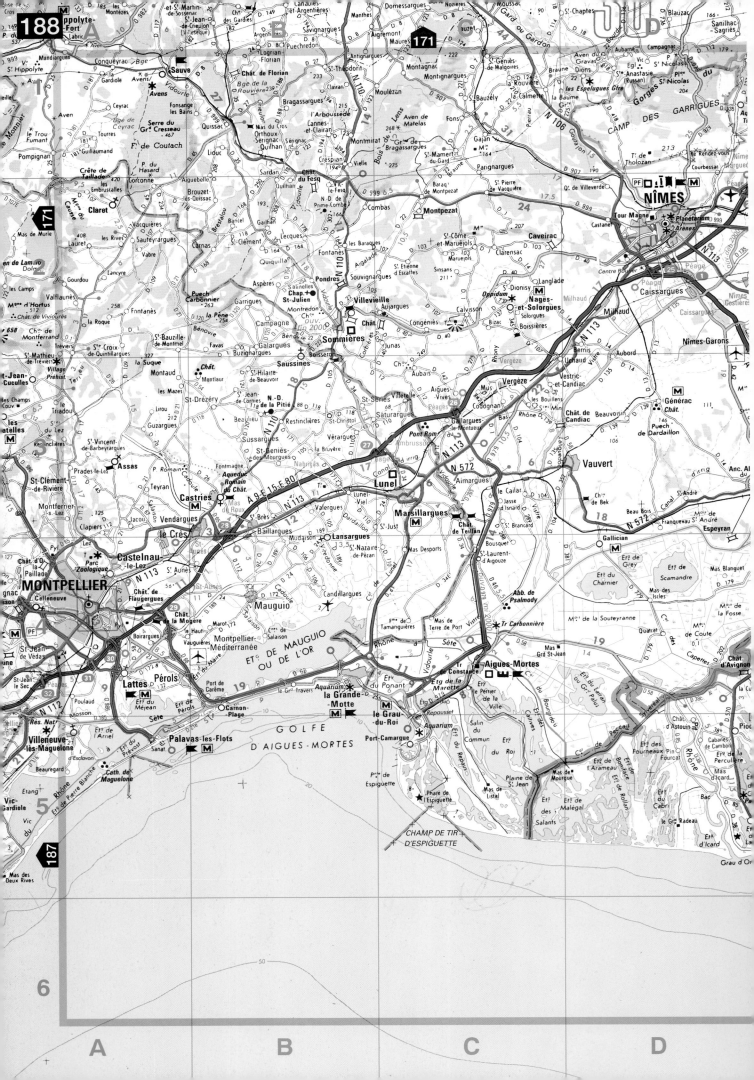

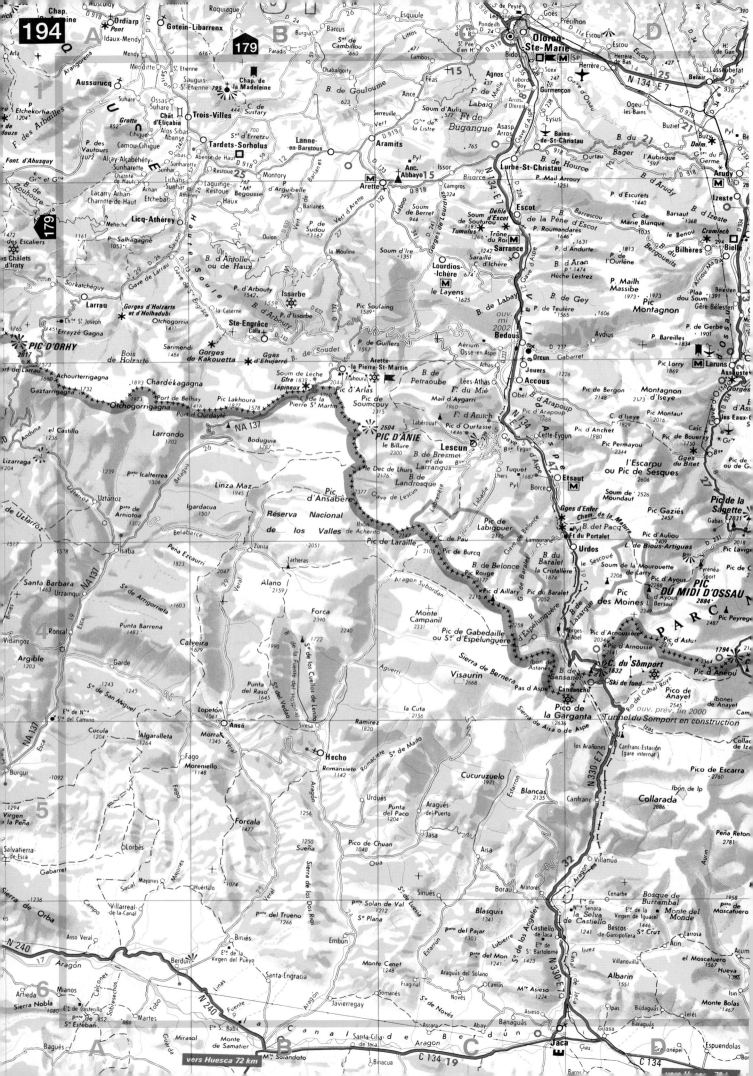

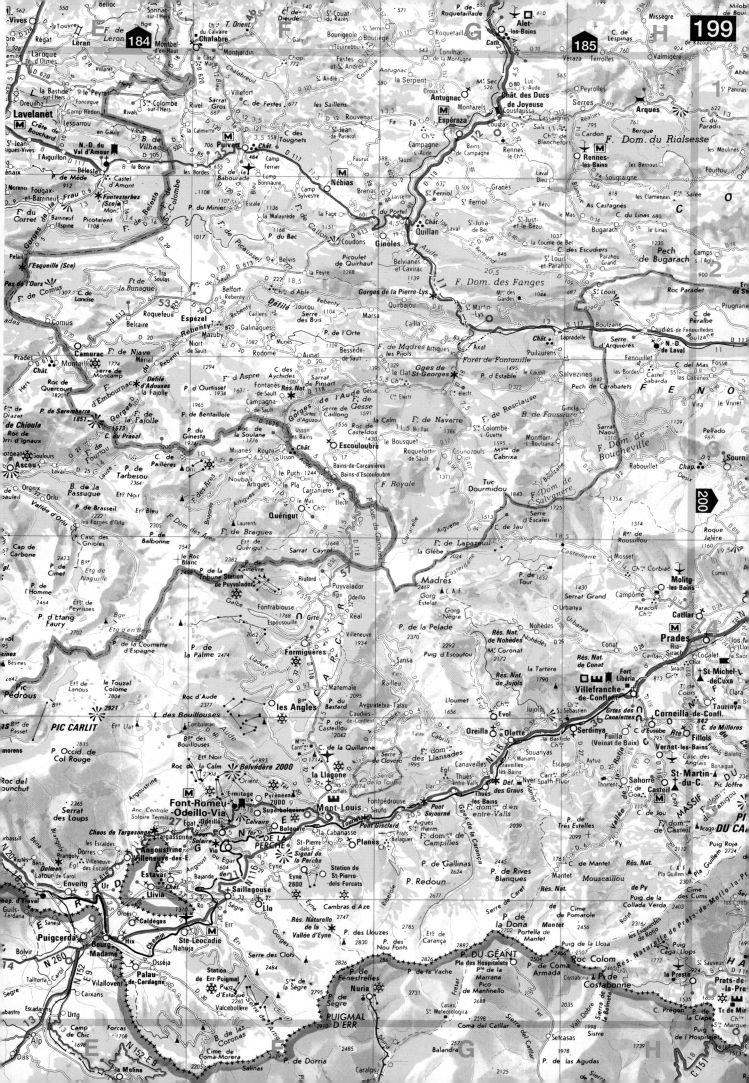

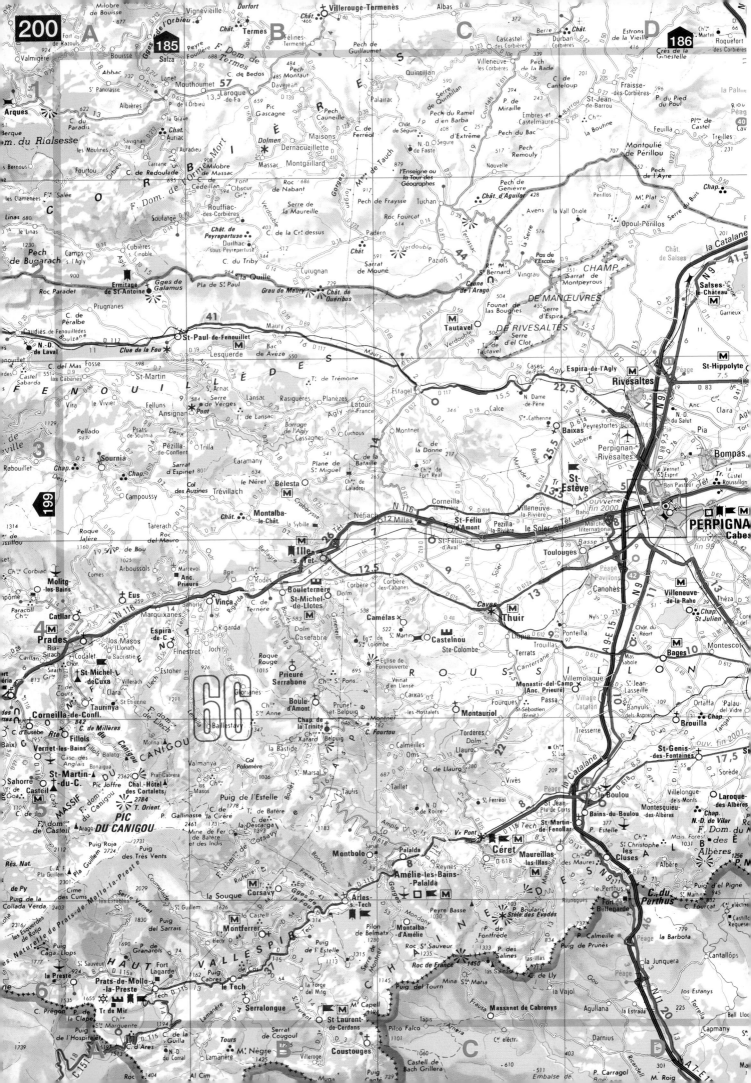

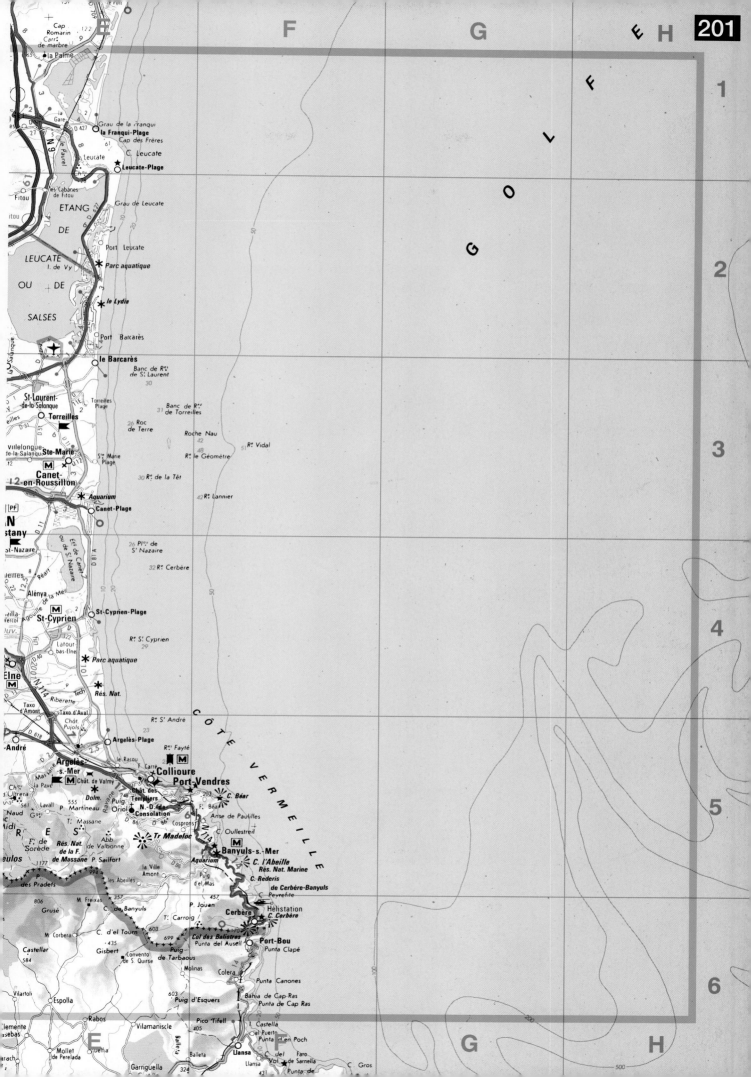

A   B   C   D

1

2

3

4

Marseille-Nice

Marseille-Nice-Toulon

Génova

Punta di l'Accia

Anse de Peraiola

Phare de
la Pietra   M   Tour
l'Île   de Saleccia   Tour
Rousse   d'Izan   Punta
d'Arcu

11 319

Punta di Vallitone
Marine de Davia
Punta di Varcale
Capu
Mirabu
Citadelle   Occiglioni   Monticello
Marine de
Sant'Ambrogio   Corbara

5

la Revellata   SP
Calvi
Citadelle
Grotte
des Veaux
Marins
Anse Recisa
N.D.
de la Serra
Petra Maio
Punta Guale
Baie
de Nichiaréto
Punta di Cantàleli

Golfe
de Calvi
Tour
de Caldanu
San Petro
Tour
de Spano
Punta Spano
Marine de

Algajola   N 197
Pigna   Couvent
de Corbara
Sta-Reparata
-di-Balagna
563   Aregno   Sant Antonino
Lumio   Lavatoggio
Bocca di Salvi   Cateri
Avapessa
Comm.
de Montegrosso
Montemaggiore   Cassano
Zilia
Capu di Piedi
Mezzani   Anc. Couvent
d'Alzi Pratu
Chap. Sta Restituta
Moncale   Calenzana
843
Egl. Muro
San Raineru
Felicetó

Pigna
de Codole
Belgodere
Costa
Anc. Couv.
del Tuani
Occhiatana
Spelancato   Ville-
di-Paraso
Nessa   Bocca di
Battaglia
Pioggiola
Monte Tollu   Olmi-Cappella
Cima
Caselle   S. Parteo
Mausoléo

Palaso

844

96

Capo Cavallo
Sém.
295
Torre
Truccia
256
Capu
di a Mursetta
Baie de Crovani
Fanajola
425

Bocca Serria
Monte Cintu
801
Torre
Mozza
Camporettu
Capu
di a Mursetta
Capu
di l'Argentella
801

Capu
di a Conca
725
Calvi
Ste-Catherine
302
Suare
Tarazone
la Figarella Riv.
Capu
di Pratu
Punta Radiche   2010
Capu   2032
Ref. Ortu di u Piobbu
Monte
Corona   2143
Capu Ladroncellu
Cirque
de Bonifatu

Monte
Grosso
1937

Forêt Dom. de Tartagine-Meldja

1354

Monte Padru
2393

Asco   Gorge

Bocca
di Marsolinu
891
CHAMP
DE
TIR
Porta Vecchia
D 251
Capu
di Vegnu   1389
2144
Punta Gialla
2101
Ref. de
Carrozzu

2304
Cima di
a Statoja

F. comm. d'Ascó

P. Génois

6

A

Punta
di Stollu
Capu
Porculicatu
Punta Bianca

Golfe
de Galéria
Tour
le Marsolinu

Prezzuna

204

Forêt
de
Bonifatu
Capu
u Ceppu
1955
a Muvrella
2148

F. comm. de Stonciccone
Rau de
Refuge

730

Punta à Scala

CAP CORSE

Tour · I. de la Giraglia

Capo Grosso
Tour
Tour d'Agnello

Capo Bianco
359
Comm.
d'Ersa
Granaggiolo
Cima di a Campana
Réserve Naturelle des Iles Finocchiarola
Comm. de Rogliano
61
Tour

Min Mattei
Col de la Serra
Orche Botticella
Comm. de Centuri
D. 80
Macinaggio
Baie de Macinaggio
Port de Centuri
Tr
Camera

Bettolacce
603
Trs
Comm. de Tomino
Tour de Meria

Mucchieta
Pecorile
Monte di e Catelle
Comm. de Morsighia
Meria

Golfu Alisu
D. 35
608
Pastina

Pino
387
Col de Santa-Lucia
Piazza
Campu
Punta di Stintinu
Tour de Séneque
837
M
Comm. de Luri
San Pietro
Rau de Luri
Santa Severa

Minerviu
Chiesa
Pinzu a'Vergine
D. 32
Marine de Luri

Comm. de Barrettali
Monte Alticcione
1139
Ortale
Comm. de Cagnano
Marine de Porticciolo
Porticciolo

Tour
Marine de Giottani
Conighiu
D. 132

Marinca
Comm. de Canari
Cima di e Follicie
1324
Comm. de Pietracorbara
Punta a i Giunchi
Tour de l'Osse

Punta di Canelle
Pieve
Oreta
Rau
Marine de Pietracorbara
D. 232
Tour de Castellare

Canelle
Ogliastro
Chiosu
Bocca di San Giuvanni
1196
Crosciano
Santa Catalina Anc. Couv.

Albo
Tour
Lainosa
Comm. d'Olcani
Comm. de Sisco
D. 32
Marine de Sisco

Monte Stello
1307
Tour de Sacro

Tour
Nonza
785
Santa Maria di e Nevi
Comm. de Brando
28
Tour

Couv.
1203
Poretto
Erbalunga

Marine de Negru
Piazza
Comm. d'Olmeta-di-Capocorso
Comm. de Santa-Maria-di-Lota
Figarella
54
Lavasina
D. 31

Tour
Monte Foscu
1102
Nice Marseille Toulon
Livorno Genova

Punta di Mignola
Comm. de Farinole
Braccalaccia
Comm. de San-Martino-di-Lota
Castagnetu
Grigione

Marina di Malfalcu
Anse de Scalavita
Punta di Curza
Punta Mortella
Punta Vecchiaia
Tour
Comm. de Ville-di-Pietrabugno
Pietranera

Marina d'Alga
Salecca
Etang. de Loto
GOLFE DE ST-FLORENT
Menhir
Comm. de Patrimonio
961
Guaitella
Tour de Toga
M

Monte San Colombanu
239
Cima d'Ortella
416
Tour
Santa Maria
Comm. de Barbaggio
Piazze
Pigno
Cardo
BASTIA
PF

DÉSERT DES AGRIATES
Cima d'Ifana
421
Monte Genova
St-Florent
Citadelle
Anc. Cath. du Nebbio
Col de Teghime
536
Citadelle
Lupino

Tour
479
Cima di u Pesu
429
356
Monte Revincu
Dolmen
262
Chap. San Quilico
Monte à Torre
852
Furiani
Cim. All.

Bocca di Vezzu
Casta
D. 238
Monte a Mazzola
229
Chap. Santa Maria
N 193
Pinetu

CHAMP DE TIR DE CASTA
Rau d'Aliterno
D. 82
Poggio-d'Oletta

Bocca di Campi Tostari
Monte Ambrica
1063
Oletta
955
Biguglia
Casatorra

Monte Filetto
842
Cima di u Zuccarellu
Réserve Naturelle de l'Etang de Biguglia
Ile San Damianu

Monte Astu
1535
Santo-Pietro-di-Tenda
Egl. San-Pietro
Olmeta-di-Tuda
Déf. de Lancone
Bevincu

Urtaca
San-Gavino-di-Tenda
Vallecalle
835
Monte a Torricella
Ortale
Pirettone

Novella
Bocca à Croce
Santa Margarita
Menhir
Rapale
San-Michele
Rutali
Cima di Tattoni
1117

Lama
Sorio
Pieve
Chap. San Cesaro
Murato
Borgo
la Pointe d'Arco

1219
Bocca di Tenda
1526
Bocca di a Foata
Vignale
Lucciana
la Marane

Cima di Pinzali
Pietralba
Monte Reghia di Pozzo
1469
Bocca di Bigorno
Scolca
Bastia-Poretta
la Canonica
San-Perteo

2B
Lento
Bigorno
Campitello
Volpajola
Barchetta

Monte Tevisi
Cànavaggia
1240
Costa Roda
Prunelli-di-Casacconi
Olmo
Vescovato
Quercio
Anghione

Castifao
Moltifao
428
Campile
P. Génois
Ponte Novu
San Thomaso
Bisinchi
Crocicchia
Loreto-di-Casinca
Venzolasca
Sorbo-Ocagnano
D. 106

San Francesco Couvent
1147
Mulvecchiu
Castello-di-Rostino
Valle-di-Rostino
Grate
Pastoreccia
Penta Acquatella
Sant'Angelo
Ferlaggia
Monte
Penta-di-Casinca
Castellare-di-Casinca
San Pancraziu

Piedigriggio
N 193
Ponte Leccia
Santa Maria di Riscamone
Ortiporio
Silvareccio
Porri
Tour
San Pellegrinu

Aiguilles de Popolasca
2180
Popolasca
Prato-di-Giovellina
205
M
F. dom. de Pinetu
875
Giocatojo
Piano
Casabianca
Casalta
Egl. Sta-Maria
Taglio-Isolaccio
Résidence des Isles

Cima
Castiglione
Morosaglia
Stoppia Nova
Poggio
Marinasco
Quercitello
Ficaja
Gavino-d'Ampugnani
Scata
N 198

Morsaglia
Chap. San Petro d'Accia
la Porta
Pruno

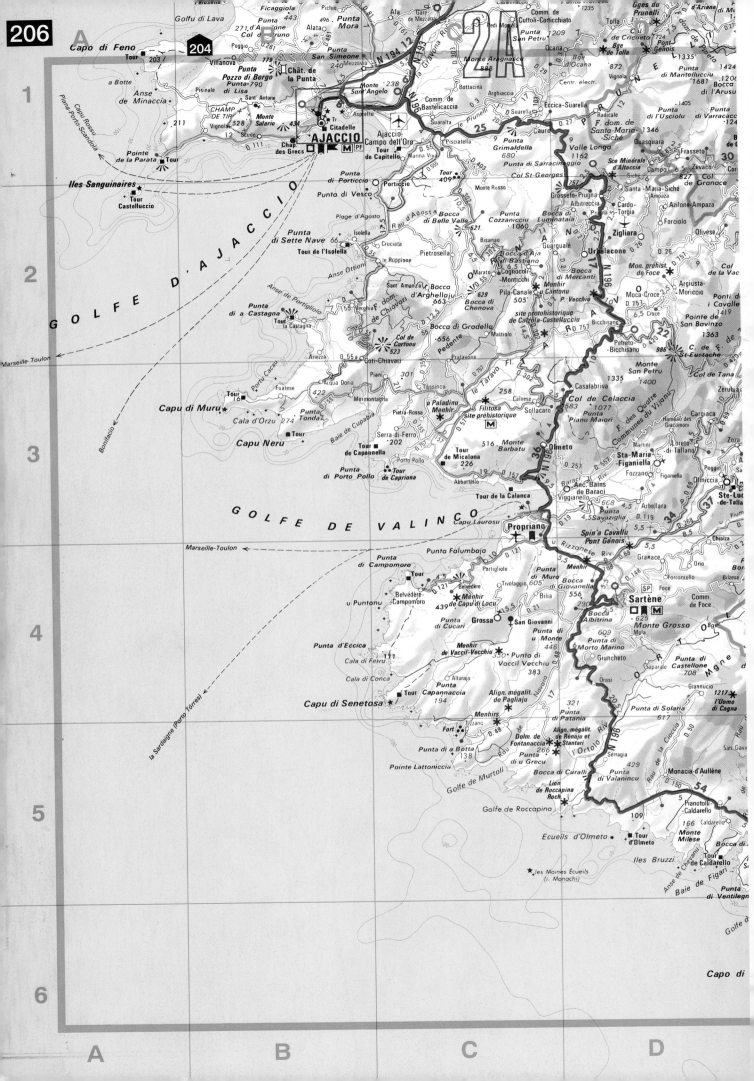

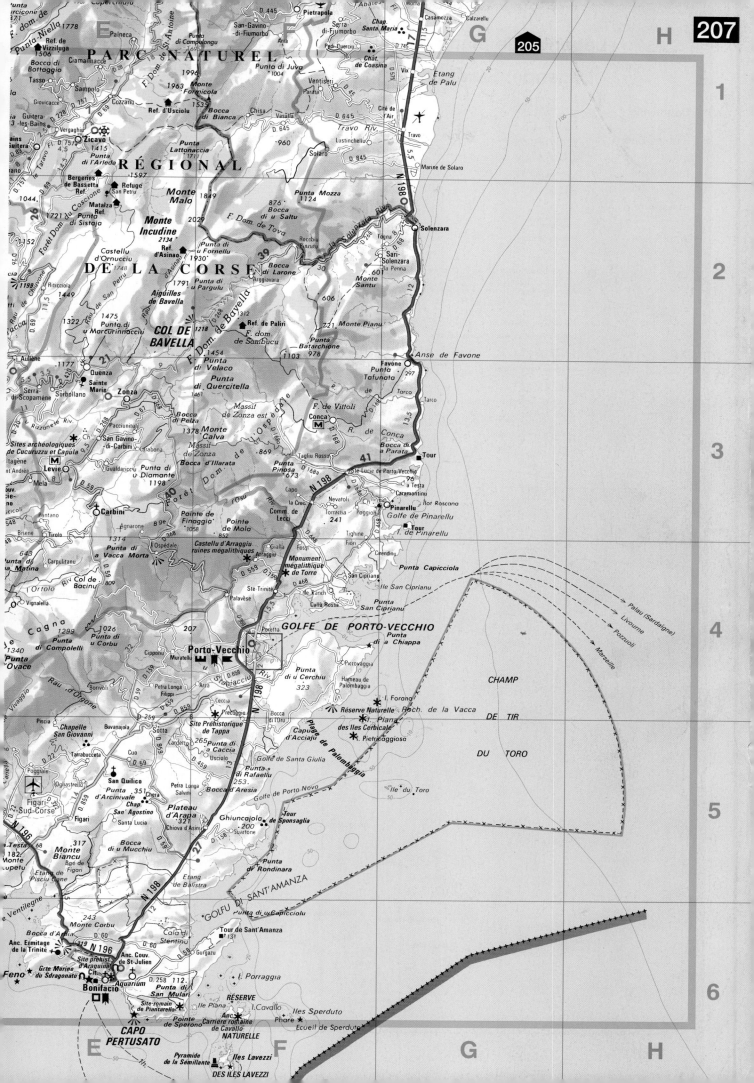

Légende de plans de ville
Legende: Stadtpläne
Town plan legend
Legenda stadsplattegronden

Doudeville
Chef-lieu de canton
Chief town of canton
Kreishauptort
Hoofdstad van de provincie

Etot-les-Baons
Chef-lieu de commune
Chief town of commune
Gemeindehauptort
Hoofdstad van de gemeente

Bocs Malterre
Hameau, Quartier
Hamlet
Weiler
Gehucht

Bd de la Marne
Nom de rue
Road name
Strassenname
Straat naam

A 10   N 10
Numéro de route
Road number
Strassennummer
Straat nummer

□   ☿   Ⓗ
1   2   3
Bâtiment administratif (1), église, chapelle (2), hôpital (3)
Administrative building (1), church, chapel (2), hospital (3)
Verwaltungsgebäude (1), Kirche, Kapelle (2), Krakenhaus (3)
Administratief gebouw (1), kerk, kapel (2), ziekenhuis (3)

Limite de commune, de canton
Commune, canton boundary
Gemeindegrenze, Kreisgrenze
Gemeente, provincie grens

Limite d'arrondissement, de département
Arrondissement, département boundary
Bezirksgrenze, Departementsgrenze
Arrondissement, afdeling grens

Limite de région, d'État
Region, state boundary
Regiongrenze, Staatsgrenze
Streek, staatgrens

1   2   3
Zone bâtie, superficie > 8 ha (1), < 8 ha (2), zone d'activités (3)
Built-up area, more than 8 ha (1), less than 8 ha (2), industrial park (3)
Geschlossene Bebauung, über 8 ha (1), unter 8 ha (2), Industriegebiet (3)
Bebouwde kom, groter dan 8 ha (1), kleiner dan 8 ha (2), industrie terrein (3)

1   2
Sable (1), sable humide (2)
Sand (1), wet sand (2)
Sand (1), Gezeiten (Treibsand) (2)
Zand (1), natte zand (2)

208

Autoroute, section à péage
Motorway, toll section
Autobahn, gebührenpflichtiger Abschnitt
Snelweg, tol sectie

Autoroute, section libre, voie à caractère autoroutier
Motorway, free section, dual carriageway with motorway characteristics
Autobahn, gebührenfreier Abschnitt, Schnellverkehrsstraße
Snelweg, vrije sectie, vier baanse weg met snelweg karakteristieken

Autoroute en construction
Motorway under construction
Autobahn im Bau
Snelweg onder constructie

Route appartenant au réseau vert
Connecting road between main towns (green road sign)
Verbindungsstraße zwischen wichtigen Städten (grüne Verkehrsschilder)
Verbindingsweg tussen 2 grote steden (groen wegteken)

Route à grande circulation
Trunk road
Fernverkehrsstraße
Hoofdweg

Route de liaison régionale
Regional connecting road
Regionale Verbindungsstraße
Regional verbindingsweg

Autre route
Other road
Sonstige Straße
Andere weg

1   🅑🅑   2
Échangeur : complet (1), partiel (2), numéro
Junction : complete (1), limited (2), number
Vollanschlußstelle (1), beschränkte Anschlußstelle (2), Nummer
Knooppunt, compleet (1), beperkt (2), nummer

1   2
Barrière de péage pleine voie (1), aire de service (2)
Toll gate (1), service area (2)
Mautstelle (1), Tankstelle (2)
Tol slagboom (1), wegrestaurant (2)

Tunnel
Road tunnel
Straßentunnel
Tunnel

1   2
Chemin de fer (1), gare ou point d'arrêt ouvert au trafic voyageur
Railway (1), station or stopping place open to passenger trafic (2)
Eisenbahn (1), Bahnhof oder Haltpunkt für Personenverkehr (2)
Spoorweg (1), station of stopplaats open voor passagiers (2)

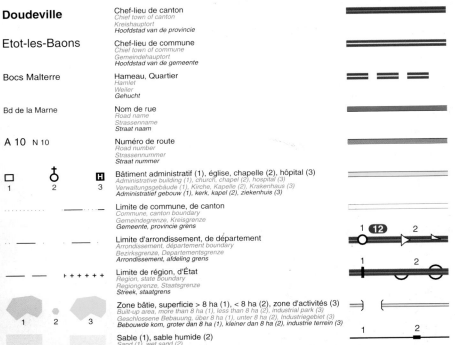

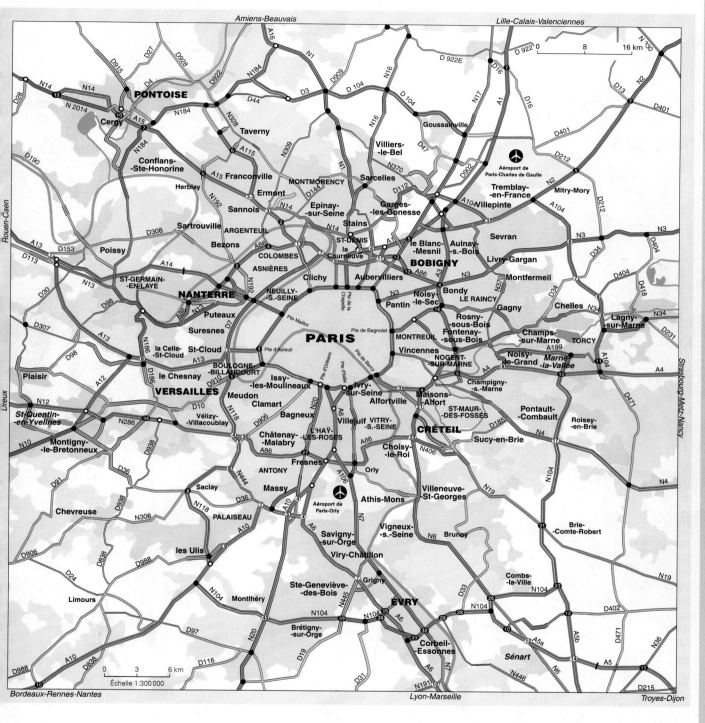

209

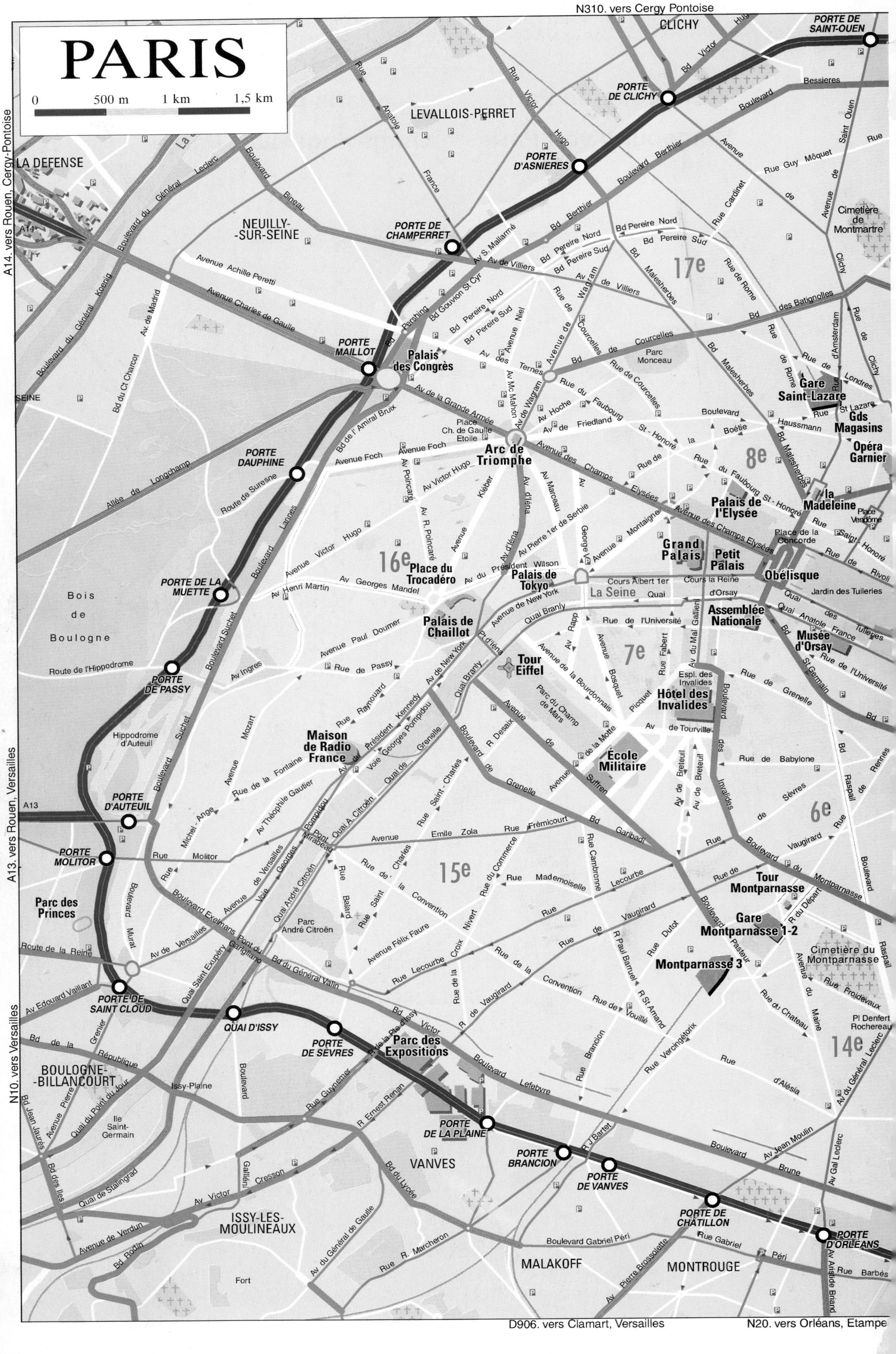

PARIS

0   500 m   1 km   1,5 km

210

N310. vers Cergy Pontoise

CLICHY

PORTE DE SAINT-OUEN

PORTE DE CLICHY

LEVALLOIS-PERRET

A14. vers Rouen, Cergy-Pontoise

LA DEFENSE

PORTE D'ASNIERES

NEUILLY--SUR-SEINE

PORTE DE CHAMPERRET

Bessieres

Boulevard

Rue Guy Môquet

Cimetière de Montmartre

Avenue de Clichy

17e

Bd Pereire Nord

Bd Pereire Sud

Rue de Rome

des Batignolles

PORTE MAILLOT

Palais des Congrès

Bd de l'Amiral Bruix

Av de la Grande Armée

Place Ch. de Gaulle Etoile

Arc de Triomphe

PORTE DAUPHINE

Avenue Foch

Avenue Foch

Parc Monceau

8e

Gare Saint-Lazare

Gds Magasins

Opéra Garnier

la Madeleine

Palais de l'Elysée

Place Vendôme

PORTE DE LA MUETTE

16e

Place du Trocadéro

Palais de Tokyo

Grand Palais

Petit Palais

Obélisque

Jardin des Tuileries

Bois de Boulogne

Palais de Chaillot

La Seine

Assemblée Nationale

Musée d'Orsay

PORTE DE PASSY

Tour Eiffel

7e

Hôtel des Invalides

Route de l'Hippodrome

Hippodrome d'Auteuil

Maison de Radio France

Parc du Champ de Mars

École Militaire

A13. vers Rouen, Versailles

PORTE D'AUTEUIL

6e

PORTE MOLITOR

15e

Tour Montparnasse

Parc des Princes

Gare Montparnasse 1-2

Montparnasse 3

Cimetière du Montparnasse

Parc André Citroën

PORTE DE SAINT CLOUD

N10. vers Versailles

QUAI D'ISSY

PORTE DE SEVRES

Parc des Expositions

14e

Pl Denfert Rochereau

BOULOGNE-BILLANCOURT

Ile Saint-Germain

PORTE DE LA PLAINE

PORTE BRANCION

PORTE DE VANVES

ISSY-LES-MOULINEAUX

VANVES

PORTE DE CHATILLON

PORTE D'ORLÉANS

Fort

MALAKOFF

MONTROUGE

D906. vers Clamart, Versailles

N20. vers Orléans, Etampe

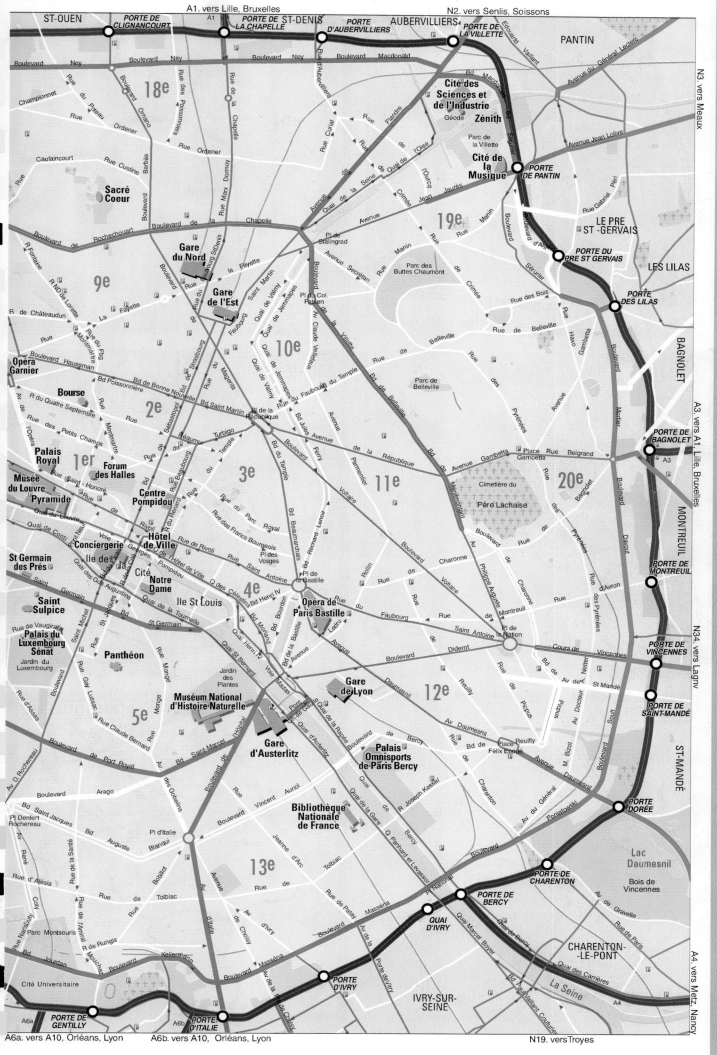

AIX-EN-PROVENCE

AJACCIO

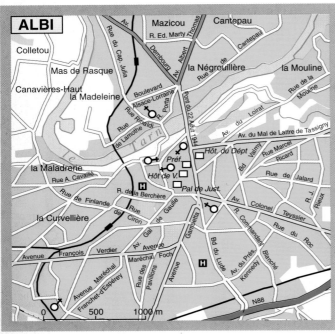

ALBI

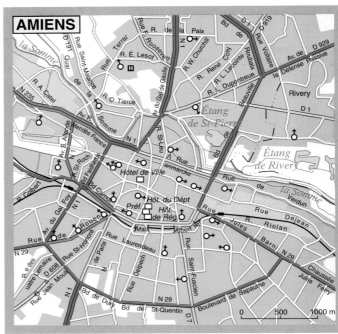

AMIENS

ANGERS

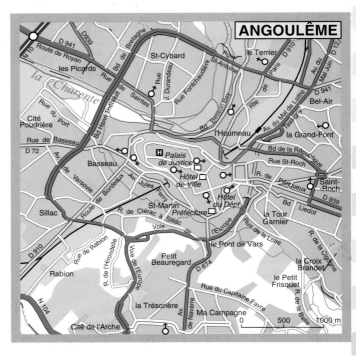

ANGOULÊME

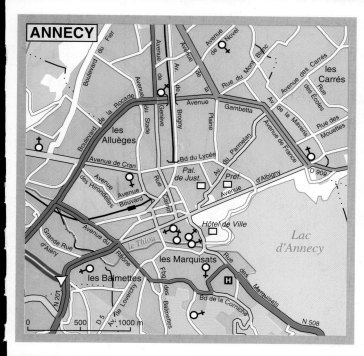

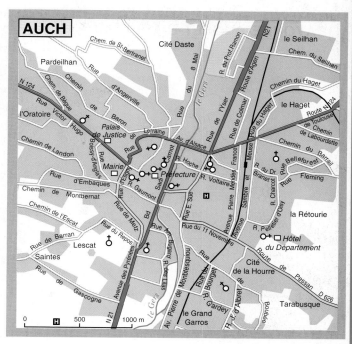

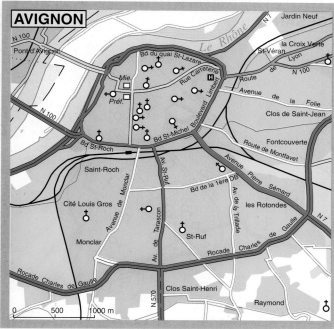

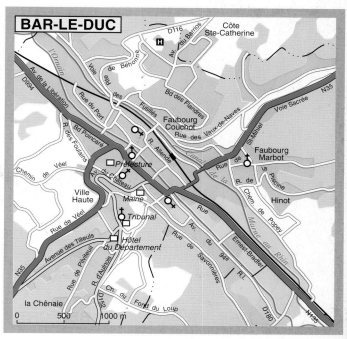

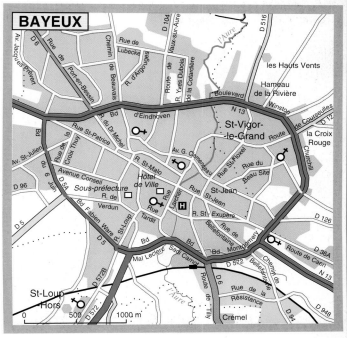

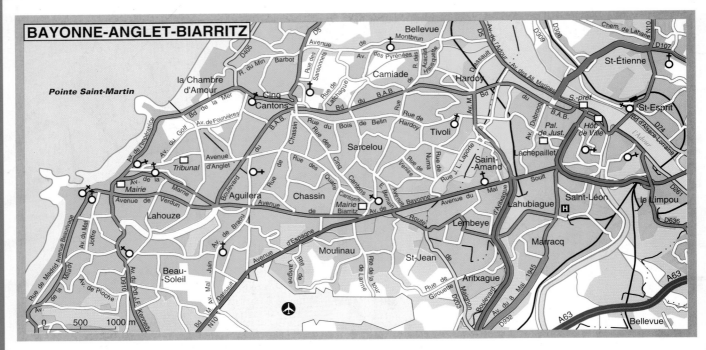

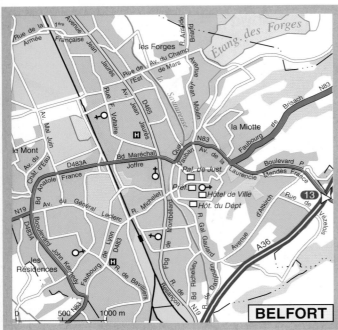

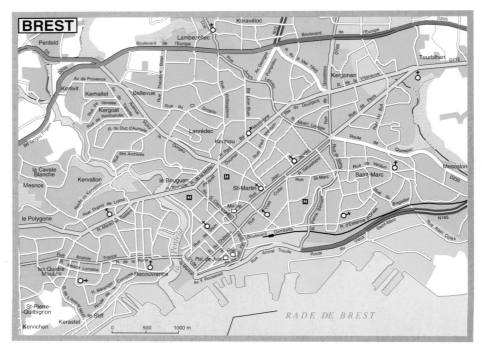

214

BORDEAUX

la Garonne

les Chartrons
la Bastide
Gaillan Richelieu
Cardozet
Mériadeck
Hôtel de la Préf.
Hôtel de Ville
Préf. de Rég.
Hôtel de Région
Pal. de Just.
Rue Kergomard
la Médoquine
St-Maurice
A 630

0   500   1000 m

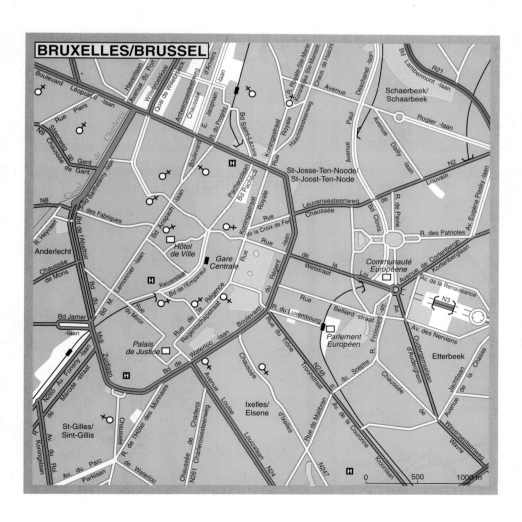

BRUXELLES/BRUSSEL

Schaerbeek/ Schaarbeek
St-Josse-Ten-Noode/ St-Joost-Ten-Node
Communauté Européenne
Anderlecht
Hôtel de Ville
Gare Centrale
Palais de Justice
Parlement Européen
Etterbeek
Ixelles/ Elsene
St-Gilles/ Sint-Gillis

0   500   1000 m

CAEN

la Folie
la Folie-Couvrechef
Montgomery
Hérouville-St-Clair
le Bois
le Val
Pierre Heuzé
le Chemin Vert
d'Hérouville St-Gilles
Avenue G. Clemenceau
St-Jean Eudes
Authie
Hôtel de Région
Pal. de Just.
la Haie Vigné
Hôtel du Dépt
Bayeux
Hôtel de Ville
Préfecture St-Jean
St-Ouen
Bas de Venoix
Cours Caffarelli
Cours Montalivet
Av. de Tourville
les Charmettes
Vaucelles
la Grâce de Dieu

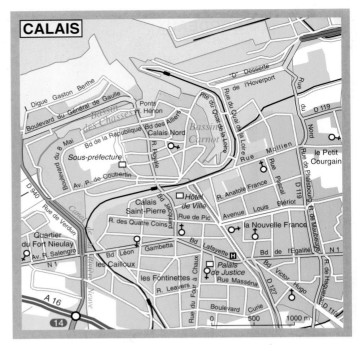

CALAIS

Digue Gaston Berthe
Bassin des Chasses
Bassin Carnot
Boulevard du Général de Gaulle
Ponts H. Hénon
le Petit Courgain
Bd du 8 Mai
Bd des Calais Nord
Sous-préfecture
Av. P. de Coubertin
Calais Saint-Pierre
Hôtel de Ville
R. Anatole France
la Nouvelle France
Rue de Pic
Quartier du Fort Nieulay
Av. R. Salengro
Gambetta
les Cailloux
Palais de Justice
les Fontinettes
Rue Masséna
Boulevard Curie
A 16

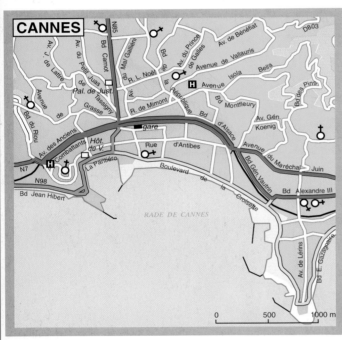

CANNES

la Boisse
Av. du Prince de Galles
Avenue de Vallauris
Bella
Bd des Pins
Pal. de Just.
Avenue de la République
Bd Montfleury
Grasse
Rue d'Antibes
Av. Gén. Koenig
Avenue du Maréchal Juin
Hôt. de V.
La Panthère
Boulevard de la Croisette
Bd Jean Hibert
Bd Gén. Vautrin
Bd Alexandre III
RADE DE CANNES
Av. de Lérins

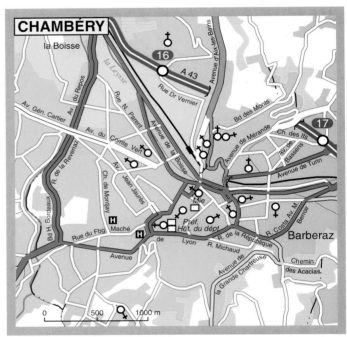

CHAMBÉRY

la Boisse
la Leysse
A 43
Avenue d'Aix-les-Bains
Rue Dr Vernier
Bd des Monts
Av. Gén. Cartier
Av. du Comte Vert
Avenue de Mérande
Avenue de la Boisse
Ch. des Ifs
Av. du Repos
R. de la Revériaz
Mie
Avenue de Turin
Ch. de Montlay
Préf. Hôt. du dépt
Barberaz
Maché
Rue du Fbg
de Lyon
R. Michaud
R. de la République
Avenue de la Grande Chartreuse
Chemin des Acacias

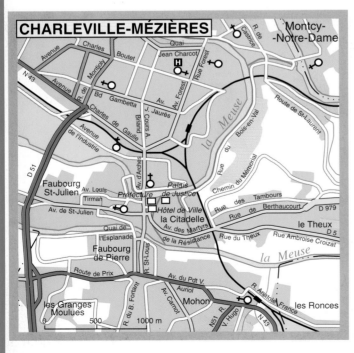

CHARLEVILLE-MÉZIÈRES

Montcy-Notre-Dame
Quai Jean Charcot
Avenue Charles
Boutet
Rue Forest
N 43
Bd Gambetta
Charles de Gaulle
la Meuse
Route de St-Laurent
Avenue de l'Industrie
Faubourg St-Julien
Av. Louis Tirman
Préfecture
Palais de Justice
Chemin du Mémorial
Hôtel de Ville
la Citadelle
des Tambours
Berthaucourt
D 979
Av. des Martyrs
le Theux
D 5
Quai de l'Esplanade
Rue du Theux
Rue Ambroise Croizat
Faubourg de Pierre
Route de Prix
les Granges Moulues
Mohon
les Ronces

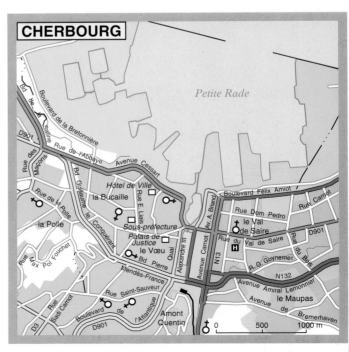

CHERBOURG

Petite Rade
Bd de la Bretonnière
Rue de l'Abbaye
Avenue Cessart
Hôtel de Ville
la Bucaille
Boulevard Félix Amiot
Rue Dom Pedro
Sous-préfecture
le Val de Saire
la Polle
Palais de Justice
le Vœu
Bd Pierre
Avenue Amiral Lemonnier
le Maupas
Mendès-France
Rue Saint-Sauveur
Amont Quentin
l'Atlantique
Bremerhaven
N 132

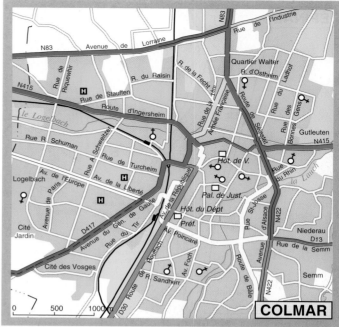

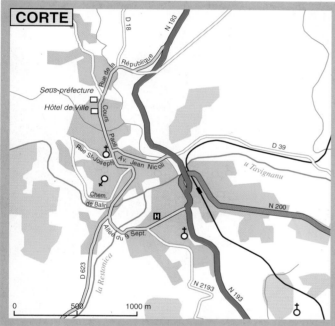

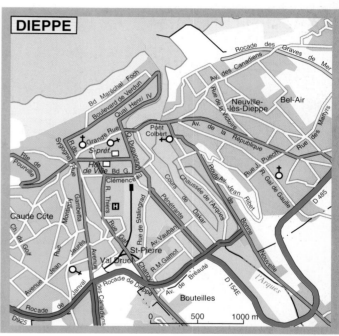

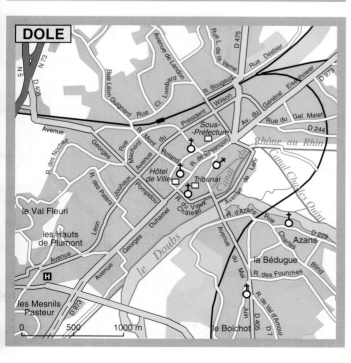

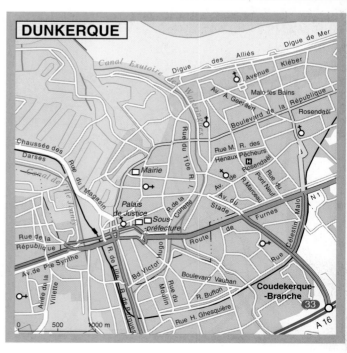

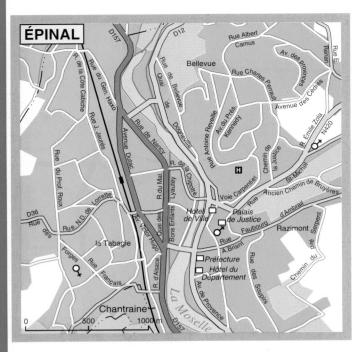

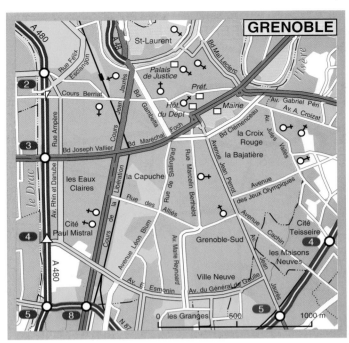

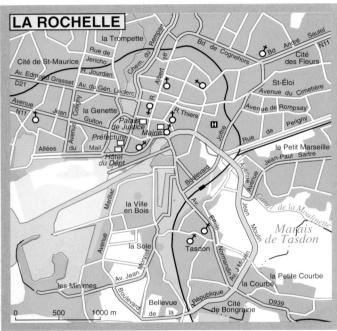

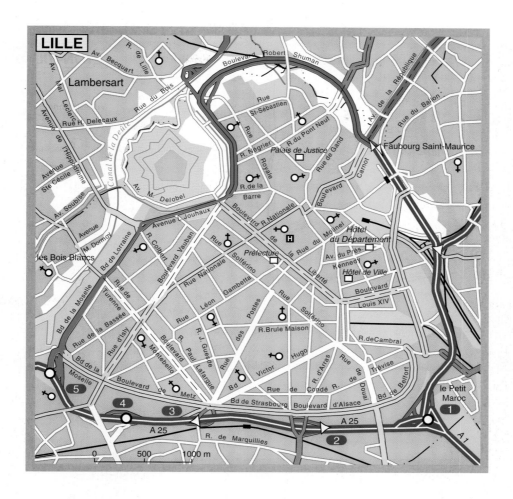

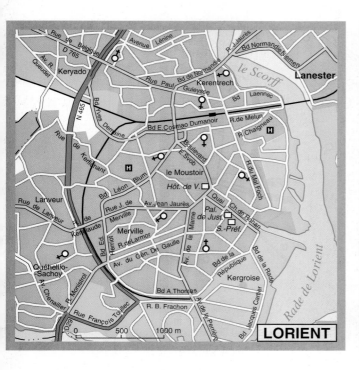

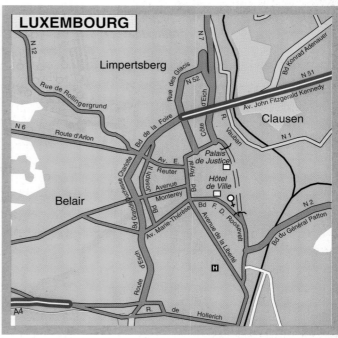

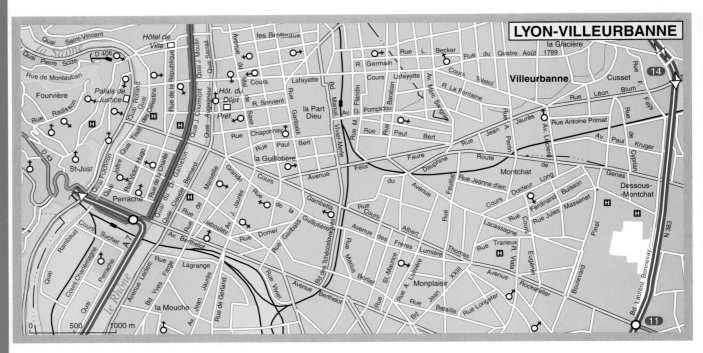

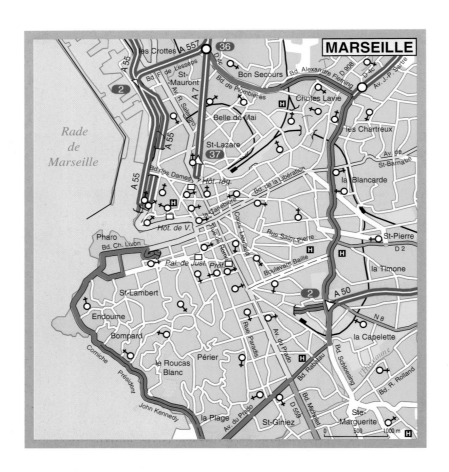

MONTAUBAN

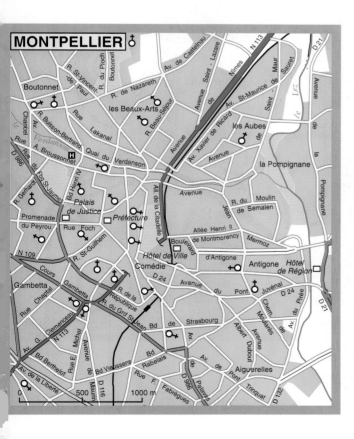

MONTPELLIER

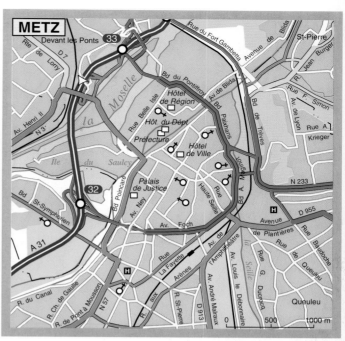

METZ

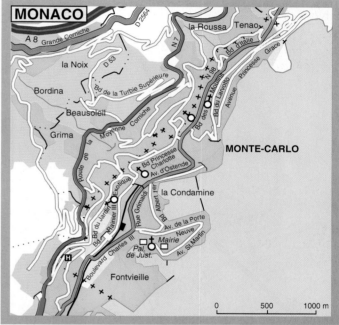

MONACO

MONT-DE-MARSAN

221

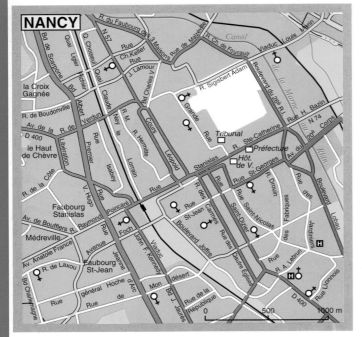

NANCY

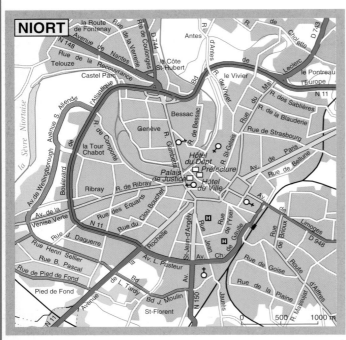

NIORT

ORLÉANS

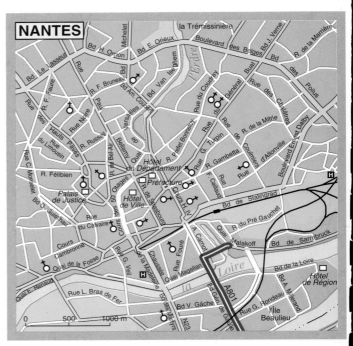

NANTES

NICE

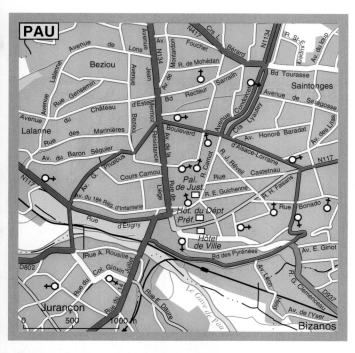

PAU

PERPIGNAN

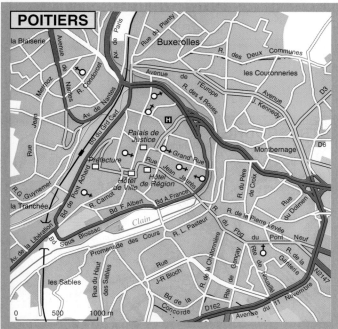

POITIERS

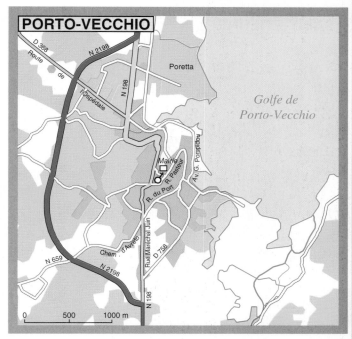

PORTO-VECCHIO

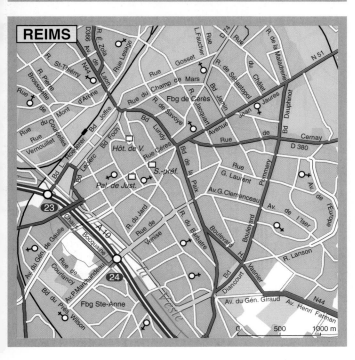

REIMS

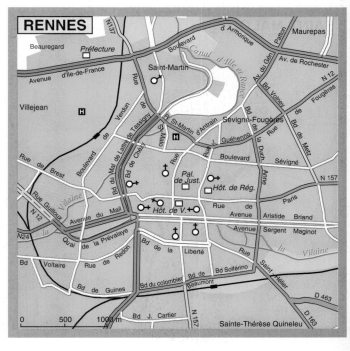

RENNES

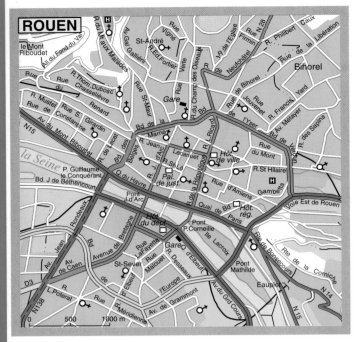

ROUEN

SAINT-ÉTIENNE

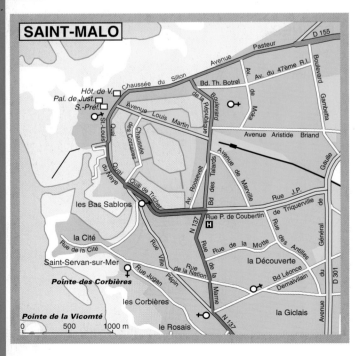

SAINT-MALO

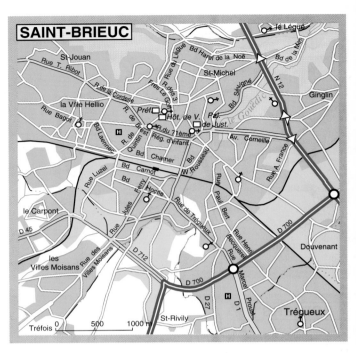

SAINT-BRIEUC

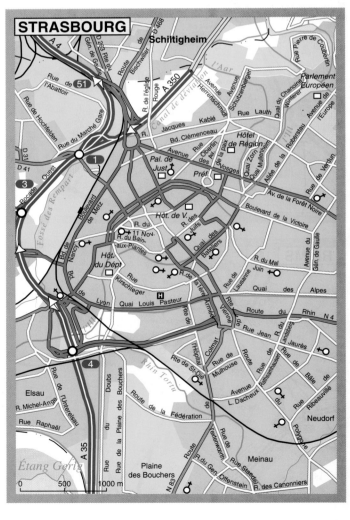

STRASBOURG

224

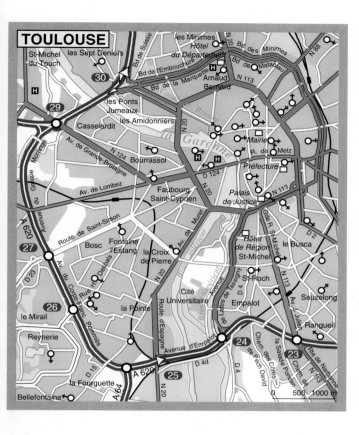

TOULOUSE

TARBES

225

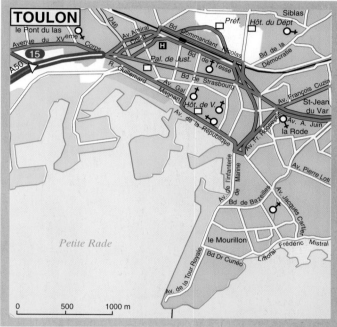

TOULON

Petite Rade

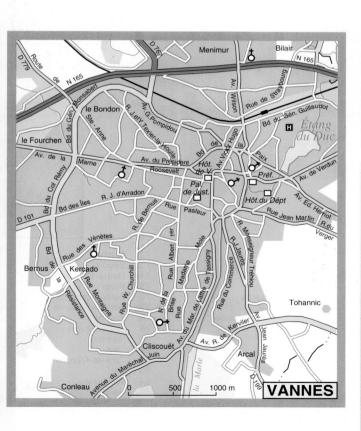

VANNES

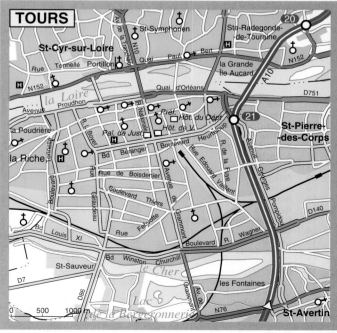

TOURS

France administrative
Departementskarte

Department map
Overzicht Departementen

226

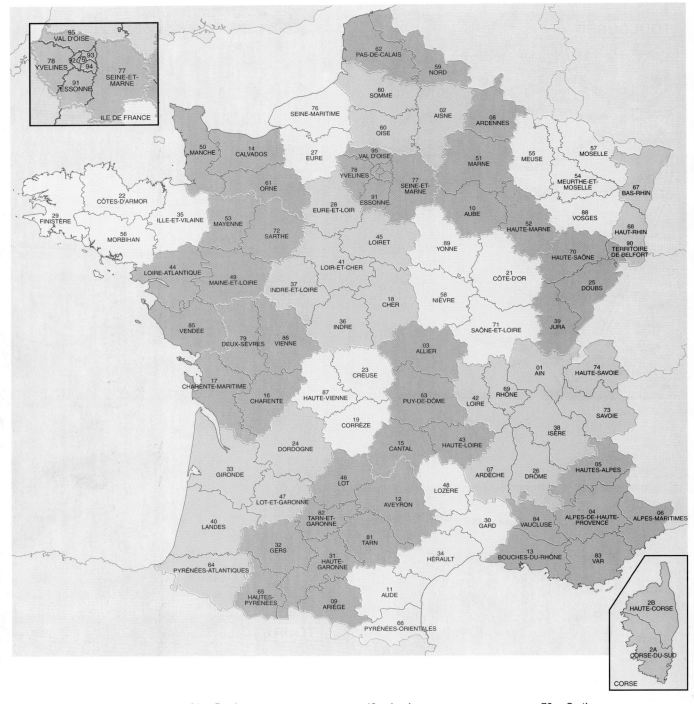

01	Ain	24	Dordogne	48	Lozère	72	Sarthe

01 Ain
02 Aisne
03 Allier
04 Alpes-de-Haute-Provence
05 Hautes-Alpes
06 Alpes-Maritimes
07 Ardèche
08 Ardennes
09 Ariège
10 Aube
11 Aude
12 Aveyron
13 Bouches-du-Rhône
14 Calvados
15 Cantal
16 Charente
17 Charente-Maritime
18 Cher
19 Corrèze
2A Corse-du-Sud
2B Haute-Corse
21 Côte-d'Or
22 Côtes d'Armor
23 Creuse

24 Dordogne
25 Doubs
26 Drôme
27 Eure
28 Eure-et-Loir
29 Finistère
30 Gard
31 Haute-Garonne
32 Gers
33 Gironde
34 Hérault
35 Ille-et-Vilaine
36 Indre
37 Indre-et-Loire
38 Isère
39 Jura
40 Landes
41 Loir-et-Cher
42 Loire
43 Haute-Loire
44 Loire-Atlantique
45 Loiret
46 Lot
47 Lot-et-Garonne

48 Lozère
49 Maine-et-Loire
50 Manche
51 Marne
52 Haute-Marne
53 Mayenne
54 Meurthe-et-Moselle
55 Meuse
56 Morbihan
57 Moselle
58 Nièvre
59 Nord
60 Oise
61 Orne
62 Pas-de-Calais
63 Puy-de-Dôme
64 Pyrénées-Atlantiques
65 Hautes-Pyrénées
66 Pyrénées-Orientales
67 Bas-Rhin
68 Haut-Rhin
69 Rhône
70 Haute-Saône
71 Saône-et-Loire

72 Sarthe
73 Savoie
74 Haute-Savoie
75 Paris
76 Seine-Maritime
77 Seine-et-Marne
78 Yvelines
79 Deux-Sèvres
80 Somme
81 Tarn
82 Tarn-et-Garonne
83 Var
84 Vaucluse
85 Vendée
86 Vienne
87 Haute-Vienne
88 Vosges
89 Yonne
90 Territoire de Belfort
91 Essonne
92 Hauts-de-Seine
93 Seine-Saint-Denis
94 Val-de-Marne
95 Val-d'Oise

A

Aast(64) 180 D4
Abainville(55) 47 H6
Abancourt(59) 12 C2
Abancourt(60) 21 H2
Abaucourt(54) 48 D3
Abaucourt-Hautecourt(55) 27 G4
Abbans-Dessous(25) 103 E2
Abbans-Dessus(25) 103 E2
Abbaretz(44) 75 E3
Abbécourt(02) 24 A3
Abbecourt(60) 22 C5
Abbenans(25) 88 B4
Abbéville(80) 10 C4
Abbéville-la-Rivière(91) 63 E2
Abbéville-lès-Conflans(54) 28 A4
Abbeville-Saint-Lucien(60) 22 C3
Abbévillers(25) 88 D5
Abeilhan(34) 186 D2
Abelcourt(70) 87 H1
Abère(64) 180 D3
l'Abergement-Clémenciat(01) 116 C5
l'Abergement-de-Cuisery(71) 116 C1
l'Abergement-de-Varey(01) 117 F6
Abergement-la-Ronce(39) 102 B2
Abergement-le-Grand(39) 102 D4
Abergement-le-Petit(39) 102 D4
Abergement-lès-Thésy(39) 103 F3
l'Abergement-Sainte-Colombe(71) 101 H5
Abidos(64) 179 H2
Abilly(37) 94 D4
Abitain(64) 179 F2
Abjat-sur-Bandiat(24) 123 F5
Ablain-Saint-Nazaire(62) 4 C6
Ablaincourt-Pressoir(80) 12 A6
Ablainzevelle(62) 11 H3
Ablancourt(51) 46 B4
Ableiges(95) 42 A1
les Ableuvenettes(88) 69 F3
Ablis(78) 62 C1
Ablon(14) 19 G3
Ablon-sur-Seine(94) 42 D5
Aboën(42) 128 D6
Aboncourt(54) 69 E2
Aboncourt(57) 28 D4
Aboncourt-Gesincourt(70) 87 F1
Aboncourt-sur-Seille(57) 49 E3
Abondance(74) 119 G3
Abondant(28) 41 E4
Abos(64) 180 A3
Abreschviller(57) 50 B6
Abrest(03) 114 B6
les Abrets(38) 131 F5
Abriès(05) 147 G5
Abscon(59) 12 C2
l'Absie(79) 92 D6
Abzac(16) 109 H6
Abzac(33) 135 H4
Accolans(25) 88 B4
Accolay(89) 83 G3
Accons(07) 143 F5
Accous(64) 180 A6
Achain(57) 49 F2
Achen(57) 50 B2
Achenheim(67) 51 E6
Achères(18) 97 G1
Achères(78) 42 B3
Achères-la-Forêt(77) 63 H2
Achery(02) 24 B2
Acheux-en-Amiénois(80) 11 G4
Acheux-en-Vimeu(80) 10 B4
Acheville(62) 4 D6
Achey(70) 86 D3
Achicourt(62) 11 H2
Achiet-le-Grand(62) 11 H3
Achiet-le-Petit(62) 11 H4
Achun(58) 99 G2
Achy(60) 22 B3
Acigné(35) 57 F2
Aclou(27) 20 B6
Acon(27) 40 C4
Acq(62) 11 H2
Acqueville(14) 18 C6
Acqueville(50) 16 C2
Acquigny(27) 21 E6
Acquin-Westbécourt(62) 2 D4
Acy(02) 24 C5
Acy-en-Multien(60) 43 G1
Acy-Romance(08) 14 B6
Adaincourt(57) 29 E6
Adainville(78) 41 G5
Adam-lès-Passavant(25) 87 H6
Adam-lès-Vercel(25) 103 H1
Adamswiller(67) 50 B3
Adast(65) 180 D6
Adé(65) 181 E5
Adelange(57) 29 F6
Adelans-et-le-Val-de-Bithaine(70) ...87 H2
Adervielle-Pouchergues(65) 196 B4
Adilly(79) 93 E6
Adinfer(62) 11 H3
Adissan(34) 187 E2
les Adjots(16) 109 E6
Adon(45) 82 A2
les Adrets(38) 146 A1
les Adrets-de-l'Estérel(83) 193 F1
Adriers(86) 110 A4
Afa(2A) 204 C6
Affieux(19) 125 E5
Affléville(54) 28 A4
Affoux(69) 129 F2
Affracourt(54) 69 F1
Affringues(62) 2 D4
Agassac(31) 182 C3
Agde(34) 187 E3
Agel(34) 186 A3
Agen(47) 151 E6
Agen-d'Aveyron(12) 154 C5
Agencourt(21) 101 G2
Agenville(80) 10 D3
Agenvillers(80) 10 C3
les Ageux(60) 23 E5

Ageville(52) 68 B4
Agey(21) 85 F6
Aghione(2B) 205 G5
Agincourt(54) 48 D4
Agmé(47) 150 D4
Agnac(47) 150 D2
Agnat(43) 141 H1
Agneaux(50) 17 G6
Agnetz(60) 22 D4
Agnez-lès-Duisans(62) 11 H2
Agnicourt-et-Séchelles(02) 25 F1
Agnières(62) 4 C6
Agnières-en-Dévoluy(05) 160 A1
Agnin(38) 144 B1
Agnos(64) 179 H5
Agny(62) 11 H2
Agon-Coutainville(50) 36 B1
Agonac(24) 137 F2
Agonès(34) 171 E4
Agonges(03) 113 H1
Agos-Vidalos(65) 180 D6
Agris(16) 122 D3
Agudelle(17) 121 F6
Aguessac(12) 169 H1
Aguilcourt(02) 25 F4
Aguts(81) 184 C2
Agy(14) 18 A4
Ahaxe-Alciette-Bascassan(64) 179 E4
Ahetze(64) 178 B2
Ahéville(88) 69 F2
Ahuillé(53) 58 C5
Ahun(23) 112 A6
Ahuy(21) 85 G5
Aibes(59) 13 H2
Aibre(25) 88 C4
Aïcirits-Camou-Suhast(64) 179 F3
Aiffres(79) 108 A4
Aigaliers(30) 171 H2
l'Aigle(61) 39 H4
Aiglemont(08) 15 E4
Aiglepierre(39) 103 E3
Aigleville(27) 41 E2
Aiglun(04) 175 E2
Aiglun(06) 176 C4
Aignan(32) 164 D5
Aignay-le-Duc(21) 85 F3
Aigne(34) 185 H3
Aigné(72) 60 A5
Aignerville(14) 17 H5
Aignes(31) 183 H4
Aignes-et-Puypéroux(16) 122 B6
Aigneville(80) 10 B4
Aigny(51) 45 G2
Aigonnay(79) 108 B4
Aigre(16) 122 B2
Aigrefeuille(31) 183 H1
Aigrefeuille-d'Aunis(17) 107 F5
Aigrefeuille-sur-Maine(44) 91 F1
Aigremont(30) 171 G3
Aigremont(52) 68 D5
Aigremont(78) 42 B3
Aigremont(89) 83 H2
Aiguebelette-le-Lac(73) 131 G5
Aiguebelle(73) 132 C4
Aigueblanche(73) 132 D5
Aiguefonde(81) 185 E2
Aigueperse(63) 127 F1
Aigueperse(69) 115 H4
Aigues-Juntes(09) 183 G6
Aigues-Mortes(30) 188 C4
Aigues-Vives(09) 184 B6
Aigues-Vives(11) 185 G4
Aigues-Vives(30) 171 H5
Aigues-Vives(34) 186 A3
Aiguèze(30) 157 H5
Aiguilhe(43) 142 C4
Aiguilles(05) 147 G5
l'Aiguillon(09) 199 E1
Aiguillon(47) 150 D5
l'Aiguillon-sur-Mer(85) 106 C3
l'Aiguillon-sur-Vie(85) 90 D5
Aiguines(83) 175 F4
Aigurande(36) 111 G3
Ailhon(07) 157 F3
Aillant-sur-Milleron(45) 82 B2
Aillant-sur-Tholon(89) 83 E1
Aillas(33) 150 A4
Ailleux(42) 128 C3
Ailleville(10) 66 D4
Aillevans(70) 88 A4
Aillevillers-et-Lyaumont(70) 69 G6
Aillianville(52) 68 B2
Aillières-Beauvoir(72) 60 B2
Aillon-le-Jeune(73) 132 A4
Aillon-le-Vieux(73) 132 B4
Ailloncourt(70) 87 H1
Ailly(27) 21 E6
Ailly-le-Haut-Clocher(80) 10 D4
Ailly-sur-Noye(80) 22 D1
Ailly-sur-Somme(80) 11 E5
Aimargues(30) 171 H6
Aînay-le-Château(03) 98 A6
Aînay-le-Vieil(18) 112 D1
Aincille(64) 179 E5
Aincourt(95) 41 G1
Aincreville(55) 27 E3
Aingeray(54) 48 C4
Aingeville(88) 68 D3
Aingoulaincourt(52) 68 A1
Ainharp(64) 179 F4
Ainhice-Mongelos(64) 179 E4
Ainhoa(64) 178 C3
Ainvelle(70) 69 G6
Ainvelle(88) 68 D5
Airaines(80) 10 C5
Airan(14) 19 E5
Aire(08) 25 G4
Aire-sur-la-Lys(62) 3 F5
Aire-sur-l'Adour(40) 164 B5
Airel(50) 17 G5
les Aires(34) 186 C1
Airion(60) 22 D4

Airon-Notre-Dame(62) 10 B1
Airon-Saint-Vaast(62) 10 B1
Airoux(11) 184 B3
Airvault(79) 93 F5
Aiserey(21) 101 H1
Aisey-et-Richecourt(70) 69 E6
Aisey-sur-Seine(21) 85 E2
Aisonville-et-Bernoville(02) 13 E5
Aïssey(25) 87 H6
Aisy-sous-Thil(21) 84 C5
Aisy-sur-Armançon(89) 84 C3
Aiti(2B) 205 F2
Aiton(73) 132 C4
Aix(19) 126 A5
Aix(59) 5 G5
les Aix-d'Angillon(18) 97 H2
Aix-en-Diois(26) 159 F1
Aix-en-Ergny(62) 2 D5
Aix-en-Issart(62) 2 C6
Aix-en-Othe(10) 65 G3
Aix-en-Provence(13) 190 D2
Aix-la-Fayette(63) 127 H5
Aix-les-Bains(73) 131 H3
Aix-Noulette(62) 4 C6
Aixe-sur-Vienne(87) 124 A3
Aizac(07) 157 F2
Aizanville(52) 67 F4
Aize(36) 96 B3
Aizecourt-le-Bas(80) 12 B5
Aizecourt-le-Haut(80) 12 B5
Aizelles(02) 25 E3
Aizenay(85) 91 E4
Aizier(27) 20 B4
Aizy-Jouy(02) 24 C4
Ajac(11) 184 D6
Ajaccio(2A) 206 B1
Ajain(23) 112 A5
Ajat(24) 137 H3
Ajoncourt(57) 49 E3
Ajou(27) 40 B2
Ajoux(07) 143 G4
Alaigne(11) 184 D5
Alaincourt(02) 24 B1
Alaincourt(70) 69 F6
Alaincourt-la-Côte(57) 49 E2
Alairac(11) 185 E5
Alan(31) 182 D4
Alando(2B) 205 F3
Alata(2A) 204 C6
Alba-la-Romaine(07) 157 H3
Alban(81) 168 D4
Albaret-le-Comtal(48) 141 F6
Albaret-Sainte-Marie(48) 141 G6
Albas(11) 185 H6
Albas(46) 152 B4
Albé(67) 71 E2
Albefeuille-Lagarde(82) 166 D2
l'Albenc(38) 145 F2
Albens(73) 131 H2
Albepierre-Bredons(15) 140 D4
l'Albère(66) 200 D5
Albert(80) 11 H5
Albertacce(2B) 204 D3
Albertville(73) 132 C3
Albestroff(57) 49 H2
Albi(81) 168 B4
Albiac(31) 184 B1
Albiac(46) 153 E1
Albias(82) 167 E2
Albières(11) 200 A1
Albiès(09) 198 D3
Albiez-le-Jeune(73) 146 D1
Albiez-Montrond(73) 146 C2
Albignac(19) 138 D3
Albigny-sur-Saône(69) 130 A2
Albine(81) 185 G2
Albitreccia(2A) 206 D2
Albon(07) 143 F6
Albon(26) 144 B2
Aboussière(07) 143 H5
les Albres(12) 153 H3
Albussac(19) 139 E3
Alby-sur-Chéran(74) 132 A2
Alçay-Alçabéhéty-Sunharette(64) 179 F5
Aludes(64) 178 C5
Alembon(62) 2 C3
Alençon(61) 60 A2
Alénya(66) 201 E4
Aléria(2B) 205 H5
Alès(30) 171 G2
Alet-les-Bains(11) 185 E6
Alette(62) 2 C6
Aleu(09) 197 H3
Alex(74) 132 B1
Alexain(53) 58 C3
Aleyrac(26) 158 C3
Alfortville(94) 42 D4
Algajola(2B) 202 C5
Algans(31) 167 H6
Algolsheim(68) 71 G5
Algrange(57) 28 C3
Alièze(39) 117 G1
Alignan-du-Vent(34) 187 E2
Alincourt(08) 25 H4
Alincthun(62) 2 C4
Alise-Sainte-Reine(21) 84 D4
Alissas(07) 157 H2
Alix(69) 129 H2
Alixan(26) 144 C4
Alizay(27) 21 E5
Allain(54) 48 C6
Allaines(80) 12 A5
Allaines-Mervilliers(28) 62 C4
Allainville(28) 41 E5
Allainville(78) 62 D1
Allaire(56) 73 H2
Allamont(54) 28 A5
Allamps(54) 48 B6
Allan(26) 158 B4
Allanche(15) 141 E3
Alland'Huy-et-Sausseuil(08) 14 D6
Allarmont(88) 70 C1
Allas-Bocage(17) 121 F6

Allas-Champagne(17) 121 G6
Allas-les-Mines(24) 137 H6
Allassac(19) 138 C2
Allauch(13) 190 D3
Allègre(30) 157 F6
Allègre(43) 142 B3
Alleins(13) 173 G5
Allemagne-en-Provence(04) 175 E4
Allemanche-Launay-et-Soyer(51) 45 E6
Allemans(24) 136 C2
Allemans-du-Dropt(47) 150 C2
Allemant(02) 24 C4
Allemant(51) 45 E4
Allemond(38) 146 B3
Allenay(80) 10 A4
Allenc(48) 156 B3
Allenjoie(25) 88 D4
Allennes-les-Marais(59) 5 E5
Allenwiller(67) 50 D6
Allerey(21) 100 D1
Allerey-sur-Saône(71) 101 G4
Allériot(71) 101 G5
Allery(80) 10 C5
Alles-sur-Dordogne(24) 137 G6
les Alleuds(49) 76 D6
les Alleuds(79) 108 D5
les Alleux(08) 26 C2
Alleuze(15) 141 F5
Allevard(38) 132 B6
Allèves(74) 132 A3
Allex(26) 144 B6
Alleyrac(43) 142 D5
Alleyras(43) 142 B5
Alleyrat(19) 125 H5
Alleyrat(23) 125 G1
Allez-et-Cazeneuve(47) 151 F5
Alliancelles(51) 46 D4
Alliat(09) 198 C2
Allibaudières(10) 45 G6
Allichamps(52) 46 D6
Allier(65) 181 F5
Allières(09) 183 F6
les Alliés(25) 104 D3
Alligny-Cosne(58) 82 C5
Alligny-en-Morvan(58) 100 B1
Allineuc(22) 33 F6
Allinges(74) 119 E3
Allogny(18) 97 F2
Allondans(25) 88 C4
Allondaz(73) 132 C3
Allondrelle-la-Malmaison(54) 27 G1
Allonne(60) 22 C4
Allonne(79) 108 B1
Allonnes(28) 62 B2
Allonnes(49) 77 G6
Allonnes(72) 60 A6
Allons(04) 176 A3
Allons(47) 150 A6
Allonville(80) 11 F5
Allonzier-la-Caille(74) 118 C6
Allos(04) 161 F5
Allouagne(62) 3 G6
Alloue(16) 123 E1
Allouis(18) 97 F2
Allouville-Bellefosse(76) 8 D5
les Allues(73) 133 E5
les Alluets-le-Roi(78) 41 H3
Alluy(58) 99 G3
Alluyes(28) 61 H4
Ally(15) 139 H3
Ally(43) 141 G3
Almayrac(81) 168 B2
Almenêches(61) 39 E4
Almont-les-Junies(12) 154 A3
Alos(09) 197 G3
Alos(81) 167 H2
Alos-Sibas-Abense(64) 179 G5
Aloxe-Corton(21) 101 G3
Alpuech(12) 154 D1
Alquines(62) 2 D4
Alrance(12) 169 E2
Alsting(57) 29 H4
Altagène(2A) 206 D3
Alteckendorf(67) 51 E4
Altenach(68) 89 E3
Altenheim(67) 50 D5
Althen-des-Paluds(84) 173 E3
Altiani(2B) 205 F3
Altier(48) 156 C4
Altillac(19) 139 E5
Altkirch(68) 89 F3
Altorf(67) 71 F1
Altrippe(57) 29 G6
Altviller(57) 29 G5
Altwiller(67) 50 A3
Aluze(71) 101 E5
Alvignac(46) 138 D6
Alvimare(76) 8 D5
Alzen(09) 198 B1
Alzing(57) 29 F3
Alzon(30) 170 C3
Alzonne(11) 184 D4
Amage(70) 88 B1
Amagne(08) 14 C6
Amagney(25) 87 G5
Amailloux(79) 93 E5
Amance(10) 66 D3
Amance(54) 49 E4
Amance(70) 87 F1
Amancey(25) 103 F2
Amancy(74) 118 D5
Amange(39) 102 C1
Amanlis(35) 57 G4
Amanty(55) 47 H6
Amanvillers(57) 28 C5
Amanzé(71) 115 G4
Amareins-Francheleins-
  Cesseins(01) 116 C6
Amarens(81) 167 H2
Amathay-Vésigneux(25) 103 G2
Amayé-sur-Orne(14) 18 C5
Amayé-sur-Seulles(14) 18 A5

Amazy(58) 83 F6
Ambacourt(88) 69 F2
Ambarès-et-Lagrave(33) 135 F5
Ambax(31) 182 D3
Ambazac(87) 124 C1
Ambel(38) 146 A6
Ambenay(27) 40 A4
Ambérac(16) 122 B2
Ambérieu-en-Bugey(01) 130 D1
Ambérieux(69) 129 H2
Ambérieux-en-Dombes(01) 130 B1
Ambernac(16) 123 E1
Amberre(86) 93 H5
Ambès(33) 128 B5
Ambès(33) 135 E4
Ambeyrac(12) 153 F4
Ambialet(81) 168 C3
Ambiegna(2A) 204 C5
Ambierle(42) 115 E6
Ambiévillers(70) 69 F5
Ambillou(37) 78 B5
Ambillou-Château(49) 76 D6
Ambilly(74) 118 D4
Amblainville(60) 22 C6
Amblans-et-Velotte(70) 87 H2
Ambleny(02) 24 A5
Ambléon(01) 131 F3
Ambleteuse(62) 2 B3
Ambleville(16) 121 H5
Ambleville(95) 41 G1
Amblie(14) 18 C3
Amblimont(08) 15 E5
Ambloy(41) 79 E3
Ambly-Fleury(08) 26 A2
Ambly-sur-Meuse(55) 27 G6
Amboise(37) 79 E5
Ambon(56) 73 F3
Ambonil(26) 144 B6
Ambonnay(51) 45 G1
Ambonville(52) 67 G2
Ambrault(36) 96 D5
Ambres(81) 167 H5
Ambricourt(62) 3 E6
Ambrief(02) 24 B5
Ambrières(51) 46 D5
Ambrières-les-Vallées(53) 58 D1
Ambrines(62) 11 F2
Ambronay(01) 117 F6
Ambrugeat(19) 125 G5
Ambrumesnil(76) 9 F3
Ambrus(47) 150 C6
Ambutrix(01) 130 D1
Amécourt(27) 21 H4
Amel-sur-l'Étang(55) 27 H4
Amelécourt(57) 49 F3
Amélie-les-Bains-Palalda(66) 200 C5
Amendeuix-Oneix(64) 179 F3
Amenoncourt(54) 49 H5
Amenucourt(95) 41 G1
Ames(62) 3 F6
Amettes(62) 3 F6
Ameugny(71) 116 B2
Ameuvelle(88) 69 E6
Amfreville(14) 18 D4
Amfreville(50) 17 E4
Amfreville-la-Campagne(27) 20 C6
Amfreville-la-Mi-Voie(76) 20 D4
Amfreville-les-Champs(27) 21 F5
Amfreville-les-Champs(76) 9 F4
Amfreville-sous-les-Monts(27) 21 E5
Amfreville-sur-Iton(27) 40 D1
Amfroipret(59) 13 F2
Amiens(80) 11 E6
Amifontaine(02) 25 E4
Amigny(50) 17 F6
Amigny-Rouy(02) 24 B2
Amillis(77) 43 H5
Amilly(28) 62 A1
Amilly(45) 64 A6
Amions(42) 128 D2
Amirat(06) 176 C4
Ammerschwihr(68) 71 E4
Ammerzwiller(68) 89 F2
Amné(72) 59 H5
Amnéville(57) 28 C4
Amoncourt(70) 87 F2
Amondans(25) 103 F2
Amont-et-Effreney(70) 88 B1
Amorots-Succos(64) 179 E3
Amou(40) 163 F6
Ampilly-le-Sec(21) 84 D1
Ampilly-les-Bordes(21) 85 E3
Amplepuis(69) 129 F1
Amplier(62) 11 F3
Ampoigné(53) 76 B1
Amponville(77) 63 H3
Ampriani(2B) 205 F3
Ampuis(69) 130 A5
Ampus(83) 175 G6
Amuré(79) 107 H4
Amy(60) 23 G2
Anais(16) 122 C3
Anais(17) 107 F5
Anan(31) 182 C3
Ance(64) 179 H5
Anceaumeville(76) 9 F5
Anceins(61) 39 G3
Ancelle(05) 160 C2
Ancemont(55) 27 G5
Ancenis(44) 75 G4
Ancerville(55) 47 E6
Ancerville(57) 29 E6
Ancerviller(54) 49 H6
Ancey(21) 85 F6
Anchamps(08) 14 D2
Anché(37) 94 B2
Anché(86) 109 E4
Anchenoncourt-et-Chazel(70) 69 F6
Ancienville(02) 24 A6
Ancier(70) 86 D4
Ancinnes(72) 60 A2
Ancizan(65) 196 B4
les Ancizes-Comps(63) 126 D2

228

Ancône(26)..............................158 A3
Ancourt(76)..................................9 G2
Ancourteville-sur-Héricourt(76)............8 D4
Ancretteville-Saint-Victor(76)............9 F5
Ancretteville-sur-Mer(76)..................8 C3
Ancteville(50)..............................17 E6
Anctoville(14)..............................18 A5
Anctoville-sur-Boscq(50)..................35 G1
Ancy(69)..................................129 G2
Ancy-le-Franc(89)..........................84 B2
Ancy-le-Libre(89)..........................84 B2
Ancy-sur-Moselle(57)......................28 C6
Andainville(80)..............................10 C6
Andance(07)..............................144 A2
Andancette(26)............................144 A2
Andard(49)..................................76 D5
Andé(27)....................................21 E6
Andechy(80)..................................23 F1
Andel(22)....................................33 H5
Andelain(02)................................24 B2
Andelaroche(03)..........................114 D4
Andelarre(70)..............................87 G3
Andelarrot(70)..............................87 G3
Andelat(15)................................141 E4
Andelnans(90)..............................88 D3
Andelot-Blancheville(52)..................68 A3
Andelot-en-Montagne(39)................103 F4
Andelot-Morval(39)......................117 F3
Andelu(78)..................................41 H3
les Andelys(27)..............................21 F6
Andernay(55)................................46 D4
Andernos-les-Bains(33)..................148 B1
Anderny(54)..................................28 B3
Andert-et-Condon(01)....................131 F2
Andeville(60)................................22 C6
Andigné(49)..................................76 B3
Andillac(81)................................167 H3
Andilly(17)................................107 E4
Andilly(54)..................................48 B4
Andilly(74)................................118 C6
Andilly(95)..................................42 C2
Andilly-en-Bassigny(52)..................68 C6
Andiran(47)................................165 E2
Andlau(67)..................................71 F2
Andoins(64)................................180 C3
Andolsheim(68)..............................71 F5
Andon(06)................................176 B5
Andonville(45)..............................63 E6
Andornay(70)................................88 B3
Andouillé(53)................................58 C2
Andouillé-Neuville(35)....................35 F6
Andouque(81)..............................168 C3
Andrein(64)................................179 G2
Andres(62)....................................2 C1
Andrest(65)................................181 E3
Andrésy(78)..................................42 B2
Andrezé(49)..................................75 H6
Andrezel(77)................................43 F6
Andrézieux-Bouthéon(42)................129 E5
Andryes(89)..................................83 F4
Anduze(30)................................171 F2
Anères(65)................................181 H6
Anet(28)....................................41 E3
Anetz(44)....................................75 G4
Angaïs(64)................................180 C4
Angé(41)....................................79 G6
Angeac-Champagne(16)..................121 G4
Angeac-Charente(16)....................122 A4
Angecourt(08)..............................15 F5
Angeduc(16)..............................122 A6
Angely(89)..................................84 A4
Angeot(90)..................................89 E2
Angers(49)..................................76 C4
Angerville(14)..............................19 E4
Angerville(91)..............................62 D3
Angerville-Bailleul(76)......................8 C5
Angerville-la-Campagne(27)................40 D2
Angerville-la-Martel(76)....................8 C4
Angerville-l'Orcher(76)......................8 B5
Angervilliers(91)............................42 B6
Angeville(82)..............................166 B3
Angevillers(57)..............................28 C3
Angey(50)..................................35 G2
Angicourt(60)..............................23 E5
Angiens(76)..................................9 E3
Angirey(70)..................................87 E4
Angivillers(60)..............................23 E4
Anglade(33)..............................135 E2
Anglards-de-Saint-Flour(15)..............141 F5
Anglards-de-Salers(15)..................140 A3
Anglars(46)................................153 F2
Anglars-Juillac(46)........................152 A4
Anglars-Nozac(46)........................152 C1
Anglars-Saint-Félix(12)..................153 H4
Anglefort(01)..............................131 G1
Anglemont(88)..............................70 A2
Angles(04)................................175 H3
les Angles(30)............................172 D3
les Angles(65)............................181 E5
les Angles(66)............................199 F4
Anglès(81)................................185 G1
Angles(85)................................106 C2
les Angles-sur-Corrèze(19)..............139 E2
Angles-sur-l'Anglin(86)....................95 E6
Anglesqueville-la-Bras-Long(76)............8 D4
Anglesqueville-l'Esneval(76)................8 A5
Anglet(64)................................178 C1
Angliers(17)..............................107 F4
Angliers(86)................................93 H4
Anglure(51)..................................45 E6
Anglure-sous-Dun(71)....................115 H5
Angluzelles-et-Courcelles(51)............45 G5
Angoisse(24)..............................124 A6
Angomont(54)..............................70 C1
Angos(65)................................181 F4
Angoulême(16)............................122 B4
Angoulins(17)............................106 D5
Angoumé(40)............................162 D5
Angous(64)................................179 G3
Angoustrine-
  Villeneuve-des-Escaldes(66)..........199 E5
Angoville(14)..............................38 B2
Angoville-au-Plain(50)....................17 F4

Angoville-sur-Ay(50)......................16 D5
Angres(62)....................................4 D6
Angresse(40)..............................162 B5
Angrie(49)..................................75 H3
Anguerny(14)................................18 C4
Anguilcourt-le-Sart(02)....................24 C2
Angy(60)....................................22 D5
Anhaux(64)................................178 D4
Anhiers(59)..................................5 F6
Aniane(34)................................170 D6
Aniche(59)..................................12 C2
Anisy(14)....................................18 C4
Anizy-le-Château(02)......................24 C3
Anjeux(70)..................................69 G6
Anjou(38)................................144 B1
Anjouin(36)..................................96 C2
Anjoutey(90)................................88 D2
Anla(65)..................................182 A6
Anlezy(58)..................................99 F4
Anlhiac(24)................................137 H2
Annay(58)..................................82 B4
Annay(62)....................................4 D5
Annay-la-Côte(89)..........................83 H4
Annay-sur-Serein(89)......................83 H2
Annebault(14)..............................19 F4
Annecy(74)................................132 B1
Annecy-le-Vieux(74)......................132 B1
Annelles(08)................................26 A2
Annéot(89)..................................83 H4
Annepont(17)..............................121 E2
Annequin(62)..................................3 H6
Annesse-et-Beaulieu(24)................137 E3
Annet-sur-Marne(77)......................43 F3
Anneux(59)..................................12 B3
Anneville-Ambourville(76)..................9 E6
Anneville-en-Saire(50)....................17 F2
Anneville-la-Prairie(52)..................67 G3
Anneville-sur-Mer(50)....................16 D6
Anneville-sur-Scie(76)......................9 F3
Anneyron(26)..............................144 B2
Annezay(17)..............................107 G6
Annezin(62)..................................3 G6
Annœullin(59)................................5 E5
Annoire(39)................................102 A3
Annois(02)..................................24 A1
Annoisin-Chatelans(38)..................130 D3
Annoix(18)..................................97 H4
Annonay(07)..............................143 H2
Annonville(52)..............................68 A2
Annot(04)................................176 B3
Annouville-Vilmesnil(76)....................8 B4
Annoux(89)..................................84 B3
Annoville(50)................................36 C2
Anor(59)....................................13 H5
Anos(64)..................................180 C3
Anost(71)................................100 B3
Anould(88)..................................70 C4
Anoux(54)..................................28 B4
Anoye(64)................................180 D3
Anquetierville(76)............................8 D6
Anrosey(52)..................................86 D1
Ansac-sur-Vienne(16)....................123 F1
Ansacq(60)..................................22 D5
Ansan(32)................................165 H5
Ansauville(54)..............................48 B3
Ansauvillers(60)............................22 D3
Anse(69)..................................129 H1
Anserville(60)..............................22 C6
Ansignan(66)..............................200 B3
Ansost(65)................................181 F2
Ansouis(84)..............................174 A5
Anstaing(59)..................................5 F4
Antagnac(47)..............................150 B5
Anterrieux(15)............................141 E6
Anteuil(25)..................................88 B5
Antezant-la-Chapelle(17)................121 F1
Anthé(47)................................151 H5
Anthelupt(54)..............................49 F5
Anthenay(51)..............................44 D1
Antheny(08)................................14 B3
Antheuil(21)..............................101 F2
Antheuil-Portes(60)......................23 F3
Anthien(58)..................................83 G6
Anthon(38)................................130 C3
Anthy-sur-Léman(74)....................119 E3
Antibes(06)................................177 E6
Antichan(65)..............................182 A6
Antichan-de-Frontignes(31)..............196 D3
Antignac(15)..............................140 B2
Antignac(31)..............................196 D4
Antigny(85)..................................92 B6
Antigny(86)................................110 A2
Antigny-la-Ville(21)......................101 E2
Antilly(57)..................................28 D4
Antilly(60)..................................43 G1
Antin(65)................................181 G3
Antisanti(2B)..............................205 F4
Antist(65)................................181 F5
Antogny le Tillac(37)......................94 C4
Antoigné(49)................................93 G2
Antoingt(61)................................38 B6
Antoingt(63)..............................127 F6
Antonaves(05)............................159 H5
Antonne-et-Trigonant(24)................137 F3
Antony(92)..................................42 C4
Antraigues-sur-Volane(07)..............157 F2
Antrain(35)..................................35 G5
Antran(86)..................................94 C5
Antras(09)................................197 F4
Antras(32)................................165 F5
Antrenas(48)..............................155 G3
Antugnac(11)..............................199 G1
Antully(71)................................100 D4
Anvéville(76)..................................8 D4
Anville(16)................................122 A2
Anvin(62)....................................3 G3
Any-Martin-Rieux(02)......................14 A3
Anzat-le-Luguet(63)......................141 E2
Anzeling(57)................................29 E4
Anzême(23)................................111 H4
Anzex(47)................................150 B5
Anzin(59)....................................5 H6

Anzin-Saint-Aubin(62)....................11 H2
Anzy-le-Duc(71)..........................115 F4
Aoste(38)................................131 F4
Aoste(08)..................................14 B4
Aouste(08)..................................14 B4
Aouste-sur-Sye(26)......................158 C2
Aouze(88)..................................68 D2
Apach(57)..................................28 D2
Apchat(63)................................141 F1
Apchon(15)................................140 C2
Apinac(42)................................142 D1
Appelle(81)..............................184 C1
Appenai-sous-Bellême(61)................60 D3
Appenans(25)..............................88 B5
Appeville(50)..............................17 E4
Appeville-Annebault(27)..................20 B5
Appietto(2A)..............................204 B5
Appilly(60)..................................24 A3
Appoigny(89)................................83 F1
Apprieu(38)..............................131 F6
Appy(09)..................................198 D2
Apremont(01)............................117 H4
Apremont(08)..............................26 D4
Apremont(60)..............................23 E6
Apremont(70)..............................86 C5
Apremont(73)............................131 H5
Apremont(85)..............................90 D4
Apremont-la-Forêt(55)....................47 H3
Apremont-sur-Allier(18)..................98 C4
Aprey(52)..................................86 A2
Apt(84)..................................173 H4
Arabaux(09)..............................198 C1
Arâches(74)..............................119 F6
Aragnouet(65)............................196 A4
Aragon(11)................................185 E4
Aramits(64)..............................179 H5
Aramon(30)..............................172 C4
Aranc(01)................................117 G6
Arancou(64)..............................179 F2
Arandas(01)..............................131 E2
Arandon(38)..............................131 E3
Araujuzon(64)............................179 G3
Araules(43)..............................143 E4
Araux(64)................................179 G3
Arbanats(33)..............................149 G2
Arbas(31)................................182 C6
Arbecey(70)................................87 E2
Arbellara(2A)..............................206 D3
Arbent(01)................................117 H4
Arbéost(65)..............................180 C6
Arbérats-Sillègue(64)....................179 F3
Arbignieu(01)............................131 F3
Arbigny(01)..............................116 C2
Arbigny-sous-Varennes(52)..............68 C6
Arbin(73)................................132 A5
Arbis(33)................................149 H2
Arblade-le-Bas(32)......................164 B5
Arblade-le-Haut(32)....................164 C5
Arbois(39)................................103 E4
Arbon(31)................................182 B6
Arbonne(64)..............................178 B2
Arbonne-la-Forêt(77)......................63 H2
Arboras(34)..............................170 C6
Arbori(2A)................................204 C4
Arbot(52)..................................85 G1
Arbouans(25)..............................88 D4
Arboucave(40)............................163 H6
Arbouet-Sussaute(64)....................179 F3
Arbourse(58)................................98 D1
Arboussols(66)............................200 A4
l'Arbresle(69)............................129 G2
Arbrissel(35)................................57 H4
Arbus(64)................................180 B3
Arbusigny(74)............................118 D5
Arc-en-Barrois(52)........................67 G6
Arc-et-Senans(25)........................103 E2
Arc-lès-Gray(70)..........................86 C4
Arc-sous-Cicon(25)......................103 H2
Arc-sous-Montenot(25)..................103 F4
Arc-sur-Tille(21)..........................86 A5
Arcachon(33)............................148 B2
Arçais(79)................................107 G4
Arcambal(46)............................152 C4
Arcangues(64)............................178 C2
Arçay(18)..................................97 F4
Arçay(86)..................................93 G3
Arceau(21)................................86 A4
Arcenant(21)..............................101 F2
Arcens(07)................................143 F5
Arces(17)................................120 D5
Arces-Dilo(89)............................65 F5
Arcey(21)..................................85 F6
Arcey(25)..................................88 C4
Archail(04)................................160 D6
Archamps(74)............................118 C5
Archelange(39)............................102 C2
Arches(15)................................139 H2
Arches(88)..................................70 A5
Archettes(88)..............................70 A5
Archiac(17)................................121 G5
Archignac(24)............................138 B4
Archignat(03)............................112 C3
Archigny(86)................................94 D6
Archingeay(17)............................121 E1
Archon(02)..................................14 A1
Arcinges(42)..............................115 G5
Arcins(33)................................134 D4
Arcis-le-Ponsart(51)......................24 D6
Arcis-sur-Aube(10)........................45 G6
Arcizac-Adour(65)........................181 E5
Arcizac-ez-Angles(65)....................181 E5
Arcizans-Avant(65)......................180 D6
Arcizans-Dessus(65)....................180 D6
Arcomps(18)..............................112 C1
Arçon(25)................................103 H3
Arçon(42)................................128 C1
Arconcey(21)............................100 D1
Arconnay(72)..............................60 A2
Arconsat(63)..............................128 B2
Arconville(10)..............................67 E4
les Arcs(83)..............................192 D2
Arcueil(94)..................................42 C4

Arcy-Sainte-Restitue(02)................24 C6
Arcy-sur-Cure(89)........................83 G3
Ardelles(28)................................40 D6
Ardelu(28)..................................62 D2
Ardenais(18)..............................112 C1
Ardengost(65)............................196 B3
Ardentes(36)..............................96 C6
Ardeuil-et-Montfauxelles(08)............26 B4
Ardiège(31)..............................182 B6
les Ardillats(69)..........................116 A5
Ardilleux(79)..............................108 C6
Ardillières(17)............................107 F6
Ardin(79)................................107 H2
Ardizas(32)..............................166 B5
Ardoix(07)................................143 H3
Ardon(39)................................103 E5
Ardon(45)..................................80 C2
Ardouval(76)................................9 G4
Ardres(62)....................................2 D3
Aregno(2B)..............................202 C5
Areines(41)..................................79 F2
Aren(64)..................................179 H4
Arengosse(40)............................163 F2
Arenthon(74)............................118 D5
Arès(33)..................................134 A6
Aresches(39)..............................103 E4
Aressy(64)................................180 C4
Arette(64)................................179 H5
Arfeuille-Châtain(23)....................112 C6
Arfeuilles(03)............................114 D5
Arfons(81)................................184 D2
Argagnon(64)............................179 H2
Arganchy(14)................................18 A4
Argançon(10)..............................67 E3
Argancy(57)................................28 C4
Argein(09)................................197 F3
Argelès(65)..............................181 F5
Argelès-Gazost(65)......................180 D6
Argelès-sur-Mer(66)....................201 E5
Argeliers(11)..............................186 B4
Argelliers(34)............................170 D6
Argelos(40)..............................163 G6
Argelos(64)..............................180 C2
Argelouse(40)............................149 E5
Argences(14)..............................19 E5
Argens-Minervois(11)....................185 H4
Argent-sur-Sauldre(18)....................81 G4
Argentan(61)................................38 D4
Argentat(19)..............................139 F4
Argentenay(89)............................84 B1
Argenteuil(95)..............................42 C3
Argenteuil-sur-Armançon(89)............84 B2
l'Argentière-la-Bessée(05)..............147 E5
Argentière(77)..............................43 G5
Argentine(73)............................132 C5
Argenton(47)..............................150 B4
Argenton-Château(79)....................93 E3
Argenton-l'Église(79)....................93 F3
Argenton-Notre-Dame(53)................76 C2
Argenton-sur-Creuse(36)................111 E2
Argentré(53)................................58 D4
Argentré-du-Plessis(35)..................58 A4
Argenvières(18)..............................98 C2
Argenvilliers(28)..........................61 F3
Argers(51)..................................26 C6
Arget(64)................................180 A1
Argiésans(90)..............................88 D3
Argillières(70)............................86 D2
Argilliers(30)............................172 B3
Argilly(21)................................101 G2
Argis(01)................................131 E1
Argiusta-Moriccio(2A)....................206 D2
Argœuves(80)..............................11 E5
Argol(29)....................................31 E6
Argonay(74)..............................132 B1
Argouges(50)..............................35 G4
Argoules(80)..............................10 C2
Arguel(25)................................103 F1
Arguel(80)..................................10 C6
Arguenos(31)............................196 D3
Argut-Dessous(31)......................196 D3
Argy(36)....................................96 A4
Arhansus(64)..............................179 F4
Aries-Espénan(65)......................181 H4
Arifat(81)................................168 C5
Arignac(09)..............................198 C2
Arinthod(39)..............................117 G3
Arith(73)................................132 A3
Arjuzanx(40)..............................163 E2
Arlanc(63)................................128 B6
Arlay(39)................................102 C5
Arlebosc(07)..............................143 H4
Arlempdes(43)............................142 C6
Arles(13)................................172 C6
Arles-sur-Tech(66)......................200 B6
Arleuf(58)................................100 A3
Arleux(59)..................................12 B2
Arleux-en-Gohelle(62)......................4 D6
Arlos(31)................................196 D3
Armaillé(49)..............................75 G1
Armancourt(60)............................23 E4
Armancourt(80)............................23 F2
Armaucourt(54)............................49 E3
Armbouts-Cappel(59)........................3 F2
Armeau(89)..................................65 E5
Armendarits(64)..........................179 E3
Armenteule(65)............................196 B4
Armentières(59)..............................4 D3
Armentières-en-Brie(77)..................43 G2
Armentières-sur-Avre(27)................40 B5
Armentières-sur-Ourcq(02)..............24 B6
Armentieux(32)............................181 F1
Armes(58)..................................83 F5
Armillac(47)..............................150 D3
Armissan(11)..............................186 C5
Armix(01)................................131 F2
Armous-et-Cau(32)......................181 F1
Armoy(74)................................119 E3

Arnac-la-Poste(87)......................111 E4
Arnac-Pompadour(19)....................138 B1
Arnac-sur-Dourdou(12)..................169 G5
Arnage(72)..................................60 A6
Arnancourt(52)..............................67 F2
Arnas(69)................................116 B6
Arnaud-Guilhem(31)......................182 C5
Arnave(09)................................198 C2
Arnaville(54)................................28 C6
Arnay-le-Duc(21)........................100 D2
Arnay-sous-Vitteaux(21)..................84 D5
Arnayon(26)..............................159 E3
Arné(65)..................................181 H5
Arnéguy(64)..............................178 D5
Arnèke(59)....................................3 F3
Arnicourt(08)................................14 B6
Arnières-sur-Iton(27)......................40 C2
Arnos(64)................................180 A2
Arnouville-lès-Gonesse(95)................42 D2
Arnouville-lès-Mantes(78)................41 G3
Aroffe(88)..................................69 E1
Aromas(39)..............................117 G4
Aron(53)....................................59 E2
Aroue-Ithorots-Olhaïby(64)..............179 F3
Aroz(70)....................................87 F3
Arpaillargues-et-Aureillac(30)..........172 A3
Arpajon(91)................................42 C6
Arpajon-sur-Cère(15)....................140 B5
Arpavon(26)..............................159 E5
Arpenans(70)..............................87 H3
Arpheuilles(18)..............................97 H6
Arpheuilles(36)............................95 G4
Arpheuilles-Saint-Priest(03)............113 E5
Arphy(30)................................170 D3
Arquenay(53)................................58 D5
Arques(11)................................199 H1
Arques(12)................................154 D5
les Arques(46)............................152 B3
Arques(62)....................................3 F4
Arques-la-Bataille(76)......................9 G3
Arquettes-en-Val(11)....................185 F5
Arquèves(80)................................11 F4
Arquian(58)................................82 B4
Arracourt(54)..............................49 F4
Arradon(56)................................72 D2
Arraincourt(57)..............................29 F6
Arrancourt(91)..............................63 E2
Arrancy(02)..................................25 E3
Arrancy-sur-Crusne(55)....................27 H2
Arrans(21)..................................84 C2
Arras(62)....................................11 H2
Arras-en-Lavedan(65)....................180 D6
Arras-sur-Rhône(07)......................144 A3
Arrast-Larrebieu(64)......................179 G3
Arraute-Charritte(64)....................179 E3
Arraye-et-Han(54)..........................49 E3
Arrayou-Lahitte(65)......................181 E5
Arre(30)..................................170 C3
Arreau(65)................................196 B3
Arrelles(10)................................66 C5
Arrembécourt(10)..........................46 B6
Arrènes(23)................................111 F6
Arrens-Marsous(65)......................195 F3
Arrentès-de-Corcieux(88)................70 C4
Arrentières(10)..............................67 E3
Arrest(80)..................................10 B3
Arreux(08)..................................14 D3
Arriance(57)................................29 E6
Arricau-Bordes(64)......................180 D2
Arrien(64)................................180 D3
Arrien-en-Bethmale(09)..................197 G3
Arrigas(30)................................170 C3
Arrigny(51)..................................46 C5
Arro(2A)..................................204 C5
Arrodets(65)..............................181 G6
Arrodets-ez-Angles(65)..................181 E6
Arromanches-les-Bains(14)................18 B3
Arronnes(03)..............................114 C6
Arronville(95)..............................22 C6
Arros-de-Nay(64)........................180 C4
Arrosès(64)..............................180 D1
Arrou(28)..................................61 G5
Arrouède(32)..............................182 A3
Arrout(09)................................197 F3
Arry(57)....................................28 C6
Arry(80)....................................10 B2
Ars(16)..................................121 G4
Ars(23)..................................125 G1
Ars-en-Ré(17)............................106 B4
Ars-Laquenexy(57)........................28 D5
Ars-les-Favets(63)......................113 E5
Ars-sur-Formans(01)....................130 A1
Ars-sur-Moselle(57)......................28 C5
Arsac(33)................................134 D4
Arsac-en-Velay(43)......................142 C4
Arsague(40)..............................163 F6
Arsans(70)..................................86 D5
Arsonval(10)................................67 E3
Arsure-Arsurette(39)....................103 F5
les Arsures(39)..........................103 E3
Arsy(60)....................................23 F4
Art-sur-Meurthe(54)......................49 E5
Artagnan(65)..............................181 E3
Artaise-le-Vivier(08)......................15 E6
Artaix(71)................................115 E4
Artalens-Souin(65)......................180 D6
Artannes-sur-Indre(37)..................94 C1
Artannes-sur-Thouet(49)................93 G1
Artas(38)................................130 C5
Artassenx(40)............................163 H4
Artemare(01)............................131 G2
Artemps(02)................................24 A1
Artenay(45)..................................62 D5
Arthaz-Pont-Notre-Dame(74)............118 D5
Arthel(58)..................................99 E1
Arthémonay(26)..........................144 C3
Arthenac(17)..............................121 G5
Arthenas(39)..............................117 G1
Arthès(81)................................168 B3
Arthez-d'Armagnac(40)..................164 B3
Arthez-d'Asson(64)......................180 C5
Arthez-de-Béarn(64)....................180 A2
Arthezé(72)................................77 F2

Arthies(95) ... 41 H1
Arthon(36) ... 96 B6
Arthon-en-Retz(44) ... 90 C1
Arthonnay(89) ... 66 B6
Arthun(42) ... 128 D3
Artigat(09) ... 183 G5
Artignosc-sur-Verdon(83) ... 175 E5
Artigue(31) ... 196 D4
Artigueloutan(64) ... 180 C4
Artiguelouve(64) ... 180 B3
Artiguemy(65) ... 181 F5
Artigues(09) ... 199 F3
Artigues(11) ... 199 G2
Artigues(65) ... 181 E6
Artigues(83) ... 174 D6
les Artigues-de-Lussac(33) ... 135 H5
Artigues-près-Bordeaux(33) ... 135 E6
Artins(41) ... 78 D2
Artix(09) ... 183 H6
Artix(64) ... 180 A2
Artolsheim(67) ... 71 G4
Artonges(02) ... 44 C3
Artonne(63) ... 127 F1
Artres(59) ... 13 E2
Artzenheim(68) ... 71 G4
Arudy(64) ... 180 B5
Arue(40) ... 164 A2
Arvert(17) ... 120 B3
Arveyres(33) ... 135 G5
Arvieu(12) ... 169 E1
Arvieux(05) ... 147 F6
Arvigna(09) ... 184 A6
Arvillard(73) ... 132 B5
Arville(41) ... 61 F5
Arville(77) ... 63 H4
Arvillers(80) ... 23 F1
Arx(40) ... 164 D2
Arzacq-Arraziguet(64) ... 180 B1
Arzal(56) ... 73 G3
Arzano(29) ... 54 B4
Arzay(38) ... 130 C6
Arzembouy(58) ... 99 E1
Arzenc-d'Apcher(48) ... 141 F6
Arzenc-de-Randon(48) ... 156 B2
Arzens(11) ... 184 D5
Arzillières-Neuville(51) ... 46 B5
Arzon(56) ... 72 D2
Arzviller(57) ... 50 B5
Asasp-Arros(64) ... 179 H5
Ascain(64) ... 178 B3
Ascarat(64) ... 178 D4
Aschbach(67) ... 51 G3
Aschères-le-Marché(45) ... 62 D5
Asco(2B) ... 202 D6
Ascou(09) ... 199 E3
Ascoux(45) ... 63 F4
Ascros(06) ... 176 D3
Asfeld(08) ... 25 G4
Aslonnes(86) ... 109 F3
Asnan(58) ... 83 F6
Asnans-Beauvoisin(39) ... 102 B3
Asnelles(14) ... 18 B3
Asnières(27) ... 19 H4
Asnières-en-Bessin(14) ... 17 H4
Asnières-en-Montagne(21) ... 84 C2
Asnières-en-Poitou(79) ... 108 C6
Asnières-la-Giraud(17) ... 121 F2
Asnières-lès-Dijon(21) ... 85 H5
Asnières-sous-Bois(89) ... 83 G5
Asnières-sur-Blour(86) ... 110 A5
Asnières-sur-Nouère(16) ... 122 B4
Asnières-sur-Oise(95) ... 42 D1
Asnières-sur-Saône(01) ... 116 C3
Asnières-sur-Seine(92) ... 42 C3
Asnières-sur-Vègre(72) ... 59 F6
Asnois(58) ... 83 F5
Asnois(86) ... 109 F6
Aspach(57) ... 50 A4
Aspach(68) ... 89 F3
Aspach-le-Bas(68) ... 89 F2
Aspach-le-Haut(68) ... 89 F2
Aspères(30) ... 171 G5
Asperjoc(07) ... 157 F2
Aspet(31) ... 182 C6
Aspin-Aure(65) ... 196 B3
Aspin-en-Lavedan(65) ... 180 D5
Aspiran(34) ... 187 E1
Aspremont(05) ... 159 H3
Aspremont(06) ... 177 E4
les Aspres(61) ... 39 H5
Aspres-lès-Corps(05) ... 146 A6
Aspres-sur-Buëch(05) ... 159 H3
Aspret-Sarrat(31) ... 182 B6
Asprières(12) ... 153 H3
Asque(65) ... 181 F6
Asques(33) ... 135 F5
Asques(82) ... 166 B2
Asquins(89) ... 83 G5
Assac(81) ... 168 D3
Assainvillers(80) ... 23 F2
Assais-les-Jumeaux(79) ... 93 G5
Assas(34) ... 171 F6
Assat(64) ... 180 C4
Assay(37) ... 94 A3
Assé-le-Bérenger(53) ... 59 F4
Assé-le-Boisne(72) ... 59 H2
Assé-le-Riboul(72) ... 60 A4
Assenay(10) ... 66 A4
Assencières(10) ... 66 B2
Assenoncourt(57) ... 49 H3
Assérac(44) ... 73 G4
Assevent(59) ... 13 G2
Assevillers(80) ... 12 A6
Assier(46) ... 153 F2
Assieu(38) ... 130 B6
Assignan(34) ... 186 B3
Assigny(18) ... 82 A5
Assigny(76) ... 9 G2
les Assions(07) ... 157 E4
Assis-sur-Serre(02) ... 24 C2
Asson(64) ... 180 C5
Asswiller(67) ... 50 C4
Astaffort(47) ... 165 H2

Astaillac(19) ... 139 E5
Asté(65) ... 181 F6
Aste-Béon(64) ... 180 B6
Astet(07) ... 156 D2
Astillé(53) ... 58 C5
Astis(64) ... 180 C2
Aston(09) ... 198 C3
Astugue(65) ... 181 E5
Athée(21) ... 86 B6
Athée(53) ... 58 B6
Athée-sur-Cher(37) ... 79 E6
Athesans-Étroitefontaine(70) ... 88 B3
Athie(21) ... 84 C4
Athie(89) ... 84 A4
Athienville(54) ... 49 H4
Athies(62) ... 12 A2
Athies(80) ... 12 B6
Athies-sous-Laon(02) ... 24 D3
Athis(51) ... 45 G2
Athis-de-l'Orne(61) ... 38 A3
Athis-Mons(91) ... 42 D5
Athos-Aspis(64) ... 179 F2
Athose(25) ... 103 H2
Attainville(95) ... 42 D2
Attancourt(52) ... 46 D6
les Attaques(62) ... 2 D2
Attenschwiller(68) ... 89 H3
Attiches(59) ... 5 E5
Attichy(60) ... 23 H4
Attignat(01) ... 117 E4
Attignat-Oncin(73) ... 131 G5
Attignéville(88) ... 68 D2
Attigny(08) ... 26 B2
Attigny(88) ... 69 F4
Attilloncourt(57) ... 49 E3
Attilly(02) ... 12 B6
Attin(62) ... 2 B6
Atton(54) ... 48 C3
Attray(45) ... 63 E4
Attricourt(70) ... 86 B4
Atur(24) ... 137 F3
Aubagnan(40) ... 163 H5
Aubagne(13) ... 191 E4
Aubaine(21) ... 101 F2
Aubais(30) ... 171 G5
Aubarède(65) ... 181 F4
Aubas(24) ... 138 A4
Aubazat(43) ... 141 H3
Aubazines(19) ... 138 D3
Aube(57) ... 28 D6
Aube(61) ... 39 G4
Aubéguimont(76) ... 10 B6
Aubenas(07) ... 157 F2
Aubenas-les-Alpes(04) ... 174 C3
Aubencheul-au-Bac(59) ... 12 C2
Aubencheul-aux-Bois(02) ... 12 C4
Aubenton(02) ... 14 A3
Aubepierre-Ozouer-le-Repos(77) ... 43 G6
Aubepierre-sur-Aube(52) ... 67 G6
l'Aubépin(39) ... 117 F2
Auberchicourt(59) ... 12 C2
Aubercourt(80) ... 11 G6
Aubergenville(78) ... 41 H3
Aubérive(51) ... 26 A4
Auberive(52) ... 85 H1
Auberives-en-Royans(38) ... 145 E4
Auberives-sur-Varèze(38) ... 130 A6
Aubermesnil-aux-Érables(76) ... 10 A6
Aubermesnil-Beaumais(76) ... 9 F3
Aubers(59) ... 4 D4
Aubertin(64) ... 180 B4
Auberville(14) ... 19 E3
Auberville-la-Campagne(76) ... 8 C6
Auberville-la-Manuel(76) ... 8 C3
Auberville-la-Renault(76) ... 8 B4
Aubervilliers(93) ... 42 D3
Aubeterre(10) ... 66 B2
Aubeterre-sur-Dronne(16) ... 136 B2
Aubevoye(16) ... 122 A5
Aubevoye(27) ... 21 F6
Aubiac(33) ... 149 H4
Aubiac(47) ... 165 G1
Aubiat(63) ... 127 F1
Aubie-et-Espessas(33) ... 135 F4
Aubière(63) ... 127 F3
les Aubiers(79) ... 92 D3
Aubiet(32) ... 166 A6
Aubignan(84) ... 173 F2
Aubignas(07) ... 157 H3
Aubigné(35) ... 35 F6
Aubigné(79) ... 108 C6
Aubigné-Racan(72) ... 77 H3
Aubigné-sur-Layon(49) ... 93 E1
Aubignosc(04) ... 160 B6
Aubigny(03) ... 98 D6
Aubigny(14) ... 38 C2
Aubigny(79) ... 93 F5
Aubigny(80) ... 11 G6
Aubigny(85) ... 91 F6
Aubigny-au-Bac(59) ... 12 C2
Aubigny-aux-Kaisnes(02) ... 24 A1
Aubigny-en-Artois(62) ... 11 G1
Aubigny-en-Laonnois(02) ... 25 E3
Aubigny-en-Plaine(21) ... 102 A2
Aubigny-la-Ronce(21) ... 101 E3
Aubigny-les-Pothées(08) ... 14 C4
Aubigny-lès-Sombernon(21) ... 85 E6
Aubigny-sur-Nère(18) ... 81 G5
Aubilly(51) ... 25 E6
Aubin(12) ... 153 H3
Aubin(64) ... 180 B2
Aubin-Saint-Vaast(62) ... 10 D1
Aubinges(18) ... 97 H2
Auboncourt-Vauzelles(08) ... 14 C6
Aubonne(25) ... 103 H2
Aubord(30) ... 171 H5
Auboué(54) ... 28 B4
Aubous(64) ... 164 B6
Aubres(26) ... 158 D5
Aubréville(55) ... 27 E5
Aubrives(08) ... 15 E1
Aubrometz(62) ... 11 E2

Aubry-du-Hainaut(59) ... 5 H6
Aubry-en-Exmes(61) ... 39 E3
Aubry-le-Panthou(61) ... 39 F3
Auburé(68) ... 71 E4
Aubussargues(30) ... 171 H3
Aubusson(23) ... 125 G2
Aubusson(61) ... 37 H4
Aubusson-d'Auvergne(63) ... 128 A3
Aubvillers(80) ... 23 E1
Auby(59) ... 5 E6
Aucaleuc(22) ... 34 C5
Aucamville(31) ... 167 E6
Aucamville(82) ... 166 D4
Aucazein(09) ... 197 F3
Aucelon(26) ... 159 E2
Aucey-la-Plaine(50) ... 35 G4
Auch(32) ... 165 G6
Auchel(62) ... 3 G4
Auchonvillers(80) ... 11 G4
Auchy-au-Bois(62) ... 3 F5
Auchy-la-Montagne(60) ... 22 C3
Auchy-lès-Hesdin(62) ... 10 D1
Auchy-les-Mines(62) ... 3 H6
Auchy-lez-Orchies(59) ... 5 F5
Audaux(64) ... 179 G3
Audelange(39) ... 102 C2
Audeloncourt(52) ... 68 C4
Audembert(62) ... 2 B3
Audenge(33) ... 148 C2
Auderville(50) ... 16 B1
Audes(03) ... 112 D3
Audeux(25) ... 87 E6
Audeville(45) ... 63 F3
Audierne(29) ... 52 C3
Audignicourt(02) ... 24 A4
Audignies(59) ... 13 F2
Audignon(40) ... 163 G5
Audigny(02) ... 13 E6
Audincourt(25) ... 88 D4
Audincthun(62) ... 3 E5
Audinghen(62) ... 2 B3
Audon(40) ... 163 H4
Audouville-la-Hubert(50) ... 17 F4
Audrehem(62) ... 2 D3
Audressein(09) ... 197 F3
Audresselles(62) ... 2 B3
Audrieu(14) ... 18 B4
Audrix(24) ... 137 G6
Audruicq(62) ... 2 D2
Audun-le-Roman(54) ... 28 B3
Audun-le-Tiche(57) ... 28 B2
Auenheim(67) ... 51 G4
Auffargis(78) ... 41 H5
Auffay(76) ... 9 F4
Aufferville(77) ... 63 H4
Auffreville-Brasseuil(78) ... 41 G3
Auflance(08) ... 15 H5
Auga(64) ... 180 B2
Augan(56) ... 56 B4
Auge(08) ... 14 B3
Auge(23) ... 112 C5
Augé(79) ... 108 B3
Auge-Saint-Médard(16) ... 122 A2
Augea(39) ... 117 F1
Auger-Saint-Vincent(60) ... 23 G6
Augerans(39) ... 102 C3
Augères(23) ... 111 G6
Augerolles(63) ... 128 A3
Augers-en-Brie(77) ... 44 B5
Augerville-la-Rivière(45) ... 63 G3
Augicourt(70) ... 87 E1
Augignac(24) ... 123 F5
Augirein(09) ... 197 F3
Augisey(39) ... 117 G1
Augnat(63) ... 127 F6
Augnax(32) ... 165 H5
Augne(87) ... 125 E3
Augny(57) ... 28 C6
Auguaise(61) ... 39 G4
Augy(02) ... 24 C5
Augy(89) ... 83 F2
Augy-sur-Aubois(18) ... 98 B5
Aujac(17) ... 121 G2
Aujac(30) ... 156 D5
Aujan-Mournède(32) ... 181 H3
Aujargues(30) ... 171 G5
Aujeurres(52) ... 85 H2
Aujols(46) ... 152 D4
Aulan(26) ... 159 F6
Aulas(30) ... 170 D3
Aulhat-Saint-Privat(63) ... 127 G5
Aullène(2A) ... 207 E3
Aulnat(63) ... 127 F3
Aulnay(10) ... 66 C1
Aulnay(17) ... 108 B6
Aulnay(86) ... 93 H4
Aulnay-la-Rivière(45) ... 63 G4
Aulnay-l'Aître(51) ... 46 B4
Aulnay-sous-Bois(93) ... 42 D3
Aulnay-sur-Iton(27) ... 40 C2
Aulnay-sur-Marne(51) ... 45 G2
Aulnay-sur-Mauldre(78) ... 41 H3
les Aulneaux(72) ... 60 B2
Aulnois(88) ... 68 D3
Aulnois-en-Perthois(55) ... 47 E5
Aulnois-sous-Laon(02) ... 24 D2
Aulnois-sur-Seille(57) ... 49 E3
Aulnoy(77) ... 43 H4
Aulnoy-lez-Valenciennes(59) ... 13 E2
Aulnoye-Aymeries(59) ... 13 F3
Aulon(23) ... 111 G6
Aulon(31) ... 182 C5
Aulon(65) ... 196 B4
Aulos(09) ... 198 C2
Ault(80) ... 9 H1
Aulus-les-Bains(09) ... 198 A2
Aulx-lès-Cromary(70) ... 87 G5
Aumagne(17) ... 121 G2
Aumale(76) ... 21 H1
Aumâtre(80) ... 10 B5
Aumelas(34) ... 187 F1

Auménancourt(51) ... 25 F4
Aumerval(62) ... 3 F6
Aumes(34) ... 187 E2
Aumessas(30) ... 170 C3
Aumetz(57) ... 28 B3
Aumeville-Lestre(50) ... 17 F2
Aumont(39) ... 102 B4
Aumont(80) ... 10 C6
Aumont-Aubrac(48) ... 155 G2
Aumont-en-Halatte(60) ... 23 E6
Aumontzey(88) ... 70 B4
Aumur(39) ... 102 B2
Aunac(16) ... 122 C2
Aunat(11) ... 199 F2
Aunay-en-Bazois(58) ... 99 G2
Aunay-les-Bois(61) ... 39 F6
Aunay-sous-Auneau(28) ... 62 C2
Aunay-sous-Crécy(28) ... 41 E5
Aunay-sur-Odon(14) ... 18 B6
Auneau(28) ... 62 C1
Auneuil(60) ... 22 B5
Aunou-le-Faucon(61) ... 38 D4
Aunou-sur-Orne(61) ... 39 F5
Auppegard(76) ... 9 F3
Auquainville(14) ... 19 G6
Auquemesnil(76) ... 9 H2
Auradé(32) ... 166 C6
Auradou(47) ... 151 G5
Auragne(31) ... 183 G3
Auray(56) ... 55 E6
Aure(08) ... 26 B4
Aurec-sur-Loire(43) ... 143 E1
Aureil(87) ... 125 E3
Aureilhan(40) ... 148 A6
Aureilhan(65) ... 181 E4
Aureille(13) ... 173 E5
Aurel(26) ... 159 E2
Aurel(84) ... 173 H1
Aurelle-Verlac(12) ... 155 E4
Aurensan(32) ... 181 H3
Aurensan(65) ... 181 E3
Aureville(31) ... 183 G2
Auriac(11) ... 200 A1
Auriac(19) ... 139 G3
Auriac(64) ... 180 C2
Auriac-du-Périgord(24) ... 137 H4
Auriac-Lagast(12) ... 169 E2
Auriac-l'Église(15) ... 141 F2
Auriac-sur-Dropt(47) ... 150 C2
Auriac-sur-Vendinelle(31) ... 184 B2
Auriat(23) ... 124 D2
Auribail(31) ... 183 G3
Auribeau(84) ... 174 A4
Auribeau-sur-Siagne(06) ... 176 C6
Aurice(40) ... 163 G4
Auriébat(65) ... 181 E2
Aurières(63) ... 126 D4
Aurignac(31) ... 182 C4
Aurillac(15) ... 140 A5
Aurimont(32) ... 166 A6
Aurin(31) ... 184 A1
Auriol(13) ... 191 E4
Auriolles(33) ... 150 A2
Aurions-Idernes(64) ... 180 D1
Auris(38) ... 146 B3
Aurons(13) ... 173 G6
Auros(33) ... 149 H3
Aurouër(03) ... 99 E6
Auroux(48) ... 156 B1
Aussac(81) ... 168 A4
Aussac-Vadalle(16) ... 122 C3
Ausseing(31) ... 182 D5
Aussevielle(64) ... 180 B3
Aussillon(81) ... 185 E2
Aussois(73) ... 147 F1
Ausson(31) ... 182 A6
Aussonce(08) ... 25 H5
Aussonne(31) ... 166 D5
Aussos(32) ... 182 B3
Aussurucq(64) ... 179 F5
Autainville(41) ... 79 H1
Autechaux(25) ... 87 H5
Autechaux-Roide(25) ... 88 D5
les Autels(02) ... 14 B4
les Autels-Saint-Bazile(14) ... 39 E4
les Autels-Villevillon(28) ... 61 F4
Auterive(31) ... 183 G3
Auterive(32) ... 165 G6
Auterive(82) ... 166 B4
Auterrive(64) ... 179 F2
Autet(70) ... 86 D3
Auteuil(60) ... 22 B5
Auteuil(78) ... 41 H4
Autevielle-Saint-Martin-Bideren(64) ... 179 F2
Authe(08) ... 26 C2
Autheuil(28) ... 61 H6
Autheuil(61) ... 39 H6
Autheuil-Authouillet(27) ... 40 D1
Autheuil-en-Valois(60) ... 23 H6
Autheux(80) ... 11 E3
Authevernes(27) ... 21 G6
Authezat(63) ... 127 F4
Authie(14) ... 18 C4
Authie(80) ... 11 G4
Authieule(80) ... 11 F3
les Authieux(27) ... 40 D3
les Authieux-du-Puits(61) ... 39 F4
les Authieux-Papion(14) ... 19 F6
Authieux-Ratiéville(76) ... 9 G5
les Authieux-sur-Calonne(14) ... 19 G3
les Authieux-sur-le-Port-Saint-Ouen(76) ... 20 D5
Authiou(70) ... 99 E1
Authoison(70) ... 87 G4
Authon(04) ... 160 C5
Authon(41) ... 79 E3
Authon-du-Perche(28) ... 61 F4
Authon-Ébéon(17) ... 121 G2
Authon-la-Plaine(91) ... 62 D1
Authou(27) ... 20 B6
Authuille(80) ... 11 H4
Authume(39) ... 102 C2

Authumes(71) ... 102 B4
Autichamp(26) ... 158 C2
Autignac(34) ... 186 C2
Autigny(76) ... 9 E3
Autigny-la-Tour(88) ... 68 D2
Autigny-le-Grand(52) ... 67 H1
Autigny-le-Petit(52) ... 67 H1
Autingues(62) ... 2 D3
Autoire(46) ... 139 E6
Autoreille(70) ... 87 E5
Autouillet(78) ... 41 H3
Autrac(43) ... 141 F2
Autrans(38) ... 145 F3
Autrèche(37) ... 79 E4
Autrechêne(90) ... 89 E3
Autrêches(60) ... 24 A4
Autrécourt-et-Pourron(08) ... 15 F5
Autrécourt-sur-Aire(55) ... 27 E6
Autremencourt(02) ... 25 E2
Autrepierre(54) ... 49 H5
Autreppes(02) ... 13 G5
Autretot(76) ... 8 D5
Autreville(02) ... 24 B3
Autreville(88) ... 68 B6
Autréville-Saint-Lambert(55) ... 15 G6
Autréville-sur-la-Renne(52) ... 67 G4
Autréville-sur-Moselle(54) ... 48 D3
Autrey(54) ... 48 D6
Autrey(88) ... 70 B3
Autrey-le-Vay(70) ... 87 H3
Autrey-lès-Cerre(70) ... 87 H3
Autrey-lès-Gray(70) ... 86 C4
Autricourt(21) ... 67 E5
Autruche(08) ... 26 D2
Autruy-sur-Juine(45) ... 63 E3
Autry(08) ... 26 C4
Autry-Issards(03) ... 113 H2
Autry-le-Châtel(45) ... 81 H4
Autun(71) ... 100 C4
Auty(82) ... 167 E1
Auvare(06) ... 176 C3
Auve(51) ... 26 B6
Auvernaux(91) ... 63 G1
Auvers(43) ... 141 H5
Auvers(50) ... 17 F5
Auvers-le-Hamon(72) ... 59 F6
Auvers-Saint-Georges(91) ... 63 F1
Auvers-sous-Montfaucon(72) ... 59 G5
Auvers-sur-Oise(95) ... 42 B3
Auverse(49) ... 77 G4
Auvet-et-la-Chapelotte(70) ... 86 C4
Auvillar(82) ... 166 B2
Auvillars(14) ... 19 F4
Auvillars-sur-Saône(21) ... 101 H2
Auvillers-les-Forges(08) ... 14 B3
Auvilliers(76) ... 21 G1
Auvilliers-en-Gâtinais(45) ... 63 G6
Aux-Aussat(32) ... 181 G2
Auxais(50) ... 17 F5
Auxange(39) ... 102 D1
Auxant(21) ... 101 E2
Auxelles-Bas(90) ... 88 C2
Auxelles-Haut(90) ... 88 C2
Auxerre(89) ... 83 F2
Auxey-Duresses(21) ... 101 F3
Auxi-le-Château(62) ... 10 D3
Aux Marais(60) ... 22 B4
Auxon(10) ... 65 H5
Auxon(70) ... 87 G2
Auxon-Dessous(25) ... 87 F6
Auxon-Dessus(25) ... 87 F6
Auxonne(21) ... 102 B1
Auxy(45) ... 63 G4
Auxy(71) ... 100 D4
Auzainvilliers(88) ... 68 D3
Auzances(23) ... 126 B1
Auzas(31) ... 182 C5
Auzat(09) ... 198 B3
Auzat-sur-Allier(63) ... 127 G6
Auzay(85) ... 107 F2
Auzebosc(76) ... 8 D5
Auzelles(63) ... 127 H5
Auzers(15) ... 140 B2
Auzet(04) ... 160 D5
Auzeville-Tolosane(31) ... 183 G2
Auzielle(31) ... 183 H2
Auzits(12) ... 154 A4
Auzon(43) ... 141 G1
Auzouer-en-Touraine(37) ... 79 E4
Auzouville-Auberbosc(76) ... 8 C5
Auzouville-l'Esneval(76) ... 9 E5
Auzouville-sur-Ry(76) ... 9 G6
Auzouville-sur-Saâne(76) ... 9 E4
Availles-en-Châtellerault(86) ... 94 C6
Availles-Limouzine(86) ... 109 H6
Availles-sur-Seiche(35) ... 57 H4
Availles-Thouarsais(79) ... 93 H4
Avajan(65) ... 196 B4
Avallon(89) ... 83 H4
les Avanchers-Valmorel(73) ... 132 D5
Avançon(05) ... 160 C3
Avançon(08) ... 25 G4
Avanne-Aveney(25) ... 103 F1
Avant-lès-Marcilly(10) ... 65 F2
Avant-lès-Ramerupt(10) ... 66 C1
Avanton(86) ... 94 A6
Avapessa(2B) ... 202 C5
Avaray(41) ... 80 A3
Avaux(08) ... 25 G4
Aveize(69) ... 129 G4
Aveizieux(42) ... 129 F5
Avelanges(21) ... 85 G3
Avelesges(80) ... 10 C5
Avelin(59) ... 5 E5
Aveluy(80) ... 11 H4
Avenas(69) ... 116 A5
Avenay(14) ... 18 C5
Avenay-Val-d'Or(51) ... 45 F2
Avène(34) ... 169 H5
les Avenières(38) ... 131 F4
Avensac(32) ... 166 B4
Avensan(33) ... 134 D4
Aventignan(65) ... 181 H6

Averan(65)............181 E5
Averdoingt(62)........11 F2
Averdon(41)...........79 G3
Avermes(03)...........114 A1
Avernes(95)...........41 H1
Avernes-Saint-Gourgon(61)...39 F2
Avernes-sous-Exmes(61)...39 E4
Averton(53)...........59 G2
Avesnelles(59)........13 G3
Avesnes(62)...........2 D5
Avesnes-Chaussoy(80)...10 C6
Avesnes-en-Bray(76)...21 H4
Avesnes-en-Saosnois(72)...60 B3
Avesnes-en-Val(76)...9 H2
Avesnes-le-Comte(62)...11 G2
Avesnes-les-Aubert(59)...12 D3
Avesnes-lès-Bapaume(62)...12 A4
Avesnes-sur-Helpe(59)...13 G3
Avessac(44)...........74 B2
Avessé(72)............59 F5
Aveux(65).............182 A6
Avezac-Prat-Lahitte(65)...181 G6
Avezan(32)............166 A4
Avèze(30).............170 D3
Avèze(63).............126 B5
Avezé(72).............60 D4
Aviernoz(74)..........118 D6
Avignon(84)...........172 D3
Avignon-lès-Saint-Claude(39)...118 A3
Avignonet(38).........145 G4
Avignonet-Lauragais(31)...184 B3
Avillers(54)..........28 A3
Avillers(88)..........69 G2
Avillers-Sainte-Croix(55)...27 H6
Avilley(25)...........87 H4
Avilly-Saint-Léonard(60)...23 E6
Avion(62).............4 D6
Avioth(55)............15 H6
Aviré(49).............76 B2
Avirey-Lingey(10).....66 C5
Aviron(27)............40 D2
Avize(51).............45 F2
Avocourt(55)..........27 E4
Avoine(37)............94 A2
Avoine(61)............38 D5
Avoise(72)............59 G6
Avolsheim(67).........50 D6
Avon(77)..............64 A2
Avon(79)..............108 D3
Avon-la-Pèze(10)......65 G2
Avon-les-Roches(37)...94 B2
Avondance(62).........2 D6
Avord(18).............97 H3
Avosnes(21)...........85 E5
Avot(21)..............85 G3
Avoudrey(25)..........104 C2
Avrainville(54).......48 C4
Avrainville(88).......69 G2
Avrainville(91).......42 C6
Avranches(50).........35 H3
Avranville(88)........68 B1
Avrechy(60)...........22 D4
Avrée(58).............99 H5
Avremesnil(76)........9 E3
Avressieux(73)........131 G4
Avreuil(10)...........66 A5
Avricourt(54).........49 H5
Avricourt(57).........49 H5
Avricourt(60).........23 G2
Avrieux(73)...........147 F2
Avrigney-Virey(70)....87 E5
Avrigny(60)...........23 E5
Avril(54).............28 B4
Avril-sur-Loire(58)...99 E5
Avrillé(49)...........76 C4
Avrillé(85)...........106 B2
Avrillé-les-Ponceaux(37)...77 H5
Avrilly(03)...........115 E4
Avrilly(27)...........40 D3
Avrilly(61)...........37 H6
Avroult(62)...........3 E5
Avy(17)...............121 F5
Awoingt(59)...........12 C3
Ax-les-Thermes(09)....198 D3
Axat(11)..............199 G2
Axiat(09).............198 D3
Ay(51)................45 F2
Ay-sur-Moselle(57)....28 D4
Ayat-sur-Sioule(63)...113 F6
Aydat(63).............127 E4
Aydie(64).............164 C6
Aydius(64)............180 A6
Aydoilles(88).........70 A4
Ayen(19)..............138 B2
Ayencourt(80).........23 E2
Ayette(62)............11 H3
Ayguatébia-Talau(66)...199 G4
Ayguemorte-les-Graves(33)...149 F1
Ayguesvives(31).......183 H2
Ayguetinte(32)........165 F4
Ayherre(64)...........178 D2
Ayn(73)...............131 G4
Aynac(46).............153 F1
les Aynans(70)........88 A3
Ayrens(15)............139 H5
Ayron(86).............93 H6
Ayros-Arbouix(65).....180 D6
Ayse(74)..............119 E5
Ayssènes(12)..........169 F2
Aytré(17).............106 D5
les Ayvelles(08)......15 E4
Ayzac-Ost(65).........180 D6
Ayzieu(32)............164 C4
Azannes-et-Soumazannes(55)...27 G3
Azas(31)..............167 G5
Azat-Châtenet(23).....111 G6
Azat-le-Ris(87).......110 C4
Azay-le-Brûlé(79).....108 B3
Azay-le-Ferron(36)...95 F5
Azay-le-Rideau(37)...94 C1
Azay-sur-Cher(37).....78 D6

Azay-sur-Indre(37)...95 E2
Azay-sur-Thouet(79)...93 E4
Azé(41)...............79 E1
Azé(53)...............76 B1
Azé(71)...............116 B3
Azelot(54)............48 D5
Azerables(23).........111 E4
Azerailles(54)........49 G6
Azerat(24)............137 H3
Azérat(43)............141 G1
Azereix(65)...........181 E4
Azet(65)..............196 B4
Azeville(50)..........17 F3
Azillanet(34).........185 H3
Azille(11)............185 G4
Azilone-Ampaza(2A)...206 D2
Azincourt(62).........3 E6
Azolette(69)..........115 H5
Azoudange(57).........49 H4
Azur(40)..............162 B4
Azy(18)...............98 A2
Azy-le-Vif(58)........98 D5
Azy-sur-Marne(02).....44 B2
Azzana(2A)............204 D4

B

Baâlon(55)............15 H6
Baâlons(08)...........14 D5
Babeau-Bouldoux(34)...186 B2
Babœuf(60)............23 H3
Baby(77)..............65 E2
Baccarat(54)..........49 H6
Baccon(45)............80 B1
Bach(46)..............152 D5
Bachant(59)...........13 G3
Bachas(31)............182 D4
la Bachellerie(24)...138 A3
Bachivillers(60)......22 B5
Bachos(31)............196 D3
Bachy(59).............5 F5
Bacilly(50)...........35 G3
Baconnes(51)..........25 H6
la Baconnière(53)...58 C3
Bacouël(60)...........22 D2
Bacouel-sur-Selle(80)...11 E6
Bacourt(57)...........49 E2
Bacquepuis(27)........40 C1
Bacqueville(27).......21 F5
Bacqueville-en-Caux(76)...9 F3
Badailhac(15).........140 C5
Badaroux(48)..........156 A3
Badecon-le-Pin(36)...111 F2
Badefols-d'Ans(24)...138 A3
Badefols-sur-Dordogne(24)...137 F6
Baden(56).............72 D2
Badens(11)............185 F4
Badevel(25)...........89 E4
Badinières(38)........130 D5
Badménil-aux-Bois(88)...69 H2
Badonviller(54).......70 C1
Badonvilliers-Gérauvilliers(55)...47 H6
Baerendorf(67)........50 B4
Baerenthal(57)........50 D3
la Baffe(88)..........70 A4
Baffie(63)............128 B6
Bagard(30)............171 G2
Bagas(33).............150 A2
Bagat-en-Quercy(46)...152 B5
Bâgé-la-Ville(01)...116 C4
Bâgé-le-Châtel(01)...116 C4
Bagert(09)............183 E6
Bages(11).............186 B5
Bages(66).............200 D4
Bagiry(31)............196 D3
Bagnac-sur-Célé(46)...153 H2
Bagneaux(89)..........65 F3
Bagneaux-sur-Loing(77)...64 A3
Bagnères-de-Bigorre(65)...181 F6
Bagnères-de-Luchon(31)...196 D4
Bagneux(02)...........24 B4
Bagneux(03)...........113 H1
Bagneux(36)...........96 C2
Bagneux(51)...........45 E6
Bagneux(54)...........48 B6
Bagneux(92)...........42 C4
Bagneux-la-Fosse(10)...66 C5
Bagnizeau(17).........121 G2
Bagnoles(11)..........185 F4
Bagnoles-de-l'Orne(61)...38 B6
Bagnolet(93)..........42 D3
Bagnols(63)...........126 C6
Bagnols(69)...........129 G2
Bagnols-en-Forêt(83)...193 E1
Bagnols-les-Bains(48)...156 B4
Bagnols-sur-Cèze(30)...172 C1
Bagnot(21)............101 H3
Baguer-Morvan(35)...35 E4
Baguer-Pican(35)...35 F4
Baho(66)..............200 D3
Bahus-Soubiran(40)...164 A5
Baigneaux(28).........62 C4
Baigneaux(33).........149 H1
Baigneaux(41).........79 G2
Baignes(70)...........87 F3
Baignes-Sainte-Radegonde(16)...121 H6
Baigneux-les-Juifs(21)...85 E3
Baignolet(28).........62 B4
Baigts(40)............163 F5
Baigts-de-Béarn(64)...179 G1
Baillargues(34).......171 F6
Baillé(35)............35 H6
Bailleau-Armenonville(28)...41 G6
Bailleau-le-Pin(28)...61 H2
Bailleau-l'Évêque(28)...62 A1
Baillestavy(66).......200 B5
Baillet-en-France(95)...42 C2
Bailleul(59)..........3 H4
Bailleul(61)..........38 D3
le Bailleul(72).......77 F2
Bailleul(80)..........10 C4
Bailleul-aux-Cornailles(62)...4 B6

Bailleul-la-Vallée(27)...19 H4
Bailleul-le-Soc(60)...23 H4
Bailleul-lès-Pernes(62)...3 F6
Bailleul-Neuville(76)...9 H3
Bailleul-Sir-Berthoult(62)...12 A2
Bailleul-sur-Thérain(60)...22 C4
Bailleulmont(62).....11 G3
Bailleulval(62).......11 G3
Bailleval(60).........23 E5
Baillolet(76).........9 H3
Baillou(41)...........61 E6
Bailly(60)............23 H3
Bailly(78)............42 B4
Bailly-aux-Forges(52)...67 F1
Bailly-en-Rivière(76)...9 H2
Bailly-le-Franc(10)...46 C6
Bailly-Romainvilliers(77)...43 F4
Bain-de-Bretagne(35)...57 E5
Baincthun(62).........2 C4
Bainghen(62)..........2 C4
Bains(43).............142 B4
Bains-les-Bains(88)...69 G5
Bains-sur-Oust(35)...56 C6
Bainville-aux-Miroirs(54)...69 G1
Bainville-aux-Saules(88)...69 F3
Bainville-sur-Madon(54)...48 D5
Bairols(06)...........177 E3
Bais(35)..............57 H4
Bais(53)..............59 F3
Baisieux(59)..........5 F4
Baissey(52)...........86 A2
Baives(59)............14 A1
Baix(07)..............158 A2
Baixas(66)............200 D3
Baizieux(80)..........11 G5
le Baizil(51).........45 E2
Bajamont(47)..........151 F6
Bajonnette(32)........165 H4
Bajus(62).............4 B6
Balacet(09)...........197 F4
Baladou(46)...........138 C5
Balagny-sur-Thérain(60)...22 D5
Balaguères(09)........197 F3
Balaguier-d'Olt(12)...153 F3
Balaguier-sur-Rance(12)...169 E4
Balaiseaux(39)........102 C3
Balaives-et-Butz(08)...15 E5
Balan(01).............130 C2
Balan(08).............15 F5
Balanod(39)...........117 F2
Balansun(64)..........179 H2
Balanzac(17)..........120 D3
Balaruc-le-Vieux(34)...187 G2
Balaruc-les-Bains(34)...187 G2
Balâtre(80)...........23 G2
Balazé(35)............57 H2
Balazuc(07)...........157 F3
Balbigny(42)..........129 E3
Balbins(38)...........130 D6
Balbronn(67)..........50 D6
la Baleine(50)......35 H1
Baleix(64)............180 D3
Balesmes-sur-Marne(52)...86 B1
Balesta(31)...........182 A4
Baleyssagues(47)...150 C2
Balgau(68)............71 G6
Balham(68)............25 G3
Balignac(82)..........166 A3
Balignicourt(10)......46 A6
Bâlines(27)...........40 C4
Balinghem(62).........2 D3
Baliracq-Maumusson(64)...180 C1
Baliros(64)...........180 C4
Balizac(33)...........149 F3
Ballainvilliers(91)...42 C5
Ballaison(74).........118 D3
Ballan-Miré(37).......78 C6
Ballancourt-sur-Essonne(91)...63 G1
Ballans(17)...........121 H3
Ballay(08)............26 C2
Balledent(87).........110 D6
Ballée(53)............59 E6
Balleray(58)..........98 D3
Balleroy(14)..........17 H6
Ballersdorf(68).......89 F3
Balléville(88)........68 D2
Ballon(17)............107 E6
Ballon(72)............60 B4
Ballons(26)...........159 G5
Ballore(71)...........115 H2
Ballots(53)...........58 B6
Balloy(77)............64 D2
Balma(31).............167 E6
la Balme(73)........131 G3
la Balme-de-Sillingy(74)...132 A1
la Balme-de-Thuy(74)...132 C1
la Balme-d'Épy(39)...117 F3
la Balme-les-Grottes(38)...130 D2
Balnot-la-Grange(10)...66 B6
Balnot-sur-Laignes(10)...66 C5
Balogna(2A)...........204 C4
Balot(21).............84 D1
Balsac(12)............154 B5
Balschwiller(68).....89 F3
Balsièges(48).........155 H4
Baltzenheim(68)......71 G5
Balzac(16)............122 B4
Bambecque(59)........3 G2
Bambiderstroff(57)...29 F5
Ban-de-Laveline(88)...70 D3
Ban-de-Sapt(88)......70 C3
le Ban-Saint-Martin(57)...28 C5
Ban-sur-Meurthe-Clefcy(88)...70 C4
Banassac(48)..........155 G4
Banca(64).............178 C5
Bancigny(02)..........13 H6
Bancourt(62)..........12 A4
Bandol(83)............191 F5
Baneins(01)...........116 C5
Baneuil(24)...........137 E6
Bangor(56)............72 B4

Banios(65)............181 F6
Banize(23)............125 F2
Bannalec(29)..........54 A4
Bannans(25)...........103 G4
Bannay(18)............82 B5
Bannay(51)............44 D3
Bannay(57)............29 E5
Banne(07).............157 E5
Bannegon(18)..........98 A5
Bannes(46)............139 F6
Bannes(51)............45 F4
Bannes(52)............68 B6
Bannes(53)............59 F5
Banneville-la-Campagne(14)...18 D4
Banneville-sur-Ajon(14)...18 B5
Bannières(81).........167 G6
Bannoncourt(55)......27 G6
Bannost-Villegagnon(77)...44 A5
Banogne-Recouvrance(08)...14 A6
Banon(04).............174 B2
Banos(40).............163 G5
Bans(39)..............102 C3
Bansat(63)............127 G6
Bantanges(71).........116 D1
Banteux(59)...........12 C4
Banthelu(95)..........41 H1
Bantheville(55).......27 E3
Bantigny(59)..........12 C3
Bantouzelle(59).......12 C4
Bantzenheim(68)......89 H1
Banvillars(90).......88 D3
Banville(14)..........18 C3
Banvou(61)............37 H5
Banyuls-Dels-Aspres(66)...200 D5
Banyuls-sur-Mer(66)...201 F5
Baon(89)..............84 B1
le Bar-sur-Loup(06)...176 D5
Bapaume(62)...........12 A4
Bar(19)...............139 E2
Bar-le-Duc(55)........47 F4
Bar-lès-Buzancy(08)...26 D2
Bar-sur-Aube(10)......67 E3
Bar-sur-Seine(10)...66 C4
Baracé(49)............76 D3
Baraigne(11)..........184 B3
Baraize(36)...........111 F2
Baralle(62)...........12 B3
Baraqueville(12).....154 B6
Barastre(62)..........12 A4
Baratier(05)..........161 E3
Barbachen(65).........181 F2
Barbaggio(2B).........203 G4
Barbaira(11)..........185 F5
Barbas(54)............49 H5
Barbaste(47)..........165 E1
Barbâtre(85)..........90 B2
Barbazan(31)..........182 B6
Barbazan-Debat(65)...181 F4
Barbazan-Dessus(65)...181 F5
Barbechat(44).........75 F5
la Barben(13).......173 G6
Barbentane(13)........172 D4
Barberaz(73)..........131 H4
Barberey-Saint-Sulpice(10)...66 A2
Barberier(03).........114 A5
Barbery(14)...........18 C6
Barbery(60)...........23 F6
Barbeville(14)........18 A3
Barbey(77)............64 C2
Barbey-Seroux(88)...70 C4
Barbezières(16).......122 A2
Barbezieux-Saint-Hilaire(16)...121 H6
Barbières(26).........144 D5
Barbirey-sur-Ouche(21)...85 F6
Barbizon(77)..........63 H1
Barbonne-Fayel(51)...44 D5
Barbonville(54).......49 E6
le Barboux(25)......105 E2
Barbuise(10)..........44 D6
Barby(08).............14 B6
Barby(73).............132 A4
Barc(27)..............40 B1
le Barcarès(66).......201 E3
Barcelonne(26)........144 C5
Barcelonne-du-Gers(32)...164 B5
Barcelonnette(04)...161 F4
Barchain(57)..........50 A5
Barcillonnette(05)...160 A4
Barcugnan(32).........181 H3
Barcus(64)............179 G4
Barcy(77).............43 G2
Bard(42)..............128 D5
Bard-le-Régulier(21)...100 C2
Bard-lès-Époisses(21)...84 C4
Bard-lès-Pesmes(70)...86 D6
la Barde(17)........136 A3
Bardenac(16)..........136 A2
Bardigues(82).........166 B2
le Bardon(45).......80 B1
Bardos(64)............179 E2
Bardou(24)............151 F1
Bardouville(76).......20 C4
Barèges(65)...........195 H3
Bareilles(65).........196 B3
Barembach(67).........71 E1
Baren(31).............196 D4
Barenton(50)..........37 G5
Barenton-Bugny(02)...24 D2
Barenton-Cel(02)...24 D2
Barenton-sur-Serre(02)...24 D2
Barésia-sur-l'Ain(39)...117 H1
Barfleur(50)..........17 F1
Bargème(83)...........176 A5
Bargemon(83)..........175 H6
Barges(21)............101 H1
Barges(43)............142 C6
Barges(70)............69 E6
Bargny(60)............23 H6
Barie(33).............149 H3
les Barils(27)........40 B4

Barinque(64)..........180 C2
Barisey-au-Plain(54)...48 B6
Barisey-la-Côte(54)...48 B6
Barisis(02)...........24 B3
Barizey(71)...........101 E5
Barjac(09)............183 E6
Barjac(30)............157 F5
Barjac(48)............155 H4
Barjols(83)...........191 H1
Barjon(21)............85 G3
Barjouville(28).......62 A2
Barles(04)............160 D5
Barlest(65)...........180 D5
Barleux(80)...........12 A6
Barlin(62)............11 G2
Barlieu(18)...........81 H5
Barly(62).............11 G2
Barly(80).............11 E3
Barmainville(28)......62 D3
Barnas(07)............157 E2
Barnave(26)...........159 E2
Barnay(71)............100 C2
Barneville-Carteret(50)...16 C4
Barneville-la-Bertran(14)...19 G3
Barneville-sur-Seine(27)...20 C4
la Baroche-sous-Lucé(61)...37 H6
les Baroches(54)....28 B4
Baromesnil(76)........9 H2
Baron(30).............171 H2
Baron(33).............135 G6
Baron(60).............23 F6
Baron(71).............115 G2
Baron-sur-Odon(14)...18 C5
Baronville(57)........49 G2
Barou-en-Auge(14)...38 D2
Baroville(10).........67 E4
le Barp(33).........148 D2
Barquet(27)...........40 B2
Barr(67)..............71 F2
Barrais-Bussolles(03)...114 D4
Barran(32)............165 H6
Barrancoueu(65).....196 B3
Barras(04)............175 E2
Barraute-Camu(64)...179 G2
Barraux(38)...........132 A6
la Barre(39)........102 D1
la Barre(70)........87 G5
Barre(81).............169 F5
la Barre-de-Monts(85)...90 B3
la Barre-de-Semilly(50)...17 G6
Barre-des-Cévennes(48)...156 B6
la Barre-en-Ouche(27)...39 H2
Barrême(04)...........175 G3
Barret(16)............121 H6
Barret-de-Lioure(26)...159 F6
Barret-le-Bas(05)...159 H5
Barretaine(39)........102 D4
Barrettali(2B)........203 G2
Barriac-les-Bosquets(15)...139 H3
Barro(16).............122 C1
Barrou(37)............94 D5
le Barroux(84)......173 F1
Barry(65).............181 E5
Barry-d'Islemade(82)...166 D2
Bars(24)..............137 H4
Bars(32)..............181 G2
Barsac(26)............159 E1
Barsac(33)............149 G2
Barst(57).............29 G5
Bart(25)..............88 C4
Bartenheim(68)........89 H3
Barthe(65)............181 H4
la Barthe-de-Neste(65)...181 G6
Barthès(82)...........166 C2
les Barthes(82).......166 C2
Bartrès(65)...........180 D5
Barville(27)..........19 H5
Barville(61)..........39 F6
Barville(88)..........68 D2
Barville-en-Gâtinais(45)...63 G4
Barzan(17)............120 D5
Barzun(64)............180 D4
Barzy-en-Thiérache(02)...13 F4
Barzy-sur-Marne(02)...44 C1
Bas-en-Basset(43)...142 D2
Bas-et-Lezat(63)...127 G1
Bas-Lieu(59)..........13 G3
Bas-Mauco(40).........163 G4
Bascons(40)...........164 A4
Bascous(32)...........164 D4
Baslieux(54)..........28 A2
Baslieux-lès-Fismes(51)...24 D5
Baslieux-sous-Châtillon(51)...45 E1
Basly(14).............18 C4
Bassac(16)............122 A4
Bassan(34)............186 D3
Bassanne(33)..........150 A3
Basse-Goulaine(44)...75 E6
Basse-Ham(57).........28 D3
Basse-Rentgen(57)...28 C2
Basse-sur-le-Rupt(88)...70 B6
la Basse-Vaivre(70)...69 F5
la Bassée(59).......4 D5
Bassemberg(67)......71 E2
Basseneville(14)...19 E4
Bassens(33)...........135 E5
Bassens(73)...........131 H4
Bassercles(40)........180 A1
Basses(86)............93 H3
Basseux(62)...........11 H3
Bassevelle(77)........44 A3
Bassignac(15).........140 A2
Bassignac-le-Bas(19)...139 E4
Bassignac-le-Haut(19)...139 G3
Bassigney(70).........87 G1
Bassillac(24).........137 F3
Bassillon-Vauzé(64)...180 D2
Bassing(57)...........49 H3
Bassoles-Aulers(02)...24 B3
Bassoncourt(52).......68 C5
Bassou(89)............65 F6
Bassoues(32)..........165 E6
Bassu(51).............46 C3

Bassuet(51)....46 C4
Bassurels(48)....170 D1
Bassussarry(64)....178 C2
Bassy(74)....118 A6
Bastanès(64)....179 G3
Bastelica(2A)....205 D5
Bastelicaccia(2A)....204 C6
Bastennes(40)....163 F6
Bastia(2B)....203 G4
la Bastide(66)....200 B5
la Bastide(83)....176 A5
la Bastide-Clairence(64)....178 D2
la Bastide-de-Besplas(09)....183 F5
la Bastide-de-Bousignac(09)....184 B6
la Bastide-de-Lordat(09)....184 A6
la Bastide-de-Sérou(09)....183 G6
la Bastide-d'Engras(30)....172 B2
la Bastide-des-Jourdans(84)....174 B5
la Bastide-du-Salat(09)....182 D6
la Bastide-l'Évêque(12)....153 G5
la Bastide-Pradines(12)....169 H3
la Bastide-Puylaurent(48)....156 C3
la Bastide-Solages(12)....168 D3
la Bastide-sur-l'Hers(09)....199 E1
Bastidonne(84)....174 B5
le Bastit(46)....152 D2
Basville(23)....126 A2
la Bataille(79)....108 C6
Bathelémont-lès-Bauzemont(54)....49 F4
Bathernay(26)....144 C3
la Bâthie(73)....132 D4
la Bâtie-des-Fonds(26)....159 G3
la Bâtie-Divisin(38)....131 F5
la Bâtie-Montgascon(38)....131 F4
la Bâtie-Montsaléon(05)....159 H4
la Bâtie-Neuve(05)....160 C2
la Bâtie-Rolland(26)....158 B3
la Bâtie-Vieille(05)....160 C3
les Bâties(70)....87 E4
Batilly(54)....28 B5
Batilly(61)....38 C4
Batilly-en-Gâtinais(45)....63 G5
Batilly-en-Puisaye(45)....82 B3
Bats(40)....163 H6
Batsère(65)....181 G6
Battenans-les-Mines(25)....87 H5
Battenans-Varin(25)....105 E1
Battenheim(68)....89 G1
Battexey(88)....69 F2
Battigny(54)....69 E1
Battrans(70)....86 D5
Batz-sur-Mer(44)....73 F5
Batzendorf(67)....51 E4
Baubigny(21)....101 E3
la Bauche(73)....131 G5
Baud(56)....55 E4
Baudement(51)....45 G6
Baudemont(71)....115 G4
Baudignan(40)....164 D2
Baudignécourt(55)....47 G6
Baudinard-sur-Verdon(83)....175 F5
Baudoncourt(70)....87 H1
Baudonvilliers(55)....47 G6
Baudre(50)....37 E1
Baudrecourt(52)....67 G2
Baudrecourt(57)....29 E6
Baudreix(64)....180 C4
Baudrémont(55)....47 G3
Baudres(36)....96 B3
Baudreville(28)....62 D3
Baudreville(50)....36 C1
Baudricourt(88)....69 F2
Baudrières(71)....101 H6
Bauduen(83)....175 F5
Baugé(49)....77 F4
Baugy(18)....98 A3
Baugy(60)....23 F4
Baugy(71)....115 E4
Baulay(70)....87 F1
Baule(45)....80 B2
la Baule-Escoublac(44)....73 G5
Baulme-la-Roche(21)....85 F6
Baulne(91)....63 G1
Baulne-en-Brie(02)....44 D2
Baulny(55)....26 D4
Baulon(35)....56 D4
Baulou(09)....183 H6
la Baume(74)....119 F3
la Baume-Cornillane(26)....144 C6
la Baume-de-Transit(26)....158 B5
la Baume-d'Hostun(26)....144 C4
Baume-les-Dames(25)....87 H5
Baume-les-Messieurs(39)....102 C3
Bauné(49)....77 E4
Baupte(50)....17 E5
Bauquay(14)....18 B6
Baurech(33)....149 F1
la Baussaine(35)....34 D6
Bauvin(59)....4 D5
les Baux-de-Breteuil(27)....40 B3
les Baux-de-Provence(13)....172 D5
les Baux-Sainte-Croix(27)....40 C2
Bauzemont(54)....49 F4
Bauzy(41)....80 B4
Bavans(25)....88 C4
Bavay(59)....13 F2
Bavelincourt(80)....11 F5
Bavent(14)....18 D4
Baverans(39)....102 C2
Bavilliers(90)....88 D3
Bavinchove(59)....3 G4
Bavincourt(62)....11 G3
Bax(31)....183 F4
Bay(70)....86 D6
Bay-sur-Aube(52)....85 H1
Bayac(24)....137 F6
Bayard-sur-Marne(52)....47 E6
Bayas(33)....135 G4
Baye(29)....54 A4
Baye(51)....45 E3
Bayecourt(88)....69 H3
Bayel(10)....67 F4
Bayencourt(80)....11 G3

Bayenghem-lès-Éperlecques(62)....3 E3
Bayenghem-lès-Seninghem(62)....2 D4
Bayers(16)....122 C2
Bayet(03)....114 A5
Bayeux(14)....18 A3
Bayon(54)....49 E6
Bayon-sur-Gironde(33)....135 E4
Bayonne(64)....178 C1
Bayons(04)....160 C4
Bayonville(08)....26 D3
Bayonville-sur-Mad(54)....28 B6
Bayonvillers(80)....11 G6
Bazac(16)....136 B2
Bazaiges(36)....111 F2
Bazailles(54)....28 A3
Bazainville(78)....41 G4
Bazancourt(51)....25 H3
Bazancourt(60)....21 H3
Bazarnes(89)....83 G3
Bazas(33)....149 H4
Bazauges(17)....121 H2
Bazegney(88)....69 G3
Bazeilles(08)....15 F5
Bazeilles-sur-Othain(55)....27 G2
Bazelat(23)....111 F4
Bazemont(78)....41 H3
Bazens(47)....150 D6
Bazentin(80)....11 H4
Bazenville(14)....18 B3
la Bazeuge(87)....110 C5
Bazian(32)....165 E6
Bazicourt(60)....23 F5
Baziège(31)....183 H2
Bazien(88)....70 A2
Bazillac(65)....181 F3
Bazincourt-sur-Epte(27)....21 H5
Bazincourt-sur-Saulx(55)....47 E5
Bazinghem(62)....2 B3
Bazinval(76)....10 A5
la Bazoche-Gouet(28)....61 F4
Bazoches(58)....83 G5
Bazoches-au-Houlme(61)....38 C3
Bazoches-en-Dunois(28)....62 B5
Bazoches-lès-Bray(77)....64 D2
Bazoches-les-Gallerandes(45)....63 E4
Bazoches-les-Hautes(28)....62 C4
Bazoches-sur-Guyonne(78)....41 H4
Bazoches-sur-Hoëne(61)....39 G6
Bazoches-sur-le-Betz(45)....64 C4
Bazoches-sur-Vesles(02)....24 D5
la Bazoge(50)....37 E6
la Bazoge(72)....60 A5
la Bazoge-Montpinçon(53)....58 D2
Bazoges-en-Paillers(85)....91 H3
Bazoges-en-Pareds(85)....92 B6
Bazoilles-et-Ménil(88)....69 F3
Bazoilles-sur-Meuse(88)....68 C2
Bazolles(58)....99 G2
Bazoncourt(57)....29 E6
la Bazoque(14)....17 H6
la Bazoque(61)....37 H3
Bazoques(27)....20 A6
Bazordan(65)....182 A4
la Bazouge-de-Chemeré(53)....59 E5
la Bazouge-des-Alleux(53)....58 D3
la Bazouge-du-Désert(35)....58 A1
Bazougers(53)....58 D5
Bazouges-la-Pérouse(35)....35 F5
Bazouges-sur-le-Loir(72)....77 E3
Bazuel(59)....13 E4
Bazugues(32)....181 G2
Bazus(31)....167 F5
Bazus-Aure(65)....196 B4
Bazus-Neste(65)....181 G6
le Béage(07)....142 D6
Béalcourt(80)....11 E3
Béalencourt(62)....10 D1
Béard(58)....99 E5
Beaubec-la-Rosière(76)....21 G2
Beaubery(71)....115 H3
Beaubigny(50)....16 C3
Beaubray(27)....40 B3
Beaucaire(30)....172 C5
Beaucaire(32)....165 F4
Beaucamps-le-Jeune(80)....10 B6
Beaucamps-le-Vieux(80)....10 B6
Beaucamps-Ligny(59)....4 D4
Beaucé(35)....58 A2
Beaucens(65)....180 D6
le Beaucet(84)....173 F3
Beauchalot(31)....182 C5
Beauchamp(95)....42 C2
Beauchamps(50)....35 H1
Beauchamps(80)....10 A4
Beauchamps-sur-Huillard(45)....63 G6
Beauchastel(07)....144 A6
Beauche(28)....40 C5
Beauchemin(52)....68 A6
Beauchêne(41)....61 F6
Beauchêne(61)....37 G4
Beauclair(55)....27 E2
Beaucoudray(50)....37 E2
Beaucourt(90)....88 D4
Beaucourt-en-Santerre(80)....23 E1
Beaucourt-sur-l'Ancre(80)....11 H4
Beaucourt-sur-l'Hallue(80)....11 F5
Beaucouzé(49)....76 C4
Beaucroissant(38)....145 E1
Beaudéan(65)....181 F6
Beaudéduit(60)....22 B2
Beaudignies(59)....13 E2
Beaudricourt(62)....11 F2
Beaufai(61)....39 G4
Beaufay(72)....60 B4
Beauficel(50)....37 F4
Beauficel-en-Lyons(27)....21 G4
Beaufin(38)....146 A6
Beaufort(31)....183 E2
Beaufort(34)....185 H4
Beaufort(38)....144 C1
Beaufort(39)....117 F1

Beaufort(59)....13 G3
Beaufort(73)....133 E3
Beaufort-Blavincourt(62)....11 G2
Beaufort-en-Argonne(55)....27 E2
Beaufort-en-Santerre(80)....23 F1
Beaufort-en-Vallée(49)....77 E5
Beaufort-sur-Gervanne(26)....144 D6
Beaufou(85)....91 E3
Beaufour-Druval(14)....19 F4
Beaufremont(88)....68 D3
Beaugas(47)....151 E3
Beaugeay(17)....120 C2
Beaugency(45)....80 B2
Beaugies-sous-Bois(60)....23 H2
Beaujeu(04)....160 D6
Beaujeu(69)....116 A5
Beaujeu-Saint-Vallier-Pierrejux-
et-Quitteur(70)....86 D2
Beaulandais(61)....37 H6
Beaulencourt(62)....12 A4
Beaulieu(07)....157 F5
Beaulieu(14)....37 G2
Beaulieu(15)....126 B6
Beaulieu(21)....85 F2
Beaulieu(34)....171 F5
Beaulieu(36)....110 D3
Beaulieu(38)....145 E2
Beaulieu(43)....142 C4
Beaulieu(58)....99 F1
Beaulieu(61)....40 A5
Beaulieu(63)....127 G6
Beaulieu-en-Argonne(55)....27 E6
Beaulieu-les-Fontaines(60)....23 G2
Beaulieu-lès-Loches(37)....95 F2
Beaulieu-sous-la-Roche(85)....91 E5
Beaulieu-sous-Parthenay(79)....108 B1
Beaulieu-sur-Dordogne(19)....139 E5
Beaulieu-sur-Layon(49)....76 C6
Beaulieu-sur-Loire(45)....82 A4
Beaulieu-sur-Mer(06)....177 F5
Beaulieu-sur-Oudon(53)....58 B5
Beaulieu-sur-Sonnette(16)....122 D2
Beaulon(03)....114 C1
Beaumais(14)....38 D3
Beaumarchés(32)....164 D6
Beaumat(46)....152 D2
Beaumé(02)....13 H6
la Beaume(05)....159 G3
Beauménil(88)....70 B4
Beaumerie-Saint-Martin(62)....2 C6
Beaumes-de-Venise(84)....173 F2
Beaumesnil(14)....37 F2
Beaumesnil(27)....40 A2
Beaumettes(84)....173 G4
Beaumetz(80)....10 D3
Beaumetz-lès-Aire(62)....3 E6
Beaumetz-lès-Cambrai(62)....12 B3
Beaumetz-lès-Loges(62)....11 H3
Beaumont(07)....157 E3
Beaumont(19)....125 E6
Beaumont(24)....151 F1
Beaumont(32)....165 E3
Beaumont(43)....141 G2
Beaumont(54)....48 B3
Beaumont(63)....127 E3
Beaumont(74)....118 C5
Beaumont(86)....94 B6
Beaumont(89)....65 F6
Beaumont-de-Lomagne(82)....166 B4
Beaumont-de-Pertuis(84)....174 C5
Beaumont-du-Gâtinais(77)....63 G4
Beaumont-du-Lac(87)....125 E3
Beaumont-du-Ventoux(84)....158 D6
Beaumont-en-Argonne(08)....15 F6
Beaumont-en-Auge(14)....19 F4
Beaumont-en-Beine(02)....24 A2
Beaumont-en-Cambrésis(59)....12 D3
Beaumont-en-Diois(26)....159 F3
Beaumont-en-Verdunois(55)....27 G4
Beaumont-en-Véron(37)....94 A2
Beaumont-Hague(50)....16 C1
Beaumont-Hamel(80)....11 H4
Beaumont-la-Ferrière(58)....98 D2
Beaumont-la-Ronce(37)....78 C4
Beaumont-le-Hareng(76)....9 G5
Beaumont-le-Roger(27)....40 B1
Beaumont-les-Autels(28)....61 F3
Beaumont-les-Nonains(60)....22 B5
Beaumont-lès-Randan(63)....127 G1
Beaumont-lès-Valence(26)....144 B5
Beaumont-Monteux(26)....144 B4
Beaumont-Pied-de-Bœuf(53)....59 E6
Beaumont-Pied-de-Bœuf(72)....78 B2
Beaumont-Sardolles(58)....99 E4
Beaumont-sur-Dême(72)....78 C3
Beaumont-sur-Grosne(71)....101 G6
Beaumont-sur-Lèze(31)....183 F3
Beaumont-sur-Oise(95)....42 C1
Beaumont-sur-Sarthe(72)....60 A4
Beaumont-sur-Vesle(51)....25 G6
Beaumont-sur-Vingeanne(21)....86 B4
Beaumont-Village(37)....95 G2
Beaumontel(27)....40 A1
Beaumotte-Aubertans(70)....87 G4
Beaumotte-lès-Pin(70)....87 E5
Beaunay(51)....45 E3
Beaune(21)....101 F3
Beaune-d'Allier(03)....113 F4
Beaune-la-Rolande(45)....63 G5
Beaune-sur-Arzon(43)....142 B2
Beaunotte(21)....85 G3
Beaupont(01)....117 E3
Beauport(24)....136 C4
Beaupréau(49)....75 H4
Beaupuy(31)....167 F6
Beaupuy(32)....166 A3
Beaupuy(47)....150 B3
Beaupuy(82)....166 C4
Beaurain(59)....13 E3
Beaurains(62)....11 H3
Beaurains-lès-Noyon(60)....23 H2
Beaurainville(62)....10 C1

Beaurecueil(13)....191 E2
Beauregard(01)....129 H1
Beauregard(46)....153 E5
Beauregard-Baret(26)....144 D4
Beauregard-de-Terrasson(24)....138 A3
Beauregard-et-Bassac(24)....137 E5
Beauregard-l'Évêque(63)....127 G3
Beauregard-Vendon(63)....127 F1
Beaurepaire(38)....144 C1
Beaurepaire(60)....23 E5
Beaurepaire(76)....8 A4
Beaurepaire(85)....91 H3
Beaurepaire-en-Bresse(71)....102 B6
Beaurepaire-sur-Sambre(59)....13 F4
Beaurevoir(02)....12 C5
Beaurières(26)....159 F3
Beaurieux(02)....24 D4
Beaurieux(59)....13 H3
Beauronne(24)....136 D4
Beausemblant(26)....144 A2
Beausite(55)....27 E6
Beausoleil(06)....177 G5
Beaussac(24)....123 E6
Beaussais(79)....108 C4
Beaussault(76)....21 G2
Beausse(49)....75 H5
le Beausset(83)....191 G5
Beauteville(31)....184 A3
Beautheil(77)....43 H4
Beautiran(33)....149 F2
Beautor(02)....24 B2
Beautot(76)....9 F5
Beauvain(61)....38 B5
Beauvais(60)....22 B4
Beauvais-sur-Matha(17)....121 H2
Beauvais-sur-Tescou(81)....167 F3
Beauval(80)....11 F4
Beauval-en-Caux(76)....9 F4
Beauvallon(26)....144 B6
Beauvau(49)....77 E3
Beauvène(07)....143 G5
Beauvernois(71)....102 C4
Beauvezer(04)....161 F6
Beauville(31)....184 B2
Beauville(47)....151 G4
Beauvilliers(28)....62 B3
Beauvilliers(41)....79 G2
Beauvilliers(89)....84 A5
Beauvoir(50)....35 G3
Beauvoir(60)....22 D3
Beauvoir(77)....43 G5
Beauvoir(89)....83 E2
Beauvoir-de-Marc(38)....130 C5
Beauvoir-en-Lyons(76)....21 G3
Beauvoir-en-Royans(38)....145 E2
Beauvoir-sur-Mer(85)....90 B3
Beauvoir-sur-Niort(79)....108 A5
Beauvois(62)....11 E1
Beauvois-en-Cambrésis(59)....12 D3
Beauvois-en-Vermandois(02)....12 B6
Beauvoisin(30)....172 A5
Beaux(43)....142 D3
Beauzac(43)....142 D2
Beauzelle(31)....167 E6
Beauziac(47)....150 B5
Bébing(57)....50 A5
Beblenheim(68)....71 E4
Bec-de-Mortagne(76)....8 C4
le Bec-Hellouin(27)....20 B6
le Bec-Thomas(27)....20 D6
Beccas(32)....181 F2
Béceleuf(79)....107 H2
Béchamps(54)....28 A4
Bécherel(35)....34 D6
Bécheresse(16)....122 B5
Béchy(57)....29 E6
Bécon-les-Granits(49)....76 B4
Bécordel-Bécourt(80)....11 H5
Bécourt(62)....2 C5
Becquigny(02)....12 D4
Becquigny(80)....23 F2
Bédarieux(34)....170 A6
Bédarrides(84)....173 E2
Beddes(18)....112 H1
Bédéchan(32)....166 A6
Bédée(35)....56 D2
Bédeilhac-et-Aynat(09)....198 D2
Bédeille(09)....183 E6
Bédeille(64)....180 D3
Bedenac(17)....135 G3
Bédoin(84)....173 G2
Bédouès(48)....156 A5
Bedous(64)....180 A6
Béduer(46)....153 F3
Beffes(18)....98 C3
Beffia(39)....117 G2
Beffu-et-le-Morthomme(08)....26 D3
Bégaar(40)....163 E4
Bégadan(33)....134 C1
Béganne(56)....73 H2
Bégard(22)....32 D3
Bègles(33)....135 E6
Bégnécourt(88)....69 F3
Bégole(65)....181 G5
Bégrolles-en-Mauges(49)....92 B2
la Bégude-de-Mazenc(26)....158 B3
Bègues(33)....113 H6
Béguey(33)....149 G2
Béguios(64)....179 F3
Béhagnies(62)....12 A3
Béhen(80)....10 B4
Béhencourt(80)....11 F5
Béhéricourt(60)....23 H3
Behonne(55)....47 F4
Béhorléguy(64)....179 F5
Béhoust(78)....41 G4
Behren-lès-Forbach(57)....29 H4
Béhuard(49)....76 B5
Beignon(56)....56 B4
Beillé(72)....60 C5

Beine(89)....83 G2
Beine-Nauroy(51)....25 G6
Beinheim(67)....51 H3
Beire-le-Châtel(21)....86 A5
Beire-le-Fort(21)....86 B6
Beissat(23)....125 H3
Bélabre(36)....110 C2
Belan-sur-Ource(21)....67 E6
Bélarga(34)....187 F1
Bélaye(46)....152 A4
Belberaud(31)....183 H2
Belbèse(82)....166 C3
Belbèze-de-Lauragais(31)....183 H2
Belbèze-en-Comminges(31)....182 D5
Belcaire(11)....199 E2
Belcastel(12)....154 A5
Belcastel(81)....167 G6
Belcastel-et-Buc(11)....185 E6
Belcodène(13)....191 E3
Bélesta(09)....199 E1
Bélesta(66)....200 B3
Bélesta-en-Lauragais(31)....184 B2
Beleymas(24)....136 D5
Belfahy(70)....88 C2
Belfays(25)....88 D6
Belflou(11)....184 B3
Belfonds(61)....39 E5
Belfort(90)....88 D3
Belfort-du-Quercy(46)....152 D6
Belfort-sur-Rebenty(11)....199 F2
Belgeard(53)....59 E2
Belgentier(83)....191 H4
Belgodère(2B)....202 D5
Belhade(40)....149 E4
Belhomert-Guéhouville(28)....61 G1
le Bélieu(25)....105 E2
Béligneux(01)....130 C2
Belin-Béliet(33)....148 D3
Bélis(40)....163 H2
Bellac(87)....110 C6
Bellaffaire(04)....160 C4
Bellaing(59)....5 G6
Bellancourt(80)....10 C4
Bellange(57)....49 F2
Bellavilliers(61)....60 C2
le Bellay-en-Vexin(95)....41 H1
Belle-Église(60)....22 C6
Belle-et-Houllefort(62)....2 C4
Belle-Isle-en-Terre(22)....32 C4
Belleau(02)....44 B1
Belleau(54)....28 D3
Bellebat(33)....149 H1
Bellebrune(62)....2 C4
Bellechassagne(19)....125 H4
Bellechaume(89)....65 F5
Bellecombe(39)....118 B3
Bellecombe-en-Bauges(73)....132 B3
Bellecombe-Tarendol(26)....159 E5
Bellefond(21)....85 H5
Bellefond(33)....149 H1
Bellefonds(86)....109 H1
Bellefontaine(39)....118 B3
Bellefontaine(50)....37 F4
Bellefontaine(88)....69 H5
Bellefontaine(95)....42 D1
Bellefosse(67)....71 E2
Bellegarde(30)....172 B5
Bellegarde(32)....182 B2
Bellegarde(45)....63 G6
Bellegarde(81)....168 C4
Bellegarde-du-Razès(11)....184 C5
Bellegarde-en-Diois(26)....159 F3
Bellegarde-en-Forez(42)....129 E4
Bellegarde-en-Marche(23)....125 H1
Bellegarde-Sainte-Marie(31)....166 C5
Bellegarde-sur-Valserine(01)....118 A5
Belleherbe(25)....88 C6
Bellême(61)....60 D2
Bellenaves(03)....113 G5
Bellencombre(76)....9 G5
Belleneuve(21)....86 B5
Bellenglise(02)....12 C5
Bellengreville(14)....18 D5
Bellengreville(76)....9 G2
Bellenod-sur-Seine(21)....85 E2
Bellenot-sous-Pouilly(21)....85 E6
Bellentre(73)....133 E4
Belleray(55)....27 G4
Bellerive-sur-Allier(03)....114 B6
Belleroche(42)....115 H5
Belles-Forêts(57)....49 H3
Belleserre(81)....184 C2
Bellesserre(31)....166 C4
Belleu(02)....24 B5
Belleuse(80)....22 C2
Bellevaux(74)....119 E4
Bellevesvre(71)....102 B4
Belleville(54)....48 D3
Belleville(69)....116 B6
Belleville(79)....107 H5
Belleville-en-Caux(76)....9 F4
Belleville-et-Châtillon-sur-Bar(08)....26 C2
Belleville-sur-Loire(18)....82 B4
Belleville-sur-Mer(76)....9 G2
Belleville-sur-Meuse(55)....27 F4
Belleville-sur-Vie(85)....91 F4
Bellevue-la-Montagne(43)....142 C2
Belley(01)....131 G3
Belleydoux(01)....118 A4
Bellicourt(02)....12 C5
la Bellière(61)....38 D5
la Bellière(76)....21 G4
Bellignat(01)....117 H4
Belligné(44)....75 H4
Bellignies(59)....13 F2
la Belliole(89)....64 C4
Belloc(09)....184 C6
Belloc-Saint-Clamens(32)....181 H2
Bellocq(64)....179 G1
Bellon(16)....136 B2

232

Bellonne(62) 12 B2
Bellot(77) 44 B3
Bellou(14) 19 G6
Bellou-en-Houlme(61) 38 B4
Bellou-le-Trichard(61) 60 C3
Bellou-sur-Huisne(61) 61 E2
Belloy(60) 23 F3
Belloy-en-France(95) 42 D1
Belloy-en-Santerre(80) 12 A6
Belloy-Saint-Léonard(80) 10 C5
Belloy-sur-Somme(80) 11 E5
Belluire(17) 121 F5
Belmesnil(76) 9 F4
Belmont(25) 87 H6
Belmont(32) 165 E5
Belmont(38) 131 E6
Belmont(39) 102 C3
Belmont(52) 86 C2
Belmont(67) 71 E2
Belmont(69) 129 H2
Belmont(70) 88 B2
Belmont-Bretenoux(46) 139 E6
Belmont-de-la-Loire(42) 115 G5
Belmont-lès-Darney(88) 69 E4
Belmont-Luthézieu(01) 131 F2
Belmont-Sainte-Foi(46) 152 D6
Belmont-sur-Buttant(88) 70 B4
Belmont-sur-Rance(12) 169 F5
Belmont-sur-Vair(88) 69 E3
Belmont-Tramonet(73) 131 G5
Belmontet(46) 152 A5
Belonchamp(70) 88 B2
Belpech(11) 184 A5
Belrain(55) 47 F3
Belrupt(88) 69 F4
Belrupt-en-Verdunois(55) 27 G5
Bélus(40) 162 D6
Belval(08) 14 D4
Belval(50) 36 D1
Belval(88) 70 D2
Belval-Bois-des-Dames(08) 26 D2
Belval-en-Argonne(51) 47 E2
Belval-sous-Châtillon(51) 45 E1
Belvédère(06) 177 F2
Belvédère-Campomoro(2A) 206 C4
Belverne(70) 88 C3
Belvès(24) 151 H1
Belvès-de-Castillon(33) 136 A5
Belvèze(82) 152 A5
Belvèze-du-Razès(11) 184 D5
Belvézet(30) 172 A2
Belvezet(48) 156 B3
Belvianes-et-Cavirac(11) 199 G2
Belvis(11) 199 F2
Belvoir(25) 88 C6
Belz(56) 54 D6
Bémécourt(27) 40 B3
Bénac(09) 198 B1
Bénac(65) 181 E5
Benagues(09) 183 H6
Benais(37) 77 H6
Bénaix(09) 199 E1
Bénaménil(54) 49 G5
Bénarville(76) 8 C4
Benassay(86) 108 D2
la Benâte(17) 107 H6
Benay(02) 24 B1
Benayes(19) 124 C5
Bendejun(06) 177 F4
Bendorf(68) 89 G4
Bénéjacq(64) 180 C4
Benerville-sur-Mer(14) 19 F3
Bénesse-lès-Dax(40) 162 D6
Bénesse-Maremne(40) 162 B6
Benest(16) 109 G6
Bénestroff(57) 49 G2
Bénesville(76) 9 E4
Benet(85) 107 H3
Beneuvre(21) 85 G2
Bénévent-et-Charbillac(05) 146 B6
Bénévent-l'Abbaye(23) 111 F6
Beney-en-Woëvre(55) 48 B2
Benfeld(67) 71 G2
Bengy-sur-Craon(18) 98 A3
Bénifontaine(62) 4 D5
Béning-lès-Saint-Avold(57) 29 G5
Bénivay-Ollon(26) 158 D5
Bennecourt(78) 41 F2
Bennetot(76) 8 D4
Benney(54) 48 D6
Bennwihr(68) 71 E4
Bénodet(29) 53 F5
Benoisey(21) 84 D3
Benoîtville(50) 16 C2
Benon(17) 107 F4
Bénonces(01) 131 E2
Bénouville(14) 18 D4
Bénouville(76) 8 A4
Benque(31) 182 C4
Benqué(65) 181 G5
Benque-Dessous-et-Dessus(31) 196 C4
Benquet(40) 163 H4
Bentayou-Sérée(64) 180 D3
Bény(01) 117 E3
le Bény-Bocage(14) 37 G2
Bény-sur-Mer(14) 18 C3
Béon(01) 131 G2
Béon(89) 65 G6
Béost(64) 180 B6
Bérat(31) 183 E3
Béraut(32) 165 F3
Berbérust-Lias(65) 181 E6
Berbezit(43) 142 A2
Berbiguières(24) 137 H6
Bercenay-en-Othe(10) 65 H4
Berche(25) 88 C5
Berchères-les-Pierres(28) 62 B2
Berchères-Saint-Germain(28) 41 F6
Berchères-sur-Vesgre(28) 41 F4
Berck(62) 10 A1
Bercloux(17) 121 F2
Berd'Huis(61) 61 E3

Berdoues(32) 181 H2
Bérelles(59) 13 H3
Bérengeville-la-Campagne(27) 40 C1
Berentzwiller(68) 89 G3
Bérenx(64) 179 G1
Berfay(72) 61 E6
Berg(67) 50 B3
Berg-sur-Moselle(57) 28 D2
Berganty(46) 152 D4
Bergbieten(67) 50 D6
Bergerac(24) 136 D6
Bergères(10) 67 E4
Bergères-lès-Vertus(51) 45 F3
Bergères-sous-Montmirail(51) 44 D4
Bergesserin(71) 116 A3
Bergheim(68) 71 F4
Bergholtz(68) 71 E6
Bergholtzzell(68) 71 E6
Bergicourt(80) 22 B1
Bergnicourt(08) 25 G4
Bergonne(63) 127 F6
Bergouey(40) 163 F5
Bergouey-Viellenave(64) 179 F2
Bergueneuse(62) 3 E6
Bergues(59) 3 H1
Bergues-sur-Sambre(02) 13 F4
Berhet(22) 32 D3
Bérig-Vintrange(57) 29 G6
Bérigny(50) 17 H6
Berjou(61) 38 A3
Berlaimont(59) 13 H3
Berlancourt(02) 25 E1
Berlancourt(60) 23 H2
Berlats(81) 169 E6
Berlencourt-le-Cauroy(62) 11 F2
Berles-au-Bois(62) 11 G3
Berles-Monchel(62) 11 G2
la Berlière(08) 15 F6
Berling(57) 50 C4
Berlise(02) 14 A5
Berlou(34) 186 B2
Bermerain(59) 13 E2
Berméricourt(51) 25 F5
Bermeries(59) 13 F2
Bermering(57) 49 G2
Bermesnil(80) 10 B6
Bermicourt(62) 11 E1
Bermont(90) 88 D4
Bermonville(76) 8 D5
Bernac(16) 109 E6
Bernac(81) 168 A3
Bernac-Debat(65) 181 F5
Bernac-Dessus(65) 181 F5
Bernadets(64) 180 C3
Bernadets-Debat(65) 181 G3
Bernadets-Dessus(65) 181 G4
Bernardswiller(67) 71 F1
Bernardvillé(67) 71 F2
Bernâtre(80) 10 D3
Bernaville(80) 11 E3
Bernay(27) 39 H1
Bernay(72) 59 H4
Bernay-en-Ponthieu(80) 10 B2
Bernay-Saint-Martin(17) 107 H6
Bernay-Vilbert(77) 43 G5
Berné(56) 54 C3
Bernécourt(54) 48 B3
Bernède(32) 164 B5
la Bernerie-en-Retz(44) 90 B1
Bernes(80) 12 B5
Bernes-sur-Oise(95) 42 C1
Bernesq(14) 17 H5
Berneuil(16) 122 A6
Berneuil(17) 121 E4
Berneuil(80) 11 E4
Berneuil(87) 110 C6
Berneuil-en-Bray(60) 22 B5
Berneuil-sur-Aisne(60) 23 H4
Berneval-le-Grand(76) 9 G2
Berneville(62) 11 H2
Bernex(74) 119 F3
Bernienville(27) 40 C1
Bernières(76) 8 C5
Bernières-d'Ailly(14) 38 D2
Bernières-le-Patry(14) 37 G3
Bernières-sur-Mer(14) 18 C3
Bernières-sur-Seine(27) 21 F6
Bernieulles(62) 2 C5
Bernin(38) 145 H2
Bernis(30) 171 H5
Bernolsheim(67) 51 E4
Bernon(10) 66 A4
Bernos-Beaulac(33) 149 G4
Bernot(02) 13 E6
Bernouil(89) 65 H6
Bernouville(27) 21 H5
Bernwiller(68) 89 F2
Berny-en-Santerre(80) 12 A6
Berny-Rivière(02) 24 A4
Bérou-la-Mulotière(28) 40 C4
Berrac(32) 165 G3
Berre-des-Alpes(06) 177 F4
Berre-l'Étang(13) 190 B2
Berriac(11) 185 F4
Berrias-et-Casteljau(07) 157 E5
Berric(56) 73 F2
Berrie(86) 93 G2
Berrien(29) 32 A5
Berrieux(02) 25 E3
Berrogain-Laruns(64) 179 G4
Berru(51) 25 G5
Berrwiller(68) 89 F1
Berry-au-Bac(02) 25 E4
Berry-Bouy(18) 97 F3
le Bersac(05) 159 H4
Bersac-sur-Rivalier(87) 111 E6
Bersaillin(39) 102 C4
Bersillies(59) 13 G2
Berson(33) 135 E3

Berstett(67) 51 E5
Berstheim(67) 51 E4
Bert(03) 114 C4
Bertangles(80) 11 F5
Bertaucourt-Epourdon(02) 24 B2
Berteaucourt-les-Dames(80) 11 E4
Berteaucourt-lès-Thennes(80) 11 F6
Berthecourt(60) 22 C5
Berthegon(86) 94 A4
Berthelange(25) 102 D1
Berthelming(57) 50 A4
Berthen(59) 3 H3
Berthenay(37) 78 B6
Berthenicourt(02) 24 B1
Berthenonville(27) 21 H6
la Berthenoux(36) 112 A1
Berthez(33) 149 H4
Bertholène(12) 154 D5
Berthouville(27) 20 B6
Bertignat(63) 128 B4
Bertignolles(10) 66 D4
Bertincourt(62) 12 B4
Bertoncourt(08) 14 C6
Bertrambois(54) 50 A6
Bertrancourt(80) 11 G4
Bertrange(57) 28 C3
Bertren(65) 182 A6
Bertreville(76) 8 C4
Bertreville-Saint-Ouen(76) 9 F3
Bertric-Burée(24) 136 C2
Bertrichamps(54) 70 B2
Bertrimont(76) 9 F5
Bertrimoutier(88) 70 D3
Bertry(59) 12 D4
Béru(89) 83 H2
Béruges(86) 109 E2
Bérulle(10) 65 G4
Bérus(72) 59 H2
Berville(76) 9 F4
Berville(95) 22 B6
Berville-en-Roumois(27) 20 C5
Berville-la-Campagne(27) 40 B2
Berville-sur-Mer(27) 19 H4
Berville-sur-Seine(76) 9 E6
Berviller-en-Moselle(57) 29 F4
Berzé-la-Ville(71) 116 B3
Berzé-le-Châtel(71) 116 B3
Berzieux(51) 26 C5
Berzy-le-Sec(02) 24 B5
la Besace(08) 15 F6
Besain(39) 103 E5
Besançon(25) 87 F6
Bésayes(26) 144 C5
Bescat(64) 180 B5
Bésignan(26) 159 E5
Besingrand(64) 180 A3
Beslon(50) 37 E3
Besmé(02) 24 A3
Besmont(02) 13 H6
Besnans(70) 87 H4
Besné(44) 74 A4
Besneville(50) 16 D4
Besny-et-Loizy(02) 24 D3
Bessac(16) 122 A6
Bessais-le-Fromental(18) 98 A6
Bessamorel(43) 142 D3
Bessan(34) 187 E3
Bessancourt(95) 42 C2
Bessans(73) 133 G6
Bessas(07) 157 F5
le Bessat(42) 143 G1
Bessay(85) 91 H6
Bessay-sur-Allier(03) 114 A3
Besse(15) 140 A4
Besse(24) 152 A2
Bessé(16) 122 B1
Besse(38) 146 B3
Besse-et-Saint-Anastaise(63) 127 E6
Bessé-sur-Braye(72) 78 D2
Besse-sur-Issole(83) 192 B3
Bessède-de-Sault(11) 199 F3
Bessèges(30) 157 E5
Bessenay(69) 129 G3
Bessens(82) 166 D4
Besset(09) 184 B6
Bessey(42) 129 H6
Bessey-en-Chaume(21) 101 F2
Bessey-la-Cour(21) 101 E2
Bessey-lès-Cîteaux(21) 101 H2
la Besseyre-Saint-Mary(43) 141 H5
Bessières(31) 167 F4
Bessines(79) 107 H4
Bessines-sur-Gartempe(87) 111 E6
Bessins(38) 144 D2
Besson(03) 114 A3
Bessoncourt(90) 88 D3
Bessonies(46) 139 G6
les Bessons(48) 155 G1
Bessuéjouls(12) 154 C4
Bessy(10) 45 F6
Bessy-sur-Cure(89) 83 G3
Bestiac(09) 198 D3
Bétaille(46) 139 E5
Betaucourt(70) 69 E6
Betbèze(65) 182 A4
Betbezer-d'Armagnac(40) 164 B3
Betcave-Aguin(32) 182 B2
Betchat(09) 182 D6
Bétête(23) 112 A4
Béthancourt-en-Valois(60) 23 G5
Béthancourt-en-Vaux(02) 24 A2
Béthelainville(55) 27 F5
Béthemont-la-Forêt(95) 42 C2
Béthencourt(59) 12 D3
Béthencourt-sur-Mer(80) 10 A4
Béthencourt-sur-Somme(80) 23 H1
Bétheniville(51) 25 H5
Bétheny(51) 25 F5
Béthincourt(55) 27 F4

Béthines(86) 110 B2
Béthisy-Saint-Martin(60) 23 G5
Béthisy-Saint-Pierre(60) 23 G5
Bethmale(09) 197 G4
Bethon(51) 44 D6
Béthon(72) 60 A2
Bethoncourt(25) 88 D4
Béthonsart(62) 4 B6
Béthonvilliers(28) 61 F4
Bethonvilliers(90) 89 E3
Béthune(62) 3 H6
Bétignicourt(10) 66 D1
Beton-Bazoches(77) 44 B5
Betoncourt-lès-Brotte(70) 87 H2
Betoncourt-Saint-Pancras(70) 69 F6
Betoncourt-sur-Mance(70) 86 D1
Bétous(32) 164 D5
Betplan(32) 181 F3
Betpouey(65) 195 G4
Betpouy(65) 181 H4
Bétracq(64) 181 E2
Betschdorf(67) 51 G3
Bettainvillers(54) 28 B3
Bettancourt-la-Ferrée(52) 47 E5
Bettancourt-la-Longue(51) 46 D3
Bettange(57) 29 E4
Bettant(01) 130 D1
Bettborn(57) 50 A4
Bettegney-Saint-Brice(88) 69 G2
Bettelainville(57) 28 D4
Bettembos(80) 10 C6
Bettencourt-Rivière(80) 10 D5
Bettencourt-Saint-Ouen(80) 10 D5
Bettendorf(68) 89 G3
Bettes(65) 181 F6
Betteville(76) 9 E6
Bettignies(59) 13 G1
Betting-lès-Saint-Avold(57) 29 G5
Bettlach(68) 89 G4
Betton(35) 57 F2
Betton-Bettonet(73) 132 B5
Bettoncourt(88) 69 F2
Bettrechies(59) 13 F2
Bettviller(57) 50 B2
Bettwiller(67) 50 B4
Betz(60) 43 G1
Betz-le-Château(37) 95 E4
Beugin(62) 4 B6
Beugnâtre(62) 12 A3
Beugneux(02) 24 C6
Beugnies(59) 13 G3
le Beugnon(79) 108 A1
Beugnon(89) 65 H5
Beugny(62) 12 A4
Beuil(06) 161 H6
le Beulay(88) 70 D3
Beulotte-Saint-Laurent(70) 88 C1
Beure(25) 103 F1
Beurey(10) 66 D4
Beurey-Bauguay(21) 100 D1
Beurey-sur-Saulx(55) 47 E4
Beurières(63) 128 B6
Beurizot(21) 84 D6
Beurlay(17) 120 D2
Beuron(54) 67 F2
Beussent(62) 2 C5
Beuste(64) 180 C4
Beutal(25) 88 C5
Beutin(62) 2 B6
Beuvardes(02) 44 C1
Beuveille(54) 27 H2
Beuvezin(54) 69 E2
Beuvillers(14) 19 G5
Beuvillers(54) 28 B3
Beuvrages(59) 13 H6
Beuvraignes(80) 23 F2
Beuvrequen(62) 2 B3
Beuvrigny(50) 37 F2
Beuvron(58) 83 F6
Beuvron-en-Auge(14) 19 E4
Beuvry(62) 3 H6
Beuvry-la-Forêt(59) 5 G5
Beux(57) 28 D6
Beuxes(86) 93 H2
Beuzeville(27) 19 H4
Beuzeville-au-Plain(50) 17 E3
Beuzeville-la-Bastille(50) 17 E4
Beuzeville-la-Grenier(76) 8 B5
Beuzeville-la-Guérard(76) 8 C5
Beuzevillette(76) 8 C5
Bévenais(38) 131 E6
Beveuge(70) 88 B4
Béville-le-Comte(28) 62 C2
Bévillers(59) 12 D3
Bevons(04) 160 A6
Bévy(21) 101 F2
Bey(01) 116 C5
Bey(71) 101 G5
Bey-sur-Seille(54) 49 E3
Beychac-et-Caillau(33) 135 F5
Beylongue(40) 163 F3
Beynac(87) 124 A3
Beynac-et-Cazenac(24) 137 H6
Beynat(19) 138 D3
Beynes(04) 175 F2
Beynes(78) 41 H3
Beynost(01) 130 B2
Beyrède-Jumet(65) 196 B3
Beyren-lès-Sierck(57) 28 D2
Beyrie-en-Béarn(64) 180 B3
Beyrie-sur-Joyeuse(64) 179 E3
Beyries(40) 163 G6
Beyssac(19) 138 B1
Beyssenac(19) 138 B1
le Bez(81) 168 D6
Bez-et-Esparon(30) 170 D3
Bézac(09) 183 H5
Bezalles(77) 44 B5
Bézancourt(76) 21 G4
Bezange-la-Grande(54) 49 F4
Bezange-la-Petite(57) 49 G4
Bezannes(51) 25 F6
Bézaudun-les-Alpes(06) 176 D4

Bézaudun-sur-Bîne(26) 158 C5
Bezaumont(54) 48 D3
Bèze(21) 86 B4
Bézenac(24) 137 H6
Bézenet(03) 113 F4
Bézéril(32) 182 C1
Béziers(34) 186 D5
Bezinghem(62) 2 C5
Bezins-Garraux(31) 196 B3
la Bezole(11) 184 D6
Bezolles(32) 165 F4
Bezons(95) 42 C3
Bezonvaux(55) 27 G4
Bezouce(30) 172 B5
Bézouotte(21) 86 B5
Bézu-la-Forêt(27) 21 G4
Bézu-le-Guéry(02) 44 A3
Bézu-Saint-Éloi(27) 21 H5
Bézu-Saint-Germain(02) 44 C1
Bézues-Bajon(32) 182 A3
Biache-Saint-Vaast(62) 12 A2
Biaches(80) 12 A5
Bians-les-Usiers(25) 103 H3
Biard(86) 109 F1
Biarne(39) 102 C2
Biarre(80) 23 G1
Biarritz(64) 178 B1
Biarrotte(40) 162 C6
Biars-sur-Cère(46) 139 E5
Bias(40) 148 A6
Bias(47) 151 F4
Biaudos(40) 162 B6
Bibiche(57) 29 E3
Biblisheim(67) 51 F3
Bibost(69) 129 G3
Bichancourt(02) 24 A3
Biches(58) 99 G3
Bickenholtz(57) 50 B4
Bicqueley(54) 48 C5
Bidache(64) 179 E2
Bidarray(64) 178 D3
Bidart(64) 178 B2
Bidestroff(57) 49 H3
Biding(57) 29 G5
Bidon(07) 157 G5
Bidos(64) 180 A4
Biécourt(88) 69 E2
Biederthal(68) 89 H4
Bief(25) 88 D7
Bief-des-Maisons(39) 103 F5
Bief-du-Fourg(39) 103 G4
Biefmorin(39) 102 C4
Biefvillers-lès-Bapaume(62) 12 A4
Bielle(64) 180 B6
Biencourt(80) 10 B5
Biencourt-sur-Orge(55) 47 F6
Biennac(87) 123 H4
Bienville(60) 23 G4
Bienville-la-Petite(54) 49 F5
Bienvillers-au-Bois(62) 11 G3
Biermont(60) 23 F3
Bierné(53) 76 C1
Bierne(59) 3 F2
Bierre-lès-Semur(21) 84 C5
Bierry-les-Belles-Fontaines(89) 84 B3
Biert(09) 197 H3
Bierville(76) 9 G6
Biesheim(68) 71 G5
Biesles(52) 68 A4
Bietlenheim(67) 51 E5
Bieujac(33) 149 H3
Bieuxy(02) 24 B4
Bieuzy(56) 55 E3
Biéville(50) 37 F1
Biéville-Beuville(14) 18 D4
Biéville-Quétiéville(14) 19 E5
Bièvres(02) 24 D3
Bièvres(08) 15 H6
Bièvres(91) 42 C4
Biffontaine(88) 70 B4
Biganos(33) 148 C2
Bignac(16) 122 B3
Bignan(56) 55 F4
Bignay(17) 121 E2
la Bigne(14) 18 A6
Bignicourt(08) 26 A4
Bignicourt-sur-Marne(51) 46 B5
Bignicourt-sur-Saulx(51) 46 C4
le Bignon(44) 91 F1
le Bignon-du-Maine(53) 58 D6
le Bignon-Mirabeau(45) 64 B4
Bignoux(86) 109 G1
Bigorno(2B) 203 F5
la Bigottière(53) 58 C3
Biguglia(2B) 203 G4
Bihorel(76) 20 D4
Bihucourt(62) 11 H4
Bilhères(64) 180 B6
Bilia(2A) 206 C4
Biliou(38) 131 F6
Billac(19) 139 E5
Billancelles(28) 61 G1
Billancourt(80) 23 G1
les Billanges(87) 124 C1
les Billaux(33) 135 G5
Billère(64) 180 B4
Billère(64) 180 B3
Billey(21) 102 B2
Billezois(03) 114 C5
Billième(73) 131 G3
Billiers(56) 73 F4
Billio(56) 55 G5
Billom(63) 127 G4
Billy(03) 114 B5
Billy(14) 18 D5
Billy(41) 80 A6
Billy-Berclau(62) 4 D5
Billy-Chevannes(58) 99 F3
Billy-le-Grand(51) 45 G2
Billy-lès-Chanceaux(21) 85 F4

Billy-Montigny(62) 4 D6
Billy-sous-Mangiennes(55) 27 H3
Billy-sur-Aisne(02) 24 B5
Billy-sur-Oisy(58) 83 E5
Billy-sur-Ourcq(02) 24 B6
Biltzheim(68) 71 F6
Bilwisheim(67) 51 E5
Bimont(57) 2 C6
Binarville(51) 26 D4
Binas(41) 62 A6
Bindernheim(67) 71 G3
Binges(21) 86 B6
Binic(22) 33 G4
Bining(57) 50 C2
Biniville(50) 17 E3
Binos(31) 196 D3
Binson-et-Orquigny(51) 45 E1
Bio(46) 153 E1
Biol(38) 131 E5
la Biolle(73) 131 H3
Biollet(63) 126 C1
Bion(50) 37 F5
Bioncourt(57) 49 E3
Bionville(54) 70 C1
Bionville-sur-Nied(57) 29 E5
Biot(06) 177 E6
le Biot(74) 119 F4
Bioule(82) 167 F2
Bioussac(16) 109 E6
Biozat(03) 114 A6
Birac(16) 122 A5
Birac(33) 149 H4
Birac-sur-Trec(47) 150 C4
Biran(32) 165 F5
Biras(24) 137 E2
Biriatou(64) 178 A3
Birieux(01) 130 B1
Birkenwald(67) 50 C5
Biron(17) 121 F5
Biron(24) 151 G2
Biron(64) 179 H2
Biscarrosse(40) 148 B4
Bischheim(67) 51 F6
Bischholtz(67) 50 D3
Bischoffsheim(67) 71 F1
Bischwihr(68) 71 F5
Bischwiller(67) 51 F4
Bisel(68) 89 F4
Bisinchi(2B) 203 F6
Bislée(55) 47 H3
Bissert(67) 50 A3
Bisseuil(51) 45 G2
Bissey-la-Côte(21) 67 E6
Bissey-la-Pierre(21) 84 D1
Bissey-sous-Cruchaud(71) 101 F6
Bissezeele(59) 3 F2
Bissières(14) 19 E5
Bissy-la-Mâconnaise(71) 116 B2
Bissy-sous-Uxelles(71) 116 B1
Bissy-sur-Fley(71) 101 E6
Bisten-en-Lorraine(57) 29 F5
Bistroff(57) 29 G6
Bitche(57) 50 D2
Bitry(58) 82 C5
Bitry(60) 23 H4
Bitschhoffen(67) 51 E4
Bitschwiller-lès-Thann(68) 89 E1
Bivès(32) 166 A4
Biviers(38) 145 H2
Biville(50) 16 C2
Biville-la-Baignarde(76) 9 F4
Biville-la-Rivière(76) 9 E4
Biville-sur-Mer(76) 9 G2
Bizanet(11) 186 B5
Bizanos(64) 180 C4
Bize(52) 86 D1
Bize(65) 181 H6
Bize-Minervois(11) 186 B3
Bizeneuille(03) 113 E3
Biziat(01) 116 C5
Bizonnes(38) 131 E6
le Bizot(25) 105 E2
les Bizots(71) 100 D5
Bizou(61) 61 E1
Bizous(65) 181 H6
Blacé(69) 116 B6
Blacourt(60) 22 A4
Blacqueville(76) 9 E5
Blacy(51) 46 B4
Blacy(89) 84 A4
Blaesheim(67) 71 G1
Blagnac(31) 167 E6
Blagny(08) 15 G5
Blagny-sur-Vingeanne(21) 86 B5
Blaignac(33) 150 A3
Blaignan(33) 134 C1
Blain(44) 74 C3
Blaincourt-lès-Précy(60) 22 D6
Blaincourt-sur-Aube(10) 66 D2
Blainville-Crevon(76) 9 G6
Blainville-sur-l'Eau(54) 49 E6
Blainville-sur-Mer(50) 36 B1
Blainville-sur-Orne(14) 18 D4
Blairville(62) 11 H3
Blaise-sous-Arzillières(51) 46 B5
Blaison-Gohier(49) 76 D5
Blaisy(52) 67 G4
Blaisy-Bas(21) 85 F5
Blaisy-Haut(21) 85 F5
Blajan(31) 182 B4
Blamont(25) 88 D3
Blâmont(54) 49 H5
Blan(81) 184 C2
le Blanc(36) 110 C1
le Blanc-Mesnil(93) 42 D3
Blancafort(18) 81 G4
Blancey(21) 84 D6
Blancfossé(60) 22 C2
Blanche-Église(57) 49 G3
Blanchefosse-et-Bay(08) 14 B4
Blancherupt(67) 71 E2
Blandainville(28) 61 H3

Blandas(30) 170 C4
Blandin(38) 131 E5
Blandouet(53) 59 F4
Blandy(77) 43 F6
Blandy(91) 63 F3
Blangerval-Blangermont(62) 11 E2
Blangy-le-Château(14) 19 G4
Blangy-sous-Poix(80) 22 B1
Blangy-sur-Bresle(76) 10 B5
Blangy-sur-Ternoise(62) 11 E1
Blangy-Tronville(80) 11 F6
Blannay(89) 83 G4
Blanot(21) 100 C2
Blanot(71) 116 B2
Blanquefort(32) 166 A5
Blanquefort(33) 135 E5
Blanquefort-sur-Briolance(47) 151 H3
Blanzac(43) 142 C3
Blanzac(87) 110 C6
Blanzac-lès-Matha(17) 121 G2
Blanzac-Porcheresse(16) 122 B6
Blanzaguet-Saint-Cybard(16) 122 C6
Blanzat(63) 127 E3
Blanzay(86) 109 E5
Blanzay-sur-Boutonne(17) 108 A6
Blanzée(55) 27 G5
Blanzy(71) 100 D6
Blanzy-la-Salonnaise(08) 25 G3
Blanzy-lès-Fismes(02) 24 D5
Blargies(60) 21 H2
Blarians(25) 87 G5
Blaringhem(59) 3 F4
Blars(46) 153 E3
Blaru(21) 41 F2
Blasimon(33) 150 A1
Blaslay(86) 94 A6
Blassac(43) 141 H3
Blaudeix(23) 112 A5
Blausasc(06) 177 F4
Blauvac(84) 173 G2
Blauzac(30) 172 A3
Blavignac(48) 141 G6
Blavozy(43) 142 D4
Blay(14) 17 H5
Blaye(33) 135 E4
Blaye-les-Mines(81) 168 B3
Blaymont(47) 151 G5
Blaziert(32) 165 G3
Blécourt(52) 67 G2
Blécourt(59) 12 C3
Bleigny-le-Carreau(89) 83 G1
Blémerey(54) 49 G5
Blémerey(88) 69 F2
Blendecques(62) 3 F4
Bléneau(89) 82 B3
Blennes(77) 64 C3
Blénod-lès-Pont-à-Mousson(54) 48 C3
Blénod-lès-Toul(54) 48 B5
Bléquin(62) 2 D4
Blérancourt(02) 24 A3
Bléré(37) 79 E6
Bléruais(35) 56 C2
Blésignac(33) 135 G6
Blesle(43) 141 F2
Blesme(51) 46 C4
Blesmes(02) 44 C2
Blessac(23) 125 G2
Blessey(21) 85 E4
Blessonville(52) 67 G5
Blessy(62) 3 F5
Blet(18) 98 A4
Bletterans(39) 102 C5
Bleurville(88) 69 E5
Bleury(28) 62 C1
Blevaincourt(88) 68 C4
Blévy(28) 60 B1
le Bleymard(48) 156 B4
Blicourt(60) 22 B3
Blienschwiller(67) 71 F2
Blies-Ébersing(57) 50 B1
Blies-Guersviller(57) 50 B1
Bliesbruck(57) 50 B1
Blieux(04) 175 G4
Blignicourt(10) 66 D1
Bligny(10) 67 E4
Bligny(51) 25 E6
Bligny-le-Sec(21) 85 F5
Bligny-lès-Beaune(21) 101 F3
Bligny-sur-Ouche(21) 101 E2
Blincourt(60) 23 F4
Blingel(62) 11 E1
Blis-et-Born(24) 137 G3
Blismes(58) 99 H2
Blodelsheim(68) 71 G6
Blois(41) 79 G4
Blois-sur-Seille(39) 102 D5
Blomac(11) 185 G4
Blomard(03) 113 G4
Blombay(08) 14 C3
Blond(87) 110 B6
Blondefontaine(70) 69 E6
Blonville-sur-Mer(14) 19 F3
Blosseville(76) 9 E3
Blosville(50) 17 F4
Blot-l'Église(63) 127 E1
Blotzheim(68) 89 H3
Blou(49) 77 H5
Blousson-Sérian(32) 181 F2
la Bloutière(50) 36 D3
Bloye(74) 131 H2
Bluffy(74) 132 B2
Blumeray(52) 67 F2
Blussangeaux(25) 88 C5
Blussans(25) 88 C5
Blye(39) 102 D6
Blyes(01) 130 D2
le Bô(14) 38 B3
Bobigny(93) 42 D3
Bobital(22) 34 C5
Bocé(49) 77 F4
Bocognano(2A) 205 E5
Bocquegney(88) 69 G3

Bocquencé(61) 39 G3
le Bodéo(22) 33 F6
Bodilis(29) 31 G4
Boé(47) 165 H1
Boëcé(61) 39 G6
Boëge(74) 119 E4
Boeil-Bezing(64) 180 C4
Boën(42) 128 D3
Bœrsch(67) 71 F1
Boeschepe(59) 3 H3
Boeseghem(59) 3 F4
Bœsenbiesen(67) 71 G3
Boësse(45) 63 G4
Boësse(79) 92 D3
Boëssé-le-Sec(72) 60 D4
Bœurs-en-Othe(89) 65 G4
Boffles(62) 11 E2
Boffres(07) 143 H5
Bogève(74) 119 E4
Bogny-sur-Meuse(08) 15 E3
Bogy(07) 144 A2
Bohain-en-Vermandois(02) 12 D5
Bohal(56) 55 H5
la Bohalle(49) 76 D5
Bohars(29) 30 D4
Bohas-Meyriat-Rignat(01) 117 F5
Boigneville(91) 63 G2
Boigny-sur-Bionne(45) 62 D6
Boinville-en-Mantois(78) 41 G3
Boinville-en-Woëvre(55) 27 H4
Boinville-le-Gaillard(78) 62 D1
Boinvilliers(78) 41 G3
Boiry-Becquerelle(62) 12 A3
Boiry-Notre-Dame(62) 12 A3
Boiry-Saint-Martin(62) 11 H3
Boiry-Sainte-Rictrude(62) 11 H3
Bois(17) 121 E5
le Bois(73) 132 D5
Bois-Anzeray(27) 39 H2
Bois-Arnault(27) 40 A4
Bois-Bernard(62) 4 D6
Bois-Colombes(92) 42 C3
Bois-d'Amont(39) 118 C1
Bois-d'Arcy(78) 42 B4
Bois-d'Arcy(89) 83 G4
Bois-de-Céné(85) 90 C2
Bois-de-Champ(88) 70 B3
Bois-de-Gand(39) 102 C4
Bois-d'Ennebourg(76) 21 E4
le Bois-d'Oingt(69) 129 G2
Bois-Grenier(59) 4 D4
Bois-Guilbert(76) 9 H6
Bois-Guillaume(76) 9 F6
le Bois-Hellain(27) 19 H4
Bois-Héroult(76) 9 H6
Bois-Herpin(91) 63 F2
Bois-Himont(76) 8 D5
Bois-Jérôme-Saint-Ouen(27) 41 F1
Bois-le-Roi(27) 41 E3
Bois-le-Roi(77) 64 A1
Bois-lès-Pargny(02) 24 D1
Bois-l'Évêque(76) 21 E4
Bois-Normand-près-Lyre(27) 39 H3
le Bois-Plage-en-Ré(17) 106 C4
le Bois-Robert(76) 9 G3
Bois-Sainte-Marie(71) 115 G4
Boisbergues(80) 11 E3
Boisbreteau(16) 135 H1
Boiscommun(45) 63 G5
Boisdinghem(62) 2 D4
Boisdon(77) 44 B5
Boisemont(27) 21 G5
Boisemont(95) 42 A2
Boisgasson(28) 61 G5
Boisgervilly(35) 56 C2
Boisjean(62) 10 B1
le Boisle(80) 10 D2
Boisleux-au-Mont(62) 11 H3
Boisleux-Saint-Marc(62) 11 H3
Boismé(79) 93 E5
Boismont(54) 28 A3
Boismont(80) 10 B3
Boismorand(45) 81 H2
Boisney(27) 20 B6
Boisredon(17) 135 E1
Boisroger(50) 16 D6
Boissay(76) 9 H6
la Boisse(01) 130 B2
Boisse(24) 151 F2
Boisse-Penchot(12) 153 H3
Boisseau(41) 79 G2
Boisseaux(45) 62 D3
Boissède(31) 182 C3
Boissei-la-Lande(61) 39 E5
Boisserolles(79) 108 A5
Boisseron(34) 171 G5
Boisset(15) 153 H1
Boisset(34) 185 H3
Boisset(43) 142 D1
Boisset-et-Gaujac(30) 171 F2
Boisset-lès-Montrond(42) 129 E4
Boisset-les-Prévanches(27) 41 E2
Boisset-Saint-Priest(42) 128 D5
Boissets(78) 41 F3
Boissettes(77) 63 H1
Boisseuil(87) 124 B3
Boisseuilh(24) 138 A2
Boissey(01) 116 D3
Boissey(14) 19 F6
Boissey-le-Châtel(27) 20 B5
Boissezon(81) 185 F1
Boissia(39) 117 H1
la Boissière(14) 19 F5
la Boissière(27) 41 E3
la Boissière(34) 170 D6
la Boissière(39) 117 G3
la Boissière(53) 75 H1
la Boissière-d'Ans(24) 137 G2
la Boissière-de-Montaigu(85) 91 H2
la Boissière-des-Landes(85) 91 F6
la Boissière-du-Doré(44) 75 G6
la Boissière-École(78) 41 G5

la Boissière-en-Gâtine(79) 108 B2
la Boissière-sur-Évre(49) 75 G5
Boissières(30) 171 H5
Boissières(46) 152 C3
Boissise-la-Bertrand(77) 63 H1
Boissise-le-Roi(77) 63 H1
Boissy-aux-Cailles(77) 63 G3
Boissy-en-Drouais(28) 40 D5
Boissy-Fresnoy(60) 43 G1
Boissy-la-Rivière(91) 63 E2
Boissy-l'Aillerie(95) 42 B2
Boissy-Lamberville(27) 20 A6
Boissy-le-Bois(60) 22 B5
Boissy-le-Châtel(77) 43 H4
Boissy-le-Cutté(91) 63 F1
Boissy-le-Repos(51) 44 D4
Boissy-le-Sec(91) 63 E1
Boissy-lès-Perche(28) 40 B5
Boissy-Maugis(61) 60 D2
Boissy-Mauvoisin(78) 41 F2
Boissy-Saint-Léger(94) 43 E4
Boissy-Sans-Avoir(78) 41 H4
Boissy-sous-Saint-Yon(91) 42 C6
Boistrudan(35) 57 G4
Boisville-la-Saint-Père(28) 62 C3
Boisyvon(50) 37 E3
Boitron(61) 39 F6
Boitron(77) 44 B3
Bolandoz(25) 103 G3
Bolazec(29) 32 B5
Bolbec(76) 8 C5
Bollène(84) 158 A5
la Bollène-Vésubie(06) 177 F2
Bolleville(50) 16 D5
Bolleville(76) 8 C5
Bollezeele(59) 3 F3
Bollwiller(68) 89 F1
Bologne(52) 67 H3
Bolozon(01) 117 G5
Bolquère(66) 199 F5
Bolsenheim(67) 71 G2
Bombon(77) 43 G6
Bommes(33) 149 G3
Bommiers(36) 96 D5
Bompas(09) 198 C2
Bompas(66) 200 D3
Bomy(62) 3 E5
Bon-Encontre(47) 151 F6
Bona(58) 99 E3
Bonac-Irazein(09) 197 F4
Bonas(32) 165 F5
Bonboillon(70) 86 D5
Boncé(28) 62 A3
Bonchamp-lès-Laval(53) 58 D4
Boncourt(02) 25 F2
Boncourt(27) 41 E2
Boncourt(28) 41 F3
Boncourt(54) 28 A5
Boncourt-le-Bois(21) 101 G2
Boncourt-sur-Meuse(55) 47 H3
Bondaroy(45) 63 F4
Bondeval(25) 88 D5
Bondigoux(31) 167 F4
les Bondons(48) 156 B5
Bondoufle(91) 42 D6
Bondues(59) 5 E3
Bondy(93) 42 D3
Bongheat(63) 127 H4
le Bonhomme(68) 70 D4
Bonifacio(2A) 207 E6
Bonlier(60) 22 C4
Bonlieu(39) 103 E6
Bonlieu-sur-Roubion(26) 158 B3
Bonloc(64) 178 D3
Bonnac(09) 183 H5
Bonnac(15) 141 F3
Bonnac-la-Côte(87) 124 B2
Bonnal(25) 87 H4
Bonnard(89) 65 H4
Bonnat(23) 111 H4
Bonnaud(39) 102 B6
Bonnay(25) 87 F5
Bonnay(71) 114 A2
Bonnay(80) 11 G5
Bonne(74) 118 D5
Bonnebosq(14) 19 F4
Bonnecourt(52) 68 B6
Bonnée(45) 81 F2
Bonnefamille(38) 130 C4
Bonnefoi(61) 39 H5
Bonnefond(19) 125 F5
Bonnefont(65) 181 G4
Bonnefontaine(39) 102 D5
Bonnegarde(40) 163 F6
Bonneil(02) 44 B2
Bonnelles(78) 42 B6
Bonnemain(35) 35 G5
Bonnemaison(14) 18 B6
Bonnemazon(65) 181 G5
Bonnencontre(21) 101 H2
Bonnes(16) 136 B2
Bonnes(86) 109 H1
Bonnesvalyn(02) 44 B1
Bonnet(55) 67 H1
Bonnétable(72) 60 C4
Bonnétage(25) 105 E1
Bonnetan(33) 135 F6
Bonneuil(16) 121 H5
Bonneuil(36) 110 D3
Bonneuil-en-France(95) 42 D2
Bonneuil-en-Valois(60) 23 H5
Bonneuil-les-Eaux(60) 22 C2
Bonneuil-Matours(86) 94 C6
Bonneuil-sur-Marne(94) 42 D4
Bonneval(28) 62 A4
Bonneval(43) 142 B2
Bonneval(73) 132 D5
Bonneval-sur-Arc(73) 133 H6
Bonnevaux(25) 103 G4
Bonnevaux(30) 156 D5
Bonnevaux(74) 119 F3
Bonnevaux-le-Prieuré(25) 103 G1
Bonneveau(41) 78 D2

Bonnevent-Velloreille(70) 87 F5
Bonneville(16) 122 A2
la Bonneville(50) 17 E4
Bonneville(74) 119 E5
Bonneville(80) 11 E4
Bonneville-Aptot(27) 20 B5
Bonneville-et-Saint-Avit-de-Fumadières(24) 136 B6
Bonneville-la-Louvet(14) 19 H4
la Bonneville-sur-Iton(27) 40 C2
Bonneville-sur-Touques(14) 19 F3
Bonnières(60) 22 B3
Bonnières(62) 11 E2
Bonnières-sur-Seine(78) 41 F2
Bonnieux(84) 173 H4
Bonningues-lès-Ardres(62) 2 D3
Bonningues-lès-Calais(62) 2 C2
Bonnœil(14) 38 B2
Bonnœuvre(44) 75 G3
Bonnut(64) 163 F6
Bono(56) 72 C2
Bonrepos(65) 181 G4
Bonrepos-Riquet(31) 167 F5
Bonrepos-sur-Aussonnelle(31) 183 E1
Bons-en-Chablais(74) 118 D4
Bons-Tassilly(14) 38 C2
Bonsmoulins(61) 39 G5
Bonson(06) 177 E4
Bonson(42) 129 E5
Bonvillard(73) 132 C4
Bonvillaret(73) 132 C4
Bonviller(54) 49 F5
Bonvillers(60) 22 D3
Bonvillet(88) 69 F4
Bony(02) 12 C5
Bonzac(33) 135 G4
Bonzée(55) 27 H5
Boô-Silhen(65) 180 D6
Boofzheim(67) 71 G4
Boos(40) 163 E3
Boos(76) 21 E4
Bootzheim(67) 71 G4
Boqueho(22) 33 F5
Bor-et-Bar(12) 153 G6
Boran-sur-Oise(60) 22 D6
Borce(64) 194 C3
Bord-Saint-Georges(23) 112 C4
Bordeaux(33) 135 E6
Bordeaux-en-Gâtinais(45) 63 H5
Bordeaux-Saint-Clair(76) 8 A4
Bordères(64) 180 C5
Bordères-et-Lamensans(40) 164 A5
Bordères-Louron(65) 196 B4
Bordères-sur-l'Échez(65) 181 E4
les Bordes(36) 96 D4
les Bordes(45) 81 F2
les Bordes(64) 180 C4
les Bordes(65) 181 G5
les Bordes(71) 101 H4
les Bordes-Aumont(10) 66 B4
Bordes-de-Rivière(31) 182 B5
les Bordes-sur-Arize(09) 183 F5
les Bordes-sur-Lez(09) 197 F3
Bordezac(30) 157 E5
Bords(17) 120 D2
Borée(07) 143 E5
Boresse-et-Martron(17) 135 H2
Borest(60) 23 F6
Borey(70) 87 H3
Borgo(2B) 203 G5
Bormes-les-Mimosas(83) 192 C5
le Born(31) 167 F4
le Born(48) 156 A3
Bornambusc(76) 8 B5
Bornay(39) 102 C6
Borne(07) 156 D3
Borne(43) 142 B3
Bornel(60) 22 C6
Boron(90) 89 E4
Borre(59) 3 G4
Borrèze(24) 138 B5
Bors(Canton de Baignes-Sainte-Radegonde)(16) 135 G2
Bors(Canton de Montmoreau-Saint-Cybard)(16) 136 B1
Bort-les-Orgues(19) 140 B1
Bort-l'Étang(63) 127 H3
Borville(54) 69 H1
le Bosc(09) 198 B1
le Bosc(34) 170 B6
Bosc-Bénard-Commin(27) 20 C5
Bosc-Bénard-Crescy(27) 20 C5
Bosc-Bérenger(76) 9 G5
Bosc-Bordel(76) 9 H5
Bosc-Édeline(76) 9 H5
Bosc-Guérard-Saint-Adrien(76) 9 F6
Bosc-Hyons(76) 21 H4
Bosc-le-Hard(76) 9 G5
Bosc-Mesnil(76) 9 H5
le Bosc-Renoult(61) 39 F3
Bosc-Renoult-en-Ouche(27) 40 A2
Bosc-Renoult-en-Roumois(27) 20 C5
le Bosc-Roger-en-Roumois(27) 20 C5
Bosc-Roger-sur-Buchy(76) 9 H5
Boscamnant(17) 135 H3
Bosdarros(64) 180 B4
Bosgouet(27) 20 C5
Bosguérard-de-Marcouville(27) 20 C5
Bosjean(71) 102 B5
Bosmie-l'Aiguille(87) 124 A3
Bosmont-sur-Serre(02) 25 E1
Bosmoreau-les-Mines(23) 125 E1
Bosnormand(27) 20 C5
Bosquel(80) 22 C1
Bosquentin(27) 21 G4
Bosrobert(27) 20 B6
Bosroger(23) 125 H1
Bossancourt(10) 67 G3
Bossay-sur-Claise(37) 95 E5
la Bosse(25) 105 E2

la Bosse(72).....60 C4
la Bosse-de-Bretagne(35).....57 F5
Bossée(37).....94 D2
Bossendorf(67).....51 E4
Bosset(24).....136 C5
Bosseval-et-Briancourt(08).....15 E4
Bossey(74).....118 C5
Bossieu(38).....130 C6
Bossugan(33).....135 H6
Bossus-lès-Rumigny(08).....14 B3
Bost(03).....114 B5
Bostens(40).....164 A3
Bosville(76).....8 D4
Botans(90).....88 D3
Botmeur(29).....31 H5
Botsorhel(29).....32 B4
les Bottereaux(27).....39 H3
Botz-en-Mauges(49).....75 H5
Bou(45).....80 D1
Bouafle(78).....41 H2
Bouafles(27).....21 F6
Bouan(09).....198 C2
Bouaye(44).....74 D6
Boubers-lès-Hesmond(62).....2 D6
Boubers-sur-Canche(62).....11 E2
Boubiers(60).....22 A6
Bouc-Bel-Air(13).....190 D2
Boucagnères(32).....182 B1
Boucau(64).....178 C1
Boucé(03).....114 B4
Boucé(61).....38 D5
le Bouchage(16).....109 F6
le Bouchage(38).....131 F4
Bouchamps-lès-Craon(53).....58 B6
le Bouchaud(03).....115 E4
Bouchavesnes-Bergen(80).....12 A5
Bouchemaine(49).....76 C5
Boucheporn(57).....29 F5
Bouchet(26).....158 B5
le Bouchet(74).....132 C2
le Bouchet-Saint-Nicolas(43).....142 B5
Bouchevilliers(27).....21 H4
Bouchoir(80).....23 F1
Bouchon(80).....10 D4
le Bouchon-sur-Saulx(55).....47 F5
les Bouchoux(39).....118 A4
Bouchy-Saint-Genest(51).....44 C5
Boucieu-le-Roi(07).....143 H4
Bouclans(25).....87 H6
Boucoiran-et-Nozières(30).....171 G3
Bouconville(08).....26 C4
Bouconville-sur-Madt(55).....48 A3
Bouconville-Vauclair(02).....25 E4
Bouconvillers(60).....22 A6
Boucq(54).....48 B4
Boudes(63).....127 F6
Boudeville(76).....9 E4
Boudou(82).....166 B2
Boudrac(31).....181 H5
Boudreville(21).....67 F6
Boudy-de-Beauregard(47).....151 F3
Boué(02).....13 F4
Bouée(44).....74 B5
Boueilh-Boueilho-Lasque(64).....180 C1
Bouelles(76).....21 G1
Bouër(72).....60 D5
Bouère(53).....59 E6
Bouessay(53).....59 E6
Bouesse(36).....111 G1
Bouëx(16).....122 C4
la Bouëxière(35).....57 G2
Bouffémont(95).....42 C2
Boufféré(85).....91 G2
Bouffignereux(02).....25 E5
Boufflers(80).....10 D2
Bouffry(41).....61 G6
Bougainville(80).....10 D6
Bougarber(64).....180 B2
Bougé-Chambalud(38).....144 B1
Bouges-le-Château(36).....96 B3
Bougey(70).....87 E1
Bougival(78).....42 B3
Bouglainval(28).....41 F6
Bougligny(77).....63 H4
Bouglon(47).....150 B4
Bougneau(17).....121 F4
Bougnon(70).....87 G2
Bougon(79).....108 C3
Bougue(40).....163 H3
Bouguenais(44).....74 D6
Bougy(14).....18 B5
Bougy-lez-Neuville(45).....63 E5
Bouhans(71).....102 B5
Bouhans-et-Feurg(70).....86 C4
Bouhans-lès-Lure(70).....88 A3
Bouhans-lès-Montbozon(70).....87 H4
Bouhet(17).....107 F5
Bouhey(21).....101 E1
Bouhy(58).....82 D5
Bouilh-Devant(65).....181 G3
Bouilh-Péreuilh(65).....181 F3
Bouilhonnac(11).....185 F4
Bouillac(12).....153 H3
Bouillac(24).....151 G1
Bouillac(82).....166 C4
la Bouilladisse(13).....191 E3
Bouillancourt-en-Séry(80).....10 B5
Bouillancourt-la-Bataille(80).....23 E2
Bouillancy(60).....43 G1
Bouilland(21).....101 F2
Bouillargues(30).....172 B5
la Bouille(76).....20 C5
Bouillé-Courdault(85).....107 G3
Bouillé-Loretz(79).....93 F2
Bouillé-Ménard(49).....75 H1
Bouillé-Saint-Paul(79).....93 F3
la Bouillie(22).....34 A3
le Bouillon(61).....39 E6
Bouillon(64).....180 B2
Bouillonville(54).....48 B2
Bouilly(10).....66 A4
Bouilly(51).....25 E6

Bouilly-en-Gâtinais(45).....63 F5
Bouin(79).....108 D6
Bouin(85).....90 C2
Bouin-Plumoison(62).....10 D1
Bouisse(11).....200 A1
Boujailles(25).....103 F4
Boujan-sur-Libron(34).....186 D3
Boulages(10).....45 F6
Boulaincourt(88).....69 F2
Boulancourt(77).....63 G3
Boulange(57).....28 B3
Boulaur(32).....182 C1
le Boulay(37).....78 D4
Boulay-les-Barres(45).....62 C6
Boulay-les-Ifs(53).....59 G1
le Boulay-Morin(27).....40 D1
Boulay-Moselle(57).....29 G3
la Boulaye(71).....100 B6
Boulazac(24).....137 F3
Boulbon(13).....172 D4
Boulc(26).....159 F2
Boule-d'Amont(66).....200 B4
Bouleternère(66).....200 B4
Bouleurs(77).....43 G3
Bouleuse(51).....25 E6
Bouliac(33).....135 E6
Boulieu-lès-Annonay(07).....143 H2
Bouligneux(01).....116 D6
Bouligney(70).....69 G6
Bouligny(55).....28 A4
Boulin(65).....181 F4
Boullarre(60).....43 G1
le Boullay-les-Deux-Églises(28).....41 E5
le Boullay-les-Troux(91).....42 B5
le Boullay-Mivoye(28).....41 E5
le Boullay-Thierry(28).....41 E5
Boulleret(18).....82 B5
Boulleville(27).....19 H3
Bouloc(31).....167 E5
Bouloc(82).....152 A5
Boulogne(85).....91 G4
Boulogne-Billancourt(92).....42 C4
Boulogne-la-Grasse(60).....23 F2
Boulogne-sur-Gesse(31).....182 B4
Boulogne-sur-Helpe(59).....13 G4
Boulogne-sur-Mer(62).....2 B4
Bouloire(72).....60 C6
Boulon(14).....18 C6
Boulot(70).....87 F5
le Boulou(66).....200 D5
Boult(70).....87 F5
Boult-aux-Bois(08).....26 C2
Boult-sur-Suippe(51).....25 G4
le Boulvé(46).....152 A4
Boulzicourt(08).....14 D5
Boumourt(64).....180 A2
Bouniagues(24).....151 E1
le Boupère(85).....92 A5
Bouquehault(62).....2 C3
Bouquelon(27).....20 A4
Bouquemaison(80).....11 F3
Bouquemont(55).....27 G6
Bouquet(30).....171 H1
Bouquetot(27).....20 B4
Bouqueval(95).....42 D2
Bouranton(10).....66 B3
Bouray-sur-Juine(91).....63 F1
Bourbach-le-Bas(68).....89 E2
Bourbach-le-Haut(68).....89 E2
Bourberain(21).....86 B4
Bourbévelle(70).....69 E6
Bourbon-Lancy(71).....114 D1
Bourbon-l'Archambault(03).....113 G2
Bourbonne-les-Bains(52).....68 D6
la Bourboule(63).....126 C5
Bourbourg(59).....3 E2
Bourbriac(22).....32 D5
Bourcefranc-le-Chapus(17).....120 B2
Bourcia(39).....117 F3
Bourcq(08).....26 B3
Bourdainville(76).....9 E4
Bourdalat(40).....164 B4
Bourdeau(73).....131 H3
Bourdeaux(26).....158 D3
Bourdeilles(24).....137 E2
le Bourdeix(24).....123 E5
Bourdelles(33).....150 B3
le Bourdet(79).....107 H4
Bourdic(30).....172 A3
la Bourdinière-Saint-Loup(28).....62 A3
Bourdon(80).....10 D5
Bourdonnay(57).....49 G4
Bourdonné(78).....41 G4
Bourdons-sur-Rognon(52).....68 A4
Bourecq(62).....3 F5
Bouresches(02).....44 B2
Bouresse(86).....109 H3
Bouret-sur-Canche(62).....11 F2
Boureuilles(55).....26 D4
Bourg(33).....135 E4
Bourg(46).....153 F2
Bourg(52).....86 B1
Bourg-Achard(27).....20 C5
Bourg-Archambault(86).....110 B3
Bourg-Argental(42).....143 G2
Bourg-Beaudouin(27).....21 F4
Bourg-Blanc(29).....30 D4
Bourg-Bruche(67).....70 D2
Bourg-Charente(16).....121 H4
Bourg-de-Bigorre(65).....181 G5
Bourg-de-Péage(26).....144 C4
Bourg-de-Sirod(39).....103 F5
Bourg-de-Thizy(69).....115 G6
Bourg-de-Visa(82).....151 H6
Bourg-des-Comptes(35).....57 E4
Bourg-des-Maisons(24).....136 D1
le Bourg-d'Hem(23).....111 G4
le Bourg-d'Iré(49).....75 H2
le Bourg-d'Oisans(38).....146 B3
Bourg-d'Oueil(31).....196 C4
Bourg-du-Bost(24).....136 C2
le Bourg-Dun(76).....9 E3

Bourg-en-Bresse(01).....117 E5
Bourg-et-Comin(02).....24 D4
Bourg-Fidèle(08).....14 C3
Bourg-la-Reine(92).....42 C4
Bourg-Lastic(63).....126 B4
Bourg-le-Comte(71).....115 E4
Bourg-le-Roi(72).....60 A2
Bourg-lès-Valence(26).....144 B5
Bourg-l'Évêque(49).....75 H1
Bourg-Madame(66).....199 E6
Bourg-Saint-Andéol(07).....157 H5
Bourg-Saint-Bernard(31).....167 G6
Bourg-Saint-Christophe(01).....130 C2
le Bourg-Saint-Léonard(61).....39 E4
Bourg-Saint-Maurice(73).....133 F4
Bourg-sous-Châtelet(90).....88 D2
Bourganeuf(23).....125 E2
Bourgbarré(35).....57 F4
Bourgeauville(14).....19 F4
Bourges(18).....97 G3
le Bourget(93).....42 D3
le Bourget-du-Lac(73).....131 H4
Bourget-en-Huile(73).....132 B5
Bourgheim(67).....71 F2
Bourghelles(59).....5 F4
Bourgnac(24).....136 D4
Bourgneuf(17).....107 E5
Bourgneuf(73).....132 B4
Bourgneuf-en-Mauges(49).....76 A6
Bourgneuf-en-Retz(44).....90 C1
le Bourgneuf-la-Forêt(53).....58 B3
Bourgogne(51).....25 F5
Bourgoin-Jallieu(38).....130 D4
Bourgon(53).....58 B3
la Bourgonce(88).....70 B3
Bourgougnague(47).....150 D2
Bourgtheroulde-Infreville(27).....20 C5
Bourguébus(14).....18 D5
Bourgueil(37).....77 G6
Bourguenolles(50).....35 H2
le Bourguet(83).....175 H4
Bourguignon(25).....88 D5
Bourguignon-lès-Conflans(70).....87 G1
Bourguignon-lès-la-Charité(70).....87 F4
Bourguignon-lès-Morey(70).....86 D2
Bourguignon-sous-Coucy(02).....24 A3
Bourguignon-sous-Montbavin(02).....24 C3
Bourguignons(10).....66 C4
Bourgvilain(71).....116 A3
Bourideys(33).....149 F5
Bourigeole(11).....184 D6
Bourisp(65).....196 B4
Bourlens(47).....151 H4
Bourlon(62).....12 B3
Bourmont(52).....68 C3
Bournainville-Faverolles(27).....19 H5
Bournan(37).....94 D3
Bournand(86).....93 H2
Bournazel(12).....154 A4
Bournazel(81).....168 A2
Bourneau(85).....107 F1
Bournel(47).....151 F2
Bourneville(27).....20 A4
Bournezeau(85).....91 H5
Bourniquel(24).....137 F6
Bournoncle-Saint-Pierre(43).....141 G1
Bournonville(62).....2 C4
Bournos(64).....180 B2
Bourogne(90).....88 D4
Bourran(47).....150 D5
Bourré(41).....79 G6
Bourréac(65).....181 E5
Bourret(82).....166 C3
Bourriot-Bergonce(40).....164 B1
Bourron-Marlotte(77).....64 A2
Bourrou(24).....137 E4
Bourrouillan(32).....164 C4
Bours(62).....3 F6
Bours(65).....181 E4
Boursault(51).....45 E2
Boursay(41).....61 F5
Bourscheid(57).....50 B5
Bourseul(22).....34 B4
Boursières(70).....87 F3
Boursies(59).....12 B3
Boursin(62).....2 C3
Boursonne(60).....23 H6
Bourth(27).....40 B4
Bourthes(62).....2 D5
Bourville(76).....9 E3
Boury-en-Vexin(60).....21 H6
Bousbach(57).....29 H5
Bousbecque(59).....5 E3
le Bouscat(33).....135 E6
Bousies(59).....13 E3
Bousignies(59).....5 G6
Bousignies-sur-Roc(59).....13 H2
le Bousquet(11).....199 G3
le Bousquet-d'Orb(34).....170 A6
Boussac(12).....154 A6
Boussac(23).....112 B4
la Boussac(35).....35 F4
Boussac(46).....153 F3
Boussac-Bourg(23).....112 B4
Boussais(79).....93 F5
Boussan(31).....182 C4
Boussay(37).....95 E5
Boussay(44).....91 H1
Bousse(57).....28 C4
Bousse(72).....77 F2
Bousselange(21).....102 A3
Boussenac(09).....198 A1
Boussenois(21).....86 A3
Boussens(31).....182 D5
Bousseraucourt(70).....69 E5
Boussès(47).....164 D1
Bousseviller(57).....50 D1
Boussey(21).....85 E5

Boussicourt(80).....23 E2
Boussières(25).....103 E1
Boussières-en-Cambrésis(59).....12 D3
Boussières-sur-Sambre(59).....13 G2
Boussois(59).....13 H2
Boussy(74).....131 H2
Boussy-Saint-Antoine(91).....43 E5
Boust(57).....28 C2
Boustroff(57).....29 F6
Bout-du-Pont-de-Larn(81).....185 F2
Boutancourt(08).....15 E5
Boutavent(60).....21 H2
la Bouteille(02).....13 G6
Bouteilles-Saint-Sébastien(24).....136 C1
Boutenac(11).....185 H5
Boutenac-Touvent(17).....120 D5
Boutencourt(60).....22 A5
Boutervilliers(91).....63 E1
Bouteville(16).....121 H4
Boutiers-Saint-Trojan(16).....121 G3
Boutigny(77).....43 G3
Boutigny-Prouais(28).....41 F4
Boutigny-sur-Essonne(91).....63 G2
Bouttencourt(80).....10 B5
Boutteville(50).....17 E5
Boutx(31).....196 D3
Bouvaincourt-sur-Bresle(80).....10 A4
Bouvancourt(51).....25 E5
Bouvante(26).....144 D4
Bouvelinghem(62).....2 D4
Bouvellemont(08).....14 D6
Bouverans(25).....103 G4
Bouvesse-Quirieu(38).....131 E2
Bouvières(26).....158 D3
Bouvignies(59).....5 F6
Bouvigny-Boyeffles(62).....4 C4
Bouville(28).....62 A3
Bouville(76).....9 E5
Bouville(91).....63 F2
Bouvincourt-en-Vermandois(80).....12 B6
Bouvines(59).....5 F4
Bouvron(44).....74 A4
Bouvron(54).....48 B4
Boux-sous-Salmaise(21).....85 E4
Bouxières-aux-Bois(88).....69 G3
Bouxières-aux-Chênes(54).....49 E4
Bouxières-aux-Dames(54).....48 D4
Bouxières-sous-Froidmont(54).....48 C2
Bouxurulles(88).....69 G2
Bouxwiller(67).....50 D4
Bouxwiller(68).....89 G4
Bouy(51).....45 H1
Bouy-Luxembourg(10).....66 B2
Bouy-sur-Orvin(10).....65 F2
Bouyon(06).....177 E4
le Bouyssou(46).....153 F2
Bouzais(18).....97 G6
Bouzancourt(52).....67 G2
Bouzanville(54).....69 F2
Bouze-lès-Beaune(21).....101 F3
Bouzel(63).....127 G3
Bouzemont(88).....69 G3
Bouzeron(71).....101 F4
Bouzic(24).....152 B2
Bouziès(46).....152 D4
Bouzigues(34).....187 G2
Bouzillé(49).....75 G5
Bouzin(31).....182 C5
Bouzincourt(80).....11 G4
Bouzon-Gellenave(32).....164 C5
Bouzonville(57).....29 E3
Bouzonville-aux-Bois(45).....63 F5
Bouzy(51).....45 G1
Bouzy-la-Forêt(45).....81 F1
Bovée-sur-Barboure(55).....47 H5
Bovel(35).....56 D4
Bovelles(80).....11 E6
Boves(80).....11 F6
Boviolles(55).....47 G5
Boyaval(62).....3 F6
Boyelles(62).....12 A3
Boyer(42).....115 G6
Boyer(71).....116 C1
Boyeux-Saint-Jérôme(01).....117 G6
Boynes(45).....63 G4
Boz(01).....116 C3
Bozas(07).....143 H4
Bozel(73).....133 E5
Bozouls(12).....154 C4
Brabant-le-Roi(55).....47 E3
Brabant-sur-Meuse(55).....27 F4
Brach(33).....134 C4
Brachay(52).....67 G2
Braches(80).....23 E1
Brachy(76).....9 E3
Bracieux(41).....80 A4
Bracon(39).....103 E3
Bracquemont(76).....9 G2
Bracquetuit(76).....9 F3
Bradiancourt(76).....9 H5
Braffais(50).....35 H2
Bragassargues(30).....171 G4
Bragayrac(31).....183 E2
Brageac(15).....139 H3
Bragelogne-Beauvoir(10).....66 C6
Bragny-sur-Saône(71).....101 H4
Braillans(25).....87 G5
Brailly-Cornehotte(80).....10 D3
Brain(21).....84 D4
Brain-sur-Allonnes(49).....77 H6
Brain-sur-l'Authion(49).....76 D5
Brain-sur-Longuenée(49).....76 B3
Brainans(39).....102 D4
Braine(02).....24 C5
Brains(44).....74 C6
Brains-sur-Gée(72).....59 H5
Brains-sur-les-Marches(53).....57 H5
Brainville(50).....36 C1
Brainville(54).....28 B5
Brainville-sur-Meuse(52).....68 C4
Braisnes(60).....23 F4
Braize(03).....98 A6

Bralleville(54).....69 G6
Bram(11).....184 D4
Bramans(73).....147 F1
Brametot(76).....9 E3
Bramevaque(65).....196 C3
Brandérion(56).....54 D5
Brandeville(55).....27 E3
Brandivy(56).....55 E5
Brando(2B).....203 G4
Brandon(71).....116 A3
Brandonnet(12).....153 G5
Brandonvillers(51).....46 B6
Branges(71).....102 A5
Brangues(38).....131 F3
Brannay(89).....64 C3
Branne(25).....88 B3
Branne(33).....135 G6
Brannens(33).....149 H3
Branoux-les-Taillades(30).....156 D6
Brans(39).....86 C6
Bransat(03).....113 H4
Branscourt(51).....25 E5
Bransles(77).....64 B4
Brantes(84).....159 E6
Brantigny(88).....69 G2
Brantôme(24).....137 E1
Branville(14).....19 F4
Branville-Hague(50).....16 C1
Braquis(55).....27 H5
Bras(83).....191 H2
Bras-d'Asse(04).....175 E3
Bras-sur-Meuse(55).....27 F4
Brasc(12).....169 E3
Braslou(37).....94 B3
Brasles(02).....44 B2
Brasparts(29).....31 H6
Brassac(09).....198 D3
Brassac(81).....168 D6
Brassac(82).....151 F4
Brassac-les-Mines(63).....127 G6
Brassempouy(40).....163 F6
Brasseuse(60).....23 F6
Brassy(58).....84 A6
Brassy(80).....22 B1
Bratte(54).....48 D3
Braud-et-Saint-Louis(33).....135 E2
Brauvilliers(55).....47 F6
Braux(04).....176 B3
Braux(10).....66 D1
Braux(21).....84 D5
Braux-le-Châtel(52).....67 G4
Braux-Saint-Remy(51).....26 C6
Braux-Sainte-Cohière(51).....26 C5
Brax(31).....166 D6
Brax(47).....151 E6
Bray(27).....40 B3
Bray(71).....116 B2
Bray-Dunes(59).....3 G1
Bray-en-Val(45).....81 F2
Bray-et-Lû(95).....41 G1
Bray-lès-Mareuil(80).....10 C4
Bray-Saint-Christophe(02).....24 A1
Bray-sur-Seine(77).....64 D2
Bray-sur-Somme(80).....11 H5
Braye(02).....24 B4
Braye-en-Laonnois(02).....24 D4
Braye-en-Thiérache(02).....25 F1
Braye-sous-Faye(37).....94 B3
Braye-sur-Maulne(37).....77 H3
Brazey-en-Morvan(21).....100 C2
Brazey-en-Plaine(21).....102 A2
Bréal-sous-Montfort(35).....56 D3
Bréal-sous-Vitré(35).....58 B4
Bréançon(95).....42 B1
Bréau(77).....43 G6
Bréau-et-Salagosse(30).....170 D3
Bréauté(76).....8 B5
Bréban(51).....46 A6
Brebières(62).....12 B2
Brebotte(90).....89 E4
Brécé(35).....57 G3
Brécé(53).....58 C1
Brécey(50).....37 E4
Brech(56).....55 E6
Brechainville(88).....68 B2
Bréchamps(28).....41 F4
Bréchaumont(68).....89 E3
Brèches(37).....78 B4
Breconchaux(25).....87 H5
Brectouville(50).....37 F1
Brécy(02).....44 C1
Brécy(18).....97 H2
Brécy-Brières(08).....26 C3
la Brède(33).....149 F2
Brée(53).....59 E4
la Brée-les-Bains(17).....106 C6
Bréel(61).....38 B3
Brégnier-Cordon(01).....131 F4
Brégy(60).....43 G1
Bréhain(57).....49 F2
Bréhain-la-Ville(54).....28 B2
Bréhal(50).....35 G1
Bréhan(56).....55 G3
Bréhand(22).....33 H5
Bréhémont(37).....78 A6
Bréhéville(55).....27 F3
Breidenbach(57).....50 D1
Breil(49).....77 G5
le Breil-sur-Mérize(72).....60 C6
Breil-sur-Roya(06).....177 G3
la Breille-les-Pins(49).....77 G6
Breilly(80).....11 E5
Breistroff-la-Grande(57).....28 D2
Breitenau(67).....71 E3
Breitenbach(67).....71 E2
Breitenbach-Haut-Rhin(68).....70 D5
Brélès(29).....30 C4
Brélidy(22).....32 D3

Brem-sur-Mer(85) 90 D5
Bréménil(54) 70 C1
Brêmes(62) 2 D3
Brémoncourt(54) 49 E6
Bremondans(25) 104 C1
Brémontier-Merval(76) 21 G3
Brémoy(14) 18 A6
Brémur-et-Vaurois(21) 85 E2
Bren(26) 144 B3
Brenac(11) 199 F2
Brenas(34) 170 B6
Brenat(63) 127 G5
Brénaz(01) 131 G1
Brenelle(02) 24 C5
Brengues(46) 153 E3
Brennes(52) 86 A1
Brennilis(29) 31 H5
Brénod(01) 117 H6
Brenon(83) 175 H4
Brenouille(60) 23 E5
Brenoux(48) 156 A4
Brens(01) 131 G3
Brens(81) 167 H4
Brenthonne(74) 119 E4
Breny(02) 24 B6
la Bréole(04) 160 D3
Brères(25) 103 E2
Bréry(39) 102 C5
Bresdon(17) 121 H2
les Bréseux(25) 88 D6
Bresilley(70) 86 D6
Bresle(80) 11 G5
Bresles(60) 22 C4
Bresnay(03) 114 A3
Bresolettes(61) 39 H5
la Bresse(88) 70 C6
Bresse-sur-Grosne(71) 116 B1
Bressey-sur-Tille(21) 86 A6
Bressieux(38) 144 D1
Bressolles(01) 130 C2
Bressolles(03) 114 A2
Bressols(82) 166 D3
Bresson(38) 145 G3
Bressuire(79) 92 D4
Brest(29) 30 D5
Brestot(27) 20 B5
Bretagne(36) 96 B4
Bretagne(90) 89 E3
Bretagne-d'Armagnac(32) 164 D4
Bretagne-de-Marsan(40) 163 H4
Bretagnolles(27) 41 E3
Breteau(45) 82 B3
Breteil(35) 56 D2
Bretenière(21) 85 H6
la Bretenière(25) 87 H5
la Bretenière(39) 102 D2
Bretenières(39) 102 C4
Bretenoux(46) 139 E5
Breteuil(27) 40 B4
Breteuil(60) 22 D2
Brethel(61) 39 G4
Brethenay(52) 67 H4
le Brethon(03) 113 E2
Bretigney(25) 88 C4
Bretigney-Notre-Dame(25) 87 H5
Bretignolles(79) 92 C4
Bretignolles-sur-Mer(85) 90 C5
Bretigny(21) 85 H5
Brétigny(27) 20 B6
Brétigny(60) 24 A3
Brétigny-sur-Orge(91) 42 C6
Bretoncelles(61) 61 F2
la Bretonnière(85) 106 D2
Bretonvilliers(25) 105 E1
Brette(26) 159 E3
Brette-les-Pins(72) 60 B6
Bretten(68) 89 E2
Brettes(16) 122 B1
Bretteville(50) 17 E1
Bretteville-du-Grand-Caux(76) 8 B5
Bretteville-le-Rabet(14) 18 D6
Bretteville-l'Orgueilleuse(14) 18 C4
Bretteville-Saint-Laurent(76) 9 E4
Bretteville-sur-Ay(50) 16 D5
Bretteville-sur-Dives(14) 19 E6
Bretteville-sur-Laize(14) 18 C5
Bretteville-sur-Odon(14) 18 C5
Brettnach(57) 29 F4
Bretx(31) 166 D4
Breuches(70) 87 H1
Breuchotte(70) 69 H6
Breugnon(58) 83 E5
le Breuil(03) 114 C5
le Breuil(51) 44 D2
Breuil(51) 25 E5
le Breuil(69) 129 G2
le Breuil(71) 100 D5
Breuil(80) 23 H1
Breuil-Barret(85) 92 C6
le Breuil-Bernard(79) 92 D5
Breuil-Bois-Robert(78) 41 G3
le Breuil-en-Auge(14) 19 G4
le Breuil-en-Bessin(14) 17 H5
Breuil-la-Réorte(17) 107 G6
Breuil-le-Sec(60) 23 E5
Breuil-le-Vert(60) 23 E5
Breuil-Magné(17) 120 C1
le Breuil-sous-Argenton(79) 93 E3
le Breuil-sur-Couze(63) 127 G6
Breuilaufa(87) 110 C6
Breuilh(24) 137 F4
Breuillet(17) 120 C3
Breuillet(91) 42 B6
Breuilpont(27) 41 E2
Breurey-lès-Faverney(70) 87 G1
Breuschwickersheim(67) 51 E6
Breuvannes-en-Bassigny(52) 68 C4
Breuvery-sur-Coole(51) 45 H3
Breuville(50) 16 D2
Breux(55) 15 H1
Breux-Jouy(91) 42 B6
Breux-sur-Avre(27) 40 C4
Brévainville(41) 61 H6

Bréval(78) 41 F3
Brévands(50) 17 F4
Brevans(39) 102 C2
le Brévedent(14) 19 G4
Brèves(58) 83 F5
les Bréviaires(78) 41 H5
Bréviandes(10) 66 A3
la Brévière(14) 19 F6
Bréville(14) 18 D4
Bréville(16) 121 H3
Bréville-sur-Mer(50) 35 G1
Brévillers(62) 10 D2
Brévillers(80) 11 F3
Brevilliers(70) 88 D3
Brévilly(08) 15 G5
Brévonnes(10) 66 C2
Bréxent-Énocq(62) 2 B6
Brey-et-Maison-du-Bois(25) 103 H5
Brézé(49) 93 G1
Bréziers(05) 160 C4
Brézilhac(11) 184 D5
Brézins(38) 144 D1
Brezolles(28) 40 C5
Brezons(15) 140 D5
Briançon(05) 147 F4
Briançonnet(06) 176 B4
Brianny(21) 84 C5
Briant(71) 115 F4
Briantes(36) 112 A2
Briare(45) 81 H3
Briarres-sur-Essonne(45) 63 G3
Briastre(59) 12 D3
Briatexte(81) 167 H5
Briaucourt(52) 67 H3
Briaucourt(70) 87 G1
Bricon(52) 67 G5
Briconville(28) 41 E6
Bricquebec(50) 16 D3
Bricquebosq(50) 16 C2
Bricqueville(14) 17 H5
Bricqueville-la-Blouette(50) 36 C1
Bricqueville-sur-Mer(50) 35 G1
Bricy(45) 62 C6
Brides-les-Bains(73) 133 E5
la Bridoire(73) 131 G5
Bridoré(37) 95 F3
Brie(02) 24 C3
Brie(09) 183 G5
Brie(16) 122 C3
Brie(35) 57 F4
Brie(79) 93 G4
Brie(80) 12 A6
Brie-Comte-Robert(77) 43 E5
Brié-et-Angonnes(38) 145 H3
Brie-sous-Archiac(17) 121 G6
Brie-sous-Barbezieux(16) 122 A6
Brie-sous-Chalais(16) 136 A2
Brie-sous-Matha(17) 121 H2
Brie-sous-Mortagne(17) 120 D5
Briec(29) 53 G3
Briel-sur-Barse(10) 66 C4
Brielles(35) 58 A5
Brienne(71) 116 D1
Brienne-la-Vieille(10) 66 D2
Brienne-le-Château(10) 66 D2
Brienne-sur-Aisne(08) 25 F4
Brienon(42) 115 F5
Brienon-sur-Armançon(89) 65 F6
Brières-les-Scellés(91) 63 E1
Brieuil-sur-Chizé(79) 108 B5
Brieulles-sur-Bar(08) 26 C2
Brieulles-sur-Meuse(55) 27 E3
Brieux(61) 38 D3
Briey(54) 28 B4
Briffons(63) 126 C4
Brignac(34) 170 C6
Brignac(56) 56 A2
Brignac-la-Plaine(19) 138 B3
Brignais(69) 129 H4
Brignancourt(95) 41 H1
Brignemont(31) 166 B4
Brignogan-Plage(29) 31 F2
Brignoles(83) 191 H3
Brignon(30) 171 H3
le Brignon(43) 142 C5
la Brigue(06) 177 H2
Brigueil-le-Chantre(86) 110 C3
Brigueuil(16) 123 G1
Briis-sous-Forges(91) 42 B6
Brillac(16) 110 A6
la Brillanne(04) 174 D3
Brillecourt(10) 66 C1
Brillevast(50) 17 E2
Brillon(59) 5 G6
Brillon-en-Barrois(55) 47 E4
Brimeux(62) 10 C1
Brimont(51) 25 F5
Brin-sur-Seille(54) 49 E4
Brinay(18) 97 F1
Brinay(58) 99 G3
Brinckheim(68) 89 H3
Brindas(69) 129 H3
Bringolo(22) 33 F4
Brinon-sur-Beuvron(58) 83 F6
Brinon-sur-Sauldre(18) 81 G4
Briod(39) 102 D6
Briollay(49) 76 D4
Brion(01) 117 G5
Brion(36) 96 C4
Brion(38) 145 E1
Brion(48) 155 F1
Brion(71) 77 E5
Brion(71) 100 C4
Brion(86) 109 G3
Brion-près-Thouet(79) 93 F3
Brion-sur-Ource(21) 67 E6
la Brionne(23) 111 G5
Brionne(27) 20 B6
Briord(01) 131 E3
Briosne-lès-Sables(72) 60 C4
Briot(60) 22 B2

Briou(41) 79 H2
Brioude(43) 141 G2
Brioux-sur-Boutonne(79) 108 B5
Briouze(61) 38 B4
Briquemesnil-Floxicourt(80) 10 D6
Briquenay(08) 26 C2
Briscous(64) 178 D2
Brison-Saint-Innocent(73) 131 H3
Brissac(34) 170 D4
Brissac-Quincé(49) 76 D6
Brissarthe(49) 76 D2
Brissay-Choigny(02) 24 B1
Brissy-Hamégicourt(02) 24 B1
Brive-la-Gaillarde(19) 138 C3
Brives(36) 96 D5
Brives-Charensac(43) 142 C4
Brives-sur-Charente(17) 121 F4
Brivezac(19) 139 E4
Brix(50) 16 D2
Brixey-aux-Chanoines(55) 68 D1
Brizambourg(17) 121 F2
Brizay(37) 94 B2
Brizeaux(55) 27 E6
Brizon(74) 119 E6
le Broc(06) 177 E4
Broc(49) 77 G4
le Broc(63) 127 G6
Brocas(40) 163 H2
Brochon(21) 101 G1
Brocourt(80) 10 C6
Broglie(27) 39 G2
Brognard(25) 88 D4
Brognon(08) 14 B1
Brognon(21) 85 H5
Broin(21) 101 H2
Broindon(21) 101 H1
Broissia(39) 117 F3
Brombos(60) 22 A2
Bromeilles(45) 63 G4
Bromont-Lamothe(63) 126 D3
Bron(69) 130 B3
Bronvaux(57) 28 C4
Broons(22) 34 B6
la Broque(67) 70 D1
Broquiers(60) 22 A2
Brossac(16) 136 A1
Brossainc(07) 143 H1
Brossay(49) 93 F2
la Brosse-Montceaux(77) 64 C2
Brosses(89) 83 G4
Brosville(27) 40 D1
Brotte-lès-Luxeuil(70) 87 H1
Brotte-lès-Ray(70) 86 D3
Brou(28) 61 G4
Brou-sur-Chantereine(77) 43 E3
Brouains(50) 37 F4
Broualan(35) 35 F5
Brouay(14) 18 B4
Brouchaud(24) 137 H3
Brouck(57) 29 E5
Brouckerque(59) 3 F3
Brouderdorff(57) 50 B5
Broué(28) 41 F4
Brouennes(55) 15 H1
Brouilla(66) 200 D5
Brouillet(51) 25 E6
Brouqueyran(33) 149 H4
la Brousse(17) 121 G2
Brousse(23) 126 B1
Brousse(63) 127 H5
Brousse(81) 168 B5
Brousse-le-Château(12) 169 E3
Brousses-et-Villaret(11) 185 E3
Brousseval(52) 67 E2
Broussey-en-Blois(55) 47 H5
Broussey-Raulecourt(55) 48 A3
Broussy-le-Grand(51) 45 E4
Broussy-le-Petit(51) 45 E4
Broût-Vernet(03) 114 A5
Brouvelieures(88) 70 B4
Brouville(54) 49 H6
Brouviller(57) 50 B5
Brouy(91) 63 F3
Brouzet-lès-Alès(30) 171 H2
Brouzet-lès-Quissac(30) 171 F4
les Brouzils(85) 91 G3
Broxeele(59) 3 F3
Broye(71) 100 C4
Broye-Aubigney-Montseugny(70) 86 C6
Broye-les-Loups-et-Verfontaine(70) 86 B4
Broyes(51) 45 E4
Broyes(60) 23 E2
Broze(81) 167 H3
Brû(88) 70 A3
Bruailles(71) 117 E1
Bruay-la-Buissière(62) 3 G6
Bruay-sur-l'Escaut(59) 5 H6
Bruc-sur-Aff(35) 56 C5
Brucamps(80) 10 D4
Bruch(47) 150 D6
Brucheville(50) 17 F4
Brucourt(14) 19 E4
Brue-Auriac(83) 191 G2
Bruebach(68) 89 G2
Brueil-en-Vexin(78) 41 H2
Bruère-Allichamps(18) 97 G6
la Bruère-sur-Loir(72) 78 A3
la Bruffière(85) 91 H2
Brugairolles(11) 184 D5
le Brugeron(63) 128 A3
Bruges(33) 135 E5
Bruges-Capbis-Mifaget(64) 180 C5
Brugheas(03) 114 A6
Brugnac(47) 150 D4
Brugnens(32) 165 H4
Brugny-Vaudancourt(51) 45 E2
la Bruguière(30) 172 B2
Bruguières(31) 167 E5
Bruille-lez-Marchiennes(59) 5 F6

Bruille-Saint-Amand(59) 5 H5
Bruis(05) 159 F4
Brûlain(79) 108 B5
les Brulais(35) 56 C5
Brulange(57) 29 F6
la Brûlatte(53) 58 B4
Bruley(54) 48 B4
Brullemail(61) 39 F5
Brullioles(69) 129 G3
Brûlon(72) 59 F5
Brumath(67) 51 F5
Brumetz(02) 43 H1
Brunehamel(02) 14 A4
Brunelles(28) 61 F3
les Brunels(11) 184 C3
Brunembert(62) 2 C4
Brunémont(59) 12 B2
Brunet(04) 175 E3
Bruniquel(82) 167 G2
Brunoy(91) 42 D5
Brunstatt(68) 89 G2
Brunville(76) 9 G2
Brunvillers-la-Motte(60) 23 E3
Brusque(12) 169 G5
le Brusquet(04) 160 D6
Brussey(70) 87 E6
Brussieu(69) 129 G3
Brusson(51) 46 C4
Brusvily(22) 34 C5
Brux(86) 109 E5
la Bruyère(70) 88 B1
Bruyères(88) 70 B4
Bruyères-et-Montbérault(02) 24 D3
Bruyères-le-Châtel(91) 42 C6
Bruyères-sur-Fère(02) 24 C6
Bruyères-sur-Oise(95) 42 C1
Bruys(02) 24 C5
Bruz(35) 57 E3
Bry(59) 13 F2
Bry-sur-Marne(94) 43 E4
Bryas(62) 4 A6
Bû(28) 41 H1
le Bû-sur-Rouvres(14) 18 D6
Buais(50) 37 F6
Buanes(40) 163 H5
Bubertré(61) 39 H5
Bubry(56) 54 D3
Buc(78) 42 B4
Buc(90) 88 D3
Bucamps(60) 22 D3
Bucéels(14) 18 B4
Bucey-en-Othe(10) 65 H3
Bucey-lès-Gy(70) 87 E5
Bucey-lès-Traves(70) 87 F3
Buchelay(78) 41 G2
Buchères(10) 66 B3
Buchy(57) 28 D6
Buchy(76) 9 H5
Bucilly(02) 14 A3
Bucquoy(62) 11 H3
Bucy-le-Long(02) 24 B4
Bucy-le-Roi(45) 62 D5
Bucy-lès-Cerny(02) 24 C3
Bucy-lès-Pierrepont(02) 25 E2
Bucy-Saint-Liphard(45) 62 C6
Budelière(23) 112 D5
Buding(57) 28 D3
Budling(57) 28 D3
Budos(33) 149 G3
Bué(18) 82 A6
Bueil(27) 41 E3
Bueil-en-Touraine(37) 78 C3
Buellas(01) 117 E5
Buethwiller(68) 89 F2
Buffard(25) 103 E2
Buffières(71) 116 A3
Buffignécourt(70) 87 F1
Buffon(21) 84 C3
Bugarach(11) 199 H2
Bugard(65) 181 G4
Bugeat(19) 125 F5
Bugnein(64) 179 G3
Bugnicourt(59) 12 B2
Bugnières(52) 67 H6
Bugny(25) 103 H3
le Bugue(24) 137 G5
Buhl(67) 51 G3
Buhl(68) 71 E6
Buhl-Lorraine(57) 50 B5
Buhy(95) 41 H6
Buicourt(60) 22 A3
Buigny-l'Abbé(80) 10 C4
Buigny-lès-Gamaches(80) 10 A4
Buigny-Saint-Maclou(80) 10 C3
Buire(02) 13 H5
Buire-au-Bois(62) 11 E2
Buire-Courcelles(80) 12 B5
Buire-le-Sec(62) 10 C1
Buire-sur-l'Ancre(80) 11 G5
Buironfosse(02) 13 F5
le Buis(87) 124 A1
Buis-les-Baronnies(26) 159 E5
Buis-sur-Damville(27) 40 D4
Buissard(05) 160 C2
la Buisse(38) 145 F1
la Buissière(38) 132 A6
le Buisson(48) 155 G3
le Buisson(51) 46 C4
Buisson(84) 158 C5
le Buisson-de-Cadouin(24) 137 G6
Buissoncourt(54) 49 E4
Bujaleuf(87) 124 D3
Bulan(65) 181 G6
Bulat-Pestivien(22) 32 D5
Bulcy(58) 98 C1
Buléon(56) 55 H3
Bulgnéville(88) 68 D3
Bulhon(63) 127 G2
Bullainville(28) 62 A4
Bulle(25) 103 G4

Bullecourt(62) 12 A3
Bulles(60) 22 D4
Bulligny(54) 48 B6
Bullion(78) 42 A6
Bullou(28) 61 H4
Bully(42) 128 D2
Bully(69) 129 G2
Bully(76) 9 H4
Bully-les-Mines(62) 3 H6
Bulson(08) 15 F5
Bult(88) 70 A3
Bun(65) 180 D6
Buncey(21) 85 E1
Buneville(62) 11 F2
Bunus(64) 179 E4
Bunzac(16) 122 D4
Buoux(84) 173 H4
Burbach(67) 50 B3
la Burbanche(01) 131 F2
Burbure(62) 3 G6
Burcin(38) 131 E6
Burcy(14) 37 G3
Burcy(77) 63 H3
Burdignes(42) 143 G2
Burdignin(74) 119 E4
Bure(55) 47 G6
Bure(61) 39 G6
Bure-les-Templiers(21) 85 G2
Burelles(02) 25 E1
Bures(54) 49 F4
Bures(61) 39 G6
Bures-en-Bray(76) 9 H4
Bures-les-Monts(14) 37 F2
Bures-sur-Yvette(91) 42 B5
le Buret(53) 59 E6
Burey(27) 40 C2
Burey-en-Vaux(55) 48 A6
Burey-la-Côte(55) 48 A6
Burg(65) 181 G5
Burgalays(31) 196 D3
Burgaronne(64) 179 G2
le Burgaud(31) 166 C4
Burgille(25) 87 E6
Burgnac(87) 124 A4
Burgy(71) 116 C2
Buriville(54) 49 G6
Burlats(81) 168 C6
Burlioncourt(57) 49 F3
Burnand(71) 116 A1
Burnevillers(25) 89 E6
Burnhaupt-le-Bas(68) 89 F2
Burnhaupt-le-Haut(68) 89 F2
Buros(64) 180 C3
Burosse-Mendousse(64) 180 D2
Burret(09) 198 B1
Bursard(61) 39 E6
Burthecourt-aux-Chênes(54) 49 E5
Burtoncourt(57) 29 E4
Bury(60) 22 D5
Burzet(07) 157 F1
Burzy(71) 116 A1
Bus(62) 12 A4
Bus-la-Mésière(80) 23 F2
Bus-lès-Artois(80) 11 G4
Bus-Saint-Rémy(27) 41 G1
Buschwiller(68) 89 H3
Busigny(59) 12 D4
Busloup(41) 79 F1
Busnes(62) 3 G5
Busque(81) 168 A5
Bussac(24) 137 E2
Bussac-Forêt(17) 135 F2
Bussac-sur-Charente(17) 121 E3
Bussang(88) 88 D1
le Busseau(79) 107 H1
Busseaut(21) 85 E2
Busséol(63) 127 G4
Busserolles(24) 123 F4
Busserotte-et-Montenaille(21) 85 G3
Bussiares(02) 44 B1
la Bussière(45) 82 A2
la Bussière(86) 110 A1
Bussière-Badil(24) 123 E4
Bussière-Boffy(87) 110 A6
Bussière-Dunoise(23) 111 G4
Bussière-Galant(87) 123 H4
Bussière-Nouvelle(23) 126 A1
Bussière-Poitevine(87) 110 B5
Bussière-Saint-Georges(23) 112 B3
la Bussière-sur-Ouche(21) 101 F1
Bussières(21) 85 G3
Bussières(42) 129 E2
Bussières(63) 113 E6
Bussières(70) 87 F5
Bussières(77) 44 B3
Bussières(89) 84 B5
Bussières-et-Pruns(63) 127 F1
Busson(52) 68 A2
Bussu(80) 12 A5
Bussunarits-Sarrasquette(64) 179 E4
Bussus-Bussuel(80) 10 D4
Bussy(18) 97 H4
Bussy(60) 23 H2
Bussy-Albieux(42) 128 D3
Bussy-en-Othe(89) 65 F5
Bussy-la-Pesle(21) 85 F5
Bussy-la-Pesle(58) 99 F1
Bussy-le-Château(51) 46 B2
Bussy-le-Grand(21) 84 D4
Bussy-le-Repos(51) 46 C3
Bussy-le-Repos(89) 64 D5
Bussy-lès-Daours(80) 11 F5
Bussy-lès-Poix(80) 10 D6
Bussy-Lettrée(51) 45 H4
Bussy-Saint-Georges(77) 43 F4
Bussy-Saint-Martin(77) 43 F4
Bust(67) 50 C3
Bustanico(2B) 205 F3
Bustince-Iriberry(64) 179 E4

Buswiller(67).....51 E4
Busy(25).....103 E1
Buthiers(70).....87 F5
Buthiers(77).....63 G3
Butot(76).....9 F5
Butot-Vénesville(76).....8 C3
Butry-sur-Oise(95).....42 C1
Butteaux(89).....65 H6
Butten(67).....50 B3
Buverchy(80).....23 H1
Buvilly(39).....102 D4
la Buxerette(36).....111 G2
Buxerolles(21).....85 G1
Buxerolles(86).....109 F1
Buxeuil(10).....66 C5
Buxeuil(36).....96 B2
Buxeuil(86).....94 D4
Buxières-d'Aillac(36).....111 G1
Buxières-lès-Clefmont(52).....68 B4
Buxières-les-Mines(03).....113 G3
Buxières-les-Villiers(52).....67 G4
Buxières-sous-les-Côtes(55).....48 A3
Buxières-sous-Montaigut(63).....113 F5
Buxières-sur-Arce(10).....66 D4
Buxy(71).....101 F6
Buysscheure(59).....3 F3
Buzan(09).....197 F3
Buzançais(36).....95 H5
Buzancy(02).....24 B5
Buzancy(08).....26 D2
Buzeins(12).....155 E5
Buzet-sur-Baïse(47).....150 C6
Buzet-sur-Tarn(31).....167 F5
Buziet(64).....180 B5
Buzignargues(34).....171 F5
Buzon(65).....181 F5
Buzy(64).....180 B5
Buzy-Darmont(55).....27 H4
By(25).....103 E3
Byans-sur-Doubs(25).....103 E2

C

Cabanac(65).....181 F4
Cabanac-Cazaux(31).....182 B6
Cabanac-et-Villagrains(33).....149 F2
Cabanac-Séguenville(31).....166 B4
la Cabanasse(66).....199 F5
Cabanès(12).....168 C1
Cabanès(81).....167 H5
le Cabanial(31).....184 B2
les Cabannes(09).....198 C3
Cabannes(13).....173 E4
les Cabannes(81).....167 H2
Cabara(33).....135 H6
Cabariot(17).....120 D1
Cabas-Loumassès(32).....182 A3
Cabasse(83).....192 B2
Cabestany(66).....200 D3
Cabidos(40).....180 B1
Cabourg(14).....19 E3
Cabrerets(46).....152 D4
Cabrerolles(34).....186 C1
Cabrespine(11).....185 F3
Cabrières(30).....172 B4
Cabrières(34).....187 E1
Cabrières-d'Aigues(84).....174 A5
Cabrières-d'Avignon(84).....173 F4
Cabriès(13).....190 D3
Cabris(06).....176 C6
Cachan(94).....42 C4
Cachen(40).....163 H2
Cachy(80).....11 G6
Cadalen(81).....168 A4
Cadarcet(09).....183 G6
Cadarsac(33).....135 G6
Cadaujac(33).....149 F1
Cadéac(65).....196 B3
Cadeilhan(32).....166 A4
Cadeilhan-Trachère(65).....196 B4
Cadeillan(32).....182 C3
Cademène(25).....103 F2
Caden(56).....73 H2
Cadenet(84).....173 H5
Caderousse(84).....172 D2
la Cadière-d'Azur(83).....191 F5
la Cadière-et-Cambo(30).....171 E3
Cadillac(33).....149 G2
Cadillac-en-Fronsadais(33).....135 F5
Cadillon(64).....180 D1
Cadix(81).....168 D3
Cadolive(13).....191 E3
Cadours(31).....166 C5
Cadrieu(46).....153 F4
Caen(14).....18 C4
Caëstre(59).....3 G4
Caffiers(62).....2 C3
Cagnac-les-Mines(81).....168 B3
Cagnano(2B).....203 G2
Cagnes-sur-Mer(06).....177 E5
Cagnicourt(62).....12 B3
Cagnoncles(59).....12 C3
Cagnotte(40).....162 D6
Cagny(14).....18 D5
Cagny(80).....11 F6
Cahagnes(14).....18 A5
Cahagnolles(14).....18 A5
Cahaignes(27).....21 G6
Cahan(61).....38 B3
Caharet(65).....181 G5
Cahon(80).....10 B4
Cahors(46).....152 C4
Cahus(46).....139 F5
Cahuzac(11).....184 B5
Cahuzac(47).....151 E2
Cahuzac(81).....184 D2
Cahuzac-sur-Adour(32).....164 C6
Cahuzac-sur-Vère(81).....167 H3
Caignac(31).....184 A3
le Cailar(30).....171 H6
Cailhau(11).....184 D5
Cailhavel(11).....184 D5

Cailla(11).....199 G2
Caillac(46).....152 B4
Caillavet(32).....165 F5
Caille(06).....176 B5
la Caillère-Saint-Hilaire(85).....92 B6
Cailleville(76).....8 D3
Caillouël-Crépigny(02).....24 A2
Caillouet-Orgeville(27).....41 E2
Cailloux-sur-Fontaines(69).....130 A2
Cailly(76).....9 G5
Cailly-sur-Eure(27).....40 D1
la Caine(14).....18 B6
Cairanne(84).....158 C6
le Caire(04).....160 B4
Cairon(14).....18 C4
Caisnes(60).....23 H3
Caissargues(30).....172 A5
Caix(80).....11 H6
Caixas(66).....200 C4
Caixon(65).....181 E2
Cajarc(46).....153 F4
Calacuccia(2B).....204 D2
Caladel(62).....2 C2
Calamane(46).....152 C3
Calan(56).....54 C4
Calanhel(22).....32 C5
Calavanté(65).....181 F4
Calcatoggio(2A).....204 B5
Calce(66).....200 C3
Calenzana(2B).....202 C6
Calès(24).....137 F6
Calès(46).....138 C6
Calignac(47).....165 F1
Caligny(61).....37 H3
Callac(22).....32 C5
Callas(83).....175 H6
Callen(40).....149 F5
Callengeville(76).....10 A6
Calleville(27).....20 B6
Calleville-les-Deux-Églises(76).....9 F4
Callian(32).....165 E6
Callian(83).....176 B6
Calmeilles(66).....200 C5
la Calmette(30).....171 H4
Calmels-et-le-Viala(12).....169 F3
Calmont(12).....154 B6
Calmont(31).....183 H4
Calmoutier(70).....87 H2
Caloire(42).....129 E6
Calonges(47).....150 C5
Calonne-Ricouart(62).....3 G6
Calonne-sur-la-Lys(62).....3 G5
Calorguen(22).....34 D5
la Calotterie(62).....2 B6
Caluire-et-Cuire(69).....130 A3
Calvi(2B).....202 B5
Calviac(46).....139 G5
Calviac-en-Périgord(24).....138 B6
Calvignac(46).....153 E4
Calvinet(15).....154 A2
Calvisson(30).....171 H5
Calzan(09).....184 A6
Camalès(65).....181 E3
Camarade(09).....183 F6
Camarès(12).....169 G4
Camaret-sur-Aigues(84).....173 E1
Camaret-sur-Mer(29).....30 D6
Camarsac(33).....135 F6
Cambayrac(46).....152 B4
la Cambe(14).....17 G4
Cambernard(31).....183 E2
Cambernon(50).....36 C1
Cambes(33).....149 F1
Cambes(46).....153 F3
Cambes(47).....150 C3
Cambes-en-Plaine(14).....18 C4
Cambia(2B).....205 F2
Cambiac(31).....184 B2
Cambieure(11).....184 D5
Camblain-Châtelain(62).....3 G6
Camblain-l'Abbé(62).....4 C6
Camblanes-et-Meynac(33).....149 F1
Cambligneul(62).....4 C6
Cambo-les-Bains(64).....178 C3
Cambon(81).....168 B4
Cambon-et-Salvergues(34).....169 G6
Cambon-lès-Lavaur(81).....167 H6
Camboulazet(12).....154 B6
Camboulit(46).....153 F3
Cambounès(81).....185 F1
Cambounet-sur-le-Sor(81).....184 D1
le Cambout(22).....55 G3
Cambrai(59).....12 C3
Cambremer(14).....19 F5
Cambrin(62).....3 H6
Cambron(80).....10 B4
Cambronne-lès-Clermont(60).....22 D5
Cambronne-lès-Ribécourt(60).....23 G3
Camburat(46).....153 G2
Came(64).....179 E2
Camélas(66).....200 C4
Camelin(02).....24 A3
Camembert(61).....39 E3
Cametours(50).....36 D1
Camiac-et-Saint-Denis(33).....135 G6
Camiers(62).....2 B5
Camiran(33).....150 A2
Camjac(12).....168 D1
Camlez(22).....32 D2
les Cammazes(81).....184 D3
Camoël(56).....73 G3
Camon(09).....184 C6
Camon(80).....11 F6
Camors(56).....55 G5
Camou-Cihigue(64).....179 F5
Camous(65).....196 B3
Campagna-de-Sault(11).....199 F3
Campagnac(12).....155 F4
Campagnac(81).....167 H2
Campagnac-lès-Quercy(24).....152 A2
Campagnan(34).....187 F1
Campagne(24).....137 G5
Campagne(34).....171 G5

Campagne(40).....163 G4
Campagne(60).....23 H2
Campagne-d'Armagnac(32).....164 C4
Campagne-lès-Boulonnais(62).....2 D5
Campagne-lès-Guines(62).....2 C3
Campagne-lès-Hesdin(62).....10 C1
Campagne-lès-Wardrecques(62).....3 F4
Campagne-sur-Arize(09).....183 F5
Campagne-sur-Aude(11).....199 G1
Campagnolles(14).....37 F3
Campan(65).....181 F6
Campana(2B).....205 F2
Campandré-Valcongrain(14).....18 B6
Camparan(65).....196 B4
Campbon(44).....74 B4
Campeaux(14).....37 F2
Campeaux(60).....21 H2
Campel(35).....56 C4
Campénéac(56).....56 B4
Campestre-et-Luc(30).....170 C3
Campet-et-Lamolère(40).....163 G3
Camphin-en-Carembault(59).....5 E5
Camphin-en-Pévèle(59).....5 F4
Campi(2B).....205 G3
Campigneulles-les-Grandes(62).....10 B1
Campigneulles-les-Petites(62).....2 B6
Campigny(14).....18 A4
Campigny(27).....20 A5
Campile(2B).....203 F6
Campistrous(65).....181 G5
Campitello(2B).....203 F5
Camplong(34).....169 H6
Camplong-d'Aude(11).....185 G5
Campneuseville(76).....10 B6
Campô(2A).....206 D1
Campôme(66).....199 H4
Campouriez(12).....154 C2
Campoussy(66).....200 A3
Campremy(60).....22 D3
Camprond(50).....36 D1
Camps-en-Amiénois(80).....10 D6
Camps-la-Source(83).....192 A3
Camps-Saint-Mathurin-
Léobazel(19).....139 F5
Camps-sur-l'Agly(11).....199 H2
Camps-sur-l'Isle(33).....136 A4
Campsas(82).....166 D3
Campsegret(24).....137 E5
Campuac(12).....154 C3
Campugnan(33).....135 E4
Campuzan(65).....181 G5
Camurac(11).....199 E3
Canale-di-Verde(2B).....205 G3
Canals(82).....166 D4
Canaples(80).....11 E4
Canappeville(27).....20 D6
Canapville(14).....19 F3
Canapville(61).....39 F2
Canari(2B).....203 F3
Canaules-et-Argentières(30).....171 G3
Canavaggia(2B).....203 F6
Canaveilles(66).....199 G5
Cancale(35).....35 E3
Canchy(14).....17 H4
Canchy(80).....10 C3
Cancon(47).....151 F3
Candas(80).....11 E4
Candé(49).....75 H3
Candé-sur-Beuvron(41).....79 G5
Candes-Saint-Martin(37).....93 H1
Candillargues(34).....171 G6
Candresse(40).....163 E5
Canehan(76).....9 H2
Canéjan(33).....134 D6
Canens(31).....183 F4
Canenx-et-Réaut(40).....163 H2
Canet(11).....186 A4
Canet(34).....187 F1
Canet-de-Salars(12).....154 D6
Canet-en-Roussillon(66).....201 E3
Canettemont(62).....11 F2
Cangey(37).....79 F5
Caniac-du-Causse(46).....152 D3
Canihuel(22).....33 E6
Canilhac(48).....155 F4
Canisy(50).....37 E1
Canlers(62).....3 E6
Canly(60).....23 F4
Cannectancourt(60).....23 G3
Cannelle(2A).....204 C5
Cannes(06).....193 G1
Cannes-Écluse(77).....64 C2
Cannes-et-Clairan(30).....171 G4
Cannessières(80).....10 B5
le Cannet(06).....176 D6
Cannet(32).....164 C6
le Cannet-des-Maures(83).....192 C3
Canny-sur-Matz(60).....23 G2
Canny-sur-Thérain(60).....21 H2
Canohès(66).....200 D4
la Canourgue(48).....155 G4
Canouville(76).....8 C3
Cantaing-sur-Escaut(59).....12 C3
Cantaous(65).....181 H5
Cantaron(06).....177 F4
Canté(09).....183 H4
Canteleu(76).....20 D4
Canteloup(14).....19 E5
Canteloup(50).....17 F1
Cantenac(33).....135 E4
Cantenay-Épinard(49).....76 C4
Cantiers(27).....21 G6
Cantigny(80).....23 E2
Cantillac(24).....137 E1
Cantin(59).....12 B2
Cantoin(12).....140 D6
Cantois(33).....149 H2
Canville-la-Rocque(50).....16 D4
Canville-les-Deux-Églises(76).....9 E4
Cany-Barville(76).....8 D3
Caorches-Saint-Nicolas(27).....39 H1

Caouënnec-Lanvézéac(22).....32 C2
Caours(80).....10 C3
Cap-d'Ail(06).....177 G5
Capbreton(40).....162 B5
Capdenac(46).....153 G3
Capdenac-Gare(12).....153 G3
Capdrot(24).....151 G2
la Capelle(02).....13 G5
Capelle(59).....13 E2
la Capelle-Balaguier(12).....153 F4
la Capelle-Bleys(12).....153 H6
la Capelle-Bonance(12).....155 E4
la Capelle-et-Masmolène(30).....172 B2
la Capelle-Fermont(62).....11 G1
la Capelle-lès-Boulogne(62).....2 B4
Capelle-les-Grands(27).....19 H6
Capelle-lès-Hesdin(62).....10 D2
Capendu(11).....185 G5
Capens(31).....183 F3
Capestang(34).....186 C3
Capian(33).....149 G1
Capinghem(59).....5 E4
Caplong(33).....136 B6
Capoulet-et-Junac(09).....198 C2
Cappel(57).....29 G5
Cappelle-Brouck(59).....3 E2
Cappelle-en-Pévèle(59).....5 F5
Cappelle-la-Grande(59).....3 F1
Cappy(80).....11 H5
Captieux(33).....149 G5
Capvern(65).....181 G5
Caragoudes(31).....184 A2
Caraman(31).....184 B2
Caramany(66).....200 B3
Carantec(29).....31 H3
Carantilly(50).....36 D1
Carayac(46).....153 F3
Carbay(49).....57 H6
Carbes(81).....168 B4
Carbini(2A).....207 E3
Carbon-Blanc(33).....135 E5
Carbonne(31).....183 F4
Carbuccia(2A).....204 D5
Carcagny(14).....18 B4
Carcanières(09).....199 F3
Carcans(33).....134 B3
Carcarès-Sainte-Croix(40).....163 F4
Carcassonne(11).....185 E4
Carcen-Ponson(40).....163 F3
Carcès(83).....192 B2
Carcheto-Brustico(2B).....205 F2
Cardaillac(46).....153 G2
Cardan(33).....149 G2
Cardeilhac(31).....182 B5
Cardesse(64).....180 A4
Cardet(30).....171 G3
Cardo-Torgia(2A).....206 D2
Cardonnette(80).....11 F5
le Cardonnois(80).....23 E2
Cardonville(14).....17 G4
Cardroc(35).....34 D6
Carelles(53).....58 C1
Carency(62).....4 C6
Carennac(46).....139 E5
Carentan(50).....17 F5
Carentoir(56).....56 C5
Cargèse(2A).....204 A4
Cargiaca(2A).....206 D3
Carhaix-Plouguer(29).....32 B6
Carignan(08).....15 G5
Carignan-de-Bordeaux(33).....135 F6
Carisey(89).....65 H6
la Carla-Bayle(09).....183 G5
Carla-de-Roquefort(09).....198 D1
le Carlaret(09).....184 A5
Carlat(15).....140 B6
Carlencas-et-Levas(34).....170 A6
Carlepont(60).....23 H3
Carling(57).....29 G4
Carlipa(11).....184 D4
Carlucet(46).....152 D2
Carlus(81).....168 B4
Carlux(24).....138 C5
Carly(62).....2 B5
Carmaux(81).....168 B2
Carnac(56).....72 C2
Carnac-Rouffiac(46).....152 B4
Carnas(30).....171 F4
la Carneille(61).....38 B4
Carnet(50).....35 H4
Carnetin(77).....43 F3
Carneville(50).....17 E1
Carnières(59).....12 D3
Carnin(59).....5 E5
Carnoët(22).....32 B5
Carnoules(83).....192 B3
Carnoux-en-Provence(13).....191 E4
Carnoy(80).....11 H5
Caro(56).....56 A5
Caromb(84).....173 F2
Carpentras(84).....173 F2
Carpineto(2B).....205 F2
Carpiquet(14).....18 C4
Carquebut(50).....17 F4
Carquefou(44).....75 E5
Carqueiranne(83).....192 A5
Carrépuis(80).....23 G2
Carrère(64).....180 C2
Carresse-Cassaber(64).....179 F2
Carrières-sous-Poissy(78).....42 B3
Carrières-sur-Seine(78).....42 C3
Carros(06).....177 E4
Carrouges(61).....38 C6
Carry-le-Rouet(13).....190 B4
Cars(33).....135 E3
les Cars(87).....123 H4
Carsac-Aillac(24).....138 B6
Carsac-de-Gurson(24).....136 B5
Carsan(30).....157 H6
Carsix(27).....40 A1
Carspach(68).....89 F3
Cartelègue(33).....135 E3

Carticasi(2B).....205 F2
Cartignies(59).....13 G4
Cartigny(80).....12 B5
Cartigny-l'Épinay(14).....17 G5
Carves(24).....151 H1
Carville(14).....37 F2
Carville-la-Folletière(76).....9 E6
Carville-Pot-de-Fer(76).....8 D4
Carvin(62).....5 E5
Casabianca(2B).....203 F6
Casaglione(2A).....204 C5
Casalabriva(2A).....206 D3
Casalta(2B).....203 G6
Casamaccioli(2B).....204 D3
Casanova(2B).....205 E3
Cascastel-des-Corbières(11).....200 C1
Casefabre(66).....200 B4
Caseneuve(84).....174 A4
Cases-de-Pène(66).....200 D3
Casevecchie(2B).....205 F4
Cassagnabère-Tournas(31).....182 C4
Cassagnas(48).....156 B6
la Cassagne(24).....138 B4
Cassagne(31).....182 D5
Cassagnes(46).....152 A3
Cassagnes(66).....200 B3
Cassagnes-Bégonhès(12).....168 D1
Cassagnoles(30).....171 G3
Cassagnoles(34).....185 G3
la Cassaigne(11).....184 C4
Cassaigne(32).....165 F3
Cassaignes(11).....199 G1
Cassaniouze(15).....154 A2
Cassel(59).....3 G3
Cassen(40).....163 E4
Casseneuil(47).....151 E4
les Cassés(11).....184 B2
Casseuil(33).....149 H3
Cassignas(47).....151 G5
Cassis(13).....191 E4
Casson(44).....75 E4
Cassuéjouls(12).....154 D2
Cast(29).....53 F2
Castagnac(31).....183 F4
Castagnède(31).....182 D6
Castagnède(64).....179 F2
Castagniers(06).....177 F4
Castaignos-Souslens(40).....163 G6
Castandet(40).....164 A4
Castanet(12).....154 A6
Castanet(81).....168 A3
Castanet(82).....153 F6
Castanet-le-Haut(34).....169 G6
Castanet-Tolosan(31).....183 G2
Castans(11).....185 F3
Casteide-Cami(64).....180 A2
Casteide-Candau(64).....180 A1
Casteide-Doat(64).....181 E3
Casteil(66).....199 H5
Castel-Sarrazin(40).....163 F6
Castelbajac(65).....181 G5
Castelbiague(31).....182 C6
Castelculier(47).....151 F6
Castelferrus(82).....166 C2
Castelfranc(46).....152 B4
Castelgaillard(31).....182 C3
Castelginest(31).....167 E5
Casteljaloux(47).....150 B5
Castella(47).....151 F5
Castellane(04).....175 H4
Castellar(06).....177 G4
le Castellard-Melan(04).....160 C6
Castellare-di-Casinca(2B).....203 G6
Castellare-di-Mercurio(2B).....205 F3
le Castellet(04).....175 E3
le Castellet(83).....191 F5
Castellet(84).....174 A4
Castellet-lès-Sausses(04).....176 B3
Castello-di-Rostino(2B).....203 F6
Castelmary(12).....168 C1
Castelmaurou(31).....167 F5
Castelmayran(82).....166 C2
Castelmoron-d'Albret(33).....150 A2
Castelmoron-sur-Lot(47).....151 E4
Castelnau-Barbarens(32).....182 B1
Castelnau-Chalosse(40).....163 E6
Castelnau-d'Anglès(32).....165 E6
Castelnau-d'Arbieu(32).....165 H4
Castelnau-d'Auzan(32).....164 D3
Castelnau-de-Brassac(81).....168 D4
Castelnau-de-Guers(34).....187 E2
Castelnau-de-Lévis(81).....168 B3
Castelnau-de-Mandailles(12).....155 E4
Castelnau-de-Médoc(33).....134 D4
Castelnau-de-Montmiral(81).....167 H4
Castelnau-d'Estrétefonds(31).....167 E4
Castelnau-Durban(09).....183 H6
Castelnau-le-Lez(34).....171 F5
Castelnau-Magnoac(65).....181 H4
Castelnau-Montratier(46).....152 B6
Castelnau-Pégayrols(12).....169 G2
Castelnau-Picampeau(31).....182 D4
Castelnau-Rivière-Basse(65).....164 C6
Castelnau-sur-Gupie(47).....150 B3
Castelnau-sur-l'Auvignon(32).....165 F4
Castelnau-Tursan(40).....163 H6
Castelnau-Valence(30).....171 H3
Castelnaud-de-Gratecambe(47).....151 F4
Castelnaud-la-Chapelle(24).....137 H6
Castelnavet(32).....164 D5
Castelner(40).....180 A1
Castelnou(66).....200 C4
Castelreng(11).....184 D6
Castels(24).....137 H6
Castelsagrat(82).....151 H6
Castelsarrasin(82).....166 C2
Castelvieilh(65).....181 F4
Castelviel(33).....149 H2
le Castéra(31).....166 C5
Castéra-Bouzet(82).....166 B2
Castéra-Lanusse(65).....181 G5

Castéra-Lectourois(32) 165 G3
Castéra-Lou(65) 181 F3
Castéra-Loubix(64) 181 E3
Castéra-Verduzan(32) 165 F4
Castéra-Vignoles(31) 182 C4
Castéras(09) 183 G5
Casterets(65) 182 A4
Castéron(32) 166 A3
Castet(64) 180 B5
Castet-Arrouy(32) 165 H3
Castetbon(64) 179 G2
Castétis(64) 179 H2
Castetnau-Camblong(64) 179 G3
Castetner(64) 179 H2
Castetpugon(64) 180 C1
Castets(40) 162 D3
Castets-en-Dorthe(33) 149 H3
Castex(09) 183 F5
Castex(32) 181 G3
Castex-d'Armagnac(32) 164 B4
Casties-Labrande(31) 182 D3
Castifao(2B) 203 E3
Castiglione(2B) 205 E2
Castillon(06) 177 G4
Castillon(14) 18 A4
Castillon(65) 181 F5
Castillon(Canton d'Arthez-
de-Béarn)(64) 180 A2
Castillon(Canton de Lembeye)(64) 180 D2
Castillon-de-Castets(33) 149 H3
Castillon-de-Larboust(31) 196 C4
Castillon-de-Saint-Martory(31) 182 C5
Castillon-Debats(32) 165 E5
Castillon-du-Gard(30) 172 C3
Castillon-en-Auge(14) 19 F6
Castillon-en-Couserans(09) 197 F3
Castillon-la-Bataille(33) 135 H6
Castillon-Massas(32) 165 G5
Castillon-Savès(32) 166 B6
Castillonnès(47) 151 E2
Castilly(14) 17 G5
Castin(32) 165 G5
Castineta(2B) 205 F2
Castirla(2B) 205 E2
Castres(02) 12 C6
Castres(81) 168 C6
Castres-Gironde(33) 149 F2
Castries(34) 171 F6
le Cateau-Cambrésis(59) 13 E4
le Catelet(02) 12 C5
le Catelier(76) 9 G4
Catenay(76) 9 H6
Catenoy(60) 23 E5
Cateri(2B) 202 C5
Cathervielle(31) 196 C4
Catheux(60) 22 C2
Catigny(60) 23 G2
Catillon-Fumechon(60) 22 D3
Catillon-sur-Sambre(59) 13 E4
Catllar(66) 199 H4
Catonvielle(32) 166 B6
Cattenières(59) 12 D3
Cattenom(57) 28 D2
Catteville(50) 16 D4
Catus(46) 152 B3
Catz(50) 17 F5
Caubeyres(47) 150 C6
Caubiac(31) 166 C5
Caubios-Loos(64) 180 B2
Caubon-Saint-Sauveur(47) 150 C3
Caubous(31) 196 C4
Caubous(65) 181 H4
Caucalières(81) 185 E2
la Cauchie(62) 11 G3
Cauchy-à-la-Tour(62) 3 F6
Caucourt(62) 4 B6
Caudan(56) 54 C5
Caudebec-en-Caux(76) 8 D6
Caudebec-lès-Elbeuf(76) 20 D5
Caudebronde(11) 185 E3
Caudecoste(47) 165 H2
Caudeval(11) 184 C6
Caudiès-de-Conflent(66) 199 G5
Caudiès-de-Fenouillèdes(66) 199 H2
Caudrot(33) 149 H3
Caudry(59) 12 D3
Cauffry(60) 23 E5
Caugé(27) 40 C2
Caujac(31) 183 G4
Caulaincourt(02) 12 B6
Caulières(80) 22 A1
Caullery(59) 12 D4
Caulnes(22) 34 C6
Caumont(02) 24 A2
Caumont(09) 183 E6
Caumont(27) 20 C4
Caumont(32) 164 C5
Caumont(33) 150 A2
Caumont(62) 10 D2
Caumont(82) 166 B2
Caumont-l'Éventé(14) 18 A5
Caumont-sur-Durance(84) 173 E4
Caumont-sur-Garonne(47) 150 C4
Caumont-sur-Orne(14) 18 C6
Cauna(40) 163 G4
Caunay(79) 108 D5
Cauneille(40) 162 D6
Caunes-Minervois(11) 185 G3
la Caunette(34) 185 H3
Caunette-sur-Lauquet(11) 185 F6
Caunettes-en-Val(11) 185 G6
Caupenne(40) 163 F5
Caupenne-d'Armagnac(32) 164 C4
la Caure(51) 45 E3
Caurel(22) 55 E1
Caurel(51) 25 G5
Cauro(2A) 204 D6
Cauroir(59) 12 C3
Cauroy(08) 26 A3
Cauroy-lès-Hermonville(51) 25 F4
le Causé(82) 166 B4
Cause-de-Clérans(24) 137 E6

Caussade(82) 167 F1
Caussade-Rivière(65) 181 E2
Causse-Bégon(30) 170 B2
Causse-de-la-Selle(34) 170 D5
Causse-et-Diège(12) 153 G3
Caussens(32) 165 F3
Causses-et-Veyran(34) 186 C2
Caussiniojouls(34) 186 C1
Caussols(06) 176 C5
Caussou(09) 198 D3
Cauterets(65) 195 F4
Cauverville-en-Roumois(27) 20 B5
Cauvicourt(14) 18 D6
Cauvignac(33) 150 A4
Cauvigny(60) 22 C5
Cauville(14) 37 H2
Cauville(76) 8 A5
Caux(34) 187 E2
Caux-et-Sauzens(11) 185 E4
Cauzac(47) 151 G6
Cavagnac(46) 138 D5
Cavaillon(84) 173 F4
Cavalaire-sur-Mer(83) 192 D5
la Cavalerie(12) 170 A3
Cavan(22) 32 D3
Cavanac(11) 185 E5
Cavarc(47) 151 F2
Caveirac(30) 171 H4
Caves(11) 201 E1
Cavignac(33) 135 F3
Cavigny(50) 17 G6
Cavillargues(30) 172 B2
Cavillon(80) 10 D5
Cavron-Saint-Martin(62) 10 D1
Caychax(09) 198 D2
Cayeux-en-Santerre(80) 11 G6
Cayeux-sur-Mer(80) 10 A3
le Caylar(34) 170 B4
Caylus(82) 153 E6
Cayrac(82) 167 E2
Cayres(43) 142 B5
Cayriech(82) 152 D6
le Cayrol(12) 154 D3
Cayrols(15) 139 H6
Cazac(31) 182 D3
Cazalis(33) 149 G5
Cazalis(40) 163 G6
Cazalrenoux(11) 184 C5
Cazals(46) 152 B2
Cazals(82) 167 G1
Cazals-des-Baylès(09) 184 C6
Cazaril-Laspènes(31) 196 C4
Cazaril-Tambourès(31) 181 H5
Cazarilh(65) 196 D3
Cazats(33) 149 H4
Cazaubon(32) 164 C3
Cazaugitat(33) 150 B1
Cazaunous(31) 197 E3
Cazaux(09) 183 G6
Cazaux-d'Anglès(32) 165 E6
Cazaux-Debat(65) 196 B3
Cazaux-Fréchet-Anéran-
Camors(65) 196 B4
Cazaux-Layrisse(31) 196 D4
Cazaux-Savès(32) 182 D1
Cazaux-Villecomtal(32) 181 F2
Cazavet(09) 182 D6
Cazeaux-de-Larboust(31) 196 C4
Cazedarnes(34) 186 B3
Cazenave-Serres-et-Allens(09) 198 C2
Cazeneuve(32) 164 D4
Cazeneuve-Montaut(31) 182 C5
Cazères(31) 183 E4
Cazères-sur-l'Adour(40) 164 A5
Cazes-Mondenard(82) 152 A6
Cazevieille(34) 171 E5
Cazideroque(47) 151 G4
Cazilhac(11) 185 E5
Cazilhac(34) 170 D4
Cazillac(46) 138 D5
Cazoulès(24) 138 C6
Cazouls-d'Hérault(34) 187 E2
Cazouls-lès-Béziers(34) 186 C3
Céaucé(61) 37 H6
Céaux(50) 35 H3
Céaux-d'Allègre(43) 142 B3
Ceaux-en-Couhé(86) 109 E4
Ceaux-en-Loudun(86) 94 A3
Cébazan(34) 186 B3
Cébazat(63) 127 F3
Ceffonds(52) 67 E1
Ceignes(01) 117 G5
Ceilhes-et-Rocozels(34) 169 H5
Ceillac(05) 161 G1
Ceilloux(63) 127 H4
Ceintrey(54) 48 D6
la Celette(18) 112 D1
la Celle(03) 113 F5
la Celle(18) 97 G6
la Celle(63) 126 B2
la Celle(83) 191 H3
la Celle-Condé(18) 97 E5
la Celle-Dunoise(23) 111 G4
la Celle-en-Morvan(71) 100 B3
la Celle-Guenand(37) 95 E4
la Celle-les-Bordes(78) 42 A6
Celle-Lévescault(86) 109 E3
la Celle-Saint-Avant(37) 94 D3
la Celle-Saint-Cloud(78) 42 B4
la Celle-Saint-Cyr(89) 64 D6
la Celle-sous-Chantemerle(51) 44 D6
la Celle-sous-Gouzon(23) 112 B5
la Celle-sous-Montmirail(02) 44 C3
la Celle-sur-Loire(58) 82 B5
la Celle-sur-Morin(77) 43 G4
la Celle-sur-Nièvre(58) 98 D2
Celles(09) 198 C1
Celles(17) 141 E4
Celles(24) 136 D2

Celles(34) 170 B6
Celles-en-Bassigny(52) 68 C6
Celles-lès-Condé(02) 44 D2
Celles-sur-Aisne(02) 24 C4
Celles-sur-Belle(79) 108 C4
Celles-sur-Durolle(63) 128 A2
Celles-sur-Ource(10) 66 C5
Celles-sur-Plaine(88) 70 C2
la Cellette(23) 112 A3
la Cellette(63) 113 E6
Cellettes(16) 122 B2
Cellettes(41) 79 H4
le Cellier(44) 75 F5
Cellier-du-Luc(07) 156 C2
Cellieu(42) 129 G5
Cellule(63) 127 F2
Celon(36) 111 E2
Cély(77) 63 H1
Cemboing(70) 87 E1
Cempuis(60) 22 B2
Cénac(33) 135 F6
Cénac-et-Saint-Julien(24) 138 A6
Cenans(70) 87 G4
Cendras(30) 171 G1
le Cendre(63) 127 F4
Cendrecourt(70) 87 E1
Cendrey(25) 87 H5
Cendrieux(24) 137 F5
Cénevières(46) 153 E4
Cenne-Monestiés(11) 184 D3
Cenon(33) 135 F5
Cenon-sur-Vienne(86) 94 C5
Censeau(39) 103 F4
Censerey(21) 100 C1
Censy(89) 84 A2
les Cent-Acres(76) 9 G4
Centrès(12) 168 D1
Centuri(2B) 203 G2
Cenves(69) 116 B4
Cépet(31) 167 E5
Cépie(11) 185 E5
Cepoy(45) 64 A5
Céran(32) 165 H4
Cérans-Foulletourte(72) 77 G1
Cerbère(66) 201 F6
Cerbois(18) 97 E3
Cercié(69) 116 B5
Cercier(74) 118 C6
Cercles(24) 136 D1
Cercottes(45) 62 D6
Cercoux(17) 135 G3
le Cercueil(61) 38 D5
Cercy-la-Tour(58) 99 G5
Cerdon(01) 117 G6
Cerdon(45) 81 F3
Cère(40) 163 H3
Céré-la-Ronde(37) 95 G1
Cerelles(37) 78 C5
Cérences(50) 35 G1
Céreste(04) 174 B4
Céret(66) 200 C5
Cerfontaine(59) 13 H2
le Cergne(42) 115 G6
Cérilly(03) 113 F1
Cérilly(21) 84 D1
Cérilly(89) 65 F4
Cerisé(61) 60 A2
Cerisières(52) 67 G2
Cerisiers(89) 65 F4
Cerisy(80) 11 G5
Cerisy-Belle-Étoile(61) 37 H3
Cerisy-Buleux(80) 10 B5
Cerisy-la-Forêt(50) 17 H6
Cerisy-la-Salle(50) 36 D1
Cerizay(79) 92 C5
Cérizols(09) 182 D5
Cerizy(02) 24 B1
la Cerlangue(76) 8 B6
Cernans(39) 103 E3
Cernay(14) 19 H6
Cernay(28) 61 H2
Cernay(68) 89 F1
Cernay(86) 94 A5
Cernay-en-Dormois(51) 26 C4
Cernay-la-Ville(78) 42 A5
Cernay-l'Église(25) 88 D6
Cernay-lès-Reims(51) 25 G5
Cerneux(77) 44 B5
Cernex(74) 118 C6
Cerniébaud(39) 103 G5
Cernion(08) 14 C4
Cernon(39) 117 H3
Cernon(51) 45 H3
Cernoy(60) 23 E4
Cernoy-en-Berry(45) 81 H4
Cernusson(49) 92 D1
Cerny(91) 63 F1
Cerny-en-Laonnois(02) 24 D4
Cerny-lès-Bucy(02) 24 C3
Céron(71) 115 E4
Cérons(33) 149 G2
Cerqueux(14) 19 H6
les Cerqueux(49) 92 C3
les Cerqueux-sous-Passavant(49) 92 D2
Cerre-lès-Noroy(70) 87 H3
Cers(34) 186 D3
Cersay(79) 93 E3
Cerseuil(02) 24 C5
Cersot(71) 101 E6
Certilleux(88) 68 D2
Certines(01) 117 E5
Cervens(74) 119 E3
Cervières(42) 128 B2
Cerville(54) 49 E4
Cervione(2B) 205 G3
Cervon(58) 99 G1
Cerzat(43) 141 H3
Cesancey(39) 102 C6
Césarches(73) 132 C3

Césarville-Dossainville(45) 63 F3
Cescau(09) 197 G3
Cescau(64) 180 B2
Cesny-aux-Vignes-Ouézy(14) 19 E5
Cesny-Bois-Halbout(14) 18 C6
Cessac(33) 149 H1
Cessales(31) 184 A2
Cessens(73) 131 H2
Cesseras(34) 185 H3
Cesset(03) 113 H4
Cesseville(27) 20 D6
Cessey(25) 103 E2
Cessey-sur-Tille(21) 86 A6
Cessières(02) 24 C3
Cessieu(38) 131 E5
Cesson(77) 43 E6
Cesson-Sévigné(35) 57 F3
Cessoy-en-Montois(77) 64 D1
Cessy(01) 118 C3
Cessy-les-Bois(58) 82 D6
Cestas(33) 149 E1
Cestayrols(81) 168 A3
Ceton(61) 61 E4
Cette-Eygun(64) 194 C3
Cevins(73) 132 D4
Ceyras(34) 170 C6
Ceyrat(63) 127 F4
Ceyreste(13) 191 F4
Ceyroux(23) 111 F6
Ceyssac(43) 142 C4
Ceyssat(63) 126 D3
Ceyzériat(01) 117 F5
Ceyzérieu(01) 131 G2
Cézac(33) 135 F4
Cézac(46) 152 B5
Cezais(85) 107 F1
Cézan(32) 165 G4
Cezay(42) 128 C3
Cézens(15) 140 D5
Cézia(39) 117 G3
Cézy(89) 65 E6

Chalautre-la-Grande(77) 44 C6
Chalautre-la-Petite(77) 44 B6
Chalaux(58) 83 H6
Chaleins(01) 116 C6
Chaleix(24) 123 G6
Chalencon(07) 143 G5
les Chalesmes(39) 103 F6
Châlette-sur-Loing(45) 64 A5
Chalette-sur-Voire(10) 66 C1
Chaley(01) 131 F1
Chalèze(25) 87 G6
Chalezeule(25) 87 G6
Chaliers(15) 141 F5
Chalifert(77) 43 F3
Chaligny(54) 48 D5
Chalinargues(15) 141 E3
Chalindrey(52) 86 B1
Chalivoy-Milon(18) 98 A5
Challain-la-Potherie(49) 75 H2
Challans(85) 90 C3
Challement(58) 83 F6
Challerange(08) 26 C3
Challes(01) 117 G5
Challes(72) 60 C6
Challes-les-Eaux(73) 132 A5
Challet(28) 41 E6
Challex(01) 118 B5
Challignac(16) 122 A6
Challonges(74) 118 A6
Challuy(58) 98 D4
Chalmaison(77) 64 D1
Chalmazel(42) 128 C4
Chalmoux(71) 114 D1
Chalo-Saint-Mars(91) 63 E2
le Chalon(26) 144 C3
Chalon-sur-Saône(71) 101 G5
Chalonnes-sous-le-Lude(49) 77 H4
Chalonnes-sur-Loire(49) 76 B5
Châlons(38) 130 B6
Châlons-du-Maine(53) 58 D3
Châlons-en-Champagne(51) 45 H2
Châlons-sur-Vesle(51) 25 F5
Chalonvillars(70) 88 C3
Chalou-Moulineux(91) 63 E2
Chaltrait(51) 45 E3
Chalus(63) 127 F6
Châlus(87) 123 H4
Chalvignac(15) 139 H2
Chalvraines(52) 68 B3
Chamadelle(33) 135 H3
Chamagne(88) 69 G1
Chamagnieu(38) 130 C4
Chamalières(63) 127 E3
Chamalières-sur-Loire(43) 142 D3
Chamaloc(26) 145 E6
Chamarande(91) 63 F1
Chamarandes-Choignes(52) 67 H4
Chamaret(26) 158 B4
la Chamba(42) 128 B3
Chambain(21) 85 G1
Chambeire(21) 86 B6
Chambellay(49) 76 B2
Chambéon(42) 129 E4
Chambérat(03) 112 C3
Chamberaud(23) 112 A6
Chamberet(19) 125 E5
Chambéria(39) 117 G2
Chambéry(73) 131 H4
Chambeugle(89) 82 C1
Chambezon(43) 141 F1
Chamblac(27) 39 G2
Chamblanc(21) 101 H3
Chamblay(39) 102 D3
Chambles(42) 129 E6
Chamblet(03) 113 E4
Chambley-Bussières(54) 28 B6
Chambly(60) 42 C1
Chambœuf(21) 101 G1
Chambœuf(42) 129 F5
Chambois(61) 39 E3
Chambolle-Musigny(21) 101 G1
le Chambon(07) 143 F6
Chambon(17) 107 F5
Chambon(18) 97 H6
Chambon(30) 156 D5
Chambon(37) 95 E5
le Chambon-Feugerolles(42) 129 F6
Chambon-la-Forêt(45) 63 F5
Chambon-le-Château(48) 142 B6
Chambon-Sainte-Croix(23) 111 G4
Chambon-sur-Cisse(41) 79 G4
Chambon-sur-Dolore(63) 128 A6
Chambon-sur-Lac(63) 126 D5
le Chambon-sur-Lignon(43) 143 F4
Chambon-sur-Voueize(23) 112 C5
Chambonas(07) 157 E4
Chambonchard(23) 112 D5
la Chambonie(42) 128 B3
Chamborand(23) 111 F5
Chambord(27) 39 H3
Chambord(41) 79 H4
Chamboret(87) 124 A1
Chamborigaud(30) 156 D5
Chambornay-lès-Bellevaux(70) 87 G5
Chambornay-lès-Pin(70) 87 E5
Chambors(60) 22 A6
Chambost-Allières(69) 116 A6
Chambost-Longessaigne(69) 129 F3
Chamboulive(19) 125 E6
Chambourcy(78) 42 B3
Chambourg-sur-Indre(37) 95 F2
Chambray(27) 41 E1
Chambray-lès-Tours(37) 78 C6
la Chambre(73) 132 C6
Chambrecy(51) 25 E6
les Chambres(50) 35 H2
Chambretaud(85) 92 A4
Chambroncourt(52) 68 B2
Chambry(02) 24 D3
Chambry(77) 43 G2

Chaméane(63) 127 H5
Chamelet(69) 129 G1
Chamery(51) 25 F6
Chamesey(25) 105 E1
Chamesol(25) 88 D6
Chamesson(21) 84 D2
Chameyrat(19) 138 D2
Chamigny(77) 43 H2
Chamilly(71) 101 E4
Chammes(53) 59 F4
Chamole(39) 102 D4
Chamonix-Mont-Blanc(74) 133 F1
Chamouillac(17) 135 F2
Chamouille(02) 24 D4
Chamouilley(52) 47 E5
Chamousset(73) 132 B4
Chamoux(89) 83 G5
Chamoux-sur-Gelon(73) 132 B5
Chamoy(10) 66 A4
le Champ-de-la-Pierre(61) 38 C5
Champ-d'Oiseau(21) 84 C4
Champ-Dolent(27) 40 C2
Champ-du-Boult(14) 37 F3
Champ-Haut(61) 39 F4
Champ-Laurent(73) 132 B5
Champ-le-Duc(88) 70 B4
le Champ-près-Froges(38) 146 A1
le Champ-Saint-Père(85) 91 F6
Champ-sur-Barse(10) 66 C3
Champ-sur-Drac(38) 145 G3
Champ-sur-Layon(49) 76 C6
Champagnac(15) 140 A1
Champagnac(17) 121 G6
Champagnac-de-Belair(24) 137 F1
Champagnac-la-Noaille(19) 139 F2
Champagnac-la-Prune(19) 139 F3
Champagnac-la-Rivière(87) 123 G4
Champagnac-le-Vieux(43) 141 H1
Champagnat(23) 125 H1
Champagnat(71) 117 F2
Champagnat-le-Jeune(63) 127 H6
Champagne(07) 144 A2
Champagne(17) 120 C2
Champagne(28) 41 F4
Champagné(72) 60 B5
Champagne-au-Mont-d'Or(69) 130 A3
Champagne-en-Valromey(01) 131 F1
Champagne-et-Fontaine(24) 122 C6
Champagné-le-Sec(86) 109 E5
Champagné-les-Marais(85) 107 E3
Champagne-Mouton(16) 122 D1
Champagné-Saint-Hilaire(86) 109 F4
Champagne-sur-Loue(39) 103 E2
Champagne-sur-Oise(95) 42 C1
Champagne-sur-Seine(77) 64 A2
Champagne-sur-Vingeanne(21) 86 B4
Champagne-Vigny(16) 122 B5
Champagneux(73) 131 G4
Champagney(25) 87 E6
Champagney(39) 86 C6
Champagney(70) 88 C2
Champagnier(38) 145 G3
Champagnole(39) 103 E5
Champagnolles(17) 121 E5
Champagny(21) 85 F5
Champagny-en-Vanoise(73) 133 E5
Champagny-sous-Uxelles(71) 116 B1
Champallement(58) 99 F1
Champanges(74) 119 F3
Champaubert(51) 45 E3
Champcella(05) 147 E6
Champcenest(77) 44 B5
Champcerie(61) 38 C5
Champcervon(50) 35 H2
Champcevinel(24) 137 F3
Champcevrais(89) 82 B2
Champcey(50) 35 G2
Champclause(43) 143 E4
Champcueil(91) 63 G1
Champdeniers-Saint-Denis(79) 108 A2
Champdeuil(77) 43 F6
Champdieu(42) 128 D4
Champdivers(39) 102 B3
Champdolent(17) 120 D1
Champdor(01) 117 H6
Champdôtre(21) 102 B1
Champdray(88) 70 B4
Champeau-en-Morvan(21) 84 B6
Champeaux(35) 57 H2
Champeaux(50) 35 G2
les Champeaux(61) 39 E3
Champeaux(77) 43 F6
Champeaux-
et-la-Chapelle-Pommier(24) 123 E6
Champeaux-sur-Sarthe(61) 39 G6
Champeix(63) 127 F5
Champenard(27) 41 E1
la Champenoise(36) 96 C4
Champenoux(54) 49 E4
Champéon(53) 59 E2
Champétières(63) 128 B5
Champey(70) 88 C4
Champey-sur-Moselle(54) 48 C2
Champfleur(72) 60 A2
Champfleury(10) 45 F6
Champfleury(51) 25 F6
Champforgeuil(71) 101 F5
Champfrémont(53) 59 G1
Champfromier(01) 118 A4
Champgenéteux(53) 59 F2
Champguyon(51) 44 C4
Champhol(28) 62 A1
Champien(80) 23 G2
Champier(38) 130 D6
Champigné(49) 76 C3
Champigneul-Champagne(51) 45 G2
Champigneul-sur-Vence(08) 14 D4
Champigneulle(08) 26 D3
Champigneulles(54) 48 D4
Champigneulles-en-Bassigny(52) 68 C4
Champignol-lez-Mondeville(10) 67 E4
Champignolles(21) 101 E3

Champignolles(27) 40 A2
Champigny(51) 25 F5
Champigny(89) 64 C3
Champigny-en-Beauce(41) 79 G3
Champigny-la-Futelaye(27) 41 F3
Champigny-le-Sec(86) 93 H6
Champigny-lès-Langres(52) 68 B4
Champigny-sous-Varennes(52) 68 C6
Champigny-sur-Aube(10) 45 G6
Champigny-sur-Marne(94) 42 D4
Champigny-sur-Veude(37) 94 B3
Champillet(36) 112 A2
Champillon(51) 45 F1
Champis(07) 143 H5
Champlan(91) 42 C5
Champlat-et-Boujacourt(51) 45 E1
Champlay(89) 65 E6
Champlecy(71) 115 G2
Champlemy(58) 83 E6
Champlin(08) 14 B3
Champlin(58) 99 E1
Champlitte(70) 86 C3
Champlive(25) 87 H6
Champlost(89) 65 G5
Champmillon(16) 122 A4
Champmotteux(91) 63 F2
Champnétery(87) 124 D3
Champneuville(55) 27 F4
Champniers(16) 122 C4
Champniers(86) 109 F5
Champniers-et-Reilhac(24) 123 F4
Champoléon(05) 146 C6
Champoly(42) 128 C2
Champosoult(61) 39 E3
Champougny(55) 48 A6
Champoulet(45) 82 B3
Champoux(25) 87 G5
Champrenard(21) 85 E5
Champrepus(50) 35 H1
Champrond(72) 61 E5
Champrond-en-Gâtine(28) 61 G2
Champrond-en-Perchet(28) 61 E3
Champrougier(39) 102 C4
Champs(02) 24 B3
Champs(61) 39 G6
Champs(63) 113 G6
les Champs-de-Losque(50) 17 F6
les Champs-Géraux(22) 34 D5
Champs-Romain(24) 123 F5
Champs-sur-Marne(77) 43 E4
Champs-sur-
Tarentaine-Marchal(15) 140 B1
Champs-sur-Yonne(89) 83 F2
Champsac(87) 123 G4
Champsanglard(23) 111 H4
Champsecret(61) 37 H5
Champseru(28) 62 B1
Champsevraine(52) 86 C2
Champtercier(04) 175 F2
Champtocé-sur-Loire(49) 76 A5
Champtoceaux(49) 75 F5
Champtonnay(70) 86 D5
Champvallon(89) 65 E6
Champvans(39) 102 B2
Champvans(70) 86 C5
Champvans-les-Moulins(25) 87 F6
Champvert(58) 99 F5
Champvoisy(51) 44 D1
Champvoux(58) 98 C2
Chamrousse(38) 145 H3
Chamvres(89) 65 E6
Chanac(48) 155 G4
Chanac-les-Mines(19) 139 E2
Chanaleilles(43) 141 H6
Chanas(38) 144 A1
Chanat-la-Mouteyre(63) 127 E3
Chanay(01) 118 A6
Chanaz(73) 131 G2
Chançay(37) 78 D5
Chancé(35) 57 G3
Chanceaux(21) 85 F4
Chanceaux-près-Loches(37) 95 E2
Chanceaux-sur-Choisille(37) 78 C5
Chancelade(24) 137 E3
Chancenay(52) 47 E5
Chancey(70) 86 D6
Chancia(39) 117 H3
Chandai(61) 40 A4
Chandolas(07) 157 F4
Chandon(42) 115 G5
Chanéac(07) 143 F5
Chaneins(01) 116 C6
Chânes(71) 116 B4
le Change(24) 137 G3
Changé(53) 58 C4
Changé(71) 101 E4
Changey(72) 60 B6
Changey(52) 68 B4
Changis-sur-Marne(77) 43 G3
Changy(42) 115 E5
Changy(51) 46 C4
Changy(71) 115 G3
Chaniat(43) 141 H2
Chaniers(17) 121 F3
Channay(21) 84 C1
Channay-sur-Lathan(37) 77 H4
Channes(10) 66 C6
Chanonat(63) 127 F4
Chanos-Curson(26) 144 B4
Chanousse(05) 159 G5
Chanoy(52) 68 A6
Chanoz-Châtenay(01) 116 D5
Chanteau(45) 62 D6
Chantecoq(45) 64 B5
Chantecorps(79) 108 C2
Chanteheux(54) 49 F5
Chanteix(19) 138 D2
Chantelle(03) 113 H5
Chanteloup(27) 40 C3
Chanteloup(35) 57 F4
Chanteloup(50) 35 G1
Chanteloup(79) 92 D5

Chanteloup-en-Brie(77) 43 F4
Chanteloup-les-Bois(49) 92 C2
Chanteloup-les-Vignes(78) 42 B2
Chantelouve(38) 146 A4
Chantemerle(51) 44 D6
Chantemerle-les-Blés(26) 144 B3
Chantemerle-lès-Grignan(26) 158 B4
Chantemerle-sur-la-Soie(17) 121 E1
Chantenay-Saint-Imbert(58) 98 B6
Chantenay-Villedieu(72) 59 G6
Chantepie(35) 57 F3
Chantérac(24) 136 D3
Chanteraine(55) 47 G5
Chanterelle(15) 140 D1
Chantes(70) 87 E3
Chantesse(38) 145 E2
Chanteuges(43) 141 H4
Chantillac(16) 135 G1
Chantilly(60) 23 E6
Chantonnay(85) 91 H5
Chantraine(88) 69 H3
Chantraines(52) 68 A3
Chantrans(25) 103 G2
Chantrigné(53) 59 E1
Chanu(61) 37 G4
Chanville(57) 29 E6
Chanzeaux(49) 76 B5
Chaon(41) 81 E4
Chaouilley(54) 69 F1
Chaource(10) 66 B5
Chaourse(02) 25 F2
Chapaize(71) 116 B1
Chapareillan(38) 132 A5
Chapdes-Beaufort(63) 126 D2
Chapdeuil(24) 136 D1
Chapeau(03) 114 B2
Chapeiry(74) 132 A2
Chapelaine(51) 46 B6
la Chapelaude(03) 112 D3
la Chapelle(03) 114 C6
la Chapelle(08) 15 F4
la Chapelle(16) 122 B2
la Chapelle(73) 132 C6
la Chapelle-Achard(85) 91 E6
la Chapelle-Agnon(63) 128 A4
la Chapelle-Anthenaise(53) 58 D4
la Chapelle-au-Mans(71) 115 E1
la Chapelle-au-Moine(61) 37 H4
la Chapelle-au-Riboul(53) 59 E2
la Chapelle-Aubareil(24) 138 A4
la Chapelle-aux-Bois(88) 69 G5
la Chapelle-aux-Brocs(19) 138 D3
la Chapelle-aux-Chasses(03) 99 F6
la Chapelle-aux-Choux(72) 77 H3
la Chapelle-aux-Filtzméens(35) 35 E5
la Chapelle-aux-Lys(85) 92 C6
la Chapelle-aux-Naux(37) 78 B6
la Chapelle-aux-Saints(19) 138 D5
la Chapelle-Baloue(23) 111 F4
la Chapelle-Basse-Mer(44) 75 F5
la Chapelle-Bâton(79) 108 B2
la Chapelle-Bâton(86) 109 F5
la Chapelle-Bayvel(27) 19 H4
la Chapelle-Bertin(43) 142 A2
la Chapelle-Bertrand(79) 93 F4
la Chapelle-Biche(61) 37 H4
la Chapelle-Blanche(22) 34 C6
la Chapelle-Blanche(73) 132 A5
la Chapelle-Blanche-
Saint-Martin(37) 94 D3
la Chapelle-Bouëxic(35) 56 D4
la Chapelle-Caro(56) 56 A5
la Chapelle-Cécelin(50) 37 E3
la Chapelle-Chaussée(35) 35 E6
la Chapelle-Craonnaise(53) 58 B6
la Chapelle-d'Abondance(74) 119 G3
la Chapelle-d'Aligné(72) 77 E2
la Chapelle-d'Andaine(61) 38 A6
la Chapelle-d'Angillon(18) 81 G6
la Chapelle-d'Armentières(59) 4 A1
la Chapelle-d'Aunainville(28) 62 C2
la Chapelle-d'Aurec(43) 143 E1
la Chapelle-de-Bragny(71) 116 B1
la Chapelle-de-Brain(35) 56 D6
la Chapelle-de-Guinchay(71) 116 B5
la Chapelle-de-la-Tour(38) 131 E4
la Chapelle-de-Mardore(69) 115 H6
la Chapelle-de-Surieu(38) 130 B6
la Chapelle-des-Bois(25) 103 G6
la Chapelle-des-Fougeretz(35) 57 E2
la Chapelle-des-Marais(44) 73 H4
la Chapelle-des-Pots(17) 121 F3
la Chapelle-devant-Bruyères(88) 70 B4
Chapelle-d'Huin(25) 103 G3
la Chapelle-du-Bard(38) 132 B6
la Chapelle-du-Bois(72) 60 D4
la Chapelle-du-Bois-des-Faulx(27) 40 D1
la Chapelle-du-Bourgay(76) 9 G3
la Chapelle-du-Châtelard(01) 116 D6
la Chapelle-du-Genêt(49) 75 H6
la Chapelle-du-Lou(35) 56 D2
la Chapelle-du-Mont-de-France(71) 116 A3
la Chapelle-du-Mont-du-Chat(73) 131 H3
la Chapelle-du-Noyer(28) 61 H5
la Chapelle-en-Juger(50) 17 F6
la Chapelle-en-Lafaye(42) 128 D6
la Chapelle-en-Serval(60) 43 E1
la Chapelle-en-Valgaudémar(05) 146 C5
la Chapelle-en-Vercors(26) 145 E4
la Chapelle-en-Vexin(95) 21 H6
la Chapelle-Enchérie(41) 79 G2
la Chapelle-Engerbold(14) 37 H3
la Chapelle-Erbrée(35) 58 A3
la Chapelle-Faucher(24) 137 F1
la Chapelle-Felcourt(51) 26 C6
la Chapelle-Forainvilliers(28) 41 F5
la Chapelle-Fortin(28) 40 B5
la Chapelle-Gaceline(56) 56 C5
la Chapelle-Gaudin(79) 93 E4
la Chapelle-Gaugain(72) 78 C2
la Chapelle-Gauthier(27) 19 H6
la Chapelle-Gauthier(77) 43 G6

la Chapelle-Geneste(43) 142 B1
la Chapelle-Glain(44) 75 G2
la Chapelle-Gonaguet(24) 137 E2
la Chapelle-Grésignac(24) 136 C1
la Chapelle-Hareng(27) 19 H5
la Chapelle-Haute-Grue(14) 39 E2
la Chapelle-Hermier(85) 90 D5
la Chapelle-Heulin(44) 75 F6
la Chapelle-Hugon(18) 98 B4
la Chapelle-Hullin(49) 75 H1
la Chapelle-Huon(72) 78 D1
la Chapelle-Iger(77) 43 G5
la Chapelle-Janson(35) 58 A2
la Chapelle-la-Reine(77) 63 H3
la Chapelle-Lasson(51) 45 E5
la Chapelle-Launay(44) 74 B4
la Chapelle-Laurent(15) 141 G3
la Chapelle-lès-Luxeuil(70) 87 H1
la Chapelle-Marcousse(63) 127 F6
la Chapelle-Montabourlet(24) 136 D1
la Chapelle-Montbrandeix(87) 123 G4
la Chapelle-Monthodon(02) 44 D2
la Chapelle-Montligeon(61) 60 D1
la Chapelle-Montlinard(18) 98 C2
la Chapelle-Montmartin(41) 96 C1
la Chapelle-Montmoreau(24) 123 E6
la Chapelle-Montreuil(86) 109 E2
la Chapelle-Moulière(86) 109 G1
la Chapelle-Moutils(77) 44 B4
la Chapelle-Naude(71) 117 E1
la Chapelle-Neuve(22) 32 C5
la Chapelle-Neuve(56) 55 E4
la Chapelle-Onzerain(45) 62 B5
la Chapelle-Orthemale(36) 96 A5
la Chapelle-Palluau(85) 91 E4
la Chapelle-Pouilloux(79) 108 D5
la Chapelle-près-Sées(61) 39 E6
la Chapelle-Rablais(77) 64 B1
la Chapelle-Rainsouin(53) 59 E4
la Chapelle-Rambaud(74) 118 C6
la Chapelle-Réanville(27) 41 E1
la Chapelle-Rousselin(49) 92 B1
la Chapelle-Royale(28) 61 F4
la Chapelle-Saint-André(58) 83 E5
la Chapelle-Saint-Aubert(35) 35 H6
la Chapelle-Saint-Aubin(72) 60 A5
la Chapelle-Saint-Étienne(79) 92 D6
la Chapelle-Saint-Florent(49) 75 H5
la Chapelle-Saint-Fray(72) 59 H4
la Chapelle-Saint-Géraud(19) 139 F4
la Chapelle-Saint-Jean(24) 138 A3
la Chapelle-Saint-Laud(49) 77 E3
la Chapelle-Saint-Laurent(79) 92 D5
la Chapelle-Saint-Laurian(36) 96 C3
la Chapelle-Saint-Luc(10) 66 A3
la Chapelle-Saint-Martial(23) 125 F1
la Chapelle-Saint-Martin(73) 131 G4
la Chapelle-Saint-Martin-
en-Plaine(41) 79 H3
la Chapelle-Saint-Maurice(74) 132 B2
la Chapelle-Saint-Mesmin(45) 80 C1
la Chapelle-Saint-Ouen(76) 9 H6
la Chapelle-Saint-Quillain(70) 87 E4
la Chapelle-Saint-Rémy(72) 60 C5
la Chapelle-Saint-Sauveur(44) 75 H4
la Chapelle-Saint-Sauveur(71) 102 A4
la Chapelle-Saint-Sépulcre(45) 64 B5
la Chapelle-Saint-Sulpice(77) 44 A6
la Chapelle-Saint-Ursin(18) 97 F3
la Chapelle-Souëf(61) 60 D3
la Chapelle-sous-Brancion(71) 116 B2
la Chapelle-sous-Dun(71) 115 G4
la Chapelle-sous-Orbais(51) 45 E3
la Chapelle-sous-Uchon(71) 100 C5
Chapelle-Spinasse(19) 139 F1
la Chapelle-sur-Aveyron(45) 82 B1
la Chapelle-sur-Chézy(02) 44 B3
la Chapelle-sur-Coise(69) 129 G4
la Chapelle-sur-Dun(76) 9 G2
la Chapelle-sur-Erdre(44) 75 E5
la Chapelle-sur-Furieuse(39) 103 E3
la Chapelle-sur-Loire(37) 94 A1
la Chapelle-sur-Oreuse(89) 65 E3
la Chapelle-sur-Oudon(49) 76 A2
la Chapelle-sur-Usson(63) 127 H6
la Chapelle-Taillefert(23) 111 G6
la Chapelle-Thècle(71) 116 D1
la Chapelle-Thémer(85) 107 F1
la Chapelle-Thireuil(79) 107 H1
la Chapelle-Thouarault(35) 56 D2
la Chapelle-Urée(50) 37 E4
Chapelle-Vallon(10) 66 A2
la Chapelle-Vaupelteigne(89) 83 G1
la Chapelle-Vendômoise(41) 79 G3
la Chapelle-Vicomtesse(41) 61 F6
la Chapelle-Viel(61) 39 H4
la Chapelle-Villars(42) 129 H6
la Chapelle-Viviers(86) 109 H2
la Chapelle-Voland(39) 102 B5
la Chapelle-Yvon(14) 19 H6
les Chapelles(73) 133 F4
les Chapelles-Bourbon(77) 43 F5
Chapelon(45) 63 H5
la Chapelotte(18) 81 H6
Chapet(78) 41 H2
Chapois(39) 103 F4
Chaponnay(69) 130 B4
Chaponost(69) 129 H3
Chappes(03) 113 F3
Chappes(08) 14 B5
Chappes(10) 66 B4
Chappes(63) 127 F2
Chaptelat(87) 124 B2
Chaptuzat(63) 127 F1

Charbonnières-les-Bains(69) 129 H3
Charbonnières-les-Sapins(25) 103 G1
Charbonnières-les-Varennes(63) 127 E2
Charbonnières-les-Vieilles(63) 127 E1
Charbuy(89) 83 D2
la Charce(26) 159 F4
Charcé-Saint-Ellier-
sur-Aubance(49) 76 D5
Charcenne(70) 87 E5
Charchigné(53) 59 F1
Charchilla(39) 117 H2
Charcier(39) 102 D6
Chard(23) 126 B2
Chardeny(08) 26 A3
Chardogne(55) 47 E3
Chardonnay(71) 116 C2
Chareil-Cintrat(03) 113 H4
Charency(21) 85 E5
Charency(39) 103 F5
Charency-Vezin(54) 27 G2
Charens(26) 159 F3
Charensat(63) 126 C1
Charentay(69) 116 B6
Charentenay(89) 83 F3
Charentilly(37) 78 C5
Charenton-du-Cher(18) 97 H4
Charenton-le-Pont(94) 42 D4
Charentonnay(18) 98 B3
Charette(38) 131 E2
Charette-Varennes(71) 102 A4
Charey(54) 28 B6
Charézier(39) 102 D6
Chargé(37) 79 E5
Chargey-lès-Gray(70) 86 C4
Chargey-lès-Port(70) 87 F3
Chariez(70) 87 F3
Charigny(21) 84 D3
la Charité-sur-Loire(58) 98 C2
Charix(01) 117 H5
Charlas(31) 182 D1
Charleval(13) 173 G5
Charleval(27) 21 F4
Charleville(51) 45 D4
Charleville-Mézières(08) 14 D4
Charleville-sous-Bois(57) 29 E4
Charlieu(42) 115 F5
Charly(02) 44 B2
Charly(18) 98 A4
Charly(69) 130 A4
Charly-Oradour(57) 28 D5
Charmant(16) 122 C6
Charmauvillers(25) 105 F1
Charmé(16) 122 B1
la Charme(39) 102 C4
le Charme(45) 82 C2
la Charmée(71) 101 F6
Charmeil(03) 114 B5
le Charmel(02) 44 C1
Charmensac(15) 141 F3
Charmentray(77) 43 F3
Charmes(02) 24 A6
Charmes(03) 114 A6
Charmes(21) 86 B5
Charmes(52) 68 B6
Charmes(88) 69 G2
Charmes-en-l'Angle(52) 67 G2
Charmes-la-Côte(54) 48 B5
Charmes-la-Grande(52) 67 G2
Charmes-Saint-Valbert(70) 86 D2
Charmes-sous-Barbuise(10) 66 B2
les Charmontois(51) 26 D6
Charmois(54) 49 E6
Charmois(90) 88 D4
Charmois-devant-Bruyères(88) 70 A4
Charmois-l'Orgueilleux(88) 69 G4
Charmont(51) 46 D3
Charmont(95) 41 H1
Charmont-en-Beauce(45) 63 E3
Charmont-sous-Barbuise(10) 66 B2
Charmoy(10) 65 F2
Charmoy(71) 100 C5
Charmoy(89) 65 F6
Charnas(07) 143 H1
Charnat(63) 127 H2
Charnay(25) 103 F2
Charnay(69) 129 H2
Charnay-lès-Chalon(71) 101 H4
Charnay-lès-Mâcon(71) 116 B4
Charnècles(38) 145 F1
Charnizay(37) 95 F4
Charnod(39) 117 G3
Charnois(08) 15 E1
Charnoz-sur-Ain(01) 130 D2
Charny(21) 84 D6
Charny(77) 43 F2
Charny(89) 82 C1
Charny-le-Bachot(10) 45 F4
Charny-sur-Meuse(55) 27 F4
Charolles(71) 115 F4
Charols(26) 158 C3
Charonville(28) 61 H3
Chârost(18) 97 E4
Charpentry(55) 26 D4
Charpey(26) 144 C5
Charpont(28) 41 E5
Charquemont(25) 105 F1
Charraix(43) 142 A4
Charras(16) 122 D5
Charré(28) 61 H6
Charre(64) 179 G3
Charrecey(71) 101 E5
Charrey-sur-Saône(21) 101 H2
Charrey-sur-Seine(21) 66 C4
Charritte-de-Bas(64) 179 G3
Charron(17) 107 E4
Charron(23) 112 D6
Charroux(03) 113 H5
Charroux(86) 109 F5

238

Chars(95) 41 H1
Charsonville(45) 62 B6
Chartainvilliers(28) 41 F6
Chartèves(02) 44 C1
la Chartre-sur-le-Loir(72) 78 C3
Chartrené(49) 77 F4
Chartres(28) 62 A1
Chartres-de-Bretagne(35) 57 E3
Chartrettes(77) 64 A1
Chartrier-Ferrière(19) 138 C4
Chartronges(77) 44 B4
Chartuzac(17) 135 F1
Charvieu-Chavagneux(38) 130 C3
Charvonnex(74) 118 C6
Chas(63) 127 G3
Chaserey(10) 66 A6
Chasnais(85) 106 D2
Chasnans(25) 103 H2
Chasnay(58) 98 D1
Chasné-sur-Illet(35) 57 F2
Chaspinhac(43) 142 C4
Chaspuzac(43) 142 B4
la Chassagne(39) 102 C4
Chassagne(63) 127 E6
Chassagne-Montrachet(21) 101 F4
Chassagne-Saint-Denis(25) 103 G2
Chassagnes(43) 141 H3
Chassagny(69) 129 H4
Chassaignes(24) 136 C2
Chassal(39) 118 A3
Chassant(28) 61 G3
Chassé(72) 60 A2
Chasse-sur-Rhône(38) 130 A5
Chassegnuey(50) 37 E5
Chasselas(71) 116 B4
Chasselay(38) 145 E2
Chasselay(69) 129 H2
Chassemy(02) 24 C4
Chassenard(03) 115 E3
Chasseneuil(36) 111 E1
Chasseneuil-du-Poitou(86) 109 F1
Chasseneuil-sur-Bonnieure(16) 122 D3
Chassenon(16) 123 F2
Chasseradès(48) 156 C3
Chassey(21) 84 D4
Chassey-Beaupré(55) 68 B1
Chassey-le-Camp(71) 101 F4
Chassey-lès-Montbozon(70) 87 H4
Chassey-lès-Scey(70) 87 F3
Chassiecq(16) 122 D1
Chassiers(07) 157 F3
Chassieu(69) 130 B3
Chassignelles(89) 84 B2
Chassignieu(38) 131 E5
Chassignolles(36) 111 H2
Chassignolles(43) 141 H1
Chassigny(52) 86 B2
Chassigny-sous-Dun(71) 115 G4
Chassillé(72) 59 G5
Chassors(16) 121 H4
Chassy(18) 98 B3
Chassy(71) 115 F1
Chassy(89) 83 E1
le Chastang(19) 139 E3
Chastanier(48) 156 B2
Chasteaux(19) 138 C4
Chastel(43) 141 G4
Chastel-Arnaud(26) 158 D2
Chastel-Nouvel(48) 156 A3
Chastel-sur-Murat(15) 140 D3
Chastellux-sur-Cure(89) 83 H5
Chastreix(63) 126 C6
la Châtaigneraie(85) 92 C6
Chatain(86) 109 F6
Châtaincourt(28) 40 D5
Châtas(88) 70 D2
Château(71) 116 A3
Château-Arnoux-Saint-Auban(04) 175 E2
Château-Bernard(38) 145 F4
Château-Bréhain(57) 49 F2
Château-Chalon(39) 102 D5
Château-Chervix(87) 124 B5
Château-Chinon(Campagne)(58) 100 A3
Château-Chinon(Ville)(58) 100 A3
le Château-d'Almenêches(61) 39 E5
Château-des-Prés(39) 118 A2
le Château-d'Oléron(17) 120 B2
Château-d'Olonne(85) 90 D6
Château-du-Loir(72) 78 B3
Château-Gaillard(01) 130 D1
Château-Garnier(86) 109 F4
Château-Gontier(53) 58 D6
Château-Guibert(85) 91 G6
Château-la-Vallière(37) 78 A4
Château-l'Abbaye(59) 5 H5
Château-Landon(77) 64 A4
Château-Larcher(86) 109 F3
Château-l'Évêque(24) 137 F2
Château-l'Hermitage(72) 77 H2
Château-Porcien(08) 14 B6
Château-Renault(37) 79 E4
Château-Rouge(57) 29 F3
Château-Salins(57) 49 F3
Château-sur-Allier(03) 98 C5
Château-sur-Cher(63) 112 D6
Château-sur-Epte(27) 21 H6
Château-Thébaud(44) 91 F1
Château-Thierry(02) 44 C2
Château-Verdun(09) 198 C3
Château-Ville-Vieille(05) 147 G6
Château-Voué(57) 49 G3
Châteaubernard(16) 121 G4
Châteaubleau(77) 43 H6
Châteaubourg(07) 144 B4
Châteaubourg(35) 57 G3
Châteaubriant(44) 57 G6
Châteaudouble(26) 144 C5
Châteaudouble(83) 175 H6
Châteaudun(28) 61 H5
Châteaufort(04) 160 B5
Châteaufort(78) 42 B5
Châteaugay(63) 127 F2
Châteaugiron(35) 57 F3

Châteaulin(29) 53 F2
Châteaumeillant(18) 112 B2
Châteauneuf(21) 101 E1
Châteauneuf(42) 129 H5
Châteauneuf(71) 115 G5
Châteauneuf(73) 132 B4
Châteauneuf(85) 90 C3
Châteauneuf-de-Bordette(26) 158 D5
Châteauneuf-de-Chabre(05) 159 H5
Châteauneuf-de-Gadagne(84) 173 E3
Châteauneuf-de-Galaure(26) 144 B2
Châteauneuf-de-Randon(48) 156 B2
Châteauneuf-de-Vernoux(07) 143 H5
Châteauneuf-d'Entraunes(06) 161 G6
Châteauneuf-d'Ille-et-Vilaine(35) 34 D4
Châteauneuf-d'Oze(05) 160 A3
Châteauneuf-du-Faou(29) 53 H2
Châteauneuf-du-Pape(84) 172 D2
Châteauneuf-du-Rhône(26) 158 A4
Châteauneuf-en-Thymerais(28) 40 D6
Châteauneuf-Grasse(06) 176 D5
Châteauneuf-la-Forêt(87) 124 D4
Châteauneuf-le-Rouge(13) 191 E2
Châteauneuf-les-Bains(63) 126 D1
Châteauneuf-les-Martigues(13) 190 B3
Châteauneuf-Miravail(04) 159 H6
Châteauneuf-sur-Charente(16) 122 A5
Châteauneuf-sur-Cher(18) 97 F5
Châteauneuf-sur-Isère(26) 144 B4
Châteauneuf-sur-Loire(45) 81 E1
Châteauneuf-sur-Sarthe(49) 76 D3
Châteauneuf-Val-de-Bargis(58) 82 D6
Châteauneuf-Val-Saint-Donat(04) 174 D2
Châteauneuf-Villevieille(06) 177 F4
Châteauponsac(87) 110 D6
Châteauredon(04) 175 F2
Châteaurenard(13) 173 E4
Châteaurenard(45) 64 B6
Châteauroux(36) 96 B5
Châteauroux-les-Alpes(05) 161 E2
Châteauvert(83) 191 H2
Châteauvieux(05) 160 B3
Châteauvieux(41) 95 H1
Châteauvieux(83) 176 A5
Châteauvieux-les-Fossés(25) 103 G2
Châteauvilain(38) 130 D5
Châteauvillain(52) 67 G5
le Châtel(73) 146 D1
Châtel(74) 119 G3
Châtel-Censoir(89) 83 F4
Châtel-Chéhéry(08) 26 D4
Châtel-de-Joux(39) 118 A1
Châtel-de-Neuvre(03) 114 A3
Châtel-Gérard(89) 84 B3
Châtel-Montagne(03) 114 C6
Châtel-Moron(71) 101 E5
Châtel-Saint-Germain(57) 28 C5
Châtel-sur-Moselle(88) 69 H2
Châtelaillon-Plage(17) 107 E6
la Châtelaine(39) 103 E4
Châtelais(49) 76 A2
le Châtelard(23) 126 B1
le Châtelard(73) 132 B3
Châtelaudren(22) 33 F4
Châtelay(39) 102 D3
Châtelblanc(25) 103 G6
Châteldon(63) 127 H1
le Châtelet(18) 112 B1
le Châtelet-en-Brie(77) 64 A1
le Châtelet-sur-Meuse(52) 68 C5
le Châtelet-sur-Retourne(08) 25 H4
le Châtelet-sur-Sormonne(08) 14 C3
les Châtelets(28) 40 C5
le Chateley(39) 102 C4
Châtelguyon(63) 127 E2
le Châtelier(51) 46 D2
Châtellenot(21) 100 D1
Châtellerault(86) 94 C5
le Châtellier(35) 35 H5
le Châtellier(61) 37 H4
les Châtelliers-Châteaumur(85) 92 B4
les Châtelliers-Notre-Dame(28) 61 G3
Châtelneuf(39) 103 E6
Châtelneuf(42) 128 C4
Châtelperron(03) 114 C3
Châtelraould-Saint-Louvent(51) 46 B5
Châtelus(03) 113 H4
Châtelus(38) 145 E4
Châtelus(42) 129 G5
Châtelus-le-Marcheix(23) 124 D1
Châtelus-Malvaleix(23) 112 A4
Châtenay(01) 117 E6
Châtenay(28) 62 D2
Châtenay(38) 144 D1
Châtenay(71) 115 H4
Châtenay-en-France(95) 42 D2
Châtenay-Mâcheron(52) 86 B1
Châtenay-Malabry(92) 42 C4
Châtenay-sur-Seine(77) 64 C2
Châtenay-Vaudin(52) 86 B1
Chatenet(17) 135 G2
le Châtenet-en-Dognon(87) 124 C2
Châtenois(39) 87 H2
Châtenois(67) 71 F3
Châtenois(70) 87 H2
Châtenois(88) 68 D2
Châtenois-les-Forges(90) 88 D4
Châtenoy(45) 63 G4
Châtenoy(77) 63 H5
Châtenoy-en-Bresse(71) 101 G5
Châtenoy-le-Royal(71) 101 F5
Châtignonville(91) 62 D1
Châtillon(03) 113 H3
Châtillon(39) 102 D6
Châtillon(69) 129 H2
Châtillon(86) 109 E4
Châtillon(92) 42 C4
Châtillon-Coligny(45) 82 B2
Châtillon-en-Bazois(58) 99 G3
Châtillon-en-Diois(26) 159 F2

Châtillon-en-Dunois(28) 61 G5
Châtillon-en-Michaille(01) 118 A5
Châtillon-en-Vendelais(35) 58 A3
Châtillon-Guyotte(25) 87 G5
Châtillon-la-Borde(77) 43 F6
Châtillon-la-Palud(01) 130 D1
Châtillon-le-Duc(25) 87 F6
Châtillon-le-Roi(45) 63 E4
Châtillon-lès-Sons(02) 24 D1
Châtillon-Saint-Jean(26) 144 C3
Châtillon-sous-les-Côtes(55) 27 G5
Châtillon-sur-Broué(51) 46 C6
Châtillon-sur-Chalaronne(01) 116 C5
Châtillon-sur-Cher(41) 96 A1
Châtillon-sur-Cluses(74) 119 F5
Châtillon-sur-Colmont(53) 58 D2
Châtillon-sur-Indre(36) 95 G4
Châtillon-sur-Lison(25) 103 F2
Châtillon-sur-Loire(45) 82 A4
Châtillon-sur-Marne(51) 45 E1
Châtillon-sur-Morin(51) 44 D5
Châtillon-sur-Oise(02) 12 D6
Châtillon-sur-Saône(88) 69 E6
Châtillon-sur-Seine(21) 85 E1
Châtillon-sur-Thouet(79) 93 F6
Châtin(58) 99 H2
Châtonnay(38) 130 D5
Chatonrupt-Sommermont(52) 47 E6
Chatou(78) 42 B3
la Châtre(36) 111 H2
la Châtre-Langlin(36) 111 E3
Châtres(10) 65 H1
Châtres(24) 138 A3
Châtres(77) 43 F5
Châtres-la-Forêt(53) 59 E4
Châtres-sur-Cher(41) 96 D1
Châtrices(51) 26 D6
Chattancourt(55) 27 F4
Chatte(38) 144 D3
Chaucenne(25) 87 E6
Chauchailles(48) 155 F1
Chauché(85) 91 G4
le Chauchet(23) 112 C6
Chauchigny(10) 66 A2
Chauconin-Neufmontiers(77) 43 F2
Chaudardes(02) 25 E4
Chaudebonne(26) 158 D4
Chaudefonds-sur-Layon(49) 76 B6
Chaudefontaine(25) 87 G5
Chaudefontaine(51) 26 C5
Chaudenay(52) 86 C1
Chaudenay(71) 101 F4
Chaudenay-la-Ville(21) 101 E2
Chaudenay-le-Château(21) 101 E2
Chaudeney-sur-Moselle(54) 48 B5
Chaudes-Aigues(15) 141 E6
Chaudeyrac(48) 156 B2
Chaudeyrolles(43) 143 E5
la Chaudière(26) 158 D2
Chaudon(28) 41 F5
Chaudon-Norante(04) 175 G3
Chaudrey(10) 66 C1
Chaudron-en-Mauges(49) 75 H5
Chaudun(02) 24 B5
Chauffailles(71) 115 G5
Chauffayer(05) 146 B6
Chauffecourt(88) 69 F2
Chauffour-lès-Bailly(10) 66 C4
Chauffour-lès-Étréchy(91) 63 E1
Chauffour-sur-Vell(19) 138 D4
Chauffours(28) 61 H2
Chauffourt(52) 68 B5
Chauffry(77) 44 A4
Chaufour-lès-Bonnières(78) 41 F2
Chaufour-Notre-Dame(72) 59 H5
Chaugey(21) 85 G2
Chaulgnes(58) 98 C2
Chaulhac(48) 141 G5
Chaulieu(50) 37 F4
la Chaulme(63) 128 C6
Chaulnes(80) 11 H6
Chaum(31) 196 D3
Chaumard(58) 99 H2
la Chaume(21) 67 F6
Chaume-et-Courchamp(21) 86 B3
Chaume-lès-Baigneux(21) 85 E3
Chaumeil(19) 125 F6
Chaumercenne(70) 86 D6
Chaumergy(39) 102 C4
Chaumes-en-Brie(77) 43 F5
Chaumesnil(10) 66 D2
Chaumont(18) 98 A5
Chaumont(52) 67 H4
Chaumont(61) 39 F3
Chaumont(74) 118 B6
Chaumont(89) 64 C3
Chaumont-d'Anjou(49) 77 E4
Chaumont-devant-Damvillers(55) 27 G3
Chaumont-en-Vexin(60) 22 A6
Chaumont-la-Ville(52) 68 C4
Chaumont-le-Bois(21) 66 D6
Chaumont-le-Bourg(63) 128 B6
Chaumont-Porcien(08) 14 B5
Chaumont-sur-Aire(55) 47 F2
Chaumont-sur-Loire(41) 79 H5
Chaumont-sur-Tharonne(41) 80 C4
Chaumontel(95) 42 D1
Chaumot(58) 99 G1
Chaumot(89) 64 D5
Chaumousey(88) 69 G3
Chaumoux-Marcilly(18) 98 A2
Chaumussay(37) 95 E3
la Chaumusse(39) 118 B1
Chaumuzy(51) 45 E1
Chaunac(17) 135 F1
Chaunay(86) 109 E5
Chauny(02) 24 A2
Chauray(79) 108 A3
Chauriat(63) 127 G3
la Chaussade(23) 125 H1
la Chaussaire(49) 75 G6

Chaussan(69) 129 H4
la Chaussée(76) 9 F3
la Chaussée(86) 93 H4
la Chaussée-d'Ivry(28) 41 F3
la Chaussée-Saint-Victor(41) 79 G4
la Chaussée-sur-Marne(51) 46 B3
la Chaussée-Tirancourt(80) 11 E5
Chaussenac(15) 139 H3
Chaussenans(39) 102 D4
Chausseterre(42) 128 B2
Chaussin(39) 102 B3
Chaussoy-Epagny(80) 22 D1
Chaussy(45) 62 D4
Chaussy(95) 41 G1
le Chautay(18) 98 C4
Chauvac(26) 159 F5
Chauvé(44) 74 B6
Chauvency-le-Château(55) 15 H6
Chauvency-Saint-Hubert(55) 15 H6
Chauvigné(35) 35 G5
Chauvigny(86) 109 H2
Chauvigny-du-Perche(41) 61 G6
Chauvincourt-Provemont(27) 21 G5
Chauvirey-le-Châtel(70) 86 D1
Chauvirey-le-Vieil(70) 86 D1
Chauvoncourt(55) 47 H3
Chauvry(95) 42 C2
Chaux(21) 101 G2
Chaux(39) 117 G3
la Chaux(25) 104 C3
la Chaux(61) 38 C5
la Chaux(71) 102 A4
Chaux(90) 88 D2
Chaux-Champagny(39) 103 E4
Chaux-des-Crotenay(39) 103 F6
Chaux-des-Prés(39) 118 A2
la Chaux-du-Dombief(39) 103 E6
la Chaux-en-Bresse(39) 102 C4
Chaux-la-Lotière(70) 87 F5
Chaux-lès-Clerval(25) 88 B5
Chaux-lès-Passavant(25) 87 H6
Chaux-lès-Port(70) 87 F2
Chaux-Neuve(25) 103 G6
Chauzon(07) 157 F4
Chavagnac(15) 140 D3
Chavagnac(24) 138 B4
Chavagne(35) 57 E3
Chavagnes(49) 76 D6
Chavagnes-en-Paillers(85) 91 G3
Chavagnes-les-Redoux(85) 92 B5
Chavaignes(49) 77 G4
Chavanac(19) 125 G4
Chavanat(23) 125 F2
Chavanatte(90) 89 E3
Chavanay(42) 129 H6
Chavanges(10) 46 B6
Chavaniac-Lafayette(43) 142 A3
Chavannaz(74) 118 B6
Chavanne(70) 88 C4
la Chavanne(73) 132 A5
Chavannes(18) 97 G5
Chavannes(26) 144 B3
les Chavannes-en-Maurienne(73) 132 C6
Chavannes-les-Grands(90) 89 E3
Chavannes-sur-l'Étang(68) 89 E3
Chavannes-sur-Reyssouze(01) 116 D3
Chavannes-sur-Suran(01) 117 F4
Chavanod(74) 132 A1
Chavanoz(38) 130 C3
Chavaroux(63) 127 G2
la Chavatte(80) 23 F1
Chaveignes(37) 94 B3
Chavelot(88) 69 H3
Chavenat(16) 122 B6
Chavenay(78) 42 A4
Chavençon(60) 22 B6
Chavenon(03) 113 G3
Chavéria(39) 117 G2
Chaveroche(19) 125 H5
Chaveyriat(01) 116 D5
Chavignon(02) 24 C4
Chavigny(54) 48 D5
Chavigny-Bailleul(27) 40 D3
Chaville(92) 42 C4
Chavin(36) 111 F2
Chavonne(02) 24 C4
Chavornay(01) 131 G2
Chavot-Courcourt(51) 45 F2
Chavoy(50) 35 H2
Chavroches(03) 114 C4
le Chay(17) 120 D4
Chay(25) 103 E2
Chazay-d'Azergues(69) 129 H2
la Chaze-de-Peyre(48) 155 G2
Chazé-Henry(49) 75 G1
Chazé-sur-Argos(49) 76 A3
Chazelet(36) 111 E2
Chazelles(15) 141 G4
Chazelles(16) 122 D4
Chazelles(39) 117 F3
Chazelles(43) 142 A3
Chazelles-sur-Albe(54) 49 H5
Chazelles-sur-Lavieu(42) 128 D5
Chazelles-sur-Lyon(42) 129 F4
Chazemais(03) 112 D2
Chazeuil(21) 86 B3
Chazeuil(58) 99 E1
Chazey-Bons(01) 131 G2
Chazey-sur-Ain(01) 130 D2
Chazilly(21) 101 E2
les Chazes(43) 142 A4
Chazot(25) 88 B6
Chécy(45) 80 D1
Chédigny(37) 95 E2
Chef-Boutonne(79) 108 C6
Chef-du-Pont(50) 17 E4
Chef-Haut(88) 69 E2
Cheffes(49) 76 C3
Cheffois(85) 92 B6
Cheffreville-Tonnencourt(14) 19 G6
le Chefresne(50) 37 E2
Chéhéry(08) 15 E5
Cheignieu-la-Balme(01) 131 F2

Cheillé(37) 94 B1
Cheilly-lès-Maranges(71) 101 E4
Chein-Dessus(31) 182 C6
Cheissoux(87) 124 D3
le Cheix(63) 127 F1
Cheix-en-Retz(44) 74 C6
Chélan(32) 182 A3
Chelers(62) 4 B6
Chélieu(38) 131 E5
Chelle-Debat(65) 181 F3
Chelle-Spou(65) 181 F5
Chelles(60) 23 H3
Chelles(77) 43 E3
Chelun(35) 57 H5
Chemaudin(25) 87 E6
Chemazé(53) 76 B2
Chemellier(49) 76 D6
Chemenot(39) 102 C4
Chémeré(44) 90 C1
Chémeré-le-Roi(53) 59 E5
Chémery(41) 79 H6
Chémery-les-Deux(57) 29 E3
Chémery-sur-Bar(08) 15 E5
Chemilla(39) 117 G3
Chemillé(49) 92 C1
Chemillé-le-Gaudin(37) 78 C3
Chemillé-sur-Indrois(37) 95 G2
Chemilli(61) 60 C2
Chemilly(03) 114 A2
Chemilly(70) 87 F2
Chemilly-sur-Serein(89) 83 H2
Chemilly-sur-Yonne(89) 65 F6
Chemin(39) 102 B3
le Chemin(51) 26 D6
Chemin-d'Aisey(21) 85 E2
Cheminas(07) 144 A3
Cheminon(51) 46 D4
Cheminot(57) 48 D2
Chemiré-en-Charnie(72) 59 G4
Chemiré-le-Gaudin(72) 59 H6
Chemiré-sur-Sarthe(49) 76 D2
Chemy(59) 5 E3
Chenac-Saint-Seurin-d'Uzet(17) 120 D5
Chenailler-Mascheix(19) 139 E4
la Chenalotte(25) 105 E2
Chénas(69) 116 B5
Chenaud(24) 136 B2
Chenay(51) 25 F5
Chenay(72) 60 A2
Chenay(79) 108 D4
Chenay-le-Châtel(71) 115 E5
le Chêne(10) 45 G6
Chêne-Arnoult(89) 82 C1
Chêne-Bernard(39) 102 C4
Chêne-en-Semine(74) 118 A6
Chêne-Sec(39) 102 B4
Chenebier(70) 88 C3
Chenecey-Buillon(25) 103 F1
Cheneché(86) 94 A6
Chênedollé(14) 37 G3
Chênedouit(61) 38 B4
Chênehutte-Trèves-Cunault(49) 77 E6
Chénelette(69) 115 H5
Chénérailles(23) 112 B6
Chenereilles(42) 128 D6
Chenereilles(43) 143 E3
Chenevelles(86) 94 D6
Chenevières(54) 49 G6
Chenevrey-et-Morogne(70) 86 D6
Chênex(74) 118 B5
Cheney(89) 66 A6
Chenicourt(54) 49 E3
Chenières(54) 28 A2
Cheniers(23) 111 G4
Cheniers(51) 45 H3
Chenillé-Changé(49) 76 B2
Cheniménil(88) 70 A4
Chennebrun(27) 40 A5
Chennegy(10) 65 H3
Chennevières-lès-Louvres(95) 43 E2
Chennevières-sur-Marne(94) 43 E4
Chenois(57) 29 E6
Chenoise(77) 44 A6
Chenommet(16) 122 C2
Chenon(16) 122 C1
Chenonceaux(37) 79 F6
Chenou(77) 63 H4
Chenôve(21) 85 G6
Chenôves(71) 101 E6
Chens-sur-Léman(74) 118 D3
Chenu(72) 78 A4
Cheny(89) 65 F6
Chepniers(17) 135 G2
Chepoix(60) 22 D2
la Cheppe(51) 26 A4
Cheppes-la-Prairie(51) 46 A3
Cheppy(55) 27 E5
Cheptainville(91) 42 C6
Chepy(51) 46 A3
Chépy(80) 10 B4
Chérac(17) 121 F3
Chérancé(53) 76 A1
Chérancé(72) 60 A3
Chéraute(64) 179 G4
Cherbonnières(17) 121 G1
Cherbourg(50) 16 D1
Chérence(95) 41 G1
Chérencé-le-Héron(50) 36 D3
Chérencé-le-Roussel(50) 37 E4
Chéreng(59) 5 F4
les Chères(69) 129 H2
Chéret(02) 24 D4
Chériennes(62) 10 D2
Cherier(42) 128 C1
Chérigné(79) 108 C5
les Chéris(50) 35 H3
Chérisay(72) 60 A2
Chérisey(57) 48 D2
Cherisy(28) 41 E4
Chérisy(62) 12 A2
Chérizet(71) 116 A2
Chermignac(17) 121 E4
Chermisey(88) 68 C1

Chermizy-Ailles(02)......24 D4
Chéronnac(87)......123 F3
Chéronvilliers(27)......40 A4
Chéroy(89)......64 C4
Cherré(49)......76 C2
Cherré(72)......60 D4
Cherreau(72)......60 D4
Cherueix(35)......35 F3
Cherval(24)......136 D1
Cherveix-Cubas(24)......137 H2
Cherves(86)......93 G6
Cherves-Châtelars(16)......123 E3
Cherves-Richemont(16)......121 G3
Chervettes(17)......107 G6
Cherveux(79)......108 B3
Chervey(10)......66 D4
Cherville(51)......45 G2
Chéry(18)......97 E2
Chéry-Chartreuve(02)......24 D6
Chéry-lès-Pouilly(02)......24 D2
Chéry-lès-Rozoy(02)......14 A4
Chesley(10)......66 B6
le Chesnay(78)......42 B4
le Chesne(08)......15 E6
le Chesne(27)......40 C3
Chesnois-Auboncourt(08)......14 D6
Chesny(57)......28 D6
Chessenaz(74)......118 B6
Chessy(69)......129 G2
Chessy(77)......43 F3
Chessy-les-Prés(10)......65 H5
Chéu(89)......65 G6
Cheuge(21)......86 B5
Cheust(65)......181 E6
Cheux(14)......18 B5
Chevagnes(03)......114 B1
Chevagny-les-Chevrières(71)......116 B3
Chevagny-sur-Guye(71)......115 H2
Chevaigné(35)......57 F2
Chevaigné-du-Maine(53)......59 F1
le Chevain(72)......60 A2
Cheval-Blanc(84)......173 F5
Chevaline(74)......132 C2
la Chevallerais(44)......74 D3
Chevanceaux(17)......135 G4
Chevannay(21)......85 E5
Chevannes(21)......101 F2
Chevannes(45)......64 B4
Chevannes(89)......83 F2
Chevannes(91)......63 G1
Chevannes-Changy(58)......83 E6
Chevennes(58)......98 D4
Chevenoz(74)......119 F3
Cheverny(41)......79 H5
Cheveuges(08)......15 E5
Chevières(08)......26 D3
Chevigney(70)......86 D5
Chevigney-lès-Vercel(25)......103 H1
Chevigny-sur-l'Ognon(25)......87 E6
Chevigny(39)......102 C1
Chevigny-en-Valière(21)......101 G3
Chevigny-Saint-Sauveur(21)......85 H6
Chevillard(01)......117 G5
Chevillé(72)......59 G5
Chevillon(52)......47 E6
Chevillon(89)......64 D6
Chevillon-sur-Huillard(45)......63 H6
la Chevillotte(25)......87 G6
Chevilly(45)......62 D5
Chevilly-Larue(94)......42 D4
Chevinay(69)......129 G3
Chevincourt(60)......23 G4
Cheviré-le-Rouge(49)......77 E3
Chevrainvilliers(77)......63 H3
Chevreaux(39)......117 F2
Chevregny(02)......24 D4
Chèvremont(90)......88 D3
la Chèvrerie(16)......109 E6
Chevresis-Monceau(02)......24 C1
Chevreuse(78)......42 B5
Chèvreville(50)......37 E5
Chèvreville(60)......43 F1
Chevrier(74)......118 B5
Chevrières(38)......144 D2
Chevrières(42)......129 F5
Chevrières(60)......23 F5
Chevroches(58)......83 F5
la Chevrolière(44)......91 E1
Chevrotaine(39)......103 E6
Chevroux(01)......116 C3
Chevroz(25)......87 F5
Chevru(77)......44 A5
Chevry(01)......118 B4
Chevry(50)......37 G2
Chevry-Cossigny(77)......43 E5
Chevry-en-Sereine(77)......64 B3
Chevry-sous-le-Bignon(45)......64 B6
Chey(79)......108 D4
Cheylade(15)......140 C3
le Cheylard(07)......143 F5
Cheylard-l'Évêque(48)......156 C2
le Cheylas(38)......132 A6
Cheyssieu(38)......130 A6
Chezal-Benoît(18)......97 E5
la Chèze(22)......55 G2
Chèze(65)......195 G3
Chezelle(03)......113 H5
Chezelles(36)......96 B5
Chezelles(37)......94 B3
Chèzeneuve(38)......130 D5
Chézery-Forens(01)......118 A4
Chézy(03)......114 B1
Chézy-en-Orxois(02)......44 A1
Chézy-sur-Marne(02)......44 B2
Chiatra(2B)......205 G3
Chiché(79)......93 E5
Chicheboville(14)......18 D5
Chichée(89)......83 H2
Chichery(89)......65 H6
Chichey(51)......45 E3
Chichilianne(38)......145 F6
Chicourt(57)......49 F2

Chiddes(58)......100 A5
Chiddes(71)......116 A2
Chidrac(63)......127 F5
Chierry(02)......44 C2
Chieulles(57)......28 D5
Chigné(49)......77 G4
Chignin(73)......132 A5
Chigny(02)......13 F5
Chigny-les-Roses(51)......45 F1
Chigy(89)......65 F4
Chilhac(43)......141 H3
Chillac(16)......135 H1
Chille(39)......102 C6
Chilleurs-aux-Bois(45)......63 E5
le Chillou(79)......93 F5
Chilly(08)......14 C3
Chilly(74)......118 B6
Chilly(80)......23 H1
Chilly-le-Vignoble(39)......102 C6
Chilly-Mazarin(91)......42 C5
Chilly-sur-Salins(39)......103 E4
Chimilin(38)......131 F4
Chindrieux(73)......131 H2
Chipilly(80)......11 H5
Chirac(16)......123 F2
Chirac(48)......155 G3
Chirac-Bellevue(19)......125 H6
Chirassimont(42)......129 E2
Chirat-l'Église(03)......113 G5
Chiré-en-Montreuil(86)......93 H6
Chirens(38)......131 F6
Chirmont(80)......22 D2
Chirols(07)......157 F2
Chiroubles(69)......116 B5
Chiry-Ourscamps(60)......23 H3
Chis(65)......181 F4
Chisa(2B)......207 F1
Chissay-en-Touraine(41)......79 F6
Chisseaux(37)......79 F6
Chisséria(39)......117 G3
Chissey-en-Morvan(71)......100 C2
Chissey-lès-Mâcon(71)......116 B2
Chissey-sur-Loue(39)......102 D3
Chitenay(41)......79 G5
Chitray(36)......111 E1
Chitry(89)......83 G3
Chitry-les-Mines(58)......99 G1
Chives(17)......122 A1
Chivres(21)......101 H3
Chivres-en-Laonnois(02)......25 E2
Chivres-Val(02)......24 C4
Chivy-lès-Étouvelles(02)......24 D3
Chizé(79)......108 B5
Chocques(62)......3 G6
Choilley-Dardenay(52)......86 B3
Choisel(78)......42 B5
Choiseul(52)......68 C5
Choisey(39)......102 C2
Choisies(59)......13 H3
Choisy(74)......118 C6
Choisy-au-Bac(60)......23 G4
Choisy-en-Brie(77)......44 A4
Choisy-la-Victoire(60)......23 E5
Choisy-le-Roi(94)......42 D4
Cholet(49)......92 B2
Cholonge(38)......145 H4
Choloy-Ménillot(54)......48 B5
Chomelix(43)......142 C2
Chomérac(07)......157 H2
la Chomette(43)......141 H2
Chonas-l'Amballan(38)......130 A6
Chonville-Malaumont(55)......47 H4
Chooz(08)......15 E1
Choqueuse-les-Bénards(60)......22 B2
Choranche(38)......145 E4
Chorey-les-Beaune(21)......101 G3
Chorges(05)......160 C3
Chouain(14)......18 B4
Chouday(36)......97 E4
Choué(41)......61 F6
Chougny(58)......99 G3
Chouilly(51)......45 F2
Chouppes(86)......93 H5
Chourgnac(24)......137 H2
Choussy(41)......79 G6
Chouvigny(03)......113 G6
Choux(39)......118 A3
les Choux(45)......81 H2
Chouy(02)......24 B6
Chouzé-sur-Loire(37)......93 H1
Chouzelot(25)......103 E2
Chouzy-sur-Cisse(41)......79 G4
Choye(70)......87 E5
Chozeau(38)......130 D3
Chuelles(45)......64 B6
Chuffilly-Roche(08)......26 B2
Chuignes(80)......11 H6
Chuignolles(80)......11 H6
Chuisnes(28)......61 G2
Chusclan(30)......172 C1
Chuyer(42)......129 H6
Chuzelles(38)......130 B4
Ciadoux(31)......182 B4
Ciamannacce(2A)......207 E1
Cibourg(65)......178 B2
Cideville(76)......9 E5
Ciel(71)......101 H4
Cier-de-Luchon(31)......196 D4
Cier-de-Rivière(31)......182 B6
Cierges(24)......24 D6
Cierges-sous-Montfaucon(55)......27 E3
Cierp-Gaud(31)......196 D3
Cierrey(27)......40 D2
Cierzac(17)......121 G5
Cieurac(46)......152 C5
Cieutat(65)......181 F5
Cieux(87)......123 H1
Ciez(58)......82 D5
Cigogné(37)......95 E1
Cilly(02)......25 E1
Cinais(37)......94 A2
Cindré(03)......114 C4

Cinq-Mars-la-Pile(37)......78 B6
Cinqueux(60)......23 E5
Cintegabelle(31)......183 H4
Cintheaux(14)......18 D6
Cintray(27)......40 B4
Cintray(28)......61 H2
Cintré(35)......56 D3
Cintrey(70)......86 D2
la Ciotat(13)......191 E5
Cipières(06)......176 D4
Ciral(61)......38 C6
Ciran(37)......95 E3
Circourt(88)......69 G3
Circourt-sur-Mouzon(88)......68 D2
Ciré-d'Aunis(17)......107 F6
Cirès(31)......196 C4
Cires-lès-Mello(60)......22 D5
Cirey(70)......87 G5
Cirey-lès-Mareilles(52)......68 A3
Cirey-lès-Pontailler(21)......86 B1
Cirey-sur-Blaise(52)......67 G2
Cirey-sur-Vezouze(54)......50 A6
Cirfontaines-en-Azois(52)......67 F4
Cirfontaines-en-Ornois(52)......68 B1
Cirière(79)......92 C4
Ciron(36)......110 D1
Ciry-le-Noble(71)......115 G1
Ciry-Salsogne(02)......24 C5
Cisai-Saint-Aubin(61)......39 F4
Cisery(89)......84 B4
Cissac-Médoc(33)......134 C2
Cissé(86)......109 E1
Cisternes-la-Forêt(63)......126 C3
Cistrières(43)......142 A2
Citerne(80)......10 C5
Citers(70)......87 H2
Citey(70)......87 E4
Citou(11)......185 G3
Citry(77)......44 B2
Civaux(86)......109 H3
Civens(42)......118 B6
Civières(27)......21 G6
Civrac-de-Blaye(33)......135 F3
Civrac-en-Médoc(33)......134 C1
Civrac-sur-Dordogne(33)......135 H6
Civray(18)......97 E4
Civray(86)......109 F5
Civray-de-Touraine(37)......79 F6
Civray-sur-Esves(37)......94 D3
Civrieux(01)......130 A1
Civrieux-d'Azergues(69)......129 H2
Civry(28)......62 A5
Civry-en-Montagne(21)......85 E6
Civry-la-Forêt(78)......41 F3
Cizancourt(80)......12 A6
Cizay-la-Madeleine(49)......93 F1
Cize(01)......117 F4
Cize(39)......103 E5
Cizely(58)......99 F3
Cizos(65)......181 H4
Clacy-et-Thierret(02)......24 C3
Cladech(24)......137 H6
Claira(66)......200 D3
Clairac(47)......150 D5
Clairavaux(23)......125 G3
Clairefontaine-en-Yvelines(78)......41 H6
Clairefougère(61)......37 G3
Clairegoutte(70)......88 B3
Clairfayts(59)......13 H3
Clairfontaine(02)......13 G5
Clairmarais(62)......3 F3
Clairoix(60)......23 G4
Clairvaux-d'Aveyron(12)......154 A4
Clairvaux-les-Lacs(39)......117 H1
Clairy-Saulchoix(80)......11 E6
Clais(76)......9 H4
Claix(16)......122 B5
Claix(38)......145 G3
Clam(17)......121 F5
Clamanges(51)......45 G4
Clamart(92)......42 C4
Clamecy(02)......24 B4
Clamecy(58)......83 F5
Clamensane(04)......160 B5
Clamerey(21)......84 D5
Clans(06)......177 E2
Clans(70)......87 F3
Clansayes(26)......158 B5
le Claon(55)......26 D5
le Clapier(12)......170 A4
Clapiers(34)......171 F6
Clara(66)......199 H4
Clarac(31)......182 B5
Clarac(65)......181 F4
Claracq(64)......180 C2
Clarafond(74)......118 B6
Clarbec(14)......19 F4
Clarens(65)......181 H5
Clarensac(30)......171 H4
Claret(04)......160 A4
Claret(34)......171 F4
Clarques(62)......3 E5
Clary(59)......12 D4
Classun(40)......163 H5
Clastres(02)......24 A1
Clasville(76)......8 D3
le Clat(11)......199 G3
Claudon(88)......69 F5
le Claux(15)......140 C3
Clavans-en-Haut-Oisans(38)......146 B3
Claveisolles(69)......115 H6
Clavette(17)......107 E5
Claveyson(26)......144 B3
Clavières(15)......141 G5
Claviers(83)......176 A6
Claville(27)......40 C2
Claville-Motteville(76)......9 G4
Clavy-Warby(08)......14 C4
la Claye(85)......106 D2
Clayes(35)......56 D2
les Clayes-sous-Bois(78)......42 A4

la Clayette(71)......115 G4
Clayeures(54)......49 F6
Clécy(14)......38 A2
Cléden-Cap-Sizun(29)......52 C3
Cléden-Poher(29)......54 A1
Cléder(29)......31 G3
Clèdes(40)......164 A6
Cleebourg(67)......51 F2
Clefmont(52)......68 B4
Clefs(49)......77 F3
les Clefs(74)......132 C2
Cléguer(56)......54 C4
Cléguérec(56)......55 E2
Clelles(38)......145 G6
Clémencey(21)......85 F6
Clémensat(63)......127 F5
Clémery(54)......48 D3
Clémont(18)......81 F4
Clénay(21)......85 H5
Clenleu(62)......2 C6
Cléon(76)......20 D5
Cléon-d'Andran(26)......158 B2
Cleppé(42)......129 E3
Clérac(17)......135 G3
Cléré-du-Bois(36)......95 F4
Cléré-les-Pins(37)......78 B5
Cléré-sur-Layon(49)......93 E2
Clères(76)......9 F5
Clérey(10)......66 B4
Clérey-la-Côte(88)......48 B6
Clérey-sur-Brenon(54)......48 D6
Clergoux(19)......139 F2
Clérieux(26)......144 B4
les Clérimois(89)......65 E3
le Clerjus(88)......69 G5
Clerlande(63)......127 F2
Clermain(71)......116 A3
Clermont(09)......183 F6
Clermont(40)......163 E5
Clermont(60)......22 D5
Clermont(74)......118 B6
Clermont-Créans(72)......77 F2
Clermont-de-Beauregard(24)......137 E5
Clermont-Dessous(47)......150 D6
Clermont-d'Excideuil(24)......137 H1
Clermont-en-Argonne(55)......27 F5
Clermont-Ferrand(63)......127 F3
Clermont-le-Fort(31)......183 G2
Clermont-les-Fermes(02)......25 F2
Clermont-l'Hérault(34)......170 C6
Clermont-Pouyguillès(32)......181 H2
Clermont-Savès(32)......166 B6
Clermont-Soubiran(47)......151 H4
Clermont-sur-Lauquet(11)......185 F6
Cléron(25)......103 F2
Clerques(62)......2 D3
Clerval(25)......88 B5
Cléry(21)......86 C6
Cléry(73)......132 C4
Cléry-en-Vexin(95)......41 H1
Cléry-Grand(55)......27 H2
Cléry-Petit(55)......27 H2
Cléry-Saint-André(45)......80 B2
Cléry-sur-Somme(80)......12 A5
Clesles(51)......45 E6
Clessé(71)......116 C3
Clessé(79)......93 E6
Clessy(71)......115 F2
Cléty(62)......3 E5
Cleurie(88)......70 B5
Cleuville(76)......8 D4
Cléville(14)......19 E5
Cléville(76)......8 C5
Cléviller(28)......41 E6
Cleyrac(33)......150 A1
Cleyzieu(01)......131 E1
Clézentaine(88)......70 A2
Clichy(92)......42 C3
Clichy-sous-Bois(93)......43 E3
Climbach(67)......51 F2
Clinchamp(52)......68 B3
Clinchamps-sur-Orne(14)......18 C5
Clion(17)......121 F5
Clion(36)......95 G4
Cliousclat(26)......158 B2
Cliponville(76)......8 D4
Cliron(08)......14 D4
la Clisse(17)......120 D3
Clisson(44)......91 G1
Clitourps(50)......37 E1
Clohars-Carnoët(29)......54 A5
Clohars-Fouesnant(29)......53 F4
le Cloître-Pleyben(29)......31 H6
le Cloître-Saint-Thégonnec(29)......32 A4
Clomot(21)......100 D1
Clonas-sur-Varèze(38)......130 A6
Clos-Fontaine(77)......43 H6
la Clotte(17)......135 H3
Clouange(57)......28 C4
Cloué(86)......109 E3
les Clouzeaux(85)......91 F5
Cloyes-sur-le-Loir(28)......61 H6
Cloyes-sur-Marne(51)......46 C5
Clucy(39)......103 E3
Clugnat(23)......112 A4
Cluis(36)......111 G2
Clumanc(04)......175 G2
Cluny(71)......116 B3
la Clusaz(74)......132 C1
la Cluse(05)......159 H2
la Cluse-et-Mijoux(25)......103 H4
les Cluses(66)......200 D5
Clussais-la-Pommeraie(79)......108 D5
Clux(71)......119 F5
Coadout(22)......32 D4
Coaraze(06)......177 F4
Coarraze(64)......180 C5
Coat-Méal(29)......30 D4
Coatascorn(22)......32 C3
Coatréven(22)......32 D2
Cobonne(26)......144 C6
Cobrieux(59)......5 F5

la Cochère(61)......39 E4
Cocherel(77)......43 H2
Cocheren(57)......29 G5
Coclois(10)......66 C1
Cocquerel(80)......10 C4
Cocumont(47)......150 B4
Cocurès(48)......156 B4
Codalet(66)......199 H4
Codognan(30)......171 H5
Codolet(30)......172 D2
Coësmes(35)......57 G5
Coëtlogon(22)......55 H2
Coëtmieux(22)......33 H5
Cœuvres-et-Valsery(02)......24 A5
Cœx(85)......90 D5
Coggia(2A)......204 B4
Coglès(35)......35 H5
Cogna(39)......117 H1
Cognac(16)......121 G4
Cognac-la-Forêt(87)......123 H3
Cognat-Lyonne(03)......114 A6
Cogners(72)......78 C1
Cognet(38)......145 H5
Cognières(70)......87 H4
Cognin(73)......131 H4
Cognin-les-Gorges(38)......145 E3
Cognocoli-Monticchi(2A)......206 C2
Cogny(18)......97 H5
Cogny(69)......129 G1
Cogolin(83)......192 D4
Cohade(43)......141 G2
Cohennez(73)......132 D2
Cohiniac(22)......33 F5
Cohons(52)......86 B1
Coiffy-le-Bas(52)......68 D6
Coiffy-le-Haut(52)......68 D6
Coigneux(80)......11 G3
Coignières(78)......41 H4
Coigny(50)......17 E4
Coimères(33)......149 H3
Coin-lès-Cuvry(57)......28 C6
Coin-sur-Seille(57)......28 C6
Coinces(45)......62 C5
Coinches(88)......70 D3
Coincourt(54)......49 G4
Coincy(02)......44 C1
Coincy(57)......28 D5
Coings(36)......96 C5
Coingt(02)......13 H6
Coirac(33)......149 H2
Coise(69)......129 G4
Coise-Saint-Jean-
  Pied-Gauthier(73)......132 B5
Coiserette(39)......118 A3
Coisevaux(70)......88 C4
Coisia(39)......117 G4
Coisy(80)......11 F5
Coivert(17)......108 A3
Coivrel(60)......23 E3
Coizard-Joches(51)......45 E4
Colayrac-Saint-Cirq(47)......151 E6
Colembert(62)......2 C4
Coligny(01)......117 F3
Colincamps(80)......11 G4
Collan(89)......83 H1
la Collancelle(58)......99 G2
Collandres(15)......140 C2
Collandres-Quincarnon(27)......40 B2
Collanges(63)......127 F6
Collat(43)......142 A2
la Colle-sur-Loup(06)......177 E5
Collégien(77)......43 E4
Colleret(59)......13 H2
le Collet-de-Dèze(48)......156 D6
Colletot(27)......20 A5
Colleville(76)......8 C4
Colleville-Montgomery(14)......18 D4
Colleville-sur-Mer(14)......17 H4
Collias(30)......172 B3
Colligis-Crandelain(02)......24 D4
Colligny(57)......28 D5
Colline-Beaumont(62)......10 B2
Collinée(22)......33 H6
Collioure(66)......201 E5
Collobrières(83)......192 C4
Collonge-en-Charollais(71)......101 E6
Collonge-la-Madeleine(71)......100 D4
Collonges(01)......118 B5
Collonges-au-Mont-d'Or(69)......130 A2
Collonges-la-Rouge(19)......138 D4
Collonges-lès-Bévy(21)......101 F2
Collonges-lès-Premières(21)......102 A1
Collonges-sous-Salève(74)......118 C5
Collongues(06)......176 C4
Collongues(65)......181 F4
Collorec(29)......32 A6
Collorgues(30)......171 H3
Colmar(68)......71 F5
Colmars(04)......161 F6
Colmen(57)......29 E3
Colméry(58)......82 D6
Colmesnil-Manneville(76)......9 F3
Colmier-le-Bas(52)......85 G2
Colmier-le-Haut(52)......85 G2
Colognac(30)......171 E3
Cologne(32)......166 B5
Colomars(06)......177 E5
Colombe(38)......131 E6
la Colombe(41)......79 H1
la Colombe(50)......37 E3
Colombé-la-Fosse(10)......67 F3
Colombé-le-Sec(10)......67 F3
Colombe-lès-Vesoul(70)......87 G3
Colombelles(14)......18 D4
Colombes(92)......42 C3
Colombey-les-Belles(54)......48 B6
Colombey-les-Deux-Églises(52)......67 F3
Colombier(03)......113 F4
Colombier(21)......101 E2
Colombier(24)......151 E1
Colombier(42)......143 G1

Colombier(70) 87 G2
Colombier-en-Brionnais(71) 115 G3
Colombier-Fontaine(25) 88 C5
Colombier-le-Cardinal(07) 143 H2
Colombier-le-Jeune(07) 143 H4
Colombier-le-Vieux(07) 143 H4
Colombier-Saugnieu(69) 130 C3
Colombières(14) 17 H5
Colombières-sur-Orb(34) 186 B1
Colombiers(17) 121 F4
Colombiers(18) 97 H6
Colombiers(34) 186 C4
Colombiers(61) 59 H1
Colombiers(86) 94 B5
Colombiers-du-Plessis(53) 58 C1
Colombiers-sur-Seulles(14) 18 C3
Colombiès(12) 154 A5
Colombotte(70) 87 H2
Colomby(50) 17 E3
Colomby-sur-Thaon(14) 18 C4
Colomiers(31) 166 D6
Colomieu(01) 131 F3
Colonard-Corubert(61) 60 D2
Colondannes(23) 111 F4
Colonfay(02) 13 F6
Colonne(39) 102 C4
Colonzelle(26) 158 B4
Colpo(56) 55 F5
Colroy-la-Grande(88) 70 D3
Colroy-la-Roche(67) 70 D2
Coltainville(28) 62 B1
Coltines(15) 141 E4
Coly(24) 138 B4
Combaillaux(34) 171 E6
Combas(30) 171 G4
la Combe-de-Lancey(38) 145 H2
Combeaufontaine(70) 87 E2
Combefa(81) 168 B2
Comberanche-et-Épeluche(24) 136 C2
Comberjon(70) 87 G2
Comberouger(82) 166 C4
Combertault(21) 101 G3
les Combes(25) 104 D3
Combes(34) 169 H6
Combiers(16) 122 D6
Comblanchien(21) 101 G2
Combles(80) 12 A5
Combles-en-Barrois(55) 47 E4
Comblessac(35) 56 C5
Combleux(45) 62 D6
Comblot(61) 60 D1
Combloux(74) 133 E1
Combon(27) 40 B1
Combourg(35) 35 G3
Combourtillé(35) 57 H1
Combovin(26) 144 C5
Combrailles(63) 126 C3
Combrand(79) 92 C4
Combray(14) 38 B2
Combre(42) 115 G6
Combrée(49) 75 H1
Combres(28) 61 G3
Combres-sous-les-Côtes(55) 27 H5
Combressol(19) 125 G6
Combret(12) 169 E4
Combreux(45) 63 F6
Combrimont(88) 70 D3
Combrit(29) 53 F4
Combronde(63) 127 F1
Combs-la-Ville(77) 43 E5
la Comelle(71) 100 B4
Comiac(46) 139 F5
Comigne(11) 185 G5
Comines(59) 5 E3
Commana(29) 31 H5
Commarin(21) 85 E6
Commeaux(61) 38 D4
Commelle(38) 130 D6
Commelle-Vernay(42) 128 D1
Commenailles(39) 102 C5
Commenchon(02) 24 A2
Commensacq(40) 148 D6
Commentry(03) 113 E4
Commeny(95) 41 H1
Commequiers(85) 90 D4
Commer(53) 58 D3
Commercy(55) 47 H4
Commerveil(72) 60 B3
Commes(14) 18 A3
Communailles-en-Montagne(39) 103 G4
Communay(69) 130 A4
Compains(63) 127 E6
Compainville(76) 21 G2
Compans(77) 43 E2
le Compas(23) 126 B1
Compertrix(51) 45 H3
Compeyre(12) 169 H1
Compiègne(60) 23 G4
Compigny(89) 64 D2
Compolibat(12) 153 H5
la Compôte(73) 132 B3
Comprégnac(12) 169 G2
Compreignac(87) 124 B1
Comps(26) 158 D3
Comps(30) 172 C4
Comps(33) 135 E4
Comps-la-Grand-Ville(12) 154 B6
Comps-sur-Artuby(83) 175 H5
la Comté(62) 4 B6
Comus(11) 199 E2
Conan(41) 79 G2
Conand(01) 131 E2
Conat(66) 199 H4
Conca(2A) 207 F3
Concarneau(29) 53 G5
Concevreux(02) 25 E4
Concèze(19) 138 B1
Conches-en-Ouche(27) 40 B2
Conches-sur-Gondoire(77) 43 F4
Conchez-de-Béarn(64) 180 D1
Conchil-le-Temple(62) 10 B1
Conchy-les-Pots(60) 23 F2
Conchy-sur-Canche(62) 11 E2

Concorès(46) 152 C2
Concoret(56) 56 B3
Concots(46) 152 D5
Concoules(30) 156 D5
Concourson-sur-Layon(49) 93 E1
Concremiers(36) 110 B1
Concressault(18) 81 G5
Concriers(41) 79 H2
Condac(16) 122 C1
Condal(71) 117 E2
Condamine(01) 117 G5
Condamine(39) 102 C6
la Condamine-Châtelard(04) 161 F3
Condat(15) 140 C2
Condat(46) 138 D5
Condat-en-Combraille(63) 126 B2
Condat-lès-Montboissier(63) 127 H5
Condat-sur-Ganaveix(19) 124 D6
Condat-sur-Trincou(24) 137 F1
Condat-sur-Vézère(24) 138 A4
Condat-sur-Vienne(87) 124 B3
Condé(36) 96 D5
Condé-en-Brie(02) 44 C2
Condé-Folie(80) 10 D5
Condé-lès-Autry(08) 26 C4
Condé-lès-Herpy(08) 14 B6
Condé-Northen(57) 29 E5
Condé-Sainte-Libiaire(77) 43 F3
Condé-sur-Aisne(02) 24 C4
Condé-sur-Huisne(61) 61 E2
Condé-sur-Ifs(14) 19 E6
Condé-sur-Iton(27) 40 C4
Condé-sur-l'Escaut(59) 5 H5
Condé-sur-Marne(51) 45 G2
Condé-sur-Noireau(14) 37 H3
Condé-sur-Risle(27) 20 A5
Condé-sur-Sarthe(61) 59 H1
Condé-sur-Seulles(14) 18 B4
Condé-sur-Suippe(02) 25 F4
Condé-sur-Vesgre(78) 41 G4
Condé-sur-Vire(50) 37 E1
Condeau(61) 61 E2
Condécourt(95) 41 H2
Condeissiat(01) 116 D5
Condéon(16) 121 H6
Condes(39) 117 H3
Condes(52) 67 H4
Condette(62) 2 B5
Condezaygues(47) 151 G4
Condillac(26) 158 B4
Condom(32) 165 F3
Condom-d'Aubrac(12) 154 D3
Condorcet(26) 158 D4
Condren(02) 24 B3
Condrieu(69) 130 A6
Conflandey(70) 87 F2
Conflans-en-Jarnisy(54) 28 B5
Conflans-Sainte-Honorine(78) 42 B2
Conflans-sur-Anille(72) 61 E6
Conflans-sur-Lanterne(70) 87 G1
Conflans-sur-Loing(45) 64 A6
Conflans-sur-Seine(51) 44 D6
Confolens(16) 123 F1
Confolent-Port-Dieu(19) 126 B5
Confort(01) 118 A5
Confracourt(70) 87 E2
Confrançon(01) 116 D4
Congé-sur-Orne(72) 60 B4
Congénies(30) 171 G5
Congerville-Thionville(91) 62 D2
Congis-sur-Thérouanne(77) 43 G2
Congrier(53) 58 A6
Congy(51) 45 E3
Conie-Molitard(28) 62 A4
Conilhac-Corbières(11) 185 H5
Conilhac-de-la-Montagne(11) 199 G1
Conjux(73) 131 G2
Conlie(72) 59 H4
Conliège(39) 102 D6
Connac(12) 169 E3
Connangles(43) 142 A2
Connantray-Vaurefroy(51) 45 F4
Connantre(51) 45 F5
Connaux(30) 172 C2
Conne-de-Labarde(24) 151 E1
Connelles(27) 21 E5
Connerré(72) 60 C5
Connezac(24) 123 E5
Connigis(02) 44 C2
Conquereuil(44) 74 C2
Conques(12) 154 A3
Conques-sur-Orbiel(11) 185 F4
le Conquet(29) 30 C5
Conqueyrac(30) 171 F3
Cons-la-Grandville(54) 27 H2
Cons-Sainte-Colombe(74) 132 C3
Consac(17) 121 E6
Conségudes(06) 176 D4
Consenvoye(55) 27 F3
Consigny(52) 68 B4
Consolation-Maisonnettes(25) 104 D1
Contalmaison(80) 11 H4
Contamine-Sarzin(74) 118 B6
Contamine-sur-Arve(74) 118 D5
les Contamines-Montjoie(74) 133 E2
Contault(51) 46 C3
Contay(80) 11 G5
Conte(39) 103 F5
Contes(06) 177 E4
Contes(62) 10 D1
Contescourt(02) 24 A1
Contest(53) 58 D2
Conteville(14) 18 D5
Conteville(27) 19 H2
Conteville(60) 22 B2
Conteville(76) 21 G2
Conteville-en-Ternois(62) 4 A6
Conteville-lès-Boulogne(62) 2 B3
Conthil(57) 49 G2
Contigné(49) 76 C2
Contigny(03) 114 A4
Contilly(72) 60 B2

Continvoir(37) 77 H5
Contoire(80) 23 E1
Contrazy(09) 183 E6
Contre(17) 121 G1
Contre(80) 22 C1
Contréglise(70) 87 F1
Contres(18) 97 G5
Contres(41) 79 H5
Contreuve(08) 26 B3
Contrevoz(01) 131 F2
Contrexéville(88) 69 E3
Contrières(50) 36 C1
Contrisson(55) 46 D4
Conty(80) 22 C1
Contz-les-Bains(57) 28 D2
Coolus(51) 45 H3
Coome(49) 92 C2
Coquainvilliers(14) 19 G4
Coquelles(62) 2 C2
la Coquille(24) 123 H5
Corancez(28) 62 B2
Corancy(58) 100 A2
Coray(29) 53 H3
Corbara(2B) 202 C5
Corbarieu(82) 167 E3
Corbeilles(45) 63 H5
Corbeil-Cerf(60) 22 C5
Corbeil-Essonnes(91) 42 D6
Corbeilles(45) 63 H5
Corbel(73) 131 H6
Corbelin(38) 131 F4
Corbenay(70) 69 G6
Corbeny(02) 25 E4
Corbère(66) 200 C4
Corbère-Abères(64) 180 D2
Corbère-les-Cabanes(66) 200 C4
Corberon(21) 101 G3
Corbès(30) 171 F2
Corbie(80) 11 G5
la Corbière(70) 88 B2
Corbières(04) 174 C5
Corbières(11) 184 C6
Corbigny(58) 99 G1
Corbon(14) 19 E6
Corbon(61) 60 D2
Corbonod(01) 131 G1
Corbreuse(91) 62 D3
Corcé(49) 76 D4
Corcelles(01) 117 G6
Corcelles-en-Beaujolais(69) 116 B5
Corcelles-Ferrières(25) 87 E6
Corcelles-les-Arts(21) 101 F4
Corcelles-lès-Cîteaux(21) 101 H2
Corcelles-les-Monts(21) 85 G6
Corcieux(88) 70 C4
Corcondray(25) 87 E6
Corconne(30) 171 F4
Corcoué-sur-Logne(44) 91 E2
Corcy(02) 24 A6
Cordéac(38) 145 H6
Cordebugle(14) 19 H5
Cordelle(42) 128 D1
Cordemais(44) 74 C5
Cordes-sur-Ciel(81) 168 A2
Cordes-Tolosannes(82) 166 C3
Cordesse(71) 100 C3
Cordey(14) 38 C3
Cordon(74) 133 E1
Cordonnet(70) 87 F5
Coren(15) 141 F4
Corenc(38) 145 G2
Corent(63) 127 F4
Corfélix(51) 44 D4
Corgengoux(21) 101 G3
Corgnac-sur-l'Isle(24) 137 G1
Corgoloin(21) 101 G2
Corignac(17) 135 F2
Corlay(22) 33 E6
Corlier(01) 117 G6
Cormaranche-en-Bugey(01) 131 F1
Cormatin(71) 116 B2
Corme-Écluse(17) 120 D4
Corme-Royal(17) 120 D3
Cormeilles(27) 19 H4
Cormeilles(60) 22 C2
Cormeilles-en-Parisis(95) 42 C2
Cormeilles-en-Vexin(95) 42 B1
Cormelles-le-Royal(14) 18 D5
Cormenon(41) 61 E6
Cormeray(41) 79 H5
Cormery(37) 95 E1
Cormes(72) 60 D4
Cormicy(51) 25 E5
le Cormier(27) 41 E2
Cormolain(14) 17 H6
Cormont(62) 2 B5
Cormontreuil(51) 25 F6
Cormoranche-sur-Saône(01) 116 C4
Cormost(10) 66 B4
Cormot-le-Grand(21) 101 E4
Cormoyeux(51) 45 F1
Cormoz(01) 117 E3
Corn(46) 153 F3
Cornac(46) 139 E5
Cornant(89) 64 D4
Cornas(07) 144 B5
Cornay(08) 26 D4
Corné(49) 76 D4
Cornebarrieu(31) 166 D6
Corneilhan(34) 186 D3
Corneilla-de-Conflent(66) 199 H5
Corneilla-Del-Vercol(66) 200 D4
Corneilla-la-Rivière(66) 200 C3
Corneillan(32) 164 B6
Corneuil(27) 40 D3
Corneville-la-Fouquetière(27) 40 A1

Corneville-sur-Risle(27) 20 A5
Cornier(74) 118 D5
Cornil(19) 138 D3
Cornillac(26) 159 E4
Cornillé(35) 57 H3
Cornillé-les-Caves(49) 77 E4
Cornillon(30) 157 G6
Cornillon-Confoux(13) 190 B2
Cornillon-en-Trièves(38) 145 G6
Cornillon-sur-l'Oule(26) 159 E4
Cornimont(88) 70 C6
Cornod(39) 117 G4
Cornot(70) 87 E2
Cornus(12) 170 A4
Cornusse(18) 98 A4
Corny(27) 21 F5
Corny-Machéroménil(08) 14 C6
Corny-sur-Moselle(57) 28 C6
Coron(49) 92 C2
Corpe(85) 106 D2
Corpeau(21) 101 F4
Corpoyer-la-Chapelle(21) 85 E4
Corps(38) 146 A5
Corps-Nuds(35) 57 F4
Corquilleroy(45) 64 A5
Corquoy(18) 97 F5
Corrano(2A) 207 E1
Corravillers(70) 88 B1
Corre(70) 69 E6
Correncon-en-Vercors(38) 145 F4
Correns(83) 191 H2
Corrèze(19) 139 E1
Corribert(51) 45 E3
Corrobert(51) 44 D3
Corrombles(21) 84 B4
Corronsac(31) 183 G2
Corroy(51) 45 F5
Corsaint(21) 84 B4
Corsavy(66) 200 B5
Corscia(2B) 204 D2
Corsept(44) 74 A5
Corseul(22) 34 C4
Cortambert(71) 116 B2
Corte(2B) 205 E2
Cortevaix(71) 116 A2
Cortrat(45) 82 A1
les Corvées-les-Yys(28) 61 G2
Corveissiat(01) 117 G4
Corvol-d'Embernard(58) 83 E6
Corvol-l'Orgueilleux(58) 83 E5
Cos(09) 198 C1
Cosges(39) 102 B5
Coslédaà-Lube-Boast(64) 180 C2
Cosmes(53) 58 C6
Cosnac(19) 138 D3
Cosne-Cours-sur-Loire(58) 82 B5
Cosne-d'Allier(03) 113 F3
Cosnes-et-Romain(54) 27 H1
Cosqueville(50) 17 E1
Cossaye(58) 99 F6
Cossé-d'Anjou(49) 92 C1
Cossé-en-Champagne(53) 59 F5
Cossé-le-Vivien(53) 58 B5
Cossesseville(14) 38 B3
Cosswiller(67) 50 D6
Costa(2B) 202 D5
Costaros(43) 142 C5
les Costes(05) 146 B6
les Costes-Gozon(12) 169 F3
la Côte(70) 88 B3
la Côte-d'Aime(73) 133 F4
la Côte-d'Arbroz(74) 119 F4
la Côte-en-Couzan(42) 128 B3
la Côte-Saint-André(38) 130 D6
le Coteau(42) 115 F6
Côtebrune(25) 87 H6
les Côtes-d'Arey(38) 130 B6
les Côtes-de-Corps(38) 146 A5
Coti-Chiavari(2A) 206 B2
Cotignac(83) 192 A1
Cottance(42) 129 E3
Cottenchy(80) 11 F6
Cottévrard(76) 9 G5
Cottun(14) 18 A4
la Couarde(79) 108 C4
la Couarde-sur-Mer(17) 106 C4
Couargues(18) 82 B6
Coubert(77) 43 F5
Coubeyrac(33) 136 A6
Coubisou(17) 154 D3
Coubjours(24) 138 D2
Coublanc(52) 86 C2
Coublanc(71) 115 G5
Coublevie(38) 131 F6
Coublucq(64) 180 C1
Coubon(43) 142 C4
Coubron(93) 43 E3
Couches(71) 101 E4
Couchey(21) 101 H1
la Coucourde(26) 158 A2
Coucouron(07) 142 D6
Coucy(02) 14 C6
Coucy-la-Ville(02) 24 B3
Coucy-le-Château-Auffrique(02) 24 B3
Coucy-lès-Eppes(02) 25 E3
Couddes(41) 79 H6
Coudehard(61) 39 E3
Coudekerque(59) 3 F1
Coudekerque-Branche(59) 3 F1
Coudes(63) 127 F5
Coudeville-sur-Mer(50) 35 G1
Coudons(11) 199 F2
Coudoux(13) 190 C2
Coudray(27) 21 G5
le Coudray(28) 62 A2
Coudray(45) 63 G3
Coudray(53) 76 C2
Coudray-au-Perche(28) 61 E4
le Coudray-Macouard(49) 93 G1
le Coudray-Montceaux(91) 42 D6

Coudray-Rabut(14) 19 G3
le Coudray-Saint-Germer(60) 22 A4
le Coudray-sur-Thelle(60) 22 C5
la Coudre(79) 92 D3
Coudreceau(28) 61 F3
Coudrecieux(72) 60 D6
Coudres(27) 40 D3
Coudroy(45) 63 G6
Coudun(60) 23 G4
Coudures(40) 163 H5
Couëlles(31) 182 C3
Couëron(44) 74 C6
Couesmes(37) 78 A4
Couesmes-Vaucé(53) 58 D1
Couffé(44) 75 F4
Couffi(41) 96 A1
Couffoulens(11) 185 E5
Couffy-sur-Sarsonne(19) 126 A4
Couflens(09) 197 G4
Coufouleux(81) 167 G4
Couhé(86) 109 E4
Couilly-Pont-aux-Dames(77) 43 G3
Couin(62) 11 G3
Couiza(11) 199 G1
Couladère(31) 183 E5
Coulaines(72) 60 A5
Coulandon(03) 114 A2
Coulangeron(89) 83 E3
Coulanges(03) 114 D2
Coulanges(41) 79 G4
Coulanges-la-Vineuse(89) 83 F3
Coulanges-lès-Nevers(58) 98 D3
Coulanges-sur-Yonne(89) 83 F4
Coulans-sur-Gée(72) 59 H5
Coulaures(24) 137 G2
Couleuvre(03) 98 B6
Coulevon(70) 87 G2
Coulgens(16) 122 C3
Coulimer(61) 60 C1
Coullemelle(80) 22 D2
Coullemont(62) 11 G3
Coullons(45) 81 G4
Coulmer(61) 39 F4
Coulmier-le-Sec(21) 84 D2
Coulmiers(45) 62 B6
Coulobres(34) 186 D2
Coulogne(62) 2 C2
Couloisy(60) 23 H4
Coulombiers(72) 60 A3
Coulombiers(86) 109 E2
Coulombs(14) 18 B4
Coulombs(28) 41 F5
Coulombs-en-Valois(77) 43 H2
Coulommes(77) 43 G3
Coulommes-et-Marqueny(08) 26 B2
Coulommes-la-Montagne(51) 25 F6
Coulommiers(77) 43 H4
Coulommiers-la-Tour(41) 79 F2
Coulon(79) 107 H3
Coulonces(14) 37 F3
Coulonces(61) 38 D3
la Coulonche(61) 38 A5
Coulongé(72) 77 H3
Coulonges(16) 122 B2
Coulonges(17) 121 F4
Coulonges(86) 110 C3
Coulonges-Cohan(02) 24 D6
Coulonges-les-Sablons(61) 61 F2
Coulonges-sur-l'Autize(79) 107 H2
Coulonges-sur-Sarthe(61) 39 F6
Coulonges-Thouarsais(79) 93 E4
Coulonvillers(80) 10 D3
Couloumé-Mondebat(32) 164 D6
Coulounieix-Chamiers(24) 137 F3
Coulours(89) 65 F4
Couloutre(58) 82 D5
Coulouvray-Boisbenâtre(50) 37 E3
Coulvain(14) 18 A4
Coulx(47) 151 E4
Coume(57) 29 F4
Counozouls(11) 199 G3
Coupelle-Neuve(62) 3 E6
Coupelle-Vieille(62) 2 D6
Coupesarte(14) 19 F6
Coupetz(51) 45 H4
Coupéville(51) 46 B3
Coupiac(12) 169 E3
Coupray(52) 67 G5
Coupru(02) 44 B2
Couptrain(53) 38 B6
Coupvray(77) 43 F3
Couquèques(33) 134 C1
Cour-Cheverny(41) 79 H5
Cour-et-Buis(38) 130 B6
Cour-l'Évêque(52) 67 G6
la Cour-Marigny(45) 81 H1
Cour-Saint-Maurice(25) 88 C6
Cour-sur-Loire(41) 79 H3
Courances(91) 63 G2
Courant(17) 107 H6
Courban(21) 67 E6
la Courbe(61) 38 C4
Courbehaye(28) 62 B4
Courbépine(27) 39 H1
Courbes(02) 24 C2
Courbesseaux(54) 49 E4
Courbette(39) 117 G1
Courbeveille(53) 58 C5
Courbevoie(92) 42 C3
Courbiac(47) 151 H5
Courbillac(16) 121 H3
Courboin(02) 44 C2
Courbouzon(39) 102 C6
Courbouzon(41) 80 A3
Courçais(03) 112 C3
Courçay(37) 95 E1
Courcebœufs(72) 60 B4
Courcelette(80) 11 H4
Courcelles(17) 121 F1
Courcelles(25) 103 F2
Courcelles(45) 63 F5
Courcelles(54) 69 E2

Courcelles(58) 83 E5
Courcelles(90) 89 E4
Courcelles-au-Bois(80) 11 G4
Courcelles-Chaussy(57) 29 E5
Courcelles-de-Touraine(37) 77 H4
Courcelles-en-Barrois(55) 47 G3
Courcelles-en-Bassée(77) 64 C2
Courcelles-en-Montagne(52) 86 A1
Courcelles-Epayelles(60) 23 F3
Courcelles-Frémoy(21) 84 B5
Courcelles-la-Forêt(72) 77 F2
Courcelles-le-Comte(62) 11 H3
Courcelles-lès-Gisors(60) 21 H5
Courcelles-lès-Lens(62) 5 E6
Courcelles-lès-Montbard(21) 84 D3
Courcelles-lès-Montbéliard(25) 88 D4
Courcelles-lès-Semur(21) 84 C5
Courcelles-Sapicourt(51) 25 E6
Courcelles-sous-Châtenois(88) 68 D2
Courcelles-sous-Moyencourt(80) 10 D6
Courcelles-sous-Thoix(80) 22 B1
Courcelles-sur-Aire(55) 47 F2
Courcelles-sur-Blaise(52) 67 G2
Courcelles-sur-Nied(57) 28 D3
Courcelles-sur-Seine(27) 21 F6
Courcelles-sur-Vesles(02) 24 C5
Courcelles-sur-Viosne(95) 42 A2
Courcelles-sur-Voire(10) 66 D1
Courcemain(51) 45 F6
Courcemont(72) 60 B4
Courcerac(17) 121 G2
Courcerault(61) 60 D2
Courceroy(10) 65 E1
Courchamp(77) 44 B5
Courchamps(02) 44 B1
Courchamps(49) 93 F1
Courchapon(25) 87 E6
Courchaton(70) 88 B4
Courchelettes(59) 5 E6
Courcité(53) 59 F2
Courcival(72) 60 C4
Courçôme(16) 122 B1
Courçon(17) 107 F4
Courcoué(37) 94 B3
Courcouronnes(91) 42 D6
Courcoury(17) 121 F3
Courcuire(70) 87 E5
Courcy(14) 19 E6
Courcy(50) 36 C1
Courcy(51) 25 F5
Courcy-aux-Loges(45) 63 F5
Courdemanche(27) 40 D4
Courdemanche(72) 78 C2
Courdemanges(51) 46 B5
Courdimanche(95) 42 A2
Courdimanche-sur-Essonne(91) 63 G2
Couret(31) 182 C6
Courgains(72) 60 B3
Courgeac(16) 122 B6
Courgenard(72) 61 E4
Courgenay(89) 65 F3
Courgent(78) 41 G3
Courgeon(61) 60 D1
Courgeoût(61) 39 G6
Courgis(89) 83 G2
Courgivaux(51) 44 C5
Courgoul(63) 127 E5
Courjeonnet(51) 45 E4
Courlac(16) 136 B2
Courlandon(51) 24 D5
Courlans(39) 102 C6
Courlaoux(39) 102 C6
Courlay(79) 92 D5
Courléon(49) 77 G5
Courlon(21) 85 G3
Courlon-sur-Yonne(89) 64 D2
Courmangoux(01) 117 F3
Courmas(51) 25 E6
Courmelles(02) 24 B5
Courmemin(41) 80 B5
Courménil(61) 39 F4
Courmes(06) 176 D5
Courmont(02) 44 D1
Courmont(70) 88 C3
Cournanel(11) 185 E6
la Courneuve(93) 42 D3
Courniou(34) 185 H2
Cournols(63) 127 E4
Cournon(56) 56 C6
Cournon-d'Auvergne(63) 127 F3
Cournonsec(34) 187 G1
Cournonterral(34) 187 G1
la Couronne(16) 122 B4
Courouvre(55) 47 G2
Courpalay(77) 43 G5
Courpiac(33) 149 H1
Courpière(63) 127 H3
Courpignac(17) 135 F1
Courquetaine(77) 43 F5
Courrensan(32) 165 E4
Courrières(62) 5 E5
Courris(81) 168 D3
Courry(30) 157 E5
Cours(46) 152 D3
Cours(47) 151 E5
le Cours(56) 55 H6
Cours(79) 108 A2
Cours-de-Monségur(33) 150 B2
Cours-de-Pile(24) 137 E6
Cours-la-Ville(69) 115 G6
Cours-les-Bains(33) 150 A5
Cours-les-Barres(18) 98 C3
Coursac(24) 137 E6
Coursan(11) 186 C4
Coursan-en-Othe(10) 65 H5
Coursegoules(06) 176 D4
Courset(62) 2 C5
Courseulles-sur-Mer(14) 18 C3
Courson(14) 37 E3
Courson-les-Carrières(89) 83 F3
Courson•Monteloup(91) 42 B6
Courtacon(77) 44 B3
Courtagnon(51) 25 E6

Courtalain(28) 61 G5
Courtaoult(10) 65 H5
Courtauly(11) 184 C6
Courtavon(68) 89 F4
Courtefontaine(25) 88 D6
Courtefontaine(39) 103 E2
Courteilles(27) 40 C5
Courteix(19) 126 A4
Courtelevant(90) 89 E4
Courtemanche(80) 23 E2
Courtemaux(45) 64 B5
Courtémont(51) 26 C5
Courtemont-Varennes(02) 44 C1
Courtempierre(45) 63 H5
Courtenay(38) 131 E3
Courtenay(45) 64 C5
Courtenot(10) 66 C4
Courteranges(10) 66 B3
Courteron(10) 66 D5
Courtes(01) 116 D2
Courtesoult-et-Gatey(70) 86 D3
Courtetain-et-Salans(25) 104 C1
la Courtète(11) 184 C5
Courteuil(60) 23 E6
Courthézon(84) 173 E2
Courthiézy(51) 44 D2
Courties(32) 181 F1
Courtieux(60) 23 H4
Courtillers(72) 77 E2
Courtils(50) 35 G3
la Courtine(23) 125 H4
Courtisols(51) 26 A6
Courtivron(21) 85 G4
Courtoin(89) 64 C4
Courtois-sur-Yonne(89) 64 D3
Courtomer(61) 39 F5
Courtomer(77) 43 G5
Courtonne-la-Meurdrac(14) 19 G5
Courtonne-les-Deux-Églises(14) 19 H5
Courtrizy-et-Fussigny(02) 25 E3
Courtry(77) 43 E3
Courvaudon(14) 18 B6
Courvières(25) 103 G4
Courville(51) 24 D5
Courville-sur-Eure(28) 61 H2
Courzieu(69) 129 G3
Cousance(39) 117 F2
Cousances-les-Forges(55) 47 E5
Cousances-lès-Triconville(55) 47 F4
Cousolre(59) 13 H2
Coussa(09) 184 A6
Coussac-Bonneval(87) 124 B5
Coussan(65) 181 F4
Coussay(86) 94 A5
Coussay-les-Bois(86) 94 D5
Coussegrey(10) 66 A6
Coussergues(12) 154 D4
Coussey(88) 68 C1
Coust(18) 97 H6
Coustaussa(11) 199 G1
Coustouge(11) 185 H6
Coustouges(66) 200 B6
Coutances(50) 36 C1
Coutansouze(03) 113 G5
Coutarnoux(89) 83 H4
Coutençon(77) 64 C1
Coutens(09) 184 B6
Couternon(21) 85 H6
Couteuges(43) 141 H3
Coutevroult(77) 43 G3
Couthenans(70) 88 C3
Couthures-sur-Garonne(47) 150 A3
Coutiches(59) 5 F5
Coutières(79) 108 C2
Coutouvre(42) 115 G6
Coutras(33) 135 H4
Couture(16) 122 C2
la Couture(62) 3 H5
la Couture(85) 91 G6
la Couture-Boussey(27) 41 E3
Couture-d'Argenson(79) 122 A1
Couture-sur-Loir(41) 78 C2
Couturelle(62) 11 G3
Coutures(24) 136 D1
Coutures(33) 150 B2
Coutures(49) 76 D5
Coutures(82) 166 B3
Couvains(50) 17 G6
Couvains(61) 39 H3
Couvertoirade(12) 170 B4
Couvertpuis(55) 47 G6
Couvignon(10) 67 E3
Couville(50) 16 D2
Couvonges(55) 47 E4
Couvrelles(02) 24 C5
Couvron-et-Aumencourt(02) 24 C2
Couvrot(51) 46 B4
Coux(07) 157 H1
Coux(17) 135 F2
Coux-et-Bigaroque(24) 137 G6
Couy(18) 98 B2
la Couyère(35) 57 F5
Couze-et-Saint-Front(24) 137 F6
Couzeix(87) 124 B2
Couziers(37) 93 H2
Couzon(03) 113 H1
Couzon-au-Mont-d'Or(69) 130 A2
Couzou(46) 152 D1
Cox(31) 166 C5
Coye-la-Forêt(60) 42 D1
Coyecques(62) 3 E5
Coyolles(02) 23 H6
Coyrière(39) 118 A3
Coyron(39) 117 H2
Coyviller(54) 49 E5
Cozes(17) 120 D4
Cozzano(2A) 205 E6
Crach(56) 72 C2
Crachier(38) 130 D5
Crain(89) 83 F4
Craincourt(57) 49 E3
Craintilleux(42) 129 E5

Crainvilliers(88) 68 D4
Cramaille(02) 24 C6
Cramans(39) 103 E3
Cramant(51) 45 F2
Cramchaban(17) 107 G4
Craménil(61) 38 B4
Cramoisy(60) 22 D6
Cramont(80) 10 D3
Crampagna(09) 183 H6
Cran-Gevrier(74) 132 B1
Crancey(10) 65 F1
Crançot(39) 102 D6
Crandelles(15) 139 H5
Crannes-en-Champagne(72) 59 H5
Crans(01) 130 D1
Crans(39) 103 F5
Cransac(12) 153 H3
Crantenoy(54) 48 D6
Cranves-Sales(74) 118 D4
Craon(53) 58 B6
Craon(86) 93 G5
Craonne(02) 25 E4
Craonnelle(02) 25 E4
Crapeaumesnil(60) 23 G2
Craponne(69) 129 H3
Craponne-sur-Arzon(43) 142 C1
Cras(38) 145 E2
Cras(46) 152 D3
Cras-sur-Reyssouze(01) 117 E4
Crastatt(67) 50 D5
Crastes(32) 165 H5
Crasville(27) 20 D6
Crasville(50) 17 F2
Crasville-la-Mallet(76) 8 D3
Crasville-la-Rocquefort(76) 9 E3
Cravanche(90) 88 D3
Cravans(17) 121 E4
Cravant(45) 80 A2
Cravant(89) 83 G3
Cravant-les-Côteaux(37) 94 B2
Cravencères(32) 164 D5
Cravent(78) 41 F2
Crayssac(46) 152 B4
Craywick(59) 3 F1
Crazannes(17) 121 E2
Cré(72) 77 F3
Créances(50) 16 D5
Créancey(21) 101 E1
Crécey-sur-Tille(21) 85 H4
la Crèche(79) 108 B3
Crèches-sur-Saône(71) 116 B4
Créchets(65) 182 A6
Créchy(03) 114 B4
Crécy-au-Mont(02) 24 B4
Crécy-Couvé(28) 40 D5
Crécy-en-Ponthieu(80) 10 C2
Crécy-la-Chapelle(77) 43 G3
Crécy-sur-Serre(02) 24 D2
Crédin(56) 55 F3
Crégols(46) 153 E4
Crégy-lès-Meaux(77) 43 G2
Créhange(57) 29 F6
Créhen(22) 34 C4
Creil(60) 23 E6
Creissan(34) 186 B3
Creissels(12) 169 H2
Crémarest(62) 2 C4
Cremeaux(42) 128 C2
Crémery(80) 23 G1
Crémieu(38) 130 D3
Crempigny-Bonneguête(74) 131 H1
Cremps(46) 152 D5
Crenans(39) 117 H2
Creney-près-Troyes(10) 66 B2
Crennes-sur-Fraubée(53) 59 F2
Créon(33) 135 F6
Créon-d'Armagnac(40) 164 C3
Créot(71) 101 E4
Crépand(21) 84 C3
Crépey(54) 48 C6
Crépol(26) 144 C3
Crépon(14) 18 B3
Crépy(02) 24 C2
Crépy(62) 3 E6
Crépy-en-Valois(60) 23 G6
Créquy(62) 2 D6
le Crès(34) 171 F6
Cresancey(70) 86 D5
Crésantignes(10) 66 A4
les Cresnays(50) 37 E4
Crespian(30) 171 G4
Crespières(78) 41 H3
Crespin(12) 168 C1
Crespin(59) 6 D6
Crespin(81) 168 C2
Crespinet(81) 168 C3
Crespy-le-Neuf(10) 66 D2
Cressac-Saint-Genis(16) 122 A6
Cressanges(03) 113 H3
Cressat(23) 112 A6
la Cresse(12) 169 H1
Cressé(17) 121 H2
Cressensac(46) 138 C4
Cresserons(14) 18 C3
Cresseveuille(14) 19 F4
Cressia(39) 117 G2
Cressin-Rochefort(01) 131 G3
Cressonsacq(60) 23 E4
Cressy(76) 9 G4
Cressy-Omencourt(80) 23 G1
Cressy-sur-Somme(71) 99 H6
Crest(26) 158 C1
Crest-Voland(73) 132 D2
Creste(63) 127 E5
le Crestet(07) 143 H4
Crestet(84) 158 D6
Crestot(27) 20 C6
Créteil(94) 42 D4
Cretteville(50) 17 E4
Creully(14) 18 B3
la Creuse(70) 87 H2

Creuse(80) 11 E6
le Creusot(71) 100 D5
Creutzwald(57) 29 F4
Creuzier-le-Neuf(03) 114 B5
Creuzier-le-Vieux(03) 114 B5
Crevans-
et-la-Chapelle-lès-Granges(70) 88 B4
Crevant(36) 111 H2
Crevant-Laveine(63) 127 G2
Crévéchamps(54) 49 E6
Crèvecœur-en-Auge(14) 19 F5
Crèvecœur-le-Grand(60) 22 B2
Crèvecœur-le-Petit(60) 23 E3
Crèvecœur-sur-l'Escaut(59) 12 C4
Creveney(70) 87 H2
Crévic(54) 49 E5
Crévoux(05) 161 F2
Creys-Mépieu(38) 131 E3
Creyssac(24) 137 E2
Creysse(24) 137 E6
Creysse(46) 138 D6
Creysseilles(07) 157 G1
Creyssensac-et-Pissot(24) 137 E4
Crézançay-sur-Cher(18) 97 F5
Crézancy(02) 44 C2
Crézancy-en-Sancerre(18) 82 A6
Crézières(79) 108 C6
Crézilles(54) 48 B5
Cricquebœuf(14) 19 F3
Cricqueville-en-Auge(14) 19 F5
Cricqueville-en-Bessin(14) 17 G4
Criel-sur-Mer(76) 9 H1
Crillon(60) 22 B3
Crillon-le-Brave(84) 173 F2
Crimolois(21) 85 H6
Crion(54) 49 F5
la Crique(76) 9 G4
Criquebeuf-en-Caux(76) 8 C3
Criquebeuf-la-Campagne(27) 20 D6
Criquebeuf-sur-Seine(27) 20 D5
Criquetot-l'Esneval(76) 8 A5
Criquetot-sur-Longueville(76) 9 G4
Criquetot-sur-Ouville(76) 9 E4
Criquiers(76) 21 H2
Crisenoy(77) 43 F6
Crisolles(60) 23 H2
Crissay-sur-Manse(37) 94 C2
Crissé(72) 59 H3
Crissey(39) 102 C2
Crissey(71) 101 G5
Cristinacce(2A) 204 C3
Cristot(14) 18 B4
Criteuil-la-Magdeleine(16) 121 H5
Critot(76) 9 F4
Croce(2B) 205 F2
Crochte(59) 3 F2
Crocicchia(2B) 205 F1
Crocq(23) 126 A2
le Crocq(60) 22 C2
Crocy(14) 38 D2
Crœttwiller(67) 51 G3
Croignon(33) 135 F6
Croisances(43) 142 A5
Croisette(62) 4 A6
le Croisic(44) 73 F5
la Croisille(27) 40 C2
la Croisille-sur-Briance(87) 124 D4
Croisilles(14) 18 C6
Croisilles(28) 41 F5
Croisilles(61) 39 F4
Croisilles(62) 12 A3
Croismare(54) 49 F5
Croissanville(14) 19 E5
Croissy-Beaubourg(77) 43 E4
Croissy-sur-Celle(60) 22 C2
Croissy-sur-Seine(78) 42 B3
le Croisty(56) 54 C2
Croisy(18) 98 B4
Croisy-sur-Andelle(76) 21 F4
Croisy-sur-Eure(27) 41 E2
Croix(59) 5 F3
Croix(90) 89 E5
la Croix-aux-Bois(08) 26 C3
la Croix-aux-Mines(88) 70 D4
la Croix-Avranchin(50) 35 H4
la Croix-Blanche(47) 151 F5
Croix-Caluyau(59) 13 E3
Croix-Chapeau(17) 107 E5
la Croix-Comtesse(17) 107 H6
la Croix-de-la-Rochette(73) 132 B5
la Croix-du-Perche(28) 61 F3
la Croix-en-Brie(77) 43 H6
la Croix-en-Champagne(51) 26 C6
Croix-en-Ternois(62) 4 A6
la Croix-en-Touraine(37) 79 E6
Croix-Fonsommes(02) 12 D5
la Croix-Helléan(56) 55 H4
Croix-Mare(76) 9 E5
Croix-Moligneaux(80) 12 B6
la Croix-Saint-Leufroy(27) 40 D1
la Croix-sur-Gartempe(87) 110 B5
la Croix-sur-Ourcq(02) 24 B6
la Croix-sur-Roudoule(06) 176 C3
Croix-Valmer(83) 192 D4
Croixanvec(56) 55 F2
Croixdalle(76) 9 H3
la Croixille(53) 58 B3
Croixrault(80) 22 B1
Croizet-sur-Gand(42) 129 E2
Crolles(38) 145 H1
Crollon(50) 35 H4
Cromac(87) 110 D4
Cromary(70) 87 F5
Cronat(71) 99 G6
Cronce(43) 141 G4
la Cropte(53) 59 E5
Cros(30) 171 E3
le Cros(34) 170 B4
Cros(63) 126 B6

Cros-de-Géorand(07) 143 E6
Cros-de-Montvert(15) 139 G4
Cros-de-Ronesque(15) 140 C6
Crosey-le-Grand(25) 88 B6
Crosey-le-Petit(25) 88 B6
Crosmières(72) 77 F2
Crosne(91) 42 D5
Crossac(44) 73 H4
Crosses(18) 97 H3
Crosville-la-Vieille(27) 20 C6
Crosville-sur-Douve(50) 17 E4
Crosville-sur-Scie(76) 9 F3
Crotelles(37) 78 D4
Crotenay(39) 103 E5
Croth(27) 41 E3
le Crotoy(80) 10 B3
Crots(05) 161 E3
Crottes-en-Pithiverais(45) 63 E4
Crottet(01) 116 C4
le Crouais(35) 56 C2
Crouay(14) 18 A4
la Croupte(14) 19 G6
Crouseilles(64) 180 D1
Croutelle(86) 109 F2
les Croûtes(10) 65 H5
Croutoy(60) 23 H4
Crouttes(61) 39 E2
Crouttes-sur-Marne(02) 44 B4
Crouy(02) 24 B4
Crouy-en-Thelle(60) 22 D6
Crouy-Saint-Pierre(80) 10 D5
Crouy-sur-Cosson(41) 80 B3
Crouy-sur-Ourcq(77) 43 H1
le Crouzet(25) 103 G5
Crouzet-Migette(25) 103 F3
la Crouzille(63) 113 E5
Crouzilles(37) 94 B2
Crozant(23) 111 F3
Croze(23) 125 G3
Crozes-Hermitage(26) 144 B3
Crozet(01) 118 B4
le Crozet(42) 114 D5
les Crozets(39) 118 A2
Crozon(29) 30 D6
Crozon-sur-Vauvre(36) 111 H2
Cruas(07) 158 A2
Crucey-Villages(28) 40 C5
Crucheray(41) 79 F3
Cruéjouls(12) 154 D4
Cruet(73) 132 B5
Crugey(21) 101 E1
Crugny(51) 24 D6
Cruguel(56) 55 G4
Cruis(04) 174 D2
Crulai(61) 39 H4
Crupies(26) 158 D3
Crupilly(02) 13 F5
Cruscades(11) 186 A5
Cruseilles(74) 118 C6
Crusnes(54) 28 B2
Cruviers-Lascours(30) 171 H3
Crux-la-Ville(58) 99 F2
Cruzille(71) 116 B2
Cruzilles-lès-Mépillat(01) 116 C4
Cruzy(34) 186 B3
Cruzy-le-Châtel(89) 84 B1
Cry(89) 84 C2
Cubelles(43) 142 A4
Cubières(48) 156 C4
Cubières-sur-Cinoble(11) 200 A2
Cubiérettes(48) 156 C4
Cubjac(24) 137 G3
Cublac(19) 138 B3
Cublize(69) 115 H6
Cubnezais(33) 135 F4
Cubrial(25) 88 A4
Cubry(25) 88 A4
Cubry-lès-Faverney(70) 87 G1
Cubzac-les-Ponts(33) 135 F5
Cucharmoy(77) 44 A6
Cuchery(51) 45 E1
Cucq(62) 2 B6
Cucugnan(11) 200 B2
Cucuron(84) 173 H5
Cudos(33) 149 H4
Cudot(89) 64 D6
Cuébris(06) 176 D3
Cuélas(32) 181 H3
Cuers(83) 191 H4
Cuffies(02) 24 B4
Cuffy(18) 98 C4
Cugand(85) 91 G1
Cuges-les-Pins(13) 191 F5
Cugnaux(31) 183 F2
Cugney(70) 86 D5
Cugny(02) 24 A2
Cuguen(35) 35 F5
Cuguron(31) 181 H5
Cuhon(86) 93 H5
Cuignières(60) 23 E4
Cuigy-en-Bray(60) 22 A4
Cuillé(53) 58 A5
Cuinchy(62) 3 H6
Cuincy(59) 5 E6
le Cuing(31) 182 A5
Cuinzier(42) 115 G5
Cuirieux(02) 25 E2
Cuiry-Housse(02) 24 C5
Cuiry-lès-Chaudardes(02) 25 E4
Cuiry-lès-Iviers(02) 14 A4
Cuis(51) 45 F2
Cuise-la-Motte(60) 23 H4
Cuiseaux(71) 117 F2
Cuiserey(21) 86 B5
Cuisery(71) 116 D1
Cuisia(39) 117 F2
Cuissai(61) 59 H1
Cuissy-et-Geny(02) 24 D4
Cuisy(55) 27 E4
Cuisy(77) 43 F2
Cuisy-en-Almont(02) 24 B4
Culan(18) 112 C2
Culètre(21) 101 E2

Culey-le-Patry(14) 38 A2
Culhat(63) 127 G2
Culin(38) 130 D5
Culles-les-Roches(71) 101 E6
Cully(14) 18 B4
Culmont(52) 86 B1
Culoz(01) 131 G2
Cult(70) 86 D6
Cultures(48) 155 H4
Cumières(51) 45 F1
Cumières-le-Mort-Homme(55) 27 F4
Cumiès(11) 184 B4
Cumont(82) 166 B4
Cunac(81) 168 B4
Cuncy-lès-Varzy(58) 83 E6
Cunèges(24) 150 D1
Cunel(55) 27 E3
Cunelières(90) 89 E3
Cunfin(10) 67 E5
Cunlhat(63) 128 A4
Cuon(49) 77 F4
Cuperly(51) 26 A6
Cuq(47) 165 H2
Cuq(81) 168 B6
Cuq-Toulza(81) 184 B1
Cuqueron(64) 180 A3
Curac(16) 136 A2
Curan(12) 154 D6
Curbans(04) 160 B4
Curbigny(71) 115 G4
Curçay-sur-Dive(86) 93 G3
Curchy(80) 23 G1
Curciat-Dongalon(01) 117 E2
Curcy-sur-Orne(14) 18 B6
Curdin(71) 115 E1
Curel(04) 159 G6
Curel(52) 47 F6
Curemonte(19) 139 E5
Cures(72) 59 H4
Curgies(59) 13 E2
Curgy(71) 100 D3
Curienne(73) 132 A4
Curières(12) 154 D2
Curis-au-Mont-d'Or(69) 130 A2
Curley(21) 101 G1
Curlu(80) 12 A5
Curmont(52) 67 G3
Curnier(26) 158 D4
Cursan(33) 135 F6
Curtafond(01) 116 D4
Curtil-Saint-Seine(21) 85 G5
Curtil-sous-Buffières(71) 116 A3
Curtil-sous-Burnand(71) 116 A1
Curtil-Vergy(21) 101 G2
Curvalle(81) 168 D3
Curzay-sur-Vonne(86) 108 D2
Curzon(85) 106 C2
Cusance(25) 88 A6
Cuse-et-Adrisans(25) 87 H4
Cusey(52) 86 B3
Cussac(15) 141 E5
Cussac(87) 123 G4
Cussac-Fort-Médoc(33) 134 D3
Cussac-sur-Loire(43) 142 C4
Cussangy(10) 66 B5
Cussay(37) 94 D3
Cusset(03) 114 B6
Cussey-les-Forges(21) 85 H3
Cussey-sur-Lison(25) 103 F2
Cussey-sur-l'Ognon(25) 87 F5
Cussy(14) 18 A3
Cussy-en-Morvan(71) 100 B2
Cussy-la-Colonne(21) 101 E3
Cussy-le-Châtel(21) 101 E3
Cussy-les-Forges(89) 84 A5
Custines(54) 48 D3
Cusy(74) 132 A3
Cutry(02) 24 A5
Cutry(54) 28 A2
Cuts(60) 23 H3
Cutting(57) 49 H3
Cuttoli-Corticchiato(2A) 204 C5
Cuttura(39) 118 A2
Cuvat(74) 118 C6
Cuve(70) 69 G6
Cuvergnon(60) 23 H6
Cuverville(14) 18 D4
Cuverville(27) 21 F5
Cuverville(76) 8 A4
Cuverville-sur-Yères(76) 9 H2
Cuves(50) 37 E4
Cuves(52) 68 B4
Cuvier(39) 103 F4
Cuvillers(59) 12 C3
Cuvilly(60) 23 F3
Cuvry(57) 28 C6
Cuxac-Cabardès(11) 185 E3
Cuxac-d'Aude(11) 186 B4
Cuy(60) 23 G3
Cuy(89) 64 D3
Cuy-Saint-Fiacre(76) 21 H3
Cuzac(46) 153 H3
Cuzance(46) 138 C5
Cuzieu(01) 131 G2
Cuzieu(42) 129 E4
Cuzion(36) 111 F2
Cuzorn(47) 151 H3
Cuzy(71) 100 A5
Cys-la-Commune(02) 24 C4
Cysoing(59) 5 H4

D

Dabo(57) 50 C6
Dachstein(67) 51 E6
Dadonville(45) 63 F4
Daglan(24) 152 A1
Dagneux(01) 130 C2
Dagny(77) 43 H5
Dagny-Lambercy(02) 25 F1
Dagonville(55) 47 G4
la Daguenière(49) 76 D5

Dahlenheim(67) 50 D6
Daignac(33) 135 G6
Daigny(08) 15 F4
Daillancourt(52) 67 G3
Daillecourt(52) 68 B5
Dainville(62) 11 H2
Dainville-Bertheléville(55) 68 B1
Daix(21) 85 G5
Dalem(57) 29 F4
Dalhain(57) 49 F3
Dalhunden(67) 51 G4
Dallet(63) 127 F3
Dallon(02) 12 C6
Dalou(09) 183 H6
Dalstein(57) 29 E3
Daluis(06) 176 C2
Damas-aux-Bois(88) 69 H1
Damas-et-Bettegney(88) 69 G3
Damazan(47) 150 C5
Dambach(67) 51 E2
Dambach-la-Ville(67) 71 F3
Dambelin(25) 88 C5
Dambenois(25) 88 D4
Dambenoît-lès-Colombe(70) 87 H2
Damblain(88) 68 C4
Damblainville(14) 38 D2
Dambron(28) 62 D4
Dame-Marie(27) 40 C4
Dame-Marie(61) 60 D2
Dame-Marie-les-Bois(37) 79 E4
Damelevières(54) 49 E6
Daméraucourt(60) 22 B2
Damerey(71) 101 G5
Damery(51) 45 E1
Damery(80) 23 F1
Damgan(56) 73 F3
Damiatte(81) 168 A6
Damigny(61) 60 A1
Damloup(55) 27 G4
Dammarie(28) 62 A2
Dammarie-en-Puisaye(45) 82 B3
Dammarie-les-Lys(77) 63 H1
Dammarie-sur-Loing(45) 82 B2
Dammarie-sur-Saulx(55) 47 F5
Dammartin-en-Goële(77) 43 E2
Dammartin-en-Serve(78) 41 F3
Dammartin-les-Templiers(25) 87 H6
Dammartin-Marpain(39) 86 C6
Dammartin-sur-Meuse(52) 68 C5
Dammartin-sur-Tigeaux(77) 43 G4
Damousies(59) 13 G3
Damouzy(08) 14 D4
Damparis(39) 102 B2
Dampierre(10) 45 H6
Dampierre(14) 37 F1
Dampierre(39) 102 D1
Dampierre(52) 68 B6
Dampierre-au-Temple(51) 26 A6
Dampierre-en-Bray(76) 21 H3
Dampierre-en-Bresse(71) 102 A4
Dampierre-en-Burly(45) 81 G2
Dampierre-en-Crot(18) 81 G5
Dampierre-en-Graçay(18) 96 D2
Dampierre-en-Montagne(21) 85 E5
Dampierre-en-Yvelines(78) 42 A5
Dampierre-et-Flée(21) 86 B4
Dampierre-le-Château(51) 26 C6
Dampierre-les-Bois(25) 88 D4
Dampierre-lès-Conflans(70) 69 G6
Dampierre-Saint-Nicolas(76) 9 G3
Dampierre-sous-Bouhy(58) 82 C4
Dampierre-sous-Brou(28) 61 G4
Dampierre-sur-Avre(28) 40 D4
Dampierre-sur-Boutonne(17) 108 A6
Dampierre-sur-le-Doubs(25) 88 C5
Dampierre-sur-Linotte(70) 87 G4
Dampierre-sur-Moivre(51) 46 B3
Dampierre-sur-Salon(70) 86 D3
Dampjoux(25) 88 C6
Dampleux(02) 24 A6
Dampmart(77) 43 F3
Dampniat(19) 138 D3
Damprichard(25) 105 F1
les Damps(27) 21 E5
Dampsmesnil(27) 21 G6
Dampvalley-lès-Colombe(70) 87 G3
Dampvalley-Saint-Pancras(70) 69 G6
Dampvitoux(54) 28 B6
Damrémont(52) 68 C6
Damville(27) 40 C3
Damvillers(55) 27 F3
Damvix(85) 107 G3
Dancé(42) 128 D2
Dancé(61) 61 E2
Dancevoir(52) 67 F6
Dancourt(76) 10 A6
Dancourt-Popincourt(80) 23 F2
Dancy(28) 62 A4
Danestal(14) 19 F4
Dangé-Saint-Romain(86) 94 C4
Dangeau(28) 61 H4
Dangers(28) 61 H1
Dangeul(72) 60 B3
Dangolsheim(67) 50 D6
Dangu(27) 21 H6
Dangy(50) 36 D1
Danizy(02) 24 B2
Danjoutin(90) 88 D3
Danne-et-Quatre-Vents(57) 50 C5
Dannelbourg(57) 50 C5
Dannemarie(25) 88 D5
Dannemarie(68) 89 F3
Dannemarie(78) 41 F4
Dannemarie-sur-Crète(25) 103 E1
Dannemoine(89) 66 A6
Dannemois(91) 63 G1
Dannes(62) 2 B5
Dannevoux(55) 27 F3
Danvou-la-Ferrière(14) 18 A4
Danzé(41) 79 E1
Daon(53) 76 C2
Daoulas(29) 31 F5

Daours(80) 11 F6
Darazac(19) 139 G3
Darbonnay(39) 102 D4
Darbres(07) 157 G2
Darcey(21) 85 E4
Dardenac(33) 135 G6
Dardez(27) 40 D1
Dardilly(69) 129 H3
Dareizé(69) 129 G2
Dargies(60) 22 B2
Dargnies(80) 10 A4
Dargoire(42) 129 H5
Darmannes(52) 67 H4
Darnac(87) 110 B5
Darnétal(76) 21 E4
Darnets(19) 125 G6
Darney(88) 69 F4
Darney-aux-Chênes(88) 68 D3
Darnieulles(88) 69 G3
Darois(21) 85 G5
Darvault(77) 64 A3
Darvoy(45) 81 E1
Dasle(25) 88 D4
Daubensand(67) 71 H2
Daubeuf-la-Campagne(27) 20 D6
Daubeuf-près-Vatteville(27) 21 E5
Daubeuf-Serville(76) 8 C4
Daubèze(33) 149 H2
Dauendorf(67) 51 E4
Daumazan-sur-Arize(09) 183 F5
Daumeray(49) 76 D2
Dauphin(04) 174 C3
Dausse(47) 151 G5
Daux(31) 166 D5
Dauzat-sur-Vodable(63) 127 F6
Davayat(63) 127 F2
Davayé(71) 116 B4
Davejean(11) 200 B1
Davenescourt(80) 23 E2
Davézieux(07) 143 H2
Davignac(19) 125 G6
Davrey(10) 65 H5
Davron(78) 41 H3
Dax(40) 162 D5
Deauville(14) 19 F3
Deaux(30) 171 G2
Débats-Rivière-d'Orpra(42) 128 C3
Decazeville(12) 153 H3
Dechy(59) 5 F6
Décines-Charpieu(69) 130 B3
Decize(58) 99 F5
Dégagnac(46) 152 B2
Degré(72) 59 H5
Dehault(72) 60 D4
Dehéries(59) 12 D4
Dehlingen(67) 50 B3
Deinvillers(88) 70 A2
Delain(70) 86 D3
Delettes(62) 3 E5
Delincourt(60) 22 A6
Delle(90) 89 E4
Delme(57) 49 E3
Delouze-Rosières(55) 47 H6
le Déluge(60) 22 C5
Delut(55) 27 G2
Deluz(25) 87 G6
Demandolx(04) 176 A4
Demange-aux-Eaux(55) 47 G5
Demangevelle(70) 69 F6
Demi-Quartier(74) 133 E1
la Demie(70) 87 G3
Demigny(71) 101 F4
Démouville(14) 18 D4
Dému(32) 164 D5
Démuin(80) 11 G6
Denain(59) 12 D2
Dénat(81) 168 B4
Denazé(53) 58 B6
Denée(49) 76 C5
Dénestanville(76) 9 F3
Deneuille-lès-Chantelle(03) 113 H5
Deneuille-les-Mines(03) 113 H3
Deneuvre(54) 49 H6
Denèvre(70) 86 D3
Dénezé-sous-Doué(49) 93 F1
Dénezé-sous-le-Lude(49) 77 G4
Denezières(39) 103 E6
Denguin(64) 180 B3
Denicé(69) 129 H1
Denier(62) 11 F2
Denipaire(88) 70 C3
Dennebrœucq(62) 3 E5
Denneville(50) 16 D4
Dennevy(71) 101 E4
Denney(90) 88 D3
Denonville(28) 62 C2
Denting(57) 29 E4
Déols(36) 96 B5
Derbamont(88) 69 G3
Dercé(86) 94 A4
Derchigny(76) 9 G2
Dercy(02) 24 D2
Dernacueillette(11) 200 B1
Dernancourt(80) 11 G5
Derval(44) 74 D2
Désaignes(07) 143 G4
Désandans(25) 88 C4
Descartes(37) 94 D4
le Deschaux(39) 102 C3
le Désert(14) 37 G2
le Désert(38) 145 H6
Désertines(03) 113 E4
Désertines(53) 37 F6
les Déserts(73) 132 A4
Déservillers(25) 103 F3
Desges(43) 141 H4
Desingy(74) 118 B6
Desmonts(45) 63 G3
Desnes(39) 102 C5
Desseling(57) 49 H3
Dessenheim(68) 71 G6
Dessia(39) 117 G3
Destord(88) 70 A3
la Destrousse(13) 191 E3

Destry(57) 49 F2
Desvres(62) 2 C4
Détain-et-Bruant(21) 101 F2
Détrier(73) 132 B5
le Détroit(14) 38 B3
Dettey(71) 100 B5
Dettwiller(67) 50 D5
Deuil-la-Barre(95) 42 C2
Deuillet(02) 24 B2
Deux-Chaises(03) 113 G3
Deux-Évailles(53) 59 E3
les Deux-Fays(39) 102 C4
Deux-Jumeaux(14) 17 H4
Deux-Verges(15) 141 E6
les Deux-Villes(08) 15 G5
Deuxville(54) 49 F5
Devay(58) 99 F5
Devecey(25) 87 F5
Devesset(07) 143 F4
Devèze(65) 182 A4
Deviat(16) 122 A6
Dévillac(47) 151 G3
Deville(08) 14 D3
Déville-lès-Rouen(76) 9 F6
Devise(80) 12 B6
Devrouze(71) 102 A5
Deycimont(88) 70 A4
Deyme(31) 183 H2
Deyvillers(88) 69 H3
le Dézert(50) 17 F6
Dezize-lès-Maranges(71) 101 E4
D'Huison-Longueville(91) 63 F1
Dhuisy(77) 43 H2
Dhuizel(02) 24 D5
Dhuizon(41) 80 B4
Diancey(21) 100 C2
Diane-Capelle(57) 50 A5
Diant(77) 64 C3
Diarville(54) 69 F1
Diconne(71) 101 H5
Dicy(89) 64 C6
Didenheim(68) 89 G2
Die(26) 145 G6
Diebling(57) 29 H5
Diebolsheim(67) 71 G3
Diedendorf(67) 50 A4
Dieffenbach-au-Val(67) 71 E3
Dieffenbach-lès-Wœrth(67) 51 F3
Dieffenthal(67) 71 F3
Diefmatten(68) 89 E2
Dième(69) 129 F1
Diemeringen(67) 50 B3
Diémoz(38) 130 C4
Diénay(21) 85 H4
Dienne(15) 140 D3
Dienné(86) 109 G3
Diennes-Aubigny(58) 99 F4
Dienville(10) 66 D2
Dieppe(76) 9 F2
Dieppe-sous-Douaumont(55) 27 G4
Dierre(37) 79 E6
Dierrey-Saint-Julien(10) 65 H3
Dierrey-Saint-Pierre(10) 65 H3
Diesen(57) 29 F4
Dietwiller(68) 89 G2
Dieudonné(60) 22 C6
Dieue-sur-Meuse(55) 27 G5
Dieulefit(26) 158 C3
Dieulivol(33) 150 B2
Dieulouard(54) 48 C3
Dieupentale(82) 166 D4
Dieuze(57) 49 G3
Diéval(62) 4 B6
Diffembach-lès-Hellimer(57) 29 G6
Diges(89) 83 E2
Digna(39) 117 F2
Dignac(16) 122 C5
la Digne-d'Amont(11) 184 D6
la Digne-d'Aval(11) 184 D6
Digne-les-Bains(04) 175 F2
Dignonville(88) 69 H3
Digny(28) 40 D6
Digoin(71) 115 E2
Digosville(50) 17 E2
Digulleville(50) 16 C1
Dijon(21) 85 H6
Dimancheville(45) 63 G3
Dimbsthal(67) 50 C5
Dimechaux(59) 13 H3
Dimont(59) 13 H3
Dinan(22) 34 D5
Dinard(35) 34 D3
Dinéault(29) 53 F2
Dingé(35) 35 H2
Dingsheim(67) 51 E6
Dingy-en-Vuache(74) 118 B5
Dingy-Saint-Clair(74) 132 B1
Dinozé(88) 69 H4
Dinsac(87) 110 C5
Dinsheim(67) 71 F1
Dinteville(52) 67 F5
Dio-et-Valquières(34) 170 A6
Dionay(38) 144 D2
Dions(30) 171 H3
Diors(36) 96 C5
Diou(03) 114 D2
Diou(36) 96 D3
Dirac(16) 122 C5
Dirinon(29) 31 F5
Dirol(58) 83 G6
Dissangis(89) 84 A3
Dissay(86) 94 B6
Dissay-sous-Courcillon(72) 78 D3
Dissé-sous-Ballon(72) 60 B3
Dissé-sous-le-Lude(72) 77 G3
Distré(49) 93 G1
Distroff(57) 28 D3
Diusse(64) 180 D1
Divajeu(26) 158 C2
Dives(60) 23 G3
Dives-sur-Mer(14) 19 E4
Divion(62) 3 G6

Divonne-les-Bains(01) 118 C3
Dixmont(89) 65 E5
Dizimieu(38) 130 D3
Dizy(51) 45 F2
Dizy-le-Gros(02) 25 F2
Doazit(40) 163 G5
Doazon(64) 180 A2
Docelles(88) 70 A4
Dœuil-sur-le-Mignon(17) 107 H5
Dognen(64) 179 H3
Dogneville(88) 69 H3
Dohem(62) 3 E5
Dohis(02) 14 A4
Doignies(59) 12 B3
Doingt(80) 12 A5
Doissat(24) 151 H2
Doissin(38) 131 E5
Doix(85) 107 G3
Doizieux(42) 129 G6
Dol-de-Bretagne(35) 35 E4
Dolaincourt(88) 68 D2
Dolancourt(10) 67 E3
Dolcourt(54) 48 C6
Dole(39) 102 C2
Dolignon(02) 14 A4
Dolleren(68) 88 D1
Dollon(72) 60 D5
Dollot(89) 64 C4
Dolmayrac(47) 151 E5
Dolo(22) 34 B5
Dolomieu(38) 131 E4
Dolus-d'Oléron(17) 120 A1
Dolus-le-Sec(37) 95 E2
Dolving(57) 50 A5
Dom-le-Mesnil(08) 15 E5
Domagné(35) 57 G3
Domaize(63) 127 H4
Domalain(35) 57 H4
Domancy(74) 133 E1
Domarin(38) 130 D4
Domart-en-Ponthieu(80) 11 E4
Domart-sur-la-Luce(80) 11 G6
Domats(89) 64 C5
Domazan(30) 172 C3
Dombasle-devant-Darney(88) 69 F4
Dombasle-en-Argonne(55) 27 E5
Dombasle-en-Xaintois(88) 69 E2
Dombasle-sur-Meurthe(54) 49 E5
Domblain(52) 67 G1
Domblans(39) 102 D5
Dombras(52) 27 G2
Dombrot-le-Sec(88) 69 E4
Dombrot-sur-Vair(88) 69 E3
Domecy-sur-Cure(89) 83 G5
Domecy-sur-le-Vault(89) 83 G4
Doméliers(60) 22 C2
Domène(38) 145 H2
Domérat(03) 112 D4
Domesmont(80) 11 E4
Domessargues(30) 171 G3
Domessin(73) 131 G5
Domèvre-en-Haye(54) 48 C3
Domèvre-sous-Montfort(88) 69 F3
Domèvre-sur-Avière(88) 69 H3
Domèvre-sur-Durbion(88) 69 H2
Domèvre-sur-Vezouze(54) 49 H5
Domeyrat(43) 141 H2
Domeyrot(23) 112 B5
Domezain-Berraute(64) 179 F3
Domfaing(88) 70 B4
Domfessel(67) 50 B3
Domfront(60) 23 E3
Domfront(61) 37 H5
Domfront-en-Champagne(72) 59 H4
Domgermain(54) 48 B5
la Dominelais(35) 57 E6
Dominois(80) 10 C2
Domjean(50) 37 E2
Domjevin(54) 49 G5
Domjulien(88) 69 E3
Domléger-Longvillers(80) 10 D3
Domloup(35) 57 F3
Dommarie-Eulmont(54) 69 E1
Dommarien(54) 86 B2
Dommartemont(54) 48 D4
Dommartin(01) 116 D3
Dommartin(25) 103 H3
Dommartin(58) 99 H3
Dommartin(69) 129 H2
Dommartin(80) 22 D1
Dommartin-aux-Bois(88) 69 G4
Dommartin-Dampierre(51) 26 C5
Dommartin-la-Chaussée(54) 28 B6
Dommartin-la-Montagne(55) 27 H6
Dommartin-le-Coq(10) 66 C1
Dommartin-le-Franc(52) 67 G1
Dommartin-le-Saint-Père(52) 67 F2
Dommartin-lès-Cuiseaux(71) 117 E2
Dommartin-lès-Remiremont(88) 70 A6
Dommartin-lès-Toul(54) 48 B5
Dommartin-lès-Vallois(88) 69 F4
Dommartin-Lettrée(51) 45 H4
Dommartin-sous-Amance(54) 49 E4
Dommartin-sous-Hans(51) 26 C5
Dommartin-sur-Vraine(88) 69 E2
Dommartin-Varimont(51) 26 C6
Dommary-Baroncourt(55) 27 H3
Domme(24) 138 A6
Dommery(08) 14 C5
Dommiers(02) 24 A5
Domnon-lès-Dieuze(57) 49 H3
Domont(95) 42 C2
Dompaire(88) 69 G3
Dompcevrin(55) 47 G2
Dompierre(60) 23 E3
Dompierre(61) 37 H5
Dompierre(88) 70 A3
Dompierre-aux-Bois(55) 27 H6
Dompierre-Becquincourt(80) 11 H5
Dompierre-du-Chemin(35) 58 A2
Dompierre-en-Morvan(21) 84 C5
Dompierre-les-Églises(87) 110 D5
Dompierre-les-Ormes(71) 115 H3

Dompierre-les-Tilleuls(25) 103 G4
Dompierre-sous-Sanvignes(71) 100 C6
Dompierre-sur-Authie(80) 10 C2
Dompierre-sur-Besbre(03) 114 C2
Dompierre-sur-Chalaronne(01) 116 C5
Dompierre-sur-Charente(17) 121 F3
Dompierre-sur-Helpe(59) 13 G3
Dompierre-sur-Héry(58) 99 F1
Dompierre-sur-Mer(17) 107 E5
Dompierre-sur-Mont(39) 117 G1
Dompierre-sur-Nièvre(58) 98 D1
Dompierre-sur-Veyle(01) 117 E6
Dompierre-sur-Yon(85) 91 F4
Dompnac(07) 157 E3
Domprel(25) 104 D1
Dompremy(51) 46 C4
Domprix(54) 28 A3
Domps(87) 125 E4
Domptail(88) 70 A2
Domptail-en-l'Air(54) 49 E6
Domptin(02) 44 B2
Domqueur(80) 10 D4
Domremy-la-Canne(55) 27 H3
Domrémy-la-Pucelle(88) 68 C1
Domremy-Landéville(52) 67 H2
Domsure(01) 117 E3
Domvallier(88) 69 F2
Domvast(80) 10 C3
Don(59) 4 D5
Donazac(11) 184 D6
Donchery(08) 15 E4
Doncières(88) 70 A2
Doncourt-aux-Templiers(55) 28 A6
Doncourt-lès-Conflans(54) 28 B5
Doncourt-lès-Longuyon(54) 27 H2
Doncourt-sur-Meuse(52) 68 C4
Dondas(47) 151 G6
Donges(44) 74 A5
Donjeux(52) 67 H2
Donjeux(57) 49 E3
le Donjon(03) 114 D4
Donnay(14) 38 B2
Donnazac(81) 167 H2
Donnelay(57) 49 G4
Donnemain-Saint-Mamès(28) 61 H5
Donnemarie-Dontilly(77) 64 C1
Donnement(10) 46 A6
Donnenheim(67) 51 E5
Donnery(45) 63 E6
Donneville(31) 183 H2
Donnezac(33) 135 F2
Dontreix(23) 126 B1
Dontrien(51) 26 A4
Donville-les-Bains(50) 35 G1
Donzac(33) 149 G2
Donzac(82) 166 A2
Donzacq(40) 163 F5
le Donzeil(23) 125 F1
Donzenac(19) 138 C3
Donzère(26) 158 A4
Donzy(58) 82 C6
Donzy-le-National(71) 116 A2
Donzy-le-Pertuis(71) 116 B2
Doranges(63) 128 A6
Dorans(90) 88 D3
Dorat(63) 127 H2
le Dorat(87) 110 C5
Dorceau(61) 61 E2
Dordives(45) 64 A4
Dore-l'Église(63) 142 B1
la Dorée(53) 58 B1
Dorengt(02) 13 F5
Dorlisheim(67) 71 F1
Dormans(51) 44 D1
Dormelles(77) 64 B3
la Dornac(24) 138 B4
Dornas(07) 143 F6
Dornecy(58) 83 F5
Dornes(58) 99 E6
Dornot(57) 28 C6
Dorres(66) 199 E5
Dortan(01) 117 H3
Dosches(10) 66 B3
Dosnon(10) 45 H6
Dossenheim-Kochersberg(67) 51 E6
Dossenheim-sur-Zinsel(67) 50 D4
Douadic(36) 95 F6
Douai(59) 5 E6
Douains(27) 41 E2
Douarnenez(29) 53 E3
Douaumont(55) 27 G4
Doubs(25) 103 H3
Doucelles(72) 60 A3
Douchapt(24) 136 D2
Douchy(02) 12 B6
Douchy(45) 64 C6
Douchy-lès-Ayette(62) 11 H3
Douchy-les-Mines(59) 12 D2
Doucier(39) 103 E6
Doucy-en-Bauges(73) 132 B3
Doudeauville(62) 2 C5
Doudeauville(76) 21 H3
Doudeauville-en-Vexin(27) 21 G5
Doudelainville(80) 10 B5
Doudeville(76) 8 D4
Doudrac(47) 151 F2
Doue(77) 43 H3
Doué-la-Fontaine(49) 93 F1
Douelle(46) 152 B4
le Douhet(17) 121 F2
Douillet(72) 59 H3
Douilly(80) 23 H1
Doulaincourt-Saucourt(52) 67 H2
Doulcon(55) 27 E3
Doulevant-le-Château(52) 67 F2
Doulevant-le-Petit(52) 67 G1
Doulezon(33) 136 A6
le Doulieu(59) 3 H4
Doullens(80) 11 F3
Doumely-Bégny(08) 14 B5
Doumy(64) 180 B2
Dounoux(88) 69 H4
Dourbies(30) 170 C2

Dourdain(35) 57 G2
Dourdan(91) 62 D1
Dourges(62) 5 E6
Dourgne(81) 184 D2
Douriez(62) 10 C2
Dourlers(59) 13 G3
le Dourn(81) 168 D3
Dournazac(87) 123 G4
Dournon(39) 103 F3
Dours(65) 181 F4
Doussard(74) 132 B2
Doussay(86) 94 A5
Douville(24) 137 E5
Douville-en-Auge(14) 19 E4
Douville-sur-Andelle(27) 21 E5
Douvrend(76) 9 H3
Douvres(01) 131 E1
Douvres-la-Délivrande(14) 18 C3
Douvrin(62) 4 D5
Doux(08) 14 C6
Doux(79) 93 G5
Douy(28) 61 H5
Douy-la-Ramée(77) 43 G2
Douzains(47) 151 E2
Douzat(16) 122 A4
la Douze(24) 137 G4
Douzens(11) 185 G5
Douzillac(24) 136 D4
Douzy(08) 15 F5
Doville(50) 16 D4
Doye(39) 103 F5
Doyet(03) 113 F4
Dozulé(14) 19 E4
Dracé(69) 116 B5
Draché(37) 94 C3
Drachenbronn-Birlenbach(67) 51 F2
Dracy(89) 82 D2
Dracy-le-Fort(71) 101 F5
Dracy-lès-Couches(71) 101 E4
Dracy-Saint-Loup(71) 100 C3
Dragey-Ronthon(50) 35 G2
Draguignan(83) 192 D1
Drain(49) 75 G5
Draix(04) 160 D6
Draize(08) 14 B5
Drambon(21) 86 B5
Dramelay(39) 117 G3
Drancy(93) 42 D3
Drap(06) 177 F5
Dravegny(02) 24 D6
Draveil(91) 42 D5
Drée(21) 85 E5
Dréfféac(44) 74 B3
Drémil-Lafage(31) 167 F6
le Drennec(29) 31 E4
Dreuil-lès-Amiens(80) 11 E5
Dreuilhe(09) 199 E1
Dreux(28) 41 E5
Drevant(18) 97 H6
Dricourt(08) 26 A3
Driencourt(80) 12 B5
Drincham(59) 3 F2
Drocourt(62) 5 E6
Drocourt(78) 41 G2
Droisy(27) 40 D4
Droisy(74) 131 H1
Droiturier(03) 114 D5
Droizy(02) 24 B5
Drom(01) 117 F4
Dromesnil(80) 10 D3
Drosay(76) 8 D3
Drosnay(51) 46 B6
Droué(41) 61 G5
Droue-sur-Drouette(28) 41 G6
Drouges(35) 57 H5
Drouilly(51) 46 B4
Droupt-Saint-Basle(10) 65 H1
Droupt-Sainte-Marie(10) 65 H1
Drouville(54) 49 E4
Drouvin-le-Marais(62) 3 H6
Droux(87) 110 C5
Droyes(52) 46 C6
Drubec(14) 19 F4
Drucat(80) 10 C3
Drucourt(27) 19 H5
Drudas(31) 166 C5
Druelle(12) 154 B5
Drugeac(15) 140 A3
Druillat(01) 117 F6
Drulhe(12) 153 G4
Drulingen(67) 50 B4
Drumettaz-Clarafond(73) 131 H4
Drusenheim(67) 51 E4
Druy-Parigny(58) 99 E5
Druye(37) 78 B6
Druyes-les-Belles-Fontaines(89) 83 E4
Dry(45) 80 B2
Duault(22) 32 C6
Ducey(50) 35 H3
Duclair(76) 9 E6
Ducy-Sainte-Marguerite(14) 18 B4
Duerne(69) 129 G4
Duesme(21) 85 E3
Duffort(32) 181 H3
Dugny(93) 42 D3
Dugny-sur-Meuse(55) 27 F5
Duhort-Bachen(40) 164 A5
Duilhac-sous-Peyrepertuse(11) 200 B2
Duingt(74) 132 B2
Duisans(62) 11 H2
Dullin(73) 131 G5
Dumes(40) 163 G5
Dun(09) 184 B6
Dun-le-Palestel(23) 111 F4
Dun-les-Places(58) 84 A6
Dun-sur-Auron(18) 97 H5
Dun-sur-Grandry(58) 99 H3
Dun-sur-Meuse(55) 27 E3
Duneau(72) 60 C5
Dunes(82) 166 A2
Dunet(36) 110 D3

Dung(25) 88 C4
Dunières(43) 143 F2
Dunière-sur-Eyrieux(07) 143 H6
Dunkerque(59) 3 F1
Duntzenheim(67) 71 G1
Duppigheim(67) 71 G1
le Duran(81) 165 G6
Duran(32) 165 G6
Durance(47) 165 E1
Duranus(06) 177 E3
Duranville(27) 20 A6
Duras(47) 150 C2
Durban(32) 182 A1
Durban-Corbières(11) 186 A6
Durban-sur-Arize(09) 183 F6
Durbans(46) 153 E2
Durcet(61) 38 B4
Durdat-Larequille(03) 113 E5
Dureil(72) 59 G6
Durenque(12) 169 E2
Durfort(09) 183 G5
Durfort(81) 184 D2
Durfort-et-
  Saint-Martin-de-Sossenac(30) 171 F3
Durfort-Lacapelette(82) 166 C1
Durlinsdorf(68) 89 F4
Durmenach(68) 89 G4
Durmignat(63) 113 F5
Durnes(25) 103 G2
Durningen(67) 51 E5
Durrenbach(67) 51 F3
Durrenentzen(68) 71 G5
Durstel(67) 50 B3
Durtal(49) 77 E3
Durtol(63) 127 E3
Dury(02) 24 A1
Dury(62) 12 B2
Dury(80) 11 E6
Dussac(24) 137 H1
Duttlenheim(67) 71 G1
Duvy(60) 23 G6
Duzey(55) 27 H3
Dyé(89) 65 H6
Dyo(71) 115 G3

E

Eancé(35) 57 H5
Eaubonne(95) 42 C2
Eaucourt-sur-Somme(80) 10 C4
Eaunes(31) 183 F3
Eaux-Bonnes(64) 180 B6
Eaux-Puiseaux(10) 65 H4
Eauze(32) 164 D4
Ébaty(21) 101 F4
Ebblinghem(59) 3 F4
Eberbach-Seltz(67) 51 H3
Ebersheim(67) 71 F3
Ebersmunster(67) 71 G3
Éberviller(57) 29 E4
Éblange(57) 29 E4
Ébouleau(02) 25 E2
Ébréon(16) 122 B2
Ébreuil(03) 113 G6
l'Écaille(08) 25 G4
Écaillon(59) 5 F6
Écalles-Alix(76) 9 E5
Écaquelon(27) 20 B5
Écardenville-la-Campagne(27) 40 B1
Écardenville-sur-Eure(27) 40 D1
Écausseville(50) 17 E3
Écauville(27) 40 C1
Eccica-Suarella(2A) 204 D6
Eccles(59) 13 H3
Échalas(69) 129 H5
Échallat(16) 122 A3
Échallon(01) 117 H4
Échalot(21) 85 F3
Échalou(61) 38 A4
Échandelys(63) 127 H5
Échannay(21) 85 E6
Écharcon(91) 42 D6
Échassières(03) 113 F5
Échauffour(61) 39 F4
Échavanne(70) 88 C3
Échay(25) 103 F2
Échebrune(17) 121 F5
l'Échelle(08) 14 C4
l'Échelle-Saint-Aurin(80) 23 F2
les Échelles(73) 131 G6
Échemines(10) 65 H2
Échemiré(49) 77 E4
Échenans(25) 88 C4
Échenans-sous-Mont-Vaudois(70) 88 C3
Échenay(52) 68 A1
Échenevex(01) 118 B3
Échenon(01) 102 A2
Échenoz-la-Méline(70) 87 G3
Échenoz-le-Sec(70) 87 G3
Échevannes(21) 85 H4
Échevannes(25) 103 G2
Échevis(26) 145 E4
Échevronne(21) 101 F2
Échigey(21) 102 A1
Échillais(17) 120 C2
Échilleuses(45) 63 G4
Échinghen(62) 2 B4
Échiré(79) 108 A3
Échirolles(38) 145 G3
Échouboulains(77) 64 B1
Échourgnac(24) 136 C3
Eckartswiller(67) 50 C5
Eckbolsheim(67) 71 G1
Eckwersheim(67) 51 E5
Éclaibes(59) 13 G3
Éclaires(51) 26 D6
Éclance(10) 67 E3
Éclans-Nenon(39) 102 C2
Éclaron-Braucourt-Sainte-Livière(52) ..46 D6
Éclassan(07) 144 A3
Écleux(39) 102 D3
Éclimeux(62) 11 E1

Eclose(38) 130 D5
Éclusier-Vaux(80) 11 H5
Écluzelles(28) 41 E5
Écoche(42) 115 G5
Écoivres(62) 11 E2
École(73) 132 B4
École-Valentin(25) 87 F6
Écollemont(51) 46 C5
Écommoy(72) 77 H1
Écoquenéauville(50) 17 F4
Écorcei(61) 39 H4
les Écorces(25) 105 F1
Écorches(61) 39 E3
Écordal(08) 14 D6
Écorpain(72) 60 D6
Écos(27) 21 G6
Écot(25) 88 C5
Écot-la-Combe(52) 68 B3
Écotay-l'Olme(42) 128 D5
Écouché(61) 38 C4
Écouen(95) 42 D2
Écouflant(49) 76 C4
Écouis(27) 21 F5
Écourt-Saint-Quentin(62) 12 B2
Écoust-Saint-Mein(62) 12 A3
Écouviez(55) 27 G1
l'Écouvotte(25) 87 H5
Écoyeux(17) 121 F2
Ecquedecques(62) 3 F5
Ecques(62) 3 F4
Ecquetot(27) 20 D6
Ecquevilly(78) 41 H3
Écrainville(76) 8 B5
Écrammeville(14) 17 H4
les Écrennes(77) 64 B1
Écretteville-lès-Baons(76) 8 D5
Écretteville-sur-Mer(76) 8 C3
Écriennes(51) 46 C5
Écrille(39) 117 H2
Écromagny(70) 88 B2
Écrosnes(28) 41 G6
Écrouves(54) 48 B5
Ectot-l'Auber(76) 9 E5
Ectot-lès-Baons(76) 9 E5
Écueil(51) 25 F6
Écueillé(36) 95 H3
Écuélin(59) 13 G3
Écuelle(70) 86 C3
Écuelles(71) 101 H4
Écuelles(77) 64 B2
Écuillé(49) 76 C3
Écuires(62) 2 C6
Écuisses(71) 101 E5
Éculleville(50) 16 C1
Écully(69) 130 A3
Écuras(16) 123 E4
Écurat(17) 121 E3
Écurcey(25) 88 D5
Écurey-en-Verdunois(55) 27 F3
Écurie(62) 11 H2
Écury-le-Repos(51) 45 F4
Écury-sur-Coole(51) 45 H3
Écutigny(21) 101 E2
Écuvilly(60) 23 G2
Edern(29) 53 G3
Édon(16) 122 D6
Écalles-Alix(76)² les Éduts(17) 121 H1
Eecke(59) 3 G3
Effiat(63) 114 A6
Effincourt(52) 47 F6
Effry(02) 13 G5
Égat(66) 199 F5
Égleny(89) 83 E2
Égletons(19) 139 G1
Égligny(77) 64 C2
Eglingen(68) 89 F3
l'Église-aux-Bois(19) 125 E4
Église-Neuve-de-Vergt(24) 137 F4
Église-Neuve-d'Issac(24) 136 D5
Égliseneuve-d'Entraigues(63) 140 D1
Égliseneuve-des-Liards(63) 127 H5
Égliseneuve-près-Billom(63) 127 G4
les Églises-d'Argenteuil(17) 121 G1
Églisolles(63) 128 C6
les Églisottes-et-Chalaures(33) 135 H4
Égly(91) 42 C6
Égreville(77) 64 B4
Égriselles-le-Bocage(89) 64 D4
Égry(45) 63 G5
Éguelshardt(57) 50 D2
Éguenigue(90) 88 D3
l'Éguille(17) 120 C3
Éguilles(13) 190 D1
Éguilly(21) 84 D6
Éguilly-sous-Bois(10) 66 D4
Éguisheim(68) 71 E5
Éguzon-Chantôme(36) 111 F3
Éhuns(70) 87 H1
Eichhoffen(67) 71 F2
Eincheville(57) 29 F6
Einvaux(54) 49 F5
Einville-au-Jard(54) 49 F5
Eix(55) 27 H4
Élan(08) 15 E5
Élancourt(78) 42 A4
Elbach(68) 89 E3
Elbeuf(76) 20 D5
Elbeuf-en-Bray(76) 21 G3
Elbeuf-sur-Andelle(76) 9 H6
Élencourt(60) 22 A2
Élesmes(59) 13 G2
Életot(76) 8 C3
Éleu-dit-Leauwette(62) 4 D6
Élincourt(59) 12 D4
Élincourt-Sainte-Marguerite(60) 23 D3
Élise-Daucourt(51) 26 C6
Élliant(29) 53 G4
Ellon(14) 18 B4
Elne(66) 201 E4
Elnes(62) 3 E4
Éloie(90) 88 D3

Éloise(74) 118 A5
Éloyes(88) 70 A5
Elsenheim(67) 71 F4
Elvange(57) 29 F5
Elven(56) 55 G6
Élzange(57) 28 D3
Émagny(25) 87 E6
Émalleville(27) 40 D1
Émancé(78) 41 G6
Émanville(27) 40 B2
Émanville(76) 9 F5
Emberménil(54) 49 G5
Embres-et-Castelmaure(11) 200 D1
Embreville(80) 10 A4
Embrun(05) 161 E2
Embry(62) 2 D5
Émerainville(77) 43 E4
Émerchicourt(59) 12 C2
Émeringes(69) 116 B4
Émerville(16) 23 H5
Émiéville(14) 18 D5
Emlingen(68) 89 G3
Emmerin(59) 5 E4
Émondeville(50) 17 F3
Empeaux(31) 183 E2
Empurany(07) 143 H4
Empuré(17) 108 D6
Empury(58) 83 H6
Encausse(32) 166 B5
Encausse-les-Thermes(31) 182 B6
Enchastrayes(04) 161 F4
Enchenberg(57) 50 C2
Encourtiech(09) 197 G3
Endoufielle(32) 182 D1
Énencourt-le-Sec(60) 22 A5
Énencourt-Léage(60) 22 A5
Enfonvelle(52) 69 E6
Engayrac(47) 151 G6
Engente(10) 67 E3
Engenville(45) 63 F3
Enghien-les-Bains(95) 42 C3
Engins(38) 145 F2
Englancourt(02) 13 F5
Englebelmer(80) 11 G4
Englefontaine(59) 13 E3
Englesqueville-en-Auge(14) 19 F3
Englesqueville-la-Percée(14) 17 H4
Englos(59) 5 E4
Engomer(09) 197 G3
Enguinegatte(62) 3 E5
Engwiller(67) 51 E3
Ennemain(80) 12 A4
Ennery(57) 28 D4
Ennery(95) 42 B2
Ennetières-en-Weppes(59) 5 E4
Ennevelin(59) 5 F5
Ennezat(63) 127 F2
Ennordres(18) 81 F5
Enquin-les-Mines(62) 3 F5
Enquin-sur-Baillons(62) 2 C5
Ens(65) 196 B4
Ensigné(79) 108 B6
Ensisheim(68) 89 G1
Ensuès-la-Redonne(13) 190 C3
Entrages(04) 175 F2
Entraigues(38) 146 A5
Entraigues(63) 127 G2
Entraigues-sur-la-Sorgue(84) 173 E3
Entrains-sur-Nohain(58) 82 D5
Entrammes(53) 58 D5
Entrange(57) 28 C2
Entraunes(06) 161 G6
Entraygues-sur-Truyère(12) 154 B2
Entre-Deux-Eaux(88) 70 C4
Entre-Deux-Guiers(38) 131 G6
Entre-Deux-Monts(39) 103 F6
Entrecasteaux(83) 192 B2
Entrechaux(84) 158 D6
Entremont(74) 119 E6
Entremont-le-Vieux(73) 131 H5
Entrepierres(04) 160 B6
Entrevaux(04) 176 C3
Entrevennes(04) 175 E3
Entrevernes(74) 132 B2
Entzheim(67) 71 G1
Enval(63) 127 E2
Enveitg(66) 199 E5
Envermeu(76) 9 G3
Environville(76) 8 D5
Éourres(05) 159 H6
Éoux(31) 182 C4
Épagne(10) 66 D2
Épagne-Épagnette(80) 10 C4
Épagny(02) 24 B4
Épagny(74) 132 A1
Épaignes(27) 19 H4
Épaney(14) 38 C4
Épannes(79) 107 H4
Éparcy(02) 13 H6
les Éparges(55) 27 H5
Épargnes(17) 120 D5
les Éparres(38) 130 D5
Épaumesnil(80) 10 C4
Épaux-Bézu(02) 44 B2
Épeautrolles(28) 61 H4
Épécamps(80) 11 E4
Épégard(27) 20 C6
Éphy(76) 21 H4
Épeigné-les-Bois(37) 95 F1
Épeigné-sur-Dême(37) 78 C4
Épénancourt(80) 12 A4
Épenède(16) 109 G2
Épenouse(25) 103 H1
Épenoy(25) 103 H1
Épernay(51) 26 C5
Épercieux-Saint-Paul(42) 129 E4
Éperlecques(62) 3 E4
Épernay(51) 45 F2
Épernay-sous-Gevrey(21) 101 H2
Épernon(28) 41 G6
Éperrais(61) 60 D2
Épersy(73) 131 H2

E

Épertully(71) 101 E4
Épervans(71) 101 G5
les Epesses(85) 92 B4
Épeugney(25) 103 F2
Epfig(67) 71 F2
Épiais(41) 79 G2
Épiais-lès-Louvres(95) 43 E2
Épiais-Rhus(95) 42 B1
Épieds(02) 44 C1
Épieds(27) 41 E3
Épieds(49) 93 G2
Épieds-en-Beauce(45) 62 B6
Épierre(73) 132 C5
Épiez-sur-Chiers(54) 27 G2
Épiez-sur-Meuse(55) 48 A6
Épinac(71) 100 D3
Épinal(88) 69 H3
Épinay(27) 39 H2
Épinay-Champlâtreux(95) 42 D1
l'Épinay-le-Comte(61) 37 G6
Épinay-sous-Sénart(91) 43 E5
Épinay-sur-Duclair(76) 9 E6
Épinay-sur-Odon(14) 18 B5
Épinay-sur-Orge(91) 42 C5
Épinay-sur-Seine(93) 42 C3
l'Épine(05) 159 G4
l'Épine(51) 26 A6
l'Épine(85) 90 A2
l'Épine-aux-Bois(02) 44 C3
Épineau-les-Voves(89) 65 F6
Épineu-le-Chevreuil(72) 59 G5
Épineuil(89) 84 A1
Épineuil-le-Fleuriel(18) 112 D2
Épineuse(60) 23 E4
Épineux-le-Seguin(53) 59 F5
Epiniac(35) 35 F4
Épinonville(55) 27 E4
Épinouze(26) 144 B1
Épinoy(62) 12 C3
Epiry(58) 99 G2
Épisy(77) 64 A3
Épizon(52) 68 A2
Éplessier(80) 22 B1
Éply(54) 48 D2
Époisses(21) 84 B4
Épône(78) 41 H3
Épothémont(10) 67 E2
Épouville(76) 8 A5
Époye(51) 25 G5
Eppe-Sauvage(59) 14 A1
Eppes(02) 24 D3
Eppeville(80) 23 H1
Epping(57) 50 C1
Épretot(76) 8 B6
Épreville(76) 8 B4
Épreville-en-Lieuvin(27) 20 A6
Épreville-en-Roumois(27) 20 B5
Épreville-près-le-Neubourg(27) 40 B1
Épron(14) 18 C4
Eps(62) 3 F6
Épuisay(41) 79 E1
Équancourt(80) 12 B4
Équemauville(14) 19 G3
Équennes-Éramecourt(80) 22 B1
Équeurdreville-Hainneville(50) 16 D1
Équevilley(70) 87 G1
Équevillon(39) 103 F5
Équihen-Plage(62) 2 A4
Équilly(50) 35 H1
Équirre(62) 3 E6
Éragny(95) 42 B2
Éragny-sur-Epte(60) 21 H5
Eraines(14) 38 C2
Éraville(16) 122 A5
Erbajolo(2B) 205 F3
Erbéviller-sur-Amezule(54) 49 E4
Erbray(44) 75 F2
Erbrée(35) 58 A4
Ercé(09) 197 H4
Ercé-en-Lamée(35) 57 F5
Ercé-près-Liffré(35) 57 F1
Erceville(45) 63 E3
Erches(80) 23 F1
Ercheu(80) 23 G2
Erchin(59) 12 C2
Erching(57) 50 C1
Erckartswiller(67) 50 C4
Ercourt(80) 10 B4
Ercuis(60) 22 D6
Erdeven(56) 54 D6
Éréac(22) 34 B6
Ergersheim(67) 51 E6
Ergnies(80) 10 D4
Ergny(62) 2 D5
Ergué-Gabéric(29) 53 G4
Érin(62) 11 E1
Éringes(21) 84 D3
Eringhem(59) 3 F2
Érize-la-Brûlée(55) 47 F3
Érize-la-Petite(55) 47 F3
Érize-Saint-Dizier(55) 47 F3
Erlon(02) 24 D1
Erloy(02) 13 F5
Ermenonville(60) 43 F1
Ermenonville-la-Grande(28) 62 A2
Ermenonville-la-Petite(28) 61 H3
Ermenouville(76) 9 E3
Ermont(95) 42 C2
Ernée(53) 58 B2
Ernemont-Boutavent(60) 22 A3
Ernemont-la-Villette(76) 21 H4
Ernemont-sur-Buchy(76) 9 H6
Ernes(14) 19 E6
Ernestviller(57) 29 H5
Erneville-aux-Bois(55) 47 G4
Ernolsheim-Bruche(67) 51 E6
Ernolsheim-lès-Saverne(67) 50 D4
Erny-Saint-Julien(62) 3 E5
Érôme(26) 144 A3
Érondelle(80) 10 C4
Érone(2B) 205 F2
Éroudeville(50) 17 E3
Erp(09) 197 H3
Erquery(60) 23 E4
Erquinghem-le-Sec(59) 5 E4
Erquinghem-Lys(59) 4 D3
Erquinvillers(60) 23 E4
Erquy(22) 34 A3
Err(66) 199 F6
Erre(59) 5 G6
Errevet(70) 88 C3
Errouville(54) 28 B2
Ersa(2B) 203 G1
Erstein(67) 71 G2
Erstroff(57) 29 G6
Ervauville(45) 64 C5
Ervillers(62) 12 A3
Ervy-le-Châtel(10) 65 H5
Esbareich(65) 196 C3
Esbarres(21) 102 A2
Esbly(77) 43 F3
Esboz-Brest(70) 88 A2
Escala(65) 181 H6
Escalans(40) 164 D3
l'Escale(04) 175 E2
Escales(11) 185 H4
Escalles(62) 2 B2
Escalquens(31) 183 H2
Escames(60) 21 H3
Escamps(46) 152 D5
Escamps(89) 83 E2
Escandolières(12) 154 A4
Escanecrabe(31) 182 B4
Escardes(51) 44 C5
l'Escarène(06) 177 F4
Escarmain(59) 13 E2
Escaro(66) 199 H5
Escassefort(47) 150 C3
Escatalens(82) 166 D3
Escaudain(59) 12 D2
Escaudes(33) 149 H5
Escaudœuvres(59) 12 C3
Escaunets(65) 180 D3
Escautpont(59) 5 H6
Escazeaux(82) 166 B4
Eschau(67) 71 H1
Eschbach(67) 51 F3
Eschbach-au-Val(68) 70 D5
Eschbourg(67) 50 C4
Eschentzwiller(68) 89 G2
Escherange(57) 28 C2
Esches(60) 22 C6
Eschwiller(67) 50 B4
Esclagne(09) 198 D1
Esclainvillers(80) 22 D2
Esclanèdes(48) 155 H4
Esclassan-Labastide(32) 182 A3
Esclauzels(46) 152 D4
Esclavelles(76) 9 H4
Esclavolles-Lurey(51) 44 D6
Escles(88) 69 F4
Escles-Saint-Pierre(60) 22 A1
Esclottes(47) 150 B2
Escobecques(59) 5 E4
Escœuilles(62) 2 D4
Escoire(24) 137 G3
Escolives-Sainte-Camille(89) 83 F2
Escombres-et-le-Chesnois(08) 15 G4
Escondeaux(65) 181 F3
Esconnets(65) 181 F6
Escorailles(15) 139 H3
Escornebœuf(32) 166 B6
Escorpain(28) 40 D5
Escos(64) 179 F2
Escosse(09) 183 H5
Escot(64) 179 H5
Escots(65) 181 F6
Escou(64) 180 A4
Escoubès(64) 180 C2
Escoubès-Pouts(65) 181 E5
Escoulis(31) 182 D5
Escouloubre(11) 199 F3
Escource(40) 148 B6
Escoussans(33) 149 G2
Escoussens(81) 184 D2
Escout(64) 180 A4
Escoutoux(63) 128 A3
Escoville(14) 18 D4
Escragnolles(06) 159 F3
Escrennes(45) 63 F4
Escrignelles(45) 82 A3
Escroux(81) 169 E5
Escueillens-et-
Saint-Just-de-Bélengard(11) 184 C5
Escurès(64) 180 D2
Escurolles(03) 114 A5
Eslettes(76) 9 F6
Esley(88) 69 F4
Eslourenties-Daban(64) 180 D3
Esmans(77) 64 C2
Esmery-Hallon(80) 23 H1
Esmoulières(70) 88 B1
Esmoulins(70) 86 C5
Esnandes(17) 107 E4
Esnans(25) 87 H5
Esnes(59) 12 C4
Esnes-en-Argonne(55) 27 E4
Esnon(89) 65 F6
Esnouveaux(52) 68 A4
Espagnac(19) 139 F3
Espagnac-Sainte-Eulalie(46) 153 F3
Espalais(82) 166 B2
Espalem(43) 141 F2
Espalion(12) 154 D4
Espaly-Saint-Marcel(43) 142 C4
Espanès(31) 183 G2
Espaon(32) 182 C3
Esparron(05) 160 A4
Esparron(31) 182 C4
Esparron(83) 174 D6
Esparron-de-Verdon(04) 175 E5
Esparros(65) 181 G6
Esparsac(82) 166 B3
Espartignac(19) 124 D6
Espas(32) 164 D5
Espaubourg(60) 22 A4
Espèche(65) 181 G6
Espéchède(64) 180 D3
Espédaillac(46) 153 E2
Espelette(64) 178 C3
Espeluche(26) 158 B3
Espenel(26) 158 D2
Espérausses(81) 169 E6
Espéraza(11) 199 G1
Esperce(31) 183 G4
Espère(46) 152 C4
Espès-Undurein(64) 179 G4
Espeyrac(12) 154 B3
Espeyroux(46) 153 F1
Espezel(11) 199 F2
Espieilh(65) 181 F6
Espiens(47) 165 F1
Espiet(33) 135 G6
Espinas(82) 153 E6
Espinasse(15) 141 E6
Espinasse(63) 126 C1
Espinasse-Vozelle(03) 114 A6
Espinasses(05) 160 C3
Espinchal(63) 140 D1
Espins(14) 18 C6
Espira-de-Conflent(66) 200 A4
Espira-de-l'Agly(66) 200 D3
Espirat(63) 127 G3
Espiute(64) 179 F3
Esplantas(43) 142 A5
Esplas(09) 183 G5
Esplas-de-Sérou(09) 198 A1
Espoey(64) 180 D4
Espondeilhan(34) 186 D2
Esprels(70) 87 H3
Esquay-Notre-Dame(14) 18 C5
Esquay-sur-Seulles(14) 18 B4
Esquéhéries(02) 13 F5
Esquelbecq(59) 3 F2
Esquennoy(60) 22 D2
Esquerchin(59) 5 E6
Esquerdes(62) 3 E4
Esquibien(29) 52 C3
Esquièze-Sère(65) 195 G4
Esquiule(64) 179 H4
les Essards(16) 136 B2
les Essards(17) 120 D3
les Essards(37) 77 H6
les Essards-Taignevaux(39) 102 B4
Essarois(21) 85 F2
Essars(62) 3 H5
les Essarts(27) 40 C3
les Essarts(41) 78 D2
les Essarts(85) 91 G4
les Essarts-le-Roi(78) 41 H5
les Essarts-le-Vicomte(51) 44 C5
les Essarts-lès-Sézanne(51) 44 D4
Essay(61) 39 F6
Esse(16) 123 F1
Essé(35) 57 G4
Essegney(88) 69 G2
les Esseintes(33) 150 A2
Essert(90) 88 D3
Essert-Romand(74) 119 F4
Essertaux(80) 22 C1
Essertenne(71) 101 E5
Essertenne-et-Cecey(70) 86 C5
Essertines-en-Châtelneuf(42) 128 D4
Essertines-en-Donzy(42) 129 F3
Esserts-Blay(73) 132 D4
Esserval-Combe(39) 103 F4
Esserval-Tartre(39) 103 F4
Essey(21) 100 D1
Essey-et-Maizerais(54) 48 B2
Essey-la-Côte(54) 69 H1
Essey-lès-Nancy(54) 48 D4
Essia(39) 117 G1
Essigny-le-Grand(02) 24 B1
Essigny-le-Petit(02) 12 D5
Essises(02) 44 C2
Essômes-sur-Marne(02) 44 B2
Esson(14) 18 C6
Essoyes(10) 66 D5
Essuiles(60) 22 D4
les Estables(43) 143 E5
Estables(48) 155 H2
Establet(26) 159 F3
Estadens(31) 182 C6
Estagel(66) 200 C3
Estaing(12) 154 C3
Estaing(65) 195 F3
Estaires(59) 3 H5
Estal(46) 139 F5
Estampes(32) 181 G3
Estampures(65) 181 G3
Estancarbon(31) 182 C5
Estandeuil(63) 127 H4
Estang(32) 164 C4
Estarvielle(65) 196 B4
Estavar(66) 199 E5
Esteil(63) 127 G6
Esténos(31) 196 D3
Estensan(65) 196 B4
Estérençuby(64) 179 E5
Esternay(51) 44 D5
Esterre(65) 195 G4
Estevelles(62) 4 D5
Esteville(76) 9 G5
Estézargues(30) 172 C3
Estialescq(64) 180 A4
Estibeaux(40) 163 E6
Estigarde(40) 164 C2
Estillac(47) 165 G1
Estipouy(32) 181 G1
Estirac(65) 181 E2
Estissac(10) 65 H3
Estivals(19) 138 C4
Estivareilles(03) 113 E3
Estivareilles(42) 128 D6
Estivaux(19) 138 C2
Estoher(66) 200 A4
Estos(64) 180 A4
Estoublon(04) 175 F3
Estouches(91) 63 E3
Estourmel(59) 12 C3
Estouteville-Écalles(76) 9 H5
Estouy(45) 63 F4
Estrablin(38) 130 B5
Estramiac(32) 166 A4
Estrebay(08) 14 B3
Estrébœuf(80) 10 B3
l'Estréchure(30) 171 E2
Estrée(62) 2 C6
Estrée-Blanche(62) 3 F5
Estrée-Cauchy(62) 4 C6
Estrée-Wamin(62) 11 F2
Estréelles(62) 2 C6
Estrées(02) 12 C5
Estrées(59) 12 B2
Estrées-Deniécourt(80) 12 A6
Estrées-la-Campagne(14) 18 D6
Estrées-lès-Crécy(80) 10 C2
Estrées-Mons(80) 12 B6
Estrées-Saint-Denis(60) 23 F4
Estrées-sur-Noye(80) 22 D1
Estrennes(88) 69 F3
Estreux(59) 5 H6
Estrun(59) 12 C2
Estry(14) 37 G2
Esves-le-Moutier(37) 95 E3
Esvres(37) 94 D1
Eswars(59) 12 C3
Étable(73) 132 B5
Étables(07) 143 H3
Étables-sur-Mer(22) 33 G3
Étagnac(16) 123 F2
Étaimpuis(76) 9 G5
Étain(55) 27 H4
Étaing(62) 12 B2
Étainhus(76) 8 B5
Étais(21) 84 D2
Étais-la-Sauvin(89) 83 E4
Étalans(25) 103 G1
Étalante(21) 85 F3
Étalle(08) 14 C3
Étalleville(76) 9 E4
Étalon(80) 23 G1
Étalondes(76) 9 H1
Étampes(91) 63 E2
Étampes-sur-Marne(02) 44 C2
l'Étang-Bertrand(50) 16 D3
l'Étang-la-Ville(78) 42 B3
Étang-sur-Arroux(71) 100 B4
l'Étang-Vergy(21) 101 G2
les Étangs(57) 29 E5
Étaples(62) 2 B6
Étaule(89) 83 H4
Étaules(17) 120 B3
Étaules(21) 85 G5
Étauliers(33) 135 E2
Etaux(74) 118 D5
Étaves-et-Bocquiaux(02) 12 D5
Étavigny(60) 43 G1
Etcharry(64) 179 F3
Etchebar(64) 179 G5
Éteignières(08) 14 B3
Eteimbes(68) 89 E2
Étel(56) 54 D6
Ételfay(80) 23 F2
Étercy(74) 132 A1
Éternoz(25) 103 F3
Éterpigny(62) 12 A2
Éterpigny(80) 12 A6
Éterville(14) 18 C5
Étevaux(21) 86 B6
Eth(59) 13 E2
Étienville(50) 17 E4
Étigny(89) 64 D4
les Étilleux(28) 61 E4
Étinehem(80) 11 H5
Étiolles(91) 42 D5
Étival(39) 118 A2
Étival-Clairefontaine(88) 70 C2
Étival-lès-le-Mans(72) 59 H5
Étivey(89) 84 B3
Étobon(70) 88 C3
Étoges(51) 45 E3
l'Étoile(39) 102 C5
l'Étoile(80) 10 D4
Étoile-Saint-Cyrice(05) 159 G5
Étoile-sur-Rhône(26) 144 B6
Éton(55) 27 H3
Étormay(21) 85 E3
Étouars(24) 123 E5
Étourvy(10) 66 B6
Étoutteville(76) 8 D4
Étouvans(25) 88 C5
Étouvelles(02) 24 D3
Étouvy(14) 37 F2
Étouy(60) 22 D4
Étrabonne(25) 87 E6
Étrappe(25) 88 B5
l'Étrat(42) 129 F6
Étray(25) 103 H2
Étraye(55) 27 F3
Étréaupont(02) 13 G5
Étrechet(36) 96 C6
Étréchy(18) 98 A2
Étréchy(51) 45 F3
Étréchy(91) 63 F1
Étréham(14) 18 A3
Étreillers(02) 12 C6
Étréjust(80) 10 C5
Étrelles(35) 57 H3
Étrelles-et-la-Montbleuse(70) 87 E4
Étrelles-sur-Aube(10) 45 E6
Étrembières(74) 118 D4
Étrépagny(27) 21 G5
Étrepigney(39) 102 D2
Étrépigny(08) 15 E5
Étrépilly(02) 44 B1
Étrépilly(77) 43 G2
Étrepy(51) 46 C4
Étretat(76) 8 A4
Étreux(02) 13 E5
Étreval(54) 69 F1
Étréville(27) 20 B4
Étrez(01) 117 E3
Étriac(16) 122 A5
Étriché(49) 76 D3
Étricourt-Manancourt(80) 12 B4
Étrigny(71) 116 B1
Étrochey(21) 66 D6
Étrœungt(59) 13 G4
Étroussat(03) 113 H5
Étrun(62) 11 H2
Etsaut(64) 194 C3
Ettendorf(67) 51 E4
Etting(57) 50 B2
Étueffont(90) 88 D2
Étupes(25) 88 D4
Éturqueraye(27) 20 B4
Étusson(79) 92 D3
Étuz(70) 87 F5
Etzling(57) 29 H4
Eu(76) 9 H1
Euffigneix(52) 67 G4
Eugénie-les-Bains(40) 164 A5
Euilly-et-Lombut(08) 15 G5
Eulmont(54) 48 D4
Eup(31) 196 D3
Eurre(26) 144 C6
Eurville-Bienville(52) 47 E6
Eus(66) 200 A4
Euvezin(54) 48 B2
Euville(55) 47 H4
Euvy(51) 45 F5
Euzet(30) 171 H2
Évaillé(72) 78 C1
Évans(39) 102 D1
Évaux-et-Ménil(88) 69 G2
Évaux-les-Bains(23) 112 D5
Ève(60) 43 F1
Évecquemont(78) 41 H2
Évenos(83) 191 G5
Évergnicourt(02) 25 F4
Everly(77) 64 D1
Évette-Salbert(90) 88 D3
Éveux(69) 129 G2
Évian-les-Bains(74) 119 F2
Évigny(08) 14 D4
Évillers(25) 103 G3
Évin-Malmaison(62) 5 E6
Évires(74) 118 D6
Évisa(2A) 204 C3
Évosges(01) 131 E1
Évran(22) 34 D5
Évrange(57) 28 C2
Évrecy(14) 18 C5
Èvres(55) 27 E6
Évreux(27) 40 D2
Évricourt(60) 23 G3
Évriguet(56) 56 A3
Évron(53) 59 E4
Évry(89) 64 D3
Évry(91) 42 D6
Évry-Grégy-sur-Yerre(77) 43 E5
Excenevex(74) 118 D3
Excideuil(24) 137 H2
Exermont(08) 26 D3
Exideuil(16) 123 F2
Exincourt(25) 88 D4
Exireuil(79) 108 C3
Exmes(61) 39 E4
Exoudun(79) 108 C3
Expiremont(17) 135 F1
Eybens(38) 145 G3
Eybouleuf(87) 124 C3
Eyburie(19) 124 D6
Eycheil(09) 197 G3
Eydoche(38) 130 D6
Eygalayes(26) 159 G6
Eygalières(13) 173 E5
Eygaliers(26) 159 E6
Eygliers(05) 161 F1
Eygluy-Escoulin(26) 144 D6
Eyguians(05) 159 H5
Eyguières(13) 173 F5
Eygurande(19) 126 B4
Eygurande-et-Gardedeuil(24) 136 B4
Eyjeaux(87) 124 C3
Eyliac(24) 137 G3
Eymet(24) 150 D2
Eymeux(26) 144 D3
Eymouthiers(16) 123 E4
Eymoutiers(87) 125 E4
Eyne(66) 199 F5
Eynesse(33) 136 B6
Eyragues(13) 172 D4
Eyrans(33) 135 E3
Eyrein(19) 139 F2
Eyres-Moncube(40) 163 G5
Eyroles(26) 158 D4
Eysines(33) 134 D5
Eysson(25) 104 C1
Eysus(64) 180 A5
Eyvirat(24) 137 F2
Eywiller(67) 50 B4
Eyzahut(26) 158 C3
Eyzerac(24) 137 G1
les Eyzies-de-Tayac-Sireuil(24) 137 H5
Eyzin-Pinet(38) 130 B5
Ézanville(95) 42 D2
Èze(06) 177 F5
Ézy-sur-Eure(27) 41 E3

F

Fa(11) 199 G1
Faÿ-lès-Nemours(77) 64 A3
Fabas(09) 183 E5
Fabas(31) 182 C4
Fabas(82) 167 E4
Fabras(07) 157 F2
Fabrègues(34) 187 G1
Fabrezan(11) 185 H5
Faches-Thumesnil(59) 5 E4
Fâchin(58) 100 A3
la Fage-Montivernoux(48) 155 F1

la Fage-Saint-Julien(48).....141 F6
le Faget(31).....184 B1
Faget-Abbatial(32).....182 B2
Fagnières(51).....45 H2
Fagnon(08).....14 D4
Fahy-lès-Autrey(70).....86 C4
Failly(57).....28 D5
Faimbe(25).....88 C4
Fain-lès-Montbard(21).....84 D3
Fain-lès-Moutiers(21).....84 B3
Fains(27).....41 E2
Fains-la-Folie(28).....62 B3
Fains-Véel(55).....47 E4
Faissault(08).....14 C5
Fajac-en-Val(11).....185 F5
Fajac-la-Relenque(11).....184 A3
Fajoles(46).....138 B6
la Fajolle(11).....199 E3
Fajolles(82).....166 B3
Falaise(08).....26 C3
Falaise(14).....38 C3
la Falaise(78).....41 H3
Falck(57).....29 F4
Faleyras(33).....149 H1
Falga(31).....184 B2
le Falgoux(15).....140 C3
Falicon(06).....177 F5
Falkwiller(68).....89 F3
Fallencourt(76).....10 A6
Fallerans(25).....103 H1
Falleron(85).....90 D3
Falletans(39).....102 C2
Fallon(70).....88 B4
la Faloise(80).....22 D2
Fals(47).....165 H2
Falvy(80).....12 A6
Famars(59).....13 E2
Famechon(62).....11 F3
Famechon(80).....22 B1
Fameck(57).....28 C3
Familly(14).....39 F2
Fampoux(62).....12 A2
Fanjeaux(11).....184 C5
Fanlac(24).....137 H4
le Faou(29).....31 F6
le Faouët(22).....33 E3
le Faouët(56).....54 B3
Faramans(01).....130 C2
Faramans(38).....130 C6
Farbus(62).....4 D6
Farceaux(27).....21 G5
la Fare-en-Champsaur(05).....160 B2
la Fare-les-Oliviers(13).....190 C2
Farébersviller(57).....29 G5
Fareins(01).....116 B6
Faremoutiers(77).....43 G4
Farges(01).....118 B5
les Farges(24).....138 A4
Farges-Allichamps(18).....97 G6
Farges-en-Septaine(18).....97 H3
Farges-lès-Chalon(71).....101 F5
Farges-lès-Mâcon(71).....116 C2
Fargues(33).....149 G3
Fargues(40).....163 H5
Fargues(46).....152 A4
Fargues-Saint-Hilaire(33).....135 F6
Fargues-sur-Ourbise(47).....150 B6
Farincourt(52).....86 D2
Farinole(2B).....203 G3
la Farlède(83).....191 H5
Farnay(42).....129 G5
Farschviller(57).....29 H5
Fatines(72).....60 B5
Fatouville-Grestain(27).....19 H3
le Fau(15).....140 B4
Fau-de-Peyre(48).....155 G1
Fauch(81).....168 C4
Faucigny(74).....118 D5
Faucogney-et-la-Mer(70).....88 B1
Faucompierre(88).....70 B4
Faucon(84).....158 D6
Faucon-de-Barcelonnette(04).....161 F4
Faucon-du-Caire(04).....160 B4
Fauconcourt(88).....70 A2
Faucoucourt(02).....24 C3
Faudoas(82).....166 B4
le Fauga(31).....183 F3
Faugères(07).....157 E4
Faugères(34).....186 D1
Fauguernon(14).....19 G4
Fauguerolles(47).....150 C4
Fauillet(47).....150 C4
le Faulq(14).....19 G4
Faulquemont(57).....29 F6
Faulx(54).....48 D3
Faumont(59).....5 F5
Fauquembergues(62).....2 D5
la Faurie(05).....159 H3
Faurilles(24).....151 F2
Fauroux(82).....151 H6
Faussergues(81).....168 D3
la Faute-sur-Mer(85).....106 C3
Fauverney(21).....85 H6
Fauville(27).....40 D2
Fauville-en-Caux(76).....8 C5
Faux(08).....14 C6
Faux(24).....137 E6
Faux-Fresnay(51).....45 F5
Faux-la-Montagne(23).....125 F3
Faux-Mazuras(23).....125 E2
Faux-Vésigneul(51).....46 A4
Faux-Villecerf(10).....65 G3
Favalello(2B).....205 F3
Favars(19).....138 D2
Faveraye-Mâchelles(49).....92 D1
Faverdines(18).....112 D1
Faverelles(45).....82 B4
Faverges(74).....132 C3
Faverges-de-la-Tour(38).....131 F4
Faverney(70).....87 F1
Faverois(90).....89 E4
Faverolles(02).....24 A6
Faverolles(15).....141 F5

Faverolles(28).....41 F5
Faverolles(36).....95 H2
Faverolles(52).....67 H6
Faverolles(61).....38 B5
Faverolles(80).....23 F2
Faverolles-et-Coëmy(51).....25 E6
Faverolles-la-Campagne(27).....40 B2
Faverolles-lès-Lucey(21).....85 F1
la Favière(39).....103 F5
Favières(28).....40 D6
Favières(54).....69 E1
Favières(77).....43 F4
Favières(80).....10 B2
Favresse(51).....46 C4
Favreuil(62).....12 A3
Favrieux(78).....41 G3
le Favril(27).....20 A6
le Favril(28).....61 G1
le Favril(59).....13 F4
Fay(71).....39 G5
Fay(72).....102 B6
Fay(80).....59 H5
Fay-aux-Loges(45).....63 E6
Fay-de-Bretagne(44).....74 C4
Fay-en-Montagne(39).....102 D5
Fay-le-Clos(26).....144 B2
Fay-les-Étangs(60).....22 B6
Fay-lès-Marcilly(10).....65 F2
le Fay-Saint-Quentin(60).....22 C4
Fay-sur-Lignon(43).....143 E4
Faycelles(46).....153 F3
la Fayel(16).....122 B1
Fayel(41).....79 F2
Faye-d'Anjou(49).....76 C6
Faye-la-Vineuse(37).....94 B4
Faye-l'Abbesse(79).....93 E5
Faye-sur-Ardin(79).....107 H2
le Fayel(60).....23 F5
Fayence(83).....176 B6
Fayet(02).....12 C6
Fayet(12).....169 G5
Fayet-le-Château(63).....127 H4
Fayet-Ronaye(63).....127 H6
Fayl-la-Forêt(52).....86 C1
Faymont(70).....88 B3
Faymoreau(85).....107 H2
Fays(52).....67 G1
Fays(88).....70 B4
Fays-la-Chapelle(10).....66 A4
Fayssac(81).....168 A3
Féas(64).....179 H5
Febvin-Palfart(62).....3 F6
Fécamp(76).....8 B4
Féchain(59).....12 C2
Fêche-l'Église(90).....89 E4
Fécocourt(54).....69 E1
Fédry(70).....87 E3
Fegersheim(67).....71 G1
Fégréac(44).....74 B2
Feigères(74).....118 C5
Feigneux(60).....23 G6
Feignies(59).....13 G2
Feillens(01).....116 C3
Feings(41).....79 G5
Feings(61).....39 H6
Feins(35).....35 F6
Feins-en-Gâtinais(45).....82 B2
Feissons-sur-Isère(73).....132 D4
Feissons-sur-Salins(73).....133 E5
le Fel(12).....154 B2
Felce(2B).....205 G2
Feldbach(68).....89 F4
Feldkirch(68).....89 F1
Feliceto(2B).....202 D5
Félines(07).....143 H1
Félines(43).....142 B2
Félines-Minervois(34).....185 G3
Félines-sur-Rimandoule(26).....158 C3
Félines-Termenès(11).....185 G6
Fellering(68).....13 H3
Felleries(59).....89 E1
Felletin(23).....125 G2
Felluns(66).....200 A3
Felon(90).....89 E2
Felzins(46).....153 G3
Fenain(59).....5 G6
Fénay(21).....101 H1
Fendeille(11).....184 C4
Fénery(79).....93 E6
Fénétrange(57).....50 A4
Feneu(49).....76 C4
Féneyrols(82).....167 H1
Féniers(23).....125 G3
Fenioux(17).....121 E2
Fenioux(79).....108 A2
le Fenouiller(85).....90 C4
Fenouillet(31).....167 E5
Fenouillet(66).....199 H3
Fenouillet-du-Razès(11).....184 C5
Fépin(08).....14 D2
Fercé(44).....57 G6
Fercé-sur-Sarthe(72).....59 H6
Ferdrupt(88).....88 C1
la Fère(02).....24 B2
Fère-Champenoise(51).....45 F4
Fère-en-Tardenois(02).....24 C6
Fèrebrianges(51).....45 E3
la Férée(08).....14 B4
Férel(56).....73 G3
Ferfay(62).....3 F6
Fèrin(59).....12 B2
Fermanville(50).....17 E1
la Fermeté(58).....99 E4
Ferney-Voltaire(01).....118 C4
Fernoël(63).....126 A3
Férolles(45).....81 E2
Férolles-Attilly(77).....43 E5

Féron(59).....13 H4
Ferques(62).....2 C3
Ferrals-les-Corbières(11).....185 H5
Ferrals-les-Montagnes(34).....185 G3
Ferran(11).....184 D5
Ferrassières(26).....174 A1
le Ferré(35).....35 H4
Ferrensac(47).....151 F2
Ferrère(65).....196 C3
les Ferres(06).....176 D4
Ferrette(68).....89 G4
Ferreux-Quincey(10).....65 F1
la Ferrière(22).....55 H2
la Ferrière(37).....78 D3
la Ferrière(38).....146 B1
la Ferrière-Airoux(86).....109 F4
la Ferrière-au-Doyen(61).....39 G5
la Ferrière-aux-Étangs(61).....37 H5
la Ferrière-Béchet(61).....39 E5
la Ferrière-Bochard(61).....59 H1
la Ferrière-de-Flée(49).....76 A2
la Ferrière-en-Parthenay(79).....93 G6
Ferrière-et-Lafolie(52).....67 G2
la Ferrière-Harang(14).....37 F2
Ferrière-la-Grande(59).....13 G2
Ferrière-la-Petite(59).....13 H2
la Ferrière-Larçon(37).....95 E4
la Ferrière-sur-Beaulieu(37).....95 F2
la Ferrière-sur-Risle(27).....40 B2
Ferrières(17).....107 F4
Ferrières(45).....64 A5
Ferrières(50).....37 F6
Ferrières(54).....49 E6
Ferrières(60).....23 E3
Ferrières(65).....180 C6
Ferrières(81).....168 D6
Ferrières-en-Bray(76).....21 H3
Ferrières-en-Brie(77).....43 F4
Ferrières-Haut-Clocher(27).....40 C2
la Ferrière-la-Verrerie(61).....39 F5
Ferrières-le-Lac(25).....88 D6
Ferrières-les-Bois(25).....103 E1
Ferrières-les-Ray(70).....87 E3
Ferrières-lès-Scey(70).....87 F2
Ferrières-les-Verreries(34).....171 E4
Ferrières-Poussarou(34).....186 B2
Ferrières-Saint-Hilaire(27).....39 H1
Ferrières-Saint-Mary(15).....141 E3
Ferrières-sur-Ariège(09).....198 C1
Ferrières-sur-Sichon(03).....128 A1
Ferrussac(43).....141 H4
Fertans(25).....103 F2
Ferté(39).....102 D3
la Ferté-Alais(91).....63 G1
la Ferté-Beauharnais(41).....80 C4
la Ferté-Bernard(72).....60 D4
la Ferté-Chevresis(02).....24 C1
la Ferté-Frênel(61).....39 G3
la Ferté-Gaucher(77).....44 B4
la Ferté-Hauterive(03).....114 A3
la Ferté-Imbault(41).....80 D6
la Ferté-Loupière(89).....82 D1
la Ferté-Macé(61).....38 B5
la Ferté-Milon(02).....24 A6
la Ferté-Saint-Aubin(45).....80 D3
la Ferté-Saint-Cyr(41).....80 B3
la Ferté-Saint-Samson(76).....21 G3
la Ferté-sous-Jouarre(77).....43 H3
la Ferté-sur-Chiers(08).....15 H5
la Ferté-Vidame(28).....40 B6
la Ferté-Villeneuil(28).....61 H6
Fertrève(58).....99 F4
Fervaches(50).....37 E2
Fervaques(14).....19 G6
Fesches-le-Châtel(25).....88 D4
Fesmy-le-Sart(02).....13 F4
Fesques(76).....21 G1
Fessanvilliers-Mattanvilliers(28).....40 C5
Fessenheim(68).....71 G6
Fessenheim-le-Bas(67).....51 E6
Fessevillers(25).....88 D6
les Fessey(70).....88 B2
Fessy(74).....119 E4
Festalemps(24).....136 C2
Festes-et-Saint-André(11).....199 F1
Festieux(02).....25 E3
Festigny(51).....45 E2
Festigny(89).....83 F4
Festubert(62).....3 H6
le Fête(21).....100 D2
Féternes(74).....119 F3
Fétigny(39).....117 G2
Feucherolles(78).....42 A3
Feuchy(62).....12 A2
Feugarolles(47).....150 D6
Feugères(50).....17 F6
Feuges(10).....66 B2
Feuguerolles(27).....40 C1
Feuguerolles-Bully(14).....18 C5
Feuilla(11).....200 D1
la Feuillade(24).....138 B4
la Feuillée(29).....31 H5
Feuillères(80).....12 A5
la Feuillie(50).....17 E6
la Feuillie(76).....21 G4
Feule(25).....88 C6
Feuquières(60).....22 A2
Feuquières-en-Vimeu(80).....10 A4
Feurs(42).....129 E3
Feusines(36).....112 A2
Feux(18).....98 B1
Fèves(57).....28 C4
Féy(57).....28 C6
Fey-en-Haye(54).....48 C3
Feytiat(87).....124 B3
Feyt(19).....126 B4
Feyzin(69).....130 A4
Fiac(81).....167 H5
Ficaja(2B).....205 G2

Ficheux(62).....11 H3
Fichous-Riumayou(64).....180 B2
le Fidelaire(27).....40 B2
le Fied(39).....102 D5
le Fief-Sauvin(49).....75 H6
Fieffes-Montrelet(80).....11 E4
Fiefs(62).....3 F6
le Ferré(35).....35 H4
Fienvillers(80).....11 E4
Fierville-Bray(14).....18 D5
Fierville-les-Mines(50).....16 D4
Fierville-les-Parcs(14).....19 G4
le Fieu(33).....136 A4
Fieulaine(02).....12 D5
Fieux(47).....165 F2
Figanières(83).....175 H6
Figari(2A).....207 E5
Figarol(31).....182 C6
Figeac(46).....153 G3
Fignévelle(88).....69 E5
Fignières(80).....23 E2
Filain(02).....24 C4
Filain(70).....87 G4
Fillé(72).....77 G1
Fillières(54).....28 A3
Fillièvres(62).....11 E2
Fillinges(74).....118 D5
Fillols(66).....199 H5
Filstroff(57).....29 E3
Fiménil(88).....70 B4
Finestret(66).....200 B4
Finhan(82).....166 D3
les Fins(25).....105 E2
Fins(80).....12 B4
Fiquefleur-Équainville(27).....19 G3
Firbeix(24).....123 H5
Firfol(14).....19 G5
Firmi(12).....154 A3
Firminy(42).....129 E6
Fislis(68).....89 G4
Fismes(51).....24 D5
Fitilieu(38).....131 F5
Fitou(11).....201 E2
Fitz-James(60).....22 D4
Fix-Saint-Geneys(43).....142 B3
Fixem(57).....28 D2
Fixin(21).....85 G6
Flacey(21).....85 H5
Flacey(28).....61 H4
Flacey-en-Bresse(71).....117 F1
la Flachère(38).....132 A6
Flachères(38).....130 D5
Flacourt(78).....41 G3
Flacy(89).....65 F3
Flagey(21).....103 G2
Flagey(52).....86 A1
Flagey-Echézeaux(21).....101 G2
Flagey-lès-Auxonne(21).....102 B2
Flagey-Rigney(25).....87 G4
Flagnac(12).....153 H3
Flagy(70).....87 G2
Flagy(71).....116 A2
Flagy(77).....64 B3
Flaignes-Havys(08).....14 C3
Flainval(54).....49 E5
Flamanville(50).....16 B2
Flamanville(76).....9 E5
Flamarens(32).....166 A2
la Flamengrie(02).....13 G4
la Flamengrie(59).....13 F2
Flamets-Frétils(76).....21 G1
Flammerans(21).....86 C6
Flammerécourt(52).....67 G2
Flancourt-Catelon(27).....20 B5
Flangebouche(25).....104 D2
Flassan(84).....173 G2
Flassans-sur-Issole(83).....192 B3
Flassigny(55).....27 G2
Flastroff(57).....29 E3
Flat(63).....127 G5
Flaucourt(80).....12 A5
Flaugeac(24).....150 D1
Flaugnac(46).....152 C6
Flaujac-Gare(46).....153 E2
Flaujac-Poujols(46).....152 C4
Flaujagues(33).....136 A6
Flaumont-Waudrechies(59).....13 G3
Flaux(30).....172 B3
Flavacourt(60).....22 A5
Flavigny(51).....45 F2
Flavigny-le-Grand-et-Beaurain(02).....13 E6
Flavigny-sur-Moselle(54).....48 D5
Flavigny-sur-Ozerain(21).....84 D4
Flavin(12).....154 C6
Flavy-le-Martel(02).....24 A1
Flavy-le-Meldeux(60).....23 H2
Flaxieu(01).....131 G2
Flaxlanden(68).....89 G2
Flayat(23).....126 A3
Flayosc(83).....192 C1
Fléac(16).....122 B4
Fléac-sur-Seugne(17).....121 F5
la Flèche(72).....77 F2
Fléchin(62).....3 F5
Fléchy(60).....22 C2
Flée(21).....84 C5
Flée(72).....78 B2
Fleigneux(08).....15 F4
Fleisheim(57).....50 B4
le Fleix(24).....136 C6
Fleix(86).....110 A2
Fléré-la-Rivière(36).....95 F3
Flers(61).....37 H4
Flers(62).....11 E2
Flers(80).....12 A4
Flers-en-Escrebieux(59).....5 E6
Flers-sur-Noye(80).....22 C1
Flesquières(59).....12 B3
Flesselles(80).....11 E5

Flêtrange(57).....29 F5
Flêtre(59).....3 H4
Fléty(58).....99 H5
Fleurac(16).....122 A3
Fleurac(24).....137 H4
Fleurance(32).....165 H4
Fleurat(23).....111 F5
Fleurbaix(62).....4 D4
le Fleurel(61).....38 D4
Fleuré(86).....109 G2
Fleurey(25).....88 D6
Fleurey-lès-Faverney(70).....87 F2
Fleurey-lès-Lavoncourt(70).....87 E2
Fleurey-lès-Saint-Loup(70).....69 G6
Fleurey-sur-Ouche(21).....85 G6
Fleurie(69).....116 B5
Fleuriel(03).....113 H4
Fleurieu-sur-Saône(69).....130 A2
Fleurieux-sur-l'Arbresle(69).....129 H2
Fleurigné(35).....58 A2
Fleurines(60).....23 E6
Fleurville(71).....116 C2
Fleury(02).....24 A6
Fleury(11).....186 C4
Fleury(50).....35 H1
Fleury(57).....28 D6
Fleury(60).....22 B6
Fleury(62).....4 A6
Fleury(80).....22 C1
Fleury-devant-Douaumont(55).....27 G4
Fleury-en-Bière(77).....63 H1
Fleury-la-Forêt(27).....21 G4
Fleury-la-Montagne(71).....115 F5
Fleury-la-Rivière(51).....45 E1
Fleury-la-Vallée(89).....83 E1
Fleury-les-Aubrais(45).....62 D6
Fleury-Mérogis(91).....42 D6
Fleury-sur-Andelle(27).....21 F5
Fleury-sur-Loire(58).....99 E5
Fleury-sur-Orne(14).....18 C5
Fléville(08).....26 D3
Fléville-devant-Nancy(54).....48 D5
Fléville-Lixières(54).....28 A4
Flévy(57).....28 D4
Flexanville(78).....41 G3
Flexbourg(67).....50 D6
Fley(71).....101 E6
Fleys(89).....83 H2
Flez-Cuzy(58).....83 F6
Fligny(08).....14 B3
Flin(54).....49 G6
Flines-lès-Mortagne(59).....5 H5
Flines-lez-Raches(59).....5 F6
Flins-Neuve-Église(78).....41 F3
Flins-sur-Seine(78).....41 H2
Flipou(27).....21 E5
Flirey(54).....48 B3
Flixecourt(80).....10 D5
Flize(08).....15 E4
la Flocellière(85).....92 B4
Flocourt(57).....29 E6
Flocques(76).....9 H1
Flogny-la-Chapelle(89).....65 H6
Floing(08).....15 F4
Floirac(17).....120 D5
Floirac(33).....135 E6
Floirac(46).....138 D5
Florac(48).....156 A5
Florange(57).....28 C3
Florémont(88).....69 G2
Florensac(34).....187 E3
Florent-en-Argonne(51).....26 D5
Florentia(39).....117 F2
Florentin(81).....168 A4
Florentin-la-Capelle(12).....154 C3
Floressas(46).....152 A4
Florimont(90).....89 E4
Florimont-Gaumier(24).....152 B2
Floringhem(62).....3 F6
la Flotte(17).....106 C4
Flottemanville(50).....17 E3
Flottemanville-Hague(50).....16 C2
Floudès(33).....150 A3
Floure(11).....185 F5
Flourens(31).....167 F6
Floursies(59).....13 G3
Floyon(59).....13 G4
Flumet(73).....132 D2
Fluquières(02).....12 C6
Fluy(80).....10 D6
Foameix-Ornel(55).....27 H4
Foce(2A).....206 D4
Focicchia(2B).....205 F3
Foëcy(18).....97 F2
le Fœil(22).....33 F5
Foisches(08).....15 E1
Foissac(12).....153 G4
Foissac(30).....171 H2
Foissiat(01).....117 E3
Foissy(21).....101 E2
Foissy-lès-Vézelay(89).....83 G5
Foissy-sur-Vanne(89).....65 F3
Foix(09).....198 C1
Folcarde(31).....184 B3
Folembray(02).....24 B3
Folgensbourg(68).....89 H4
le Folgoët(29).....31 E3
la Folie(14).....17 H5
Folies(80).....23 F1
Folkling(57).....29 H5
Follainville-Dennemont(78).....41 G2
Folles(87).....111 E6
la Folletière(76).....9 E5
la Folletière-Abenon(14).....19 H6
Folleville(27).....20 A6
Folleville(80).....22 D2
Folligny(50).....35 H1
Folschviller(57).....29 F6
Fomerey(88).....69 G3
Fomperron(79).....108 C2
Fonbeauzard(31).....167 E5
Foncegrive(21).....85 H3
Fonches-Fonchette(80).....23 G1

Foncine-le-Bas(39)........103 F6
Foncine-le-Haut(39).......103 F6
Foncquevillers(62).........11 G3
Fondamente(12)...........169 H4
Fondettes(37).............78 C5
Fondremand(70)............87 F4
Fongrave(47).............151 E4
Fongueusemare(76)..........8 B4
Fonroque(24).............150 D2
Fons(07).................157 F3
Fons(30).................171 H4
Fons(46).................153 F2
Fons-sur-Lussan(30)......157 F6
Fonsommes(02).............12 D5
Fonsorbes(31)............183 F2
Font-Romeu-Odeillo-Via(66).199 F5
Fontain(25)..............103 F1
Fontaine(10)..............67 E3
Fontaine(38).............145 G2
Fontaine(90)..............89 E3
Fontaine-au-Bois(59)......13 E3
Fontaine-au-Pire(59)......12 D3
Fontaine-Bellenger(27)....21 E6
Fontaine-Bonneleau(60)....22 C2
Fontaine-Chaalis(60)......23 F6
Fontaine-Chalendray(17)..121 H1
Fontaine-Couverte(53).....58 A6
Fontaine-de-Vaucluse(84).173 F3
Fontaine-Denis-Nuisy(51)..44 D5
Fontaine-en-Bray(76).......9 H5
Fontaine-en-Dormois(51)...26 C4
Fontaine-Étoupefour(14)...18 C5
Fontaine-Fourches(77).....65 G2
Fontaine-Française(21)....86 B4
Fontaine-Guérin(49).......77 E4
Fontaine-Henry(14)........18 C4
Fontaine-Heudebourg(27)...40 D4
Fontaine-la-Gaillarde(89).65 E4
Fontaine-la-Guyon(28).....61 H1
Fontaine-la-Louvet(27)....19 H5
Fontaine-la-Mallet(76).....8 A6
Fontaine-la-Rivière(91)...63 E2
Fontaine-la-Soret(27).....20 B6
Fontaine-l'Abbé(27).......39 H1
Fontaine-Lavaganne(60)....22 B3
Fontaine-le-Bourg(76)......9 G6
Fontaine-le-Comte(86)....109 F2
Fontaine-le-Dun(76)........9 E3
Fontaine-le-Pin(14).......18 D6
Fontaine-le-Port(77)......64 A1
Fontaine-le-Puits(73)....132 D5
Fontaine-le-Sec(80).......10 C5
Fontaine-les-Bassets(61)..38 D3
Fontaine-lès-Boulans(62)...3 E6
Fontaine-lès-Cappy(80)....11 H6
Fontaine-lès-Clercs(02)...12 C6
Fontaine-lès-Clerval(25)..88 B5
Fontaine-les-Coteaux(41)..78 D2
Fontaine-lès-Croisilles(62).12 A3
Fontaine-lès-Dijon(21)....85 G5
Fontaine-lès-Grès(10).....65 H2
Fontaine-lès-Hermans(62)...3 F6
Fontaine-lès-Luxeuil(70)..69 H6
Fontaine-lès-Ribouts(28)..40 D5
Fontaine-lès-Vervins(02)..13 G6
Fontaine-l'Étalon(62).....10 D2
Fontaine-Mâcon(10)........65 F1
Fontaine-Milon(49)........77 E4
Fontaine-Notre-Dame(02)...12 D6
Fontaine-Notre-Dame(59)...12 C3
Fontaine-Raoul(41)........61 G6
Fontaine-Saint-Lucien(60).22 C3
la Fontaine-Saint-Martin(72).77 G2
Fontaine-Simon(28)........61 F1
Fontaine-sous-Jouy(27)....41 E2
Fontaine-sous-Montdidier(80).23 D2
Fontaine-sous-Préaux(76)...9 G6
Fontaine-sur-Ay(51).......45 F1
Fontaine-sur-Maye(80).....10 C2
Fontaine-sur-Somme(80)....10 C4
Fontaine-Uterte(02).......12 D5
Fontainebleau(77).........64 A2
Fontainebrux(39).........102 B6
Fontaines(71)............101 F4
Fontaines(85)............107 F3
Fontaines(89)............82 D3
Fontaines-d'Ozillac(17)..121 G6
Fontaines-en-Duesmois(21).84 D3
Fontaines-en-Sologne(41)..80 A4
Fontaines-les-Sèches(21)..84 C2
Fontaines-Saint-Clair(55).27 F3
Fontaines-Saint-Martin(69).130 A2
Fontaines-sur-Marne(52)...47 E6
Fontaines-sur-Saône(69)..130 A2
Fontains(77).............64 C1
Fontan(06)...............177 G2
Fontanès(30).............171 G4
Fontanès(34).............171 F5
Fontanes(42).............129 F5
Fontanes(46).............152 C5
Fontanes(48).............156 C1
Fontanès-de-Sault(11)....199 F3
Fontanes-du-Causse(46)...152 D2
Fontanges(15)............140 B4
Fontangy(21)..............84 C6
Fontanières(23)..........112 D6
Fontanil-Cornillon(38)...145 G2
Fontannes(43)............141 H2
Fontans(48)..............155 H2
Fontarèches(30)..........172 B2
Fontclaireau(16).........122 C2
Fontcouverte(11).........185 H5
Fontcouverte(17).........121 E5
Fontcouverte-la-Toussuire(73).146 C1
la Fontelaye(76)...........9 E4
Fontenai-les-Louvets(61)..38 D6
Fontenai-sur-Orne(61).....38 D4
Fontenailles(77)..........43 G6
Fontenailles(89)..........83 E3
Fontenay(27)..............21 G6
Fontenay(36)..............96 C3
Fontenay(50)..............37 E5
Fontenay(71).............115 G2

Fontenay(76)...............8 A5
Fontenay(88)..............70 A4
Fontenay-aux-Roses(92)....42 C4
Fontenay-de-Bossery(10)...65 E1
Fontenay-en-Parisis(95)...42 D2
Fontenay-le-Comte(85)....107 G2
Fontenay-le-Fleury(78)....42 B4
Fontenay-le-Marmion(14)...18 C5
Fontenay-le-Pesnel(14)....18 B4
Fontenay-le-Vicomte(91)...42 D6
Fontenay-lès-Briis(91)....42 B6
Fontenay-Mauvoisin(78)....41 G2
Fontenay-près-Chablis(89).83 G1
Fontenay-près-Vézelay(89).83 G5
Fontenay-Saint-Père(78)...41 G2
Fontenay-sous-Bois(94)....42 D4
Fontenay-sous-Fouronnes(89).83 F3
Fontenay-sur-Conie(28)....62 B4
Fontenay-sur-Eure(28).....62 A2
Fontenay-sur-Loing(45)....64 A5
Fontenay-sur-Mer(50)......17 F3
Fontenay-sur-Vègre(72)....59 G6
Fontenay-Torcy(60)........21 H3
Fontenay-Trésigny(77).....43 G5
Fontenelle(02)............13 G4
Fontenelle(21)............86 B4
la Fontenelle(35).........35 G5
la Fontenelle(41).........61 F5
Fontenelle(90)............89 E3
Fontenelle-en-Brie(02)....44 C3
Fontenelle-Montby(25).....88 B3
les Fontenelles(25)......105 E1
Fontenermont(14)..........37 E3
Fontenet(17).............121 F2
Fontenille(16)...........122 C2
Fontenille-
   Saint-Martin-d'Entraigues(79)..108 C5
Fontenilles(31)..........183 E1
Fontenois-la-Ville(70)....69 F6
Fontenois-lès-Montbozon(70).87 G4
Fontenotte(25)............87 H5
Fontenouilles(89).........82 C1
Fontenoy(02)..............24 A4
Fontenoy(89)..............82 D3
Fontenoy-la-Joûte(54).....49 G6
Fontenoy-le-Château(88)...69 G5
Fontenoy-sur-Moselle(54)..48 C4
Fontenu(39)..............103 E6
Fonteny(57)...............49 F3
Fonters-du-Razès(11).....184 C4
Fontès(34)...............187 E1
Fontet(33)...............150 A3
Fontette(10)..............67 E5
Fontevraud-l'Abbaye(49)...93 H1
Fontgombault(36)..........95 F6
Fontguenand(36)...........96 A2
Fontienne(04)............174 C2
Fontiers-Cabardès(11)....185 E3
Fontiès-d'Aude(11).......185 F5
Fontjoncouse(11).........185 H6
Fontpédrouse(66).........199 G5
Fontrabiouse(66).........199 F4
Fontrailles(65)..........181 G3
Fontvannes(10)............65 H3
Fontvieille(13)..........172 D5
Forbach(57)...............29 H4
Forcalqueiret(83)........191 H3
Forcalquier(04)..........174 C3
la Force(11).............184 D5
la Force(24).............136 C6
Forcé(53).................58 D5
Forcelles-Saint-Gorgon(54).69 F1
Forcelles-sous-Gugney(54).69 F1
Forceville(80)............11 G4
Forceville-en-Vimeu(80)...10 C5
Forcey(52)................68 B4
Forciolo(2A).............206 D2
la Forclaz(74)...........119 F3
Forest-en-Cambrésis(59)...13 E3
Forest-l'Abbaye(80).......10 C3
la Forest-Landerneau(29)..31 F5
Forest-Montiers(80).......10 B2
Forest-Saint-Julien(05)..160 B2
Forest-sur-Marque(59)......5 F4
Foreste(02)...............12 B6
la Forestière(51).........44 D5
la Forêt-Auvray(61).......38 B3
la Forêt-de-Tessé(16)....108 D6
la Forêt-du-Parc(27)......40 D3
la Forêt-du-Temple(23)...111 H3
la Forêt-Fouesnant(29)....53 G4
la Forêt-le-Roi(91).......63 E1
la Forêt-Sainte-Croix(91).63 F2
la Forêt-sur-Sèvre(79)....92 C5
Forfry(77)................43 F2
la Forge(88)..............70 B5
les Forges(56)............55 G3
les Forges(61)............39 E6
les Forges(77)............64 B2
les Forges(79)...........108 D2
les Forges(88)............69 H3
Forges-la-Forêt(35).......57 H5
Forges-les-Bains(91)......42 B6
Forges-les-Eaux(76).......21 G2
Forges-sur-Meuse(55).....27 F4
Forgues(31)..............182 D2
la Forie(63).............128 B5
Forléans(21)..............84 B4
Formentin(14).............19 H4
Formerie(60)..............21 H2
Formigny(14)..............17 H4
Formiguères(66)..........199 F4
Fornex(09)...............183 F5
Fors(79).................108 A4
Forstfeld(67).............51 G3
Forstheim(67).............51 F2
Fort-du-Plasne(39).......103 F6
Fort-Louis(67)............51 H4

Fort-Mahon-Plage(80)......10 A2
Fort-Mardyck(59)...........3 F1
Fort-Moville(27)..........19 H3
Fortan(41)................79 E2
Fortel-en-Artois(62)......11 E2
la Forteresse(38)........145 E1
Fortschwihr(68)...........71 F5
Fos(31)..................196 D4
Fos(34)..................186 D1
Fos-sur-Mer(13)..........189 H5
le Fossat(09)............183 G5
Fossé(08).................26 D2
Fossé(41).................79 G3
Fosse(66)................199 H3
le Fossé(76)..............21 G2
Fosse-Corduan(10).........65 G2
la Fosse-de-Tigné(49).....93 E1
Fossemagne(24)...........137 G3
Fossemanant(80)...........11 E6
les Fosses(79)...........108 A5
Fossès-et-Baleyssac(33)..150 B3
Fosseuse(60)..............22 C6
Fosseux(62)...............11 F3
Fossieux(57)..............49 E3
Fossoy(02)................44 C2
Foucarmont(76)............10 A6
Foucart(76)................8 C5
Foucarville(50)...........17 F3
Foucaucourt-en-Santerre(80).11 H6
Foucaucourt-Hors-Nesle(80).10 B5
Foucaucourt-sur-Thabas(55).27 E6
Fouchécourt(70)...........87 F1
Fouchécourt(88)...........69 E5
Foucherans(25)...........103 G1
Foucherans(39)...........102 C2
Fouchères(10).............66 C4
Fouchères(89).............64 C4
Fouchères-aux-Bois(55)....47 F5
Foucherolles(45)..........64 C5
Fouchy(67)................71 E3
Foucrainville(27).........41 E3
Fouday(67)................70 D2
Fouencamps(80)............11 F6
Fouesnant(29).............53 G5
Foufflin-Ricametz(62).....11 F1
Foug(54)..................48 B5
Fougaron(31).............197 F3
Fougax-et-Barrineuf(09)..199 E2
Fougeré(49)...............77 F3
Fougeré(85)...............91 G5
Fougères(35)..............57 H1
Fougères-sur-Bièvre(41)...79 G5
les Fougerêts(56).........56 B6
Fougerolles(36)..........111 H2
Fougerolles(70)...........69 H6
Fougerolles-du-Plessis(53).37 F6
Fougueyrolles(24)........136 B6
la Fouillade(12).........153 G6
Fouilleuse(60)............23 E4
Fouilloy(60).............160 B3
la Fouillouse(42)........129 F5
le Fouilloux(17).........135 H3
Fouilloy(60)..............22 A1
Fouilloy(80)..............11 G6
Fouju(77).................43 F6
Foulain(52)...............67 H5
Foulangues(60)............22 D5
Foulayronnes(47).........151 F6
Foulbec(27)...............19 H3
Foulcrey(57)..............49 H5
Fouleix(24)..............137 E5
Foulenay(39).............102 C4
Fouligny(57)..............29 E5
Foulognes(14).............18 A5
Fouquebrune(16)..........122 C5
Fouquenies(60)............22 B4
Fouquereuil(62)............3 G6
Fouquerolles(60)..........22 C4
Fouquescourt(80)..........23 F1
Fouqueure(16)............122 B2
Fouqueville(27)...........20 C6
Fouquières-lès-Béthune(62).3 G6
Fouquières-lès-Lens(62)....4 D6
Four(38).................130 D4
Fouras(17)...............107 E6
Fourbanne(25).............87 H5
Fourcatier-et-Maison-Neuve(25).103 H5
Fourcès(32)..............165 E3
Fourchambault(58).........98 C3
Fourches(14)..............38 C3
Fourcigny(80).............21 A2
Fourdrain(02).............24 C2
Fourdrinoy(80)............10 D5
Fourg(25)................103 E2
Fourges(27)...............41 G1
les Fourgs(25)...........104 C4
Fourilles(03)............113 H5
Fourmagnac(46)...........153 F2
Fourmetot(27).............20 A4
Fourmies(59)..............13 H4
Fournaudin(89)............65 G4
Fourneaux(42)............129 E2
Fourneaux(50).............37 E2
Fourneaux(73)............147 E2
Fourneaux-le-Val(14)......38 C3
Fournels(48).............141 F6
Fournès(30)..............172 C3
Fournes-Cabardès(11).....185 F3
Fournes-en-Weppes(59)......4 D4
le Fournet(14)............19 F4
Fournet-Blancheroche(25).105 F1
Fournets-Luisans(25).....104 D2
Fourneville(14)...........19 H4
Fournival(60).............22 D4
Fournols(63).............128 A5
Fournoulès(15)...........153 H2
Fouronnes(89).............83 F3
Fourques(30).............172 C6
Fourques(66).............200 C4
Fourques-sur-Garonne(47).150 B4
Fourqueux(78).............42 B3
Fourquevaux(31)..........183 H2

Fours(33)................135 E3
Fours(58).................99 G5
Fours-en-Vexin(27)........21 G6
Fourtou(11)..............199 H1
Foussais-Payré(85).......107 G2
Foussemagne(90)...........89 E3
le Fousseret(31).........182 D4
Foussignac(16)...........121 H3
Fouvent-Saint-Andoche(70).86 D3
Fouzilhon(34)............186 D2
Foville(57)...............49 E2
Fox-Amphoux(83)..........175 E6
la Foye-Monjault(79).....107 H5
Fozières(34).............170 B5
Fozzano(2A)..............206 D3
Fragnes(71)..............101 F5
Frahier-et-Chatebier(70)..88 C3
Fraignot-et-Vesvrotte(21).85 G3
Frailles(54)..............49 F6
Fraimbois(54).............49 F6
Frain(88).................69 E4
Fraisans(39).............102 D1
Fraisnes-en-Saintois(54)..69 F2
Fraisse(24)..............136 C5
Fraisse-Cabardès(11).....185 E3
Fraissé-des-Corbières(11).200 D1
Fraisse-sur-Agout(34)....169 E6
Fraisses(42).............129 E6
Fraissines(81)...........168 D3
Fraissinet-de-Fourques(48).156 A6
Fraissinet-de-Lozère(48).156 B6
Fraize(88)................70 C4
Fralignes(10).............66 C4
la Framboisière(28).......40 C6
Frambouhans(25)..........105 E1
Framecourt(62)............11 F2
Framerville-Rainecourt(80).11 H6
Framicourt(80)............10 B5
Framont(70)...............86 C3
Frampas(52)...............46 D6
Francalmont(70)...........87 G1
Francaltroff(57)..........29 G6
Francardo(2B)............167 G6
Francarville(31).........184 A2
Francastel(60)............22 C3
Français(79)..............79 F4
Francazal(31)............182 D6
Francescas(47)...........165 F2
Franchesse(03)...........113 G1
Francheval(08)............15 F4
Franchevelle(70)..........88 A2
Francheville(08)..........14 D4
Francheville(21)..........85 G5
Francheville(27)..........40 B4
Francheville(39).........102 C4
Francheville(51)..........46 B3
Francheville(54)..........48 C4
Francheville(61)..........38 B3
Francheville(69).........129 H3
Francières(60)............23 F4
Francières(80)............10 C4
Francillon(36)............96 B4
Francillon-sur-Roubion(26).158 C2
Francilly-Selency(02).....12 C6
Franclens(74)............118 A6
Francon(31)..............182 D4
Franconville(54)..........49 F6
Franconville(95)..........42 C2
Francoulès(46)...........152 C3
Francourt(70).............86 D3
Francourville(28).........62 B2
Francs(33)...............136 A5
Francueil(37).............79 F6
Franey(25)................87 E6
Frangy(74)...............118 B6
Frangy-en-Bresse(71).....102 B5
Franken(68)...............89 G3
Franleu(80)...............10 B4
Franois(25)..............103 E2
Franqueville(02)..........13 F6
Franqueville(27)..........20 B6
Franqueville(80)..........10 D4
Franqueville-Saint-Pierre(76).21 E4
Frans(01)................129 H1
Fransart(80)..............23 F1
Fransèches(23)...........125 G1
Fransu(80)................10 D4
Fransures(80).............22 C2
Franvillers(80)...........11 G5
Franxault(21)............102 A2
Frapelle(88)..............70 D3
Fraquelfing(57)...........50 A6
Fraroz(39)...............103 G5
Frasnay-Reugny(58)........99 F3
Frasne(25)...............103 G4
Frasne(39)...............102 C1
Frasne-le-Château(70).....87 E4
la Frasnée(39)...........118 A1
le Frasnois(39)..........103 E6
Frasnoy(59)...............13 F2
Frasseto(2A).............206 D1
Frauenberg(57)............50 B1
Frausseilles(81).........167 H2
Fravaux(10)...............67 E3
le Fraysse(81)...........168 D4
Frayssinet(46)...........152 C2
Frayssinet-le-Gélat(46)..152 A3
Frayssinhes(46)..........139 F6
Frazé(28).................61 G3
Fréauville(76).............9 H3
Frebécourt(88)............68 C2
Frébuans(39).............102 C2

Frécourt(52)..............68 B6
Frédéric-Fontaine(70).....88 C3
la Frédière(17)..........121 F2
Frégimont(47)............150 D6
Frégouville(32)..........166 B6
Fréhel(22)................34 B3
Freigné(49)...............75 G3
Freissinières(05)........147 E6
la Freissinouse(05)......160 B3
Freix-Anglards(15).......140 A4
Fréjairolles(81).........168 C4
Fréjeville(81)...........168 B6
Fréjus(83)...............193 E2
Fréland(68)...............71 E4
Frelinghien(59)............5 E3
Frémainville(95)..........41 H2
Frémécourt(95)............42 A1
Frémeréville-sous-les-Côtes(55).48 A4
Frémery(57)...............49 F2
Frémestroff(57)...........29 G6
Frémicourt(62)............12 A4
Fremifontaine(88).........70 B3
Frémontiers(80)...........22 B1
Frémonville(54)...........49 H5
la Frénaye(76).............8 C6
Frencq(62).................2 B5
Frenelle-la-Grande(88)....69 F2
Frenelle-la-Petite(88)....69 F2
Frênes(61)................37 G4
Freneuse(76)..............20 B5
Freneuse(78)..............41 F2
Freneuse-sur-Risle(27)....20 B5
le Freney-d'Oisans(38)...146 B3
Fréniches(60).............23 H2
Frénois(21)...............85 G4
Frénois(88)...............69 F3
Frénouville(14)...........18 D5
Frépillon(95).............42 C2
Fresles(76)................9 H4
la Fresnaie-Fayel(61).....39 F3
la Fresnais(35)...........35 E3
Fresnay(10)...............67 E3
Fresnay-en-Retz(44).......90 C2
Fresnay-le-Comte(28)......62 A3
Fresnay-le-Gilmert(28)....62 A1
Fresnay-le-Long(76)........9 F5
Fresnay-le-Samson(61).....39 E3
Fresnay-l'Évêque(28)......62 C3
Fresnay-sur-Sarthe(72)....59 H2
la Fresnaye-au-Sauvage(61).38 C4
la Fresnaye-sur-Chédouet(72).60 B2
le Fresne(27).............40 C3
le Fresne(51).............46 B3
le Fresne-Camilly(14).....18 C4
Fresne-Cauverville(27)....19 H4
Fresné-la-Mère(14)........38 D3
Fresne-l'Archevêque(27)...21 F5
Fresne-le-Plan(76)........21 E4
Fresne-Léguillon(60)......22 B6
le Fresne-Poret(50).......37 G4
Fresne-Saint-Mamès(70)....87 E3
le Fresne-sur-Loire(44)...75 H4
Fresneaux-Montchevreuil(60).22 B5
Fresnes(21)...............84 D3
Fresnes(41)...............79 H5
Fresnes(89)...............84 A2
Fresnes(94)...............42 C4
Fresnes-au-Mont(55).......47 G3
Fresnes-en-Saulnois(57)...49 F3
Fresnes-en-Tardenois(02)..44 C1
Fresnes-en-Woëvre(55).....27 H5
Fresnes-lès-Montauban(62).12 A2
Fresnes-lès-Reims(51).....25 G5
Fresnes-Mazancourt(80)....12 A6
Fresnes-sur-Apance(52)....68 D6
Fresnes-sur-Escaut(59).....5 H6
Fresnes-sur-Marne(77).....43 F3
Fresnes-Tilloloy(80)......10 B5
Fresneville(80)...........10 C6
Fresney(27)...............41 E3
Fresney-le-Puceux(14).....18 C5
Fresney-le-Vieux(14)......18 C6
Fresnicourt-le-Dolmen(62)..4 C6
Fresnières(60)............23 G2
Fresnois-la-Montagne(54)..27 H2
Fresnoy(62)...............11 E1
Fresnoy-Andainville(80)...10 C5
Fresnoy-au-Val(80)........10 D6
Fresnoy-en-Chaussée(80)...23 E1
Fresnoy-en-Gohelle(62).....4 D6
Fresnoy-en-Thelle(60).....22 D6
Fresnoy-Folny(76)..........9 H3
Fresnoy-la-Rivière(60)....23 G5
Fresnoy-le-Château(10)....66 B4
Fresnoy-le-Grand(02)......12 D5
Fresnoy-le-Luat(60).......23 F6
Fresnoy-lès-Roye(80)......23 F1
Frespech(47).............151 G5
Fresquiennes(76)...........9 F5
Fressac(30)..............171 F3
Fressain(59)..............12 C2
Fressancourt(02)..........24 C2
Fresse(70)................88 C2
Fresse-sur-Moselle(88)....88 C1
Fresselines(23)..........111 F3
Fressenneville(80)........10 A4
Fressies(59)..............12 C2
Fressin(62)................2 D6
Fressines(79)............108 B4
le Frestoy-Vaux(60).......23 F3
Fréterive(73)............132 B4
Fréteval(41)..............79 G1
Fréthun(62)................2 C2
Fretigney-et-Velloreille(70).87 F4
Frétigny(28)..............61 F2
Fretin(59).................5 F5
Frétoy(77)................44 A5

Frétoy-le-Château(60)......................23 H2
la Frette(38)...................................131 E6
la Frette(71)...................................101 H6
la Frette-sur-Seine(95).....................42 C2
Frettecuisse(80).............................10 C5
Frettemeule(80).............................10 B5
Fretterans(71)...............................102 B4
le Fréty(08)....................................14 B4
Freulleville(76)...............................9 H3
Frévent(62)....................................11 E2
Fréville(76)....................................9 E5
Fréville(88)....................................68 C2
Fréville-du-Gâtinais(45)..................63 G5
Frévillers(62)..................................4 B6
Frévin-Capelle(62)..........................11 G1
Freybouse(57)................................29 G6
Freycenet-la-Cuche(43)..................142 D5
Freycenet-la-Tour(43).....................142 D5
Freychenet(09)...............................198 D1
Freyming-Merlebach(57)..................29 G5
Freyssenet(07)...............................157 G2
Friaize(28).....................................61 G2
Friardel(14)....................................19 H6
Friaucourt(80)................................10 A4
Friauville(54)..................................28 A5
Fribourg(57)...................................49 H3
Fricamps(80)..................................10 D6
Frichemesnil(76)............................9 G5
Fricourt(80)....................................11 H5
Fridefont(15)..................................141 F5
Friedolsheim(67)............................50 D5
Frières-Faillouël(02).......................24 A2
Friesen(68)....................................89 F4
Friesenheim(67).............................71 G3
Frignicourt(51)...............................46 B5
Frise(80)..12 A5
Friville-Escarbotin(80).....................10 A4
Frizon(88)......................................69 G2
Froberville(76)................................8 B4
Frocourt(60)...................................22 B4
Frœningen(68)................................89 F2
Frœschwiller(67)............................51 E3
Froges(38).....................................145 H2
Frohen-le-Grand(80).......................11 E3
Frohen-le-Petit(80).........................11 E3
Frohmuhl(67)..................................50 C3
Froideconche(70)...........................87 H1
Froidefontaine(90)..........................89 G4
Froidestrées(02).............................13 G5
Froideterre(70)...............................88 B3
Froidevaux(25)...............................88 C6
Froideville(39)................................102 C5
Froidfond(85).................................90 D3
Froidmont-Cohartille(02).................24 D2
Froidos(55).....................................27 E6
Froissy(60).....................................22 C3
Frôlois(21)......................................85 E4
Frolois(54)......................................48 D6
Fromelennes(08)............................15 E1
Fromelles(59).................................4 D4
Fromental(87)................................111 E5
Fromentières(51)...........................44 D3
Fromentières(53)...........................58 D6
Fromeréville-les-Vallons(55)...........27 F5
Fromezey(55).................................27 H4
Fromont(77)...................................63 G3
Fromy(08).......................................15 H5
Froncles(52)...................................67 H3
Fronsac(31)....................................196 D3
Fronsac(33)....................................135 G5
Frontenac(33).................................149 H1
Frontenac(46).................................153 F3
Frontenard(71)...............................101 H4
Frontenas(69)................................129 G2
Frontenaud(71)...............................117 E1
Frontenay(39).................................102 D5
Frontenay-Rohan-Rohan(79)..........107 H4
Frontenex(73).................................132 C4
Frontignan(34)................................187 G2
Frontignan-de-Comminges(31).......196 D3
Frontignan-Savès(31).....................182 D3
Fronton(31)....................................167 E4
Frontonas(38).................................130 C4
Fronville(52)...................................67 H2
Frossay(44)....................................74 B5
Frotey-lès-Lure(70)........................88 B3
Frotey-lès-Vesoul(70).....................87 G3
Frouard(54)....................................48 D4
Frouville(95)...................................42 B1
Frouzins(31)...................................183 F2
Froville(54)....................................49 E6
Froyelles(80)..................................10 C3
Frozes(86)......................................93 H6
Frucourt(80)...................................10 C5
Frugerès-les-Mines(43)..................141 G1
Fruges(62)......................................3 E6
Frugières-le-Pin(43).......................141 H2
Fruncé(28)......................................61 H2
Fry(76)...21 G3
Fuans(25).......................................104 D2
Fublaines(77).................................43 G3
le Fugeret(04)................................176 A3
le Fuilet(49)....................................75 G5
Fuilla(66)..199 H5
Fuissé(71).......................................116 B4
Fuligny(10)......................................67 G2
Fulleren(68)....................................89 F3
Fultot(76)..9 E4
Fulvy(89)..84 B2
Fumay(08)......................................14 D2
Fumel(47).......................................151 H4
Fumichon(14).................................19 H5
Furchhausen(67)............................50 D5
Furdenheim(67)..............................51 E3
Furiani(2B).....................................203 G4
Furmeyer(05)..................................160 A3
Fussey(21)......................................101 F2
Fussy(18)..97 G2
Fustérouau(32)...............................164 C5
Fustignac(31)..................................182 D4
Futeau(55)......................................26 D5
Fuveau(13)......................................191 E2
Fyé(72)...60 A3

G

Gaas(40)...162 D6
Gabarnac(33)..................................149 G2
Gabarret(40)...................................164 D3
Gabaston(64)..................................180 D3
Gabat(64)..179 F3
Gabian(34)......................................186 D2
Gabillou(24)....................................137 H3
Gabre(09)..183 G6
Gabriac(12).....................................154 D4
Gabriac(48).....................................170 D1
Gabrias(48).....................................155 H3
Gacé(61)...39 F4
la Gacilly(56)...................................56 C6
Gâcogne(58)...................................99 H1
Gadancourt(95)...............................41 H1
Gadencourt(27)..............................41 E2
Gaël(35)..56 B2
Gageac-et-Rouillac(24)...................136 C6
Gagnac-sur-Cère(46)......................139 E5
Gagnac-sur-Garonne(31)...............167 E5
Gagnières(30).................................157 E5
Gagny(93).......................................43 E3
Gahard(35)......................................35 G6
Gailhan(30).....................................171 G4
Gaillac(81).......................................167 H3
Gaillac-d'Aveyron(12).....................155 E5
Gaillac-Toulza(31)...........................183 G4
Gaillagos(65)...................................180 D6
Gaillan-en-Médoc(33).....................134 C1
Gaillard(74).....................................118 C4
Gaillardbois-Cressenville(27)..........21 F5
la Gaillarde(76)...............................9 E3
Gaillefontaine(76)...........................21 G2
Gaillères(40)...................................164 A3
Gaillon(27)......................................21 F6
Gaillon-sur-Montcient(78)...............41 H2
Gainneville(76)...............................8 A6
Gaja-et-Villedieu(11).......................184 D6
Gaja-la-Selve(11)............................184 B5
Gajac(33)..149 H4
Gajan(09)..183 G6
Gajan(30)...171 H4
Gajoubert(87)..................................110 A6
Galametz(62)...................................11 E2
Galan(65)...181 H4
Galapian(47)....................................150 D5
Galargues(34)..................................171 F5
Galéria(2B)......................................204 B2
Galey(09)..197 F3
Galez(65)..181 G5
Galfingue(68)...................................89 F2
Galgan(12)......................................153 H4
Galgon(33)......................................135 G4
Galiax(32)..164 C6
Galié(31)..182 B6
Galinagues(11)................................199 F2
Gallardon(28)..................................41 G6
Gallargues-le-Montueux(30)...........171 G5
le Gallet(60).....................................22 C2
Galluis(78).......................................41 G4
Gamaches(80).................................10 A5
Gamaches-en-Vexin(27).................21 G5
Gamarde-les-Bains(40)...................163 E5
Gamarthe(64)..................................179 E4
Gambais(78)....................................41 G4
Gambaiseuil(78)..............................41 G4
Gambsheim(67)..............................51 G5
Gan(64)...180 B4
Ganac(31)..198 C1
Ganagobie(04).................................174 D3
Gancourt-Saint-Étienne(76)............21 H3
Gandelain(61)..................................38 D6
Gandelu(02).....................................44 A1
Gandrange(57)................................28 C4
Ganges(34)......................................170 D3
Gannat(03)......................................113 H6
Gannay-sur-Loire(03)......................99 G6
Gannes(60)......................................22 D3
Gans(33)..149 H4
Ganties(31)......................................182 C6
Ganzeville(76)..................................8 A4
Gap(05)...160 B3
Gapennes(80)..................................10 D3
Garac(31)..166 C5
Garancières(78)..............................41 G4
Garancières-en-Beauce(28)...........62 D2
Garancières-en-Drouais(28)...........40 D5
Garanou(09).....................................198 D3
Garat(16)..122 C4
Garcelles-Secqueville(14)...............18 D5
Garches(92).....................................42 C4
Garchizy(58)....................................98 C3
Garchy(58).......................................98 C1
Gardanne(13)...................................190 D2
la Garde(04).....................................175 H4
la Garde(38).....................................146 B3
la Garde(83).....................................191 H5
la Garde-Adhémar(26).....................158 A4
la Garde-Freinet(83)........................192 D3
Gardefort(18)...................................98 B1
Gardegan-et-Tourtirac(33)..............136 A5
Gardères(65)...................................180 D4
la Gardie-le-Pontaroux(16)..............122 C5
Gardie(11)..185 E6
Gardonne(24)...................................136 C6
Gardouch(31)...................................184 A3
Garein(40)..163 G2
la Garenne-Colombes(92)...............42 C3
Garennes-sur-Eure(27)....................41 E3
Garentreville(77)..............................63 H3
Garéoult(83).....................................191 H3
Garganvillar(82)...............................166 C3
Gargas(31).......................................167 E5
Gargas(84)......................................173 H4
Gargenville(78)................................41 H2
Garges-lès-Gonesse(95).................42 D2
Gargilesse-Dampierre(36)...............111 F2
Garidech(31)....................................167 F5
Gariès(82)..166 B4
Garigny(18)......................................98 B3
Garin(31)..196 C4
Garindein(64)...................................179 F4
Garlan(29)..32 A3
Garlède-Mondebat(64)....................180 C2
Garlin(64)...180 C1
le Garn(30).......................................157 G5
la Garnache(85)...............................90 D3
Garnat-sur-Engièvre(03).................114 C1
Garnay(28).......................................41 E5
Garnerans(01).................................116 C5
Garons(30).......................................172 B5
Garravet(32).....................................182 C3
Garrebourg(57)...............................50 C5
Garrevaques(81)..............................184 C2
Garrey(40)..163 E5
le Garric(81).....................................168 B3
Garrigues(34)...................................171 F5
Garrigues(81)...................................167 G5
Garrigues-Sainte-Eulalie(30)..........171 H3
Garrosse(40)....................................163 E2
Gars(06)...176 C4
Gartempe(23)...................................111 G5
Gas(28)..41 G6
Gasny(27)...41 F1
Gasques(82).....................................166 B1
Gassin(83)..192 D4
le Gast(14).......................................37 E3
Gastes(40)..148 B5
Gastines(53).....................................58 A5
Gasville-Oisème(28).........................62 B1
Gatey(39)...102 B3
Gathemo(50)....................................37 F4
Gatteville-le-Phare(50).....................17 F1
Gattières(06).....................................177 E5
Gatuzières(48)..................................156 A6
Gaubertin(45)...................................63 G4
la Gaubretière(85)...........................91 H3
Gauchin-Légal(62)...........................4 C6
Gauchin-Verloingt(62)......................4 A6
Gauchy(02).......................................12 C6
Gauciel(27).......................................40 D2
la Gaude(06).....................................177 E5
Gaudechart(60)................................22 B2
Gaudent(65)......................................182 A6
Gaudiempré(62)...............................11 G3
Gaudiès(09)......................................184 A5
Gaudonville(32)................................166 A4
Gaudreville-la-Rivière(27)................40 C2
Gaugeac(24).....................................151 G2
Gaujac(30)...172 C2
Gaujac(32)..182 C2
Gaujac(47)..150 B4
Gaujacq(40)......................................163 F6
Gaujan(32)..182 B3
le Gault-Perche(41)..........................61 F5
le Gault-Saint-Denis(28)..................62 A3
le Gault-Soigny(51)..........................44 D4
Gauré(31)...167 F6
Gauriac(33).......................................135 E4
Gauriaguet(33).................................135 F4
Gaussan(65).....................................181 H4
Gausson(22).....................................33 G6
Gauville(61)......................................39 G3
Gauville(80)......................................21 H1
Gauville-la-Campagne(27)...............40 C2
Gavarnie(65).....................................195 G5
Gavarret-sur-Aulouste(32)..............165 H5
Gavaudun(47)...................................151 G3
Gavignano(2B)..................................205 F2
Gavisse(57).......................................28 D2
Gavray(50)..35 H1
le Gâvre(44)......................................74 C3
Gavrelle(62)......................................12 A2
Gâvres(56)..54 C6
Gavrus(14)..18 B5
Gayan(65)...181 E3
Gaye(51)...45 E5
Gayon(64)..180 D2
Gazaupouy(32).................................165 F3
Gazave(65).......................................181 H6
Gazax-et-Baccarisse(32).................165 E6
Gazeran(78)......................................41 G5
Gazost(65)..181 E6
Géanges(71).....................................101 G3
Geaune(40).......................................164 A6
Geay(17)...120 D2
Geay(79)...93 E4
Gèdre(65)..195 G4
Gée(49)...77 E5
Gée-Rivière(32)................................164 B5
Geffosses(50)...................................16 D6
Géfosse-Fontenay(14)......................17 G4
Gehée(36)...96 A3
Geishouse(68)...................................89 E1
Geispitzen(68)...................................89 G3
Geispolsheim(67).............................71 G1
Geiswasser(68).................................71 G6
Geiswiller(67)....................................50 D4
Gélacourt(54)....................................49 G6
Gélannes(10).....................................65 G1
Gélaucourt(54)..................................69 E1
Gellainville(28)..................................62 B2
Gellenoncourt(54).............................49 E4
Gelles(63)..126 C3
Gellin(25)...103 G5
Geloux(40)...163 G3
Gelucourt(57).....................................49 G4
Gémages(61)....................................60 D3
Gemaingoutte(88).............................70 D3
Gembrie(65).......................................182 A6
Gemeaux(21).....................................85 H4
Gémenos(13)....................................191 E4
Gémigny(45)......................................62 C6
Gémil(31)...167 F5
Gemmelaincourt(88).........................69 E3
Gémonval(25)....................................88 B4
Gémonville(54)..................................69 E1
Gémozac(17).....................................121 E5
Genac(16)..122 B3
Genainville(95)..................................41 G1
Genas(69)..130 B3
Génat(09)..198 C2
Genay(21)..84 C4
Genay(69)..130 A2
Gençay(86)..109 F3
Gendreville(88)..................................68 D3
Gendrey(39).......................................102 D1
Gené(49)..76 B3
Génébrières(82)................................167 F3
Genech(59)...5 F5
Génelard(71)......................................115 G1
Générac(30).......................................172 A5
Générac(33).......................................135 E3
Générargues(30)...............................171 F2
Générest(65)......................................181 H6
Generville(11).....................................184 C4
Geneslay(61)......................................38 A6
le Genest-Saint-Isle(53)....................58 C4
Genestelle(07)....................................157 F2
Geneston(44).....................................91 F1
la Genête(71).....................................116 D1
la Genétouze(17)...............................136 A2
la Genétouze(85)...............................91 F4
Genêts(50)..35 G3
les Genettes(61).................................39 H5
Geneuille(25)......................................87 F5
la Genevraie(61)................................39 F5
la Genevraye(77)...............................64 A3
Genevreuille(70)................................87 H2
Genevrey(70)......................................87 H2
Genevrières(52).................................86 D2
la Genevroye(52)................................67 G3
Geney(25)..88 B4
la Geneytouse(87).............................124 C3
Génicourt(95).....................................42 B1
Génicourt-sur-Meuse(55).................27 G6
Genilac(42)...129 G5
Genillé(37)..95 F2
Génis(24)..138 A2
Génissac(33)......................................135 G6
Génissieux(26)...................................144 C3
Genlis(21)...86 A6
Gennes(25)...87 G6
Gennes(49)...77 E6
Gennes-Ivergny(62)...........................10 D2
Gennes-sur-Glaize(53)......................58 D6
Gennes-sur-Seiche(35)......................58 A5
Genneteil(49).......................................77 G3
Gennetines(03)...................................114 B1
Genneton(79)......................................93 E2
Genneville(14).....................................19 G3
Gennevilliers(92)................................42 C3
Genod(39)...117 G3
Génolhac(30)......................................156 D5
Génos(31)...182 B6
Génos(65)...196 B4
Genouillac(16)....................................123 E2
Genouillac(23)....................................111 H4
Genouillé(17)......................................107 F6
Genouillé(86)......................................109 F6
Genouilleux(01)..................................116 B5
Genouilly(18)......................................96 D2
Genouilly(71)......................................101 E6
Gensac(33)...136 B6
Gensac(65)...181 E2
Gensac(82)...166 B3
Gensac-de-Boulogne(31)..................182 A4
Gensac-la-Pallue(16).........................121 H4
Gensac-sur-Garonne(31)..................183 E4
Genté(16)..121 G4
Gentelles(80)......................................11 F6
Gentilly(94)...42 C4
Gentioux-Pigerolles(23).....................125 F3
Genvry(60)..23 H2
Georfans(70).......................................88 B4
Géovreisset(01)..................................117 H4
Géovreissiat(01)................................117 G5
Ger(50)..37 G4
Ger(64)..180 D4
Ger(65)..181 E6
Geraise(39)...103 F3
Gérardmer(88)....................................70 C5
Géraudot(10).......................................66 C3
Gerbaix(73)...131 G4
Gerbamont(88)...................................70 B6
Gerbécourt(57)...................................49 F3
Gerbécourt-et-Haplemont(54)...........48 D6
Gerbépal(88).......................................70 C4
Gerberoy(60).......................................22 A3
Gerbéviller(54)....................................49 F6
Gercourt-et-Drillancourt(55)..............27 F3
Gercy(02)..13 G6
Gerde(65)..181 F6
Gerderest(64)......................................180 D2
Gère-Bélesten(64)..............................180 B6
Gergny(02)..13 G5
Gergueil(21)..101 F1
Gergy(71)..101 G4
Gerland(21)...101 G2
Germ(65)..196 B4
Germagnat(01)....................................117 F4
Germagny(71).....................................101 E6
Germaine(02)......................................12 B6
Germaine(51)......................................45 F1
Germaines(52)....................................85 G1
Germainville(28).................................41 F4
Germainvilliers(52).............................68 C4
Germay(52)...68 A3
Germéfontaine(25)..............................104 D1
Germenay(58).....................................99 F1
Germignac(17)....................................121 G5
Germigney(39)....................................102 D3
Germigney(70)....................................86 D5
Germignonville(28).............................62 C4
Germigny(51)......................................25 E6
Germigny(89)......................................65 G6
Germigny-des-Prés(45)......................81 F1
Germigny-l'Évêque(77)......................43 G2
Germigny-l'Exempt(18)......................98 B4
Germigny-sous-Coulombs(77)..........43 H2
Germigny-sur-Loire(58)......................98 C3
Germinon(51)......................................45 G3
Germiny(54)..48 C6
Germisay(52).......................................68 A2
Germolles-sur-Grosne(71).................116 A4
Germond-Rouvre(79).........................108 A2
Germondans(25).................................87 G5
Germont(08)..26 C2
Germonville(54)..................................69 G1
Germs-sur-l'Oussouet(65)................181 E6
Gernelle(08)..15 E4
Gernicourt(02).....................................25 E4
Géronce(64)..179 H4
Gerponville(76)...................................8 C4
Gerrots(14)..19 E4
Gerstheim(67).....................................71 H2
Gertwiller(67)......................................71 F2
Geruge(39)..102 C6
Gervans(26)...144 B3
Gerville(76)..8 B4
Géry(55)..47 F4
Gerzat(63)..127 F3
Gesnes(53)..58 D4
Gesnes-en-Argonne(55)....................27 G4
Gesnes-le-Gandelin(72).....................59 H2
Gespunsart(08)...................................15 E3
Gestas(64)...179 G3
Gestel(56)..54 B5
Gesté(49)..75 G6
Gestiès(09)..198 C3
Gesvres(53)...59 G2
Gesvres-le-Chapitre(77)....................43 F2
Gétigné(44)..91 G1
les Gets(74)...119 F4
Geu(65)..180 D6
Geudertheim(67).................................51 F5
Géus-d'Arzacq(64)..............................180 A2
Geüs-d'Oloron(64)...............................179 H4
Gévezé(35)...57 E2
Gevigney-et-Mercey(70).....................87 E1
Geville(55)...48 A4
Gevingey(39)..102 C6
Gevresin(25)...103 F3
Gevrey-Chambertin(21)......................101 G1
Gevrolles(21)..67 F5
Gevry(39)...102 B3
Gex(01)..118 B3
Geyssans(26).......................................144 C3
Gez(65)...180 D6
Gez-ez-Angles(65)..............................181 E5
Gézaincourt(80)...................................11 F3
Gézier-et-Fontenelay(70)....................87 E5
Gézoncourt(54)....................................48 C3
Ghisonaccia(2B)..................................205 G5
Ghisoni(2B)..205 E5
Ghissignies(59)....................................13 E2
Ghyvelde(59)..3 G1
Giat(63)..126 B3
Gibeaumeix(54)...................................48 A5
Gibel(31)...184 A4
Gibercourt(02).....................................24 B1
Giberville(14)..18 D4
Gibles(71)...115 H4
Gibourne(17)..121 G1
Gibret(40)...163 F5
le Gicq(17)..121 H1
Gidy(45)..62 C6
Giel-Courteilles(61).............................38 C4
Gien(45)..81 H3
Gien-sur-Cure(58)...............................100 B2
Gières(38)...145 H2
la Giettaz(73).......................................132 D2
Giéville(50)...37 F1
Gièvres(41)...96 B1
Giey-sur-Aujon(52)..............................67 G6
Giez(74)..132 B3
Gif-sur-Yvette(91)...............................42 B5
Giffaumont-Champaubert(51)............46 C6
Gigean(34)..187 G2
Gignac(34)..170 C6
Gignac(46)..138 C5
Gignac(84)..174 B3
Gignac-la-Nerthe(13)...........................190 C3
Gignat(63)...127 F6
Gignéville(88).......................................69 E4
Gigney(88)..69 G3
Gigny(39)..117 G2
Gigny(89)..84 C1
Gigny-Bussy(51)..................................46 B5
Gigny-sur-Saône(71)...........................101 G6
Gigondas(84)..173 E1
Gigors(04)..160 C4
Gigors-et-Lozeron(26).........................144 C6
Gigouzac(46)...152 C3
Gijounet(81)..169 E5
Gildwiller(68)...89 F2
Gilette(06)...177 E4
Gilhac-et-Bruzac(07)...........................143 H5
Gilhoc-sur-Ormèze(07)........................143 H4
Gillancourt(52)......................................67 G4
Gillaumé(52)...68 A1
Gilles(28)..41 F3
Gilley(25)..104 D2
Gilley(52)..86 D2
Gillois(39)...103 F5
Gillonnay(38)..130 D6
Gilly-lès-Cîteaux(21)...........................101 G2
Gilly-sur-Isère(73)................................132 C3
Gilly-sur-Loire(71)................................114 D2
Gilocourt(60)...23 G5
Gimat(82)...166 B4
Gimbrède(32)..165 H2
Gimeaux(63)...127 F2
Gimécourt(55).......................................47 G3
Gimel-les-Cascades(19)......................139 E2
Gimeux(16)...121 G5
la Gimond(42).......................................129 F5
Gimont(32)..166 A6
Gimouille(58)..98 C4
Ginai(61)..39 E4
Ginals(82)...153 F6
Ginasservis(83)....................................174 D5
Ginchy(80)..12 A4

Gincla(11).....199 H3
Gincrey(55).....27 H4
Gindou(46).....152 B2
Ginestas(11).....186 B4
Ginestet(24).....136 D5
Gingsheim(67).....51 E5
Ginoles(11).....199 G2
Ginouillac(46).....152 D2
Gintrac(46).....139 E6
Giocatojo(2B).....203 G6
Gionges(51).....45 F3
Giou-de-Mamou(15).....140 B5
Gioux(23).....125 G3
Gipcy(03).....113 G2
Girac(46).....139 E5
Girancourt(88).....69 G4
Giraumont(54).....28 B5
Giraumont(60).....23 G4
Girauvoisin(55).....47 H3
Gircourt-lès-Viéville(88).....69 F2
Girecourt-sur-Durbion(88).....70 A4
Girefontaine(70).....69 G6
Giremoutiers(77).....43 H4
Girgols(15).....140 B4
Giriviller(54).....69 H1
Girmont(88).....69 H3
Girmont-Val-d'Ajol(88).....70 A6
Girolles(45).....64 A5
Girolles(89).....83 H4
Giromagny(90).....88 D2
Giron(01).....118 A4
Gironcourt-sur-Vraine(88).....69 E2
Gironde-sur-Dropt(33).....150 A3
Girondelle(08).....14 B3
Gironville(77).....63 H4
Gironville-sur-Essonne(91).....63 G2
le Girouard(85).....91 E6
Giroussens(81).....167 G5
Giroux(36).....96 D3
Giry(58).....99 E1
Gisay-la-Coudre(27).....39 H2
Giscaro(32).....166 B6
Giscos(33).....149 H5
Gisors(27).....21 H5
Gissac(12).....169 G4
Gissey-le-Vieil(21).....84 D6
Gissey-sous-Flavigny(21).....85 E4
Gissey-sur-Ouche(21).....85 F6
Gisy-les-Nobles(89).....64 D3
Giuncaggio(2B).....205 F4
Giuncheto(2A).....206 D4
Givardon(18).....98 B5
Givarlais(03).....113 E3
Givenchy-en-Gohelle(62).....4 D6
Givenchy-le-Noble(62).....11 G2
Givenchy-lès-la-Bassée(62).....3 H6
Giverny(27).....41 F1
Giverville(27).....20 A6
Givet(08).....15 E1
Givonne(08).....15 F4
Givors(69).....130 A4
Givraines(45).....63 G4
Givrand(85).....90 C5
Givrauval(55).....47 G5
le Givre(85).....106 C2
Givrezac(17).....121 E5
Givron(08).....14 B5
Givry(08).....14 C6
Givry(71).....101 F5
Givry(89).....83 G4
Givry-en-Argonne(51).....46 D2
Givry-lès-Loisy(51).....45 F3
Gizaucourt(51).....26 C6
Gizay(86).....109 G3
Gizeux(37).....77 H5
Gizia(39).....117 F2
Gizy(02).....25 E4
la Glacerie(50).....16 D2
Glageon(59).....13 H4
Glaignes(60).....23 G5
Glaine-Montaigut(63).....127 G3
Glaire(08).....15 F4
le Glaizil(05).....146 A6
Glamondans(25).....87 H6
Gland(02).....44 C2
Gland(89).....84 B1
Glandage(26).....159 G2
Glandon(87).....124 A6
Glanes(46).....139 E5
Glanges(87).....124 C4
Glannes(51).....46 B5
Glanon(21).....101 H3
Glanville(14).....19 F4
Glatens(82).....166 B3
Glatigny(50).....16 D5
Glatigny(57).....28 D5
Glatigny(60).....22 A3
Glay(25).....88 D5
Gleizé(69).....129 H1
Glénac(56).....56 C6
Glénat(15).....139 G5
Glénay(79).....93 F4
Glénic(23).....111 H5
Glennes(02).....24 D5
Glénouze(86).....93 G3
Glère(25).....89 E6
Glicourt(76).....9 G2
Glisolles(27).....40 C2
Glisy(80).....11 F6
Glomel(22).....54 C1
Glonville(54).....49 G6
Glorianes(66).....200 B4
Glos(14).....19 G5
Glos-la-Ferrière(61).....39 H3
Glos-sur-Risle(27).....20 B5
Gluiras(07).....143 G6
Glun(07).....144 B4
Glux-en-Glenne(58).....100 A4
Goas(82).....166 B4
la Godefroy(50).....35 H3
Godenvillers(60).....23 E3
Goderville(76).....8 B5
Godewaersvelde(59).....3 H3

Godisson(61).....39 F5
la Godivelle(63).....140 D1
Godoncourt(88).....69 E5
Gœrlingen(67).....50 B4
Gœrsdorf(67).....51 F3
Goès(64).....180 A4
Goetzenbruck(57).....50 C3
Gœulzin(59).....12 B2
Gogney(54).....49 H5
Gognies-Chaussée(59).....13 G1
la Gohannière(50).....35 H3
Gohory(28).....61 H4
Goin(57).....28 D6
Goincourt(60).....22 B4
Golancourt(60).....23 H2
Golbey(88).....69 H3
Goldbach-Altenbach(68).....89 E1
Golfech(82).....166 A1
Golinhac(12).....154 C3
Golleville(50).....16 D3
Gombergean(41).....79 F3
Gomelange(57).....29 E4
Gomené(22).....55 H2
Gomer(64).....180 D4
Gometz-la-Ville(91).....42 B5
Gometz-le-Châtel(91).....42 B5
Gomiécourt(62).....11 H3
Gommecourt(62).....11 H3
Gommecourt(78).....41 F1
Gommegnies(59).....13 F2
Gommenec'H(22).....33 E3
Gommersdorf(68).....89 F3
Gommerville(28).....62 D2
Gommerville(76).....8 B5
Gomméville(21).....66 D6
Gomont(08).....14 A6
Goncelin(38).....132 A6
Goncourt(52).....68 C3
Gond-Pontouvre(16).....122 C4
Gondecourt(59).....5 E5
Gondenans-les-Moulins(25).....87 H4
Gondenans-Montby(25).....88 B5
Gondeville(16).....121 H4
Gondrecourt-Aix(54).....28 A4
Gondrecourt-le-Château(55).....47 H6
Gondreville(45).....63 H5
Gondreville(54).....48 C4
Gondreville(60).....23 H6
Gondrexange(57).....50 A5
Gondrexon(54).....49 H5
Gondrin(32).....165 E4
les Gonds(17).....121 E3
Gonesse(95).....42 D2
Gonez(65).....181 F4
Gonfaron(83).....192 B3
Gonfreville(50).....17 E5
Gonfreville-Caillot(76).....8 B5
Gonfreville-l'Orcher(76).....8 A4
la Gonfrière(61).....39 G3
Gonnehem(62).....3 G5
Gonnelieu(59).....12 C4
Gonnetot(76).....9 E4
Gonneville(50).....17 E2
Gonneville-en-Auge(14).....18 D4
Gonneville-la-Mallet(76).....8 A3
Gonneville-sur-Honfleur(14).....19 G3
Gonneville-sur-Mer(14).....19 E4
Gonneville-sur-Scie(76).....9 F4
Gonsans(25).....87 H6
Gontaud-de-Nogaret(47).....150 C4
la Gonterie-Boulouneix(24).....137 E1
Gonzeville(76).....9 E4
Goos(40).....163 E5
Gorbio(06).....177 G4
Gorcy(54).....27 H1
Gordes(84).....173 G3
Gorenflos(80).....10 D4
Gorges(44).....91 G1
Gorges(50).....17 E5
Gorges(80).....11 E4
la Gorgue(59).....3 H5
Gorhey(88).....69 G3
Gornac(33).....149 H2
Gorniès(34).....170 D4
Gorre(87).....123 H3
Gorrevod(01).....116 C3
Gorron(53).....58 C1
Gorses(46).....153 G1
Gorze(57).....28 B6
Gosnay(62).....3 G6
Gosné(35).....57 G2
Gosselming(57).....50 A4
Gotein-Libarrenx(64).....179 G4
Gottenhouse(67).....50 C5
Gottesheim(67).....50 D4
Gouaix(77).....64 D1
Goualade(33).....149 H5
Gouarec(22).....54 D1
Gouaux(65).....196 B4
Gouaux-de-Larboust(31).....196 C4
Gouaux-de-Luchon(31).....196 C4
Gouberville(50).....17 F1
Gouchaupre(76).....9 H2
Goudargues(30).....157 G6
Goudelancourt-lès-Berrieux(02).....25 E3
Goudelancourt-lès-Pierrepont(02).....25 E2
Goudelin(22).....33 F4
Goudet(43).....142 C5
Goudex(31).....182 D3
Goudon(65).....181 F4
Goudourville(82).....166 B1
Gouesnach(29).....53 F4
la Gouesnière(35).....35 E3
Gouesnou(29).....31 E4
Gouex(86).....109 H3
Gouézec(29).....53 G2
Gougenheim(67).....51 E5
Gouhelans(25).....87 H4
Gouhenans(70).....88 B3
Gouillons(28).....62 C2
Gouise(03).....114 B3
Goujounac(46).....152 A3
la Goulafrière(27).....39 G2

Goulet(61).....38 D4
Goulien(29).....52 C3
Goulier(09).....198 B3
Goulles(19).....139 G4
les Goulles(21).....67 F6
Gouloux(58).....100 B1
Goult(84).....173 G4
Goulven(29).....31 F3
Goumois(25).....89 E6
Goupillières(14).....18 C6
Goupillières(27).....40 A1
Goupillières(76).....9 F5
Goupillières(78).....41 G3
Gouraincourt(55).....27 H3
le Gouray(22).....34 A6
Gourbera(40).....162 D4
Gourbesville(50).....17 E3
Gourbit(09).....198 B2
Gourchelles(60).....21 H1
Gourdan-Polignan(31).....182 A6
Gourdièges(15).....140 D5
Gourdon(06).....176 D5
Gourdon(07).....157 G1
Gourdon(46).....152 C2
Gourdon(71).....100 D6
Gourdon-Murat(19).....125 F3
Gourfaleur(50).....37 E1
Gourgançon(51).....45 F5
Gourgé(79).....93 F5
Gourgeon(70).....87 E2
Gourgue(65).....181 G5
Gourhel(56).....55 H4
Gourin(56).....54 A2
Gourlizon(29).....53 E3
Gournay(36).....111 G2
Gournay-en-Bray(76).....21 H3
Gournay-le-Guérin(27).....40 A5
Gournay-Loizé(79).....108 C5
Gournay-sur-Aronde(60).....23 F3
Gournay-sur-Marne(93).....43 E3
les Gours(16).....122 A1
Gours(33).....136 A4
Gourvieille(11).....184 B3
Gourville(16).....122 A2
Gourvillette(17).....121 H2
Goussaincourt(55).....48 A6
Goussainville(28).....41 F4
Goussainville(95).....42 D2
Goussancourt(02).....24 D6
Gousse(40).....163 E4
Goussonville(78).....41 G3
Goustranville(14).....19 E4
Gout-Rossignol(24).....122 D6
la Goutelle(63).....126 C3
Goutevernisse(31).....183 E4
Goutrens(12).....154 A4
Gouts(40).....163 F4
Goutières(27).....40 A2
Goutières(63).....113 E6
Goutz(32).....165 H4
Gouvernes(77).....43 F3
Gouves(62).....11 G2
Gouvets(50).....37 E2
Gouvieux(60).....22 D6
Gouville(27).....40 C3
Gouville-sur-Mer(50).....16 D6
Gouvix(14).....18 D6
Goux(32).....164 C6
Goux-lès-Dambelin(25).....88 C5
Goux-les-Usiers(25).....103 H3
Goux-sous-Landet(25).....103 E2
Gouy(02).....12 C5
Gouy(76).....21 E5
Gouy-en-Artois(62).....11 G2
Gouy-en-Ternois(62).....11 F2
Gouy-les-Groseillers(60).....22 C2
Gouy-Saint-André(62).....10 C1
Gouy-Servins(62).....4 C6
Gouy-sous-Bellonne(62).....12 B2
Gouzangrez(95).....41 H1
Gouzeaucourt(59).....12 B4
Gouzens(31).....183 E5
Gouzon(23).....112 B5
Goven(35).....56 D4
Goviller(54).....48 C6
Goxwiller(67).....71 F2
Goyencourt(80).....23 F1
Goyrans(31).....183 G2
Grabels(34).....171 E6
Graçay(18).....96 C2
Grâce-Uzel(22).....55 F1
Grâces(22).....33 E4
Gradignan(33).....135 E6
Graffigny-Chemin(52).....68 C4
Gragnague(31).....167 F5
Graignes(50).....17 F5
Grailhen(65).....196 B4
Graimbouville(76).....8 B5
Graincourt-lès-Havrincourt(62).....12 B3
Grainville(27).....21 F5
Grainville-la-Teinturière(76).....8 D4
Grainville-Langannerie(14).....18 D6
Grainville-sur-Odon(14).....18 B5
Grainville-sur-Ry(76).....9 G6
Grainville-Ymauville(76).....8 B5
le Grais(61).....38 B5
Graissac(12).....154 D1
Graissessac(34).....169 H6
Graix(42).....143 G1
Gramat(46).....153 E1
Gramazie(11).....184 D5
Grambois(84).....174 B5
Grammond(42).....129 F5
Grammont(70).....88 B4
Gramond(12).....154 A6
Gramont(82).....166 A3
Granace(2A).....206 D4
Grancey-le-Château-Neuvelle(21).....85 G3
Grancey-sur-Ource(21).....67 E5
Grand(88).....68 B2
le Grand-Abergement(01).....117 H6
Grand-Auverné(44).....75 F2
le Grand-Bornand(74).....132 C1

le Grand-Bourg(23).....111 F5
Grand-Brassac(24).....136 D2
Grand-Camp(27).....39 G1
Grand-Camp(76).....8 C5
le Grand-Celland(50).....36 D4
Grand-Champ(56).....55 F5
Grand-Charmont(25).....88 D4
la Grand-Combe(30).....156 D6
Grand-Corent(01).....117 F5
Grand-Couronne(76).....20 D5
la Grand-Croix(42).....129 G5
Grand-Failly(54).....27 G2
Grand-Fayt(59).....13 F4
Grand-Fort-Philippe(59).....3 E1
Grand-Fougeray(35).....57 E6
Grand-Laviers(80).....10 C3
le Grand-Lemps(38).....131 E6
le Grand-Lucé(72).....78 B1
le Grand-Madieu(16).....122 D2
le Grand-Pressigny(37).....95 E4
le Grand-Quevilly(76).....20 D4
le Grand-Rullecourt(62).....11 G2
le Grand-Serre(26).....144 C2
Grand-Vabre(12).....154 A3
Grand-Verly(02).....13 E5
le Grand-Village-Plage(17).....120 A2
Grandcamp-Maisy(14).....17 G4
Grandchain(27).....39 H1
Grandchamp(08).....14 C5
Grandchamp(52).....86 C2
Grandchamp(72).....60 A3
Grandchamp(78).....41 F5
Grandchamp(89).....82 C2
Grandchamp-le-Château(14).....19 F3
Grandchamps-des-Fontaines(44).....74 D4
Grand'Combe-Châteleu(25).....104 D3
Grand'Combe-des-Bois(25).....105 F2
Grandcourt(76).....10 A5
Grandcourt(80).....11 H4
la Grande-Fosse(88).....70 D3
la Grande-Motte(34).....188 B4
la Grande-Paroisse(77).....64 B2
la Grande-Résie(70).....86 C5
Grande-Rivière(39).....118 A1
Grande-Synthe(59).....3 F1
la Grande-Verrière(71).....100 B4
Grandecourt(70).....87 E3
les Grandes-Armoises(08).....15 E6
les Grandes-Chapelles(10).....66 A1
les Grandes-Loges(51).....45 H1
Grandes-Ventes(76).....9 G4
Grandeyrolles(63).....127 E5
Grandfontaine(25).....103 E1
Grandfontaine(67).....70 D1
Grandfontaine-sur-Creuse(25).....104 C1
Grandfresnoy(60).....23 F5
Grandham(08).....26 C3
Grandjean(17).....121 E2
Grand'Landes(85).....91 E3
Grandlup-et-Fay(02).....24 D2
Grandpré(08).....26 C3
Grandpuits-Bailly-Carrois(77).....43 G6
Grandrieu(48).....142 A6
Grandrieux(02).....14 A4
Grandrif(63).....128 B5
Grandris(69).....115 H6
Grandrû(60).....23 H2
Grandrupt(88).....70 D2
Grandrupt-de-Bains(88).....69 G4
les Grands-Chézeaux(87).....111 E4
Grandsaigne(19).....125 F6
Grandval(63).....128 A5
Grandvals(48).....155 E2
Grandvaux(71).....115 G2
Grandvelle-et-le-Perrenot(70).....87 F4
Grandvillars(90).....89 E4
Grandville(10).....45 G6
Grandvillers(88).....70 A4
Grandvillers-aux-Bois(60).....23 E4
Grandvilliers(27).....40 C4
Grandvilliers(60).....22 B2
Grane(26).....158 B1
Granès(11).....199 G2
la Grange(88).....88 C6
Grange-de-Vaivre(39).....103 E3
Grangermont(45).....63 G4
les Granges(10).....66 A5
Granges(71).....101 F5
Granges-d'Ans(24).....137 H3
les Granges-Gontardes(26).....158 A4
Granges-la-Ville(70).....88 B4
Granges-le-Bourg(70).....88 B4
les Granges-le-Roi(91).....63 E1
Granges-les-Beaumont(26).....144 B4
Granges-Narboz(25).....103 H4
Granges-sur-Aube(51).....45 E6
Granges-sur-Baume(39).....102 D5
Granges-sur-Lot(47).....150 D5
Granges-sur-Vologne(88).....70 A4
les Grangettes(25).....103 H4
Grangues(14).....19 E4
Granier(73).....133 E4
Granieu(38).....131 F4
Grans(13).....173 F6
Granville(50).....35 F1
Granzay-Gript(79).....107 H4
Gras(07).....157 H4
les Gras(25).....104 D3
Grassac(16).....122 D5
Grasse(06).....176 C6
Grassendorf(67).....51 E4
Gratens(31).....183 E3
Gratentour(31).....167 E5
Gratibus(80).....23 E2
Gratot(50).....36 C1
Gratreuil(51).....26 B4
Grattepanche(80).....22 D1
le Gratteris(25).....103 G1
Grattery(70).....87 F2
le Grau-du-Roi(30).....188 C5

les Graulges(24).....122 D6
Graulhet(81).....168 A5
Grauves(51).....45 F2
Graval(76).....21 G1
la Grave(05).....146 C3
Gravelines(59).....3 E2
la Gravelle(53).....58 B4
Gravelotte(57).....28 C5
la Graverie(14).....37 H3
Graveron-Sémerville(27).....40 C1
Graves-Saint-Amant(16).....122 A4
Graveson(13).....172 D4
Gravières(07).....157 E4
Gravigny(27).....40 D2
Gravon(77).....64 C3
Gray(70).....86 D4
Gray-la-Ville(70).....86 C4
Grayan-et-l'Hôpital(33).....120 B6
Graye-et-Charnay(39).....117 F2
Graye-sur-Mer(14).....18 C3
Grayssas(47).....166 A1
Grazac(31).....183 G4
Grazac(43).....143 E3
Grazac(81).....167 G4
Grazay(53).....59 E2
Gréalou(46).....153 F3
Gréasque(13).....191 E3
Grébault-Mesnil(80).....10 B4
Grécourt(80).....23 H1
Gredisans(39).....102 C1
la Grée-Saint-Laurent(56).....55 H3
Gréez-sur-Roc(72).....61 E4
Greffeil(11).....185 F6
Grèges(76).....9 G2
Grémecey(57).....49 E3
Grémévillers(60).....22 A3
Gremilly(55).....27 G4
Grémonville(76).....9 E4
Grenade(31).....166 D5
Grenade-sur-l'Adour(40).....163 H5
Grenant(52).....86 C2
Grenant-lès-Sombernon(21).....85 F6
Grendelbruch(67).....71 E1
Greneville-en-Beauce(45).....63 E4
Grenier-Montgon(43).....141 F2
Gréning(57).....29 G6
Grenoble(38).....145 G2
Grenois(58).....83 F6
Grentheville(14).....18 D5
Grentzingen(68).....89 G4
Greny(76).....9 H2
Gréolières(06).....176 D4
Gréoux-les-Bains(04).....174 D5
Grépiac(31).....183 G3
le Grès(31).....166 C5
Grésigny-Sainte-Reine(21).....84 D4
Gresin(73).....131 G4
la Gresle(42).....115 G6
Gresse-en-Vercors(38).....145 F5
Gressey(78).....41 F4
Gresswiller(67).....71 F1
Gressy(77).....43 E3
Grésy-sur-Aix(73).....131 H3
Grésy-sur-Isère(73).....132 C4
Gretz-Armainvilliers(77).....43 F5
Greucourt(70).....87 E4
Greuville(76).....9 E3
Greux(88).....68 C1
la Grève-sur-Mignon(17).....107 G4
Gréville-Hague(50).....16 C1
Grévillers(62).....11 H4
Grevilly(71).....116 C2
Grez(60).....22 B2
le Grez(72).....59 G3
Grez-en-Bouère(53).....59 E6
Grez-Neuville(49).....76 B3
Grez-sur-Loing(77).....64 A3
Grézac(17).....120 D4
Grézels(81).....152 A4
Grèzes(24).....138 D4
Grèzes(43).....141 H5
Grèzes(46).....153 E3
Grèzes(48).....155 G4
Grézet-Cavagnan(47).....150 B5
Grézian(65).....196 B4
Grézieu-la-Varenne(69).....129 H3
Grézieu-le-Marché(69).....129 F4
Grézieux-le-Fromental(42).....129 E4
Grézillac(33).....135 G6
Grézillé(49).....76 D6
Grézolles(42).....128 C2
Gricourt(02).....12 C6
Grièges(01).....116 C4
Gries(67).....51 F4
Griesbach-au-Val(68).....71 E5
Griesheim-près-Molsheim(67).....71 F1
Griesheim-sur-Souffel(67).....51 E6
Grignan(26).....158 B4
Grigneuseville(76).....9 G5
Grignols(24).....137 E4
Grignols(33).....150 A4
Grignon(21).....84 D4
Grignon(73).....132 C3
Grignoncourt(88).....69 E5
Grigny(62).....10 D1
Grigny(69).....130 A4
Grigny(91).....42 D5
la Grigonnais(44).....74 D2
Grillon(84).....158 B4
Grilly(01).....118 C3
Grimaucourt-en-Woëvre(55).....27 G4
Grimaucourt-près-Sampigny(55).....47 G4
Grimaud(83).....192 D4
la Grimaudière(86).....93 G5
Grimault(89).....84 A3
Grimbosq(14).....18 C6
Grimesnil(50).....36 D2
Grimonviller(54).....69 E2
Grincourt-lès-Pas(62).....11 G3
Grindorff(57).....29 E3
la Gripperie-Saint-Symphorien(17).....120 C2

Gripport(54).....69 G1
Griscourt(54).....48 C3
Griselles(21).....84 C1
Griselles(45).....64 B5
Grisolles(02).....44 B1
Grisolles(82).....166 D4
Grisy-les-Plâtres(95).....42 B1
Grisy-Suisnes(77).....43 E5
Grisy-sur-Seine(77).....65 E2
Grives(24).....152 A1
Grivesnes(80).....23 E2
Grivillers(80).....23 F2
Grivy-Loisy(08).....26 B2
Groffliers(62).....10 B1
la Groise(59).....13 F4
Groises(18).....98 B3
Groissiat(01).....117 G4
Groisy(74).....118 C6
Groix(56).....54 B6
Groléjac(24).....138 B6
Gron(18).....98 A2
Gron(89).....64 D4
Gronard(02).....13 G6
Gros-Chastang(19).....139 F3
Gros-Réderching(57).....50 B2
le Gros-Theil(27).....20 C6
Grosbliederstroff(57).....50 A1
Grosbois(25).....87 H5
Grosbois-en-Montagne(21).....85 E6
Grosbois-lès-Tichey(21).....102 A3
Grosbreuil(85).....91 E6
les Groseillers(79).....108 A2
Groslay(95).....42 D2
Groslée(01).....131 F3
Grosley-sur-Risle(27).....40 B2
Grosmagny(90).....88 D2
Grosne(90).....89 E4
Grospierres(07).....157 F4
Grosrouvre(78).....41 G4
Grosrouvres(54).....48 B3
Grossa(2A).....206 C4
Grosseto-Prugna(2A).....206 D2
Grossœuvre(27).....40 D3
Grossouvre(18).....98 B5
Grostenquin(57).....29 G6
Grosville(50).....16 C3
Grouches-Luchuel(80).....11 F3
Grougis(02).....13 E5
la Groutte(18).....97 G6
Grozon(39).....102 D4
Gruchet-le-Valasse(76).....8 C5
Gruchet-Saint-Siméon(76).....9 E3
Grues(85).....106 C3
Gruey-lès-Surance(88).....69 G5
Gruffy(74).....132 A2
Grugé-l'Hôpital(49).....75 H1
Grugies(02).....12 C6
Grugny(76).....9 F5
Gruissan(11).....186 C5
Grumesnil(76).....21 H2
Grun-Bordas(24).....137 E4
Grundviller(57).....29 H5
Gruny(80).....23 G1
Grury(71).....99 H6
Gruson(59).....5 F4
Grusse(39).....117 G1
Grussenheim(68).....71 H4
Grust(65).....195 G4
Gruyères(08).....14 D4
le Gua(17).....120 C3
le Gua(38).....145 G4
Guagno(2A).....204 D4
Guainville(28).....41 F3
Guarbecque(62).....3 G5
Guargualé(2A).....206 C2
Guchan(65).....196 B4
Guchen(65).....196 B4
Gudas(09).....184 A6
Gudmont-Villiers(52).....67 H2
le Gué-d'Alleré(17).....107 F5
le Gué-de-la-Chaîne(61).....60 C2
le Gué-de-Longroi(28).....62 C1
le Gué-de-Velluire(85).....107 F3
Gué-d'Hossus(08).....14 C2
Guebenhouse(57).....29 H5
Gueberschwihr(68).....71 E5
Guébestroff(57).....49 G3
Guéblange-lès-Dieuze(57).....49 G3
Guébling(57).....49 G3
Guebwiller(68).....71 E6
Guécélard(72).....77 G1
le Guédéniau(49).....77 F4
Guégon(56).....55 H4
Guéhébert(50).....36 C2
Guéhenno(56).....55 G4
Gueltas(56).....55 F2
Guémappe(62).....12 A2
Guémar(68).....71 F4
Guémené-Penfao(44).....74 C2
Guémené-sur-Scorff(56).....54 D2
Guemps(62).....2 D2
Guénange(57).....28 C3
Guengat(29).....53 E3
Guénin(56).....55 E4
Guenroc(22).....34 C6
Guenrouet(44).....74 B3
Guenviller(57).....29 G5
Guêprei(61).....38 D3
Guer(56).....56 C4
Guérande(44).....73 F5
Guérard(77).....43 G4
Guerbigny(80).....23 F2
la Guerche(37).....94 D4
la Guerche-de-Bretagne(35).....57 H4
la Guerche-sur-l'Aubois(18).....98 B4
Guercheville(77).....63 H3
Guerchy(89).....83 E1
Guéreins(01).....116 B6
Guéret(23).....111 H5
Guerfand(71).....101 H5
Guérigny(58).....98 D3
Guérin(47).....150 B4
la Guérinière(85).....90 A2

Guerlesquin(29).....32 B4
Guermange(57).....49 H3
Guermantes(77).....43 F4
Guern(56).....55 E3
Guernanville(27).....40 B3
Guernes(78).....41 G2
le Guerno(56).....73 G2
Guerny(27).....21 H6
Guéron(14).....18 A4
la Guéroulde(27).....40 B4
Guerpont(55).....47 F4
Guerquesalles(61).....39 E3
les Guerreaux(71).....115 E2
Guerstling(57).....29 F3
Guerting(57).....29 F4
Guerville(76).....10 A5
Guerville(78).....41 G3
Gueschart(80).....10 D2
Guesnain(59).....12 B1
Guesnes(86).....93 H4
Guessling-Hémering(57).....29 F6
Guéthary(64).....178 B2
Gueudecourt(80).....12 A4
Gueugnon(71).....115 F1
Gueures(76).....9 F3
Gueutteville(76).....9 F5
Gueutteville-les-Grès(76).....8 D3
Gueux(51).....25 E6
Guevenatten(68).....89 E3
Guewenheim(68).....89 E2
Gueytes-et-Labastide(11).....184 C6
Gugnécourt(88).....70 A4
Gugney(54).....69 F1
Gugney-aux-Aulx(88).....69 G2
Guibeville(91).....42 C6
Guichainville(27).....40 D2
Guiche(64).....179 E1
la Guiche(71).....115 H2
Guichen(35).....57 E4
Guiclan(29).....31 H4
Guidel(56).....54 B5
la Guierche(72).....60 A5
Guignecourt(60).....22 C4
Guignemicourt(80).....11 E6
Guignen(35).....56 D4
Guignes(77).....43 F5
Guigneville(45).....63 E4
Guigneville-sur-Essonne(91).....63 G1
Guignicourt(02).....25 F4
Guignicourt-sur-Vence(08).....14 D5
Guigny(62).....10 D2
Guilberville(50).....37 F2
Guiler-sur-Goyen(29).....53 E3
Guilers(29).....30 D4
Guilherand-Granges(07).....144 B5
Guillac(33).....135 G6
Guillac(56).....55 H4
Guillaucourt(80).....11 G6
Guillaumes(06).....176 C2
Guillemont(80).....12 A4
la Guillermie(03).....128 A1
Guilleval(91).....63 E2
Guillestre(05).....161 F1
Guilleville(28).....62 C3
Guilliers(56).....55 H3
Guilligomarc'H(29).....54 C4
Guillon(89).....84 B4
Guillon-les-Bains(25).....88 A6
Guillonville(28).....62 B5
Guilos(33).....149 F3
Guilly(36).....96 C3
Guilly(45).....81 F2
Guilmécourt(76).....9 H2
Guilvinec(29).....53 E5
Guimaëc(29).....32 B3
Guimiliau(29).....31 G4
Guimps(16).....121 H6
Guinarthe-Parenties(64).....179 F2
Guindrecourt-aux-Ormes(52).....67 G1
Guindrecourt-sur-Blaise(52).....67 G3
Guinecourt(62).....11 E1
Guînes(62).....2 C3
Guingamp(22).....33 E4
Guinglange(57).....29 E5
Guinkirchen(57).....29 E4
Guinzeling(57).....49 H2
Guipavas(29).....31 E4
Guipel(35).....35 G4
Guipronvel(29).....30 D1
Guipy(35).....56 D5
Guipy(58).....99 F1
Guiry-en-Vexin(95).....41 H1
Guiscard(60).....23 H2
Guiscriff(56).....54 A2
Guise(02).....13 E5
Guiseniers(27).....21 F6
le Guislain(50).....36 D2
Guissény(29).....31 E3
Guisy(62).....10 D1
Guitalens(81).....168 A6
Guitera-les-Bains(2A).....207 E1
Guitinières(17).....121 F6
Guitrancourt(78).....41 G2
Guîtres(33).....135 G4
Guitry(27).....21 G6
Guitté(22).....34 C6
Guivry(02).....24 A2
Guizancourt(80).....22 B1
Guizengeard(16).....135 H2
Guizerix(65).....181 H3
Gujan-Mestras(33).....148 B2
Gumbrechtshoffen(67).....51 E3
Gumery(10).....65 E1
Gumiane(26).....159 E3
Gumières(42).....128 D5
Gumond(19).....139 F3
Gundershoffen(67).....51 E3
Gundolsheim(68).....71 E6
Gungwiller(67).....50 B4
Gunsbach(68).....71 E5
Gunstett(67).....51 E3
Guntzviller(57).....50 B5

Guny(02).....24 B3
Guran(31).....196 D3
Gurat(16).....122 C6
Gurcy-le-Châtel(77).....64 C1
Gurgy(89).....83 F1
Gurgy-la-Ville(21).....85 G1
Gurgy-le-Château(21).....85 G1
Gurmençon(64).....180 A5
Gurs(64).....179 G3
Gurunhuel(22).....32 D4
Gury(60).....23 G3
Gussainville(55).....27 H4
Gussignies(59).....13 F1
Guyancourt(78).....42 B4
Guyans-Durnes(25).....103 G2
Guyans-Vennes(25).....104 D1
Guyencourt(02).....25 E5
Guyencourt-Saulcourt(80).....12 B5
Guyencourt-sur-Noye(80).....22 D1
la Guyonnière(85).....91 G2
Guyonvelle(52).....86 D1
Guzargues(34).....171 F5
Gy(70).....87 E5
Gy-en-Sologne(41).....80 A6
Gy-les-Nonains(45).....64 B6
Gy-l'Évêque(89).....83 F2
Gye(54).....48 B5
Gyé-sur-Seine(10).....66 D5

H

l'Haÿ-les-Roses(94).....42 C4
Habarcq(62).....11 G2
Habas(40).....163 E6
Habère-Lullin(74).....119 E4
Habère-Poche(74).....119 E4
l'Habit(27).....41 E3
Hablainville(54).....49 G6
Habloville(61).....38 C4
Haboudange(57).....49 G2
Habsheim(68).....89 G2
Hachan(65).....181 H4
Hâcourt(52).....68 C4
Hacqueville(27).....21 G5
Hadancourt-le-Haut-Clocher(60).....22 A4
Hadigny-les-Verrières(88).....69 H2
Hadol(88).....69 H4
Haegen(67).....50 C5
Hagécourt(88).....69 F3
Hagedet(65).....181 E2
Hagen(57).....28 C2
Hagenbach(68).....89 F3
Hagenthal-le-Bas(68).....89 H4
Hagenthal-le-Haut(68).....89 H4
Haget(32).....181 F2
Hagetaubin(64).....180 A1
Hagetmau(40).....163 G6
Hagéville(54).....28 B6
Hagnéville-et-Roncourt(88).....68 D3
Hagnicourt(08).....14 D5
Hagondange(57).....28 C4
Haguenau(67).....51 F4
la Haie-Fouassière(44).....75 E6
la Haie-Traversaine(53).....58 D2
les Haies(69).....129 H5
Haigneville(54).....49 E6
Haillainville(88).....69 H1
le Haillan(33).....134 D5
Hailles(80).....11 F6
Haillicourt(62).....3 G6
Haimps(17).....121 H2
Haims(86).....110 B2
Hainvillers(60).....23 F3
Hairville(55).....47 E5
Haisnes(62).....4 D5
Haleine(61).....38 A6
Halinghen(62).....2 B5
les Halles(69).....129 F3
Halles-sous-les-Côtes(55).....27 E2
Hallignicourt(52).....46 D5
Hallines(62).....3 E4
Hallennes-lez-Haubourdin(59).....5 E4
Hallering(57).....29 F5
la Hallotière(76).....21 F3
Halloville(54).....49 H5
Halloy(60).....22 B5
Halloy(62).....11 F3
Halloy-lès-Pernois(80).....11 E4
Hallu(80).....23 G1
Halluin(59).....5 F3
Halsou(64).....178 C2
Halstroff(57).....29 E3
le Ham(50).....17 E3
le Ham(53).....59 F2
Ham(80).....23 H1
Ham-en-Artois(62).....3 G5
Ham-les-Moines(08).....14 D4
Ham-sous-Varsberg(57).....29 F4
Ham-sur-Meuse(08).....15 E1
Hamars(14).....18 B6
Hambach(57).....50 A2
Hambers(53).....59 E3
Hamblain-les-Prés(62).....12 A2
Hambye(50).....36 D2
Hamel(59).....12 B2
le Hamel(60).....22 B2
le Hamel(80).....11 G6
Hamelet(80).....11 G5
Hamelin(50).....36 D6
Hamelincourt(62).....11 H3
Hames-Boucres(62).....2 C3
Hammeville(54).....48 C6
Hamonville(54).....48 B3
Hampigny(10).....66 D1
Hampont(57).....49 F3
Han-lès-Juvigny(55).....15 H6
Han-sur-Meuse(55).....47 H3
Han-sur-Nied(57).....29 E6
Hanc(79).....108 D6
Hanches(28).....41 G6

Hancourt(80).....12 B5
Handschuheim(67).....51 E6
Hangard(80).....11 G6
Hangenbieten(67).....51 E6
Hangest-en-Santerre(80).....23 E1
Hangest-sur-Somme(80).....10 D5
Hangviller(57).....50 C4
Hannaches(60).....22 A3
Hannapes(02).....13 E5
Hannappes(08).....14 B3
Hannescamps(62).....11 G3
Hannocourt(57).....49 F2
Hannogne-Saint-Martin(08).....15 E5
Hannogne-Saint-Rémy(08).....14 A5
Hannonville-sous-les-Côtes(55).....27 H6
Hannonville-Suzémont(54).....28 A5
le Hanouard(76).....8 D4
Hans(51).....26 C5
Hantay(59).....4 D5
Hanvec(29).....31 F5
Hanviller(57).....50 D1
Hanvoile(60).....22 A3
Haplincourt(62).....12 A4
Haramont(02).....23 H5
Haraucourt(08).....15 F5
Haraucourt(54).....49 E5
Haraucourt-sur-Seille(57).....49 G3
Haravesnes(62).....11 E2
Haravilliers(95).....22 B6
Harbonnières(80).....11 H6
Harbouey(54).....49 H5
Harcanville(76).....8 D4
Harchéchamp(88).....68 D2
Harcigny(02).....13 G6
Harcourt(27).....20 B6
Harcy(08).....14 C3
Hardancourt(88).....70 A2
Hardanges(53).....59 F2
Hardecourt-aux-Bois(80).....12 A5
Hardencourt-Cocherel(27).....41 E2
Hardifort(59).....3 G3
Hardinghen(62).....2 C3
Hardinvast(50).....16 D2
Hardivillers(60).....22 C2
Hardivillers-en-Vexin(60).....22 B5
Hardricourt(78).....41 H2
la Harengère(27).....20 D6
Haréville(88).....69 E3
Harfleur(76).....8 A4
Hargarten-aux-Mines(57).....29 F4
Hargeville(78).....41 G3
Hargicourt(02).....12 C5
Hargicourt(80).....23 E2
Hargnies(08).....15 E2
Hargnies(59).....13 G2
Harly(02).....12 D6
Harmonville(88).....48 B6
la Harmoye(22).....33 F6
Harnes(62).....4 D6
Harol(88).....69 G4
Haroué(54).....48 D6
Harponville(80).....11 G4
Harprich(57).....29 F6
Harquency(27).....21 G6
Harreberg(57).....50 B5
Harréville-les-Chanteurs(52).....68 C3
Harricourt(08).....26 D2
Harsault(88).....69 G4
Harskirchen(67).....50 A3
Hartennes-et-Taux(02).....24 B5
Hartmannswiller(68).....89 F1
Hartzviller(57).....50 B6
Harville(55).....28 A5
Hary(02).....25 F1
Haselbourg(57).....50 C5
Hasnon(59).....5 G6
Hasparren(64).....178 D2
Haspelschiedt(57).....50 D2
Haspres(59).....12 D2
Hastingues(40).....179 E1
Hatrize(54).....28 B4
Hattencourt(80).....23 G1
Hatten(67).....51 G3
Hattenville(76).....8 C5
Hattigny(57).....50 A6
Hattmatt(67).....50 D4
Hattstatt(68).....71 E5
Hauban(65).....181 F5
Haubourdin(59).....5 E4
Haucourt(02).....12 C5
Haucourt(60).....22 B3
Haucourt(62).....12 A2
Haucourt(76).....21 H2
Haucourt-Moulaine(54).....28 A2
Haudainville(55).....27 G5
Haudiomont(55).....27 H5
Haudivillers(60).....22 C4
Haudonville(54).....49 F6
Haudrecy(08).....14 D4
Haudricourt(76).....21 H1
Haulchin(59).....12 D2
Haulies(32).....182 B1
Haulmé(08).....15 E3
Haumont-près-Samogneux(55).....27 F4
Hauriet(40).....163 F5
Hausgauen(68).....89 G3
Haussez(76).....21 H3
Haussignémont(51).....46 C4
Haussimont(51).....45 G4
Haussonville(54).....49 E6
Haussy(59).....12 D2
Haut-Clocher(57).....50 A5
le Haut-Corlay(22).....33 E6
Haut-de-Bosdarros(64).....180 C5
Haut-du-Them-
   Château-Lambert(70).....88 C1
Haut-Lieu(59).....13 G4
Haut-Loquin(62).....2 D4
Haut-Mauco(40).....163 G4
Hautaget(65).....181 H6

Hautbos(60).....22 A2
Haute-Amance(52).....86 C1
Haute-Avesnes(62).....11 G2
la Haute-Beaume(05).....159 G3
la Haute-Chapelle(61).....37 H5
Haute-Épine(60).....22 B3
Haute-Goulaine(44).....75 E6
Haute-Isle(95).....41 G2
Haute-Kontz(57).....28 D2
la Haute-Maison(77).....43 G3
Haute-Rivoire(69).....129 F3
Haute-Vigneulles(57).....29 F5
Hautecloque(62).....11 F2
Hautecour(39).....117 H1
Hautecour(73).....132 D4
Hautecourt-Romanèche(01).....117 F5
Hautefage(19).....139 F4
Hautefage-la-Tour(47).....151 F5
Hautefaye(24).....123 E5
Hautefeuille(77).....43 G4
Hautefond(71).....115 F3
Hautefontaine(60).....23 H5
Hautefort(24).....138 A2
Hauteluce(73).....133 E3
Hauterive(03).....114 B6
Hauterive(61).....60 A1
Hauterive(89).....65 F6
Hauterive-la-Fresse(25).....104 D3
Hauteroche(21).....85 E4
Hautes-Duyes(04).....160 C6
les Hautes-Rivières(08).....15 E3
Hautesvignes(47).....150 D4
Hautevelle(70).....69 G6
Hautevesnes(02).....44 B1
Hauteville(08).....14 B6
Hauteville(51).....46 C5
Hauteville(62).....11 G2
Hauteville(73).....132 B5
Hauteville-la-Guichard(50).....17 F6
Hauteville-lès-Dijon(21).....85 G5
Hauteville-Lompnes(01).....131 F1
Hauteville-sur-Fier(74).....131 H1
Hauteville-sur-Mer(50).....36 B2
Haution(02).....13 G6
Hautmont(59).....13 G2
Hautmougey(88).....69 G5
Hautot-l'Auvray(76).....8 D5
Hautot-le-Vatois(76).....8 D5
Hautot-Saint-Sulpice(76).....8 D4
Hautot-sur-Mer(76).....9 F3
Hautot-sur-Seine(76).....20 D5
les Hauts-de-Chée(55).....47 F3
Hautteville-Bocage(50).....17 E3
Hautvillers(51).....45 F1
Hautvillers-Ouville(80).....10 C3
Hauville(27).....20 B4
Hauviné(08).....25 H5
Haux(33).....149 G1
Haux(64).....179 G5
Havange(57).....28 B3
Havelu(28).....41 F4
Haveluy(59).....5 G6
Havernas(80).....11 E4
Haverskerque(59).....3 G5
le Havre(76).....8 A6
Havrincourt(62).....12 B4
Hayange(57).....28 C3
Haybes(08).....14 D2
la Haye(76).....9 H6
la Haye(88).....69 G4
la Haye-Aubrée(27).....20 B4
la Haye-Bellefond(50).....37 E2
la Haye-de-Calleville(27).....20 B6
la Haye-de-Routot(27).....20 B4
la Haye-d'Ectot(50).....16 C4
la Haye-du-Puits(50).....16 D5
la Haye-du-Theil(27).....20 C6
la Haye-le-Comte(27).....21 E6
la Haye-Malherbe(27).....20 D6
la Haye-Pesnel(50).....35 H2
la Haye-Saint-Sylvestre(27).....39 H4
les Hayes(41).....78 D3
Hayes(57).....29 E5
Haynecourt(59).....12 C3
les Hays(39).....102 B4
Hazebrouck(59).....3 G4
Hazembourg(57).....29 H6
le Heaulme(95).....42 A1
Héauville(50).....16 C2
Hébécourt(27).....21 H5
Hébécourt(80).....11 E6
Hébécrevon(50).....17 F6
Héberville(76).....9 E4
Hébuterne(62).....11 G4
Hèches(65).....181 G6
Hecken(68).....89 F2
Hecmanville(27).....20 B6
Hécourt(27).....41 E2
Hécourt(60).....21 H3
Hecq(59).....13 E3
Hectomare(27).....20 C6
Hédauville(80).....11 G4
Hédé(35).....35 G6
Hédouville(95).....42 B1
Hegeney(67).....51 F3
Hégenheim(68).....89 H3
Heidolsheim(67).....71 G4
Heidwiller(68).....89 F3
Heiligenberg(67).....71 F1
Heiligenstein(67).....71 F2
Heillecourt(54).....48 D5
Heilly(80).....11 G5
Heiltz-le-Hutier(51).....46 C5
Heiltz-le-Maurupt(51).....46 C4
Heiltz-l'Évêque(51).....46 C4
Heimersdorf(68).....89 F3
Heimsbrunn(68).....89 F2
Heining-lès-Bouzonville(57).....29 F3

Heippes(55) 27 F6
Heiteren(68) 71 G6
Heiwiller(68) 89 G3
Hélesmes(59) 5 G6
Hélette(64) 178 D3
Helfaut(62) 3 E4
Helfrantzkirch(68) 89 G3
Helléan(56) 55 H4
Hellering-lès-Fénétrange(57) 50 B4
Helleville(50) 16 C2
Hellimer(57) 29 G6
Héloup(61) 59 H1
Helstroff(57) 29 E5
Hem(59) 5 F4
Hem-Hardinval(80) 11 H4
Hem-Lenglet(59) 12 C2
Hem-Monacu(80) 12 A5
Hémevez(50) 17 E3
Hémévillers(60) 23 F4
Hémilly(57) 29 E5
Héming(57) 50 A5
Hémonstoir(22) 55 F2
Hénaménil(54) 49 F4
Hénanbihen(22) 34 B4
Hénansal(22) 34 A4
Hendaye(64) 178 A2
Hendecourt-lès-Cagnicourt(62) 12 A3
Hendecourt-lès-Ransart(62) 11 H3
Hénencourt(80) 11 G5
Henflingen(68) 89 G3
Hengoat(22) 33 E2
Hengwiller(57) 50 C5
Hénin-Beaumont(62) 5 E6
Hénin-sur-Cojeul(62) 12 A3
Héninel(62) 12 A2
Hennebont(56) 54 C5
Hennecourt(88) 69 G3
Hennemont(55) 27 H5
Henneveux(62) 2 C4
Hennezel(88) 69 F5
Hennezis(27) 21 F6
Hénon(22) 33 G6
Hénonville(60) 22 B6
Hénouville(76) 9 E6
Henrichemont(18) 81 G6
Henridorff(57) 50 C5
Henriville(57) 29 G5
Hénu(62) 11 G3
Henvic(29) 31 H3
Hérange(57) 50 B5
Herbault(41) 79 F4
Herbécourt(80) 12 A5
Herbelles(62) 3 E5
l'Herbergement(85) 91 F3
Herbeuval(55) 15 H5
Herbeuville(55) 27 H6
Herbéville(78) 41 H3
Herbéviller(54) 49 H5
Herbeys(38) 145 H3
les Herbiers(85) 92 A4
Herbignac(44) 73 G4
Herbinghen(62) 2 C3
Herbisse(10) 45 G5
Herbitzheim(67) 50 B2
Herblay(95) 42 B2
Herbsheim(67) 71 G2
Hercé(53) 58 C1
Herchies(60) 22 B4
la Herelle(60) 22 D3
Hérenguerville(50) 36 C2
Hérépian(34) 186 C1
Hères(65) 181 E1
Hergnies(59) 5 H5
Herguney(88) 69 F2
Héric(44) 74 D4
Héricourt(62) 11 E2
Héricourt(70) 88 C4
Héricourt-en-Caux(76) 8 D4
Héricourt-sur-Thérain(60) 21 H3
Héricy(77) 64 A2
la Hérie(02) 13 H6
le Hérie-la-Viéville(02) 13 E6
Hériménil(54) 49 F5
Hérimoncourt(25) 88 D5
Hérin(59) 5 H6
Hérissart(80) 11 F4
Hérisson(03) 113 E2
Herleville(80) 11 H6
la Herlière(62) 11 G3
Herlies(59) 4 D4
Herlin-le-Sec(62) 4 A6
Herlincourt(62) 11 F2
Herly(62) 2 D5
Herly(80) 23 G1
l'Herm(09) 198 C1
Herm(40) 162 D4
Hermanville(76) 9 F3
Hermanville-sur-Mer(14) 18 D4
les Hermaux(48) 155 F4
Hermaville(62) 11 G2
Hermé(77) 65 E1
Hermelange(57) 50 A5
Hermelinghen(62) 2 C3
l'Hermenault(85) 107 F2
Herment(63) 126 B3
Hermeray(78) 41 G5
Hermes(60) 22 C5
Hermies(62) 8 A5
Herméville-en-Woëvre(55) 27 H4
Hermies(62) 12 B4
Hermillon(73) 146 D1
Hermin(62) 4 B6
l'Hermitage(35) 57 F2
l'Hermitage-Lorge(22) 33 G6
les Hermites(37) 78 D3
l'Hermitière(61) 60 D3
Hermival-les-Vaux(14) 19 G5
Hermonville(51) 25 E5
Hernicourt(62) 4 A6
Herny(57) 29 E6
le Héron(76) 9 H6
Héronchelles(76) 9 H6
Hérouville(95) 42 B1

Hérouville-Saint-Clair(14) 18 D4
Hérouvillette(14) 18 D4
Herpelmont(88) 70 B4
Herpont(51) 26 C6
Herpy-l'Arlésienne(08) 14 A6
Herqueville(27) 21 E6
Herqueville(50) 16 B1
Herran(31) 197 F3
Herré(40) 164 C3
Herrère(64) 180 A5
Herrin(59) 5 E5
Herrlisheim(67) 51 G5
Herrlisheim-près-Colmar(68) 71 F5
Herry(18) 98 B1
Herserange(54) 28 A2
Hersin-Coupigny(62) 3 H6
Hertzing(57) 50 A5
Hervelinghen(62) 2 B2
Hervilly(80) 12 B5
Héry(58) 99 F1
Héry(89) 65 F6
Héry-sur-Alby(74) 132 A2
Herzeele(59) 3 G2
Hesbécourt(80) 12 B5
Hescamps(80) 22 A1
Hesdigneul-lès-Béthune(62) 3 G6
Hesdigneul-lès-Boulogne(62) 2 B3
Hesdin(62) 10 D1
Hesdin-l'Abbé(62) 2 B4
Hésingue(68) 89 H3
Hesmond(62) 2 D6
Hesse(57) 50 B5
Hessenheim(67) 71 F3
Hestroff(57) 29 E4
Hestrud(59) 13 H3
Hestrus(62) 7 F6
Hétomesnil(60) 22 B2
Hettange-Grande(57) 28 C2
Hettenschlag(68) 71 F5
Heubécourt-Haricourt(27) 41 F1
Heuchin(62) 3 G6
Heucourt-Croquoison(80) 10 C5
Heudebouville(27) 21 E6
Heudicourt(27) 21 H5
Heudicourt(80) 12 B4
Heudicourt-sous-les-Côtes(55) 48 A2
Heudreville-en-Lieuvin(27) 20 A6
Heudreville-sur-Eure(27) 40 D1
Heugas(40) 162 D5
Heugleville-sur-Scie(76) 9 F4
Heugnes(36) 95 H3
Heugon(61) 39 G3
Heugueville-sur-Sienne(50) 36 C1
Heuilley-Cotton(52) 86 B2
Heuilley-le-Grand(52) 86 B2
Heuilley-sur-Saône(21) 86 C5
Heuland(14) 19 F4
Heume-l'Église(63) 126 C4
la Heunière(27) 41 E2
Heuqueville(27) 21 F5
Heuqueville(76) 8 A5
Heuringhem(62) 3 F4
Heurteauville(76) 20 C4
Heurtevent(14) 19 F6
Heussé(50) 37 F6
Heutrégiville(51) 25 H5
Heuzecourt(80) 11 E3
l'Hôtellerie(14) 19 H5
Hévilliers(55) 47 G5
Heyrieux(38) 130 C4
Hézecques(62) 3 E6
le Hézo(56) 73 E2
Hibarette(65) 181 E5
Hières-sur-Amby(38) 130 D2
Hierges(08) 14 D1
Hiermont(80) 10 D3
Hiers-Brouage(17) 120 B2
Hiersac(16) 122 A4
Hiesse(16) 109 G6
Hiesville(50) 17 F4
Hiéville(14) 19 E6
Higuères-Souye(64) 180 C3
Hiis(65) 181 E5
Hilbesheim(57) 50 B5
Hillion(22) 33 H4
Hilsenheim(67) 71 G3
Hilsprich(57) 29 H6
Hinacourt(02) 24 B1
Hinckange(57) 29 E4
Hindisheim(67) 71 G1
Hindlingen(68) 89 F4
Hinges(62) 3 G5
le Hinglé(22) 34 C5
Hinsbourg(67) 50 C3
Hinsingen(67) 29 H6
Hinx(40) 163 E5
Hipsheim(67) 71 G1
Hirel(35) 35 E3
Hirschland(67) 50 B4
Hirsingue(68) 89 F3
Hirson(02) 13 H5
Hirtzbach(68) 89 F3
Hirtzfelden(68) 71 F6
His(31) 182 D6
Hitte(65) 181 E5
Hochfelden(67) 51 E5
Hochstatt(68) 89 F2
Hochstett(67) 51 E4
Hocquigny(50) 35 H2
Hocquinghen(62) 2 D3
Hodenc-en-Bray(60) 22 A4
Hodenc-l'Évêque(60) 22 C5
Hodeng-au-Bosc(76) 10 B6
Hodeng-Hodenger(76) 21 G3
Hodent(95) 41 G1
Hœdic(56) 72 D4
Hœnheim(67) 51 F6
Hœrdt(67) 51 F5
Hœville(54) 49 F4
Hoffen(67) 51 G3
les Hogues(27) 21 F4
la Hoguette(14) 38 C3
Hohatzenheim(67) 51 E5
Hohengœft(67) 50 D5

Hohfrankenheim(67) 51 E5
Hohrod(68) 70 D5
le Hohwald(67) 71 E2
Holacourt(57) 29 E6
Holling(57) 29 E4
Holnon(02) 12 C6
Holque(59) 3 E3
Holtzheim(67) 51 E6
Holtzwihr(68) 71 F4
Holving(57) 29 H6
Hombleux(80) 23 H1
Homblières(02) 12 D6
Hombourg(68) 89 H2
Hombourg-Budange(57) 28 D3
Hombourg-Haut(57) 29 G5
l'Hôme-Chamondot(61) 39 H6
Homécourt(54) 28 B4
Hommarting(57) 50 B5
Hommert(57) 50 B5
Hommes(37) 77 H5
le Hommet-d'Arthenay(50) 17 F6
Homps(11) 185 H4
Homps(32) 166 A4
Hon-Hergies(59) 13 F2
Hondainville(60) 22 D5
Hondeghem(59) 3 G4
Hondevilliers(77) 44 B3
Hondouville(27) 40 D1
Hondschoote(59) 3 G2
Honfleur(14) 19 G2
Honguemare-Guenouville(27) 20 C4
Honnechy(59) 12 D4
Honnecourt-sur-Escaut(59) 12 C4
l'Honor-de-Cos(82) 167 E1
Honskirch(57) 29 H6
Hontanx(40) 164 B4
l'Hôpital(57) 29 G4
l'Hôpital-Camfrout(29) 31 F5
l'Hôpital-d'Orion(64) 179 G2
l'Hôpital-du-Grosbois(25) 103 G1
l'Hôpital-le-Grand(42) 129 E5
l'Hôpital-le-Mercier(71) 115 E3
l'Hôpital-Saint-Blaise(64) 179 G4
l'Hôpital-Saint-Lieffroy(25) 88 B5
l'Hôpital-sous-Rochefort(42) 128 C3
les Hôpitaux-Neufs(25) 103 H5
les Hôpitaux-Vieux(25) 103 H4
Horbourg-Wihr(68) 71 F5
Hordain(59) 12 C2
la Horgne(08) 14 D4
Horgues(65) 181 E4
l'Horme(42) 129 G6
Hornaing(59) 5 G6
Hornoy-le-Bourg(80) 10 C6
le Horps(53) 59 E1
Horsarrieu(40) 163 G5
Horville-en-Ornois(55) 47 H6
l'Hosmes(27) 40 C4
l'Hospitalet(04) 174 C2
l'Hospitalet-du-Larzac(12) 170 A3
l'Hospitalet-près-l'Andorre(09) 198 D4
Hosta(64) 179 E4
Hoste(57) 29 H5
Hostens(33) 149 E3
Hostias(01) 131 F1
Hostun(26) 144 D4
l'Hôtellerie-de-Flée(49) 76 A2
Hottot-les-Bagues(14) 18 B5
Hottviller(57) 50 C2
la Houblonnière(14) 19 F5
les Houches(74) 133 F1
Houchin(62) 3 G6
Houdain(62) 3 G6
Houdain-lez-Bavay(59) 13 F2
Houdan(78) 41 F4
Houdancourt(60) 23 F5
Houdelaincourt(55) 47 H6
Houdelmont(54) 48 D6
Houdemont(54) 48 D5
Houdilcourt(08) 25 G4
Houdreville(54) 48 D6
Houécourt(88) 69 E2
Houeillès(47) 150 B6
Houesville(50) 17 F4
Houetteville(27) 40 C1
Houeydets(65) 181 G5
le Houga(32) 164 B5
Houilles(78) 42 C4
Houlbec-Cocherel(27) 41 E1
Houlbec-près-le-Gros-Theil(27) 20 C5
Houldizy(08) 14 D3
Houlette(16) 121 H3
Houlgate(14) 19 E3
le Houlme(76) 9 F6
l'Houmeau(17) 106 D4
Hounoux(11) 184 C5
Houplin-Ancoisne(59) 5 E5
Houplines(59) 4 D3
Houppeville(76) 9 F6
Houquetot(76) 8 B5
Hourc(65) 181 F4
Hourges(51) 25 E5
Hours(64) 180 D4
Hourtin(33) 134 B3
Houry(02) 25 E1
Houssay(41) 79 E2
Houssay(53) 58 C6
la Houssaye(27) 40 B2
la Houssaye-Béranger(76) 9 F5
la Houssaye-en-Brie(77) 43 G4
le Housseau-Brétignolles(53) 37 H6
Houssen(68) 71 F4
Housseras(88) 70 B3
Housset(02) 24 D1
Housséville(54) 69 F1
la Houssière(88) 70 C4
la Houssoye(60) 22 B5

Houtaud(25) 103 H3
Houtkerque(59) 3 G2
Houtteville(50) 17 E4
Houville-en-Vexin(27) 21 F5
Houville-la-Branche(28) 62 B1
Houvin-Houvigneul(62) 11 F2
Houx(28) 41 F6
Hoymille(59) 3 G2
Huanne-Montmartin(25) 87 H4
Hubersent(62) 2 B5
Hubert-Folie(14) 18 D5
Huberville(50) 17 E3
Huby-Saint-Leu(62) 10 D1
Huchenneville(80) 10 C4
Huclier(62) 4 A6
Hucqueliers(62) 2 C5
Hudimesnil(50) 35 G1
Hudiviller(54) 49 E5
Huelgoat(29) 32 A5
Huest(27) 40 D2
Huêtre(45) 62 C5
Huez(38) 146 B3
Hugier(70) 86 D6
Hugleville-en-Caux(76) 9 F5
Huillé(49) 77 E3
Huilliécourt(52) 68 C4
Huilly-sur-Seille(71) 116 D1
Huiron(51) 46 B5
Huismes(37) 94 A1
Huisnes-sur-Mer(50) 35 G3
Huisseau-en-Beauce(41) 79 E3
Huisseau-sur-Cosson(41) 79 H4
Huisseau-sur-Mauves(45) 80 B1
l'Huisserie(53) 58 C5
Hulluch(62) 4 D5
Hultehouse(57) 50 C5
Humbauville(51) 46 A5
Humbécourt(52) 46 D6
Humbercamps(62) 11 G3
Humbercourt(80) 11 F3
Humbert(62) 2 C6
Humberville(52) 68 B3
Humbligny(18) 97 H1
Humerœuille(62) 11 E1
Humes-Jorquenay(52) 68 A6
Humières(62) 11 E1
Hunawihr(68) 71 E4
Hundling(57) 29 H5
Hundsbach(68) 89 G3
Huningue(68) 89 H3
Hunspach(67) 51 G3
Hunting(57) 28 D2
Huos(31) 182 A6
Huparlac(12) 154 D2
Huppy(80) 10 B4
Hurbache(88) 70 C2
Hure(33) 150 B3
Hurecourt(70) 69 F6
Hures-la-Parade(48) 155 H6
Huriel(03) 112 D3
Hurigny(71) 116 B3
Hurtières(38) 146 A1
Hurtigheim(67) 51 E6
Husseren-les-Châteaux(68) 71 E5
Husseren-Wesserling(68) 89 E1
Hussigny-Godbrange(54) 28 A2
Huttendorf(67) 51 E4
Huttenheim(67) 71 G2
Hyds(03) 113 F4
Hyémondans(25) 88 C5
Hyencourt-le-Grand(80) 12 A6
Hyenville(50) 36 C1
Hyères(83) 192 B5
Hyet(70) 87 G4
Hyèvre-Magny(25) 88 B6
Hyèvre-Paroisse(25) 88 A6
Hymont(88) 69 F3

I

Ibarrolle(64) 179 E4
Ibigny(57) 49 H5
Ibos(65) 181 E4
Ichtratzheim(67) 71 G1
Ichy(77) 63 H4
Idaux-Mendy(64) 179 F4
Idrac-Respaillès(32) 181 H2
Idron-Ousse-Sendets(64) 180 C4
Ids-Saint-Roch(18) 97 F6
Iffendic(35) 56 C2
les Iffs(35) 35 E6
Ifs(14) 18 C5
les Ifs(76) 9 H3
Igé(61) 60 C3
Igé(71) 116 B3
Ignaucourt(80) 11 G6
Igney(54) 49 H5
Igney(88) 69 H2
Ignol(18) 98 B4
Igny(70) 87 E4
Igny(91) 42 C5
Igny-Comblizy(51) 44 D2
Igon(64) 180 C5
Igornay(71) 100 D3
Igoville(27) 21 E5
Iguerande(71) 115 F5
Iholdy(64) 179 E3
Île-aux-Moines(56) 72 D2
l'Île-Bouchard(37) 94 B2
Île-d'Aix(17) 106 D6
Île-d'Arz(56) 72 D2
Île-de-Batz(29) 31 H1
Île-de-Bréhat(22) 33 F1
Île-de-Houat(56) 72 C4
Île-d'Olonne(85) 90 D6
Île-d'Yeu(85) 90 A6
Île-Molène(29) 30 B4
l'Île-Rousse(2B) 202 D4

l'Île-Saint-Denis(93) 42 C3
Île-Tudy(29) 53 F5
Ilharre(64) 179 E3
Ilhat(09) 198 D1
les Ilhes(11) 185 F3
Ilhet(65) 196 B3
Ilheu(65) 182 A6
Illange(57) 28 C3
Illartein(09) 197 F3
Illats(33) 149 G3
Ille-sur-Têt(66) 200 B4
Illeville-sur-Montfort(27) 20 B5
Illfurth(68) 89 F3
Illhaeusern(68) 71 F4
Illiat(01) 116 C5
Illier-et-Laramade(09) 198 B3
Illiers-Combray(28) 61 H3
Illiers-l'Évêque(27) 40 D4
Illies(59) 4 D5
Illifaut(22) 56 A2
Illkirch-Graffenstaden(67) 71 H1
Illois(76) 21 H1
Illoud(52) 68 C3
Illy(08) 15 F4
Illzach(68) 89 G2
Ilonse(06) 176 D2
Imbleville(76) 9 E4
Imécourt(08) 26 D3
Imling(57) 50 A5
Imphy(58) 98 D4
Inaumont(08) 14 B6
Incarville(27) 21 E6
Incheville(76) 10 A4
Inchy(59) 12 D3
Inchy-en-Artois(62) 12 B3
Incourt(62) 11 E1
Indevillers(25) 89 E6
Indre(44) 74 D6
Ineuil(18) 97 F6
les Infournas(05) 146 B6
Ingenheim(67) 50 D5
Ingersheim(68) 71 E5
Inghem(62) 3 E4
Inglange(57) 28 D3
Ingolsheim(67) 51 G2
Ingouville(76) 8 D3
Ingrandes(36) 110 B1
Ingrandes(49) 75 H4
Ingrandes(86) 94 C5
Ingrandes-de-Touraine(37) 77 H6
Ingrannes(45) 63 F6
Ingré(45) 62 C6
Inguiniel(56) 54 C3
Ingwiller(67) 50 D4
Injoux-Génissiat(01) 118 A6
Innenheim(67) 71 G1
Innimond(01) 131 F3
Inor(55) 15 G6
Insming(57) 29 H6
Insviller(57) 49 H2
Intraville(76) 9 G2
Intres(07) 143 F4
Intréville(28) 62 D3
Intville-la-Guétard(45) 63 F3
Inval-Boiron(80) 10 B6
Inxent(62) 2 C6
Inzinzac-Lochrist(56) 54 C4
Ippécourt(55) 27 E6
Ippling(57) 29 H5
Irai(61) 39 H5
Irais(79) 93 G4
Irancy(89) 83 G2
Iré-le-Sec(55) 15 H6
Irigny(69) 130 A4
Irissarry(64) 178 D4
Irles(80) 11 H4
Irodouër(35) 56 D1
Iron(02) 13 E5
Irouléguy(64) 178 D4
Irreville(27) 40 D1
Irvillac(29) 31 F5
Is-en-Bassigny(52) 68 B5
Is-sur-Tille(21) 85 H4
Isbergues(62) 3 G5
Isches(88) 68 D5
Isdes(45) 81 F3
Isenay(58) 99 G4
Isigny-le-Buat(50) 37 E5
Isigny-sur-Mer(14) 17 G4
Island(89) 83 H5
Isle(87) 124 B3
l'Isle-Adam(95) 42 C1
l'Isle-Arné(32) 165 H6
Isle-Aubigny(10) 45 H6
l'Isle-Aumont(10) 66 B4
l'Isle-Bouzon(32) 165 H3
l'Isle-d'Abeau(38) 130 D4
l'Isle-de-Noé(32) 165 F6
l'Isle-d'Espagnac(16) 122 C4
l'Isle-en-Dodon(31) 182 C3
Isle-et-Bardais(03) 98 A6
l'Isle-Jourdain(32) 166 C6
l'Isle-Jourdain(86) 109 H5
Isle-Saint-Georges(33) 149 F1
l'Isle-sur-la-Sorgue(84) 173 F3
l'Isle-sur-le-Doubs(25) 88 B5
Isle-sur-Marne(51) 46 C5
Isle-sur-Serein(89) 84 A3
les Isles-Bardel(14) 38 B3
Isles-les-Meldeuses(77) 43 G2
Isles-lès-Villenoy(77) 43 F3
Isles-sur-Suippe(51) 25 G5
Isneauville(76) 9 G6
Isola(06) 176 D1
Isolaccio-di-Fiumorbo(2B) 205 F6
Isômes(52) 86 B3
Ispagnac(48) 156 A5
Ispoure(64) 178 D4
Isques(62) 2 B4
Issac(24) 136 D4
Issamoulenc(07) 143 G6
Issancourt-et-Rumel(08) 15 E4

Issanlas(07)..............................156 D1
Issans(25)...................................88 C4
les Issards(09)..........................184 A6
Issarlès(07)..............................142 D6
Issé(44).......................................75 E2
Isse(51).......................................45 G1
Issel(11)....................................184 C3
Issendolus(46)..........................153 E1
Issenhausen(67)..........................50 D4
Issenheim(68).............................71 E6
Issepts(46)...............................153 F2
Isserpent(03)............................114 C5
Isserteaux(63)..........................127 G4
Issigeac(24).............................151 E1
Issirac(30)................................157 G6
Issoire(63)...............................127 G5
Issor(64)...................................179 H5
Issou(78).....................................41 H2
Issoudun(36)...............................96 D4
Issoudun-Létrieix(23)................112 B6
Issus(31)..................................183 G3
Issy-les-Moulineaux(92).............42 C4
Issy-l'Évêque(71)......................100 A6
Istres(13).................................189 H5
les Istres-et-Bury(51)..................45 G2
Isturits(64)..............................179 E3
Itancourt(02)...............................12 D6
Iteuil(86).................................109 F2
Ittenheim(67)..............................51 E6
Itterswiller(67)...........................71 F2
Itteville(91)................................63 F1
Itxassou(64).............................178 C3
Itzac(81)..................................167 H2
Ivergny(62).................................11 F2
Iverny(77)...................................43 F2
Iviers(02)...................................13 H6
Iville(27)...................................20 C6
Ivors(60)....................................23 H6
Ivory(39)..................................103 E4
Ivoy-le-Pré(18)............................81 G6
Ivrey(39)..................................103 E3
Ivry-en-Montagne(21)................101 E3
Ivry-la-Bataille(27).....................41 F1
Ivry-le-Temple(60)......................22 B6
Ivry-sur-Seine(94)......................42 D4
Iwuy(59).....................................12 C2
Izaourt(65)...............................182 A6
Izaut-de-l'Hôtel(31)..................182 B6
Izaux(64)..................................181 G6
Izé(53)..59 F3
Izeaux(38)................................145 E1
Izel-lès-Équerchin(62)...................5 E6
Izel-les-Hameaux(62)..................11 G2
Izenave(01)..............................117 G6
Izernore(01).............................117 G4
Izeron(38)................................145 E3
Izeste(64).................................180 B5
Izeure(21)................................101 H2
Izier(21).....................................86 A6
Izieu(01)..................................131 F4
Izon(33)...................................135 F5
Izon-la-Bruisse(26)...................159 G5
Iztoges(32)..............................164 C6

J

Jablines(77)................................43 F3
Jabreilles-les-Bordes(87)..........124 C1
Jabrun(15)...............................141 E6
Jacob-Bellecombette(73)...........131 H4
Jacou(34).................................171 F6
Jacque(65)...............................181 F3
Jagny-sous-Bois(95)...................42 D2
Jaignes(77).................................43 H2
Jaillans(26)..............................144 D4
la Jaille-Yvon(49)........................76 B2
Jaillon(54)..................................48 C4
Jailly(58)....................................99 F2
Jailly-les-Moulins(21)..................85 E5
Jainvillotte(88)...........................68 D3
Jalesches(23)............................112 A4
Jaleyrac(15)..............................140 A2
Jaligny-sur-Besbre(03)..............114 C3
Jallais(49)...................................92 B1
Jallanges(21)............................101 H3
Jallans(28)..................................61 H5
Jallaucourt(57)............................49 E3
Jallerange(25).............................86 D6
Jalognes(18)...............................98 A1
Jalogny(71)...............................116 A3
Jâlons(51)....................................45 G2
Jambles(71)..............................101 F5
Jambville(78)..............................41 H2
Jaméricourt(60)...........................22 A5
Jametz(55)..................................27 F2
Janailhac(87)............................124 B4
Janaillat(23).............................111 G6
Jancigny(21)................................86 B5
Jandun(08)..................................14 C5
Janneyrias(38)..........................130 C3
Jans(44)......................................74 D2
Janville(14).................................19 E5
Janville(28).................................62 D4
Janville(60).................................23 G4
Janville-sur-Juine(91).................63 F1
Janvilliers(51).............................44 D3
Janvry(51)...................................25 E6
Janvry(91)...................................42 B5
Janzé(35)....................................57 F4
Jarcieu(38)...............................144 B1
la Jard(17)................................121 F4
Jard-sur-Mer(85).......................106 B2
le Jardin(19).............................139 F2
Jardin(38).................................130 B5
Jardres(86)...............................109 G2
Jargeau(45).................................81 E1
Jarjayes(05)..............................160 B3
Jarménil(88)................................70 A5
Jarnac(16).................................121 H4
Jarnac-Champagne(17)..............121 G5
Jarnages(23).............................112 A5
la Jarne(17)..............................107 E5

Jarnioux(69).............................129 G1
Jarnosse(42)............................115 G6
Jarny(54).....................................28 B5
Jarret(65).................................181 E5
la Jarrie(17)..............................107 E5
Jarrie(38).................................145 G3
la Jarrie-Audouin(17)................107 H6
Jarrier(73)................................146 C1
Jars(18)......................................81 H6
Jarsy(73)..................................132 B3
Jarville-la-Malgrange(54).............48 D5
Jarzé(49).....................................77 E4
Jas(42)......................................129 F3
Jasney(70)...................................69 G6
Jassans-Riottier(01)..................129 H1
Jasseines(10)..............................66 C1
Jasseron(01).............................117 F4
Jasses(64)................................179 H3
Jatxou(64)................................178 C2
Jau-Dignac-et-Loirac(33)...........120 C6
Jaucourt(10)................................67 E3
la Jaudonnière(85)......................92 A6
Jaudrais(28)................................40 D6
Jaujac(07)................................157 F2
Jaulges(89).................................65 G6
Jaulgonne(02).............................44 C1
Jaulnay(37)................................94 B4
Jaulnes(77).................................64 D2
Jaulny(54)...................................48 B2
Jaulzy(60)...................................23 H4
Jaunac(07)...............................143 F5
Jaunay-Clan(86).........................94 B6
Jaure(24)..................................137 E4
Jausiers(04)..............................161 F4
Jaux(60)......................................23 G4
Jauzé(72)....................................60 B4
Javaugues(43)..........................141 H2
Javené(35)..................................57 H1
Javerdat(87).............................123 H2
Javerlhac-et-
la-Chapelle-Saint-Robert(24)......123 E5
Javernant(10)..............................66 A4
la Javie(04)..............................160 D6
Javols(48).................................155 G2
Javrezac(16).............................121 G4
Javron-les-Chapelles(53).............59 F1
Jax(43).....................................142 A3
Jaxu(64)...................................179 E4
Jayac(24)..................................138 B4
Jayat(01)..................................116 D3
Jazeneuil(86)............................108 D2
Jazennes(17)............................121 E5
Jeancourt(02)..............................12 B5
Jeandelaincourt(54)....................48 D3
Jeandelize(54).............................28 A5
Jeanménil(88).............................70 B3
Jeansagnière(42)......................128 C3
Jeantes(02).................................13 H6
Jebsheim(68)...............................71 F4
Jegun(32).................................165 F5
la Jemaye(24)...........................136 C3
Jenlain(59)..................................13 E2
Jenzat(03)................................113 H5
Jésonville(88)..............................69 F4
Jessains(10)................................66 D3
Jetterswiller(67)..........................50 D5
Jettingen(68)...............................89 G3
Jeu-les-Bois(36)........................111 G1
Jeu-Maloches(36)........................96 A3
Jeufosse(78)................................41 F2
Jeugny(10)..................................66 A4
Jeumont(59)................................13 H2
Jeurre(39).................................117 H3
Jeux-lès-Bard(21)........................84 C4
Jeuxey(88)...................................69 H3
Jevoncourt(54)............................69 F1
Jezainville(54).............................48 C3
Jézeau(65)................................196 B3
Jézeau(65)................................181 F1
Job(63).....................................128 B4
Jobourg(50)................................16 B1
Joch(66)....................................200 B4
Jœuf(54)....................................28 B4
Joganville(50)..............................17 E3
Joigny(89)...................................65 E6
Joigny-sur-Meuse(08)..................15 E3
Joinville(52)................................67 H1
Joinville-le-Pont(94)....................42 D4
Joiselle(51)..................................44 C4
Jolimetz(59)................................13 F2
Jolivet(54)...................................49 F5
Jonage(69)...............................130 C3
Joncels(34)...............................170 A5
la Jonchère(85).........................106 C2
la Jonchère-Saint-Maurice(87)...124 C1
Jonchères(26)...........................159 E3
Joncherey(90)..............................89 G4
Jonchery(52)...............................67 G4
Jonchery-sur-Suippe(51).............26 A5
Jonchery-sur-Vesle(51)................25 E5
Joncourt(02)................................12 C5
Joncreuil(10)...............................46 B3
Joncy(71)..................................116 A1
Jongieux(73).............................131 G3
Jonquerets-de-Livet(27)..............39 H2
Jonquerettes(84)......................173 E3
Jonquery(51)...............................45 E1
Jonquières(11).........................185 H6
Jonquières(34).........................170 C6
Jonquières(60)............................23 H4
Jonquières(81).........................168 B6
Jonquières(84).........................173 E2
Jonquières-Saint-Vincent(30)....172 C4
Jons(69)...................................130 C2
Jonval(08)...................................14 D6
Jonvelle(70)................................69 E6
Jonville-en-Woëvre(55)................28 A4
Jonzac(17)................................121 F6
Jonzier-Épagny(74)...................118 B5
Jonzieux(42)............................143 F1
Joppécourt(54)............................28 A3
Jort(14).......................................19 E6

Jorxey(88)...................................69 G2
Josat(43)..................................142 A2
Joserand(63)............................127 F1
Josnes(41)..................................80 A2
Josse(40)..................................162 C5
Josselin(56)................................55 H4
Jossigny(77)................................43 F4
Jou-sous-Monjou(15).................140 C5
Jouac(87)..................................110 D4
Jouaignes(02).............................24 C5
Jouancy(89)................................84 A3
Jouarre(77).................................43 H3
Jouars-Pontchartrain(78)............41 H4
Jouaville(54)................................28 B5
Joucas(84)................................173 G3
Joucou(11)................................199 F2
Joudes(71)................................117 F2
Joudreville(54)............................28 A4
Joué-du-Bois(61).........................38 C5
Joué-du-Plain(61)........................38 C4
Joué-en-Charnie(72)...................59 G5
Joué-l'Abbé(72)...........................60 A5
Joué-lès-Tours(37)......................78 C6
Joué-sur-Erdre(44)......................75 E3
Jouet-sur-l'Aubois(18).................98 C3
Jouey(21)..................................100 D2
Jougne(25)...............................103 H5
Jouhe(39)..................................102 C2
Jouhet(86)................................110 A2
Jouillat(23)...............................111 H5
Jouques(13)..............................174 B6
Jouqueviel(81)..........................168 B1
Jourgnac(87)............................124 A4
Journans(01).............................117 F5
Journet(86)...............................110 B3
Journiac(24).............................137 G5
Jours-en-Vaux(21)....................101 E3
Jours-lès-Baigneux(21)...............85 E3
Joursac(15)..............................141 E3
Joussé(86)................................109 G5
Jouvençon(71)..........................116 D1
Joux(69)...................................129 F2
Jouy(28)......................................62 B1
Jouy(89)......................................64 C4
Jouy-aux-Arches(57)...................28 C6
Jouy-en-Argonne(55)..................27 F5
Jouy-en-Josas(78)......................42 B4
Jouy-en-Pithiviers(45).................63 E4
Jouy-le-Châtel(77).......................43 H5
Jouy-le-Moutier(95).....................42 B2
Jouy-le-Potier(45).......................80 C2
Jouy-lès-Reims(51).....................25 F6
Jouy-Mauvoisin(78).....................41 G2
Jouy-sous-Thelle(60)..................22 B5
Jouy-sur-Eure(27).......................41 E2
Jouy-sur-Morin(77)......................44 B4
Joyeuse(07)..............................157 F4
Joyeux(01)................................130 C1
Joze(63)....................................127 G2
Jû-Belloc(32)............................164 C6
Juaye-Mondaye(14).....................18 A4
Jubainville(88)............................68 D1
la Jubaudière(49)........................92 B1
Jublains(53)................................59 E3
le Juch(29).................................53 E3
Jugazan(33)..............................135 H6
Jugeals-Nazareth(19)................138 C4
Jugon-les-Lacs(22).....................34 B5
Jugy(71)...................................116 C1
Juicq(17)..................................121 F2
Juif(71).....................................102 A6
Juignac(16)...............................136 B1
Juigné-des-Moutiers(44)..............75 G2
Juigné-sur-Loire(49)....................76 D5
Juigné-sur-Sarthe(72).................59 F6
Juignettes(27).............................39 H3
Juillac(19).................................138 B2
Juillac(32).................................181 F1
Juillac(33).................................136 A6
Juillac-le-Coq(16)......................121 G5
Juillaguet(16)...........................122 C6
Juillan(65)................................181 E4
Juillé(16)..................................122 B2
Juillé(72).....................................60 A3
Juillé(79)..................................108 B6
Juillenay(21)................................84 C5
Juilles(32).................................166 A6
Juilley(50)...................................35 H4
Juilly(21).....................................84 D4
Juilly(77).....................................43 F2
Jujols(66)..................................199 G4
Jujurieux(01)............................117 F6
Julianges(48)............................141 G5
Juliénas(69)..............................116 B4
Julienne(16).............................121 H4
Jullianges(43)...........................142 B3
Julié(69)...................................116 B4
Jullouville(50)..............................35 G2
Jully(89)......................................84 C2
Jully-lès-Buxy(71).....................101 F6
Jully-sur-Sarce(10)......................66 C4
Julos(65)..................................181 E5
Julvécourt(55).............................27 E5
Jumeauville(78)..........................41 G3
Jumeaux(63)............................127 G6
Jumel(80)....................................22 D1
Jumelles(27)...............................40 D3
la Jumellière(49)........................76 B6
Jumencourt(02)..........................24 B3
Jumièges(76)..............................20 C4
Jumigny(02)................................24 D4
Jumilhac-le-Grand(24)..............123 H6
Junas(30)..................................171 G5
Junay(89)....................................83 H1
Juncalas(65)............................181 E6
Jungholtz(68).............................89 F1
Junhac(15)...............................154 B2
les Junies(46)...........................152 B3
Juniville(08)................................25 H4
Jupilles(72).................................78 B2
Jurançon(64)............................180 B4

Juranville(45)..............................63 G5
Juré(42)....................................128 C2
Jurignac(16).............................122 A5
Jurques(14).................................18 A6
Jurvielle(31).............................196 C4
Jury(57).......................................28 D5
Juscorps(79)............................108 A5
Jusix(47)...................................150 B3
Jussac(15)................................140 A5
Jussarupt(88)..............................70 B4
Jussas(17)................................135 G2
Jussecourt-Minecourt(51)...........46 C4
Jussey(70)...................................87 E1
Jussy(02).....................................24 A1
Jussy(57).....................................28 C5
Jussy(89).....................................83 F2
Jussy-Champagne(18).................97 H4
Jussy-le-Chaudrier(18)................98 B2
Justian(32)...............................165 E4
Justine-Herbigny(08)...................14 B5
Justiniac(09)............................183 G5
Jutigny(77)..................................64 D1
Juvaincourt(88)...........................69 F2
Juvancourt(10)............................67 F4
Juvanzé(10).................................66 D3
Juvardeil(49)...............................76 C3
Juvelize(57).................................49 G4
Juvignac(34).............................171 E6
Juvigné(53).................................58 B3
Juvignies(60)...............................22 B3
Juvigny(02)..................................24 B4
Juvigny(51)..................................45 H2
Juvigny(74)...............................118 D4
Juvigny-en-Perthois(55)..............47 F5
Juvigny-le-Tertre(50)...................37 E4
Juvigny-sous-Andaine(61)...........38 A6
Juvigny-sur-Loison(55)................27 F2
Juvigny-sur-Orne(61)..................38 D4
Juvigny-sur-Seulles(14)..............18 B5
Juville(57)...................................49 E2
Juvinas(07)...............................157 F2
Juvincourt-et-Damary(02)............25 E4
Juvisy-sur-Orge(91)....................42 D5
Juvrecourt(54)............................49 F4
Juxue(64)..................................179 E4
Juzanvigny(10)............................66 D2
Juzennecourt(52)........................67 G4
Juzes(31)..................................184 B2
Juzet-de-Luchon(31).................196 D4
Juzet-d'Izaut(31).......................197 E3
Juziers(78)..................................41 H2

K

Kalhausen(57)..............................50 B2
Kaltenhouse(67)..........................51 F4
Kanfen(57)...................................28 C2
Kappelen(68)...............................89 G3
Kappelkinger(57).........................29 H6
Katzenthal(68).............................71 E5
Kauffenheim(67)..........................51 G3
Kaysersberg(68)..........................71 E4
Kédange-sur-Canner(57).............28 D3
Keffenach(67)..............................51 F3
Kembs(68)...................................89 H2
Kerbach(57).................................29 H4
Kerbors(22).................................33 E1
Kerfot(22)....................................33 F2
Kerfourn(56)................................55 F3
Kergloff(29)..................................32 B6
Kergrist(56).................................55 E2
Kergrist-Moëlou(22).....................32 D6
Kerien(22)...................................32 D5
Kerlaz(29)...................................53 E3
Kerling-lès-Sierck(57)..................28 D2
Kerlouan(29)................................31 E3
Kermaria-Sulard(22)...................32 D2
Kermoroc'H(22)...........................32 D3
Kernascléden(56)........................54 C3
Kernilis(29)..................................31 E3
Kernouës(29)...............................31 E3
Kerpert(22)..................................33 E6
Kerprich-aux-Bois(57).................50 A5
Kersaint-Plabennec(29)...............31 E4
Kertzfeld(67)...............................71 G2
Kervignac(56)..............................54 C5
Keskastel(67)..............................50 A3
Kesseldorf(67).............................51 H3
Kienheim(67)...............................51 E5
Kientzheim(68)............................71 E4
Kiffis(68).....................................89 G5
Killem(59).....................................3 G2
Kilstett(67)...................................51 F5
Kindwiller(67)..............................51 E4
Kingersheim(68)..........................89 G1
Kintzheim(67)..............................71 F4
Kirchberg(68)...............................88 D2
Kirchheim(67)..............................50 D6
Kirrberg(67).................................50 B4
Kirrwiller-Bosselshausen(67).......50 D4
Kirsch-lès-Sierck(57)..................29 E2
Kirschnaumen(57).......................29 E2
Kirviller(57)..................................29 H6
Klang(57)....................................28 D3
Kleingœft(67)...............................50 D5
Knœringue(68).............................89 G3
Knœrsheim(67)............................50 D5
Knutange(57)...............................28 C3
Kœnigsmacker(57).......................28 D3
Kœstlach(68)...............................89 G4
Kœtzingue(68).............................89 G3
Kœur-la-Grande(55).....................47 G3
Kœur-la-Petite(55)......................47 H3
Kogenheim(67)............................71 G2
Kolbsheim(67).............................51 E6
Kratgergersheim(67)....................71 G1
Krautwiller(67).............................51 F5
le Kremlin-Bicêtre(94)..................42 D4
Kriegsheim(67)............................51 F4
Kruth(68).....................................70 C6
Kunheim(68)................................71 G5

Kuntzig(57)..................................28 D3
Kurtzenhouse(67)........................51 F5
Kuttolsheim(67)...........................50 D6
Kutzenhausen(67).......................51 F3

L

Laà-Mondrans(64).....................179 G2
Laas(32)...................................181 G2
Laas(45)......................................63 F4
Laàs(64)...................................179 G3
Labalme(01)..............................117 G5
Labarde(33)...............................135 E4
Labaroche(68).............................71 E5
Labarrère(32)............................164 D3
Labarthe(32)..............................182 A2
Labarthe(82).............................152 B6
Labarthe-Bleys(81)...................167 H2
Labarthe-Inard(31)....................182 C5
Labarthe-Rivière(31).................182 B6
Labarthe-sur-Lèze(31)..............183 G2
Labarthète(32)..........................164 B6
Labassère(65)...........................181 E6
Labastide(65)............................181 G6
Labastide-Beauvoir(31).............183 H2
Labastide-Castel-Amouroux(47).150 B5
Labastide-Cézéracq(64).............180 A3
Labastide-Chalosse(40).............163 E4
Labastide-Clermont(31).............183 E3
Labastide-d'Anjou(11)...............184 B3
Labastide-d'Armagnac(40).........164 B3
Labastide-de-Lévis(81)..............168 A4
Labastide-de-Penne(82)............152 B6
Labastide-de-Virac(07)..............157 G5
Labastide-Dénat(81)..................168 B4
Labastide-du-Haut-Mont(46)......139 G6
Labastide-du-Temple(82)...........166 D2
Labastide-du-Vert(46)................152 B4
Labastide-en-Val(11).................185 F6
Labastide-Esparbairenque(11)...185 F3
Labastide-Gabausse(81)............168 B3
Labastide-Marnhac(46)..............152 C5
Labastide-Monréjeau(64)...........180 A3
Labastide-Murat(46)..................152 D2
Labastide-Paumès(31)..............182 D3
Labastide-Rouairoux(81)...........185 G2
Labastide-Saint-Georges(81).....167 H5
Labastide-Saint-Pierre(82)........167 E3
Labastide-Saint-Sernin(31).......167 G3
Labastide-Savès(32)..................182 D2
Labastide-sur-Bésorgues(07).....157 F2
Labastide-Villefranche(64).........179 F2
Labastidette(31)........................183 F2
Labathude(46)...........................153 G1
Labatie-d'Andaure(07)...............143 G4
Labatmale(64)...........................180 C4
Labatut(09)...............................183 G4
Labatut(40)...............................162 D6
Labatut(64)...............................181 E2
Labatut-Rivière(65)...................181 E1
Labbeville(95)..............................42 B1
Labeaume(07)..........................157 F4
Labécède-Lauragais(11)............184 C3
Labège(31)...............................183 H2
Labégude(07)............................157 F2
Labéjan(32)..............................181 H1
Labenne(40).............................162 B6
Labergement-du-Navois(25).......103 F3
Labergement-Foigney(21)..........86 A6
Labergement-lès-Auxonne(21)...102 B3
Labergement-lès-Seurre(21)......101 H3
Labergement-Sainte-Marie(25)...103 F3
Laberlière(60)..............................23 F3
Labescau(33)............................150 A4
Labesserette(15).......................154 B2
Labessette(63)..........................126 B6
Labessière-Candeil(81).............168 A5
Labets-Biscay(64).....................179 E3
Labeuville(55)..............................28 A5
Labeuvrière(62).............................3 G6
Labeyrie(64).............................180 A1
Lablachère(07).........................157 E4
Laboissière-en-Santerre(80).......23 F2
Laboissière-en-Thelle(60)..........22 C5
Laborde(65)..............................181 G6
Laborel(26)...............................159 G5
Labosse(60)................................22 A5
Labouheyre(40).........................148 C6
Laboulbène(81).........................168 B6
Laboule(07)...............................157 E3
Labouquerie(24)........................151 G1
Labourgade(82)........................166 D3
Labourse(62)................................3 H6
Laboutarie(81)..........................168 B5
Labretonie(47)..........................150 D4
Labroquère(31).........................182 A6
Labrihe(32)...............................166 A5
Labrit(40)..................................163 G1
Labroquère(31).........................182 A6
Labrosse(45)..............................63 G3
Labrousse(15)..........................140 B6
Labroye(62)................................10 D2
Labruguière(81)........................185 E1
Labruyère(21)...........................101 H3
Labruyère(60)..............................23 E5
Labruyère-Dorsa(31)................183 G3
Labry(54)....................................28 B5
Laburgade(46)..........................152 D5
Lac-des-Rouges-Truites(39)......103 F6
le Lac-d'Issarlès(07).................142 D6
Lacabarède(81).........................185 G2
Lacadée(64).............................179 H1
Lacalm(12)...............................155 E1
Lacam-d'Ourcet(46)..................139 F6
Lacanau(33)..............................134 B4
Lacapelle-Barrès(15)................140 C5
Lacapelle-Biron(47)..................151 G3
Lacapelle-Cabanac(46).............151 H4
Lacapelle-Del-Fraisse(15).........154 B3
Lacapelle-Livron(82).................153 E6
Lacapelle-Marival(46)................153 F2

Lacapelle-Pinet(81)....168 C2
Lacapelle-Ségalar(81)....168 A2
Lacapelle-Viescamp(15)....139 H5
Lacarre(64)....179 E4
Lacarry-Arhan-Charritte-de-Haut(64)....179 F5
Lacassagne(65)....181 F3
Lacaugne(31)....183 F4
Lacaune(81)....169 F6
Lacaussade(47)....151 G3
Lacave(09)....182 D6
Lacave(46)....138 C6
Lacaze(81)....168 D5
Lacelle(19)....125 E4
Lacenas(69)....129 H1
Lacépède(47)....150 D5
Lachaise(16)....121 H5
Lachalade(55)....26 D5
Lachambre(57)....29 G5
Lachamp(48)....155 H3
Lachamp-Raphaël(07)....143 F6
Lachapelle(47)....150 C3
Lachapelle(54)....70 B2
Lachapelle(80)....22 B1
Lachapelle(82)....166 A3
Lachapelle-aux-Pots(60)....22 A4
Lachapelle-Auzac(46)....138 C5
Lachapelle-en-Blaisy(52)....67 G3
Lachapelle-Graillouse(07)....142 D6
Lachapelle-Saint-Pierre(60)....22 C6
Lachapelle-sous-Aubenas(07)....157 F3
Lachapelle-sous-Chanéac(07)....143 F5
Lachapelle-sous-Chaux(88)....88 D2
Lachapelle-sous-Gerberoy(60)....22 A3
Lachapelle-sous-Rougemont(90)....89 G2
Lachassagne(69)....129 H2
Lachau(26)....159 G6
Lachaussée(55)....28 A6
Lachaussée-du-Bois-D'Écu(60)....22 C3
Lachaux(63)....128 A1
Lachelle(60)....23 F4
Lachy(51)....44 D4
Lacollonge(90)....89 E3
Lacombe(34)....185 E3
Lacommande(64)....180 B4
Lacoste(34)....170 C6
Lacoste(84)....173 G4
Lacougotte-Cadoul(81)....167 H6
Lacour(82)....151 H5
Lacour-d'Arcenay(21)....84 C5
Lacourt(09)....197 G3
Lacourt-Saint-Pierre(82)....166 D3
Lacq(64)....180 A2
Lacquy(40)....164 B3
Lacrabe(40)....163 G6
Lacres(62)....2 B5
Lacroisille(81)....167 H6
Lacroix-Barrez(12)....154 C1
Lacroix-Falgarde(31)....183 G2
Lacroix-Saint-Ouen(60)....23 G5
Lacroix-sur-Meuse(55)....27 G6
Lacropte(24)....137 F4
Lacrost(71)....116 C1
Lacrouzette(81)....168 C6
Lacs(36)....112 A2
Ladapeyre(23)....112 A5
Ladaux(33)....149 H2
Ladern-sur-Lauquet(11)....185 E5
Ladevèze-Rivière(32)....181 E1
Ladevèze-Ville(32)....181 E1
Ladignac-le-Long(87)....124 A5
Ladignac-sur-Rondelles(19)....139 E3
Ladinhac(15)....154 B1
Ladirat(46)....139 F6
Ladiville(16)....122 A5
Ladoix-Serrigny(21)....101 G3
Ladon(45)....63 H5
Lados(33)....149 H4
Ladoye-sur-Seille(39)....102 D5
Laduz(89)....83 E1
Lafage(11)....184 B5
Lafage-sur-Sombre(19)....139 G2
Lafare(84)....173 F1
Lafarre(07)....143 G4
Lafarre(43)....142 D6
Lafat(23)....111 F4
Lafauche(52)....68 B3
Laféline(03)....113 H4
Laferté-sur-Amance(52)....86 D1
Laferté-sur-Aube(52)....67 F4
Lafeuillade-en-Vézie(15)....154 B1
Laffaux(02)....24 C4
Laffite-Toupière(31)....182 C5
Laffrey(38)....145 H4
Lafitole(65)....181 E2
Lafitte(82)....166 C3
Lafitte-sur-Lot(47)....150 D5
Lafitte-Vigordane(31)....183 E4
Lafox(47)....165 H1
Lafrançaise(82)....166 D1
Lafraye(60)....22 C3
Lafresguimont-Saint-Martin(80)....10 C6
Lafrimbolle(57)....50 A6
Lagamas(34)....170 C6
Lagarde(09)....184 C6
Lagarde(31)....184 A3
Lagarde(32)....165 G3
Lagarde(57)....49 G4
Lagarde(65)....181 E3
Lagarde-d'Apt(84)....174 A3
Lagarde-Enval(19)....139 E3
Lagarde-Hachan(32)....181 H3
Lagarde-Paréol(84)....158 B6
Lagarde-sur-le-Né(16)....121 H5
Lagardelle(46)....152 A4
Lagardelle-sur-Lèze(31)....183 G3
Lagardère(32)....165 F4
Lagardiolle(81)....184 D2
Lagarrigue(47)....150 D5
Lagarrigue(81)....185 E1
Lageon(79)....93 F5
Lagery(51)....25 E6
Lagesse(10)....66 B5

Lagleygeolle(19)....138 D4
Laglorieuse(40)....163 H4
Lagnes(84)....173 F4
Lagney(54)....48 B4
Lagnicourt-Marcel(62)....12 A3
Lagnieu(01)....130 D2
Lagny(60)....23 G2
Lagny-le-Sec(60)....43 F1
Lagny-sur-Marne(77)....43 F3
Lagor(64)....179 H2
Lagorce(07)....157 G4
Lagorce(33)....135 H4
Lagord(17)....106 D5
Lagos(64)....180 C4
Lagrâce-Dieu(31)....183 G3
Lagrand(05)....159 H5
Lagrange(40)....164 C3
Lagrange(65)....181 G5
Lagrange(90)....89 E3
Lagrasse(11)....185 G5
Lagraulet-du-Gers(32)....165 E3
Lagraulet-Saint-Nicolas(31)....166 C4
Lagraulière(19)....138 D1
Lagrave(81)....168 A4
Lagruère(47)....150 C4
Laguenne(19)....139 E2
Laguépie(82)....168 A2
Laguian-Mazous(32)....181 G2
Laguinge-Restoue(64)....179 G5
Laguiole(12)....154 D2
Lagupie(47)....150 B3
Lahage(31)....182 D2
Lahas(32)....182 C1
Lahaymeix(55)....47 G2
Lahayville(55)....48 B3
Laheycourt(55)....47 E3
Lahitère(31)....183 E5
Lahitte(32)....165 H6
Lahitte-Toupière(65)....181 E2
Lahonce(64)....178 C1
Lahontan(64)....179 F1
Lahosse(40)....163 F5
Lahourcade(64)....180 A3
Lahoussoye(80)....11 G5
Laifour(08)....14 D3
la Laigne(17)....107 G4
Laigné(53)....58 C6
Laigné-en-Belin(72)....77 H1
Laignelet(35)....58 A1
Laignes(21)....84 C1
Laigneville(60)....23 E5
Laigny(02)....13 G6
Laillé(35)....57 E4
Lailly(89)....65 F3
Lailly-en-Val(45)....80 B2
Laimont(55)....47 E3
Lain(89)....83 E3
Laines-aux-Bois(10)....66 A3
Lains(39)....117 G3
Lainsecq(89)....82 D4
Lainville(78)....41 H2
Laire(25)....88 C4
Laires(62)....3 E6
Lairière(11)....185 F6
Lairoux(85)....106 D2
Laissac(12)....154 D5
Laissaud(73)....132 A5
Laissey(25)....87 G6
Laître-sous-Amance(54)....49 E4
Laives(71)....101 G6
Laix(54)....28 A2
Laizé(71)....116 C4
Laize-la-Ville(14)....18 C5
Laizy(71)....100 C4
Lajo(48)....141 H6
Lajoux(39)....118 B3
Lalacelle(61)....38 C6
Lalande(89)....82 D3
Lalande-de-Pomerol(33)....135 G5
Lalande-en-Son(60)....21 H4
Lalandelle(60)....22 A4
Lalandusse(47)....151 E2
Lalanne(32)....165 H4
Lalanne(65)....182 A4
Lalanne-Arqué(32)....182 B3
Lalanne-Trie(65)....181 G3
Lalaye(67)....71 E3
Lalbarède(81)....168 A6
Lalbenque(46)....152 D5
Laleu(61)....39 F6
Laleu(80)....10 C5
Lalevade-d'Ardèche(07)....157 F2
Lalheue(71)....101 H6
Lalinde(24)....137 F6
Lalizolle(03)....113 G5
Lallaing(59)....5 F6
Lalleu(35)....57 F5
Lalley(38)....145 G6
Lalleyriat(01)....117 H5
Lalobbe(08)....14 B5
Lalœuf(54)....69 E1
Lalongue(64)....180 D2
Lalonquette(64)....180 C2
Laloubère(65)....181 E4
Lalouret-Laffiteau(31)....182 B5
Lalouvesc(07)....143 G3
Laluque(40)....163 E4
Lama(2B)....203 E5
Lamadeleine-Val-des-Anges(90)....88 D2
Lamagdelaine(46)....152 C4
Lamagistère(82)....166 A1
Lamaguère(32)....182 B2
Lamaids(03)....112 C4
Lamalou-les-Bains(34)....186 C1
Lamancine(52)....67 H3
Lamanère(66)....200 B6
Lamanon(13)....173 F5
Lamarche-sur-Saône(21)....86 B6
Lamargelle(21)....85 F4
Lamaronde(80)....10 C6
Lamarque(33)....134 D3

Lamarque-Pontacq(65)....180 D5
Lamarque-Rustaing(65)....181 G4
Lamasquère(31)....183 F2
Lamastre(07)....143 G4
Lamath(54)....49 F6
Lamativie(46)....139 F5
Lamayou(64)....181 E3
Lamazère(32)....181 H1
Lamazière-Basse(19)....139 G1
Lamazière-Haute(19)....126 A4
Lambach(57)....50 C2
Lamballe(22)....34 A4
Lambersart(59)....5 E4
Lambert(50)....37 H1
Lamberville(50)....37 H1
Lamberville(76)....9 F4
Lambesc(13)....173 G6
Lamblore(28)....40 B5
Lambres(62)....3 F5
Lambres-lez-Douai(59)....5 E6
Lambrey(70)....87 E1
Lambruisse(04)....175 G2
Laméac(65)....181 F3
Lamécourt(60)....23 E4
Lamelouze(30)....156 D6
Lamenay-sur-Loire(58)....99 F5
Lamérac(16)....121 H6
Lametz(08)....14 D6
Lamillarié(81)....168 B4
Lammerville(76)....9 F3
Lamnay(72)....60 D5
Lamongerie(19)....124 D5
Lamontélarie(81)....169 E6
Lamontgie(63)....127 G6
Lamontjoie(47)....165 G2
Lamonzie-Montastruc(24)....137 E5
Lamonzie-Saint-Martin(24)....136 D6
Lamorlaye(60)....42 D1
Lamorville(55)....27 H6
Lamothe(40)....163 G4
Lamothe(43)....141 H2
Lamothe-Capdeville(82)....167 E2
Lamothe-Cassel(46)....152 C3
Lamothe-Cumont(82)....166 B4
Lamothe-en-Blaisy(52)....67 G3
Lamothe-Fénelon(46)....138 C6
Lamothe-Goas(32)....165 G4
Lamothe-Landerron(33)....150 B3
Lamothe-Montravel(24)....136 A6
Lamotte-Beuvron(41)....80 D4
Lamotte-Brebière(80)....11 F6
Lamotte-Buleux(80)....10 C3
Lamotte-du-Rhône(84)....158 A6
Lamotte-Warfusée(80)....11 F6
Lamouilly(55)....15 G6
Lamoura(39)....118 B3
Lampaul-Guimiliau(29)....31 G4
Lampaul-Plouarzel(29)....30 C4
Lampaul-Ploudalmézeau(29)....30 D3
Lampertheim(67)....51 F5
Lampertsloch(67)....51 F3
Lamure-sur-Azergues(69)....115 H6
Lanans(25)....88 B6
Lanarce(07)....156 D2
Lanarvily(29)....31 E3
Lancé(41)....79 F3
Lanchères(80)....10 A3
Lanches-Saint-Hilaire(80)....11 E4
Lanchy(02)....12 B6
Lancié(69)....116 B5
Lancieux(22)....34 C3
Lancôme(41)....79 F3
Lançon(08)....26 C4
Lançon(65)....196 B3
Lançon-Provence(13)....173 F6
Lancrans(01)....118 A5
Landange(57)....50 A6
Landas(59)....5 G5
Landaul(56)....54 D5
Landauville(88)....68 D3
Landavran(35)....57 H2
la Lande-Chasles(49)....77 F5
la Lande-d'Airou(50)....35 H2
la Lande-de-Fronsac(33)....135 F5
la Lande-de-Goult(61)....38 D5
la Lande-de-Lougé(61)....38 C4
la Lande-Patry(61)....37 H4
la Lande-Saint-Léger(27)....19 H3
la Lande-Saint-Siméon(61)....38 B3
la Lande-sur-Drôme(14)....37 F1
la Lande-sur-Eure(61)....40 B6
Landéan(35)....58 A1
Landéda(29)....30 D3
Landéhen(22)....33 H5
Landeleau(29)....54 A1
Landelles(28)....61 G1
Landelles-et-Coupigny(14)....37 F3
Landemont(49)....75 F5
Landepéreuse(27)....39 H2
Landerneau(29)....31 F4
Landeronde(85)....91 E5
Landerrouat(33)....150 C1
Landerrouet-sur-Ségur(33)....150 A2
Landersheim(67)....50 D5
Landes(17)....121 E1
les Landes-Genusson(85)....91 H2
Landes-le-Gaulois(41)....79 F3
Landes-sur-Ajon(14)....18 B5
Landes-Vieilles-et-Neuves(76)....21 G1
Landévant(56)....54 D5
Landévennec(29)....31 F6
Landevieille(85)....90 D5
Landeyrat(15)....140 D2
Landifay-et-Bertaignemont(02)....13 E6
Landigou(61)....38 A4
le Landin(27)....20 C4
Landiras(33)....149 F3
Landisacq(61)....37 H4
Landivisiau(29)....31 G4

Landivy(53)....37 E6
Landogne(63)....126 C2
Landorthe(31)....182 C5
Landos(43)....142 C6
Landouzy-la-Cour(02)....13 G6
Landouzy-la-Ville(02)....13 H6
Landrais(17)....107 F6
le Landreau(44)....75 F6
Landrecies(59)....13 F4
Landrecourt-Lempire(55)....27 F5
Landremont(54)....48 D3
Landres(54)....28 A3
Landres-et-Saint-Georges(08)....26 D3
Landresse(25)....104 D1
Landrethun-le-Nord(62)....2 C3
Landrethun-lès-Ardres(62)....2 D3
Landrévarzec(29)....53 F3
Landreville(10)....66 D5
Landrichamps(08)....15 E1
Landricourt(02)....24 B3
Landricourt(51)....46 D5
Landroff(57)....29 F6
Landry(73)....133 F4
Landser(68)....89 G2
Landudal(29)....53 G3
Landudec(29)....53 E3
Landujan(35)....56 D1
Landunvez(29)....30 C3
Lanespède(65)....181 G5
Lanester(56)....54 C5
Lanet(11)....200 A1
Laneuvelle(52)....68 C6
Laneuvelotte(54)....49 E4
Laneuveville-aux-Bois(54)....49 G5
Laneuveville-derrière-Foug(54)....48 B4
Laneuveville-devant-Bayon(54)....49 E6
Laneuveville-devant-Nancy(54)....48 D5
Laneuveville-en-Saulnois(57)....49 F3
Laneuveville-lès-Lorquin(57)....50 A6
Laneuville-au-Pont(52)....46 D5
Laneuville-au-Rupt(55)....47 H4
Laneuville-sur-Meuse(55)....15 G6
Laneuvilleroy(60)....23 E4
Lanfains(22)....33 F5
Lanfroicourt(54)....49 E3
Langan(35)....56 D1
Langast(22)....55 G1
Langatte(57)....50 A5
Langé(36)....96 A3
Langeac(43)....141 H4
Langeais(37)....78 B6
Langensoultzbach(67)....51 F3
Langeron(58)....98 C5
Langesse(45)....81 H2
Langey(28)....61 G5
Langlade(30)....171 H5
Langley(88)....69 G2
Langoat(22)....32 D2
Langoëlan(56)....54 D2
Langogne(48)....156 C2
Langoiran(33)....149 G2
Langolen(29)....53 G3
Langon(33)....149 H3
Langon(35)....56 D6
Langon(41)....96 C1
le Langon(85)....107 F2
Langonnet(56)....54 B2
Langouet(35)....57 E1
Langourla(22)....34 A6
Langres(52)....86 B1
Langrolay-sur-Rance(22)....34 D4
Langrune-sur-Mer(14)....18 C3
Languédias(22)....34 C5
Languenan(22)....34 C4
Langueux(22)....33 G5
Languevoisin-Quiquery(80)....23 G1
Languidic(56)....54 D5
Languimberg(57)....49 H4
Langy(03)....114 B4
Lanhélin(35)....35 E5
Lanhères(55)....27 H4
Lanhouarneau(29)....31 F3
Lanildut(29)....30 C4
Laning(57)....29 G6
Laniscat(22)....54 D1
Laniscourt(02)....24 C3
Lanleff(22)....33 E3
Lanloup(22)....33 F3
Lanmeur(29)....32 A3
Lanmodez(22)....33 E1
Lanne(65)....181 E5
Lanne-en-Barétous(64)....179 G5
Lanne-Soubiran(32)....164 C5
Lannéanou(29)....32 A4
Lannebert(22)....33 F3
Lannecaube(64)....180 D2
Lannemaignan(32)....164 B3
Lannemezan(65)....181 G5
Lannepax(32)....165 E4
Lanneplaà(64)....179 G2
Lanneray(28)....61 H5
Lannes(47)....165 E2
Lanneuffret(29)....31 F4
Lannilis(29)....30 D3
Lannion(22)....32 C2
Lannoy(59)....5 F3
Lannoy-Cuillère(60)....21 H1
Lannux(32)....164 B6
Lano(2B)....205 F2
Lanobre(15)....126 B6
Lanouaille(24)....138 A1
Lanouée(56)....55 H3
Lanoux(09)....183 G5
Lanquais(24)....137 E6
Lanques-sur-Rognon(52)....68 B4
Lanquetot(76)....8 C5
Lanrelas(22)....34 B6
Lanrigan(35)....35 F5
Lanrivain(22)....32 D6
Lanrivoaré(29)....30 D4
Lanrodec(22)....33 E4

Lans(71)....101 G5
Lans-en-Vercors(38)....145 F3
Lansac(33)....135 E4
Lansac(65)....181 F4
Lansac(66)....200 B3
Lansargues(34)....171 G6
Lanslebourg-Mont-Cenis(73)....147 G1
Lanslevillard(73)....147 G1
Lanta(31)....183 H1
Lantabat(64)....179 E4
Lantages(10)....66 B5
Lantan(18)....97 H4
Lantéfontaine(54)....28 B4
Lantenay(01)....117 G6
Lantenay(21)....85 G6
Lantenne-Vertière(25)....87 E6
Lantenot(70)....88 B2
la Lanterne-et-les-Armonts(70)....88 B2
Lanteuil(19)....138 D3
Lanthenans(25)....88 C5
Lanthes(21)....102 A3
Lantheuil(14)....18 B4
Lantic(22)....33 F4
Lantignié(69)....116 A5
Lantillac(56)....55 G4
Lantilly(21)....84 C4
Lanton(33)....148 C1
Lantosque(06)....177 F3
Lantriac(43)....142 D4
Lanty(58)....99 H5
Lanty-sur-Aube(52)....67 F4
Lanuéjols(30)....170 B2
Lanuéjols(48)....156 A4
Lanuéjouls(12)....153 H4
Lanvallay(22)....34 D5
Lanvaudan(56)....54 C4
Lanvellec(22)....32 B3
Lanvénégen(56)....54 B3
Lanvéoc(29)....31 E6
Lanvollon(22)....33 F3
Lanzac(46)....138 C6
Laon(02)....24 D3
Laons(28)....40 D5
Lapalisse(03)....114 C4
Lapalud(84)....158 A5
Lapan(18)....97 F4
Lapanouse(12)....155 E5
Lapanouse-de-Cernon(12)....169 H3
Laparade(47)....150 D5
Laparrouquial(81)....168 A2
Lapège(09)....198 C2
Lapenche(82)....152 D6
Lapenne(09)....184 A5
Lapenty(50)....37 F5
Laperche(47)....150 D3
Laperrière-sur-Saône(21)....102 B2
Lapeyre(65)....181 G3
Lapeyrère(31)....183 F5
Lapeyrouse(01)....130 B1
Lapeyrouse(63)....113 F5
Lapeyrouse-Fossat(31)....167 F5
Lapeyrouse-Mornay(26)....144 B1
Lapeyrugue(15)....154 B2
Lapleau(19)....139 G2
Laplume(47)....165 G2
Lapoutroie(68)....71 E4
Lapouyade(33)....135 G4
Lappion(02)....25 F2
Laprade(11)....185 E2
Laprade(16)....136 B2
Laprugne(03)....128 B1
Laps(63)....127 G4
Lapte(43)....143 E3
Lapugnoy(62)....3 G6
Laquenexy(57)....28 D5
Laqueuille(63)....126 C4
Laragne-Montéglin(05)....159 H5
Larajasse(69)....129 G4
Laramière(46)....153 F5
Laran(65)....181 H4
Larbey(40)....163 F5
Larbont(09)....198 A1
Larbroye(60)....23 H3
Larcan(31)....182 B5
Larcat(09)....198 C3
Larçay(37)....78 D6
Larceveau-Arros-Cibits(64)....179 E4
Larchamp(53)....58 B2
Larchamp(61)....37 G4
Larchant(77)....63 H3
Larche(04)....161 G3
Larche(19)....138 C3
le Larderet(39)....103 F4
Lardier-et-Valença(05)....160 B4
Lardiers(04)....174 C2
le Lardin-Saint-Lazare(24)....138 A3
Lardy(91)....63 F1
Larée(32)....164 C3
Laréole(31)....166 B5
Largeasse(79)....92 D6
Largentière(07)....157 F3
Largillay-Marsonnay(39)....117 H1
Largitzen(68)....89 F4
Largny-sur-Automne(02)....23 H6
Larians-et-Munans(70)....87 G4
Larivière(90)....89 E3
Larivière-Arnoncourt(52)....68 D5
Larmor-Baden(56)....72 D2
Larmor-Plage(56)....54 C6
Larnage(26)....144 B3
Larnagol(46)....153 E4
Larnas(07)....157 H4
Larnat(09)....198 C2
Larnaud(39)....102 C5
Larnod(25)....103 F1
Laroche-près-Feyt(19)....126 B4
Laroche-Saint-Cydroine(89)....65 F6
Larochemillay(58)....100 A4
Larodde(63)....126 B5
Laroin(64)....180 B3
Laronxe(54)....49 G6
Laroque(33)....149 G2
Laroque(34)....171 E4

254

Laroque-de-Fa(11) 200 B1
Laroque-des-Albères(66) 200 D5
Laroque-des-Arcs(46) 152 C4
Laroque-d'Olmes(09) 199 E1
Laroque-Timbaut(47) 151 F5
Laroquebrou(15) 139 G5
Laroquevieille(15) 140 B4
Larouillies(59) 13 G4
Larra(31) 166 D5
Larrau(64) 179 F6
Larrazet(82) 166 C3
Larré(56) 55 H6
Larré(61) 39 E6
Larressingle(32) 165 E3
Larressore(64) 178 C2
Larret(70) 86 D3
Larreule(64) 180 B2
Larreule(65) 181 E2
Larrey(21) 66 D6
Larribar-Sorhapuru(64) 179 F3
Larringes(74) 119 F3
Larrivière(40) 163 H5
Larrivoire(39) 118 A3
Larroque(31) 182 A5
Larroque(65) 181 H3
Larroque(81) 167 G3
Larroque-Engalin(32) 165 G3
Larroque-Saint-Sernin(32) 165 F4
Larroque-sur-l'Osse(32) 165 E3
Larroque-Toirac(46) 153 F3
Lartigue(32) 182 B2
Lartigue(33) 149 H6
Laruns(64) 180 B6
Laruscade(33) 135 G3
Larzac(24) 151 H1
Larzicourt(51) 46 C5
Lasalle(30) 171 G2
Lasbordes(11) 184 C4
Lascabanes(46) 152 B5
Lascaux(19) 138 B2
Lascazères(65) 181 E2
Lascelle(15) 140 B4
Lasclaveries(64) 180 C2
Lasfaillades(81) 185 F1
Lasgraisses(81) 168 A4
Laslades(65) 181 F4
Lassales(65) 181 H4
Lassay-les-Châteaux(53) 59 E1
Lassay-sur-Croisne(41) 80 B6
Lasse(49) 77 G4
Lasse(64) 178 D4
Lasserade(32) 164 D6
Lasséran(32) 165 G6
Lasserre(09) 183 E6
Lasserre(31) 166 C6
Lasserre(47) 165 F2
Lasserre(64) 180 D2
Lasserre-de-Prouille(11) 184 D5
Lasseube(64) 180 B4
Lasseube-Propre(32) 182 A1
Lasseubetat(64) 180 B5
Lassicourt(10) 66 D1
Lassigny(60) 23 G3
Lasson(14) 18 C4
Lasson(89) 65 H5
Lassouts(12) 154 D4
Lassur(09) 198 D3
Lassy(14) 37 H2
Lassy(35) 56 D4
Lassy(95) 42 D1
Lastic(15) 141 F4
Lastic(63) 126 B4
Lastours(11) 185 F3
Lataule(60) 23 F3
le Latet(39) 103 F4
la Latette(39) 103 G5
Lathuile(74) 132 B2
Lathus-Saint-Rémy(86) 110 B4
Latillé(86) 108 D1
Latilly(02) 44 B1
Latoue(31) 182 C5
Latouille-Lentillac(46) 139 F6
Latour(31) 183 F5
Latour-Bas-Elne(66) 201 E4
Latour-de-Carol(66) 199 E5
Latour-de-France(66) 200 B3
Latour-en-Woëvre(55) 28 A5
Latrape(31) 183 F4
Latrecey-Ormoy-sur-Aube(52) 67 F5
Latresne(33) 135 E6
Latrille(40) 164 A6
Latronche(19) 139 H2
Latronquière(46) 139 G6
Lattainville(60) 22 A6
Lattes(34) 187 H1
Lattre-Saint-Quentin(62) 11 G2
Lau-Balagnas(65) 180 D6
Laubach(67) 51 E3
Laubert(48) 156 B3
les Laubies(48) 155 H2
Laubressel(10) 66 B3
Laubrières(53) 58 A4
Laucourt(80) 23 F2
Laudrefang(57) 29 F5
Laudun(30) 172 C2
Laugnac(47) 151 E5
Laujuzan(32) 164 C4
Laulne(50) 17 E5
Laumesfeld(57) 29 E3
Launac(31) 166 C5
Launaguet(31) 167 E5
Launay(27) 40 A1
Launay-Villiers(53) 58 B4
Launois-sur-Vence(08) 14 C5
Launoy(02) 24 C6
Launstroff(57) 29 E2
la Laupie(26) 158 B3
Laurabuc(11) 184 C4
Laurac(11) 184 C4
Laurac-en-Vivarais(07) 157 F3
Lauraët(32) 165 E3
Lauraguel(11) 184 D5
Laure-Minervois(11) 185 G4

Laurède(40) 163 F5
Laurenan(22) 55 H2
Laurens(34) 186 D2
Lauresses(46) 153 G1
Lauret(34) 171 F4
Lauret(40) 164 A6
Laurie(15) 141 F2
Laurière(87) 111 E6
Lauris(84) 173 H5
Lauroux(34) 170 B5
Laussonne(43) 142 D5
Laussou(47) 151 G3
Lautenbach(68) 71 E6
Lautenbachzell(68) 70 D6
Lauterbourg(67) 51 H2
Lauthiers(86) 110 A1
Lautignac(31) 182 D3
Lautrec(81) 168 B6
Lauw(68) 89 E2
Lauwin-Planque(59) 5 E6
Laux-Montaux(26) 159 G5
Lauzach(56) 73 F2
Lauzerte(82) 152 A6
Lauzerville(31) 183 H1
Lauzès(46) 152 D3
le Lauzet-Ubaye(04) 160 D4
Lauzun(47) 150 D2
Lavacquerie(60) 22 C2
Laval(38) 146 A1
Laval(53) 58 C4
Laval-Atger(48) 142 B6
Laval-d'Aix(26) 159 F1
Laval-d'Aurelle(07) 156 D3
Laval-de-Cère(46) 139 F5
Laval-du-Tarn(48) 155 H5
Laval-en-Brie(77) 64 C2
Laval-en-Laonnois(02) 24 D3
Laval-le-Prieuré(25) 105 E1
Laval-Morency(08) 14 C3
Laval-Pradel(30) 156 D6
Laval-Roquecezière(12) 169 E5
Laval-Saint-Roman(30) 157 G5
Laval-sur-Doulon(43) 142 A1
Laval-sur-Luzège(19) 139 G2
Laval-sur-Tourbe(51) 26 B5
Laval-sur-Vologne(88) 70 B4
Lavalade(24) 151 G2
Lavaldens(38) 145 H4
Lavalette(11) 185 E5
Lavalette(31) 167 F6
Lavalette(34) 170 B6
Lavallée(55) 47 G3
Lavancia-Epercy(39) 117 H3
le Lavandou(83) 192 C5
Lavangeot(39) 102 C1
Lavannes(51) 25 G5
Lavans-lès-Dole(39) 102 D1
Lavans-lès-Saint-Claude(39) 118 A3
Lavans-Quingey(25) 103 E2
Lavans-sur-Valouse(39) 117 G3
Lavans-Vuillafans(25) 103 G2
Lavaqueresse(02) 13 F5
Lavardac(47) 150 C6
Lavardens(32) 165 G5
Lavardin(41) 79 E2
Lavardin(72) 59 H4
Lavaré(72) 60 D5
Lavars(38) 145 G5
Lavastrie(15) 141 E5
Lavatoggio(2B) 202 C5
Lavau(10) 66 A3
Lavau(89) 82 B4
Lavau-sur-Loire(44) 74 B5
Lavaudieu(43) 141 H2
Lavaufranche(23) 112 B4
Lavault-de-Frétoy(58) 100 A2
Lavault-Sainte-Anne(03) 112 D4
Lavaur(24) 151 H3
Lavaur(81) 167 H5
Lavaurette(82) 152 D6
Lavausseau(86) 108 D2
Lavaveix-les-Mines(23) 112 A6
Lavazan(33) 149 H4
Laveissenet(15) 140 D4
Laveissière(15) 140 D4
Lavelanet(09) 198 D1
Lavelanet-de-Comminges(31) 183 E4
Laveline-devant-Bruyères(88) 70 B4
Laveline-du-Houx(88) 70 B4
Lavenay(72) 78 C2
Laventie(62) 3 H5
Laveraët(32) 181 F1
Lavercantière(46) 152 B2
Laverdines(18) 98 A3
Lavergne(46) 139 E6
Lavergne(47) 150 D3
Lavernat(72) 78 A3
Lavernay(25) 87 E6
Lavernhe(12) 155 E5
Lavernose-Lacasse(31) 183 F3
Lavernoy(52) 68 C6
Laverrière(60) 22 B2
Laversine(02) 24 A5
Laversines(60) 22 C4
Lavérune(34) 187 H1
Laveyron(26) 144 A2
Laveyrune(07) 156 C2
Laveyssière(24) 136 D5
Lavieu(42) 128 D5
Laviéville(80) 11 G5
Lavigerie(15) 140 C3
Lavignac(87) 124 A4
Lavigney(70) 87 E2
Lavigny(39) 102 D5
Lavillatte(07) 156 D1
Laville-aux-Bois(52) 67 H4
Lavilledieu(07) 157 G3
Lavilleneuve(52) 68 B5
Lavilletertre(60) 22 B6
Lavincourt(55) 47 F5
Laviron(25) 104 D1
Lavit(82) 166 B3

Lavoine(03) 128 B1
Lavoncourt(70) 87 E3
Lavours(01) 131 G2
Lavoûte-Chilhac(43) 141 H3
Lavoûte-sur-Loire(43) 142 C3
Lavoux(86) 109 G1
Lavoye(55) 27 E6
Lawarde-Mauger-l'Hortoy(80) 22 D2
Laxou(54) 48 D4
Lay(42) 129 E1
Lay-Lamidou(64) 179 H3
Lay-Saint-Christophe(54) 48 D4
Lay-Saint-Remy(54) 48 B5
Laymont(32) 182 D3
Layrac(47) 165 H1
Layrac-sur-Tarn(31) 167 F4
Layrisse(65) 181 E5
Lays-sur-le-Doubs(71) 102 A4
Laz(29) 53 H2
Lazenay(18) 97 E3
Lazer(05) 159 H5
Léalvillers(80) 11 G4
Léaupartie(14) 19 F4
Léaz(01) 118 A5
Lebetain(90) 89 E4
Lebeuville(54) 69 G1
Lebiez(62) 2 D6
Leboulin(32) 165 H6
Lebreil(46) 152 A5
Lebucquière(62) 12 A4
Lécaude(14) 19 F5
Lecci(2A) 207 F3
Lecelles(59) 5 G5
Lechâtelet(21) 101 H3
Léchelle(62) 12 A4
Léchelle(77) 44 C6
Lécluse(59) 12 B2
Lécousse(35) 58 A1
Lecques(30) 171 G4
Lect(39) 117 H3
Lectoure(32) 165 G3
Lécumberry(64) 179 E5
Lécussan(31) 181 H5
Lédas-et-Penthiès(81) 168 D2
Lédat(47) 151 F4
Lédenon(30) 172 B4
Lédergues(12) 168 D2
Lederzeele(59) 3 F3
Ledeuix(64) 179 H4
Lédignan(30) 171 G3
Ledinghem(62) 2 D5
Ledringhem(59) 3 F3
Lée(64) 180 C4
Leers(59) 5 F3
Lées-Athas(64) 179 H6
Lefaux(62) 2 B6
Leffard(14) 38 B2
Leffincourt(08) 26 A3
Leffonds(52) 67 H5
Leffrinckoucke(59) 3 G1
Leforest(62) 5 E6
Lège(31) 196 D4
Legé(44) 91 E3
Lège-Cap-Ferret(33) 134 A6
Légéville-et-Bonfays(88) 69 F3
Léglantiers(60) 23 E3
Légna(39) 117 G2
Légny(69) 129 G2
Léguevin(31) 166 D6
Léguillac-de-Cercles(24) 136 D1
Léguillac-de-l'Auche(24) 137 E3
Léhon(22) 34 D5
Leigné-les-Bois(86) 94 D6
Leigné-sur-Usseau(86) 94 B4
Leignes-sur-Fontaine(86) 110 A2
Leigneux(42) 128 C3
Leimbach(68) 89 E2
Leintrey(54) 49 G5
Lélex(01) 118 B3
Lelin-Lapujolle(32) 164 B5
Lelling(57) 29 G6
Lemainville(54) 48 D6
Lembach(67) 51 F2
Lemberg(57) 50 C2
Lembeye(64) 180 D2
Lembras(24) 136 D6
Lème(64) 180 C2
Léménil-Mitry(54) 69 G1
Lémeré(37) 94 B3
Lemmecourt(88) 68 D3
Lemmes(55) 27 F5
Lemoncourt(57) 49 E3
Lempaut(81) 184 D2
Lempdes(63) 127 F3
Lempdes-sur-Allagnon(43) 141 G1
Lempire(02) 12 C5
Lempty(07) 144 A3
Lemps(26) 159 F5
Lempty(63) 127 G3
Lempzours(24) 137 F1
Lemud(57) 29 E6
Lemuy(39) 103 F4
Lénault(14) 37 H2
Lenax(03) 114 D4
Lencloître(86) 94 B5
Lencouacq(40) 163 H2
Lengelsheim(57) 50 D1
Lengronne(50) 36 C2
Lenharrée(51) 45 G4
Léning(57) 29 G6
Lennon(29) 53 G2
Lenoncourt(54) 49 E5
Lens(62) 4 D6
Lens-Lestang(26) 144 C2
Lent(01) 117 E5
Lent(39) 103 F5
Lentigny(42) 128 C1
Lentillac-Lauzès(46) 152 D3

Lentillac-Saint-Blaise(46) 153 G3
Lentillères(07) 157 F3
Lentilles(10) 67 E1
Lentilly(69) 129 H2
Lentiol(38) 144 C1
Lento(2B) 203 F5
Léobard(46) 152 B2
Léogeats(33) 149 G3
Léognan(33) 149 E1
Léon(40) 162 B3
Léoncel(26) 144 D5
Léotoing(43) 141 F1
Léouville(45) 63 E3
Léoville(17) 135 G1
Lépanges-sur-Vologne(88) 70 A4
Lépaud(23) 112 C5
Lépin-le-Lac(73) 131 G5
Lépinas(23) 111 H6
Lépine(62) 10 B1
Lépron-les-Vallées(08) 14 C4
Lepuix(90) 88 D2
Lepuix-Neuf(90) 89 E4
Léran(09) 184 B6
Lercoul(09) 198 B3
Léré(18) 82 B5
Léren(64) 179 F1
Lerm-et-Musset(33) 149 H5
Lerné(37) 93 H2
Lérouville(55) 47 H4
Lerrain(88) 69 F4
Léry(21) 85 F4
Léry(27) 21 E5
Lerzy(02) 13 G5
Lesbœufs(80) 12 A4
Lesbois(53) 58 C1
Lescar(64) 180 B3
Leschaux(74) 132 B2
Leschelles(02) 13 F5
Lescheraines(73) 132 B3
Leschères(39) 118 A2
Leschères-sur-le-Blaiseron(52) 67 G2
Lescherolles(77) 44 B4
Lescheroux(01) 117 E3
Lesches(77) 43 F3
Lesches-en-Diois(26) 159 F2
Lescouët-Gouarec(22) 54 D2
Lescousse(09) 183 G5
Lescout(81) 184 D1
Lescun(64) 194 C3
Lescuns(31) 182 D4
Lescure(09) 183 F6
Lescure-d'Albigeois(81) 168 B3
Lescure-Jaoul(12) 153 H6
Lescurry(65) 181 F3
Lesdain(59) 12 C4
Lesdins(02) 12 D5
Lesges(02) 24 C5
Lesgor(40) 163 E4
Lésignac-Durand(16) 123 F3
Lésigny(77) 43 E5
Lésigny(86) 94 D5
le Leslay(22) 33 F5
Lesme(71) 114 C1
Lesménils(54) 48 D2
Lesmont(10) 66 C2
Lesneven(29) 31 F3
Lesparre-Médoc(33) 134 C1
Lesparrou(09) 199 E1
Lespéron(07) 156 C2
Lesperon(40) 162 D3
Lespesses(62) 3 F5
Lespielle(64) 180 D2
Lespignan(34) 186 D4
Lespinasse(31) 167 E5
Lespinassière(11) 185 G3
Lespinoy(62) 10 C1
Lespiteau(31) 182 B6
Lespouey(65) 181 F4
Lespourcy(64) 180 D3
Lespugue(31) 182 B4
Lesquerde(66) 200 B2
Lesquielles-Saint-Germain(02) 13 E5
Lesquin(59) 5 F4
Lessac(16) 109 H6
Lessard-en-Bresse(71) 101 H5
Lessard-et-le-Chêne(14) 19 F5
Lessard-le-National(71) 101 F4
Lessay(50) 16 D5
Lesse(57) 29 E6
Lesseux(88) 70 D3
Lessy(57) 28 C5
Lestanville(76) 9 F4
Lestards(19) 125 F5
Lestelle-Bétharram(64) 180 C5
Lestelle-de-Saint-Martory(31) 182 C5
Lesterps(16) 123 F1
Lestiac-sur-Garonne(33) 149 G2
Lestiou(41) 80 A2
Lestrade-et-Thouels(12) 169 E2
Lestre(50) 17 F3
Lestrem(62) 3 H5
Létanne(08) 15 G6
Lételon(03) 112 D1
Léthuin(28) 62 D2
Letia(2A) 204 C4
Létra(69) 129 G1
Létricourt(54) 49 E3
Letteguives(27) 21 F4
Lettret(05) 160 B3
Leubringhen(62) 2 B3
Leuc(11) 185 E5
Leucamp(15) 154 B1
Leucate(11) 201 E1
Leuchey(52) 86 A2
Leudeville(91) 42 C6
Leudon-en-Brie(77) 44 B5
Leuglay(21) 85 F1
Leugny(86) 94 D4
Leugny(89) 83 E3
Leuhan(29) 53 H3
Leuilly-sous-Coucy(02) 24 B4

Leulinghem(62) 3 E4
Leulinghen-Bernes(62) 2 B3
Leurville(52) 68 B2
Leury(02) 24 B4
Leutenheim(67) 51 G4
Leuville-sur-Orge(91) 42 C6
Leuvrigny(51) 45 E2
le Leuy(40) 163 G4
Leuze(02) 13 H6
Levainville(28) 62 C1
Leval(59) 13 F3
Leval(90) 89 E2
Levallois-Perret(92) 42 C3
Levaré(53) 58 C1
Levécourt(52) 68 C4
Levens(06) 177 E4
Levergies(02) 12 C5
Levernois(21) 101 G3
Lèves(28) 62 A1
les Lèves-et-Thoumeyragues(33) ...136 B6
Levesville-la-Chenard(28) 62 C3
Levet(18) 97 G4
Levie(2A) 207 E3
Levier(25) 103 G3
Lévignac(31) 166 C6
Lévignac-de-Guyenne(47) 150 C2
Lévignacq(40) 162 C2
Lévignen(60) 23 G6
Lévigny(10) 67 E3
Levis(89) 83 E3
Lévis-Saint-Nom(78) 42 A5
Levoncourt(55) 47 H4
Levoncourt(68) 89 F5
Levroux(36) 96 B4
Lewarde(59) 12 C1
Lexy(54) 27 H1
Ley(57) 49 G4
Leychert(09) 198 D1
Leyme(46) 153 F1
Leymen(68) 89 H4
Leyment(01) 130 D1
Leynes(71) 116 B4
Leynhac(15) 154 A2
Leyr(54) 49 E3
Leyrat(23) 112 B4
Leyrieu(38) 130 D3
Leyritz-Moncassin(47) 150 C5
Leyssard(01) 117 G5
Leyvaux(15) 141 E2
Leyviller(57) 29 G6
Lez(31) 196 D3
Lez-Fontaine(59) 13 H3
Lézan(30) 171 G3
Lézardrieux(22) 33 E2
Lézat(39) 118 B2
Lézat-sur-Lèze(09) 183 F4
Lezay(79) 108 D4
Lezennes(59) 5 F4
Lézéville(52) 68 B1
Lezey(57) 49 G4
Lézignan(65) 181 E5
Lézignan-Corbières(11) 185 H4
Lézignan-la-Cèbe(34) 187 E2
Lézigné(49) 77 E3
Lézigneux(42) 128 D3
Lézinnes(89) 84 B2
Lezoux(63) 127 G3
Lhéraule(60) 22 B4
Lherm(31) 183 E3
Lherm(46) 152 B3
Lhéry(51) 25 E6
Lhez(65) 181 F4
Lhommaizé(86) 109 H3
Lhomme(72) 78 C2
Lhôpital(01) 118 A6
Lhor(57) 49 H2
Lhospitalet(46) 152 C5
Lhoumois(79) 93 F6
Lhuis(01) 131 F3
Lhuître(10) 45 H6
Lhuys(02) 24 C5
Liac(65) 181 F2
Liancourt(60) 23 E5
Liancourt-Fosse(80) 23 G1
Liancourt-Saint-Pierre(60) 22 A6
Liart(08) 14 B4
Lias(32) 183 E1
Lias-d'Armagnac(32) 164 C4
Liausson(34) 170 B6
Libaros(65) 181 G4
Libercourt(62) 5 E5
Libermont(60) 23 H2
Libourne(33) 135 G5
Licey-sur-Vingeanne(21) 86 B4
Lichans-Sunhar(64) 179 G5
Lichères(16) 122 C2
Lichères-près-Aigremont(89) 83 H2
Lichères-sur-Yonne(89) 83 F4
Lichos(64) 179 G3
Lichtenberg(67) 50 D3
Licourt(80) 12 A6
Licq-Athérey(64) 179 G5
Licques(62) 2 D3
Licy-Clignon(02) 44 B1
Lidrezing(57) 49 G2
Liebenswiller(68) 89 H4
Liebsdorf(68) 89 F4
Liebvillers(25) 88 D6
Liederschiedt(57) 50 D1
Lieffrans(70) 87 F4
le Liège(37) 95 F1
Liéhon(57) 28 D6
Liencourt(62) 11 F2
Lièpvre(68) 71 E3
Liéramont(80) 12 B5
Liercourt(80) 10 C4
Lières(62) 3 F5
Liergues(69) 129 H1
Liernais(21) 100 C1
Liernolles(03) 114 D3
Lierval(02) 24 D4
Lierville(60) 22 A6
Lies(65) 181 F6

Liesle(25) 103 E2
Liesse-Notre-Dame(02) 25 E2
Liessies(59) 13 H3
Liesville-sur-Douve(50) 17 F4
Liettres(62) 3 F5
Lieu-Saint-Amand(59) 12 D2
Lieuche(06) 176 D3
Lieucourt(70) 86 D5
Lieudieu(38) 130 C6
Lieurac(09) 198 D1
Lieuran-Cabrières(34) 187 E1
Lieuran-lès-Béziers(34) 186 D3
Lieurey(27) 20 A6
Lieuron(35) 56 D5
Lieusaint(50) 17 E3
Lieusaint(77) 43 E6
Lieutadès(15) 140 D6
Lieuvillers(60) 23 E4
Liévans(70) 87 H2
Liévin(62) 4 D6
Liez(02) 24 B2
Liez(85) 107 G3
Liézey(88) 70 B5
Liffol-le-Grand(88) 68 C2
Liffol-le-Petit(52) 68 B3
Liffré(35) 57 G2
Ligardes(32) 165 G2
Ligescourt(80) 10 C2
Liginiac(19) 126 A6
Liglet(86) 110 C2
Lignac(36) 110 D3
Lignairolles(11) 184 C5
Lignan-de-Bazas(33) 149 G4
Lignan-de-Bordeaux(33) 135 F6
Lignan-sur-Orb(34) 186 D3
Lignareix(19) 125 H5
Ligné(16) 122 B2
Ligné(44) 75 F4
Lignères(61) 39 F4
Lignereuil(62) 11 G2
Lignerolles(03) 112 D4
Lignerolles(21) 67 F6
Lignerolles(27) 40 D3
Lignerolles(36) 112 B2
Lignerolles(61) 39 H5
Lignéville(88) 69 E4
Ligneyrac(19) 138 D4
Lignières(10) 66 A6
Lignières(18) 97 E6
Lignières(41) 79 F1
Lignières(80) 23 F2
Lignières-Châtelain(80) 22 A1
Lignières-de-Touraine(37) 78 B6
Lignières-en-Vimeu(80) 10 B5
Lignières-la-Carelle(72) 60 A2
Lignières-Orgères(53) 38 C6
Lignières-Sonneville(16) 121 H5
Lignières-sur-Aire(55) 47 G3
Lignol(56) 54 C3
Lignol-le-Château(10) 67 F3
Lignon(51) 46 B6
Lignorelles(89) 83 G1
Lignou(61) 38 B5
Ligny-en-Barrois(55) 47 G5
Ligny-en-Brionnais(71) 115 F4
Ligny-Haucourt(59) 12 D4
Ligny-le-Châtel(89) 65 G6
Ligny-le-Ribault(45) 80 C3
Ligny-lès-Aire(62) 3 F5
Ligny-Saint-Flochel(62) 4 B6
Ligny-sur-Canche(62) 11 E2
Ligny-Thilloy(62) 12 A4
Ligré(37) 94 A2
Ligron(72) 77 G2
Ligsdorf(68) 89 G4
Ligueil(37) 95 E3
Ligueux(24) 137 F2
Ligueux(33) 136 C6
Ligugé(86) 109 F2
Lihons(80) 11 H6
Lihus(60) 22 B2
les Lilas(93) 42 D3
Lilhac(31) 182 C4
Lille(59) 5 E4
Lillebonne(76) 8 C6
Lillemer(35) 35 E4
Lillers(62) 3 G5
Lilly(27) 21 G4
Limalonges(79) 109 E5
Limans(04) 174 C3
Limanton(58) 99 G3
Limas(69) 129 H1
Limay(78) 41 G2
Limbrassac(09) 184 B6
Limé(02) 24 C1
Limeil-Brévannes(94) 42 D5
Limendous(64) 180 D4
Limeray(37) 79 E3
Limersheim(67) 71 G1
Limerzel(56) 73 G2
Limésy(76) 9 E5
Limetz-Villez(78) 41 F2
Limeuil(24) 137 G6
Limeux(18) 97 E3
Limeux(80) 10 C4
Limey-Remenauville(54) 48 B3
Limeyrat(24) 137 G3
Limoges(87) 124 B3
Limoges-Fourches(77) 43 E6
Limogne-en-Quercy(46) 153 E5
Limoise(03) 98 C6
Limon(58) 99 E4
Limonest(69) 129 H2
Limons(63) 127 H1
Limont-Fontaine(59) 13 G3
Limony(07) 144 A1
Limours(91) 42 B5
Limousis(11) 185 F3
Limoux(11) 185 E6
la Limouzinière(44) 91 E2
Limpiville(76) 8 C4
Linac(46) 153 G2
Linard(23) 111 H4

Linards(87) 124 C4
Linars(16) 122 B4
Linas(91) 42 C6
Linay(08) 15 G5
Linazay(86) 109 E5
Lindebeuf(76) 9 E4
le Lindois(16) 123 E3
Lindre-Basse(57) 49 G3
Lindre-Haute(57) 49 G3
Lindry(89) 83 E2
Linexert(70) 88 B2
Lingé(36) 95 F6
Lingeard(50) 37 E4
Lingèvres(14) 18 B4
Linghem(62) 3 F5
Lingolsheim(67) 51 E6
Lingreville(50) 36 C2
Linguizzetta(2B) 205 G3
Linières-Bouton(49) 77 G5
Liniers(86) 109 G1
Liniez(36) 96 C5
Linsdorf(68) 89 G4
Linselles(59) 5 E3
Linthal(68) 70 D6
Linthelles(51) 45 E5
Linthes(51) 45 E5
Lintot(76) 8 C5
Lintot-les-Bois(76) 9 F3
Linxe(40) 162 C3
Liny-devant-Dun(55) 27 E3
Linzeux(62) 11 E2
Liocourt(57) 49 E2
Liomer(80) 10 C6
le Lion-d'Angers(49) 76 B3
Lion-devant-Dun(55) 27 E2
Lion-en-Beauce(45) 62 D4
Lion-en-Sullias(45) 81 G3
Lion-sur-Mer(14) 18 D3
Liorac-sur-Louyre(24) 137 E5
Liouc(30) 171 F4
Liourdres(19) 139 E5
Lioux(84) 173 G5
Lioux-les-Monges(23) 126 B2
Liposthey(40) 148 C5
Lipsheim(67) 71 G1
Lirac(30) 172 C2
Liré(49) 75 G5
Lirey(10) 66 A4
Lironcourt(88) 69 E4
Lironville(54) 48 B3
Liry(08) 26 B3
Lisbourg(62) 3 E6
Lisieux(14) 19 G5
Lisle(24) 137 E3
Lisle(41) 79 F1
Lisle-en-Barrois(55) 47 E3
Lisle-en-Rigault(55) 47 E4
Lisle-sur-Tarn(81) 167 H4
Lislet(02) 25 F2
Lison(14) 17 G5
Lisores(14) 39 E2
Lisors(27) 21 F5
Lissac(09) 183 G4
Lissac(43) 142 B3
Lissac-et-Mouret(46) 153 F3
Lissac-sur-Couze(19) 138 C4
Lissay-Lochy(18) 97 G4
Lisse-en-Champagne(51) 46 C4
Lisses(91) 42 D6
Lisseuil(63) 113 F6
Lissey(55) 27 F3
Lissieu(69) 129 H2
Lissy(77) 43 F6
Listrac-de-Durèze(33) 150 B1
Listrac-Médoc(33) 134 D4
Lit-et-Mixe(40) 162 C2
Lithaire(50) 17 E5
Litteau(14) 17 H6
Littenheim(67) 50 D5
Litz(60) 22 D4
Livaie(61) 38 D6
Livarot(14) 19 F6
Liverdun(54) 48 C4
Liverdy-en-Brie(77) 43 F5
Livernon(46) 153 F2
Livers-Cazelles(81) 168 A2
Livet(53) 59 E4
Livet-en-Saosnois(72) 60 A2
Livet-et-Gavet(38) 146 A3
Livet-sur-Authou(27) 20 B6
Livilliers(95) 42 B1
Livinhac-le-Haut(12) 153 H3
la Livinière(34) 185 G3
Livré(53) 58 B6
Livré-sur-Changeon(35) 57 H2
Livron(64) 180 D4
Livron-sur-Drôme(26) 144 B6
Livry(14) 18 A5
Livry(58) 98 C5
Livry-Gargan(93) 43 E3
Livry-Louvercy(51) 45 H1
Livry-sur-Seine(77) 64 A1
Lixhausen(67) 51 E4
Lixheim(57) 50 B5
Lixing-lès-Rouhling(57) 29 H4
Lixing-lès-Saint-Avold(57) 29 G6
Lixy(89) 64 C3
Lizac(82) 166 C2
Lizant(86) 109 F6
Lizeray(36) 96 D4
Lizières(23) 111 F5
Lizine(25) 103 F2
Lizines(77) 64 D1
Lizio(56) 55 H5
Lizos(65) 181 F4
Lizy(02) 24 C3
Lizy-sur-Ourcq(77) 43 G2
Llagonne(66) 199 F5
Llauro(66) 200 C5
Llo(66) 199 F6
Llupia(66) 200 C4
Lobsann(67) 51 F3
Loc-Brévalaire(29) 31 E3

Loc-Eguiner(29) 31 G4
Loc-Eguiner-Saint-Thégonnec(29) 31 H4
Loc-Envel(22) 32 C5
Locarn(22) 32 C6
Loché-sur-Indrois(37) 95 G3
Loches(37) 95 F2
Loches-sur-Ource(10) 66 D5
le Locheur(14) 18 B5
Lochieu(01) 131 G1
Lochwiller(67) 50 D5
Locmalo(56) 54 D2
Locmaria(56) 72 B5
Locmaria-Berrien(29) 32 A5
Locmaria-Grand-Champ(56) 55 F5
Locmaria-Plouzané(29) 30 C5
Locmariaquer(56) 72 D2
Locmélar(29) 31 G4
Locminé(56) 55 F4
Locmiquélic(56) 54 C6
Locoal-Mendon(56) 54 D6
Locon(62) 3 H5
Loconville(60) 22 A6
Locqueltas(56) 55 F5
Locquénolé(29) 31 H3
Locquignol(59) 13 F3
Locquirec(29) 32 B2
Locronan(29) 53 E3
Loctudy(29) 53 F5
Locunolé(29) 54 B4
Loddes(03) 114 D4
Lodes(31) 182 B5
Lodève(34) 170 B5
Lods(25) 103 G2
Lœuilley(70) 86 C3
Lœuilly(80) 22 C1
Loffre(59) 5 F6
la Loge(62) 10 D1
la Loge-aux-Chèvres(10) 66 C3
Loge-Fougereuse(85) 92 C6
la Loge-Pomblin(10) 66 A5
Logelheim(68) 71 F5
les Loges(14) 18 A6
les Loges(52) 86 C1
les Loges(76) 8 B4
les Loges-en-Josas(78) 42 B4
les Loges-Marchis(50) 37 E6
les Loges-Margueron(10) 66 B5
les Loges-Saulces(14) 38 B3
les Loges-sur-Brécey(50) 37 E4
Lognes(77) 43 E4
Logny-Bogny(08) 14 C4
Logny-lès-Aubenton(02) 14 A3
Logonna-Daoulas(29) 31 F5
Logrian-Florian(30) 171 F3
Logron(28) 61 H4
Loguivy-Plougras(22) 32 C4
Lohéac(35) 56 D5
Lohitzun-Oyhercq(64) 179 F3
Lohr(67) 50 C4
Lohuec(22) 32 B5
Loigné-sur-Mayenne(53) 58 D6
Loigny-la-Bataille(28) 62 C4
Loiré(49) 75 G4
Loire-les-Marais(17) 107 F6
Loiré-sur-Nie(17) 121 G1
Loire-sur-Rhône(69) 130 A5
Loiron(53) 58 B4
Loisail(61) 39 H6
Loisey-Culey(55) 47 F4
Loisia(39) 117 G2
Loisieux(73) 131 G4
Loisin(74) 118 D3
Loison(55) 27 H3
Loison-sous-Lens(62) 4 D6
Loison-sur-Créquoise(62) 10 C1
Loisy(54) 48 D3
Loisy(71) 116 D1
Loisy-en-Brie(51) 45 F3
Loisy-sur-Marne(51) 46 B4
Loivre(51) 25 F5
Loix(17) 106 B4
Lolif(50) 35 H2
Lolme(47) 151 G2
Lombard(25) 103 E2
Lombard(39) 102 C5
Lombers(81) 168 B5
Lombez(32) 166 B5
Lombia(64) 180 D3
Lombrès(65) 181 H6
Lombreuil(45) 63 H6
Lombron(72) 60 C5
Lommerange(57) 28 B3
Lommoye(78) 41 F2
Lomné(65) 181 G6
Lomont(70) 88 B3
Lomont-sur-Crête(25) 88 A6
Lompnas(01) 131 E2
Lompnieu(01) 131 F1
Lompret(59) 5 E4
Lonçon(64) 180 B2
la Londe(76) 20 C5
la Londe-les-Maures(83) 192 B5
Londigny(16) 109 E6
Londinières(76) 9 H3
Long(80) 10 D4
Longages(31) 183 F3
Longaulnay(35) 34 D6
Longavesnes(80) 12 B5
Longchamp(21) 86 B4
Longchamp(52) 68 B4
Longchamp(88) 69 H3
Longchamp-sous-Châtenois(88) 68 D3
Longchamp-sur-Aujon(10) 67 F4
Longchamps(27) 21 G5
Longchamps-sur-Aire(55) 47 F3
Longchaumois(39) 118 B2
Longcochon(39) 103 F5
Longeau-Percey(52) 86 B2
Longeault(21) 102 A1
Longeaux(55) 47 G5
Longechaux(25) 104 C1
Longechenal(38) 131 E6

Longecourt-en-Plaine(21) 101 H1
Longecourt-lès-Culêtre(21) 101 E2
Longemaison(25) 104 D2
Longepierre(71) 102 A4
le Longeron(49) 92 A3
Longes(69) 129 H5
Longessaigne(69) 129 F3
Longevelle(70) 88 A4
Longevelle-lès-Russey(25) 105 E1
Longevelle-sur-Doubs(25) 88 C5
Longèves(17) 107 E4
Longèves(85) 107 F2
Longeville(25) 103 G2
la Longine(70) 88 B1
Longjumeau(91) 42 C5
Longlaville(54) 28 A1
Longmesnil(76) 21 G2
Longnes(72) 59 G5
Longnes(78) 41 F3
Longny-au-Perche(61) 40 A6
Longperrier(77) 43 E2
Longpont(02) 24 A5
Longpont-sur-Orge(91) 42 C5
Longpré-le-Sec(10) 66 D4
Longpré-les-Corps-Saints(80) 10 D5
Longraye(14) 18 A5
Longré(16) 122 A1
Longroy(76) 10 A5
Longsols(10) 66 C2
Longué-Jumelles(49) 77 F5
Longueau(80) 11 F6
Longuefuye(53) 58 D6
Longueil(76) 9 F2
Longueil-Annel(60) 23 G4
Longueil-Sainte-Marie(60) 23 F5
Longuenesse(62) 3 E4
Longuenoë(61) 38 D6
Longuerue(76) 9 G6
Longues-sur-Mer(14) 18 A3
Longuesse(95) 41 H2
Longueval(80) 11 H4
Longueval-Barbonval(02) 24 D5
Longueville(14) 17 H4
Longueville(47) 150 C4
Longueville(57) 35 G1
la Longueville(59) 13 G2
Longueville(62) 2 C4
Longueville(77) 64 D1
Longueville-sur-Aube(10) 45 F6
Longueville-sur-Scie(76) 9 F4
Longuevillette(80) 11 E3
Longuyon(54) 27 H2
Longvic(21) 85 H6
Longvillers(14) 18 B6
Longvillers(62) 2 B5
Longvilliers(78) 42 A6
Longwé(08) 26 C3
Longwy(54) 28 A2
Longwy-sur-le-Doubs(39) 102 B3
Lonlay-l'Abbaye(61) 37 G5
Lonlay-le-Tesson(61) 38 B5
Lonnes(16) 122 C2
Lonny(08) 14 D3
Lonrai(61) 59 H1
Lons(64) 180 B3
Lons-le-Saunier(39) 102 C6
Lonzac(17) 121 G4
le Lonzac(19) 125 E6
Looberghe(59) 3 F2
Loon-Plage(59) 3 E1
Loos(59) 5 E4
Loos-en-Gohelle(62) 4 D5
Looze(89) 65 E6
Lopérec(29) 31 G6
Loperhet(29) 31 F5
Lopigna(2A) 204 C5
Loqueffret(29) 31 H6
Loray(25) 104 D2
Lorcières(15) 141 G5
Lorcy(45) 63 H4
Lordat(09) 198 D2
Loré(61) 37 H6
Lorentzen(67) 50 B4
Loreto-di-Casinca(2B) 203 G5
Loreto-di-Tallano(2A) 206 D3
Lorette(42) 129 G5
le Loreur(50) 35 G1
Loreux(41) 80 C3
le Lorey(50) 17 F6
Lorey(54) 49 E6
Lorges(41) 79 H2
Lorgies(62) 4 D4
Lorgues(83) 192 C2
Lorient(56) 54 C5
Loriges(03) 114 A4
Lorignac(17) 121 E6
Lorigné(79) 108 D6
Loriol-du-Comtat(84) 173 E2
Loriol-sur-Drôme(26) 158 B1
Lorlanges(43) 141 G2
Lorleau(27) 21 G4
Lormaison(60) 22 C6
Lormaye(28) 41 F5
Lormes(58) 83 H6
Lormont(33) 135 E5
Lornay(74) 131 H1
Loromontzey(54) 69 G1
le Loroux(35) 58 A1
le Loroux-Bottereau(44) 75 F6
Lorp-Sentaraille(09) 183 E6
Lorquin(57) 50 A5
Lorrez-le-Bocage-Préaux(77) 64 B3
Lorris(45) 81 G1

Lorry-lès-Metz(57) 28 C5
Lorry-Mardigny(57) 28 C6
Lortet(65) 181 G6
Loscouët-sur-Meu(22) 56 B2
Los Masos(66) 200 A4
Losne(21) 102 A2
Losse(40) 164 C2
Lostanges(19) 139 E4
Lostroff(57) 49 H3
Lothey(29) 53 G2
le Lou-du-Lac(35) 56 D2
Louailles(72) 77 E2
Louan-Villegruis-Fontaine(77) 44 C6
Louannec(22) 32 C2
Louans(37) 94 D2
Louargat(22) 32 D4
Louâtre(02) 24 B6
Loubajac(65) 180 D5
Loubaresse(07) 156 D3
Loubaresse(15) 141 F5
Loubaut(09) 183 F5
Loubédat(32) 164 D5
Loubejac(24) 152 A3
Loubens(09) 183 H6
Loubens(33) 150 A2
Loubens-Lauragais(31) 167 G6
Loubers(81) 167 H2
Loubersan(32) 181 H2
Loubès-Bernac(47) 150 C1
Loubeyrat(63) 127 E2
Loubieng(64) 179 H2
la Loubière(12) 154 C5
Loubières(09) 183 H6
Loubigné(79) 108 C6
Loubillé(79) 108 C6
Loubressac(46) 139 E6
Loucé(61) 38 D4
Loucelles(14) 18 B4
Louchats(33) 149 E3
Louches(62) 2 D3
Louchy-Montfand(03) 113 H4
Loucrup(65) 181 E5
Loudéac(22) 55 G2
Loudenvielle(65) 196 B4
Louderville(65) 196 B4
Loudes(43) 142 B4
Loudet(31) 182 A5
Loudrefing(57) 49 H3
Loudun(86) 93 H3
Loué(72) 59 G5
Loueilley(70) 86 C3
Louer(40) 163 E5
Louerre(49) 76 D6
Louesme(21) 67 F6
Louestault(37) 78 C4
Loueuse(60) 22 A3
Louey(65) 181 E5
Lougé-sur-Maire(61) 38 C4
Lougratte(47) 151 F3
Lougres(25) 88 C5
Louhans(71) 102 A6
Louhossoa(64) 178 D3
Louignac(19) 138 B3
Louin(79) 93 F5
Louisfert(44) 75 E2
Louit(65) 181 F3
Loulans-Verchamp(70) 87 G4
Loulay(17) 107 H6
Loulle(39) 103 E5
la Loupe(28) 61 F1
Loupeigne(02) 24 C6
Loupershouse(57) 29 H5
Loupes(33) 135 F6
Loupfougères(53) 59 F2
Loupia(11) 184 D6
Loupiac(15) 149 G2
Loupiac(33) 138 C6
Loupiac(46) 167 G4
Loupiac-de-la-Réole(33) 150 A3
Loupian(34) 187 F2
Louplande(72) 59 H5
Loupmont(55) 48 A3
Louppy-le-Château(55) 47 E3
Louppy-sur-Loison(55) 27 F2
la Loupière-Thénard(10) 65 E2
Lourches(59) 12 D2
Lourde(31) 196 D3
Lourdes(65) 180 D5
Lourdios-Ichère(64) 179 H6
Lourdoueix-Saint-Michel(36) 111 G3
Lourdoueix-Saint-Pierre(23) 111 G3
Lourenties(64) 180 D4
Loures-Barousse(65) 182 A6
Louresse-Rochemenier(49) 93 E1
Lourmais(35) 35 E5
Lourmarin(84) 173 H5
Lournand(71) 116 A2
Lourouer-Saint-Laurent(36) 112 A1
le Louroux(37) 94 D2
le Louroux-Béconnais(49) 76 A4
Louroux-Bourbonnais(03) 113 F2
Louroux-de-Beaune(03) 113 F4
Louroux-de-Bouble(03) 113 G5
Louroux-Hodement(03) 113 G3
Lourquen(40) 163 F5
Lourties-Monbrun(32) 182 A2
Loury(45) 63 E5
Louslitges(32) 164 D6
Loussous-Débat(32) 164 D6
Loutehel(35) 56 C4
Loutzviller(57) 50 C1
Louvagny(14) 38 D2
Louvaines(49) 76 B2
Louvatange(39) 102 D1
Louveciennes(78) 42 B3
Louvemont(52) 46 D6
Louvemont-Côte-du-Poivre(55) 27 G4
Louvencourt(80) 11 G4
Louvenne(39) 117 G3
Louvergny(08) 15 E6
Louverné(53) 58 D4
le Louverot(39) 102 C5
Louversey(27) 40 B2

Louvetot(76) 8 D5
Louvie-Juzon(64) 180 B5
Louvie-Soubiron(64) 180 B6
la Louvière-Lauragais(11) 184 A4
Louvières(14) 17 H4
Louvières(52) 68 A5
Louvières-en-Auge(61) 38 D3
Louviers(27) 21 E6
Louvigné(53) 58 D4
Louvigné-de-Bais(35) 57 G3
Louvigné-du-Désert(35) 37 E6
Louvignies-Quesnoy(59) 13 E3
Louvigny(14) 18 C5
Louvigny(57) 48 D2
Louvigny(64) 180 B1
Louvigny(72) 60 A3
Louvil(59) 5 F5
Louville-la-Chenard(28) 62 C3
Louvilliers-en-Drouais(28) 40 D4
Louvilliers-lès-Perche(28) 40 C5
Louvois(51) 45 G1
Louvrechy(80) 22 D1
Louvres(95) 42 D2
Louvroil(59) 13 G2
Louye(27) 41 E4
Louzac-Saint-André(16) 121 G3
Louze(52) 67 E1
Louzes(72) 60 B2
Louzignac(17) 121 H2
Louzouer(45) 64 B5
Louzy(79) 93 F3
Lovagny(74) 132 A1
Loyat(56) 56 A4
la Loye(39) 102 C3
Loye-sur-Arnon(18) 112 C1
la Loyère(71) 101 F5
Loyettes(01) 130 D3
Lozanne(69) 129 H2
Lozay(17) 107 H6
Loze(82) 153 E6
Lozinghem(62) 3 G6
Lozon(50) 17 F6
Lozzi(2B) 204 D2
Luant(36) 96 B6
le Luart(72) 60 D5
Lubbon(40) 164 C2
Lubécourt(57) 49 F3
Lubersac(19) 124 C6
Lubey(54) 28 A4
Lubilhac(43) 141 G2
Lubine(88) 70 D3
Lublé(37) 77 H4
Lubret-Saint-Luc(65) 181 G3
Luby-Betmont(65) 181 G4
Luc(12) 154 B5
Luc(48) 156 C2
Luc(65) 181 F5
le Luc(83) 192 C3
Luc-Armau(64) 180 D2
Luc-en-Diois(26) 159 F2
Luc-sur-Aude(11) 199 G1
Luc-sur-Mer(14) 18 C3
Luc-sur-Orbieu(11) 185 H5
Lucarré(64) 180 D3
Luçay-le-Libre(36) 96 D3
Luçay-le-Mâle(36) 96 A2
Lucbardez-et-Bargues(40) 163 H3
Lucciana(2B) 203 G5
Lucé(28) 62 A2
Lucé(61) 37 H6
Lucé-sous-Ballon(72) 60 A4
Luceau(72) 78 B3
Lucelle(68) 89 F5
Lucenay(69) 129 H2
Lucenay-le-Duc(21) 84 D3
Lucenay-lès-Aix(58) 99 F6
Lucenay-l'Évêque(71) 100 C4
Lucéram(06) 177 F3
la Lucerne-d'Outremer(50) 35 G2
Lucey(21) 85 F1
Lucey(54) 48 B4
Lucey(73) 131 G3
Lucgarier(64) 180 D4
Luchapt(86) 110 A5
Luchat(17) 120 D3
Luché-Pringé(72) 77 G2
Luché-sur-Brioux(79) 108 C5
Luché-Thouarsais(79) 93 F4
Lucheux(80) 11 F3
Luchy(60) 22 C3
Lucinges(74) 118 D4
Lucmau(33) 149 G5
Luçon(85) 106 D2
Lucq-de-Béarn(64) 179 H3
Lucquy(08) 14 C6
les Lucs-sur-Boulogne(85) 91 F3
Lucy(57) 49 F2
Lucy(76) 21 F1
Lucy-le-Bocage(02) 44 B2
Lucy-le-Bois(89) 83 H4
Lucy-sur-Cure(89) 83 G3
Lucy-sur-Yonne(89) 83 F4
le Lude(72) 77 G3
Ludes(51) 45 G1
Ludesse(63) 127 F5
Ludiès(09) 184 A5
Ludon-Médoc(33) 135 E4
Ludres(54) 48 D5
Lüe(40) 148 C6
Lué-en-Baugeois(49) 77 E4
Luemschwiller(68) 89 G3
Lugagnac(46) 153 E4
Lugagnan(65) 181 E6
Lugaignac(33) 135 G6
Lugan(12) 153 H4
Lugan(81) 167 G2
Lugarde(15) 140 C2
Lugasson(33) 149 H1
Luglon(40) 163 F2
Lugny(02) 25 E1
Lugny(71) 116 B2
Lugny-Bourbonnais(18) 98 A4
Lugny-Champagne(18) 98 B2

Lugny-lès-Charolles(71) 115 G3
Lugo-di-Nazza(2B) 205 F5
Lugon-et-l'Île-du-Carnay(33) 135 F5
Lugos(33) 148 C3
Lugrin(74) 119 F2
Lugy(62) 3 E6
le Luhier(25) 105 E1
Luigné(49) 76 D6
Luigny(28) 61 F3
Luisant(28) 62 A2
Luisetaines(77) 64 D1
Luitré(35) 58 A2
Lullin(74) 119 E3
Lully(74) 119 E3
Lumbin(38) 145 H1
Lumbres(62) 3 E4
Lumeau(28) 62 C4
Lumes(08) 15 E4
Lumigny-Nesles-Ormeaux(77) 43 G5
Lumio(2B) 202 C5
Lunac(12) 153 G6
Lunan(46) 153 G3
Lunas(24) 136 D5
Lunas(34) 170 A6
Lunax(31) 182 B3
Lunay(41) 79 E2
Luneau(03) 115 E3
Lunegarde(46) 153 E2
Lunel(34) 171 G6
Lunel-Viel(34) 171 G6
Luneray(76) 9 E3
Lunery(18) 97 F4
Lunéville(54) 49 F5
le Luot(50) 35 H2
Lupcourt(54) 48 D5
Lupé(42) 143 H1
Lupersat(23) 126 A1
Lupiac(32) 165 E5
Luplanté(28) 62 A3
Luppé-Violles(32) 164 C5
Luppy(57) 28 D6
Lupsault(16) 122 A1
Lupstein(67) 50 D5
Luquet(65) 180 D4
Lurais(36) 95 E6
Luray(28) 41 E5
Lurbe-Saint-Christau(64) 179 H5
Lurcy(01) 116 B6
Lurcy-le-Bourg(58) 99 E2
Lurcy-Lévis(03) 98 B6
Luré(42) 128 C2
Lure(70) 88 B3
Lureuil(36) 95 F6
Luri(2B) 203 G2
Luriecq(42) 128 D6
Lurs(04) 174 D3
Lury-sur-Arnon(18) 97 E2
Lus-la-Croix-Haute(26) 159 G2
Lusanger(44) 74 D2
Luscan(31) 182 A6
Lusignac(24) 136 C2
Lusignan(86) 108 D3
Lusignan-Petit(47) 151 E6
Lusigny(03) 114 B1
Lusigny-sur-Barse(10) 66 C3
Lusigny-sur-Ouche(21) 101 E2
Lussac(16) 122 D2
Lussac(17) 121 F6
Lussac(33) 135 H5
Lussac-les-Châteaux(86) 109 H3
Lussac-les-Églises(87) 110 C4
Lussagnet(40) 164 B4
Lussagnet-Lusson(64) 180 D2
Lussan(30) 172 A1
Lussan(32) 165 H6
Lussan-Adeilhac(31) 182 D4
Lussant(17) 120 D1
Lussas(07) 157 G3
Lussas-et-Nontronneau(24) 123 E5
Lussat(23) 112 C5
Lussat(63) 127 F3
Lussault-sur-Loire(37) 79 E6
Lusse(88) 70 D3
Lusseray(79) 108 C5
Lustar(65) 181 G4
Luthenay-Uxeloup(58) 98 D5
Lutilhous(65) 181 G5
Luttange(57) 28 D4
Luttenbach-près-Munster(68) 70 D5
Lutter(68) 89 G4
Lutterbach(68) 89 F2
Lutz-en-Dunois(28) 62 A5
Lutzelbourg(57) 50 C5
Lutzelhouse(67) 71 E1
Luvigny(88) 70 D1
Lux(21) 86 A4
Lux(31) 184 B2
Lux(71) 101 G5
Luxe(16) 122 B2
Luxe-Sumberraute(64) 179 E3
Luxémont-et-Villotte(51) 46 B5
Luxeuil-les-Bains(70) 87 H1
Luxey(40) 149 F5
Luxiol(25) 87 H5
Luyères(10) 66 B2
Luynes(37) 78 B6
Luz-Saint-Sauveur(65) 195 G4
Luzancy(77) 44 A2
Luzarches(95) 42 D1
Luzay(79) 93 F4
Luzé(37) 94 B3
Luze(70) 88 C3
Luzech(46) 152 B4
Luzenac(09) 198 D3
Luzeret(36) 111 E2
la Luzerne(50) 17 G6
Luzillat(63) 127 G2
Luzillé(37) 95 F1
Luzinay(38) 130 B3
Luzoir(02) 13 G5
Luzy(58) 100 A5
Luzy-Saint-Martin(55) 15 G6
Luzy-sur-Marne(52) 67 H5

Ly-Fontaine(02) 24 B1
Lyas(07) 157 H1
Lyaud(74) 119 E3
Lye(36) 96 A1
Lynde(59) 3 F4
Lyoffans(70) 88 B3
Lyon(69) 130 A3
Lyons-la-Forêt(27) 21 F4
Lys(58) 83 F6
Lys(64) 180 B5
Lys-lez-Lannoy(59) 5 F4
Lys-Saint-Georges(36) 111 G1

M

Maast-et-Violaine(02) 24 C5
Maâtz(52) 86 C2
Mably(42) 115 F6
Macau(33) 135 E4
Macaye(64) 178 D3
Macé(61) 39 E5
Macey(10) 65 H3
Macey(50) 35 G4
Machault(08) 26 A3
Machault(77) 64 B1
Maché(85) 90 D4
Machecoul(44) 90 D2
Mâchecourt(02) 25 E2
Machemont(60) 23 G3
Macheren(57) 29 G5
Machézal(42) 129 E2
Machiel(80) 10 C2
Machilly(74) 118 D4
la Machine(58) 99 F4
Machy(10) 66 A4
Machy(80) 10 C2
Mackenheim(67) 71 G4
Mackwiller(67) 50 B3
Maclas(42) 143 H1
Macogny(02) 44 A1
Mâcon(71) 116 C4
Maconcourt(88) 69 E2
Maconge(21) 101 E1
Macornay(39) 102 C6
Mâcot-la-Plagne(73) 133 E4
Macqueville(17) 121 H3
Macquigny(02) 13 E6
Madaillan(47) 151 E6
Madecourt(88) 69 F3
Madegney(88) 69 G3
la Madelaine-sous-Montreuil(62) 2 B6
la Madeleine-Bouvet(61) 61 F1
la Madeleine-de-Nonancourt(27) 40 D4
la Madeleine-sur-Loing(77) 64 A4
la Madeleine-Villefrouin(41) 79 H2
Madic(15) 140 B1
Madière(09) 183 G5
Madirac(33) 149 G1
Madiran(65) 181 E1
Madonne-et-Lamerey(88) 69 G3
Madranges(19) 125 E6
Madré(53) 38 B6
Madriat(63) 127 F6
Maël-Carhaix(22) 32 C6
Maël-Pestivien(22) 32 D5
Maennolsheim(67) 50 D5
Maffliers(95) 42 C2
Maffrécourt(51) 26 C5
Magalas(34) 186 D2
la Magdelaine-sur-Tarn(31) 167 F4
la Magdeleine(16) 108 D6
le Mage(61) 61 E1
Magenta(51) 45 F2
les Mages(30) 157 E6
Magescq(40) 162 C4
Magland(74) 119 F6
Magnac-Bourg(87) 124 C5
Magnac-Laval(87) 110 C5
Magnac-Lavalette-Villars(16) 122 C5
Magnac-sur-Touvre(16) 122 C4
Magnan(32) 164 C5
Magnant(10) 66 C4
Magnanville(78) 41 G2
Magnas(32) 165 H4
Magnat-l'Étrange(23) 125 H3
Magné(79) 107 H4
Magné(86) 109 F3
Magnet(03) 114 B5
Magneux(51) 24 D5
Magneux(52) 47 E6
Magneux-Haute-Rive(42) 129 E4
Magneville(50) 16 C3
Magnicourt(10) 66 C1
Magnicourt-en-Comte(62) 4 B6
Magnicourt-sur-Canche(62) 10 D2
Magnien(21) 100 D2
Magnières(54) 70 A2
Magnieu(01) 131 G3
les Magnils-Reigniers(85) 106 D2
Magnivray(70) 88 B2
Magnoncourt(70) 69 G6
le Magnoray(70) 87 G4
Magny(28) 61 H3
le Magny(36) 111 H2
le Magny(68) 89 E3
le Magny(88) 69 G5
Magny(89) 84 A4
Magny-Châtelard(25) 87 H6
Magny-Cours(58) 98 D4
Magny-Danigon(70) 88 B3
Magny-en-Bessin(14) 18 B3
Magny-en-Vexin(95) 41 H1
Magny-Fouchard(10) 66 D3
Magny-Jobert(70) 88 B3
Magny-la-Campagne(14) 39 E6
Magny-la-Fosse(02) 12 C5
Magny-la-Ville(21) 84 D4
Magny-Lambert(21) 85 E3
Magny-le-Désert(61) 38 B6
Magny-le-Freule(14) 19 E5

Magny-le-Hongre(77) 43 F3
Magny-lès-Aubigny(21) 102 A2
Magny-les-Hameaux(78) 42 B5
Magny-lès-Jussey(70) 69 E6
Magny-lès-Villers(21) 101 G2
Magny-Lormes(58) 83 G6
Magny-Montarlot(21) 86 B6
Magny-Saint-Médard(21) 86 A5
Magny-sur-Tille(21) 86 A6
Magny-Vernois(70) 88 B3
Magoar(22) 32 D5
Magrie(11) 184 D6
Magrin(81) 167 H6
Magstatt-le-Bas(68) 89 G3
Magstatt-le-Haut(68) 89 G3
Mahalon(29) 52 D3
Maheru(61) 39 G5
Maîche(25) 88 D6
Maidières(54) 48 C3
Maignaut-Tauzia(32) 165 F4
Maigné(72) 59 H6
Maignelay-Montigny(60) 23 E3
Mailhac(11) 186 A4
Mailhac-sur-Benaize(87) 110 D4
Mailhoc(81) 168 B3
Mailholas(31) 183 F4
Maillane(13) 172 D4
Maillas(40) 149 H6
Maillat(01) 117 G5
Maillé(37) 94 C3
Maillé(85) 107 G3
Maillé(86) 93 H6
Maillebois(28) 40 D5
la Mailleraye-sur-Seine(76) 8 D6
Maillères(40) 163 H2
Mailleroncourt-Charette(70) 87 G2
Mailleroncourt-Saint-Pancras(70) 69 F6
Maillet(03) 113 E2
Maillet(36) 111 F2
Mailley-et-Chazelot(70) 87 F3
Maillezais(85) 107 G3
Maillot(89) 65 E4
Mailly(71) 115 F5
Mailly-Champagne(51) 45 G1
Mailly-la-Ville(89) 83 G3
Mailly-le-Camp(10) 45 G5
Mailly-le-Château(89) 83 F4
Mailly-Maillet(80) 11 G4
Mailly-Raineval(80) 23 E1
Mailly-sur-Seille(54) 48 D2
les Maillys(21) 102 B2
Maimbeville(60) 23 E4
Maincy(77) 43 F6
Maine-de-Boixe(16) 122 C2
Mainfonds(16) 122 B5
Maing(59) 12 D2
Mainneville(27) 21 H4
Mainsat(23) 112 C6
Maintenay(62) 10 C1
Maintenon(28) 41 F6
Mainvillers(57) 29 F6
Mainvilliers(28) 62 A1
Mainvilliers(45) 63 F3
Mainxe(16) 121 H4
Mainzac(16) 122 D5
Mairé(86) 94 D5
Mairé-Levescault(79) 108 D5
Mairieux(59) 13 G2
Mairy(08) 15 F5
Mairy-Mainville(54) 28 A3
Mairy-sur-Marne(51) 46 A3
Maisdon-sur-Sèvre(44) 91 F1
Maisey-le-Duc(21) 85 E1
Maisnières(80) 10 B4
le Maisnil(59) 4 D4
Maisnil(62) 10 D2
Maisnil-lès-Ruitz(62) 3 G6
Maison-des-Champs(10) 66 D3
la Maison-Dieu(58) 83 G5
Maison-Feyne(23) 111 F4
Maison-Maugis(61) 60 D2
Maison-Ponthieu(80) 10 D3
Maison-Roland(80) 10 D3
Maison-Rouge(77) 43 H6
Maisoncelle(62) 3 E6
Maisoncelle-et-Villers(08) 15 F5
Maisoncelle-Saint-Pierre(60) 22 C3
Maisoncelle-Tuilerie(60) 22 C3
Maisoncelles(52) 67 E6
Maisoncelles(72) 60 D6
Maisoncelles-en-Brie(77) 43 G3
Maisoncelles-en-Gâtinais(77) 63 H4
Maisoncelles-la-Jourdan(14) 37 H2
Maisoncelles-Pelvey(14) 18 B5
Maisoncelles-sur-Ajon(14) 18 B5
Maisonnais(18) 112 B1
Maisonnais-sur-Tardoire(87) 123 F4
Maisonnay(79) 108 C5
Maisonneuve(86) 93 H6
Maisonnisses(23) 111 H6
Maisons(11) 200 B1
Maisons(14) 18 A3
Maisons(28) 62 C2
Maisons-Alfort(94) 42 D4
Maisons-du-Bois-Lièvremont(25) 104 C3
Maisons-en-Champagne(51) 46 B4
Maisons-Laffitte(78) 42 C3
Maisons-lès-Chaource(10) 66 B5
Maisons-lès-Soulaines(10) 67 E3
Maisonsgoutte(67) 71 E2
Maisontiers(79) 93 F5
Maisse(91) 63 G2
Maissemy(02) 12 C6
Maixe(54) 49 E5
Maizeray(55) 27 H5
Maizeroy(57) 29 E5
Maizery(57) 28 D5
Maizet(14) 18 C5
Maizey(55) 47 H2
Maizicourt(80) 11 E3
Maizières(14) 19 E6

Maizières(52) 47 E6
Maizières(54) 48 C5
Maizières(62) 11 F2
Maizières(70) 87 F4
Maizières-la-Grande-Paroisse(10) 65 G1
Maizières-lès-Brienne(10) 66 D1
Maizières-lès-Metz(57) 28 C4
Maizières-lès-Vic(57) 49 H4
Maizières-sur-Amance(52) 86 C1
Maizilly(42) 115 G5
Maizy(02) 24 D5
Majastres(04) 175 G3
Malabat(32) 181 F2
la Malachère(70) 87 F4
Malafretaz(01) 117 E3
Mâlain(21) 85 F6
Malaincourt(88) 68 D3
Malaincourt-sur-Meuse(52) 68 C4
Malakoff(92) 42 C4
Malancourt(55) 27 E4
Malandry(08) 15 G5
Malange(39) 102 C1
Malans(25) 103 F2
Malans(70) 86 D6
Malansac(56) 56 A6
Malarce-sur-la-Thines(07) 156 D4
Malataverne(26) 158 A4
Malaucène(84) 158 D6
Malaucourt-sur-Seille(57) 49 E3
Malaunay(76) 9 F6
Malause(82) 166 B2
Malaussanne(64) 163 H6
Malaussène(06) 177 E3
Malauzat(63) 127 E2
Malaville(16) 122 A4
Malavillers(54) 28 B3
Malay(71) 116 B1
Malay-le-Grand(89) 65 E4
Malay-le-Petit(89) 65 E4
Malbo(15) 140 C4
Malbosc(07) 157 E5
Malbouhans(70) 88 B3
Malbouzon(48) 155 F2
Malbrans(25) 103 F2
Malbuisson(25) 103 H4
Mâle(61) 61 E3
Malegoude(09) 184 A5
Malemort-du-Comtat(84) 173 G3
Malemort-sur-Corrèze(19) 138 C3
la Malène(48) 155 G5
Malesherbes(45) 63 G3
Malestroit(56) 56 A5
Maleville(12) 153 G5
Malguénac(56) 55 E2
la Malhoure(22) 34 A5
Malicornay(36) 111 F1
Malicorne(03) 113 F4
Malicorne(89) 82 C2
Malicorne-sur-Sarthe(72) 77 F1
Maligny(21) 100 D2
Maligny(89) 83 G1
Malijai(04) 175 E2
Malincourt(59) 12 D4
Malintrat(63) 127 F3
Malissard(26) 144 B5
Mallefougasse-Augès(04) 174 D2
Malleloy(54) 48 C4
Mallemoisson(04) 175 E2
Mallemort(13) 173 G5
Malléon(09) 184 A6
Malleret(23) 125 H3
Malleret-Boussac(23) 112 B4
Malleval(38) 145 E3
Malleval(42) 129 H6
Malleville-les-Grès(76) 8 D5
Malleville-sur-le-Bec(27) 20 B6
Mallièvre(85) 92 B4
Malling(57) 28 D2
Malloué(14) 37 H2
la Malmaison(02) 25 F3
Malmerspach(68) 89 E1
Malmy(51) 26 C5
Malons-et-Elze(30) 156 D4
Malouy(27) 39 G1
Malpart(80) 23 E2
Malpas(25) 103 H4
Malras(11) 184 D6
Malrevers(43) 142 C4
Malroy(57) 28 D5
Maltat(71) 99 H6
Maltot(14) 18 C5
Malval(23) 111 H4
Malvalette(43) 143 E2
Malves-en-Minervois(11) 185 F4
Malvezie(31) 182 B6
Malvières(43) 142 B1
Malviès(11) 184 D5
Malville(44) 74 A4
Malvillers(70) 87 E2
Malzéville(54) 48 D4
le Malzieu-Forain(48) 141 G6
le Malzieu-Ville(48) 141 G6
Malzy(02) 13 F5
Mamers(72) 60 B2
Mametz(62) 3 F5
Mametz(80) 11 H5
Mamey(54) 48 C3
Mamirolle(25) 103 G1
Manas(26) 158 C3
Manas-Bastanous(32) 181 G3
Manaurie(24) 137 H4
Mance(54) 28 A4
la Mancelière(28) 40 C5
la Mancellière-sur-Vire(50) 37 E1
Mancenans(25) 88 B5
Mancenans-Lizerne(25) 88 D6
Mancey(71) 116 C1
Manchecourt(45) 63 F3
Mancieulles(54) 28 B4
Mancioux(31) 182 D5

Commune	Page	Grid
Mancy(51)	45	F2
Mandagout(30)	170	D3
Mandailles-Saint-Julien(15)	140	C4
Mandelieu-la-Napoule(06)	193	G1
Manderen(57)	29	E2
Mandeure(25)	88	D5
Mandeville(27)	20	D6
Mandeville-en-Bessin(14)	17	H5
Mandray(88)	70	C4
Mandres(27)	40	B4
Mandres-aux-Quatre-Tours(54)	48	B3
Mandres-en-Barrois(55)	47	G6
Mandres-la-Côte(52)	68	A5
Mandres-les-Roses(94)	43	E5
Mandres-sur-Vair(88)	69	E3
Mandrevillars(70)	88	C3
Manduel(30)	172	B4
Mane(04)	174	C3
Mane(31)	182	D6
Manéglise(76)	8	A5
Manéhouville(76)	9	F3
Manent-Montané(32)	182	A3
Manerbe(14)	19	G4
Mangiennes(55)	27	G3
Manglieu(63)	127	G5
Mangonville(54)	69	G1
Manhac(12)	154	B6
Manheulles(55)	27	H5
Manhoué(57)	49	E3
Manicamp(02)	24	A3
Manigod(74)	132	C2
Manin(62)	11	G2
Maninghem(62)	2	D6
Maninghen-Henne(62)	2	B3
Maniquerville(76)	8	B4
Manlay(21)	100	C2
Manneville-Ès-Plains(76)	8	D3
Manneville-la-Goupil(76)	8	B5
Manneville-la-Pipard(14)	19	G4
Manneville-la-Raoult(27)	19	G3
Manneville-sur-Risle(27)	20	A5
Mannevillette(76)	8	A5
Mano(40)	149	E4
le Manoir(14)	18	B3
le Manoir(27)	21	E5
Manois(52)	68	A3
Manom(57)	28	C3
Manoncourt-en-Vermois(54)	49	E5
Manoncourt-en-Woëvre(54)	48	C4
Manonville(54)	48	B3
Manonviller(54)	49	G5
Manosque(04)	174	C4
Manot(16)	123	F2
Manou(28)	40	C6
Manre(08)	26	B4
le Mans(72)	60	A6
Mansac(19)	138	B3
Mansan(65)	181	F3
Mansat-la-Courrière(23)	125	E1
Mansempuy(32)	166	A5
Mansencôme(32)	165	F4
Manses(09)	184	B5
Mansigné(72)	77	G2
Mansle(16)	122	C2
Manso(2B)	204	C2
Mansonville(82)	166	A2
Manspach(68)	89	E3
Mant(40)	163	H6
Mantallot(22)	32	D2
Mantenay-Montlin(01)	116	D3
Mantes-la-Jolie(78)	41	G2
Mantes-la-Ville(78)	41	G2
Mantet(66)	199	H5
Manteyer(05)	160	A3
Manthelan(37)	94	D2
Manthelon(27)	40	C3
Manthes(26)	144	C1
Mantilly(61)	37	G6
Mantoche(70)	86	C5
Mantry(39)	102	C5
Manvieux(14)	18	B3
Many(57)	29	F6
Manzac-sur-Vern(24)	137	E4
Manzat(63)	127	E1
Manziat(01)	116	C3
Marac(52)	67	H6
Marainville-sur-Madon(88)	69	F1
Marainviller(54)	49	G5
Marais-la-Chapelle(14)	38	D3
Marais-Vernier(27)	19	H2
Marambat(32)	165	E5
Marandeuil(21)	86	B5
Marange-Silvange(57)	28	C4
Marange-Zondrange(57)	29	F5
Marans(17)	107	E3
Marans(49)	76	A3
Maransin(33)	135	G4
Marant(62)	2	C6
Maranville(52)	67	F4
Maranwez(08)	14	B4
Marast(70)	87	H3
Marat(63)	128	B4
Maraussan(34)	186	C3
Maravat(32)	165	H5
Maray(41)	96	D1
Maraye-en-Othe(10)	65	H4
Marbache(54)	48	D3
Marbaix(59)	13	F3
Marbeuf(27)	20	C6
Marbéville(52)	67	G3
Marboué(28)	61	H5
Marboz(01)	117	E3
Marby(08)	14	C3
Marc-la-Tour(19)	139	E3
Marçais(18)	97	G6
Marçay(37)	94	A2
Marçay(86)	109	E2
Marcé(49)	76	D3
Marcé-sur-Esves(37)	94	D3
Marcei(61)	38	D5
Marcellaz(74)	118	D5
Marcellaz-Albanais(74)	132	A2
Marcellois(21)	85	E6
Marcellus(47)	150	B4
Marcenais(33)	135	G4
Marcenat(03)	114	B5
Marcenat(15)	140	D2
Marcenay(21)	84	D1
Marcenod(42)	129	G5
Marcey-les-Grèves(50)	35	H3
Marchainville(61)	40	B6
Marchais(02)	25	E3
Marchais-Beton(89)	82	C1
Marchais-en-Brie(02)	44	C3
Marchamp(01)	131	F3
Marchampt(69)	116	A6
Marchastel(15)	140	C2
Marchastel(48)	155	F2
Marchaux(25)	87	G5
la Marche(58)	98	C2
Marché-Allouarde(80)	23	G1
Marchélepot(80)	12	A6
Marchemaisons(61)	39	F6
Marchémoret(77)	43	F2
Marchenoir(41)	79	H2
Marcheprime(33)	148	D2
Marches(26)	144	C4
les Marches(73)	132	A5
Marcheseuil(21)	100	C2
Marchésieux(50)	17	F6
Marchéville(28)	61	H2
Marchéville-en-Woëvre(55)	27	H5
Marchezais(28)	41	F4
Marchiennes(59)	5	G6
Marciac(32)	181	F1
Marcieu(38)	145	G5
Marcieux(73)	131	G4
Marcigny(71)	115	F4
Marcigny-sous-Thil(21)	84	D5
Marcilhac-sur-Célé(46)	153	E3
Marcillac(33)	135	E2
Marcillac-la-Croisille(19)	139	F2
Marcillac-la-Croze(19)	139	E4
Marcillac-Lanville(16)	122	B2
Marcillac-Saint-Quentin(24)	138	A5
Marcillac-Vallon(12)	154	B4
Marcillat(63)	113	G6
Marcillat-en-Combraille(03)	113	E5
Marcillé-la-Ville(53)	59	E2
Marcillé-Raoul(35)	35	F5
Marcillé-Robert(35)	57	G4
Marcilloles(38)	144	D1
Marcilly(50)	35	H3
Marcilly(77)	43	G2
Marcilly-d'Azergues(69)	129	H2
Marcilly-en-Bassigny(52)	68	C6
Marcilly-en-Beauce(41)	79	E2
Marcilly-en-Gault(41)	80	C5
Marcilly-en-Villette(45)	80	D2
Marcilly-la-Campagne(27)	40	D4
Marcilly-la-Gueurce(71)	115	G3
Marcilly-le-Châtel(42)	128	D4
Marcilly-le-Hayer(10)	65	F2
Marcilly-lès-Buxy(71)	101	E6
Marcilly-lès-Vitteaux(21)	84	D5
Marcilly-Ogny(21)	84	D6
Marcilly-sur-Eure(27)	41	E4
Marcilly-sur-Maulne(37)	77	H4
Marcilly-sur-Seine(51)	44	D6
Marcilly-sur-Tille(21)	85	H4
Marcilly-sur-Vienne(37)	94	C3
Marck(62)	2	D2
Marckolsheim(67)	71	G4
Marclopt(42)	129	E4
Marcoing(59)	12	C3
Marcolès(15)	154	A1
Marcollin(38)	144	C1
Marcols-les-Eaux(07)	143	F6
Marçon(72)	78	B3
Marconne(62)	10	D1
Marconnelle(62)	10	D1
Marcorignan(11)	186	A6
Marcoussis(91)	42	C5
Marcoux(04)	160	D6
Marcoux(42)	128	D4
Marcq(08)	26	D3
Marcq(78)	41	H3
Marcq-en-Barœul(59)	5	F4
Marcq-en-Ostrevent(59)	12	C2
Marcy(02)	12	D6
Marcy(58)	83	E6
Marcy(69)	129	H2
Marcy-l'Étoile(69)	129	H3
Marcy-sous-Marle(02)	24	D1
Mardeuil(51)	45	F2
Mardié(45)	80	D1
Mardilly(61)	39	F3
Mardor(52)	67	H6
Mardore(69)	115	G6
Mareau-aux-Bois(45)	63	F5
Mareau-aux-Prés(45)	80	C1
Mareil-en-Champagne(72)	59	G5
Mareil-en-France(95)	42	D2
Mareil-le-Guyon(78)	41	H4
Mareil-Marly(78)	42	B3
Mareil-sur-Loir(72)	77	G2
Mareil-sur-Mauldre(78)	41	H3
Mareilles(52)	68	A4
Marenla(62)	2	C6
Marennes(17)	120	B2
Marennes(69)	130	B4
Maresché(72)	60	A4
Maresches(59)	13	G2
Maresquel-Ecquemicourt(62)	10	C1
Marest(62)	3	F6
Marest-Dampcourt(02)	24	A3
Marest-sur-Matz(60)	23	G3
Marestaing(32)	166	B6
Marestmontiers(80)	23	E2
Maresville(62)	2	B5
les Marêts(77)	44	B5
Maretz(59)	12	D4
Mareuil(16)	121	H3
Mareuil(24)	122	D6
Mareuil-Caubert(80)	10	C4
Mareuil-en-Brie(51)	45	E2
Mareuil-en-Dôle(02)	24	C6
Mareuil-la-Motte(60)	23	G3
Mareuil-le-Port(51)	45	E1
Mareuil-lès-Meaux(77)	43	G3
Mareuil-sur-Arnon(18)	97	E5
Mareuil-sur-Ay(51)	45	F2
Mareuil-sur-Cher(41)	95	H1
Mareuil-sur-Lay-Dissais(85)	91	G6
Mareuil-sur-Ourcq(60)	43	H1
Marey(88)	69	E2
Marey-lès-Fussey(21)	101	F2
Marey-sur-Tille(21)	85	H3
Marfaux(51)	25	E6
Marfontaine(02)	13	H6
Margaux(33)	134	D4
Margencel(74)	119	E3
Margency(95)	42	C2
Margerides(19)	126	A6
Margerie-Chantagret(42)	128	D5
Margerie-Hancourt(51)	46	B6
Margès(26)	144	C3
le Margnès(81)	169	E6
Margny(08)	15	H5
Margny(51)	44	D3
Margny-aux-Cerises(60)	23	G2
Margny-lès-Compiègne(60)	23	G4
Margny-sur-Matz(60)	23	G3
Margon(28)	61	E3
Margon(34)	186	D2
Margouët-Meymes(32)	164	D5
Marguerittes(30)	172	B4
Margueron(33)	150	C1
Marguestau(32)	164	C4
Margut(08)	15	H5
Mariac(07)	143	F5
Maricourt(80)	11	H5
Marie(06)	177	E2
Marieulles(57)	28	C6
Marieux(80)	11	F4
Marigna-sur-Valouse(39)	117	G2
Marignac(17)	121	F5
Marignac(31)	196	D3
Marignac(82)	166	B4
Marignac-en-Diois(26)	145	E6
Marignac-Lasclares(31)	183	E4
Marignac-Laspeyres(31)	182	D4
Marignana(2A)	204	C3
Marignane(13)	190	C3
Marigné(49)	76	C2
Marigné-Laillé(72)	78	A2
Marigné-Peuton(53)	58	C6
Marignier(74)	119	E5
Marignieu(01)	131	G2
Marigny(03)	113	H2
Marigny(39)	103	E6
Marigny(50)	17	F6
Marigny(51)	45	E5
Marigny(71)	100	D6
Marigny(79)	108	A5
Marigny-Brizay(86)	94	B6
Marigny-Chemereau(86)	109	E3
Marigny-en-Orxois(02)	44	B2
Marigny-le-Cahouët(21)	84	D5
Marigny-le-Châtel(10)	65	F2
Marigny-l'Église(58)	83	H6
Marigny-lès-Reullée(21)	101	G3
Marigny-les-Usages(45)	62	D6
Marigny-Marmande(37)	94	C4
Marigny-Saint-Marcel(74)	131	H2
Marigny-sur-Yonne(58)	83	G6
Marillac-le-Franc(16)	122	D3
le Marillais(49)	75	G5
Marillet(85)	107	H1
Marimbault(33)	149	G4
Marimont-lès-Bénestroff(57)	49	H2
Marin(74)	119	E3
Marines(95)	42	A1
Maringes(42)	129	F4
Maringues(63)	127	G2
Mariol(03)	127	H1
Marions(33)	150	A4
Marizy(71)	115	H2
Marizy-Saint-Mard(02)	24	A6
Marizy-Sainte-Geneviève(02)	24	A6
Marle(02)	25	E1
Marlemont(08)	14	B4
Marlenheim(67)	50	D6
Marlens(74)	132	C2
Marlers(80)	22	A1
Marles-en-Brie(77)	43	G5
Marles-les-Mines(62)	3	H5
Marles-sur-Canche(62)	2	C6
Marlhes(42)	143	F2
Marliac(31)	183	G4
Marliens(21)	102	A1
Marlieux(01)	116	D6
Marlioz(74)	118	B6
Marly(57)	28	C6
Marly(59)	5	H6
Marly-Gomont(02)	13	F5
Marly-la-Ville(95)	42	D2
Marly-le-Roi(78)	42	B3
Marly-sous-Issy(71)	100	A6
Marly-sur-Arroux(71)	115	F1
Marmagne(18)	97	F3
Marmagne(21)	84	C3
Marmagne(71)	100	D5
Marmande(47)	150	C3
Marmanhac(15)	140	B5
Marmande(89)	84	A4
Marminiac(46)	152	A2
Marmont-Pachas(47)	165	G2
Marmouillé(61)	39	E5
Marmoutier(67)	50	D5
Marnand(69)	115	G6
Marnans(38)	144	D2
Marnaves(81)	167	H2
Marnay(70)	87	E6
Marnay(71)	101	G6
Marnay(86)	109	F3
Marnay-sur-Marne(52)	68	A5
Marnay-sur-Seine(10)	65	F1
Marnaz(74)	119	F5
la Marne(44)	90	D2
Marnefer(61)	39	H3
Marnes(79)	93	G4
Marnes-la-Coquette(92)	42	C4
Marnézia(39)	117	H1
Marnhagues-et-Latour(12)	169	H4
Marnoz(39)	103	E3
Marœuil(62)	11	H2
Maroilles(59)	13	F3
la Marolle-en-Sologne(41)	80	C4
Marolles(14)	19	H5
Marolles(41)	79	G3
Marolles(51)	46	B4
Marolles(60)	24	A6
Marolles-en-Beauce(91)	63	F2
Marolles-en-Brie(77)	43	H4
Marolles-en-Brie(94)	43	E5
Marolles-en-Hurepoix(91)	42	C6
Marolles-lès-Bailly(10)	66	C4
Marolles-les-Braults(72)	60	B3
Marolles-les-Buis(28)	61	F2
Marolles-lès-Saint-Calais(72)	61	E6
Marolles-sous-Lignières(10)	65	H6
Marolles-sur-Seine(77)	64	C2
Marollette(72)	60	B2
Marols(42)	128	D6
Maromme(76)	9	F4
Mâron(36)	96	C5
Maron(54)	48	C5
Maroncourt(88)	69	F3
Marpaps(40)	163	F6
Marpent(59)	13	H2
Marpiré(35)	57	G2
Marquaix(80)	12	B5
Marquay(24)	137	H5
Marquay(62)	4	B6
Marquefave(31)	183	F4
Marquéglise(60)	23	F3
Marquein(11)	184	A4
Marquerie(65)	181	F4
Marquette-en-Ostrevant(59)	12	C2
Marquette-lez-Lille(59)	5	E3
Marquigny(08)	14	D6
Marquillies(59)	4	D5
Marquion(62)	12	B3
Marquise(62)	2	B3
Marquivillers(80)	23	F2
Marquixanes(66)	200	A4
Marray(37)	78	C3
la Marre(39)	102	D5
Marre(55)	27	F4
les Mars(23)	126	B1
Mars(30)	170	C3
Mars(42)	115	G5
Mars-la-Tour(54)	28	B5
Mars-sous-Bourcq(08)	26	B3
Mars-sur-Allier(58)	98	C5
Marsa(11)	199	F2
Marsac(16)	122	B3
Marsac(23)	111	F6
Marsac(65)	181	E3
Marsac(82)	166	A3
Marsac-en-Livradois(63)	128	B6
Marsac-sur-Don(44)	74	D2
Marsac-sur-l'Isle(24)	137	E3
Marsainvilliers(45)	63	F4
Marsais(17)	107	H5
Marsais-Sainte-Radégonde(85)	107	F1
Marsal(57)	49	G3
Marsal(81)	168	C4
Marsalès(24)	151	G2
Marsan(32)	165	H6
Marsaneix(24)	137	F4
Marsangis(51)	45	E6
Marsangy(89)	64	D5
Marsannay-la-Côte(21)	85	G6
Marsannay-le-Bois(21)	85	H5
Marsanne(26)	158	B2
Marsas(33)	135	F4
Marsas(65)	181	F6
Marsat(63)	127	E2
Marsaz(26)	144	B3
Marseillan(32)	181	G2
Marseillan(34)	187	F3
Marseillan(65)	181	F3
Marseille(13)	190	D4
Marseille-en-Beauvaisis(60)	22	B3
Marseilles-lès-Aubigny(18)	98	C3
Marseillette(11)	185	G4
Marsillargues(34)	171	H6
Marsilly(17)	106	D4
Marsilly(57)	28	D5
Marsolan(32)	165	G3
Marson(51)	46	B3
Marson-sur-Barboure(55)	47	G5
Marsonnas(01)	116	D3
Marsoulas(31)	182	D5
Marssac-sur-Tarn(81)	168	A4
Martagny(27)	21	H4
Martailly-lès-Brancion(71)	116	B2
Martainneville(80)	10	B5
Martainville(14)	38	B2
Martainville(27)	19	H3
Martainville-Épreville(76)	21	E4
Martaizé(86)	93	H4
Martel(46)	138	D5
Marthemont(54)	48	C6
Marthille(57)	49	F2
Marthod(73)	132	C3
Marthon(16)	122	D4
Martiel(12)	153	F5
Martigna(39)	117	H3
Martignargues(30)	171	G2
Martignas-sur-Jalle(33)	134	D6
Martignat(01)	117	H4
Martigné-Briand(49)	93	E1
Martigné-Ferchaud(35)	57	G5
Martigné-sur-Mayenne(53)	58	D3
Martigny(02)	13	H6
Martigny(50)	37	E5
Martigny(76)	9	G3
Martigny-Courpierre(02)	24	D3
Martigny-le-Comte(71)	115	G2
Martigny-les-Bains(88)	68	D4
Martigny-les-Gerbonvaux(88)	68	D3
Martigny-sur-l'Ante(14)	38	C3
Martigues(13)	190	B3
Martillac(33)	149	F1
Martin-Église(76)	9	G2
Martincourt(54)	48	C3
Martincourt(60)	22	A3
Martincourt-sur-Meuse(55)	15	G3
le Martinet(30)	157	E6
Martinet(85)	90	D5
Martinpuich(62)	11	H4
Martinvast(50)	16	D2
Martinvelle(88)	69	E5
Martisserre(31)	182	C3
Martizay(36)	95	F5
Martot(27)	20	D5
la Martre(83)	176	A5
Martres(33)	149	H2
les Martres-d'Artière(63)	127	G3
Martres-de-Rivière(31)	182	B6
les Martres-de-Veyre(63)	127	F4
Martres-sur-Morge(63)	127	F2
Martres-Tolosane(31)	182	D5
Martrin(12)	169	E3
la Martyre(29)	31	F4
les Martys(11)	185	E3
Maruéjols-lès-Gardon(30)	171	G3
Marval(87)	123	F4
Marvaux-Vieux(08)	26	B4
Marvejols(48)	155	G3
Marvelise(25)	88	B4
Marville(55)	27	G2
Marville-Moutiers-Brûlé(28)	41	E5
Mary(71)	115	H1
Mary-sur-Marne(77)	43	H2
Marzan(56)	73	G3
Marzens(81)	167	H6
Marzy(58)	98	C4
le Mas(06)	176	C4
Mas-Blanc-des-Alpilles(13)	172	D5
Mas-Cabardès(11)	185	E3
le Mas-d'Agenais(47)	150	C4
le Mas-d'Artige(23)	125	H4
Mas-d'Auvignon(32)	165	G4
le Mas-d'Azil(09)	183	F6
Mas-de-Londres(34)	171	E5
le Mas-de-Tence(43)	143	F3
Mas-des-Cours(11)	185	F5
Mas-d'Orcières(48)	156	B4
Mas-Grenier(82)	166	D4
Mas-Saint-Chély(48)	155	H5
Mas-Saintes-Puelles(11)	184	B3
Masbaraud-Mérignat(23)	125	E1
Mascaraàs-Haron(64)	180	C1
Mascaras(32)	181	F1
Mascaras(65)	181	F4
Mascarville(31)	184	B1
Masclat(46)	138	B6
Masevaux(68)	89	E2
Maslacq(64)	179	H2
Masléon(87)	124	D3
Maslives(41)	79	H3
le Masnau-Massuguiès(81)	169	E5
Masnières(59)	12	C4
Masny(59)	5	F6
Masparraute(64)	179	E2
Maspie-Lalonquère-Juillacq(64)	180	D2
Masquières(47)	151	H4
Massabrac(31)	183	F4
Massac(11)	200	B1
Massac(17)	121	H2
Massac-Séran(81)	167	H6
Massaguel(81)	184	D2
Massais(79)	93	E3
Massals(81)	168	D4
Massanes(30)	171	G3
Massangis(89)	84	A3
Massat(09)	198	A2
Massay(18)	96	D2
le Massegros(48)	155	F5
Masseilles(33)	150	A4
Massels(47)	151	G5
Masserac(44)	74	B2
Masseret(19)	124	C5
Masseube(32)	182	A2
Massiac(15)	141	F2
Massieu(38)	131	F6
Massieux(01)	130	A2
Massiges(51)	26	C4
Massignac(16)	123	F3
Massignieu-de-Rives(01)	131	G3
Massillargues-Attuech(30)	171	F3
Massilly(71)	116	B2
Massingy(21)	67	E6
Massingy(74)	131	H2
Massingy-lès-Semur(21)	84	D4
Massingy-lès-Vitteaux(21)	85	E5
Massognes(86)	93	H5
Massoins(06)	177	E3
Massongy(74)	118	D3
Massoulès(47)	151	G5
Massugas(33)	150	B1
Massy(71)	116	A2
Massy(76)	9	H4
Massy(91)	42	C5
Mastaing(59)	12	C2
Matafelon-Granges(01)	117	G4
les Matelles(34)	171	E5
Matemale(11)	199	F4
Matha(17)	121	G2
Mathaux(10)	66	D2
Mathay(25)	88	D5
Mathenay(39)	102	D3

258

les Mathes(17) 120 B3
Mathieu(14) 18 C4
Mathons(52) 67 G2
Mathonville(76) 9 H5
Matignicourt-Goncourt(51) ...46 C5
Matignon(22) 34 B3
Matigny(80) 12 B6
Matougues(51) 45 H2
Matour(71) 115 H4
Matra(2B) 205 G3
Matringhem(62) 3 E6
Mattaincourt(88) 69 F2
Mattexey(54) 69 H1
Matton-et-Clémency(08) ...15 G5
Matzenheim(67) 71 G2
Maubec(38) 130 D5
Maubec(82) 166 B4
Maubec(84) 173 F4
Maubert-Fontaine(08) 14 C3
Maubeuge(59) 13 G2
Maubourguet(65) 181 E2
Mauchamps(91) 63 F1
Maucomble(76) 9 H4
Maucor(64) 180 C3
Maucourt(60) 23 H2
Maucourt(80) 23 F1
Maucourt-sur-Orne(55) 27 G4
Maudétour-en-Vexin(95) ...41 G1
Mauguio(34) 171 F6
Maulan(55) 47 F5
Maulay(86) 94 A4
Maulde(59) 5 G5
Maule(78) 41 H3
Mauléon(79) 92 C4
Mauléon-Barousse(65) 196 C3
Mauléon-d'Armagnac(32) ...164 B3
Mauléon-Licharre(64) 179 G4
Maulers(60) 22 C3
Maulette(78) 41 F4
Maulévrier(49) 92 C3
Maulévrier-Sainte-Gertrude(76) ...8 D6
Maulichères(32) 164 C5
Maumusson(44) 75 G3
Maumusson(82) 166 B3
Maumusson-Laguian(32) 164 C6
Mauny(76) 20 C4
Maupas(10) 66 A4
Maupas(32) 164 C4
Mauperthuis(77) 43 H4
Maupertus(50) 36 D2
Maupertus-sur-Mer(50) 17 E1
Mauprévoir(86) 109 G5
Mauquenchy(76) 21 F2
Mauran(31) 182 D5
Maure(64) 180 D3
Maure-de-Bretagne(35) 56 C5
Maurecourt(78) 42 B2
Mauregard(77) 43 E2
Mauregny-en-Haye(02) 25 E3
Maureilhan(34) 186 C3
Maureillas-Las-Illas(66) ...200 C5
Mauremont(31) 184 A2
Maurens(24) 136 D5
Maurens(31) 184 B2
Maurens-Scopont(81) 167 H6
Maurepas(78) 41 H4
Maurepas(80) 12 A5
Mauressac(31) 183 G3
Mauressargues(30) 171 G3
Maureville(31) 184 A2
Mauriac(15) 139 H3
Mauriac(33) 150 A1
Mauries(40) 164 A6
Maurines(15) 141 F6
Maurois(59) 12 D4
Mauron(56) 56 B3
Mauroux(32) 166 A3
Mauroux(46) 151 H4
Maurrin(40) 164 A4
Maurs(15) 153 H2
Maurupt-le-Montois(51) ...46 D4
Maury(66) 200 B2
Mausoléo(2B) 202 D5
Maussac(19) 125 G6
Maussane-les-Alpilles(13) ...172 D5
Maussans(70) 87 H4
Mautes(23) 126 A2
Mauvages(55) 47 H5
Mauvaisin(31) 183 H3
Mauves(07) 144 B4
Mauves-sur-Huisne(61) 60 D2
Mauves-sur-Loire(44) 75 E5
Mauvezin(31) 182 D3
Mauvezin(32) 166 A5
Mauvezin(65) 181 G5
Mauvezin-d'Armagnac(40) ...164 C3
Mauvezin-de-Prat(09) 182 D6
Mauvezin-de-Sainte-Croix(09) ...183 E6
Mauvières(36) 110 C2
Mauvilly(21) 85 E2
Maux(58) 99 H3
Mauzac(31) 183 F3
Mauzac-et-Grand-Castang(24) ...137 F6
Mauzé-sur-le-Mignon(79) ...107 G5
Mauzé-Thouarsais(79) 93 F3
Mauzens-et-Miremont(24) ...137 G5
Mauzun(63) 127 H4
Maves(41) 79 G2
Mavilly-Mandelot(21) 101 F3
la Maxe(57) 28 C5
Maxent(35) 56 C4
Maxéville(54) 48 D4
Maxey-sur-Meuse(88) 68 C1
Maxey-sur-Vaise(55) 48 A6
Maxilly-sur-Léman(74) 119 F2
Maxilly-sur-Saône(21) 86 C5
Maxou(46) 152 C3
Maxstadt(57) 29 G6
May-en-Multien(77) 43 H2
le May-sur-Èvre(49) 92 B2
May-sur-Orne(14) 18 C5
Mayac(24) 137 G2

Mayenne(53) 58 D2
Mayet(72) 77 H2
le Mayet-de-Montagne(03) ...114 C6
le Mayet-D'École(03) 113 H5
Maylis(40) 163 F5
Maynal(39) 117 F1
les Mayons(83) 192 C3
Mayot(02) 24 B2
Mayrac(46) 138 C5
Mayran(12) 154 A5
Mayrègne(31) 196 C4
Mayres(07) 157 E2
Mayres(63) 142 B1
Mayres-Savel(38) 145 G5
Mayreville(11) 184 B4
Mayrinhac-Lentour(46) 139 E6
Mayronnes(11) 185 G6
Maysel(60) 22 D6
Mazamet(81) 185 F2
Mazan(84) 173 F2
Mazan-l'Abbaye(07) 157 E2
Mazangé(41) 79 E2
Mazaugues(83) 191 G3
Mazaye(63) 126 D3
Mazé(49) 77 E5
le Mazeau(85) 107 G3
Mazeirat(23) 111 H6
Mazeley(88) 69 G3
Mazerat-Aurouze(43) 142 A3
Mazeray(17) 121 F2
Mazères(09) 184 A4
Mazères(33) 149 G3
Mazères-de-Neste(65) 181 H6
Mazères-Lezons(64) 180 C4
Mazères-sur-Salat(31) 182 D5
Mazerier(03) 113 H6
Mazerny(08) 14 D3
Mazerolles(16) 123 E3
Mazerolles(17) 121 E5
Mazerolles(40) 163 H4
Mazerolles(64) 180 B2
Mazerolles(65) 181 G3
Mazerolles(86) 109 H3
Mazerolles-du-Razès(11) ...184 D5
Mazerolles-le-Salin(25) ...87 E6
Mazerulles(54) 49 E4
Mazet-Saint-Voy(43) 143 E4
Mazeuil(86) 93 H5
Mazeyrat-d'Allier(43) 141 H3
Mazeyrolles(24) 151 H2
la Mazière-aux-Bons-Hommes(23) ...126 A2
Mazières(16) 123 E3
Mazières-de-Touraine(37) ...78 B6
Mazières-en-Gâtine(79) ...108 B2
Mazières-en-Mauges(49) ...92 B2
Mazières-Naresse(47) 151 F2
Mazières-sur-Béronne(79) ...108 C5
Mazille(71) 116 A3
Mazingarbe(62) 3 H6
Mazinghem(62) 3 F5
Mazinghien(59) 13 E4
Mazion(33) 135 E3
Mazirat(03) 112 D5
Mazirot(88) 69 F2
le Mazis(80) 10 B6
Mazoires(63) 141 E1
Mazouau(65) 181 G6
Mazuby(11) 199 F2
les Mazures(08) 14 D3
Mazzola(2B) 205 F3
Méailles(04) 176 A2
Méallet(15) 140 A2
Méasnes(23) 111 G3
Meaucé(28) 61 F1
Méaudre(38) 145 F3
la Meauffe(50) 17 G6
la Méaugon(22) 33 G5
Meaulne(03) 112 D1
Méaulte(80) 11 H5
Méautis(50) 17 F5
Meaux(77) 43 G3
Meaux-la-Montagne(69) 115 H6
Meauzac(82) 166 D2
Mecé(35) 57 H2
Mechmont(46) 152 C3
Mécleuves(57) 28 D6
Mecquignies(59) 13 F2
Mécrin(55) 47 H3
Mécringes(51) 44 C3
Médan(78) 42 A3
Médavy(61) 39 E5
Medeyrolles(63) 128 B6
Médière(25) 88 B5
Médillac(16) 136 A2
Médis(17) 120 C4
Médonville(88) 68 D3
Médréac(35) 34 C6
le Mée(28) 62 A6
Mée(53) 76 A1
le Mée-sur-Seine(77) 63 H1
les Mées(04) 174 D2
Mées(40) 162 D5
les Mées(72) 60 B3
Mégange(57) 29 E4
Megève(74) 133 E2
la Mégevette(74) 119 E4
Mégrit(22) 34 B5
Méharicourt(80) 23 F1
Méharin(64) 179 E3
Méhers(41) 79 H6
Méhoncourt(54) 49 E6
Méhoudin(61) 38 B6
Mehun-sur-Yèvre(18) 97 F2
la Meignanne(49) 76 B4
Meigné(49) 93 F1
Meigné-le-Vicomte(49) 77 H4
Meigneux(77) 64 C1
Meigneux(80) 22 A1
Meilars(29) 52 D3
Meilhac(87) 124 A4
Meilhan(32) 182 B3
Meilhan(40) 163 F4
Meilhan-sur-Garonne(47) ...150 B3

Meilhards(19) 124 D5
Meilhaud(63) 127 F5
Meillac(35) 35 E5
Meillant(18) 97 G6
Meillard(03) 113 H3
le Meillard(80) 11 H3
la Meilleraie-Tillay(85) ...92 B5
Meilleray(77) 44 C4
la Meilleraye-de-Bretagne(44) ...75 F3
Meillerie(74) 119 G2
Meillers(03) 113 G2
Meillon(64) 180 C4
Meillonnas(01) 117 F4
Meilly-sur-Rouvres(21) ...101 E1
Meisenthal(57) 50 C3
Meistratzheim(67) 71 G1
le Meix(21) 85 G3
le Meix-Saint-Epoing(51) ...44 D5
le Meix-Tiercelin(51) 46 A5
Méjannes-le-Clap(30) 157 F6
Méjannes-lès-Alès(30) 171 G2
Mela(2A) 207 E3
Mélagues(12) 169 H5
Mélamare(76) 8 C6
Melay(49) 92 C1
Melay(52) 68 D6
Melay(71) 115 E5
le Mêle-sur-Sarthe(61) ...39 F6
Mélecey(70) 88 B4
Melesse(35) 57 E2
Melgven(29) 53 H4
Mélicocq(60) 23 G3
Mélicourt(27) 39 G3
Méligny-le-Grand(55) 47 H5
Méligny-le-Petit(55) 47 G5
Melin(70) 87 E2
Melincourt(70) 87 E2
Mélisey(70) 88 B2
Mélisey(89) 66 A6
Meljac(12) 168 D2
Melle(79) 108 C5
Mellé(35) 36 D6
Melleran(79) 108 D5
Melleray(72) 61 E5
Melleroy(45) 82 B1
Melles(31) 197 E4
Melleville(76) 10 A5
Mellionnec(22) 54 C1
Mello(60) 22 D5
Meloisey(21) 101 F3
Melrand(56) 54 D3
Melsheim(67) 50 D5
Melun(77) 43 E6
Melve(04) 160 B4
Melz-sur-Seine(77) 65 E1
Membrey(70) 86 D3
la Membrolle-sur-Choisille(37) ...78 C5
la Membrolle-sur-Longuenée(49) ...76 B4
Membrolles(41) 62 A6
Méménil(88) 70 A4
Memmelshoffen(67) 51 F3
le Mémont(25) 105 E1
Menades(89) 83 H5
Ménarmont(88) 70 A2
Menars(41) 79 H3
Menat(63) 113 F6
Menaucourt(55) 47 G5
Mencas(62) 3 E5
Menchhoffen(67) 50 D4
Mende(48) 156 A3
Mendionde(64) 178 D3
Menditte(64) 179 F4
Mendive(64) 179 E5
Ménéac(56) 55 H2
Ménerbes(84) 173 G4
Ménerval(76) 21 H3
Ménerville(78) 41 F3
Menesble(21) 85 G2
Méneslies(80) 10 A5
Ménesplet(24) 136 B4
Ménesqueville(27) 21 F5
Ménessaire(21) 100 B2
Menestreau(58) 82 D5
Ménestreau-en-Villette(45) ...80 D3
Menet(15) 140 B2
Menetou-Couture(18) 98 B3
Menetou-Râtel(18) 82 A6
Menetou-Salon(18) 97 G1
Menetou-sur-Nahon(36) 96 B2
Ménétréol-sous-Sancerre(18) ...82 B6
Ménétréol-sur-Sauldre(18) ...81 F5
Ménétréols-sous-Vatan(36) ...96 C3
Ménétreuil(71) 116 D1
Ménétreux-le-Pitois(21) ...84 D1
Ménétrol(63) 127 F2
Menétru-le-Vignoble(39) ...102 D5
Menétrux-en-Joux(39) 103 E6
Ménévillers(60) 23 F3
Menglon(26) 159 F2
Ménigoute(79) 108 D2
Ménil(53) 76 B2
le Ménil(88) 88 C1
Ménil-Annelles(08) 26 A2
Ménil-aux-Bois(55) 47 G3
le Ménil-Bérard(61) 39 G4
le Ménil-Broût(61) 39 E6
le Ménil-Ciboult(61) 37 G4
le Ménil-de-Briouze(61) ...38 B5
Ménil-de-Senones(88) 70 C2
Ménil-en-Xaintois(88) 69 E2
Ménil-Erreux(61) 39 E6
Ménil-Froger(61) 39 F4
Ménil-Gondouin(61) 38 B4
le Ménil-Guyon(61) 39 F6
Ménil-Hermei(61) 38 B4
Ménil-Hubert-en-Exmes(61) ...39 F3
Ménil-Hubert-sur-Orne(61) ...38 B3
Ménil-Jean(61) 38 C4
Ménil-la-Horgne(55) 47 H4
Ménil-la-Tour(54) 48 B4
Ménil-Lépinois(08) 25 H4

le Ménil-Scelleur(61) 38 C5
Ménil-sur-Belvitte(88) ...70 B2
Ménil-sur-Saulx(55) 47 F5
le Ménil-Vicomte(61) 39 F4
Ménil-Vin(61) 38 B3
Menilles(27) 41 E2
la Ménitré(49) 77 E5
Mennecy(91) 42 D6
Mennessis(02) 24 B2
Mennetou-sur-Cher(41) 96 C1
Menneval(27) 39 H1
Menneville(02) 25 F4
Menneville(62) 2 C4
Mennevret(02) 13 E5
Mennouveaux(52) 68 B4
Ménoire(19) 139 E4
Menomblet(85) 92 C5
Menoncourt(90) 88 D3
Menotey(39) 102 C1
Menou(58) 82 D6
Menouville(95) 42 B1
le Menoux(36) 111 F2
Menoux(70) 87 F1
Mens(38) 145 G6
Mensignac(24) 137 E2
Menskirch(57) 29 E3
Mentheville(76) 8 B4
Menthon-Saint-Bernard(74) ...132 B2
Menthonnex-en-Bornes(74) ...118 C6
Menthonnex-sous-Clermont(74) ...131 H1
Mentières(15) 141 F4
Menton(06) 177 G4
Mentque-Nortbécourt(62) ...2 D3
Menucourt(95) 42 A2
les Menus(61) 40 B6
Menville(31) 166 C5
Méobecq(36) 95 H6
Méolans-Revel(04) 161 E4
Méon(49) 77 G4
Méounes-lès-Montrieux(83) ...191 H4
Mer(41) 79 H3
Méracq(64) 180 B1
Méral(53) 58 B5
Méras(09) 183 F5
Mercatel(62) 11 H3
Mercenac(09) 182 D6
Merceuil(21) 101 F4
Mercey(27) 41 E1
Mercey-le-Grand(25) 86 D6
Mercey-sur-Saône(70) 86 D4
Mercin-et-Vaux(02) 24 B5
Merck-Saint-Liévin(62) ...3 E5
Merckeghem(59) 3 F5
Mercœur(19) 139 F4
Mercœur(43) 141 G3
Mercuer(07) 157 F2
Mercuès(46) 152 C4
Mercurey(71) 101 F5
Mercurol(26) 144 B4
Mercury(73) 132 C3
Mercus-Garrabet(09) 198 C2
Mercy(80) 23 H3
Mercy(89) 66 F5
Mercy-le-Bas(54) 28 A3
Mercy-le-Haut(54) 28 A3
Merdrignac(22) 56 A2
Méré(78) 41 H4
Méré(89) 65 H6
Méreau(18) 97 E2
Méréaucourt(80) 22 B1
Méréglise(28) 61 G3
Mérélessart(80) 10 C5
Mérens(32) 165 G5
Mérens-les-Vals(09) 198 D4
Mérenvielle(31) 166 C6
Méreuil(05) 159 H4
Méréville(54) 48 D5
Méréville(91) 63 E3
Merey(27) 41 E2
Mérey-sous-Montrond(25) ...103 F1
Mérey-Vieilley(25) 87 F5
Merfy(51) 25 F5
Mergey(10) 66 A2
Meria(2B) 203 G2
Mérial(11) 199 E3
Méricourt(62) 4 D6
Méricourt(78) 41 G2
Méricourt-en-Vimeu(80) ...10 C6
Méricourt-l'Abbé(80) 11 G5
Méricourt-sur-Somme(80) ...11 H5
Mériel(95) 42 C2
Mérifons(34) 170 B6
Mérignac(16) 122 A4
Mérignac(17) 135 G1
Mérignac(33) 134 D6
Mérignas(33) 135 H6
Mérignat(01) 117 F6
Mérignies(59) 5 F5
Mérigny(36) 110 B1
Mérigon(09) 183 G6
Mérilheu(65) 181 F5
Mérillac(22) 34 A6
Mérinchal(23) 126 B2
Mérindol(84) 173 G5
Mérindol-les-Oliviers(26) ...158 D5
Mérinville(45) 64 B5
le Mériot(10) 65 E1
Méritein(64) 179 G3
Merkwiller-Pechelbronn(67) ...51 F3
Merlas(38) 131 G6
la Merlatière(85) 91 G4
Merlaut(51) 46 C4
Merle-Leignec(42) 128 D6
Merléac(22) 55 F1
le Merlerault(61) 39 F4
Merles(82) 166 B2
Merles-sur-Loison(55) 27 G3
Merlevenez(56) 54 C5
Merlieux-et-Fouquerolles(02) ...24 C3
Merlimont(62) 2 B6
Merlines(19) 126 B4
Mernel(35) 56 D4

Mérobert(91) 62 D2
Mérona(39) 117 H1
Mérouville(28) 62 D3
Meroux(90) 88 D3
Merpins(16) 121 G4
Merrey(52) 68 C5
Merrey-sur-Arce(10) 66 C5
Merri(61) 38 D3
Merris(59) 3 H4
Merry-la-Vallée(89) 83 E2
Merry-Sec(89) 83 E3
Merry-sur-Yonne(89) 83 F4
Mers-les-Bains(80) 9 H1
Mers-sur-Indre(36) 111 H1
Merschweiller(57) 29 E2
Mersuay(70) 87 G1
Merten(57) 29 F4
Mertrud(52) 67 F2
Mertzen(68) 89 F3
Mertzwiller(67) 51 E4
Méru(60) 22 C6
Merval(02) 24 D5
Mervans(71) 102 A5
Mervent(85) 107 G3
Mervilla(31) 183 G2
Merville(31) 166 D5
Merville(59) 3 H5
Merville-Franceville-Plage(14) ...18 D4
Merviller(54) 49 H6
Merxheim(68) 71 E6
Méry(73) 131 H4
Méry-Corbon(14) 19 E4
Méry-Ès-Bois(18) 81 F6
Méry-la-Bataille(60) 23 F3
Méry-Prémecy(51) 25 E5
Méry-sur-Cher(18) 96 D1
Méry-sur-Marne(77) 44 A2
Méry-sur-Oise(95) 42 C2
Méry-sur-Seine(10) 65 H1
le Merzer(22) 33 E4
Mésandans(25) 87 H4
Mésanger(49) 75 G4
Mésangueville(76) 21 G3
Mesbrecourt-Richecourt(02) ...24 C2
Meschers-sur-Gironde(17) ...120 C5
Mescoules(24) 150 D1
le Mesge(80) 10 D5
Mesgrigny(10) 65 H1
Mésigny(74) 118 B6
Meslan(56) 54 B3
Mesland(41) 79 F5
Meslay(14) 18 C6
Meslay(41) 79 F2
Meslay-du-Maine(53) 59 E4
Meslay-le-Grenet(28) 62 A3
Meslay-le-Vidame(28) 62 A3
Meslières(25) 88 D5
Meslin(22) 33 H5
Mesmay(25) 103 E3
Mesmont(08) 14 C1
Mesmont(21) 85 F3
Mesnac(16) 121 G3
Mesnard-la-Barotière(85) ...91 H3
Mesnay(39) 103 E4
les Mesneux(51) 25 F5
la Mesnière(61) 39 G1
Mesnières-en-Bray(76) 9 H4
le Mesnil(50) 16 C4
le Mesnil-Adelée(50) 37 E4
le Mesnil-Amand(50) 35 H1
le Mesnil-Amelot(77) 43 E2
le Mesnil-Amey(50) 17 F5
le Mesnil-Angot(50) 17 F5
le Mesnil-au-Grain(14) ...18 B6
le Mesnil-au-Val(50) 17 E2
le Mesnil-Aubert(50) 36 C6
le Mesnil-Aubry(95) 42 D2
le Mesnil-Auzouf(14) 18 A6
le Mesnil-Bacley(14) 19 F6
le Mesnil-Benoist(14) 37 F3
Mesnil-Bruntel(80) 12 A6
le Mesnil-Caussois(14) ...37 F4
Mesnil-Clinchamps(14) 37 E4
le Mesnil-Conteville(60) ...22 B4
Mesnil-Domqueur(80) 10 D3
le Mesnil-Durand(14) 19 F6
le Mesnil-Durdent(76) 8 D3
Mesnil-en-Arrouaise(80) ...12 A4
le Mesnil-en-Thelle(60) ...22 D6
le Mesnil-en-Vallée(49) ...75 G4
le Mesnil-Esnard(76) 21 E4
le Mesnil-Eudes(14) 19 G5
le Mesnil-Eury(50) 17 F6
Mesnil-Follemprise(76) ...9 F4
le Mesnil-Fuguet(27) 40 D2
le Mesnil-Garnier(50) 35 H1
le Mesnil-Germain(14) 19 G6
le Mesnil-Gilbert(50) 37 E4
le Mesnil-Guillaume(14) ...19 G5
le Mesnil-Hardray(27) 40 D3
le Mesnil-Herman(50) 37 E1
Mesnil-la-Comtesse(10) ...66 B1
le Mesnil-le-Roi(78) 42 B3
Mesnil-Lettre(10) 66 B2
le Mesnil-Lieubray(76) ...21 F4
Mesnil-Martinsart(80) 11 G4
le Mesnil-Mauger(14) 19 F5
le Mesnil-Mauger(76) 21 G3
le Mesnil-Opac(50) 36 D1
le Mesnil-Ozenne(50) 36 C4
Mesnil-Panneville(76) 9 E5
le Mesnil-Patry(14) 18 C5
le Mesnil-Rainfray(50) ...37 E4
Mesnil-Raoul(76) 21 F4
le Mesnil-Raoult(50) 37 E2
le Mesnil-Réaume(76) 9 H2
le Mesnil-Robert(14) 37 F3
le Mesnil-Rogues(50) 35 H1
le Mesnil-Rousset(27) 39 G3
le Mesnil-Rouxelin(50) ...17 G6
le Mesnil-Saint-Denis(78) ...42 A4
le Mesnil-Saint-Firmin(60) ...22

Mesnil-Saint-Georges(80) 23 E2
Mesnil-Saint-Laurent(02) 12 D6
Mesnil-Saint-Loup(10) 65 G3
Mesnil-Saint-Nicaise(80) 23 G1
Mesnil-Saint-Père(10) 66 C3
Mesnil-Sellières(10) 66 B2
le Mesnil-Simon(14) 19 F5
le Mesnil-Simon(28) 41 F3
le Mesnil-sous-Jumièges(76) 20 C4
Mesnil-sous-Vienne(27) 21 H4
le Mesnil-sur-Blangy(14) 19 G4
le Mesnil-sur-Bulles(60) 22 D4
Mesnil-sur-l'Estrée(27) 41 E4
le Mesnil-sur-Oger(51) 45 F3
le Mesnil-Théribus(60) 22 B5
le Mesnil-Thomas(28) 40 C6
le Mesnil-Tôve(50) 37 E4
le Mesnil-Véneron(50) 17 F5
Mesnil-Verclives(27) 21 F5
le Mesnil-Vigot(50) 17 F6
le Mesnil-Villeman(50) 35 H1
le Mesnil-Villement(14) 38 B3
le Mesnilbus(50) 17 G6
le Mesnillard(50) 37 E5
Mesnois(39) 102 D6
les Mesnuls(78) 41 H4
Mespaul(29) 31 G3
Mesplède(64) 179 H2
Mesples(03) 112 C3
Mespuits(91) 63 F2
Mesquer(44) 73 F4
Messac(17) 135 G1
Messac(35) 57 E5
Messanges(21) 101 G2
Messanges(40) 162 B4
Messas(45) 80 B2
Messé(79) 109 E4
Messei(61) 37 H4
Messein(54) 48 D5
Messeix(63) 126 B5
Messemé(86) 93 H3
Messery(74) 118 D3
Messey-sur-Grosne(71) 101 F6
Messia-sur-Sorne(39) 102 C6
Messigny-et-Vantoux(21) 85 G5
Messimy(69) 129 H4
Messimy-sur-Saône(01) 116 B6
Messincourt(08) 15 G5
Messon(10) 65 H3
Messy(77) 43 F3
Mesterrieux(33) 150 A2
Mestes(19) 125 H6
Mesves-sur-Loire(58) 98 C1
Mesvres(71) 100 C4
Métabief(25) 103 H5
les Métairies(16) 121 H4
Métairies-Saint-Quirin(57) 50 B6
Méteren(59) 3 H4
Méthamis(84) 173 G3
Métigny(80) 10 C5
Metting(57) 50 B4
Mettray(37) 78 C5
Metz(57) 28 C5
Metz-en-Couture(62) 12 B4
Metz-le-Comte(58) 83 F5
Metz-Robert(10) 66 B5
Metz-Tessy(74) 132 B1
Metzeral(68) 70 D5
Metzeresche(57) 28 D3
Metzervisse(57) 28 D3
Metzing(57) 29 H5
Meucon(56) 55 F6
Meudon(92) 42 C4
Meuilley(21) 101 G2
Meulan(78) 41 H2
Meulers(76) 9 G3
Meulles(14) 19 G6
Meulson(21) 85 E2
Meunet-Planches(36) 96 D5
Meunet-sur-Vatan(36) 96 C3
Meung-sur-Loire(45) 80 B2
Meurcé(72) 60 A3
Meurchin(62) 4 D5
Meurcourt(70) 87 G1
la Meurdraquière(50) 35 H1
Meures(52) 67 G4
Meurival(02) 25 E5
Meursac(17) 120 D4
Meursanges(21) 101 G3
Meursault(21) 101 F3
Meurville(10) 67 E4
Meusnes(41) 96 A1
Meussia(39) 117 H2
Meuvaines(14) 18 B3
Meux(17) 121 G6
le Meux(60) 23 F5
Meuzac(87) 124 C5
Mévoisins(28) 41 F6
Mévouillon(26) 159 F6
Meximieux(01) 130 C2
Mexy(54) 28 A2
Mey(57) 28 D5
Meyenheim(68) 71 F6
Meylan(38) 145 G2
Meymac(19) 125 G5
Meynes(30) 172 C4
Meyrals(24) 137 H5
Meyrannes(30) 157 E6
Meyrargues(13) 174 B6
Meyras(07) 157 F2
Meyreuil(13) 191 E2
Meyrié(38) 130 D5
Meyrieu-les-Étangs(38) 130 D5
Meyrieux-Trouet(73) 131 G4
Meyrignac-l'Église(19) 139 E1
Meyronne(46) 138 D6
Meyronnes(04) 161 G3
Meyrueis(48) 170 C1
Meys(69) 129 F4
Meyssac(19) 138 D4
Meysse(07) 158 A3
Meyssiès(38) 130 C5
Meythet(74) 132 A1

la Meyze(87) 124 A5
Meyzieu(69) 130 B3
Mézangers(53) 59 E3
Mèze(34) 187 F2
Mézel(04) 175 F2
Mezel(63) 127 F3
Mézens(81) 167 G4
Mézeray(72) 77 F1
Mézères(43) 142 D3
Mézériat(01) 116 D4
Mézerolles(80) 11 E3
Mézerville(11) 184 B4
la Mézière(35) 57 E2
Mézières-au-Perche(28) 61 H3
Mézières-en-Brenne(36) 95 G5
Mézières-en-Drouais(28) 41 E5
Mézières-en-Gâtinais(45) 63 G5
Mézières-en-Santerre(80) 23 E1
Mézières-en-Vexin(27) 21 G6
Mézières-lez-Cléry(45) 80 C2
Mézières-sous-Lavardin(72) 59 H4
Mézières-sur-Couesnon(35) 35 G6
Mézières-sur-Issoire(87) 110 B6
Mézières-sur-Oise(02) 24 B1
Mézières-sur-Ponthouin(72) 60 B4
Mézières-sur-Seine(78) 41 H3
Mézilhac(07) 143 F6
Mézilles(89) 82 D2
Mézin(47) 165 E2
Méziré(90) 88 D4
Mézos(40) 162 C2
Mézy-Moulins(02) 44 C2
Mézy-sur-Seine(78) 41 H2
Mhère(58) 99 H1
Mialet(24) 123 G5
Mialet(30) 171 F2
Mialos(64) 180 B2
Miannay(80) 10 B4
Michaugues(58) 99 F1
Michelbach(68) 89 E2
Michelbach-le-Bas(68) 89 H3
Michelbach-le-Haut(68) 89 H3
Michery(89) 64 D3
Midrevaux(88) 68 C2
Mièges(39) 103 F5
Miélan(32) 181 G2
Miellin(70) 88 C2
Miermaigne(28) 61 F3
Miers(46) 138 D6
Miglos(09) 198 C2
Mignaloux-Beauvoir(86) 109 F2
Mignavillers(70) 88 B4
Migné(36) 95 H6
Migné-Auxances(86) 109 F1
Mignères(45) 63 H5
Mignerette(45) 63 H5
Migneville(54) 49 H6
Mignières(28) 62 A2
Mignovillard(39) 103 G4
Migny(36) 97 E3
Migré(17) 107 H6
Migron(17) 121 G3
Mijanès(09) 199 F3
Mijoux(01) 118 B3
la Milesse(72) 60 A5
Milhac(46) 138 B6
Milhac-d'Auberoche(24) 137 G4
Milhac-de-Nontron(24) 123 F6
Milhars(81) 167 H1
Milhas(31) 197 E3
Milhaud(30) 171 H5
Milhavet(81) 168 A3
Milizac(29) 30 D4
Millac(86) 110 H5
Millam(59) 3 E1
Millançay(41) 80 C5
Millas(66) 200 C3
Millau(12) 169 H2
Millay(58) 100 A5
Millebosc(76) 10 A5
Millemont(78) 41 G4
Millencourt(80) 11 G5
Millencourt-en-Ponthieu(80) 10 C3
Millery(21) 84 C4
Millery(54) 48 D3
Millery(69) 130 A4
Millevaches(19) 125 G4
Millières(17) 107 G6
Millières(52) 68 B4
Millonfosse(59) 5 G6
Milly(50) 37 E5
Milly-la-Forêt(91) 63 G2
Milly-Lamartine(71) 116 B3
Milly-sur-Bradon(55) 27 E2
Milly-sur-Thérain(60) 22 B4
Milon-la-Chapelle(78) 42 B5
Mimbaste(40) 163 E6
Mimet(13) 191 E3
Mimeure(21) 100 D2
Mimizan(40) 148 A6
Minaucourt-le-Mesnil-lès-Hurlus(51) 26 C5
Minerve(34) 185 H3
Mingot(65) 181 F3
Mingoval(62) 4 B6
Miniac-Morvan(35) 34 D4
Miniac-sous-Bécherel(35) 34 D3
le Minihic-sur-Rance(35) 34 D3
Minihy-Tréguier(22) 32 D2
Minorville(54) 48 B3
Minot(21) 85 F3
Minversheim(67) 51 E3
Minzac(24) 136 A5
Minzier(74) 118 B6
Miolles(81) 169 E4
Mionnay(01) 130 B2
Mions(69) 130 B4

Mios(33) 148 C2
Miossens-Lanusse(64) 180 C2
Mirabeau(04) 175 E2
Mirabeau(84) 174 C5
Mirabel(07) 157 G3
Mirabel(82) 167 E1
Mirabel-aux-Baronnies(26) 158 D5
Mirabel-et-Blacons(26) 158 C4
Miradoux(32) 165 H3
Miramas(13) 189 H4
Mirambeau(17) 135 E1
Mirambeau(31) 182 C3
Miramont-d'Astarac(32) 181 H1
Miramont-de-Comminges(31) 182 B5
Miramont-de-Guyenne(47) 150 D3
Miramont-de-Quercy(82) 151 H6
Miramont-Latour(32) 165 H5
Miramont-Sensacq(40) 164 A6
Mirande(32) 181 H2
Mirandol-Bourgnounac(81) 168 B2
Mirannes(32) 165 F6
Miraumont(80) 11 H4
Miraval-Cabardès(11) 185 E3
Mirbel(52) 67 G3
Mirbeau(86) 93 H5
Mirebeau-sur-Bèze(21) 86 B5
Mirecourt(88) 69 F2
Mirefleurs(63) 127 F4
Miremont(31) 183 G3
Miremont(63) 126 C2
Mirepeisset(11) 186 B4
Mirepeix(64) 180 C4
Mirepoix(09) 184 B6
Mirepoix(32) 165 H5
Mirepoix-sur-Tarn(31) 167 F4
Mireval(34) 187 H2
Mireval-Lauragais(11) 184 C4
Miribel(01) 130 B2
Miribel(26) 144 C2
Miribel-Lanchâtre(38) 145 G4
Miribel-les-Échelles(38) 131 G6
Mirmande(26) 158 B2
le Miroir(71) 117 F2
Mirvaux(80) 11 F5
Mirville(76) 8 B5
Miscon(26) 159 F2
Miserey(27) 40 D2
Miserey-Salines(25) 87 F6
Misérieux(01) 130 A1
Misery(80) 12 A6
Mison(04) 159 H5
Missé(79) 93 F3
Missècle(81) 168 A5
Missègre(11) 185 F6
Missery(21) 84 D6
Missillac(44) 73 H3
Missiriac(56) 56 A5
Misson(40) 163 E6
Missy(14) 18 B5
Missy-aux-Bois(02) 24 B5
Missy-lès-Pierrepont(02) 25 E2
Missy-sur-Aisne(02) 24 C4
Misy-sur-Yonne(77) 64 C2
Mitry-Mory(77) 43 E2
Mittainville(78) 41 G5
Mittainvilliers(28) 61 H1
Mittelbergheim(67) 71 F2
Mittelbronn(57) 50 C5
Mittelhausbergen(67) 51 E6
Mittelhausen(67) 51 E5
Mittelschaeffolsheim(67) 51 E5
Mittelwihr(68) 71 E4
Mittersheim(57) 50 A4
Mittlach(68) 70 D6
Mitzach(68) 89 E1
Mizérieux(42) 129 E3
Mizoën(38) 146 B3
Moÿ-de-l'Aisne(02) 24 B1
Mobecq(50) 16 D5
Moca-Croce(2A) 206 D2
Modane(73) 147 F2
Modène(84) 173 F2
Moëlan-sur-Mer(29) 54 A5
les Moëres(59) 3 G1
Mœrnach(68) 89 F4
Moëslains(52) 46 D5
Mœurs-Verdey(51) 44 D5
Mœuvres(59) 12 B3
Moëze(17) 120 C2
Moffans-et-Vacheresse(70) 88 B3
Mogeville(55) 27 G4
Mognard(73) 131 H3
Mogneneins(01) 116 C5
Mognéville(55) 47 E4
Mogneville(60) 23 E5
Mogues(08) 15 H5
Mohon(55) 55 H3
Moidieu-Détourbe(38) 130 C5
Moigny-sur-École(91) 63 G2
Moimay(70) 88 A4
Moineville(54) 28 A4
Moings(17) 121 G6
Moinville-la-Jeulin(28) 62 C2
Moirans(38) 145 F1
Moirans-en-Montagne(39) 117 H2
Moirax(47) 165 G1
Moiré(69) 129 G2
Moiremont(51) 26 D5
Moirey-Flabas-Crépion(55) 27 G3
Moiron(39) 102 C6
Moiry(08) 15 H5
Moisdon-la-Rivière(44) 75 F2
Moisenay(77) 43 F6
Moislains(80) 12 A5
Moissac(82) 166 C2
Moissac-Bellevue(83) 175 F6
Moissac-Vallée-Française(48) 171 E1
Moissannes(87) 124 D2
Moissat(63) 127 G3
Moisselles(95) 42 C2

Moissey(39) 102 C1
Moissieu-sur-Dolon(38) 130 B6
Moisson(78) 41 G1
Moissy-Cramayel(77) 43 E6
Moissy-Moulinot(58) 83 G6
Moisville(27) 40 D3
Moisy(41) 79 G1
Moïta(2B) 205 G3
les Moitiers-d'Allonne(50) 16 C4
les Moitiers-en-Bauptois(50) 17 E4
Moitron(21) 85 F3
Moitron-sur-Sarthe(72) 59 H3
Moivre(51) 46 C3
Moivrons(54) 48 D3
Molac(56) 55 H6
Molagnies(76) 21 H3
Molain(02) 13 E4
Molain(39) 103 E4
Molamboz(39) 102 D3
Molandier(11) 184 A4
Molas(31) 182 C3
Molay(39) 102 B3
Molay(70) 86 D2
Môlay(89) 83 H2
le Molay-Littry(14) 17 H5
la Môle(83) 192 D4
Moléans(28) 62 A4
Molèdes(15) 141 E2
Molère(65) 181 G5
Molesme(21) 66 C6
Molesmes(89) 83 E3
Molezon(48) 156 B6
Moliens(60) 22 A2
Molières(24) 137 F6
Molières(31) 182 C3
Molières(82) 152 B6
les Molières(91) 42 B5
Molières-Cavaillac(30) 170 D3
Molières-Glandaz(26) 159 E1
Molières-sur-Cèze(30) 157 E6
Moliets-et-Maa(40) 162 B4
Molinchart(02) 24 C3
Molines-en-Queyras(05) 147 G6
Molinet(03) 115 E3
Molineuf(41) 79 G4
Molinges(39) 118 A3
Molinons(89) 65 F3
Molinot(21) 101 E3
Molins-sur-Aube(10) 66 C1
Molitg-les-Bains(66) 199 H4
Mollans(70) 87 H2
Mollans-sur-Ouvèze(26) 158 D6
Mollau(68) 89 E1
Mollégès(13) 173 E4
Molles(03) 114 C6
les Mollettes(73) 132 A5
Molleville(11) 184 B4
Molliens-au-Bois(80) 11 F5
Molliens-Dreuil(80) 10 D6
Mollkirch(67) 71 F1
Molompize(15) 141 F3
Molosmes(89) 84 A1
Moloy(21) 85 G4
Molphey(21) 84 C6
Molpré(39) 103 F5
Molring(57) 49 H2
Molsheim(67) 50 D6
Moltifao(2B) 203 E6
les Molunes(39) 118 B3
Momas(64) 180 B2
Mombrier(33) 135 E4
Momères(65) 181 E5
Momerstroff(57) 29 F5
Mommenheim(67) 51 E4
Momuy(40) 163 G6
Momy(64) 180 D3
Monacia-d'Aullène(2A) 206 D5
Monacia-d'Orezza(2B) 205 G2
Monampteuil(02) 24 C4
Monassut-Audiracq(64) 180 D2
le Monastère(12) 154 C5
le Monastier-Pin-Moriès(48) 155 E4
le Monastier-sur-Gazeille(43) 142 D5
Monay(39) 102 C4
Monbahus(47) 151 E3
Monbalen(47) 151 F5
Monbardon(32) 182 B3
Monbazillac(24) 136 D6
Monbéqui(82) 166 D3
Monblanc(32) 182 D2
Monbrun(32) 166 B6
Moncale(2B) 202 C6
Moncassin(32) 181 H2
Moncaup(31) 196 D3
Moncaup(64) 180 D2
Moncaut(47) 165 G1
Moncayolle-Larrory-Mendibieu(64) 179 G4
Moncé-en-Belin(72) 77 H1
Moncé-en-Saosnois(72) 60 C3
Monceau-le-Neuf-et-Faucouzy(02) 24 D1
Monceau-le-Waast(02) 24 D2
Monceau-les-Leups(02) 24 C2
Monceau-Saint-Waast(59) 13 G3
Monceau-sur-Oise(02) 13 F5
les Monceaux(14) 19 F5
Monceaux(60) 23 E5
Monceaux-au-Perche(61) 60 D1
Monceaux-en-Bessin(14) 18 A4
Monceaux-l'Abbaye(60) 21 H2
Monceaux-le-Comte(58) 83 G6
Monceaux-sur-Dordogne(19) 139 F4
Moncel-lès-Lunéville(54) 49 F5
Moncel-sur-Seille(54) 49 E4
Moncel-sur-Vair(88) 68 C1
la Moncelle(08) 15 H5
Moncetz-l'Abbaye(51) 46 C5
Moncetz-Longevas(51) 46 A3
Monchaux-Soreng(76) 10 A5
Monchaux-sur-Écaillon(59) 12 D3
Moncheaux(59) 5 E5
Moncheaux-lès-Frévent(62) 11 F2
Monchecourt(59) 12 C2

Monchel-sur-Canche(62) 11 E2
Moncheux(57) 49 E2
Monchiet(62) 11 G2
Monchy-au-Bois(62) 11 H3
Monchy-Breton(62) 4 B6
Monchy-Cayeux(62) 4 A6
Monchy-Humières(60) 23 F4
Monchy-Lagache(80) 12 B6
Monchy-le-Preux(62) 12 A2
Monchy-Saint-Éloi(60) 23 E5
Monchy-sur-Eu(76) 9 H2
Moncla(64) 164 B6
Monclar(32) 164 C3
Monclar(47) 151 E4
Monclar-de-Quercy(82) 167 F3
Monclar-sur-Losse(32) 181 G1
Moncley(25) 87 E6
Moncontour(22) 33 H6
Moncontour(86) 93 G4
Moncorneil-Grazan(32) 182 B2
Moncoutant(79) 92 D5
Moncrabeau(47) 165 F2
Moncy(61) 37 G3
Mondavezan(31) 182 D4
Mondelange(57) 28 C4
Mondement-Montgivroux(51) 45 E4
Mondescourt(60) 24 A3
Mondevert(35) 58 A4
Mondeville(14) 18 D4
Mondeville(91) 63 G1
Mondicourt(62) 11 F3
Mondigny(08) 14 D4
Mondilhan(31) 182 B4
Mondion(86) 94 C4
Mondon(25) 87 H4
Mondonville(31) 166 D5
Mondonville-Saint-Jean(28) 62 C2
Mondorff(57) 28 D2
Mondoubleau(41) 61 E6
Mondouzil(31) 167 F6
Mondragon(84) 158 A6
Mondrainville(14) 18 B5
Mondrepuis(02) 13 H5
Mondreville(77) 63 H4
Mondreville(78) 41 F3
Monein(64) 180 A3
Monès(31) 182 D3
Monesple(09) 183 G5
Monestier(03) 113 H4
Monestier(07) 143 G2
Monestier(24) 150 D1
le Monestier(63) 128 A5
Monestier-d'Ambel(38) 146 A6
Monestier-de-Clermont(38) 145 G5
le Monestier-du-Percy(38) 145 G6
Monestier-Merlines(19) 126 B4
Monestier-Port-Dieu(19) 126 B6
Monestiés(81) 168 B2
Monestrol(31) 184 A3
Monétay-sur-Allier(03) 114 A3
Monétay-sur-Loire(03) 114 D3
Monéteau(89) 83 F1
Monétier-Allemont(05) 160 A4
le Monétier-les-Bains(05) 147 E4
Monferran-Plavès(32) 182 B2
Monferran-Savès(32) 166 B6
Monflanquin(47) 151 F3
Monfort(32) 166 A4
Monfréville(14) 17 G5
Mongaillard(47) 150 C6
Mongausy(32) 182 C2
Mongauzy(33) 150 B3
Monget(40) 163 G6
Monguilhem(32) 164 B4
Monheurt(47) 150 C5
Monhoudou(72) 60 B3
Monieux(84) 173 H2
Monistrol-d'Allier(43) 142 A5
Monistrol-sur-Loire(43) 143 E2
Monlaur-Bernet(32) 181 H3
Monléon-Magnoac(65) 181 H4
Monlet(43) 142 B2
Monlezun(32) 181 F2
Monlezun-d'Armagnac(32) 164 B4
Monlong(65) 181 H4
Monmadalès(24) 151 F1
Monmarvès(24) 151 E2
Monnai(61) 39 G3
Monnaie(37) 78 D5
Monneren(57) 29 E3
la Monnerie-le-Montel(63) 128 A2
Monnerville(91) 63 E2
Monnes(02) 44 A1
Monnet-la-Ville(39) 103 E5
Monnetay(39) 117 G2
Monnetier-Mornex(74) 118 C5
Monneville(60) 22 B6
Monnières(39) 102 C2
Monnières(44) 91 G1
Monoblet(30) 171 F3
Monpardiac(32) 181 F2
Monpazier(24) 151 G2
Monpezat(64) 180 D2
Monplaisant(24) 151 H1
Monprimblanc(33) 149 G2
Mons(16) 122 A2
Mons(17) 121 G2
Mons(30) 171 G2
Mons(31) 167 F6
Mons(34) 186 B1
Mons(63) 127 H1
Mons(83) 176 B5
Mons-Boubert(80) 10 B3
Mons-en-Barœul(59) 5 E4
Mons-en-Laonnois(02) 24 C3
Mons-en-Montois(77) 64 D1
Mons-en-Pévèle(59) 5 F5
Monsac(24) 151 F1
Monsaguel(24) 151 E1
Monsec(24) 123 E6

Monségur(33).....150 B2
Monségur(40).....163 G6
Monségur(47).....151 G4
Monségur(64).....181 E2
la Monselie(15).....140 B2
Monsempron-Libos(47).....151 H4
Monsireigne(85).....92 A5
Monsols(69).....116 A5
Monsteroux-Milieu(38).....130 B6
Monsures(80).....22 C2
Monswiller(67).....50 D5
Mont(64).....179 H2
Mont(65).....196 B4
Mont(71).....114 D1
le Mont(88).....70 D2
Mont-Bernanchon(62).....3 G5
Mont-Bertrand(14).....37 F2
Mont-Bonvillers(54).....28 A3
Mont-Cauvaire(76).....9 F5
Mont-d'Astarac(32).....182 A3
Mont-Dauphin(05).....161 F1
Mont-de-Galié(31).....182 B6
Mont-de-Lans(38).....146 B3
Mont-de-Laval(25).....105 E1
Mont-de-l'If(76).....9 E5
Mont-de-Marrast(32).....181 G3
Mont-de-Marsan(40).....163 H3
Mont-de-Vougney(25).....105 E1
Mont-devant-Sassey(55).....27 E2
le Mont-Dieu(08).....15 E6
Mont-Disse(64).....180 D1
Mont-Dol(35).....35 E4
Mont-Dore(63).....126 D5
Mont-d'Origny(02).....13 E6
Mont-et-Marré(58).....99 G3
Mont-Laurent(08).....26 A2
Mont-le-Vernois(70).....87 F3
Mont-le-Vignoble(54).....48 B5
Mont-lès-Lamarche(88).....68 D5
Mont-lès-Neufchâteau(88).....68 C2
Mont-lès-Seurre(71).....101 H4
Mont-l'Étroit(54).....48 B6
Mont-l'Évêque(60).....23 F6
Mont-Louis(46).....199 F5
Mont-Notre-Dame(02).....24 D5
Mont-Ormel(61).....39 E3
Mont-près-Chambord(41).....79 H4
Mont-Roc(81).....168 C5
le Mont-Saint-Adrien(60).....22 B4
Mont-Saint-Aignan(76).....9 F6
Mont-Saint-Éloi(62).....11 H1
Mont-Saint-Jean(02).....14 A4
Mont-Saint-Jean(21).....84 D6
Mont-Saint-Jean(72).....59 G3
Mont-Saint-Léger(70).....87 E3
Mont-Saint-Martin(02).....24 D5
Mont-Saint-Martin(08).....26 B3
Mont-Saint-Martin(38).....145 G2
Mont-Saint-Martin(54).....28 A1
le Mont-Saint-Michel(50).....35 G3
Mont-Saint-Père(54).....44 C1
Mont-Saint-Remy(08).....26 A3
Mont-Saint-Sulpice(89).....65 F6
Mont-Saint-Vincent(71).....115 H1
Mont-Saxonnex(74).....119 E5
Mont-sous-Vaudrey(39).....102 C3
Mont-sur-Courville(51).....24 D6
Mont-sur-Meurthe(54).....49 F6
Mont-sur-Monnet(39).....103 E5
Montabard(61).....38 D3
Montabon(72).....78 B3
Montabot(50).....37 E2
Montacher-Villegardin(89).....64 C4
Montadet(32).....182 C2
Montady(34).....186 C3
Montagagne(09).....198 B1
Montagna-le-Reconduit(39).....117 F2
Montagna-le-Templier(39).....117 F3
Montagnac(30).....171 G3
Montagnac(34).....187 F2
Montagnac-d'Auberoche(24).....137 G3
Montagnac-la-Crempse(24).....137 E5
Montagnac-Montpezat(04).....175 E4
Montagnac-sur-Auvignon(47).....165 F1
Montagnac-sur-Lède(47).....151 G3
Montagnat(01).....117 F5
Montagne(33).....135 H5
Montagne(38).....144 D5
la Montagne(44).....74 D6
la Montagne(70).....70 A6
Montagne-Fayel(80).....10 D5
Montagney(70).....86 D6
Montagney-Servigney(25).....87 H4
Montagnieu(01).....131 E2
Montagnieu(38).....131 E5
Montagnol(12).....169 H4
Montagnole(73).....131 H5
Montagny(42).....115 G6
Montagny(69).....129 H4
Montagny(73).....133 E5
Montagny-en-Vexin(60).....21 H6
Montagny-lès-Beaune(21).....101 F3
Montagny-lès-Buxy(71).....101 E6
Montagny-les-Lanches(74).....132 A2
Montagny-lès-Seurre(21).....102 A3
Montagny-près-Louhans(71).....102 B6
Montagny-Sainte-Félicité(60).....43 F1
Montagny-sur-Grosne(71).....116 A3
Montagoudin(33).....150 B3
Montagrier(24).....136 D2
Montagudet(82).....152 A6
Montagut(64).....180 B1
Montaignac-Saint-Hippolyte(19).....139 F1
Montaigu(02).....25 E3
Montaigu(39).....102 C6
Montaigu(85).....91 G2
Montaigu-de-Quercy(82).....151 H5
Montaigu-la-Brisette(50).....17 E2
Montaigu-le-Blin(03).....114 B4
Montaigu-les-Bois(50).....35 H1
Montaiguët-en-Forez(03).....114 D4
Montaigut(63).....113 F5
Montaigut-le-Blanc(23).....111 G6

Montaigut-le-Blanc(63).....127 F5
Montaigut-sur-Save(31).....166 D5
Montaillé(72).....60 D6
Montailleur(73).....132 C4
Montaillou(09).....199 E3
Montaimont(73).....132 C6
Montain(39).....102 C5
Montaïn(82).....166 C3
Montainville(28).....62 B3
Montainville(78).....41 H3
Montalba-le-Château(66).....200 B3
Montalembert(79).....109 E6
Montalet-le-Bois(78).....41 H2
Montalieu-Vercieu(38).....131 E2
Montalzat(82).....152 C6
Montamat(32).....182 C2
Montambert(58).....99 G5
Montamel(46).....152 C3
Montamisé(86).....109 G1
Montamy(14).....18 A6
Montanay(69).....130 A2
Montancy(25).....89 E5
Montandon(25).....88 D6
Montanel(50).....35 G4
Montaner(64).....181 E3
Montanges(01).....118 A5
Montans(81).....167 H4
Montapas(58).....99 F3
Montarcher(42).....128 D6
Montardit(09).....183 E6
Montaren-et-Saint-Médiers(30).....172 A3
Montargis(45).....64 A6
Montarlot(77).....64 B2
Montarlot-lès-Rioz(70).....87 F5
Montarnaud(34).....170 D6
Montaron(58).....99 G4
Montastruc(47).....151 E4
Montastruc(65).....181 G4
Montastruc(82).....166 D2
Montastruc-de-Salies(31).....182 C6
Montastruc-la-Conseillère(31).....167 E5
Montastruc-Savès(31).....182 D3
le Montat(46).....152 C5
Montataire(60).....22 D6
Montauban(82).....167 E2
Montauban-de-Bretagne(35).....56 C2
Montauban-de-Luchon(31).....196 D4
Montauban-de-Picardie(80).....11 H5
Montauban-sur-l'Ouvèze(26).....159 F5
Montaud(34).....171 F5
Montaud(38).....145 F2
Montaudin(53).....58 B1
Montaulieu(26).....158 D5
Montaulin(10).....66 B3
Montaure(27).....20 D6
Montauriol(11).....184 B4
Montauriol(47).....151 E2
Montauriol(66).....200 C4
Montauriol(81).....168 C2
Montauroux(83).....176 B6
Montaut(09).....183 H5
Montaut(24).....151 F1
Montaut(31).....183 F3
Montaut(32).....181 H3
Montaut(40).....163 G5
Montaut(47).....151 F3
Montaut(64).....180 C5
Montaut-les-Créneaux(32).....165 H5
Montautour(35).....58 A3
Montauville(54).....48 C3
Montay(59).....13 E3
Montayral(47).....151 H4
Montazeau(24).....136 B5
Montazels(11).....199 G1
Montbard(21).....84 C3
Montbarla(82).....152 A6
Montbarrey(39).....102 D3
Montbarrois(45).....63 G5
Montbartier(82).....166 D3
Montbavin(02).....24 C3
Montbazens(12).....153 H4
Montbazin(34).....187 G2
Montbazon(37).....94 D1
Montbel(09).....199 E1
Montbel(48).....156 B3
Montbéliard(25).....88 D4
Montbéliardot(25).....105 E1
Montbellet(71).....116 C2
Montbenoît(25).....104 D3
Montberaud(31).....183 E5
Montbernard(31).....182 C4
Montberon(31).....167 E5
Montbert(44).....91 F1
Montberthault(21).....84 B5
Montbeton(82).....166 D2
Montbeugny(03).....114 B2
Montboillon(70).....87 F5
Montboissier(28).....62 A3
Montbolo(66).....200 B5
Montbonnot-Saint-Martin(38).....145 H2
Montboucher(23).....124 D2
Montboucher-sur-Jabron(26).....158 B3
Montboudif(15).....140 C1
Montbouton(90).....88 D4
Montbouy(45).....82 A1
Montboyer(16).....136 B1
Montbozon(70).....87 H4
Montbrand(05).....159 G2
Montbras(55).....48 A6
Montbray(50).....37 E3
Montbré(51).....25 F6
Montbrehain(02).....12 D5
Montbrison(26).....158 C4
Montbrison(42).....128 D4
Montbron(16).....123 E4
Montbronn(57).....50 C2
Montbrun(46).....153 F4
Montbrun(48).....156 A5
Montbrun-Bocage(31).....183 F5

Montbrun-des-Corbières(11).....185 H5
Montbrun-Lauragais(31).....183 G2
Montbrun-les-Bains(26).....159 F6
Montcabrier(46).....151 H3
Montcabrier(81).....167 G4
Montcaret(24).....136 A6
Montcarra(38).....131 E4
Montcavrel(62).....2 C6
Montceau-et-Écharnant(21).....101 E3
Montceau-les-Mines(71).....100 D6
Montceaux(01).....116 B6
Montceaux-lès-Meaux(77).....43 G3
Montceaux-lès-Provins(77).....44 C5
Montceaux-lès-Vaudes(10).....66 B4
Montceaux-l'Étoile(71).....115 F3
Montceaux-Ragny(71).....116 C1
Montcel(63).....127 E1
Montcel(73).....132 A3
Montcenis(71).....100 D5
Montcet(01).....116 D4
Montcey(70).....87 G2
Montchaboud(38).....145 G3
Montchal(42).....129 F2
Montchâlons(02).....24 D3
Montchamp(14).....37 G6
Montchamp(15).....141 F4
Montchanin(71).....100 D5
Montcharvot(52).....68 D6
Montchaton(50).....36 C1
Montchaude(17).....121 H6
Montchauvet(14).....37 G2
Montchauvet(78).....41 G3
Montchenu(26).....144 C2
Montcheutin(08).....26 C4
Montchevrel(61).....39 F6
Montchevrier(36).....111 G2
Montclar(04).....160 D4
Montclar(11).....185 E5
Montclar(12).....169 E3
Montclar-de-Comminges(31).....182 D5
Montclar-Lauragais(31).....184 A3
Montclar-sur-Gervanne(26).....158 D1
Montclard(43).....142 A2
Montcléra(46).....152 B3
Montclus(05).....159 G4
Montclus(30).....157 G6
Montcombroux-les-Mines(03).....114 D4
Montcony(71).....102 B6
Montcorbon(45).....64 C6
Montcornet(02).....25 F2
Montcornet(08).....14 D3
Montcourt(70).....69 E6
Montcourt-Fromonville(77).....64 A3
Montcoy(71).....101 G5
Montcresson(45).....64 B6
Montcuit(50).....17 E6
Montcuq(46).....152 A5
Montcusel(39).....117 H3
Montcy-Notre-Dame(08).....15 E4
Montdardier(30).....170 D4
Montdauphin(77).....44 C3
Montdidier(57).....49 H2
Montdidier(80).....23 E2
Montdoré(70).....69 F6
Montdoumerc(46).....152 C6
Montdragon(81).....168 B5
Montdurausse(81).....167 F3
Monte(2B).....203 G6
Monteaux(41).....79 F5
Montebourg(50).....17 E3
Montech(82).....166 D3
Montécheroux(25).....88 D6
Montegrosso(2B).....202 C5
Montégut(32).....165 H6
Montégut(40).....164 B4
Montégut(65).....181 H6
Montégut-Arros(32).....181 F3
Montégut-Bourjac(31).....182 D4
Montégut-en-Couserans(09).....197 G3
Montégut-Lauragais(31).....184 C2
Montégut-Plantaurel(09).....183 G6
Montégut-Savès(32).....182 D2
Monteignet-sur-l'Andelot(03).....114 A6
le Monteil(15).....140 B2
le Monteil(43).....142 C4
le Monteil-au-Vicomte(23).....125 F2
Monteille(14).....19 F5
Monteils(12).....153 G6
Monteils(30).....171 G2
Monteils(82).....167 F1
Montel-de-Gelat(63).....126 B2
Montéléger(26).....144 B6
Montélier(26).....144 C5
Montélimar(26).....158 A3
le Montellier(01).....130 C1
Montels(09).....183 G6
Montels(34).....186 C4
Montels(81).....167 H3
Montembœuf(16).....123 E3
Montenach(57).....28 D2
Montendre(17).....135 F2
Montendry(73).....132 C5
Montenescourt(62).....11 G2
Monteneuf(56).....56 B5
Montenils(77).....44 C4
Montenois(25).....88 C4
Montenoison(58).....99 E1
Montenoy(54).....48 D3
Montépilloy(60).....23 F6
Montépreux(51).....45 G5
Montereau(45).....81 G1
Montereau-Fault-Yonne(77).....64 B2
Montereau-sur-le-Jard(77).....43 E6
Monterfil(35).....56 D3
Montérolier(76).....9 H5
Monterrein(56).....56 A4
Montertelot(56).....56 A4
Montescot(66).....200 D4
Montescourt-Lizerolles(02).....24 B1
Montespan(31).....182 C6

Montesquieu(34).....186 D1
Montesquieu(47).....150 D6
Montesquieu(82).....151 H6
Montesquieu-Avantès(09).....183 E6
Montesquieu-des-Albères(66).....200 D5
Montesquieu-Guittaut(31).....182 C3
Montesquieu-Lauragais(31).....183 H3
Montesquieu-Volvestre(31).....183 F5
Montesquiou(32).....165 G5
Montessaux(70).....88 B2
Montesson(78).....42 B3
Montestruc-sur-Gers(32).....165 G5
le Montet(03).....113 G3
Montet-et-Bouxal(46).....153 G1
Monteton(47).....150 C2
Montets(73).....132 C5
Monteux(84).....173 E2
Montévrain(77).....43 F3
Monteynard(38).....145 G4
Montézic(12).....154 C2
Montfa(09).....183 F5
Montfa(81).....168 C6
Montfalcon(38).....144 D2
Montfarville(50).....17 F1
Montfaucon(02).....44 C3
Montfaucon(25).....87 G6
Montfaucon(30).....172 D2
Montfaucon(46).....152 D2
Montfaucon(49).....91 H1
Montfaucon-d'Argonne(55).....27 E4
Montfaucon-en-Velay(43).....143 F3
Montfermeil(93).....43 E3
Montfermier(82).....152 C6
Montfermy(63).....126 D2
Montferrand(11).....184 B3
Montferrand-du-Périgord(24).....151 G1
Montferrand-la-Fare(26).....159 F5
Montferrand-le-Château(25).....103 E1
Montferrat(38).....131 F5
Montferrat(83).....175 H6
Montferrer(66).....200 B6
Montferrier(09).....198 D2
Montferrier-sur-Lez(34).....171 E6
Montfey(10).....65 H5
Montfiquet(14).....17 H6
Montfleur(39).....117 F3
Montflovin(25).....104 D3
Montfort(04).....174 D2
Montfort(25).....103 E2
Montfort(49).....93 F1
Montfort(64).....179 G3
Montfort-en-Chalosse(40).....163 E5
Montfort-l'Amaury(78).....41 H4
Montfort-le-Gesnois(72).....60 C5
Montfort-sur-Argens(83).....192 A2
Montfort-sur-Boulzane(11).....199 H3
Montfort-sur-Meu(35).....56 D2
Montfort-sur-Risle(27).....20 B5
Montfranc(12).....169 E4
Montfrin(30).....172 C4
Montfroc(26).....159 G6
Montfuron(04).....174 C4
Montgaillard(09).....198 C1
Montgaillard(11).....200 B1
Montgaillard(40).....163 H5
Montgaillard(65).....181 F5
Montgaillard(81).....167 F3
Montgaillard(82).....166 A3
Montgaillard-de-Salies(31).....182 D6
Montgaillard-Lauragais(31).....184 A2
Montgaillard-sur-Save(31).....182 B4
Montgardin(05).....160 C3
Montgardon(50).....16 D5
Montgaroult(61).....38 C4
Montgauch(09).....182 D6
Montgaudry(61).....60 C2
Montgazin(31).....183 F4
Montgé-en-Goële(77).....43 F2
Montgeard(31).....183 H3
Montgellafrey(73).....132 C6
Montgenèvre(05).....147 F4
Montgenost(51).....44 D6
Montgérain(60).....23 E3
Montgermont(35).....57 E2
Montgeron(91).....42 D5
Montgeroult(95).....42 A1
Montgesoye(25).....103 G2
Montgesty(46).....152 B3
Montgey(81).....184 C2
Montgibaud(19).....124 C5
Montgilbert(73).....132 C4
Montgirod(73).....133 E4
Montgiscard(31).....183 H2
Montgivray(36).....111 H1
Montgobert(02).....24 A5
Montgon(08).....14 D6
Montgradail(11).....184 C5
Montgras(31).....182 D2
Montgreleix(63).....140 D2
Montgru-Saint-Hilaire(02).....24 B6
Montguers(26).....159 F5
Montgueux(10).....65 H3
Montguillon(49).....76 B2
Montguyon(17).....135 H2
les Monthairons(55).....27 G6
Montharville(28).....61 H4
Monthault(35).....36 D6
Monthaut(11).....184 D5
Monthelie(21).....101 F3
Monthelon(51).....45 F2
Monthelon(71).....100 C4
Monthenault(02).....24 D4
Montheries(52).....67 F4
Montherlant(60).....22 B5
Monthermé(08).....15 E3
Monthiers(02).....44 B1
Monthieux(01).....130 B1
Monthion(73).....132 C4
Monthodon(37).....78 D4
Monthoiron(86).....94 C6
Monthois(08).....26 B3
Montholier(39).....102 D4
Monthou-sur-Bièvre(41).....79 G5

Monthou-sur-Cher(41).....79 G6
Monthuchon(50).....36 C1
Monthurel(02).....44 C2
Monthureux-le-Sec(88).....69 E4
Monthureux-sur-Saône(88).....69 E5
Monthyon(77).....43 F2
Monticello(2B).....202 C2
Montier-en-Der(52).....67 E1
Montier-en-l'Isle(10).....67 E3
Montiéramey(10).....66 C3
Montierchaume(36).....96 C5
Montiers(60).....23 E3
Montiers-sur-Saulx(55).....47 F6
Monties(32).....182 B3
Montignac(24).....138 A4
Montignac(33).....149 H5
Montignac(65).....181 F5
Montignac-Charente(16).....122 B3
Montignac-de-Lauzun(47).....150 D3
Montignac-le-Coq(16).....136 C1
Montignac-Toupinerie(47).....150 D3
Montignargues(30).....171 H3
Montigné(16).....122 A3
Montigné-le-Brillant(53).....58 C5
Montigné-lès-Rairies(49).....77 E3
Montigné-sur-Moine(49).....91 H1
Montigny(14).....18 B6
Montigny(18).....98 A1
Montigny(45).....63 E4
Montigny(54).....49 H6
Montigny(72).....60 A1
Montigny(76).....20 D4
Montigny-aux-Amognes(58).....99 E3
Montigny-devant-Sassey(55).....27 E2
Montigny-en-Arrouaise(02).....12 D5
Montigny-en-Cambrésis(59).....12 D4
Montigny-en-Gohelle(62).....5 E6
Montigny-en-Morvan(58).....99 H2
Montigny-en-Ostrevent(59).....5 F6
Montigny-la-Resle(89).....83 G1
Montigny-l'Allier(02).....43 H1
Montigny-le-Bretonneux(78).....42 B4
Montigny-le-Chartif(28).....61 G3
Montigny-le-Franc(02).....25 E2
Montigny-le-Gannelon(28).....61 H6
Montigny-le-Guesdier(77).....64 D2
Montigny-Lencoup(77).....64 C1
Montigny-Lengrain(02).....23 H5
Montigny-lès-Arsures(39).....103 E3
Montigny-lès-Cherlieu(70).....87 E1
Montigny-lès-Condé(02).....44 D2
Montigny-lès-Cormeilles(95).....42 C2
Montigny-les-Jongleurs(80).....11 E3
Montigny-lès-Metz(57).....28 C5
Montigny-lès-Monts(10).....65 H5
Montigny-lès-Vaucouleurs(55).....48 A5
Montigny-lès-Vesoul(70).....87 F3
Montigny-Montfort(21).....84 C4
Montigny-Mornay-Villeneuve-sur-Vingeanne(21).....86 C3
Montigny-Saint-Barthélemy(21).....84 C5
Montigny-sous-Marle(02).....25 E1
Montigny-sur-Armançon(21).....84 D5
Montigny-sur-Aube(21).....67 F6
Montigny-sur-Avre(28).....40 C5
Montigny-sur-Canne(58).....99 G4
Montigny-sur-Chiers(54).....27 H2
Montigny-sur-Crécy(02).....24 D1
Montigny-sur-l'Ain(39).....103 E5
Montigny-sur-l'Hallue(80).....11 F5
Montigny-sur-Loing(77).....64 A3
Montigny-sur-Meuse(08).....14 D1
Montigny-sur-Vence(08).....14 D5
Montigny-sur-Vesle(51).....25 E5
Montilliers(49).....92 D1
Montillot(89).....83 G4
Montilly(03).....113 H1
Montilly-sur-Noireau(61).....37 H3
Montils(17).....121 F4
les Montils(41).....79 G5
Montipouret(36).....111 H1
Montirat(11).....185 F5
Montirat(81).....168 B1
Montireau(28).....61 F2
Montiron(32).....166 A6
Montivernage(25).....88 A6
Montivilliers(76).....8 A3
Montjardin(11).....199 F1
Montjaux(12).....169 G4
Montjavoult(60).....21 H6
Montjay(05).....159 G5
Montjay(71).....102 B5
Montjean(16).....109 E6
Montjean(53).....58 B5
Montjean-sur-Loire(49).....76 A5
Montjoi(11).....185 F6
Montjoi(82).....151 G6
Montjoie-en-Couserans(09).....183 E6
Montjoie-le-Château(25).....88 D6
Montjoie-Saint-Martin(50).....35 H4
Montjoire(31).....167 E5
Montjoux(26).....158 D3
Montjoyer(26).....158 B4
Montjustin(04).....174 B4
Montjustin-et-Velotte(70).....87 H3
Montlandon(28).....61 F2
Montlaur(11).....185 G5
Montlaur(12).....169 F4
Montlaur(31).....183 H2
Montlaur-en-Diois(26).....159 F2
Montlauzun(46).....152 A5
Montlay-en-Auxois(21).....84 C6
Montlebon(25).....105 E3
Montlevicq(36).....112 A2
Montlevon(02).....44 C2
Montlhéry(91).....42 C5
Montliard(45).....63 G5
Montlieu-la-Garde(17).....135 G2
Montlignon(95).....42 C2
Montliot-et-Courcelles(21).....66 D4
Montlivault(41).....79 H3
Montlognon(60).....43 F1

Commune	Page	Réf.
Montloué(02)	14	A5
Montlouis(18)	97	F5
Montlouis-sur-Loire(37)	78	D6
Montluçon(03)	112	D4
Montluel(01)	130	C2
Montmachoux(77)	64	C3
Montmacq(60)	23	G4
Montmagny(95)	42	C2
Montmahoux(25)	103	F3
Montmain(21)	101	H3
Montmain(76)	21	E4
Montmançon(21)	86	B5
Montmarault(03)	113	G4
Montmarlon(39)	103	F4
Montmartin(60)	23	F4
Montmartin-en-Graignes(50)	17	G5
Montmartin-le-Haut(10)	66	D4
Montmartin-sur-Mer(50)	36	C1
Montmaur(05)	160	A2
Montmaur(11)	184	B3
Montmaur-en-Diois(26)	159	E2
Montmaurin(31)	182	B4
Montmédy(55)	15	H6
Montmeillant(08)	14	B5
Montmelard(71)	115	H4
Montmelas-Saint-Sorlin(69)	116	A6
Montmélian(73)	132	A5
Montmerle-sur-Saône(01)	116	B6
Montmerrei(61)	38	D5
Montmeyan(83)	175	E6
Montmeyran(26)	144	B6
Montmin(74)	132	C2
Montmirail(51)	44	C3
Montmirail(72)	61	E5
Montmiral(26)	144	C3
Montmirat(30)	171	G4
Montmirey-la-Ville(39)	102	C1
Montmirey-le-Château(39)	86	C6
Montmoreau-Saint-Cybard(16)	122	B6
Montmorency(95)	42	C2
Montmorency-Beaufort(10)	66	D1
Montmorillon(86)	110	A3
Montmorin(05)	159	F4
Montmorin(63)	127	G4
Montmorot(39)	102	C6
Montmort(71)	100	B6
Montmort-Lucy(51)	45	E3
Montmotier(88)	69	G5
Montmoyen(21)	85	F2
Montmurat(15)	153	H3
Montner(66)	200	C4
Montoillot(21)	85	E6
Montoir-de-Bretagne(44)	73	H5
Montoire-sur-le-Loir(41)	78	D2
Montois-la-Montagne(57)	28	B4
Montoison(26)	144	B6
Montoldre(03)	114	B4
Montolieu(11)	184	D4
Montolivet(77)	44	C4
Montonvillers(80)	11	F5
Montord(03)	113	H4
Montory(64)	179	G5
Montot(21)	102	A2
Montot(70)	86	D3
Montot-sur-Rognon(52)	68	A3
Montouliers(34)	186	B3
Montoulieu(09)	198	C1
Montoulieu(34)	171	E4
Montoulieu-Saint-Bernard(31)	182	C4
Montournais(85)	92	B5
Montours(35)	35	H5
Montourtier(53)	59	E3
Montoussé(65)	181	H6
Montoussin(31)	182	D4
Montoy-Flanville(57)	28	D5
Montpellier(34)	171	F6
Montpellier-de-Médillan(17)	120	D4
Montpensier(63)	127	F1
Montperreux(25)	103	H4
Montpeyroux(12)	154	D2
Montpeyroux(24)	136	A5
Montpeyroux(34)	170	C6
Montpeyroux(63)	127	F4
Montpezat(30)	171	G4
Montpezat(32)	182	D3
Montpezat(47)	151	E5
Montpezat-de-Quercy(82)	152	C6
Montpezat-sous-Bauzon(07)	157	E2
Montpinchon(50)	36	D1
Montpinier(81)	168	B6
Montpitol(31)	167	F5
Montplonne(55)	47	F5
Montpollin(49)	77	F3
Montpon-Ménestérol(24)	136	B4
Montpont-en-Bresse(71)	117	E1
Montpothier(10)	44	C6
Montpouillan(47)	150	B4
Montrabé(31)	167	F6
Montrabot(50)	17	H6
Montracol(01)	116	D5
Montravers(79)	92	C4
Montréal(07)	157	F3
Montréal(11)	184	D5
Montréal(32)	165	E3
Montréal(89)	84	A4
Montréal-la-Cluse(01)	117	G5
Montréal-les-Sources(26)	159	E4
Montrécourt(59)	12	D2
Montredon(46)	153	H3
Montredon-des-Corbières(11)	186	B5
Montredon-Labessonnié(81)	168	C5
Montregard(43)	143	F3
Montréjeau(31)	182	A6
Montrelais(44)	75	H4
Montrem(24)	137	E3
Montrésor(37)	95	G2
Montret(71)	101	H6
Montreuil(28)	41	E4
Montreuil(62)	2	C6
Montreuil(85)	107	F3
Montreuil(93)	42	D3
Montreuil-au-Houlme(61)	38	C4
Montreuil-aux-Lions(02)	44	A2
Montreuil-Bellay(49)	93	F2
Montreuil-Bonnin(86)	109	E2
Montreuil-des-Landes(35)	57	H2
Montreuil-en-Auge(14)	19	F5
Montreuil-en-Caux(76)	9	G4
Montreuil-en-Touraine(37)	79	E5
Montreuil-Juigné(49)	76	C4
Montreuil-la-Cambe(61)	38	D3
Montreuil-l'Argillé(27)	39	G2
Montreuil-le-Chétif(72)	59	H3
Montreuil-le-Gast(35)	57	E1
Montreuil-le-Henri(72)	78	C1
Montreuil-Poulay(53)	59	E1
Montreuil-sous-Pérouse(35)	57	H2
Montreuil-sur-Barse(10)	66	C3
Montreuil-sur-Blaise(52)	67	G1
Montreuil-sur-Brêche(60)	22	D3
Montreuil-sur-Epte(95)	21	H6
Montreuil-sur-Ille(35)	35	F6
Montreuil-sur-Loir(49)	76	D3
Montreuil-sur-Lozon(50)	17	F6
Montreuil-sur-Maine(49)	76	B3
Montreuil-sur-Thérain(60)	22	C5
Montreuil-sur-Thonnance(52)	67	H1
Montreuillon(58)	99	H2
Montreux(54)	49	H6
Montreux-Château(90)	89	E3
Montreux-Jeune(68)	89	E3
Montreux-Vieux(68)	89	E3
Montrevault(49)	75	H5
Montrevel(38)	131	E5
Montrevel(39)	117	G3
Montrevel-en-Bresse(01)	116	D3
Montricher(41)	79	F6
Montricher-Albanne(73)	146	D1
Montricoux(82)	167	F2
Montrieux-en-Sologne(41)	80	B4
Montrigaud(26)	144	C2
Montriond(74)	119	F4
Montrodat(48)	155	G3
Montrol-Sénard(87)	123	H1
Montrollet(16)	123	G1
Montromant(69)	129	G4
Montrond(05)	159	H4
Montrond(39)	103	E5
Montrond-le-Château(25)	103	F1
Montrond-les-Bains(42)	129	E4
Montrosier(81)	167	H1
Montrottier(69)	129	F3
Montroty(76)	21	H4
Montrouge(92)	42	C4
Montrouveau(41)	78	D3
Montroy(17)	107	E5
Montrozier(12)	154	D5
Montry(77)	43	F3
Monts(37)	94	C1
Monts(60)	22	B6
Monts-en-Bessin(14)	18	B5
Monts-en-Ternois(62)	11	F2
Monts-sur-Guesnes(86)	94	A4
les Monts-Verts(48)	141	F6
Montsalès(12)	153	F4
Montsalier(04)	174	B2
Montsalvy(15)	154	B2
Montsapey(73)	132	C5
Montsauche-les-Settons(58)	100	A1
Montsaugeon(52)	86	B2
Montsaunès(31)	182	D5
Montsec(55)	48	A3
Montsecret(61)	37	H3
Montségur(09)	198	D2
Montségur-sur-Lauzon(26)	158	B5
Montselgues(07)	156	D3
Montséret(65)	186	A5
Montserié(65)	181	H6
Montseron(09)	183	F6
Montseveroux(38)	130	B6
Montsoreau(49)	93	H1
Montsoué(40)	163	H5
Montsoult(95)	42	C2
Montsûrs(53)	59	E4
Montsurvent(50)	16	D6
Montsuzain(10)	66	B1
Montureux-et-Prantigny(70)	86	D4
Montureux-lès-Baulay(70)	87	F1
Montusclat(43)	142	D4
Montussaint(25)	87	H4
Montussan(33)	135	F5
Montvalen(81)	167	F4
Montvalent(46)	138	D6
Montvalezan(73)	133	F4
Montvendre(26)	144	C5
Montverdun(42)	128	D4
Montvernier(73)	146	C1
Montvert(15)	139	G5
Montvicq(03)	113	F4
Montviette(14)	19	F6
Montville(76)	9	F6
Montviron(50)	35	G2
Montzéville(55)	27	F4
Monviel(47)	151	E3
Monze(11)	185	F5
Moon-sur-Elle(50)	17	G6
Moosch(68)	89	E1
Mooslargue(68)	89	F4
Moraches(58)	83	F6
Moragne(17)	120	D1
Morainville(28)	62	C2
Morainville-Jouveaux(27)	19	H4
Morainvilliers(78)	41	H3
Morancé(69)	129	H2
Morancez(28)	62	A2
Morancourt(52)	67	G1
Morand(37)	79	E4
Morangis(51)	45	F2
Morangis(91)	42	C5
Morangles(60)	22	D6
Morannes(49)	76	D2
Moranville(55)	27	G4
Moras(38)	130	D3
Moras-en-Valloire(26)	144	B2
Morbecque(59)	3	G4
Morbier(39)	118	B1
Morcenx(40)	163	E2
Morchain(80)	12	A6
Morchies(62)	12	A3
Morcourt(02)	12	D6
Morcourt(80)	11	H6
Mordelles(35)	56	D3
Moréac(56)	55	F4
Morée(41)	79	G1
Moreilles(85)	107	E2
Morelmaison(88)	69	E2
Morembert(10)	46	A6
Morestel(38)	131	E4
Moret-sur-Loing(77)	64	B2
Morêtel-de-Mailles(38)	132	A6
Morette(38)	145	E2
Moreuil(80)	23	E1
Morey(71)	101	E5
Morey-Saint-Denis(21)	101	G1
Morez(39)	118	B1
Morfontaine(54)	28	A2
Morganx(40)	163	G6
Morgemoulin(55)	27	H4
Morgny(27)	21	G4
Morgny-en-Thiérache(02)	14	A4
Morgny-la-Pommeraye(76)	9	G4
Morhange(57)	49	G2
Moriat(63)	141	G1
Morienne(76)	21	H1
Morienval(60)	23	G5
Morières-lès-Avignon(84)	173	E3
Moriers(28)	62	A4
Morieux(22)	33	H4
Moriez(04)	175	H3
Morigny(50)	37	E3
Morigny-Champigny(91)	63	F1
Morillon(74)	119	F5
Moringhem(62)	3	
Morionvilliers(52)	68	B2
Morisel(80)	23	E1
Moriville(88)	69	H2
Moriviller(54)	49	F6
Morizécourt(88)	69	E4
Morizès(33)	150	A2
Morlaàs(64)	180	C3
Morlac(18)	97	F6
Morlaix(29)	32	A3
Morlancourt(80)	11	G5
Morlanne(64)	180	A1
Morley(55)	47	F6
Morlhon-le-Haut(12)	153	G5
Morlincourt(60)	23	H3
Mormaison(85)	91	F3
Mormant(77)	43	G6
Mormant-sur-Vernisson(45)	64	A6
Mormès(32)	164	B4
Mormoiron(84)	173	G2
Mornac(16)	122	C4
Mornac-sur-Seudre(17)	120	C3
Mornand(42)	128	D4
Mornans(26)	158	D2
Mornant(69)	129	H4
Mornas(84)	158	A6
Mornay(71)	115	H2
Mornay-Berry(18)	98	B3
Mornay-sur-Allier(18)	98	C5
Moroges(71)	101	E5
Morogues(18)	97	H1
Morosaglia(2B)	205	F2
Morre(25)	87	F6
Morsain(02)	24	A4
Morsains(51)	44	C4
Morsalines(50)	17	F2
Morsan(27)	20	A6
Morsang-sur-Orge(91)	42	D5
Morsang-sur-Seine(91)	42	D6
Morsbach(57)	29	G4
Morsbronn-les-Bains(67)	51	F3
Morschwiller(67)	51	E4
Morschwiller-le-Bas(68)	89	F2
Morsiglia(2B)	203	G2
Mortagne(88)	70	B3
Mortagne-au-Perche(61)	39	G6
Mortagne-du-Nord(59)	5	H5
Mortagne-sur-Gironde(17)	120	D5
Mortagne-sur-Sèvre(85)	92	A3
Mortain(50)	37	F5
Mortcerf(77)	43	G4
la Morte(38)	145	H4
Morteau(25)	104	D2
Morteaux-Coulibœuf(14)	38	D2
Mortefontaine(02)	23	H5
Mortefontaine(60)	43	E1
Mortefontaine-en-Thelle(60)	22	C6
Mortemart(87)	110	B6
Mortemer(60)	23	F3
Mortemer(76)	21	G1
Mortery(77)	44	B6
Morthomiers(18)	97	F3
Mortiers(02)	24	D2
Mortiers(17)	121	G6
Mortrée(61)	39	E5
Mortroux(23)	111	H3
Mortzwiller(68)	89	E2
Morval(62)	12	A4
Morvillars(90)	88	D4
Morville(50)	17	E3
Morville(88)	68	D3
Morville-en-Beauce(45)	63	E3
Morville-lès-Vic(57)	49	F3
Morville-sur-Andelle(76)	9	H6
Morville-sur-Nied(57)	49	E2
Morville-sur-Seille(54)	48	D3
Morvillers(60)	22	A3
Morvillers-Saint-Saturnin(80)	22	A1
Morvilliers(10)	67	E2
Morvilliers(28)	40	B5
Mory(62)	12	A3
Mory-Montcrux(60)	22	D3
Morzine(74)	119	G4
Mosles(14)	18	A3
Moslins(51)	45	F2
Mosnac(16)	122	A4
Mosnac(17)	121	F5
Mosnay(36)	111	F1
Mosnes(37)	79	F5
Mosset(66)	199	H4
Mosson(21)	67	E6
Mostuéjouls(12)	155	F6
Motey-Besuche(70)	86	D6
Motey-sur-Saône(70)	86	D4
la Mothe-Achard(85)	91	E5
la Mothe-Saint-Héray(79)	108	C3
Mothern(67)	51	H3
la Motte(22)	55	G1
la Motte(83)	192	D2
la Motte-Chalancon(26)	159	E4
la Motte-d'Aigues(84)	174	B5
la Motte-d'Aveillans(38)	145	G4
la Motte-de-Galaure(26)	144	B2
la Motte-du-Caire(04)	160	B4
la Motte-en-Bauges(73)	132	B3
la Motte-en-Champsaur(05)	146	B6
la Motte-Fanjas(26)	144	D4
la Motte-Feuilly(36)	112	A2
la Motte-Fouquet(61)	38	B6
la Motte-Saint-Jean(71)	115	E2
la Motte-Saint-Martin(38)	145	G5
la Motte-Servolex(73)	131	H4
la Motte-Ternant(21)	84	C6
la Motte-Tilly(10)	65	E1
Motteville(76)	9	E5
Mottier(38)	130	D6
Motz(73)	131	H1
Mouacourt(54)	49	G4
Mouais(44)	57	E6
Mouans-Sartoux(06)	176	D6
Mouauville(54)	28	A4
Mouazé(35)	57	F2
Mouchamps(85)	91	H4
Mouchan(32)	165	E3
Mouchard(39)	103	E3
la Mouche(50)	35	H2
Mouchès(32)	181	H1
Mouchin(59)	5	G5
Mouchy-le-Châtel(60)	22	C5
Moudeyres(43)	142	D5
Mouen(14)	18	C5
Mouffy(89)	83	F3
Mouflaines(27)	21	G6
Mouflers(80)	10	D4
Mouflières(80)	10	D5
Mougins(06)	176	D6
Mougon(79)	108	B4
Mouguerre(64)	178	C2
Mouhers(36)	111	G2
Mouhet(36)	111	E3
Mouhous(64)	180	C2
Mouillac(33)	135	F4
Mouillac(82)	152	D6
la Mouille(25)	118	B2
Mouilleron(52)	85	H2
Mouilleron-en-Pareds(85)	92	B6
Mouilleron-le-Captif(85)	91	F4
Mouilly(55)	27	G6
Moulainville(55)	27	G5
Moularès(81)	168	C2
Moulay(53)	58	D2
Moulayrès(81)	168	A6
Mouledous(65)	181	F4
Moulès-et-Baucels(34)	171	E3
Mouleydier(24)	137	E6
Moulézan(30)	171	G3
Moulhard(28)	61	F4
Moulicent(61)	40	A6
Moulidars(16)	122	A4
Mouliets-et-Villemartin(33)	136	A6
Mouliherne(49)	77	G5
Moulin-Mage(81)	169	F5
Moulin-Neuf(09)	184	C6
Moulin-Neuf(24)	136	A4
Moulin-sous-Touvent(60)	23	H4
Moulineaux(76)	20	D5
Moulines(14)	18	C6
Moulines(50)	37	G6
Moulinet(06)	177	F3
Moulinet(47)	151	E3
le Moulinet-sur-Solin(45)	81	H2
Moulins(02)	24	D4
Moulins(03)	114	A2
Moulins(35)	57	G4
Moulins-en-Tonnerrois(89)	84	A2
Moulins-Engilbert(58)	99	H3
Moulins-la-Marche(61)	39	G5
Moulins-le-Carbonnel(72)	59	H2
Moulins-lès-Metz(57)	28	C5
Moulins-Saint-Hubert(55)	15	G5
Moulins-sur-Céphons(36)	96	B3
Moulins-sur-Orne(61)	38	D4
Moulins-sur-Ouanne(89)	83	F3
Moulins-sur-Yèvre(18)	97	G3
Moulis(09)	197	G3
Moulis-en-Médoc(33)	134	D4
Moulismes(86)	110	A4
Moulle(62)	3	E3
Moulon(33)	135	G6
Moulon(45)	63	H5
Moulotte(55)	28	A5
Moult(14)	19	E5
Moumoulous(65)	181	F3
Moumour(64)	179	H4
Mounes-Prohencoux(12)	169	G5
Mourède(32)	165	E4
Mourens(33)	149	H2
Mourenx(64)	179	H3
Mouret(12)	154	B4
Moureuille(63)	113	F5
Mourèze(34)	170	B6
Mouriès(13)	173	E6
Mouriez(62)	10	D2
Mourioux-Vieilleville(23)	111	F6
Mourjou(15)	154	A2
Mourmelon-le-Grand(51)	45	H1
Mourmelon-le-Petit(51)	45	H1
Mournans-Charbonny(39)	103	F5
Mouron(08)	26	C3
Mouron-sur-Yonne(58)	99	G2
Mouroux(77)	43	H4
Mours(95)	42	C1
Mours-Saint-Eusèbe(26)	144	C4
Mourvilles-Basses(31)	184	A2
Mourvilles-Hautes(31)	184	B2
Mouscardès(40)	163	E6
Moussac(30)	171	H3
Moussac(86)	109	H4
Moussages(15)	140	B2
Moussan(11)	186	A5
Moussé(35)	57	H4
Mousseaux-lès-Bray(77)	64	D2
Mousseaux-Neuville(27)	41	E3
Mousseaux-sur-Seine(78)	41	G2
Moussey(10)	66	B4
Moussey(57)	49	H4
Moussey(88)	70	C2
les Moussières(39)	118	A3
Mousson(54)	48	C2
Moussonvilliers(61)	40	B5
Moussoulens(11)	185	E4
Moussy(51)	45	F2
Moussy(58)	99	E2
Moussy(95)	41	H1
Moussy-le-Neuf(77)	43	E2
Moussy-le-Vieux(77)	43	E2
Moussy-Verneuil(02)	24	D4
Moustajon(31)	196	D4
Moustéru(22)	32	D4
Moustey(40)	148	D5
Moustier(47)	150	C2
Moustier-en-Fagne(59)	14	A1
Moustier-Ventadour(19)	139	G1
Moustiers-Sainte-Marie(04)	175	F4
le Moustoir(22)	32	B6
Moustoir-Ac(56)	55	F5
Moustoir-Remungol(56)	55	F3
la Moutade(63)	127	F1
le Moutaret(38)	132	B6
Mouterhouse(57)	50	D3
Mouterre-Silly(86)	93	H3
Mouterre-sur-Blourde(86)	110	A5
Mouthe(25)	103	G5
le Moutherot(25)	86	D6
Mouthier-en-Bresse(71)	102	B4
Mouthier-Haute-Pierre(25)	103	H2
Mouthiers-sur-Boëme(16)	122	B5
Mouthoumet(11)	200	B1
Moutier-d'Ahun(23)	112	A6
Moutier-Malcard(23)	111	H3
Moutier-Rozeille(23)	125	H2
Moutiers(28)	62	C3
Moutiers(35)	57	H4
Moutiers(54)	28	B4
Moûtiers(73)	132	D5
Moutiers-au-Perche(61)	61	E1
les Moutiers-en-Auge(14)	38	D3
les Moutiers-en-Cinglais(14)	18	C6
Moutiers-en-Puisaye(89)	82	D3
les Moutiers-en-Retz(44)	90	C1
les Moutiers-Hubert(14)	19	G6
Moutiers-les-Mauxfaits(85)	106	C2
Moutiers-Saint-Jean(21)	84	C4
Moutiers-sous-Argenton(79)	93	E3
Moutiers-sous-Chantemerle(79)	92	C6
Moutiers-sur-le-Lay(85)	91	H6
Mouton(16)	122	C2
Moutonne(39)	117	G2
Moutonneau(16)	122	C2
Moutoux(39)	103	F5
Moutrot(54)	48	B5
Mouvaux(59)	5	F3
Moux(11)	185	G5
Moux-en-Morvan(58)	100	B2
Mouxy(73)	131	H3
Mouy(60)	22	D5
Mouy-sur-Seine(77)	64	D2
Mouzay(37)	95	E3
Mouzay(55)	27	E2
Mouzeil(44)	75	F4
Mouzens(24)	137	H6
Mouzens(81)	184	B2
Mouzeuil-Saint-Martin(85)	107	E2
Mouzieys-Panens(81)	167	H2
Mouzieys-Teulet(81)	168	C4
Mouzillon(44)	91	G1
Mouzon(08)	15	G5
Mouzon(16)	123	E3
Moyaux(14)	19	H4
Moydans(05)	159	F4
Moye(74)	131	H2
Moyemont(88)	70	A3
Moyen(54)	49	G6
Moyencourt(80)	23	H1
Moyencourt-lès-Poix(80)	22	B1
Moyenmoutier(88)	70	C2
Moyenneville(60)	23	F4
Moyenneville(62)	11	H3
Moyenneville(80)	10	D4
Moyenvic(57)	49	F3
Moyeuvre-Grande(57)	28	C4
Moyeuvre-Petite(57)	28	B4
Moyon(50)	37	E1
Moyrazès(12)	154	B5
Moyvillers(60)	23	F4
Mozac(63)	127	F2
Mozé-sur-Louet(49)	76	C5
Muchedent(76)	9	G4
Mudaison(34)	171	G6
Muel(35)	56	C2
Muespach(68)	89	G4
Muespach-le-Haut(68)	89	G4
Mugron(40)	163	F5
Muhlbach-sur-Bruche(67)	71	E1
Muhlbach-sur-Munster(68)	70	D5
Muides-sur-Loire(41)	80	A3
Muidorge(60)	22	C3
Muids(27)	21	E6

Muille-Villette(80) 23 H1
Muirancourt(60) 23 H2
Muizon(51) 25 E5
les Mujouls(06) 176 C4
la Mulatière(69) 130 A3
Mulcent(78) 41 G3
Mulcey(57) 49 G3
Mulhausen(67) 50 D3
Mulhouse(68) 89 G2
Mulsanne(72) 60 B6
Mulsans(41) 79 H3
Mun(65) 181 G4
Munchhausen(67) 51 H3
Munchhouse(68) 89 G1
Muncq-Nieurlet(62) 3 E3
Mundolsheim(67) 51 F6
Muneville-le-Bingard(50) 17 E6
Muneville-sur-Mer(50) 36 C2
le Mung(17) 121 E2
Munster(57) 49 H2
Munster(68) 70 D5
Muntzenheim(68) 71 F5
Munwiller(68) 71 F6
Mur-de-Barrez(12) 140 C6
Mûr-de-Bretagne(22) 55 E1
Mur-de-Sologne(41) 80 B5
Muracciole(2B) 205 E4
Murasson(12) 169 F5
Murat(03) 113 F3
Murat(15) 140 D4
Murat-le-Quaire(63) 126 C5
Murat-sur-Vèbre(81) 169 G6
Murato(2B) 203 F5
la Muraz(74) 118 C5
Murbach(68) 71 E6
la Mure(38) 145 H5
la Mure-Argens(04) 175 H2
Mureaumont(60) 21 H2
les Mureaux(78) 41 H2
Mureils(26) 144 B2
Mûres(74) 132 A2
Muret(31) 183 F2
Muret-et-Crouttes(02) 24 C5
Muret-le-Château(12) 154 C4
la Murette(38) 131 F6
Murianette(38) 145 H2
Murinais(38) 145 E2
Murles(34) 171 E6
Murlin(58) 98 D2
Muro(2B) 202 D5
Murol(63) 127 E5
Murols(12) 154 C1
Muron(17) 107 F6
Murs(36) 95 G4
Murs(84) 173 G3
Mûrs-Erigné(49) 76 C5
Murs-et-Gélignieux(01) 131 F4
Murtin-et-Bogny(08) 14 C3
Murvaux(55) 27 F3
Murviel-lès-Béziers(34) 186 C2
Murviel-lès-Montpellier(34) 187 G1
Murville(54) 28 A3
Murzo(2A) 204 C4
Mus(30) 171 H5
Muscourt(02) 25 E5
Musculdy(64) 179 F4
Musièges(74) 118 B6
Musigny(21) 100 D2
Mussey-sur-Marne(52) 67 H2
Mussidan(24) 136 C4
Mussig(67) 71 G3
Mussy-la-Fosse(21) 84 D4
Mussy-sous-Dun(71) 115 G4
Mussy-sur-Seine(10) 66 D6
Mutigney(39) 86 C6
Mutigny(51) 45 F1
Mutrécy(14) 18 C5
Muttersholtz(67) 71 G3
Mutzenhouse(67) 51 E5
Mutzig(67) 71 F1
le Muy(83) 192 D2
Muzeray(55) 27 H3
Muzillac(56) 73 F3
Muzy(27) 41 E4
Myans(73) 132 A5
Myennes(58) 82 B5
Myon(25) 103 F3

N

Nabas(64) 179 G3
Nabinaud(16) 136 C2
Nabirat(24) 152 B1
Nabringhen(62) 2 C4
Nachamps(17) 107 G6
Nadaillac(24) 138 B4
Nadaillac-de-Rouge(46) 138 C6
Nades(03) 113 G5
Nadillac(46) 152 C3
Nagel-Séez-Mesnil(27) 40 B3
Nages(81) 169 F6
Nages-et-Solorgues(30) 171 H5
Nahuja(66) 199 E6
Nailhac(24) 138 A3
Naillat(23) 111 F4
Nailloux(31) 183 H3
Nailly(89) 64 D4
Naintré(86) 94 C6
Nainville-les-Roches(91) 63 G1
Naisey-les-Granges(25) 87 H6
Naives-en-Blois(55) 47 H5
Naives-Rosières(55) 47 F4
Naix-aux-Forges(55) 47 G5
Naizin(56) 55 F3
Najac(12) 153 F6
Nalliers(85) 107 E2
Nalliers(86) 110 A1
Nalzen(09) 198 D1
Nambsheim(68) 71 G6
Nampcel(60) 23 H4
Nampcelles-la-Cour(02) 25 F1
Nampont(80) 10 B1

Namps-Maisnil(80) 10 D6
Nampteuil-sous-Muret(02) 24 C5
Nampty(80) 22 C1
Nan-sous-Thil(21) 84 C5
Nanc-lès-Saint-Amour(39) 117 F3
Nançay(18) 81 E6
Nance(39) 102 B5
Nances(73) 131 G4
Nanclars(16) 122 C2
Nançois-le-Grand(55) 47 G4
Nançois-sur-Ornain(55) 47 F4
Nancras(17) 120 D3
Nancray(25) 87 G6
Nancray-sur-Rimarde(45) 63 F5
Nancuise(39) 117 G2
Nancy(54) 48 D4
Nancy-sur-Cluses(74) 119 F6
Nandax(42) 115 F6
Nandy(77) 43 E6
Nangeville(45) 63 F3
Nangis(77) 43 G6
Nangy(74) 118 D5
Nannay(58) 98 D1
Nans(25) 88 A5
les Nans(39) 103 F5
Nans-les-Pins(83) 191 F5
Nans-sous-Sainte-Anne(25) 103 F3
Nant(12) 170 B3
Nant-le-Grand(55) 47 F5
Nant-le-Petit(55) 47 F5
Nanteau-en-Vallée(16) 122 D1
Nanteau-sur-Essonne(77) 63 G3
Nanteau-sur-Lunain(77) 64 B3
Nanterre(92) 42 C3
Nantes(44) 74 D6
Nantes-en-Ratier(38) 145 H5
Nanteuil(79) 108 C3
Nanteuil-Auriac-de-Bourzac(24) 136 C1
Nanteuil-en-Vallée(16) 122 D1
Nanteuil-la-Forêt(51) 45 E1
Nanteuil-la-Fosse(02) 24 C4
Nanteuil-le-Haudouin(60) 43 F1
Nanteuil-lès-Meaux(77) 43 G3
Nanteuil-Notre-Dame(02) 24 C6
Nanteuil-sur-Aisne(08) 14 B6
Nanteuil-sur-Marne(77) 44 A2
Nantey(39) 117 F3
Nanthiat(24) 123 G6
Nantiat(87) 137 G1
Nantiat(87) 124 A1
Nantillé(17) 121 F2
Nantillois(55) 27 E3
Nantilly(70) 86 C4
Nantoin(38) 130 D6
Nantois(55) 47 G5
Nanton(71) 116 B1
Nantouillet(77) 43 F2
Nantoux(21) 101 F3
Nantua(01) 117 H5
Naours(80) 11 E4
Narbéfontaine(57) 29 H5
Narbief(25) 105 E2
Narbonne(11) 186 B5
Narcastet(64) 180 C4
Narcy(52) 47 E6
Narcy(58) 98 C1
Nargis(45) 64 A5
Narnhac(15) 140 D5
Narp(64) 179 G3
Narrosse(40) 162 D5
Nasbinals(48) 155 F2
Nassandres(27) 40 A1
Nassiet(40) 163 F6
Nassigny(03) 112 D2
Nastringues(24) 136 B6
Nattages(01) 131 G3
Natzwiller(67) 71 E2
Naucelle(12) 154 A6
Naucelles(15) 140 A5
Naujac-sur-Mer(33) 134 B2
Naujan-et-Postiac(33) 135 G6
Nauroy(02) 12 C5
Naussac(12) 153 G3
Naussac(48) 156 C1
Naussannes(24) 151 F1
Nauvay(72) 60 C3
Nauviale(12) 154 B3
Navacelles(30) 171 H1
Navailles-Angos(64) 180 C2
Navarrenx(64) 179 G3
Naveil(41) 79 E2
Navenne(70) 87 G3
Naves(03) 113 H5
Naves(19) 139 E2
Naves(59) 12 C3
Navès(81) 185 E1
Nâves-Parmelan(74) 132 B1
Navilly(71) 101 H4
Nay(50) 17 E5
Nay(64) 180 C5
Nayemont-les-Fosses(88) 70 C3
le Nayrac(12) 154 C3
Nazelles-Négron(37) 79 E5
Néac(33) 135 G5
Néant-sur-Yvel(56) 56 A3
Neau(53) 59 E3
Neaufles-Auvergny(27) 40 A3
Neaufles-Saint-Martin(27) 21 H5
Neauphe-sous-Essai(61) 39 E6
Neauphe-sur-Dive(61) 39 E3
Neauphle-le-Château(78) 41 H4
Neauphle-le-Vieux(78) 41 H4
Neauphlette(78) 41 F3
Neaux(42) 129 E1
Nébian(34) 187 E1
Nébias(11) 199 F2
Nébing(57) 49 H2
Nébouzat(63) 126 D4
Nécy(61) 38 D3
Nedde(87) 125 E4
Nédon(62) 3 F6
Nédonchel(62) 3 F6
Neewiller-près-Lauterbourg(67) 51 H3
Neffes(05) 160 B3

Neffiès(34) 186 D2
Néfiach(66) 200 C3
Nègrepelisse(82) 167 F2
Négreville(50) 16 D3
Négrondes(24) 137 G1
Néhou(50) 16 D3
Nelling(57) 29 H6
Nemours(77) 64 A3
Nempont-Saint-Firmin(62) 10 B1
Nénigan(31) 182 B3
Néons-sur-Creuse(36) 95 E6
Néoules(83) 191 H4
Néoux(23) 125 H2
Nepvant(55) 15 G6
Nérac(47) 165 F1
Nerbis(40) 163 F5
Nercillac(16) 121 H3
Néré(17) 121 H1
Néret(36) 112 B2
Nérigean(33) 135 G6
Nérignac(86) 109 H4
Néris-les-Bains(03) 113 E4
Nernier(74) 118 D3
Néron(28) 41 F6
Néronde(42) 129 E2
Néronde-sur-Dore(63) 127 H3
Nérondes(18) 98 B3
Ners(30) 171 G3
Nersac(16) 122 B4
Nervieux(42) 129 E3
Nerville-la-Forêt(95) 42 C1
Néry(60) 23 G5
Neschers(63) 127 F5
Nescus(09) 198 B1
Nesle(80) 23 G1
Nesle-et-Massoult(21) 84 D2
Nesle-Hodeng(76) 21 G1
Nesle-la-Reposte(51) 44 C5
Nesle-le-Repons(51) 44 D2
Nesle-l'Hôpital(80) 10 B5
Nesle-Normandeuse(76) 10 B5
Nesles(62) 2 B5
Nesles-la-Montagne(02) 44 C2
Nesles-la-Vallée(95) 42 B1
Neslette(80) 10 B5
Nesmy(85) 91 F6
Nesploy(45) 63 G6
Nespouls(19) 138 C4
Nessa(2B) 202 D5
Nestier(65) 181 H6
Nettancourt(55) 46 D3
Neublans-Abergement(39) 102 B4
Neubois(67) 71 E3
le Neubourg(27) 20 C6
Neuchâtel-Urtière(25) 88 C5
Neuf-Berquin(59) 3 H4
Neuf-Brisach(68) 71 G5
Neuf-Église(63) 113 F6
Neuf-Marché(76) 21 H4
Neuf-Mesnil(59) 13 G2
Neufbosc(76) 9 H5
le Neufbourg(50) 37 F5
Neufchâteau(88) 68 C2
Neufchâtel-en-Bray(76) 9 H4
Neufchâtel-en-Saosnois(72) 60 B2
Neufchâtel-Hardelot(62) 2 B5
Neufchâtel-sur-Aisne(02) 25 F4
Neufchef(57) 28 B3
Neufchelles(60) 43 H1
Neuffons(33) 150 B2
Neuffontaines(58) 83 G6
Neufgrange(57) 50 B2
Neuflieux(02) 24 A2
Neuflize(08) 25 H4
Neufmaison(08) 14 C4
Neufmaisons(54) 49 H6
Neufmanil(08) 15 E3
Neufmesnil(50) 16 D4
Neufmoulin(80) 10 C3
Neufmoulins(57) 50 A5
Neufmoutiers-en-Brie(77) 43 F4
le Neufour(55) 26 D3
Neufvillage(57) 49 H2
Neufvy-sur-Aronde(60) 23 F3
Neugartheim-Ittlenheim(67) 51 E5
Neuhaeusel(67) 51 H4
Neuil(37) 94 C2
Neuilh(65) 181 E5
Neuillac(17) 121 G5
Neuillay-les-Bois(36) 96 A6
Neuillé(49) 77 F6
Neuillé-le-Lierre(37) 79 E4
Neuillé-Pont-Pierre(37) 78 B4
Neuilly(27) 41 E3
Neuilly(58) 99 F1
Neuilly(89) 65 E6
Neuilly-en-Donjon(03) 115 E4
Neuilly-en-Dun(18) 98 A5
Neuilly-en-Sancerre(18) 81 H6
Neuilly-en-Thelle(60) 22 D6
Neuilly-en-Vexin(95) 22 B6
Neuilly-la-Forêt(14) 17 G5
Neuilly-le-Bisson(61) 39 E6
Neuilly-le-Brignon(37) 94 D4
Neuilly-le-Dien(80) 10 D3
Neuilly-le-Réal(03) 114 B3
Neuilly-le-Vendin(53) 38 D6
Neuilly-lès-Dijon(21) 85 H6
Neuilly-l'Évêque(52) 68 B6
Neuilly-l'Hôpital(80) 10 D1
Neuilly-Plaisance(93) 42 D3
Neuilly-Saint-Front(02) 24 B6
Neuilly-sous-Clermont(60) 22 D5
Neuilly-sur-Eure(61) 40 B6
Neuilly-sur-Marne(93) 43 E3
Neuilly-sur-Seine(92) 42 C3
Neuilly-sur-Suize(52) 67 H5
Neulette(62) 11 E1
Neulise(42) 129 E2
Neulles(17) 121 F5
Neulliac(56) 55 E2
Neung-sur-Beuvron(41) 80 C4
Neunkirchen-lès-Bouzonville(57) 29 F3

Neure(03) 98 C6
Neurey-en-Vaux(70) 87 G2
Neurey-lès-la-Demie(70) 87 G3
Neussargues-Moissac(15) 141 E3
Neuve-Chapelle(62) 3 H4
Neuve-Église(67) 71 E3
la Neuve-Grange(27) 21 G5
la Neuve-Lyre(27) 40 A3
Neuve-Maison(02) 13 H5
Neuvecelle(74) 119 F2
Neuvéglise(15) 141 E5
Neuvelle-lès-Cromary(70) 87 F5
Neuvelle-lès-la-Charité(70) 87 F3
la Neuvelle-lès-Lure(70) 88 B2
la Neuvelle-lès-Scey(70) 87 E2
Neuvelle-lès-Voisey(52) 68 D6
Neuves-Maisons(54) 48 D5
la Neuveville-devant-Lépanges(88) 70 A4
la Neuveville-sous-Châtenois(88) 69 E2
la Neuveville-sous-Montfort(88) 69 E3
Neuvic(19) 139 H1
Neuvic(24) 136 D4
Neuvic-Entier(87) 124 D4
Neuvicq(17) 135 H2
Neuvicq-le-Château(17) 121 H3
Neuvillalais(72) 59 H4
Neuville(19) 139 E4
la Neuville(59) 5 E5
la Neuville(63) 127 H3
la Neuville-à-Maire(08) 15 E6
Neuville-au-Bois(80) 10 C5
Neuville-au-Cornet(62) 11 F2
Neuville-au-Plain(50) 17 F3
la Neuville-au-Pont(51) 26 C5
la Neuville-aux-Bois(45) 63 E5
la Neuville-aux-Bois(51) 46 D2
la Neuville-aux-Joûtes(08) 14 B3
la Neuville-aux-Larris(51) 45 E1
Neuville-Bosc(60) 22 B6
Neuville-Bosmont(02) 25 E1
Neuville-Bourjonval(62) 12 B4
la Neuville-Chant-d'Oisel(76) 21 E4
Neuville-Coppegueule(80) 10 B6
la Neuville-d'Aumont(60) 22 C5
la Neuville-Day(08) 14 D6
Neuville-de-Poitou(86) 94 A6
la Neuville-du-Bosc(27) 20 C6
Neuville-en-Avesnois(59) 13 E3
Neuville-en-Beaumont(50) 16 D4
la Neuville-en-Beine(24) 24 A2
Neuville-en-Ferrain(59) 5 F3
la Neuville-en-Hez(60) 22 D4
la Neuville-en-Tourne-à-Fuy(08) 25 H5
Neuville-Ferrières(76) 21 F1
la Neuville-Garnier(60) 22 B5
la Neuville-Housset(02) 13 F6
la Neuville-lès-Bray(80) 11 H5
la Neuville-lès-Dames(01) 116 D5
la Neuville-lès-Decize(58) 99 E5
la Neuville-lès-Dorengt(02) 13 F5
Neuville-lès-Lœuilly(80) 22 C1
Neuville-lès-This(08) 14 D4
Neuville-lès-Vaucouleurs(55) 48 A6
la Neuville-lès-Wasigny(08) 14 B5
Neuville-lez-Beaulieu(08) 14 B3
Neuville-près-Sées(61) 39 E5
la Neuville-Saint-Amand(02) 12 D6
la Neuville-Saint-Pierre(60) 22 C3
la Neuville-Saint-Rémy(59) 12 C3
la Neuville-Saint-Vaast(62) 4 D6
la Neuville-Sire-Bernard(80) 23 E1
la Neuville-sous-Montreuil(62) 2 C6
Neuville-sur-Ailette(02) 24 D4
la Neuville-sur-Ain(01) 117 F6
Neuville-sur-Authou(27) 20 B6
Neuville-sur-Brenne(37) 79 E4
Neuville-sur-Escaut(59) 12 D2
la Neuville-sur-Essonne(45) 63 G4
Neuville-sur-Margival(02) 24 B4
Neuville-sur-Oise(95) 42 B2
Neuville-sur-Ornain(55) 47 E3
la Neuville-sur-Oudeuil(60) 22 B3
la Neuville-sur-Ressons(60) 23 F3
la Neuville-sur-Saône(69) 130 A2
la Neuville-sur-Sarthe(72) 60 A5
Neuville-sur-Seine(10) 66 C5
Neuville-sur-Touques(61) 39 F3
Neuville-sur-Vannes(10) 65 G3
la Neuville-Vault(60) 22 B4
Neuville-Vitasse(62) 12 A3
Neuviller-la-Roche(67) 71 E2
Neuviller-lès-Badonviller(54) 49 H6
Neuviller-sur-Moselle(54) 49 E6
Neuvillers-sur-Fave(88) 70 D3
Neuvillette(02) 12 D6
Neuvillette(80) 11 F3
Neuvillette-en-Charnie(72) 59 G4
Neuvilley(39) 102 C4
Neuvilly(59) 13 E3
Neuvilly-en-Argonne(55) 27 E5
Neuvireuil(62) 4 D6
Neuvizy(08) 14 D5
Neuvy(03) 114 A2
Neuvy(41) 80 B4
Neuvy(51) 44 C4
Neuvy-au-Houlme(61) 38 C2
Neuvy-Bouin(79) 92 D6
Neuvy-Deux-Clochers(18) 98 A1
Neuvy-en-Beauce(28) 62 D3
Neuvy-en-Champagne(72) 59 H4
Neuvy-en-Dunois(28) 62 B4
Neuvy-en-Mauges(49) 76 A6
Neuvy-en-Sullias(45) 81 G2
Neuvy-Grandchamp(71) 115 E1
Neuvy-le-Barrois(18) 98 C5
Neuvy-le-Roi(37) 78 C4
Neuvy-Pailloux(36) 96 C5
Neuvy-Saint-Sépulchre(36) 111 G1
Neuvy-Sautour(89) 65 G5
Neuvy-sur-Barangeon(18) 81 F6
Neuvy-sur-Loire(58) 82 B4
Neuwiller(68) 89 H4
Neuwiller-lès-Saverne(67) 50 D4

Névache(05) 147 E3
Nevers(58) 98 D3
Névez(29) 53 H5
Névian(11) 186 B4
Néville(76) 8 D3
Néville-sur-Mer(50) 17 F1
Nevoy(45) 81 G3
Nevy-lès-Dole(39) 102 C3
Nevy-sur-Seille(39) 102 D5
Nexon(87) 124 A4
les Neyrolles(01) 103 E5
Neydens(74) 118 C5
les Neyrolles(01) 117 H5
Neyron(01) 130 B2
Nézel(78) 41 H3
Nézignan-l'Évêque(34) 187 E3
Niafles(53) 58 B6
Niaux(09) 198 C2
Nibas(80) 10 A4
Nibelle(45) 63 F5
Nibles(04) 160 B5
Nice(06) 177 F5
Nicey(21) 84 C1
Nicey-sur-Aire(55) 47 G3
Nicole(47) 150 D5
Nicorps(50) 36 C1
Niderhoff(57) 50 A6
Niderviller(57) 50 B5
Niederbronn-les-Bains(67) 51 E3
Niederbruck(68) 89 E2
Niederentzen(68) 71 F6
Niederhaslach(67) 71 E1
Niederhausbergen(67) 51 F6
Niederhergheim(68) 71 F6
Niederlauterbach(67) 51 H2
Niedermodern(67) 51 E4
Niedermorschwihr(68) 71 E5
Niedernai(67) 71 F1
Niederrœdern(67) 51 G3
Niederschaeffolsheim(67) 51 F4
Niedersoultzbach(67) 50 D5
Niedersteinbach(67) 51 E3
Niederstinzel(57) 50 A4
Niedervisse(57) 29 F4
Nielles-lès-Ardres(62) 2 D3
Nielles-lès-Bléquin(62) 2 D4
Nielles-lès-Calais(62) 2 C2
Nieppe(59) 4 D3
Niergnies(59) 12 C3
Nieudan(15) 139 H5
Nieuil(16) 123 E2
Nieuil-l'Espoir(86) 109 G1
Nieul(87) 124 A1
Nieul-le-Dolent(85) 91 F4
Nieul-le-Virouil(17) 121 F6
Nieul-lès-Saintes(17) 121 E3
Nieul-sur-l'Autise(85) 107 G3
Nieul-sur-Mer(17) 106 D4
Nieulle-sur-Seudre(17) 120 C3
Nieurlet(59) 3 F3
Niévroz(01) 130 C2
Niffer(68) 89 H2
Niherne(36) 96 B5
Nijon(52) 68 C3
Nilvange(57) 28 C3
Nîmes(30) 172 A4
Ninville(52) 68 B5
Niort(79) 108 A4
Niort-de-Sault(11) 199 E3
Niozelles(04) 174 D3
Nissan-lez-Enserune(34) 186 C4
Nistos(65) 181 H6
Nitry(89) 83 H3
Nitting(57) 50 B5
Nivelle(59) 5 H5
Nivillac(56) 73 G3
Nivillers(60) 22 C4
Nivolas-Vermelle(38) 130 D5
Nivollet-Montgriffon(01) 117 G6
Nixéville-Blercourt(55) 27 F5
le Nizan(33) 149 G2
Nizan-Gesse(31) 182 A1
Nizas(32) 182 D1
Nizas(34) 187 E2
Nizerolles(03) 114 C6
Nizy-le-Comte(02) 25 F3
Noailhac(12) 154 A1
Noailhac(19) 138 D1
Noailhac(81) 185 E1
Noaillac(33) 150 A3
Noaillan(33) 149 G4
Noailles(19) 138 C4
Noailles(60) 22 C6
Noailles(81) 168 A4
Noailly(42) 115 E5
Noalhac(48) 141 F6
Noalhat(63) 127 H2
Noards(27) 20 A6
Nocario(2B) 205 F2
Nocé(61) 60 D2
Noceta(2B) 205 E4
Nochize(71) 115 F3
la Nocle-Maulaix(58) 99 H5
Nod-sur-Seine(21) 85 E2
Nods(25) 103 H2
Noé(31) 183 F2
Noé(89) 65 E4
la Noë-Blanche(35) 57 E5
Noë-les-Mallets(10) 66 D4
la Noë-Poulain(27) 20 A4
Noël-Cerneux(25) 105 E2
Noëllet(49) 75 H2
les Noës(42) 114 D6
les Noës-près-Troyes(10) 66 A3
Nœux-lès-Auxi(62) 11 E3
Nœux-les-Mines(62) 3 H6
Nogaret(31) 184 B1
Nogaro(32) 164 C6
Nogent(52) 68 A5
Nogent-en-Othe(10) 65 H4
Nogent-l'Abbesse(51) 25 G6
Nogent-l'Artaud(02) 44 B2

Nogent-le-Bernard(72) 60 C3
Nogent-le-Phaye(28) 62 B1
Nogent-le-Roi(28) 41 F5
Nogent-le-Rotrou(28) 61 G3
Nogent-le-Sec(27) 40 C3
Nogent-lès-Montbard(21) 84 D3
Nogent-sur-Aube(10) 66 C1
Nogent-sur-Eure(28) 61 H2
Nogent-sur-Loir(72) 78 B3
Nogent-sur-Marne(94) 42 D4
Nogent-sur-Oise(60) 23 E4
Nogent-sur-Seine(10) 65 F1
Nogent-sur-Vernisson(45) 82 A1
Nogentel(02) 44 C2
Nogna(39) 117 H1
Noguères(64) 180 A3
Nohanent(63) 127 E3
Nohant-en-Goût(18) 97 H3
Nohant-en-Graçay(18) 96 D2
Nohant-Vic(36) 111 H1
Nohèdes(66) 199 G4
Nohic(82) 167 E4
Noidan(21) 84 D6
Noidans-le-Ferroux(70) 87 F3
Noidans-lès-Vesoul(70) 87 G3
Noidant-Chatenoy(52) 86 B1
Noidant-le-Rocheux(52) 86 A1
Noilhan(32) 182 D2
Nointel(60) 23 E5
Nointel(95) 42 C1
Nointot(76) 8 C5
Noircourt(02) 14 A5
Noirefontaine(25) 88 D6
Noirémont(60) 22 C3
Noirétable(42) 128 B3
Noirlieu(51) 46 C2
Noirmoutier-en-l'Île(85) 90 A2
Noiron(70) 86 D5
Noiron-sous-Gevrey(21) 101 H1
Noiron-sur-Bèze(21) 86 B5
Noiron-sur-Seine(21) 66 D6
Noironte(25) 87 E6
Noirval(08) 26 C2
Noiseau(94) 43 E4
Noisiel(77) 43 E4
Noisseville(57) 28 D5
Noisy-le-Grand(93) 43 E4
Noisy-le-Roi(78) 42 B4
Noisy-le-Sec(93) 42 D3
Noisy-Rudignon(77) 64 B3
Noisy-sur-École(77) 63 G2
Noisy-sur-Oise(95) 42 C1
Noizay(37) 79 E5
Nojals-et-Clotte(24) 151 F2
Nojeon-en-Vexin(27) 21 G5
Nolay(21) 101 E4
Nolay(58) 99 E2
Nolléval(76) 21 G3
Nollieux(42) 128 D3
Nomain(59) 5 F5
Nomdieu(47) 165 G2
Nomécourt(52) 67 G1
Nomeny(54) 48 D3
Nomexy(88) 69 H2
Nommay(25) 88 D4
Nompatelize(88) 70 C3
Nonac(16) 122 B6
Nonancourt(27) 40 D4
Nonant(14) 18 B4
Nonant-le-Pin(61) 39 E4
Nonards(19) 139 E4
Nonaville(16) 122 A5
Noncourt-sur-le-Rongeant(52) 67 H1
Nonette(63) 127 G6
Nonglard(74) 132 A1
Nonhigny(54) 49 H5
Nonières(07) 143 G5
Nonsard-Lamarche(55) 48 B2
Nontron(24) 123 F5
Nonville(77) 64 A3
Nonville(88) 69 E4
Nonvilliers-Grandhoux(28) 61 G3
Nonza(2B) 203 F3
Nonzeville(88) 70 A3
Noordpeene(59) 3 F3
Nordausques(62) 2 D3
Nordheim(67) 50 D6
Nordhouse(67) 71 G1
Noreuil(62) 12 A3
Norges-la-Ville(21) 85 H5
Normandel(61) 39 H5
Normanville(27) 40 D1
Normanville(76) 8 C4
Normier(21) 84 D5
Norolles(14) 19 G4
Noron-la-Poterie(14) 18 A4
Noron-l'Abbaye(14) 38 C3
Noroy(60) 23 E4
Noroy-le-Bourg(70) 87 H3
Noroy-sur-Ourcq(02) 24 A6
Norrent-Fontes(62) 3 F5
Norrey-en-Auge(14) 38 D2
Norrois(51) 46 B5
Norroy(88) 69 E3
Norroy-le-Sec(54) 28 A4
Norroy-le-Veneur(57) 28 C4
Norroy-lès-Pont-à-Mousson(54) 48 C2
Nort-Leulinghem(62) 2 D3
Nort-sur-Erdre(44) 75 E4
Nortkerque(62) 2 D3
Norville(76) 8 D6
la Norville(91) 42 C6
Nossage-et-Bénévent(05) 159 H5
Nossoncourt(88) 70 A2
Nostang(56) 54 D5
Noth(23) 111 F5
Nothalten(67) 71 F2
Notre-Dame-d'Aliermont(76) 9 G3
Notre-Dame-d'Allençon(76) 76 D6
Notre-Dame-de-Bellecombe(73) 132 D2
Notre-Dame-de-Bliquetuit(76) 8 D6
Notre-Dame-de-Boisset(42) 128 D1
Notre-Dame-de-Bondeville(76) 9 F6

Notre-Dame-de-Cenilly(50) 36 D1
Notre-Dame-de-Commiers(38) 145 G4
Notre-Dame-de-Courson(14) 19 G6
Notre-Dame-de-Gravenchon(76) 8 C6
Notre-Dame-de-la-Rouvière(30) 170 D2
Notre-Dame-de-l'Isle(27) 41 E1
Notre-Dame-de-Livaye(14) 19 F5
Notre-Dame-de-Livoye(50) 36 D4
Notre-Dame-de-Londres(34) 171 E4
Notre-Dame-de-l'Osier(38) 145 E2
Notre-Dame-de-Mésage(38) 145 G3
Notre-Dame-de-Monts(85) 90 B3
Notre-Dame-de-Riez(85) 90 C4
Notre-Dame-de-Sanilhac(24) 137 F3
Notre-Dame-de-Vaux(38) 145 G4
Notre-Dame-d'Elle(50) 17 H6
Notre-Dame-D'Épine(27) 20 A6
Notre-Dame-des-Landes(44) 74 D4
Notre-Dame-des-Millières(73) 132 C4
Notre-Dame-d'Estrées(14) 19 F5
Notre-Dame-d'Oé(37) 78 C5
Notre-Dame-du-Bec(76) 8 A5
Notre-Dame-du-Cruet(73) 132 C6
Notre-Dame-du-Hamel(27) 39 G3
Notre-Dame-du-Parc(76) 9 G4
Notre-Dame-du-Pé(72) 77 E2
Notre-Dame-du-Pré(73) 133 E5
Notre-Dame-du-Rocher(61) 38 B3
Notre-Dame-du-Touchet(50) 37 F5
Nottonville(28) 62 A4
la Nouaille(23) 125 G3
Nouaillé-Maupertuis(86) 109 F2
Nouainville(50) 16 D2
Nouan-le-Fuzelier(41) 80 D4
Nouans(72) 60 A3
Nouans-les-Fontaines(37) 95 H2
Nouart(08) 26 D2
Nouâtre(37) 94 C3
la Nouaye(35) 56 D2
la Noue(51) 44 D4
Noueilles(31) 183 G3
Nougaroulet(32) 165 H5
Nouhant(23) 112 C4
Nouic(87) 110 B6
Nouilhan(65) 181 E2
les Nouillers(17) 121 E1
Nouillonpont(55) 27 H3
Nouilly(57) 28 D5
Noulens(32) 164 D4
Nourard-le-Franc(60) 22 D3
Nourray(41) 79 F3
Nousse(40) 163 F5
Nousseviller-lès-Bitche(57) 50 C2
Nousseviller-Saint-Nabor(57) 29 H5
Nousty(64) 180 C4
Nouvelle-Église(62) 2 D2
Nouvion(80) 10 B3
le Nouvion-en-Thiérache(02) 13 F4
Nouvion-et-Catillon(02) 24 C2
Nouvion-le-Comte(02) 24 C2
Nouvion-le-Vineux(02) 24 D3
Nouvion-sur-Meuse(08) 15 E4
Nouvoitou(35) 57 F3
Nouvron-Vingré(02) 24 A4
Nouzerines(23) 112 A3
Nouzerolles(23) 111 G3
Nouziers(23) 111 H3
Nouzilly(37) 78 D4
Nouzonville(08) 15 E3
Novacelles(63) 128 A6
Novalaise(73) 131 G4
Novale(2B) 205 G3
Novéant-sur-Moselle(57) 28 C6
Novel(74) 119 G3
Novella(2B) 203 E5
Noves(13) 173 E4
Noviant-aux-Prés(54) 48 B3
Novillard(90) 89 E3
Novillars(25) 87 G6
Novion-Porcien(08) 14 C5
Novy-Chevrières(08) 14 C6
Noyal(22) 34 A5
Noyal-Châtillon-sur-Seiche(35) 57 F3
Noyal-Muzillac(56) 73 F2
Noyal-Pontivy(56) 55 F3
Noyal-sous-Bazouges(35) 35 F5
Noyal-sur-Brutz(44) 57 G6
Noyal-sur-Vilaine(35) 57 F3
Noyales(02) 13 E5
Noyalo(56) 73 E2
Noyant(49) 77 G4
Noyant-d'Allier(03) 113 H2
Noyant-de-Touraine(37) 94 C2
Noyant-et-Aconin(02) 24 B5
Noyant-la-Gravoyère(49) 75 H2
Noyant-la-Plaine(49) 76 D6
Noyarey(38) 145 G2
Noyelle-Vion(62) 11 G2
Noyelles-en-Chaussée(80) 10 D3
Noyelles-Godault(62) 5 E6
Noyelles-lès-Humières(62) 11 E1
Noyelles-lès-Seclin(59) 5 E4
Noyelles-lès-Vermelles(62) 3 H6
Noyelles-sous-Bellonne(62) 12 B2
Noyelles-sous-Lens(62) 4 D6
Noyelles-sur-Escaut(59) 12 C3
Noyelles-sur-Mer(80) 10 B3
Noyelles-sur-Sambre(59) 13 F3
Noyelles-sur-Selle(59) 12 D2
Noyellette(62) 11 G2
Noyen-sur-Sarthe(72) 59 G6
Noyen-sur-Seine(77) 65 E1
le Noyer(05) 160 B1
le Noyer(18) 81 H6
le Noyer(73) 132 A3
le Noyer-en-Ouche(27) 40 A2
Noyers(27) 21 H6
Noyers(45) 63 H6
Noyers(52) 68 B5
Noyers(89) 84 A2
Noyers-Auzécourt(55) 46 D3
Noyers-Bocage(14) 18 B5

Noyers-Pont-Maugis(08) 15 F5
Noyers-Saint-Martin(60) 22 C3
Noyers-sur-Cher(41) 95 H1
Noyers-sur-Jabron(04) 159 H6
Noyon(60) 23 H3
Nozay(10) 66 A1
Nozay(44) 74 D3
Nozay(91) 42 C5
Nozeroy(39) 103 F5
Nozières(07) 143 G4
Nozières(18) 97 G6
Nuaillé(49) 92 B2
Nuaillé-d'Aunis(17) 107 F4
Nuaillé-sur-Boutonne(17) 108 A6
Nuars(58) 83 G5
Nubécourt(55) 27 E6
Nucourt(95) 41 H1
Nueil-les-Aubiers(79) 92 D3
Nueil-sous-Faye(86) 94 A4
Nueil-sur-Argent(79) 92 D3
Nueil-sur-Layon(49) 93 E2
Nuelles(69) 129 G2
Nuillé-le-Jalais(72) 60 C5
Nuillé-sur-Vicoin(53) 58 C5
Nuisement-sur-Coole(51) 45 H3
Nuits(89) 84 B2
Nuits-Saint-Georges(21) 101 G2
Nullemont(76) 21 H1
Nully-Trémilly(52) 67 F2
Nuncq-Hautecôte(62) 11 F1
Nuret-le-Ferron(36) 95 H6
Nurieux-Volognat(01) 117 G5
Nurlu(80) 12 B5
Nuzéjouls(46) 152 C3
Nyer(66) 199 G5
Nyoiseau(49) 76 A2
Nyons(26) 158 D5

O

Obenheim(67) 71 H2
Oberbronn(67) 51 E3
Oberbruck(68) 88 D1
Oberdorf(68) 89 G4
Oberdorf-Spachbach(67) 51 F3
Oberdorff(57) 29 F4
Oberentzen(68) 71 F6
Obergailbach(57) 50 B1
Oberhaslach(67) 50 C6
Oberhausbergen(67) 51 E6
Oberhergheim(68) 71 F6
Oberhoffen-lès-Wissembourg(67) 51 G2
Oberhoffen-sur-Moder(67) 51 F4
Oberlarg(68) 89 F4
Oberlauterbach(67) 51 G3
Obermodern-Zutzendorf(67) 50 D4
Obermorschwihr(68) 71 E5
Obermorschwiller(68) 89 G3
Obernai(67) 71 F1
Oberrœdern(67) 51 G3
Obersaasheim(68) 71 G5
Oberschaeffolsheim(67) 51 E6
Obersoultzbach(67) 50 D4
Obersteinbach(67) 51 E2
Oberstinzel(57) 50 A4
Obervisse(57) 29 F5
Obies(59) 13 F2
Objat(19) 138 B2
Oblinghem(62) 3 G5
Obrechies(59) 13 H2
Obreck(57) 49 F3
Obsonville(77) 63 H4
Obterre(36) 95 F4
Obtrée(21) 66 D6
Ocana(2A) 204 D6
Occagnes(61) 38 D4
Occey(52) 86 B3
Occhiatana(2B) 202 D5
Occoches(80) 11 E3
Ochancourt(80) 10 B4
Oches(08) 15 F6
Ochey(54) 48 C5
Ochtezeele(59) 3 F3
Ocquerre(77) 43 H2
Ocqueville(76) 8 D3
Octeville(50) 16 D2
Octeville-l'Avenel(50) 17 F2
Octeville-sur-Mer(76) 19 F1
Octon(34) 170 B6
Odars(31) 183 H2
Odenas(69) 116 B6
Oderen(68) 70 C6
Odomez(59) 5 H5
Odos(65) 181 E4
Odratzheim(67) 50 D6
Œlleville(88) 69 F3
Œrmingen(67) 50 B3
Œting(57) 29 H4
Œuf-en-Ternois(62) 11 E1
Œuilly(02) 24 D1
Œuilly(51) 45 E1
Œyregave(40) 179 E1
Œyreluy(40) 162 D5
Offekerque(62) 2 D2
Offemont(90) 88 D3
Offendorf(67) 51 G5
Offignies(80) 22 A1
Offin(62) 10 D1
Offlanges(39) 102 C1
Offoy(60) 22 B2
Offoy(80) 23 H1
Offranville(76) 9 F3
Offrethun(62) 2 B3
Offroicourt(88) 69 F3
Offwiller(67) 50 D3
Ogenne-Camptort(64) 179 H3
Oger(51) 45 F2
Ogeu-les-Bains(64) 180 A5
Ogéviller(54) 49 G6
Ogliastro(2B) 203 F3
Ognes(02) 24 A2
Ognes(51) 45 H1
Ognes(60) 43 F1

Ognéville(54) 48 D6
Ognolles(60) 23 G2
Ognon(60) 23 F6
Ogy(57) 28 D5
Ohain(59) 13 H4
Oherville(76) 8 D4
Ohis(02) 13 G5
Ohlungen(67) 51 E4
Ohnenheim(67) 71 G4
l'Oie(85) 91 H4
Oigney(70) 87 E1
Oignies(62) 5 E5
Oigny(21) 85 F4
Oigny(41) 61 F5
Oigny-en-Valois(02) 24 A6
Oinville-Saint-Liphard(28) 62 D3
Oinville-sous-Auneau(28) 62 C1
Oinville-sur-Montcient(78) 41 H2
Oiron(79) 93 G3
Oiry(51) 45 F2
Oiselay-et-Grachaux(70) 87 F5
Oisemont(80) 10 B5
Oisilly(21) 86 B5
Oisly(41) 79 H6
Oison(45) 62 D4
Oisseau(53) 58 D2
Oisseau-le-Petit(72) 60 A2
Oissel(76) 20 D5
Oissery(77) 43 F2
Oissy(80) 10 D5
Oisy(02) 13 F4
Oisy(58) 83 E5
Oisy(59) 5 G6
Oisy-le-Verger(62) 12 B2
Oizé(72) 77 G1
Oizon(18) 81 G5
Olargues(34) 186 B1
Olby(63) 126 D3
Olcani(2B) 203 G3
Oléac-Debat(65) 181 F4
Oléac-Dessus(65) 181 F5
Olemps(12) 154 B5
Olendon(14) 18 D6
Oletta(2B) 203 F5
Olette(66) 199 G5
Olivese(2A) 206 D2
Olivet(45) 80 C1
Olivet(53) 58 B4
Olizy(51) 45 E1
Olizy-Primat(08) 26 C3
Olizy-sur-Chiers(55) 15 G6
Ollainville(88) 68 D3
Ollainville(91) 42 C6
Ollans(25) 87 G4
Ollé(28) 61 H2
Olley(54) 28 A5
Ollezy(02) 24 A1
les Ollières(74) 118 C6
Ollières(83) 191 G2
les Ollières-sur-Eyrieux(07) 143 H6
Olliergues(63) 128 A4
Ollioules(83) 191 G5
Olloix(63) 127 E5
les Olmes(69) 129 G2
Olmet(63) 128 A4
Olmet-et-Villecun(34) 170 B6
Olmeta-di-Capocorso(2B) 203 G3
Olmeta-di-Tuda(2B) 203 F5
Olmeto(2A) 206 C3
Olmi-Cappella(2B) 202 D5
Olmiccia(2A) 206 D3
Olmo(2B) 203 G6
Olonne-sur-Mer(85) 90 D6
Olonzac(34) 185 H4
Oloron-Sainte-Marie(64) 180 A4
Ols-et-Rinhodes(12) 153 F4
Oltingue(68) 89 G4
Olwisheim(67) 51 E5
Omblèze(26) 144 D5
les Omergues(04) 159 G6
Omerville(95) 41 G1
Omessa(2B) 205 E2
Omet(33) 149 G2
Omex(65) 180 D5
Omey(51) 46 B3
Omicourt(08) 15 E5
Omiécourt(80) 12 A6
Omissy(02) 12 C6
Omméel(61) 39 E4
Ommeray(57) 49 G4
Ommoy(61) 38 D3
Omont(08) 15 E5
Omonville(76) 9 F3
Omonville-la-Petite(50) 16 B1
Omonville-la-Rogue(50) 16 C1
Oms(66) 200 C5
Onans(25) 88 C4
Onard(40) 163 E4
Onay(70) 86 D5
Oncieu(01) 131 E1
Oncourt(88) 69 H3
Oncy-sur-École(91) 63 G2
Ondefontaine(14) 18 A6
Ondes(31) 166 D5
Ondres(40) 162 A6
Ondreville-sur-Essonne(45) 63 G4
Onesse-et-Laharie(40) 162 D2
Onet-le-Château(12) 154 B5
Oneux(80) 10 D3
Ongles(04) 174 C2
Onglières(39) 103 F5
Onjon(10) 66 C2
Onlay(58) 99 H4
Onnaing(59) 5 H6
Onnion(74) 119 E4
Onoz(39) 117 H2
Ons-en-Bray(60) 22 B4
Ontex(73) 131 G3
Onville(54) 28 B6

Onzain(41) 79 F5
Oô(31) 196 C4
Oost-Cappel(59) 3 G2
Opio(06) 176 D5
Opoul-Périllos(66) 200 D2
Oppède(84) 173 G4
Oppedette(04) 174 B3
Oppenans(70) 87 H3
Oppy(62) 12 A1
Optevoz(38) 130 D3
Oraàs(64) 179 F2
Oradour(15) 141 E5
Oradour(16) 122 A2
Oradour-Fanais(16) 110 A6
Oradour-Saint-Genest(87) 110 B5
Oradour-sur-Glane(87) 123 H2
Oradour-sur-Vayres(87) 123 G3
Orain(21) 86 B3
Orainville(02) 25 F4
Oraison(04) 174 D3
Orange(84) 172 D2
Orbagna(39) 117 F1
Orbais-l'Abbaye(51) 44 D3
Orban(81) 168 B4
Orbec(14) 19 H6
Orbeil(63) 127 G5
Orbessan(32) 182 A1
Orbey(68) 70 D4
Orbigny(37) 95 G2
Orbigny-au-Mont(52) 68 B6
Orbigny-au-Val(52) 68 B6
l'Orbrie(85) 107 G2
Orçay(41) 97 E1
Orcemont(78) 41 H6
Orcenais(18) 97 G6
Orcet(63) 127 F4
Orcevaux(52) 86 A2
Orchaise(41) 79 F4
Orchamps(39) 102 D1
Orchamps-Vennes(25) 104 D3
Orches(86) 94 B4
Orchies(59) 5 F5
Orcier(74) 119 E3
Orcières(05) 160 D1
Orcinas(26) 158 D3
Orcines(63) 127 E3
Orcival(63) 126 D4
Orconte(51) 46 C5
Ordan-Larroque(32) 165 H5
Ordiarp(64) 179 F4
Ordizan(65) 181 E5
Ordonnac(33) 134 C1
Ordonnaz(01) 131 F2
Ore(31) 196 D3
Orègue(64) 179 E2
Oreilla(66) 199 G5
Orelle(73) 147 E2
Oresmaux(80) 22 D1
Organ(65) 181 H4
Orgeans-Blanchefontaine(25) 88 C6
Orgedeuil(16) 123 E4
Orgeix(09) 199 E3
Orgelet(39) 117 G2
Orgères(35) 57 F4
Orgères(61) 39 F4
Orgères-en-Beauce(28) 62 C4
Orgerus(78) 41 G4
Orges(52) 67 G5
Orgeux(21) 85 H5
Orgeval(02) 24 D3
Orgeval(78) 42 A3
Orgibet(09) 197 F3
Orglandes(50) 17 E3
Orgnac-l'Aven(07) 157 G5
Orgnac-sur-Vézère(19) 138 C2
Orgon(13) 173 F5
Orgueil(82) 167 E3
Oricourt(70) 87 H3
Orieux(65) 181 G4
Orignac(65) 181 F5
Origne(33) 149 F3
Origné(53) 58 C5
Orignolles(17) 135 G2
Origny(21) 85 E2
Origny-en-Thiérache(02) 13 H5
Origny-le-Butin(61) 60 C2
Origny-le-Roux(61) 60 C2
Origny-le-Sec(10) 65 G1
Origny-Sainte-Benoite(02) 13 E6
Orin(64) 179 H4
Orincles(65) 181 E5
Oriocourt(57) 49 E3
Oriol-en-Royans(26) 144 D4
Oriolles(16) 135 H1
Orion(64) 179 G2
Oris-en-Rattier(38) 145 H5
Orist(40) 162 C5
Orival(16) 136 B2
Orival(76) 20 D5
Orléans(45) 62 D6
Orléat(63) 127 H2
Orleix(65) 181 F4
Orliac(24) 151 H2
Orliac-de-Bar(19) 139 E1
Orliaguet(24) 138 B5
Orliénas(69) 129 H4
Orlu(09) 199 E3
Orly(28) 62 D2
Orly(94) 42 D5
Orly-sur-Morin(77) 44 B3
Ormancey(52) 67 H6
Ormenans(70) 87 G4
Ormersviller(57) 50 C1
Ormes(10) 45 G6
Ormes(27) 40 D2
Ormes(45) 62 C6
Ormes(51) 25 F6
Ormes(71) 101 G6
les Ormes(86) 94 C4
les Ormes(89) 82 D1
Ormes-et-Ville(54) 48 D6
les Ormes-sur-Voulzie(77) 64 D1
Ormesson(77) 63 H3

264

Ormesson-sur-Marne(94)......43 E4
Ormoiche(70)......87 H1
Ormoy(28)......41 F6
Ormoy(70)......69 E6
Ormoy(89)......65 F6
Ormoy(91)......42 D6
Ormoy-la-Rivière(91)......63 E2
Ormoy-le-Davien(60)......23 H6
Ormoy-lès-Sexfontaines(52)......67 G3
Ormoy-Villers(60)......23 G6
Ornacieux(38)......130 D6
Ornaisons(11)......186 A5
Ornans(25)......103 G2
Ornes(55)......27 G4
Ornex(01)......118 C4
Omézan(32)......182 A2
Orniac(46)......152 D3
Ornolac-Ussat-les-Bains(09)......198 C2
Ornon(38)......146 A3
Orny(57)......28 D6
Oroër(60)......22 C3
Oroix(65)......181 E3
Oron(57)......49 F2
Oroux(79)......93 G6
Orphin(78)......41 G6
Orpierre(05)......159 G5
Orquevaux(52)......68 B3
les Orres(05)......161 E3
Orret(21)......85 E3
Orriule(64)......179 G2
Orrouer(28)......61 H2
Orrouy(60)......23 G5
Orry-la-Ville(60)......42 D1
Ors(59)......13 E4
Orsan(30)......172 C2
Orsanco(64)......179 E3
Orsans(11)......184 C5
Orsans(25)......104 C1
Orsay(91)......42 C5
Orschwihr(68)......71 E6
Orschwiller(67)......71 F3
Orsennes(36)......111 F3
Orsinval(59)......13 E2
Orsonnette(63)......127 G6
Orsonville(78)......62 C1
Ortaffa(66)......200 D4
Ortale(2B)......205 G3
Orthevielle(40)......162 C6
Orthez(64)......179 G2
Orthoux-Sérignac-Quilhan(30)......171 F4
Ortillon(10)......66 B1
Ortiporio(2B)......203 F6
Orto(2A)......204 D4
Ortoncourt(88)......69 H2
Orus(09)......198 B3
Orval(18)......97 G6
Orval(50)......36 C1
Orvault(44)......74 D5
Orvaux(27)......40 C3
Orve(25)......88 B6
Orveau(91)......63 F1
Orveau-Bellesauve(45)......63 F3
Orville(21)......86 A3
Orville(36)......96 C2
Orville(45)......63 G3
Orville(61)......39 F3
Orville(62)......11 F3
Orvillers-Sorel(60)......23 F3
Orvilliers(78)......41 G3
Orvilliers-Saint-Julien(10)......65 H1
Orx(40)......162 B6
Os-Marsillon(64)......180 A3
Osani(2A)......204 B3
Osches(55)......27 F6
Osenbach(68)......71 E6
Oslon(71)......101 G5
Osly-Courtil(02)......24 A4
Osmanville(14)......17 G4
Osmery(18)......97 H4
Osmets(65)......181 G3
Osmoy(18)......97 G3
Osmoy(78)......41 G3
Osmoy-Saint-Valery(76)......9 H3
Osne-le-Val(52)......47 F6
Osnes(08)......15 G5
Osny(95)......42 B2
Ossages(40)......163 E6
Ossas-Suhare(64)......179 G5
Osse(25)......87 G6
Ossé(35)......57 G3
Osse-en-Aspe(64)......179 H6
Osséja(66)......199 E6
Osselle(25)......103 E1
Ossen(65)......180 D6
Ossenx(64)......179 G3
Osserain-Rivareyte(64)......179 F3
Ossès(64)......178 D4
Ossey-les-Trois-Maisons(10)......65 G2
Ossun(65)......181 E5
Ossun-ez-Angles(65)......181 E5
Ostabat-Asme(64)......179 E4
Ostel(02)......24 C4
Ostheim(68)......71 F4
Osthoffen(67)......51 E6
Osthouse(67)......71 G2
Ostreville(62)......4 A6
Ostricourt(59)......5 E5
Ostwald(67)......51 F6
Ota(2A)......204 B3
Othe(54)......27 G2
Othis(77)......43 E2
Ottange(57)......28 B2
Ottersthal(67)......50 C5
Otterswiller(67)......50 D5
Ottmarsheim(68)......89 H1
Ottonville(57)......29 E4
Ottrott(67)......71 F1
Ottwiller(67)......50 C4
Ouagne(58)......83 F5
Ouainville(76)......8 C3
Ouanne(89)......83 E3
Ouarville(28)......62 C2
les Oubeaux(14)......17 G5

Ouchamps(41)......79 G5
Ouches(42)......128 C1
Oucques(41)......79 G2
Oudalle(76)......8 B6
Oudan(58)......83 E6
Oudeuil(60)......22 B3
Oudezeele(59)......3 G3
Oudincourt(52)......67 H3
Oudon(44)......75 F5
Oudrenne(57)......28 D3
Oudry(71)......115 F1
Oueilloux(65)......181 F5
Ouerre(28)......41 F5
Ouessant(29)......30 A4
Ouffières(14)......18 C6
Ouges(70)......86 D1
Ouge(21)......85 H6
Ougney(39)......86 D6
Ougney-Douvot(25)......87 H5
Ougny(58)......99 G3
Ouhans(25)......103 H3
Ouides(43)......142 B5
Ouillon(64)......180 C3
Ouilly-du-Houley(14)......19 G5
Ouilly-le-Tesson(14)......18 D6
Ouilly-le-Vicomte(14)......19 G5
Ouistreham(14)......18 D4
Oulches(36)......110 D1
Oulches-la-Vallée-Foulon(02)......24 D4
Oulchy-la-Ville(02)......24 B6
Oulchy-le-Château(02)......24 B6
Oulins(28)......41 F3
Oulles(38)......146 A3
Oullins(69)......130 A3
Oulmes(85)......107 G3
Oulon(58)......99 E2
Ounans(39)......102 D3
Oupia(34)......185 H4
Ouroux(69)......102 D2
Ourcel-Maison(60)......22 C3
Ourches(26)......144 C6
Ourches-sur-Meuse(55)......48 A5
Ourde(65)......196 C3
Ourdis-Cotdoussan(65)......181 E6
Ourdon(65)......181 E6
Ourouër(58)......99 E3
Ourouer-les-Bourdelins(18)......98 A4
Ouroux(69)......116 A4
Ouroux-en-Morvan(58)......100 A2
Ouroux-sous-le-Bois-
  Sainte-Marie(71)......115 G3
Ouroux-sur-Saône(71)......101 G6
Oursbelille(65)......181 E4
Ourton(62)......3 G6
Ourville-en-Caux(76)......8 C4
Ousse-Suzan(40)......163 F3
Oussières(39)......102 C4
Ousson-sur-Loire(45)......82 A4
Oussoy-en-Gâtinais(45)......63 H6
Oust(09)......197 H4
Oust-Marest(80)......10 A4
Ousté(65)......181 E6
Outarville(45)......63 E4
Outines(51)......46 C6
Outreau(62)......2 B4
Outrebois(80)......11 E3
Outremécourt(52)......68 C3
Outrepont(51)......46 C4
Outriaz(01)......117 G6
Ouvans(25)......88 B6
Ouve-Wirquin(62)......3 E5
Ouveillan(11)......186 B4
Ouville(50)......36 D1
Ouville-la-Bien-Tournée(14)......19 E6
Ouville-la-Rivière(76)......9 F3
Ouville-l'Abbaye(76)......9 E4
Ouvrouer-les-Champs(45)......81 E2
Ouzilly(86)......94 B5
Ouzouer-des-Champs(45)......81 H1
Ouzouer-le-Doyen(41)......61 H6
Ouzouer-le-Marché(41)......62 B6
Ouzouer-sous-Bellegarde(45)......63 G6
Ouzouer-sur-Loire(45)......81 G2
Ouzouer-sur-Trézée(45)......82 A3
Ouzous(65)......180 D6
Ovanches(70)......87 F3
Ovillers-la-Boisselle(80)......11 H4
Oxelaëre(59)......3 G3
Oyé(71)......115 F4
Oye-et-Pallet(25)......103 H4
Oye-Plage(62)......2 D2
Oyes(51)......45 E4
Oyeu(38)......131 E6
Oyonnax(01)......117 H4
Oyré(86)......94 C5
Oyrières(70)......86 C4
Oysonville(28)......62 D2
Oytier-Saint-Oblas(38)......130 B5
Oz(38)......146 B2
Ozan(01)......116 C3
Oze(05)......159 H3
Ozenay(71)......116 C2
Ozenx-Montestrucq(64)......179 G2
Ozerailles(54)......28 A4
Ozeville(50)......17 F3
Ozières(52)......68 B4
Ozillac(17)......121 G6
Ozoir-la-Ferrière(77)......43 E4
Ozoir-le-Breuil(28)......62 A5
Ozolles(71)......115 G3
Ozon(07)......144 A3
Ozon(65)......181 G5
Ozouer-le-Voulgis(77)......43 F5
Ozourt(40)......163 E5

P

Paars(02)......24 D5
Pabu(22)......33 E4
la Pacaudière(42)......114 D5
Pacé(35)......57 E2
Pacé(61)......59 H1

Pact(38)......144 B1
Pacy-sur-Armançon(89)......84 B2
Pacy-sur-Eure(27)......41 E2
Padern(11)......200 B2
Padiès(81)......168 C2
Padirac(46)......139 E6
Padoux(88)......70 A3
Pageas(87)......123 H4
Pagney(39)......86 D6
Pagney-derrière-Barine(54)......48 B4
Pagnoz(39)......103 E3
Pagny-la-Blanche-Côte(55)......48 A6
Pagny-la-Ville(21)......102 A2
Pagny-le-Château(21)......102 A2
Pagny-lès-Goin(57)......28 D6
Pagny-sur-Meuse(55)......48 A5
Pagny-sur-Moselle(54)......28 C6
Pagolle(64)......179 F4
Pailhac(65)......196 B3
Pailharès(07)......143 G4
Pailherols(15)......140 C5
Pailhès(09)......183 G5
Pailhès(34)......186 D2
Paillart(60)......22 D2
Paillé(17)......121 G1
Paillencourt(59)......12 C2
Paillet(33)......149 G2
Pailloles(47)......151 F4
le Pailly(52)......86 B1
Pailly(89)......65 E2
Paimbœuf(44)......74 B5
Paimpol(22)......33 F2
Paimpont(35)......56 B3
Painblanc(21)......101 E2
Pair-et-Grandrupt(88)......70 D3
Paissy(02)......24 D4
Paisy-Cosdon(10)......65 G3
Paizay-le-Chapt(79)......108 C6
Paizay-le-Sec(86)......110 A2
Paizay-le-Tort(79)......108 C5
Paizay-Naudouin-Embourie(16)......108 D6
Pajay(38)......130 C6
Paladru(38)......131 F5
Palairac(11)......200 B1
le Palais(56)......72 B4
le Palais-sur-Vienne(87)......124 B2
Palaiseau(91)......42 C5
Palaiseul(52)......86 B2
Palaja(11)......185 F5
Palaminy(31)......182 D5
Palante(70)......88 B3
Palantine(25)......103 F2
Palasca(2B)......202 D5
Palau-de-Cerdagne(66)......199 E6
Palau-Del-Vidre(66)......201 E4
Palavas-les-Flots(34)......188 A5
Palazinges(19)......138 D3
Paley(77)......64 B3
Palhers(48)......155 G3
Palinges(71)......115 G2
Palis(10)......65 G3
Palise(25)......87 G5
Palisse(19)......125 H6
Palladuc(63)......128 A2
Pallanne(32)......181 G2
Palleau(71)......101 H3
Pallegney(88)......69 H2
le Pallet(44)......91 G1
Palleville(81)......184 C2
la Pallu(53)......38 B6
Palluau(85)......91 E4
Palluau-sur-Indre(36)......95 H4
Palluaud(16)......136 C1
Pallud(73)......132 C3
Palluel(62)......12 B2
Palmas(12)......154 D5
la Palme(11)......201 E1
Palneca(2A)......205 E6
Palogneux(42)......128 C3
la Palud-sur-Verdon(04)......175 G4
Paluel(76)......8 D3
Pamfou(77)......64 B1
Pamiers(09)......183 H5
Pampelonne(81)......168 C2
Pamplie(79)......108 A2
Pamproux(79)......108 D3
Panassac(32)......182 A3
Panazol(87)......124 B3
Pancé(35)......57 E5
Pancey(52)......68 A1
Pancheraccia(2B)......205 G4
Pancy-Courtecon(02)......24 D4
Pandrignes(19)......139 E3
Pange(57)......29 E5
Panges(21)......85 F5
Panilleuse(27)......41 F1
Panissage(38)......131 E5
Panissières(42)......129 F3
Panjas(32)......164 C4
Pannecé(44)......75 F3
Pannecières(45)......63 E3
Pannes(45)......64 A5
Pannes(54)......48 B2
Pannessières(39)......102 D6
Panon(72)......60 B3
Panossas(38)......130 D4
la Panouse(48)......156 A2
Pantin(93)......42 D3
Panzoult(37)......94 B2
Papleux(02)......13 G3
Paradou(13)......172 D5
Parassy(18)......97 H1
Parata(2B)......205 G2
Paray-Douaville(78)......62 D1
Paray-le-Frésil(03)......114 C1
Paray-le-Monial(71)......115 F3
Paray-sous-Briailles(03)......114 A4
Paray-Vieille-Poste(91)......42 D5
Paraza(11)......186 A4
Parbayse(64)......180 A3
Parc-d'Anxtot(76)......8 B5
Parçay-les-Pins(49)......77 G5
Parçay-Meslay(37)......78 D5

Parçay-sur-Vienne(37)......94 C2
Parcé(35)......57 H1
Parcé-sur-Sarthe(72)......59 G6
Parcey(39)......102 C3
Parcieux(01)......130 A2
Parcoul(24)......136 A3
Pardailhan(34)......186 A2
Pardaillan(47)......150 C2
Pardies(64)......180 A3
Pardies-Piétat(64)......180 C4
Pardines(63)......127 F5
Paréac(65)......181 E5
Pareid(55)......28 A5
Parempuyre(33)......135 E5
Parennes(72)......59 G4
Parent(63)......127 F4
Parentignat(63)......127 G5
Parentis-en-Born(40)......148 B5
Parenty(62)......2 C5
Parey-Saint-Césaire(54)......48 C6
Parey-sous-Montfort(88)......69 E3
Parfondeval(02)......14 A4
Parfondeval(61)......60 C1
Parfondru(02)......24 D3
Parfondrupt(55)......28 A5
Parfouru-sur-Odon(14)......18 B5
Pargnan(02)......24 D4
Pargny(80)......12 A6
Pargny-Filain(02)......24 C4
Pargny-la-Dhuys(02)......44 C3
Pargny-les-Bois(02)......24 D1
Pargny-lès-Reims(51)......25 F6
Pargny-sous-Mureau(88)......68 C2
Pargny-sur-Saulx(51)......46 D4
Pargues(10)......66 B5
Parignargues(30)......171 H4
Parigné(35)......58 A1
Parigné-le-Pôlin(72)......77 G1
Parigné-l'Évêque(72)......60 B6
Parigné-sur-Braye(53)......58 D2
Parigny(42)......128 D1
Parigny(50)......37 E5
Parigny-la-Rose(58)......83 E6
Parigny-les-Vaux(58)......98 D3
Paris(75)......42 D3
Paris-l'Hôpital(71)......101 E4
Parisot(81)......167 H4
Parisot(82)......153 F6
Parlan(15)......139 G6
Parleboscq(40)......164 C3
Parly(89)......83 E2
Parmain(95)......42 C1
Parmilieu(38)......130 D2
Parnac(36)......111 E3
Parnac(46)......152 B4
Parnans(26)......144 C3
Parnay(18)......97 H5
Parnay(49)......93 G1
Parné-sur-Roc(53)......58 D5
Parnes(60)......21 H6
Parnoy-en-Bassigny(52)......68 C5
les Paroches(55)......47 H3
Paron(89)......64 D4
Paroy(25)......103 E2
Paroy(77)......64 D1
Paroy-sur-Saulx(52)......47 F6
Paroy-sur-Tholon(89)......65 E6
Parpeçay(36)......96 B2
Parpeville(02)......24 C1
Parranquet(47)......151 G2
Parroy(54)......49 G4
Pars-lès-Chavanges(10)......46 B6
Pars-lès-Romilly(10)......65 G1
Parsac(23)......112 B5
Parthenay(79)......93 F6
Parthenay-de-Bretagne(35)......57 E2
Partinello(2A)......204 B3
Parux(54)......70 C1
Parves(01)......131 G3
Parville(27)......40 C3
Parvillers-le-Quesnoy(80)......23 F1
Parzac(16)......122 D2
le Pas(53)......58 D1
Pas-de-Jeu(79)......93 G3
Pas-en-Artois(62)......11 G3
le Pas-Saint-l'Homer(61)......61 F1
Pasilly(89)......84 B2
Pasly(02)......24 B4
Pasques(21)......85 G5
le Pasquier(39)......103 E5
Passa(66)......200 D4
le Passage(38)......131 F5
le Passage(47)......151 E6
Passais(61)......37 G6
Passavant(25)......87 H6
Passavant-en-Argonne(51)......26 D6
Passavant-la-Rochère(70)......69 F5
Passavant-sur-Layon(49)......93 E2
Passel(60)......23 H3
Passenans(39)......102 D5
Passins(38)......131 E3
Passirac(16)......135 H1
Passonfontaine(25)......103 H2
Passy(71)......116 A2
Passy(74)......133 E1
Passy(89)......64 D5
Passy-en-Valois(02)......44 A1
Passy-Grigny(51)......44 D1
Passy-sur-Marne(02)......44 D2
Passy-sur-Seine(77)......64 D2
Pastricciola(2A)......204 D4
Patay(45)......62 C5
Patornay(39)......117 H1
Patrimonio(2B)......203 G4
Pau(64)......180 B3
Paucourt(45)......64 A5
Paudy(36)......96 D3
Pauilhac(32)......165 G4
Pauillac(33)......134 D2
Paule(22)......54 C1

Paulhac(15)......140 D5
Paulhac(31)......167 F5
Paulhac(43)......141 G2
Paulhac-en-Margeride(48)......141 G5
Paulhaguet(43)......141 H3
Paulhan(34)......187 E1
Paulhe(12)......169 H1
Paulhenc(15)......140 D6
Paulhiac(47)......151 G3
Pauligné(11)......184 D6
Paulin(24)......138 B5
Paulinet(81)......168 D4
Paulmy(37)......95 E4
Paulnay(36)......95 G3
Paulx(44)......90 D2
Paunat(24)......137 G5
Paussac-et-Saint-Vivien(24)......137 E1
Pautaines-Augeville(52)......68 A2
Pauvres(08)......26 A5
Pavant(02)......44 B3
Pavezin(42)......129 H6
Pavie(32)......165 G6
le Pavillon-Sainte-Julie(10)......65 H2
les Pavillons-sous-Bois(93)......42 D3
Pavilly(76)......9 E5
Payns(10)......66 A2
Payra-sur-l'Hers(11)......184 B6
Payrac(46)......138 C6
Payré(86)......109 E4
Payrignac(46)......152 B1
Payrin-Augmontel(81)......185 E2
Payros-Cazautets(40)......163 H6
Payroux(86)......109 G5
Payssous(31)......182 B6
Payzac(07)......157 E4
Payzac(24)......138 A1
Pazayac(24)......138 B3
Paziols(11)......200 C2
Pazy(58)......99 G1
le Péage-de-Roussillon(38)......130 A6
Péas(51)......45 E4
Peaugres(07)......143 H2
Péault(85)......106 D2
Pébées(32)......182 D2
Pébrac(43)......141 H4
Pech(09)......198 C3
Pech-Luna(11)......184 B6
Péchabou(31)......183 G2
Pécharic-et-le-Py(11)......184 B6
Péchaudier(81)......184 C1
Pechbonnieu(31)......167 E5
Pechbusque(31)......183 G2
le Pêchereau(36)......111 F3
le Pecq(78)......42 B4
Pecquencourt(59)......5 F6
Pecqueuse(91)......42 B5
Pécy(77)......43 H5
Pédernec(22)......32 D3
Pégairolles-de-Buèges(34)......170 D2
Pégairolles-de-l'Escalette(34)......170 B4
Pégomas(06)......176 D6
la Pègue(26)......158 C4
Péguilhan(31)......182 B3
Peigney(52)......68 B5
Peillac(56)......56 B6
Peille(06)......177 F4
Peillon(06)......177 F4
Peillonnex(74)......119 E5
Peintre(39)......102 C1
les Peintures(33)......135 H4
Peipin(04)......160 B5
Peisey-Nancroix(73)......133 F4
Pel-et-Der(10)......66 C2
Pélissanne(13)......173 G6
Pellafol(38)......146 A4
Pelleautier(05)......160 B4
Pellefigue(32)......182 C2
Pellegrue(33)......150 B1
Pelleport(31)......166 C5
Pellerey(21)......85 F4
le Pellerin(44)......74 C5
la Pellerine(49)......77 G2
la Pellerine(53)......58 B1
Pellevoisin(36)......95 H4
Pellouailles-les-Vignes(49)......76 D4
Pelonne(26)......159 E4
Pelousey(25)......87 F5
Peltre(57)......28 D5
Pélussin(42)......129 H6
Pelves(62)......12 A2
Pelvoux(05)......147 E5
Penchard(77)......43 G3
Pencran(29)......31 F2
Pendé(80)......10 A3
Pénestin(56)......73 F3
Penguily(22)......34 A5
Penin(62)......11 G1
Penly(76)......9 G1
Penmarch(29)......52 D1
Pennautier(11)......185 E5
la Penne(06)......176 C3
Penne(81)......167 G2
la Penne-d'Agenais(47)......151 G2
la Penne-sur-Huveaune(13)......191 H1
la Penne-sur-l'Ouvèze(26)......158 D2
Pennedepie(14)......19 G2
Pennes-le-Sec(26)......159 E2
les Pennes-Mirabeau(13)......190 C3
Pennesières(70)......87 F4
Penol(38)......130 C6
Pensol(87)......123 F6
Penta-Acquatella(2B)......203 G6
Penta-di-Casinca(2B)......203 G6
Penvénan(22)......32 D2
Péone(06)......161 H4
Pépieux(11)......185 H4
Pérassay(36)......112 B3
Peray(72)......60 B3
Perceneige(89)......65 E1
Percey(89)......65 H4

Percey-le-Grand(70) 86 B3
le Perchay(95) 41 H1
la Perche(18) 112 D1
Perchède(32) 164 C5
Percy(38) 145 G6
Percy(50) 37 E2
Percy-en-Auge(14) 19 E6
Perdreauville(78) 41 G2
Péré(17) 107 F5
Péré(65) 181 G5
Péreille(09) 198 D1
Perelli(2B) 205 G3
Pérenchies(59) 5 E4
Péret(34) 187 E1
Péret-Bel-Air(19) 125 G6
Péreuil(16) 122 A6
Péreyres(07) 143 E6
Pergain-Taillac(32) 165 G2
Peri(2A) 204 C5
le Périer(38) 146 A4
Périers(50) 17 E6
Périers-en-Auge(14) 19 E4
Périers-sur-le-Dan(14) 18 D4
Pérignac(16) 122 B6
Pérignac(17) 121 F4
Pérignat-lès-Sarliève(63) 127 F3
Pérignat-sur-Allier(63) 127 F4
Périgné(79) 108 B5
Périgneux(42) 129 E6
Périgny(03) 114 C4
Périgny(14) 37 H2
Périgny(17) 107 E5
Périgny(41) 79 F2
Périgny(94) 43 E5
Périgny-la-Rose(10) 44 D6
Périgueux(24) 137 F3
Périssac(33) 135 G4
Perles(02) 24 D5
Perles-et-Castelet(09) 198 D3
Pern(46) 152 C5
Pernand-Vergelesses(21) 101 F2
Pernant(02) 24 B5
Pernay(37) 78 B5
la Pernelle(50) 17 F2
Pernes(62) 3 F6
Pernes-les-Boulogne(62) 2 B4
Pernes-les-Fontaines(84) 173 F3
Pernois(80) 11 E4
Pero-Casevecchie(2B) 205 G2
Pérols(34) 188 A4
Pérols-sur-Vézère(19) 125 F5
Péron(01) 118 B4
Péronnas(01) 117 E5
Péronne(71) 116 B3
Péronne(80) 12 A5
Péronne-en-Mélantois(59) 5 F4
Péronville(28) 62 B5
Pérouges(01) 130 C2
la Pérouille(36) 96 A6
Pérouse(90) 88 D3
Péroy-les-Gombries(60) 43 F1
Perpezac-le-Blanc(19) 138 B3
Perpezac-le-Noir(19) 138 C2
Perpezat(63) 126 D4
Perpignan(66) 200 D3
les Perques(50) 16 D3
Perquie(40) 164 B4
Perrancey-les-Vieux-Moulins(52) 86 A1
le Perray-en-Yvelines(78) 41 H5
Perrecy-les-Forges(71) 115 G1
le Perréon(69) 116 A6
Perret(22) 54 D2
Perreuil(71) 101 E5
Perreux(42) 115 F6
Perreux(89) 82 C1
le Perreux-sur-Marne(94) 42 D4
Perrex(01) 116 D4
Perrier(63) 127 F5
le Perrier(85) 90 C3
la Perrière(61) 60 C2
la Perrière(73) 133 E5
Perrières(14) 38 C2
Perriers-en-Beauficel(50) 37 F4
Perriers-la-Campagne(27) 40 A1
Perriers-sur-Andelle(27) 21 F4
Perrignier(74) 119 E3
Perrigny(39) 102 C6
Perrigny(89) 83 F2
Perrigny-lès-Dijon(21) 85 G6
Perrigny-sur-Armançon(89) 84 C3
Perrigny-sur-l'Ognon(21) 86 C6
Perrigny-sur-Loire(71) 114 D2
Perrogney-les-Fontaines(52) 85 H1
le Perron(50) 37 F1
Perros-Guirec(22) 32 C1
Perrou(61) 37 H5
Perrouse(70) 87 F5
Perroy(58) 82 D5
Perruel(27) 21 F4
Perrusse(52) 68 B4
Perrusson(37) 95 F3
Pers(15) 139 H6
Pers(79) 108 D5
Pers-en-Gâtinais(45) 64 B4
Pers-Jussy(74) 118 D5
Persac(86) 109 H4
Persan(95) 42 C1
Persquen(56) 54 C3
Pertain(80) 12 A6
Perthes(08) 25 H4
Perthes(52) 46 D5
Perthes(77) 63 H1
Perthes-lès-Brienne(10) 66 D1
Pertheville-Ners(14) 38 D3
le Perthus(66) 200 D5
le Pertre(35) 58 A4
le Pertuis(43) 142 D3
Pertuis(84) 174 B5
la Péruse(16) 123 E2
Pervenchères(61) 60 C2
Perville(82) 152 A4
Pescadoires(46) 152 A4
Peschadoires(63) 127 H3

le Pescher(19) 139 E4
Péseux(25) 88 C6
Peseux(39) 102 B3
Peslières(63) 127 H6
Pesmes(70) 86 C6
Pessac(33) 135 E6
Pessac-sur-Dordogne(33) 136 B6
Pessan(32) 165 H6
Pessans(25) 103 E2
Pessat-Villeneuve(63) 127 F2
la Pesse(39) 118 A4
Pessines(17) 121 E3
Pessoulens(32) 166 A4
Petersbach(67) 50 C4
le Petit-Abergement(01) 117 H6
Petit-Auverné(44) 75 F2
Petit-Bersac(24) 136 C2
le Petit-Bornand-les-Glières(74) 119 E6
le Petit-Celland(50) 36 D4
Petit-Couronne(76) 20 D4
Petit-Croix(90) 89 E3
Petit-Failly(54) 27 G2
le Petit-Fayt(59) 13 F4
le Petit-Fougeray(35) 57 F4
Petit-Landau(68) 89 H2
le Petit-Mars(44) 75 E4
le Petit-Mercey(39) 102 D1
Petit-Mesnil(10) 66 D2
Petit-Noir(39) 102 B3
Petit-Palais-et-Cornemps(33) 135 H5
le Petit-Pressigny(37) 95 E4
le Petit-Quevilly(76) 20 D4
Petit-Réderching(57) 50 C2
le Petit-Tenquin(57) 29 H6
Petit-Verly(02) 13 E5
la Petite-Boissière(79) 92 C4
Petite-Chaux(25) 103 G5
la Petite-Fosse(88) 70 D3
la Petite-Marche(03) 112 D5
la Petite-Pierre(67) 50 C4
la Petite-Raon(88) 70 C2
Petite-Rosselle(57) 29 G4
la Petite-Verrière(71) 100 B3
Petitefontaine(90) 89 E2
les Petites-Armoises(08) 15 E6
les Petites-Loges(51) 45 G1
Petitmagny(90) 88 D2
Petitmont(54) 70 C1
Petiville(14) 19 E4
Petiville(76) 8 C6
Petosse(85) 107 F2
Petreto-Bicchisano(2A) 206 D2
Pettoncourt(57) 49 E4
Pettonville(54) 49 H6
Peujard(33) 135 F4
Peumerit(29) 53 E4
Peumerit-Quintin(22) 32 D6
Peuplingues(62) 2 C2
Peuton(53) 58 C6
Peuvillers(55) 27 F3
Peux-et-Couffouleux(12) 169 G5
Pévange(57) 49 G2
Pévy(51) 25 E5
Pexiora(11) 184 C4
Pexonne(54) 49 H6
Pey(40) 162 C6
Peymeinade(06) 176 C6
Peynier(13) 191 E2
Peypin(13) 191 E3
Peypin-d'Aigues(84) 174 B4
Peyrabout(23) 111 H6
le Peyrat(09) 199 E1
Peyrat-de-Bellac(87) 110 B5
Peyrat-la-Nonière(23) 112 B6
Peyrat-le-Château(87) 125 E3
la Peyratte(79) 93 F6
Peyraube(65) 181 F4
Peyraud(07) 144 A2
Peyre(40) 163 G6
Peyrecave(32) 166 A3
Peyrefitte-du-Razès(11) 184 C6
Peyrefitte-sur-l'Hers(11) 184 B4
Peyregoux(81) 168 B6
Peyrehorade(40) 162 D6
Peyreleau(12) 170 A1
Peyrelevade(19) 125 G4
Peyrelongue-Abos(64) 180 D2
Peyremale(30) 156 D5
Peyrens(11) 184 C3
Peyrestortes(66) 200 D3
Peyret-Saint-André(65) 181 H3
Peyriac-de-Mer(11) 186 B6
Peyriac-Minervois(11) 185 E4
Peyriat(01) 117 G5
Peyrière(47) 150 D3
Peyrieu(01) 131 G3
Peyrignac(24) 138 A3
Peyriguère(65) 181 G4
Peyrilhac(87) 124 A2
Peyrillac-et-Millac(24) 138 B6
Peyrilles(46) 152 C3
Peyrins(26) 144 C3
Peyrissac(19) 124 D6
Peyrissas(31) 182 C4
Peyrole(81) 167 H4
Peyrolles(11) 199 H1
Peyrolles-en-Provence(13) 174 B4
Peyroules(04) 176 A4
Peyrouse(65) 180 D5
Peyrouzet(31) 182 C5
Peyruis(04) 174 D2
Peyrun(65) 181 F3
Peyrus(26) 144 C4
Peyrusse(15) 141 E3
Peyrusse-Grande(32) 165 E6
Peyrusse-le-Roc(12) 153 G4
Peyrusse-Massas(32) 165 G5
Peyrusse-Vieille(32) 165 E6
Peyssies(31) 183 E3
Peyzac-le-Moustier(24) 137 H5
Peyzieux-sur-Saône(01) 116 C5

Pézarches(77) 43 G5
Pezé-le-Robert(72) 59 H3
Pézenas(34) 187 E2
Pézènes-les-Mines(34) 186 D1
Pezens(11) 185 E4
Pézilla-de-Conflent(66) 200 A3
Pézilla-la-Rivière(66) 200 D3
Pezou(41) 79 F1
Pezuls(24) 137 F5
Pézy(28) 62 B3
Pfaffenheim(68) 71 E6
Pfaffenhoffen(67) 51 E4
Pfalzweyer(67) 50 C4
Pfastatt(68) 89 G2
Pfetterhouse(68) 89 F4
Pfettisheim(67) 51 E5
Pfulgriesheim(67) 51 E6
Phaffans(90) 88 D3
Phalempin(59) 5 E5
Phalsbourg(57) 50 C5
Philippsbourg(57) 51 E3
Philondenx(40) 163 H6
Phlin(54) 49 E2
Piacé(72) 60 A3
le Pian-Médoc(33) 135 E5
le Pian-sur-Garonne(33) 149 H3
Pianello(2B) 205 F3
Piana(2A) 204 B3
Pianottoli-Caldarello(2A) 207 D5
les Piards(39) 118 A2
la Piarre(05) 159 G4
Piazzali(2B) 205 G3
Piazzole(2B) 205 G2
Piblange(57) 29 E4
Pibrac(31) 166 D5
Picauville(50) 17 E4
Pichanges(21) 85 H4
Picherande(63) 126 D6
Picquigny(80) 11 E5
Pie-d'Orezza(2B) 205 F2
Pied-de-Borne(48) 156 D4
Piedicorte-di-Gaggio(2B) 205 F3
Piedicroce(2B) 205 F2
Piedigriggio(2B) 203 E6
Piedipartino(2B) 205 F2
Piégon(26) 158 D5
Piégros-la-Clastre(26) 158 C6
Piégut(04) 160 C3
Piégut-Pluviers(24) 123 F4
Piencourt(27) 19 H5
Piennes(54) 28 A3
Piennes-Onvillers(80) 23 F2
Pierlas(06) 176 D2
la Pierre(38) 146 A1
Pierre-Bénite(69) 130 A3
Pierre-Buffière(87) 124 B4
Pierre-Châtel(38) 145 H4
Pierre-de-Bresse(71) 102 A4
Pierre-la-Treiche(54) 48 C5
Pierre-Levée(77) 43 H3
Pierre-Morains(51) 45 F4
Pierre-Percée(54) 70 C1
Pierre-Perthuis(89) 83 G5
Pierreclos(71) 116 B4
Pierrecourt(70) 86 C3
Pierrecourt(76) 10 B6
Pierrefeu(06) 176 D4
Pierrefeu-du-Var(83) 192 B4
Pierrefiche(12) 155 E4
Pierrefiche(48) 156 B2
Pierrefiques(76) 8 A4
Pierrefitte(19) 124 D6
Pierrefitte(23) 112 B5
Pierrefitte(79) 93 E4
Pierrefitte(88) 69 F4
Pierrefitte-en-Auge(14) 19 G4
Pierrefitte-en-Beauvaisis(60) 22 B4
Pierrefitte-en-Cinglais(14) 38 B2
Pierrefitte-ès-Bois(45) 81 H5
Pierrefitte-Nestalas(65) 195 G3
Pierrefitte-sur-Aire(55) 47 G3
Pierrefitte-sur-Loire(03) 114 D2
Pierrefitte-sur-Sauldre(41) 81 E4
Pierrefitte-sur-Seine(93) 42 D3
Pierrefonds(60) 23 H5
Pierrefontaine-lès-Blamont(25) 88 D5
Pierrefontaine-les-Varans(25) 104 D1
Pierrefort(15) 140 D5
Pierregot(80) 11 F5
Pierrelatte(26) 158 A5
Pierrelaye(95) 42 B2
Pierrelongue(26) 158 D6
Pierremande(02) 24 B3
Pierremont(62) 4 A6
Pierremont-sur-Amance(52) 86 D1
Pierrepont(02) 25 E2
Pierrepont(14) 38 B3
Pierrepont(54) 27 H2
Pierrepont-sur-Avre(80) 23 E1
Pierrepont-sur-l'Arentèle(88) 70 A3
Pierrerue(04) 174 D3
Pierrerue(34) 186 B3
Pierres(14) 37 G3
Pierres(28) 41 F6
Pierreval(76) 9 G6
Pierrevert(04) 174 C4
Pierreville(50) 16 C3
Pierreville(54) 48 D6
Pierrevillers(57) 28 C4
Pierric(44) 74 D1
Pierry(51) 45 F3
Pietra-di-Verde(2B) 205 G3
Pietracorbara(2B) 203 G3
Pietralba(2B) 203 E5
Pietraserena(2B) 205 F3
Pietricaggio(2B) 205 G3
Pietrosella(2A) 206 C4
Pietroso(2B) 205 F4
Piets-Plasence-Moustrou(64) 180 B1
Pieusse(11) 185 E6

les Pieux(50) 16 C3
Piève(2B) 203 F5
Piffonds(89) 64 D5
Pigna(2B) 202 C5
Pignan(34) 187 G1
Pignans(83) 192 B3
Pignicourt(02) 25 F4
Pignols(63) 127 G4
Pigny(18) 97 G2
le Pin(03) 115 E3
le Pin(14) 19 H4
le Pin(17) 135 G2
le Pin(30) 172 B2
le Pin(38) 131 F5
le Pin(39) 102 C5
le Pin(44) 75 G2
le Pin(70) 87 E5
le Pin(77) 43 E3
le Pin(79) 92 C4
le Pin(82) 166 B2
le Pin-au-Haras(61) 39 E4
Pin-Balma(31) 167 F6
le Pin-en-Mauges(49) 76 A6
le Pin-la-Garenne(61) 60 C2
le Pin-Murelet(31) 182 D3
Pinas(65) 181 H5
Pinay(42) 128 D2
Pincé(72) 76 D2
Pindères(47) 150 B5
Pindray(86) 110 A2
les Pineaux(85) 91 H6
Pinel-Hauterive(47) 151 E4
Pinet(34) 187 F3
Pineuilh(33) 136 C6
Piney(10) 66 C2
Pinols(43) 141 H4
Pinon(02) 24 C4
les Pins(16) 122 D3
Pins-Justaret(31) 183 G2
Pinsac(46) 138 C6
Pinsaguel(31) 183 G2
Pinsot(38) 132 B6
Pintac(65) 181 E4
Pinterville(27) 21 E6
Pintheville(55) 27 H5
les Pinthières(28) 41 F5
Piobetta(2B) 205 G2
Pioggiola(2B) 202 D5
Piolenc(84) 158 A6
Pionnat(23) 112 A5
Pionsat(63) 113 E6
Pioussay(79) 108 D6
Pipriac(35) 56 D5
Piquecos(82) 166 D2
Pirajoux(01) 117 F3
Piré-sur-Seiche(35) 57 G4
Piriac-sur-Mer(44) 73 F4
Pirmil(72) 59 G6
Pirou(50) 16 D6
Pis(32) 165 H5
Pisany(17) 120 D3
Piscop(95) 42 C2
Piseux(27) 40 C4
Pisieu(38) 130 C6
Pisseleu(60) 22 B3
Pisseloup(52) 86 D1
la Pisseure(70) 69 G6
Pissos(40) 148 D5
Pissotte(85) 107 G2
Pissy(80) 11 E6
Pissy-Pôville(76) 9 F6
Pisy(89) 84 B4
Pitgam(59) 3 F2
Pithiviers(45) 63 F4
Pithiviers-le-Vieil(45) 63 F4
Pithon(02) 23 H1
Pîtres(27) 21 E5
Pittefaux(62) 2 B4
Pizay(01) 130 C2
Pizieux(72) 60 B3
le Pizou(24) 136 B4
le Pla(09) 199 F3
Plabennec(29) 31 E4
Placé(53) 58 C3
les Places(27) 19 H5
Placey(25) 87 E6
Plachy-Buyon(80) 11 E6
Placy(14) 18 C6
Placy-Montaigu(50) 37 F1
le Plagnal(07) 156 D2
Plagne(01) 117 H5
Plagne(31) 182 D5
Plagnole(31) 182 D3
Plaigne(11) 184 B5
Plailly(60) 43 E1
Plaimbois-du-Miroir(25) 105 E1
Plaimbois-Vennes(25) 104 D1
Plaimpied-Givaudins(18) 97 G4
la Plaine(49) 92 C2
Plaine(67) 70 D2
Plaine-de-Walsch(57) 50 B4
Plaine-Haute(22) 33 F5
la Plaine-sur-Mer(44) 73 H6
Plainemont(70) 69 G6
Plaines-Saint-Lange(10) 66 D5
Plainfaing(88) 70 D4
Plainoiseau(39) 102 C5
les Plains-et-Grands-Essarts(25) 88 D4
Plaintel(22) 33 G5
Plainval(60) 23 E3

Plainville(27) 39 G1
Plainville(60) 23 E2
Plaisance(12) 169 E4
Plaisance(24) 151 E2
Plaisance(32) 164 D6
Plaisance(86) 110 A4
Plaisance-du-Touch(31) 183 F1
Plaisia(39) 117 H2
Plaisians(26) 159 E6
Plaisir(78) 41 H4
Plaissan(34) 187 F1
Plaizac(16) 121 H3
le Plan(31) 183 E5
Plan(38) 145 E1
Plan-d'Aups-Sainte-Baume(83) 191 H4
Plan-de-Baix(26) 144 D6
Plan-de-Cuques(13) 190 D3
Plan-de-la-Tour(83) 192 D3
Plan-d'Orgon(13) 173 F4
Planaise(73) 132 B5
Planay(21) 84 C2
Planay(73) 133 E5
la Planche(44) 91 F2
Plancher-Bas(70) 88 C2
Plancher-les-Mines(70) 88 C2
Plancherine(73) 132 C3
Planches(61) 39 F4
les Planches-en-Montagne(39) 103 F6
les Planches-près-Arbois(39) 103 E3
Planchez(71) 100 A2
Plancoët(22) 34 B4
Plancy-l'Abbaye(10) 45 F6
la Planée(25) 103 H4
Planès(66) 199 F5
Planèzes(66) 200 B3
Planfoy(42) 143 F1
Planguenoual(22) 33 H4
Planioles(46) 153 G2
le Planois(71) 102 B5
le Planquay(27) 19 H5
Planquery(14) 17 H6
Planques(62) 2 D6
Planrupt(52) 46 C6
les Plans(30) 171 H2
les Plans(34) 170 B5
le Plantay(01) 116 D6
les Plantiers(30) 170 D2
le Plantis(61) 39 F5
Planty(10) 65 G3
Planzolles(07) 157 E4
Plappeville(57) 28 C5
Plasne(39) 102 D5
Plasnes(27) 40 A1
Plassac(17) 121 F6
Plassac(33) 135 E3
Plassac-Rouffiac(16) 122 B5
Plassay(17) 121 E2
Plats(07) 144 A4
Plaudren(56) 55 G5
Plauzat(63) 127 F5
Plavilla(11) 184 C5
Plazac(24) 137 H4
Pléboulle(22) 34 B3
Pléchâtel(35) 57 E5
Plédéliac(22) 34 B5
Plédran(22) 33 G5
Pléguien(22) 33 F3
Pléhédel(22) 33 F3
Pleine-Fougères(35) 35 G4
Pleine-Selve(02) 24 C1
Pleine-Selve(33) 135 E1
Pleine-Sève(76) 8 D3
Plélan-le-Grand(35) 56 C3
Plélan-le-Petit(22) 34 C5
Plélauff(22) 54 D1
Plélo(22) 33 F4
Plémet(22) 55 H2
Plémy(22) 33 G6
Plénée-Jugon(22) 34 A5
Pléneuf-Val-André(22) 33 H4
Plénise(39) 103 F4
Plénisette(39) 103 F5
Plerguer(35) 35 E4
Plérin(22) 33 G4
Plerneuf(22) 33 F4
Plescop(56) 55 F6
Plesder(35) 34 D5
Plésidy(22) 33 E5
Pleslin-Trigavou(22) 34 D4
Plesnois(57) 28 C5
Plesnoy(52) 68 B6
Plessala(22) 55 H1
Plessé(44) 74 C3
le Plessier-Huleu(02) 24 B6
le Plessier-Rozainvillers(80) 23 E1
le Plessier-sur-Bulles(60) 22 D3
le Plessier-sur-Saint-Just(60) 23 E3
les Plessis-aux-Bois(77) 43 F2
Plessis-Barbuise(10) 44 D6
le Plessis-Belleville(60) 43 F1
le Plessis-Bouchard(95) 42 C2
le Plessis-Brion(60) 23 G4
Plessis-de-Roye(60) 23 G3
le Plessis-Dorin(41) 61 E5
le Plessis-Feu-Aussoux(77) 43 H5
le Plessis-Gassot(95) 42 D2
le Plessis-Grammoire(49) 76 D4
le Plessis-Grimoult(14) 18 B6
le Plessis-Grohan(27) 40 D3
le Plessis-Hébert(27) 41 E4
le Plessis-Lastelle(50) 17 E5
le Plessis-l'Échelle(41) 79 H2
le Plessis-l'Évêque(77) 43 F2
le Plessis-Luzarches(95) 42 D1
le Plessis-Macé(49) 76 B4
le Plessis-Pâté(91) 42 C6
le Plessis-Patte-d'Oie(60) 23 H2
le Plessis-Placy(77) 43 G2
le Plessis-Robinson(92) 42 C4
Plessis-Saint-Benoist(91) 62 D2
le Plessis-Saint-Jean(89) 64 D2
le Plessis-Sainte-Opportune(27) 40 B1

le Plessis-Trévise(94) 43 E4
Plessix-Balisson(22) 34 C4
Plestan(22) 34 A5
Plestin-les-Grèves(22) 32 B3
Pleubian(22) 33 E1
Pleucadeuc(56) 56 A6
Pleudaniel(22) 33 E2
Pleudihen-sur-Rance(22) 34 D4
Pleugriffet(56) 55 G3
Pleugueneuc(35) 34 D5
Pleumartin(86) 94 D6
Pleumeleuc(35) 56 D2
Pleumeur-Bodou(22) 32 C2
Pleumeur-Gautier(22) 33 E2
Pleure(39) 102 C4
Pleurs(51) 45 E5
Pleurtuit(35) 34 D3
Pleuven(29) 53 F4
Pleuvezain(88) 69 E2
Pleuville(16) 109 G6
Pléven(22) 34 B4
Plévin(22) 54 B1
Pleyben(29) 53 G2
Pleyber-Christ(29) 31 H4
Pliboux(79) 109 E5
Plichancourt(51) 46 C4
Plieux(32) 165 H3
Plivot(51) 45 F2
Plobannalec(29) 53 E5
Plobsheim(67) 71 H1
Ploemel(56) 54 D6
Ploemeur(56) 54 B5
Ploërdut(56) 54 C2
Ploeren(56) 55 F6
Ploërmel(56) 56 A4
Plœuc-sur-Lié(22) 33 G6
Ploéven(29) 53 E2
Ploëzal(22) 33 E2
Plogastel-Saint-Germain(29) 53 E4
Plogoff(29) 52 C3
Plogonnec(29) 53 F3
Ploisy(02) 24 B5
Plomb(50) 35 H2
Plombières-les-Bains(88) 69 H5
Plombières-lès-Dijon(21) 85 G6
Plomelin(29) 53 F4
Plomeur(29) 53 E5
Plomion(02) 13 H6
Plomodiern(29) 53 E2
Plonéis(29) 53 E3
Plonéour-Lanvern(29) 53 E4
Plonévez-du-Faou(29) 31 H6
Plonévez-Porzay(29) 53 E2
Plorec-sur-Arguenon(22) 34 B4
Plou(18) 97 E3
Plouagat(22) 33 F4
Plouaret(22) 32 C3
Plouarzel(29) 30 C4
Plouasne(22) 34 D6
Plouay(56) 54 C4
Ploubalay(22) 34 C3
Ploubazlanec(22) 33 F2
Ploubezre(22) 32 C2
Ploudalmézeau(29) 30 D3
Ploudaniel(29) 31 F4
Ploudiry(29) 31 G4
Plouëc-du-Trieux(22) 33 E3
Plouédern(29) 31 F4
Plouégat-Guérand(29) 32 B3
Plouégat-Moysan(29) 32 B4
Plouénan(29) 31 H3
Plouër-sur-Rance(22) 34 D4
Plouescat(29) 31 G3
Plouézec(22) 33 F2
Plouézoch(29) 32 A3
Ploufragan(22) 33 G5
Plougar(29) 31 G3
Plougasnou(29) 32 A2
Plougastel-Daoulas(29) 31 E5
Plougonvelin(29) 30 C5
Plougonven(29) 32 A4
Plougonver(22) 32 C4
Plougoulm(29) 31 G3
Plougoumelen(56) 55 E6
Plougourvest(29) 31 G4
Plougras(22) 32 B4
Plougrescant(22) 32 D1
Plouguenast(22) 55 G1
Plouguerneau(29) 30 D3
Plouguernével(22) 54 D1
Plouguiel(22) 32 D2
Plouguin(29) 30 D3
Plouha(22) 33 F3
Plouharnel(56) 72 B2
Plouhinec(29) 52 D3
Plouhinec(56) 54 C6
Plouider(29) 31 F3
Plouigneau(29) 32 A4
Plouisy(22) 33 E4
Ploulec'H(22) 32 C2
Ploumagoar(22) 33 E4
Ploumilliau(22) 32 C2
Ploumoguer(29) 30 C5
Plounéour-Ménez(29) 31 H5
Plounéour-Trez(29) 31 F3
Plounérin(22) 32 B4
Plounéventer(29) 31 F4
Plounévez-Lochrist(29) 31 F3
Plounévez-Moëdec(22) 32 C4
Plounévez-Quintin(22) 32 D6
Plounévézel(29) 32 B6
Plourac'H(22) 32 B5
Plouray(56) 54 C2
Plourhan(22) 33 F3
Plourin(29) 30 C4
Plourin-lès-Morlaix(29) 32 A4
Plourivo(22) 33 E2
Plouvain(62) 12 A2
Plouvara(22) 33 F4
Plouvien(29) 31 E4
Plouvorn(29) 31 G3
Plouyé(29) 32 A6
Plouzané(29) 30 D5

Plouzélambre(22) 32 B3
Plouzévédé(29) 31 G3
Plovan(29) 52 D4
Ployart-et-Vaurseine(02) 24 D4
le Ployron(60) 23 E3
Plozévet(29) 52 D3
Pludual(22) 33 F3
Pluduno(22) 34 B4
Plufur(22) 32 B3
Pluguffan(29) 53 F4
Pluherlin(56) 56 A6
Plumaudan(22) 34 C5
Plumaugat(22) 34 B6
Plumelec(56) 55 G5
Pluméliau(56) 55 E4
Plumelin(56) 55 F4
Plumergat(56) 55 E6
Plumetot(14) 18 C4
Plumieux(22) 55 H2
Plumont(39) 102 D2
Pluneret(56) 55 E6
Plurien(22) 34 B3
Plusquellec(22) 32 C5
Plussulien(22) 33 E6
Pluvault(21) 102 A1
Pluvet(21) 102 A1
Pluvigner(56) 55 E5
Pluzunet(22) 32 C3
Pocancy(51) 45 G3
Pocé-les-Bois(35) 57 H3
Pocé-sur-Cisse(37) 79 E5
Podensac(33) 149 G2
le Poët(05) 160 A5
le Poët-Célard(26) 158 D3
le Poët-en-Percip(26) 159 F6
le Poët-Laval(26) 158 C3
le Poët-Sigillat(26) 159 E5
Pœuilly(80) 12 B6
Poey-de-Lescar(64) 180 B3
Poey-d'Oloron(64) 179 H4
Poëzat(03) 113 H6
Poggio-di-Nazza(2B) 205 F5
Poggio-di-Venaco(2B) 205 E3
Poggio-d'Oletta(2B) 203 G4
Poggio-Marinaccio(2B) 205 G2
Poggio-Mezzana(2B) 205 G2
Poggiolo(2A) 204 C4
Pogny(51) 46 B3
Poids-de-Fiole(39) 117 G1
Poigny(77) 44 B6
Poigny-la-Forêt(78) 41 G5
Poil(58) 100 B4
Poilcourt-Sydney(08) 25 G4
Poilhes(34) 186 C4
Poillé-sur-Vègre(72) 59 F6
Poilley(35) 35 H5
Poilley(50) 35 H3
Poilly(51) 25 E6
Poilly-lez-Gien(45) 81 H3
Poilly-sur-Serein(89) 83 H2
Poilly-sur-Tholon(89) 83 E1
Poinçon-lès-Larrey(21) 84 D1
le Poinçonnet(36) 96 C6
Poincy(77) 43 G2
Poinsenot(52) 85 F3
Poinson-lès-Fayl(52) 86 D2
Poinson-lès-Grancey(52) 85 G2
Poinson-lès-Nogent(52) 68 B5
Pointel(61) 38 D4
Pointis-de-Rivière(31) 182 A6
Pointis-Inard(31) 182 C6
Pointre(39) 86 C6
Pointvillers(25) 103 E2
Poinville(28) 62 D4
le Poiré-sur-Velluire(85) 107 F3
le Poiré-sur-Vie(85) 91 F4
Poiroux(85) 91 E6
Poisat(38) 145 G3
Poiseul(52) 68 B6
Poiseul-la-Grange(21) 85 F3
Poiseul-la-Ville-et-Laperrière(21) 85 E4
Poiseul-lès-Saulx(21) 85 G3
Poiseux(58) 98 D2
Poisieux(18) 97 E3
le Poislay(41) 61 G5
Poisson(71) 115 F3
Poissons(52) 67 H1
Poissy(78) 42 B3
Poisvilliers(28) 62 A1
Poisy(74) 132 A1
la Poitevinière(49) 92 B1
Poitiers(86) 109 F1
Poivres(10) 45 H5
Poix(51) 46 B2
Poix-de-Picardie(80) 22 B1
Poix-du-Nord(59) 13 E4
Poix-Terron(08) 24 C3
le Poizat(01) 117 H5
Polaincourt-et-Clairefontaine(70) 69 F6
Polastron(31) 182 D3
Polastron(32) 182 C2
Poleymieux-au-Mont-d'Or(69) 130 A2
Poliénas(38) 145 F2
Polignac(17) 135 G2
Polignac(43) 142 C4
Poligné(35) 57 E5
Poligny(05) 160 B1
Poligny(10) 66 C4
Poligny(39) 102 D4
Poligny(77) 64 A4
Polincove(62) 2 D3
Polisot(10) 66 C5
Polisy(10) 66 C5
Pollestres(66) 200 D4
Polliat(01) 116 D4
Pollieu(01) 131 G2
Pollionnay(69) 129 H3
Polminhac(15) 140 B5
Polveroso(2B) 205 F2
Pomacle(51) 25 G5
la Pomarède(11) 184 C3
Pomarède(46) 152 A3
Pomarez(40) 163 E6

Pomas(11) 185 E5
Pomayrols(12) 155 E4
Pomerol(33) 135 G5
Pomérols(34) 187 F3
Pomeys(69) 129 F4
Pommard(21) 101 F3
Pommera(62) 11 F3
la Pommeraie-sur-Sèvre(85) 92 B4
la Pommeraye(14) 38 B2
la Pommeraye(49) 76 A5
Pommeret(22) 33 H5
Pommereuil(59) 13 E4
Pommereux(76) 21 G2
Pommeréval(76) 9 H4
Pommerieux(53) 58 B6
Pommérieux(57) 28 C6
Pommerit-Jaudy(22) 32 D2
Pommerit-le-Vicomte(22) 33 E3
Pommerol(26) 159 F4
Pommeuse(77) 43 G4
Pommevic(82) 166 B2
Pommier(62) 11 G3
Pommier-de-Beaurepaire(38) 130 C6
Pommiers(30) 170 D3
Pommiers(36) 111 F2
Pommiers(42) 128 D3
Pommiers(69) 129 H1
Pommiers-la-Placette(38) 145 G1
Pommiers-Moulons(17) 135 G1
Pomoy(70) 87 H2
Pompaire(79) 108 B1
Pompéjac(33) 149 G4
Pompertuzat(31) 183 G2
Pompey(54) 48 D4
Pompiac(32) 182 D2
le Pompidou(48) 156 B6
Pompierre(88) 68 C3
Pompierre-sur-Doubs(25) 88 B5
Pompiey(47) 150 C6
Pompignac(33) 135 F6
Pompignan(30) 171 E4
Pompignan(82) 166 D4
Pompogne(47) 150 B6
Pomport(24) 150 D1
Pomps(64) 180 A2
Pomy(11) 184 D6
Poncé-sur-le-Loir(72) 78 C2
Poncey-lès-Athée(21) 86 B6
Poncey-sur-l'Ignon(21) 85 F4
le Ponchel(62) 10 D2
Ponches-Estruval(80) 10 C2
Ponchon(60) 22 C5
Poncin(01) 117 F6
Poncins(42) 129 E3
Pondaurat(33) 150 A3
le Pondy(18) 97 H5
Ponet-et-Saint-Auban(26) 145 E6
Ponlat-Taillebourg(31) 182 A5
Pons(17) 121 F5
Ponsampère(32) 181 H3
Ponsan-Soubiran(32) 181 H3
Ponsas(26) 144 B3
Ponson-Debat-Pouts(64) 181 E3
Ponson-Dessus(64) 180 D3
Ponsonnas(38) 145 H5
Pont(21) 102 B1
Pont-à-Marcq(59) 5 F5
Pont-à-Mousson(54) 48 C3
Pont-à-Vendin(62) 4 D5
Pont-Arcy(02) 24 D4
Pont-Audemer(27) 20 A5
Pont-Authou(27) 20 B6
Pont-Aven(29) 53 H5
Pont-Bellanger(14) 37 F2
le Pont-Chrétien-Chabenet(36) 111 E1
Pont-Croix(29) 52 D3
Pont-d'Ain(01) 117 F6
le Pont-de-Barret(26) 158 C3
le Pont-de-Beauvoisin(38) 131 F5
le Pont-de-Beauvoisin(73) 131 G5
Pont-de-Buis-lès-Quimerch(29) 31 G6
Pont-de-Chéruy(38) 130 C3
le Pont-de-Claix(38) 145 G3
Pont-de-Labeaume(07) 157 F2
Pont-de-l'Arche(27) 21 E5
Pont-de-Larn(81) 185 F2
Pont-de-l'Isère(26) 144 B4
Pont-de-Metz(80) 11 E6
le Pont-de-Montvert(48) 156 B5
le Pont-de-Planches(70) 87 E3
Pont-de-Poitte(39) 117 H1
Pont-de-Roide(25) 88 D5
Pont-de-Ruan(37) 94 C1
Pont-de-Salars(12) 154 D6
Pont-de-Vaux(01) 116 C3
Pont-de-Veyle(01) 116 C4
Pont-d'Héry(39) 103 E4
Pont-d'Ouilly(14) 38 B3
Pont-du-Bois(70) 69 F5
Pont-du-Casse(47) 151 F6
Pont-du-Château(63) 127 G3
Pont-du-Navoy(39) 103 E5
Pont-en-Royans(38) 145 E4
Pont-et-Massène(21) 84 C4
Pont-Évêque(38) 130 B5
Pont-Farcy(14) 37 F2
Pont-Hébert(50) 17 G6
Pont-la-Ville(52) 67 F5
Pont-l'Abbé(29) 53 E5
Pont-l'Abbé-d'Arnoult(17) 120 D2
Pont-lès-Bonfays(88) 69 F3
Pont-les-Moulins(25) 87 H5
Pont-l'Évêque(14) 19 G4
Pont-l'Évêque(60) 23 H3
Pont-Melvez(22) 32 D5
Pont-Noyelles(80) 11 F5
Pont-Péan(35) 57 E4
Pont-Remy(80) 10 C4
Pont-Saint-Esprit(30) 157 H6
Pont-Saint-Mard(02) 24 B4
Pont-Saint-Martin(44) 91 E1

Pont-Saint-Pierre(27) 21 E5
Pont-Saint-Vincent(54) 48 D5
Pont-Sainte-Marie(10) 66 B3
Pont-Sainte-Maxence(60) 23 E5
Pont-Salomon(43) 143 E1
Pont-Scorff(56) 54 C4
Pont-sur-l'Ognon(70) 87 H4
Pont-sur-Madon(88) 69 F2
Pont-sur-Meuse(55) 47 H3
Pont-sur-Sambre(59) 13 F2
Pont-sur-Seine(10) 65 F1
Pont-sur-Vanne(89) 65 E4
Pont-sur-Yonne(89) 64 D3
Pont-Trambouze(69) 115 G6
Pontacq(64) 180 D4
Pontailler-sur-Saône(21) 86 B6
Pontaix(26) 144 D6
Pontamafrey-Montpascal(73) 146 C1
Pontarion(23) 125 E1
Pontarlier(25) 103 H3
Pontarmé(60) 43 E1
Pontaubault(50) 35 H3
Pontaubert(89) 83 H4
Pontault-Combault(77) 43 E4
Pontaumur(63) 126 C2
Pontavert(02) 25 E4
Pontcarré(77) 43 F4
Pontcey(70) 87 F3
Pontchardon(61) 39 F2
Pontcharra(38) 132 A6
Pontcharra-sur-Turdine(69) 129 G2
Pontcharraud(23) 125 H2
Pontchâteau(44) 74 A4
Pontcirq(46) 152 B3
Pontécoulant(14) 37 H3
Ponteilla(66) 200 D4
Ponteils-et-Brésis(30) 156 D4
Pontenx-les-Forges(40) 148 B6
le Pontet(73) 132 B5
le Pontet(84) 173 E3
les Pontets(25) 103 G5
Pontevès(83) 191 H1
Ponteyraud(24) 136 C3
Pontfaverger-Moronvilliers(51) 25 H5
Pontgibaud(63) 126 D3
Pontgouin(28) 61 G1
Ponthévrard(78) 41 H6
Ponthion(51) 46 C4
Ponthoile(80) 10 B3
le Ponthou(29) 32 B4
Ponthoux(39) 118 A3
Pontiacq-Viellepinte(64) 181 E3
Pontigné(49) 77 F4
Pontigny(89) 65 G6
Pontis(04) 160 D3
Pontivy(56) 55 E3
Pontlevoy(41) 79 G6
Pontmain(53) 58 B1
Pontoise(95) 42 B2
Pontoise-lès-Noyon(60) 23 H3
Pontonx-sur-l'Adour(40) 163 E4
Pontorson(50) 35 G4
Pontours(24) 137 F6
Pontoux(71) 101 H4
Pontoy(57) 29 F6
Pontpierre(57) 29 G6
Pontpoint(60) 23 F5
Pontrieux(22) 33 E3
Pontru(02) 12 C5
Pontruet(02) 12 C5
Ponts(50) 35 H3
les Ponts-de-Cé(49) 76 C5
Ponts-et-Marais(76) 9 H1
Pontvallain(72) 77 H2
Popian(34) 170 C6
Popolasca(2B) 205 E2
Porcaro(56) 56 B4
Porcelette(57) 29 F5
Porchères(33) 136 A4
la Porcherie(87) 124 D5
Porcheux(60) 22 B5
Porcheville(78) 41 G2
Porcieu-Amblagnieu(38) 131 E2
Pordic(22) 33 G4
le Porge(33) 134 B5
Pornic(44) 90 B1
Pornichet(44) 73 G5
Porquéricourt(60) 23 G3
Porri(2B) 203 G6
Porspoder(29) 30 C4
Port(01) 117 G5
le Port(09) 198 A2
Port-Brillet(53) 58 B4
Port-de-Bouc(13) 189 H6
Port-de-Lanne(40) 162 D4
Port-de-Piles(86) 94 C3
Port-d'Envaux(17) 121 E2
Port-des-Barques(17) 120 B1
Port-en-Bessin-Huppain(14) 18 A3
Port-la-Nouvelle(11) 186 C6
Port-Launay(29) 53 F2
Port-le-Grand(80) 10 B3
Port-Lesney(39) 103 E3
Port-Louis(56) 54 C6
le Port-Marly(78) 42 B3
Port-Mort(27) 21 F6
Port-Saint-Louis-du-Rhône(13) 189 G6
Port-Saint-Père(44) 74 C6
Port-Sainte-Foy-et-Ponchapt(24) 136 B6
Port-Sainte-Marie(47) 150 D6
Port-sur-Saône(70) 87 F2
Port-sur-Seille(54) 48 D3
Port-Vendres(66) 201 E5
Port-Villez(78) 41 F2
la Porta(2B) 205 F2
Portbail(50) 16 C4
Porte-Joie(27) 21 E6
Porté-Puymorens(66) 198 D5
le Portel(62) 2 B4
Portel-des-Corbières(11) 186 B6
Portes(27) 40 C2
Portes(30) 156 D6

les Portes-en-Ré(17) 106 B4
Portes-en-Valdaine(26) 158 B3
Portes-lès-Valence(26) 144 B5
Portet(64) 164 B6
Portet-d'Aspet(31) 197 E3
Portet-de-Luchon(31) 196 C4
Portet-sur-Garonne(31) 183 G2
Portets(33) 149 F2
Portieux(88) 69 G2
Porto-Vecchio(2A) 207 F4
Ports(37) 94 C3
Posanges(21) 84 D5
Poses(27) 21 E5
Possesse(51) 46 C3
la Possonnière(49) 76 B5
la Postolle(89) 65 E3
Postroff(57) 50 B4
Potangis(51) 44 D6
Potelières(30) 157 F6
Potelle(59) 13 E2
la Poterie-au-Perche(61) 40 A5
la Poterie-Cap-d'Antifer(76) 8 A4
la Poterie-Mathieu(27) 20 A5
Pothières(21) 66 D6
Potigny(14) 18 D6
Potte(80) 12 A6
Pouan-les-Vallées(10) 45 G4
Pouançay(86) 93 G2
Pouancé(49) 57 H6
Pouant(86) 94 A3
Poubeau(31) 196 C4
Poucharramet(31) 183 E3
Poudenas(47) 165 E2
Poudenx(40) 163 G6
Poudis(81) 184 C2
Poueyferré(65) 180 D5
la Pouëze(49) 76 B4
Pouffonds(79) 108 C5
la Pouge(23) 125 F1
le Pouget(34) 187 F1
Pougnadoresse(30) 172 B2
Pougne-Hérisson(79) 93 E6
Pougny(01) 118 B5
Pougny(58) 82 C5
Pougues-les-Eaux(58) 98 C3
Pougy(10) 66 C1
Pouillac(17) 135 G2
Pouillat(01) 117 F3
Pouillé(41) 79 G6
Pouillé(85) 107 F2
Pouillé(86) 109 G2
Pouillé-les-Côteaux(44) 75 G4
Pouillenay(21) 84 D4
Pouilley-Français(25) 103 E1
Pouilley-les-Vignes(25) 87 F6
Pouillon(40) 162 D6
Pouillon(51) 25 F5
Pouilloux(71) 115 G1
Pouilly(57) 28 D6
Pouilly(60) 22 B5
Pouilly-en-Auxois(21) 85 E6
Pouilly-le-Monial(69) 129 H1
Pouilly-lès-Feurs(42) 129 E3
Pouilly-les-Nonains(42) 115 E6
Pouilly-sous-Charlieu(42) 115 F5
Pouilly-sur-Loire(58) 82 B6
Pouilly-sur-Meuse(55) 15 G6
Pouilly-sur-Saône(21) 101 H3
Pouilly-sur-Serre(02) 24 D2
Pouilly-sur-Vingeanne(21) 86 B4
le Poujol-sur-Orb(34) 186 C1
Poujols(34) 170 B5
Poulaines(36) 96 B2
Poulainville(80) 11 F5
Poulan-Pouzols(81) 168 B4
Poulangy(52) 68 A5
Pouldergat(29) 53 E3
Pouldouran(22) 33 E2
Pouldreuzic(29) 52 D4
Poule-les-Écharmeaux(69) 115 H5
Pouliacq(64) 180 C1
les Poulières(88) 70 B4
Pouligney-Lusans(25) 87 G5
Pouligny-Notre-Dame(36) 112 A2
Pouligny-Saint-Martin(36) 112 A2
Pouligny-Saint-Pierre(36) 95 F6
le Pouliguen(44) 73 F5
Poullan-sur-Mer(29) 52 D3
Poullaouen(29) 32 B6
Poullignac(16) 122 A4
Poulx(30) 172 C3
Poumarous(65) 181 F5
Poupas(82) 166 A3
Poupry(28) 62 C5
Pouques-Lormes(58) 83 G6
Pourcharesses(48) 156 C4
Pourchères(07) 157 G1
Pourcieux(83) 191 F2
Pourcy(51) 45 F1
Pourlans(71) 102 A3
Pournoy-la-Chétive(57) 28 C6
Pournoy-la-Grasse(57) 28 D6
Pourrain(89) 83 E2
Pourrières(83) 191 F2
Poursac(16) 122 C1
Poursay-Garnaud(17) 121 F1
Poursiugues-Boucoue(64) 180 B1
Pouru-aux-Bois(08) 15 G4
Pouru-Saint-Remy(08) 15 G5
Poussan(34) 187 E2
Poussanges(23) 125 H3
Poussay(88) 69 F2
Pousseaux(58) 83 F4
Poussignac(47) 150 B5
Poussy-la-Campagne(14) 18 D5
Pousthomy(12) 169 E4
le Pout(33) 135 F6
Pouvrai(61) 60 D3
Pouxeux(88) 70 A5
Pouy(65) 182 A4
Pouy-de-Touges(31) 182 D3
Pouy-Loubrin(32) 182 B2

Pouy-Roquelaure(32) 165 G2
Pouy-sur-Vannes(10) 65 F3
Pouyastruc(65) 181 F4
Pouydesseaux(40) 164 A3
Pouydraguin(32) 164 D6
Pouylebon(32) 181 G1
Pouzac(65) 181 F5
Pouzauges(85) 92 B5
Pouzay(37) 94 C3
Pouze(31) 183 G3
Pouzilhac(30) 172 C2
le Pouzin(07) 158 A1
Pouzol(63) 113 G6
Pouzolles(34) 186 D2
Pouzols(34) 170 C6
Pouzols-Minervois(11) 186 A4
Pouzy-Mésangy(03) 98 C3
Poyanne(40) 163 F5
Poyans(70) 86 C4
Poyartin(40) 163 E5
Poyols(26) 159 F2
Pozières(80) 11 H4
le Pradal(34) 169 H6
les Pradeaux(63) 127 G5
Pradelle(26) 159 E2
Pradelles(43) 156 C1
Pradelles(59) 3 G4
Pradelles-Cabardès(11) 185 F3
Pradelles-en-Val(11) 185 F5
Pradère-les-Bourguets(31) 166 C6
Prades(07) 157 F2
Prades(09) 199 E3
Prades(43) 142 A4
Prades(66) 199 H4
Prades(81) 168 A6
Prades-d'Aubrac(12) 155 E3
Prades-le-Lez(34) 171 E6
Prades-Salars(12) 154 D6
Prades-sur-Vernazobre(34) 186 B2
le Pradet(83) 191 H5
Pradettes(09) 184 B6
Pradières(09) 198 C1
Pradiers(15) 140 D2
Pradinas(12) 153 F6
Pradines(19) 125 F6
Pradines(42) 129 E1
Pradines(46) 152 C4
Pradons(07) 157 F4
Prads-Haute-Bléone(04) 161 E5
Prahecq(79) 108 B4
Prailles(79) 108 B4
Pralognan-la-Vanoise(73) 133 F6
Prâlon(21) 85 F6
Pralong(42) 128 D4
Pranles(07) 143 G6
Pranzac(16) 122 D4
Praslay(52) 85 H2
Praslin(10) 66 B5
Prasville(28) 62 C3
Prat(22) 32 D3
Prat-Bonrepaux(09) 182 D6
Prato-di-Giovellina(2B) 205 E2
Prats-de-Carlux(24) 138 B5
Prats-de-Mollo-la-Preste(66) 200 A6
Prats-de-Sournia(66) 200 A3
Prats-du-Périgord(24) 151 H2
Pratviel(81) 167 H6
Pratz(39) 117 H3
Prauthoy(52) 86 B2
Pray(41) 79 F3
Praye(54) 69 F1
Prayols(09) 198 C1
Prayssac(46) 152 A4
Prayssas(47) 151 E5
Praz-sur-Arly(74) 132 D2
le Pré-d'Auge(14) 19 F5
Pré-en-Pail(53) 59 G1
Pré-Saint-Évroult(28) 62 A4
le Pré-Saint-Gervais(93) 42 D3
Pré-Saint-Martin(28) 62 A4
Préaux(07) 143 H3
les Préaux(27) 19 H3
Préaux(36) 95 H3
Préaux(53) 59 E5
Préaux(76) 9 G6
Préaux-Bocage(14) 18 B6
Préaux-du-Perche(61) 60 D3
Préaux-Saint-Sébastien(14) 19 G4
Prébois(38) 145 G6
Précey(50) 35 H3
Préchac(32) 165 G5
Préchac(33) 149 G4
Préchac(65) 180 D6
Préchac-sur-Adour(32) 164 C6
Préchacq-Josbaig(64) 179 H4
Préchacq-les-Bains(40) 163 E5
Préchacq-Navarrenx(64) 179 H3
Précieux(42) 129 E5
Précigné(72) 77 E2
Précilhon(64) 180 A4
Précorbin(50) 37 F1
Précy(18) 98 B3
Précy-le-Sec(89) 83 H4
Précy-Notre-Dame(10) 66 D2
Précy-Saint-Martin(10) 66 D2
Précy-sous-Thil(21) 84 C5
Précy-sur-Marne(77) 43 F3
Précy-sur-Oise(60) 22 D6
Précy-sur-Vrin(89) 64 D6
Prédefin(62) 3 E6
Préfailles(44) 73 H6
réfontaines(45) 64 A3
régilbert(89) 83 G3
réguillac(17) 121 E4
Preignac(33) 149 G3
Preignan(32) 165 H5
Preigney(70) 86 D2
Preixan(11) 185 E5
Prémanon(39) 118 B2
Premeaux-Prissey(21) 101 G2
Prémery(58) 99 E2
Prémesques(59) 5 E4
Prémeyzel(01) 131 F3

Prémian(34) 186 A2
Premières(21) 86 B6
Prémierfait(10) 66 A1
Prémilhat(03) 112 D4
Prémillieu(01) 131 F2
Prémont(02) 12 D4
Prémontré(02) 24 C3
Prendeignes(46) 153 G2
la Prénessaye(22) 55 G2
Préneron(32) 165 E5
Prenois(21) 85 G5
Prénouvellon(41) 62 B6
Prénovel(39) 118 A2
Prény(54) 28 B6
Préporché(58) 99 H4
Prépotin(61) 39 H5
les Prés(26) 159 G3
Présailles(43) 142 D5
Préseau(59) 13 E2
Présentevillers(25) 88 C4
Préserville(31) 183 H2
Présilly(39) 117 G1
Présilly(74) 118 C5
Presle(73) 132 B5
Presles(14) 37 G3
Presles(38) 145 E3
Presles(95) 42 C1
Presles-en-Brie(77) 43 F5
Presles-et-Boves(02) 24 C4
Presles-et-Thierny(02) 24 D3
Presly(18) 81 F6
Presnoy(45) 63 H6
Pressac(86) 109 G6
Pressagny-l'Orgueilleux(27) 41 E1
Pressiat(01) 117 F3
Pressignac(16) 123 F3
Pressignac-Vicq(24) 137 F5
Pressigny(52) 86 D2
Pressigny(79) 93 G5
Pressigny-les-Pins(45) 82 A1
Pressins(38) 131 F5
Pressy(62) 3 F6
Pressy-sous-Dondin(71) 116 A2
la Prétière(25) 88 C5
Pretin(39) 103 E3
Prétot-Sainte-Suzanne(50) 17 E4
Prétot-Vicquemare(76) 9 E4
Prêtreville(14) 19 G5
Préty(71) 116 C2
Pretz-en-Argonne(55) 47 E2
Preuilly(18) 97 E3
Preuilly-la-Ville(36) 95 F6
Preuilly-sur-Claise(37) 95 E5
Preures(62) 2 C5
Preuschdorf(67) 51 F3
Preuseville(76) 10 A6
Preutin-Higny(54) 28 A3
Preux-au-Bois(59) 13 E3
Preux-au-Sart(59) 13 F2
Préval(72) 60 D4
Prévelles(72) 60 C4
Prévenchères(48) 156 C3
Préveranges(18) 112 B3
Prévessin-Moëns(01) 118 C4
la Prévière(49) 57 H6
Prévillers(60) 22 B2
Prévinquières(12) 153 H5
Prévocourt(57) 49 E2
Prey(27) 40 D2
Prey(88) 70 B4
Preyssac-d'Excideuil(24) 137 H2
Prez(08) 14 B4
Prez-sous-Lafauche(52) 68 B3
Priaires(79) 107 H5
Priay(01) 117 F6
Priez(02) 44 B1
Prignac(17) 121 G2
Prignac-en-Médoc(33) 134 C1
Prignac-et-Marcamps(33) 135 F4
Prigonrieux(24) 136 D6
Primarette(38) 130 C6
Primelin(29) 52 C3
Primelles(18) 97 F4
Prin-Deyrançon(79) 107 G4
Prinçay(86) 94 A4
Princé(35) 58 A3
Pringy(51) 46 B4
Pringy(74) 132 B1
Pringy(77) 63 H1
Prinquiau(44) 74 B4
Prinsuéjols(48) 155 F2
Printzheim(67) 50 D4
Prisces(02) 25 E1
Prisches(59) 13 F4
Prissac(36) 110 D2
Prissé(71) 116 B3
Prissé-la-Charrière(79) 107 H5
Privas(07) 157 H1
Privezac(12) 153 H4
Prix-lès-Mézières(08) 14 D4
Priziac(56) 54 C2
Prizy(71) 115 G3
la Proiselière-et-Langle(70) 88 B1
Proissans(24) 138 A5
Proisy(02) 13 F5
Proix(02) 13 E5
Projan(32) 164 B6
Promilhanes(46) 153 E5
Prompsat(63) 127 E2
Prondines(63) 126 C3
Pronleroy(60) 23 E4
Pronville(62) 12 B2
Propiac(26) 158 D5
Propières(69) 115 H5
Propriano(2A) 206 C3
Prosnes(51) 25 H6
Prouilly(51) 25 E5
Proupiary(31) 182 C5
Proussy(14) 37 H3
Prouvais(02) 25 F4
Prouville(80) 11 E3
Prouvy(59) 12 D2
Prouzel(80) 11 E6

Provenchère(25) 88 C6
Provenchère(70) 87 G2
Provenchères-lès-Darney(88) 69 E4
Provenchères-sur-Fave(88) 70 D3
Provency(89) 83 H4
Proverville(10) 67 E3
Proveysieux(38) 145 G2
Proville(59) 12 C3
Provin(59) 4 D5
Provins(77) 44 B6
Proviseux-et-Plesnoy(02) 25 F4
Proyart(80) 11 H6
Prudemanche(28) 40 D5
Prudhomat(46) 139 E6
Prugnanes(66) 199 H2
Pruillé(10) 65 H3
Pruillé(49) 76 B3
Pruillé-le-Chétif(72) 60 A4
Pruillé-l'Éguillé(72) 78 B2
Pruines(12) 154 B3
Prunay(51) 25 G6
Prunay-Belleville(10) 65 G2
Prunay-Cassereau(41) 79 E3
Prunay-en-Yvelines(78) 41 G6
Prunay-le-Gillon(28) 62 B2
Prunay-le-Temple(78) 41 G3
Prunay-sur-Essonne(91) 63 G2
Prunelli-di-Casacconi(2B) 203 G6
Prunelli-di-Fiumorbo(2B) 205 F5
Prunet(07) 157 F3
Prunet(15) 140 B6
Prunet(31) 184 A1
Prunet-et-Belpuig(66) 200 B4
Prunières(05) 160 D3
Prunières(38) 145 H5
Prunières(48) 141 G6
Pruniers(36) 97 E5
Pruniers-en-Sologne(41) 80 B6
Prunoy(89) 64 C6
Prusly-sur-Ource(21) 85 E1
Prusy(10) 66 A6
Pruzilly(71) 116 B4
Puberg(67) 50 C3
Publier(74) 119 E2
Publy(39) 102 D6
Puceul(44) 74 D3
le Puch(09) 199 F3
Puch-d'Agenais(47) 150 C5
Puchay(27) 21 G5
Puchevillers(80) 11 F4
le Puech(34) 170 B6
Puéchabon(34) 170 D5
Puéchoursi(81) 184 B2
Puechredon(30) 171 G3
Puellemontier(52) 67 E1
Puessans(25) 87 H4
Puget(84) 173 G5
Puget-Rostang(06) 176 C3
Puget-sur-Argens(83) 193 E2
Puget-Théniers(06) 176 C3
Puget-Ville(83) 192 B4
Pugey(25) 103 F1
Pugieu(01) 131 F2
Puginier(11) 184 C3
Pugnac(33) 135 F4
Pugny(79) 92 D5
Pugny-Chatenod(73) 131 H3
Puichéric(11) 185 G4
le Puid(88) 70 D2
Puihardy(79) 107 H2
Puilacher(34) 187 F1
Puilaurens(11) 199 G2
Puilboreau(17) 106 D5
Puilly-et-Charbeaux(08) 15 H5
Puimichel(04) 175 E3
Puimisson(34) 186 D2
Puimoisson(04) 175 F4
la Puisaye(28) 40 C6
Puiseaux(45) 63 G2
Puiselet-le-Marais(91) 63 F2
Puisenval(76) 10 A6
le Puiset(28) 62 D4
le Puiset-Doré(49) 75 G6
Puiseux(08) 14 C5
Puiseux(28) 41 E5
Puiseux-en-Bray(60) 21 H4
Puiseux-en-France(95) 42 D2
Puiseux-en-Retz(02) 24 A5
Puiseux-le-Hauberger(60) 22 C6
Puiseux-Pontoise(95) 42 B2
Puisieulx(51) 25 G6
Puisieux(62) 11 H4
Puisieux(77) 43 G2
Puisieux-et-Clanlieu(02) 13 F6
Puissalicon(34) 186 D2
Puisseguin(33) 135 H5
Puisserguier(34) 186 C3
Puits(21) 84 D2
Puits-et-Nuisement(10) 66 D3
Puits-la-Vallée(60) 22 B3
Puivert(11) 199 F1
Pujaudran(32) 166 D6
Pujaut(30) 172 D3
Pujo(65) 181 E3
Pujo-le-Plan(40) 164 A4
les Pujols(09) 184 A6
Pujols(33) 135 H6
Pujols(47) 151 F5
Pujols-sur-Ciron(33) 149 G3
le Puley(71) 101 E6
Puligny-Montrachet(21) 101 F4
Pullay(27) 40 B4
Pulligny(54) 48 D6
Pulney(54) 69 E1
Pulnoy(54) 49 E4
Pulvérières(63) 126 D2
Pulversheim(68) 89 F1
Punchy(80) 23 G1
Punerot(88) 68 B2
Puntous(65) 181 H4
Pupillin(39) 102 D4
Pure(08) 15 G5

Purgerot(70) 87 F2
Pusey(70) 87 G2
Pusignan(69) 130 C3
Pussay(91) 62 D2
Pussigny(37) 94 C3
Pusy-et-Épenoux(70) 87 G2
Putanges-Pont-Écrepin(61) 38 C4
Puteaux(92) 42 C3
Putot-en-Auge(14) 19 E4
Putot-en-Bessin(14) 18 B4
Puttelange-aux-Lacs(57) 29 H5
Puttelange-lès-Thionville(57) 28 D2
Puttigny(57) 49 F3
Puxe(54) 28 A5
Puxieux(54) 28 B5
le Puy(25) 87 G5
le Puy(33) 150 B2
Puy-d'Arnac(19) 139 E4
Puy-de-Serre(85) 107 G1
Puy-du-Lac(17) 121 E1
le Puy-en-Velay(43) 142 C4
Puy-Guillaume(63) 127 H1
Puy-l'Évêque(46) 152 A4
Puy-Malsignat(23) 125 H1
le Puy-Notre-Dame(49) 93 F2
Puy-Saint-André(05) 147 E5
Puy-Saint-Eusèbe(05) 160 D2
Puy-Saint-Gulmier(63) 126 C3
Puy-Saint-Martin(26) 158 C2
Puy-Saint-Pierre(05) 147 E5
Puy-Saint-Vincent(05) 147 E5
le Puy-Sainte-Réparade(13) 173 H6
Puy-Sanières(05) 160 D2
Puybarban(33) 150 A3
Puybegon(81) 167 H4
Puybrun(46) 139 E5
Puycalvel(81) 168 B6
Puycasquier(32) 165 H5
Puycelci(81) 167 G3
Puycornet(82) 167 E1
Puydaniel(31) 183 G3
Puydarrieux(65) 181 G4
la Puye(86) 110 A1
Puygaillard-de-Lomagne(82) 166 B3
Puygaillard-de-Quercy(82) 167 F2
Puygiron(26) 158 B3
Puygouzon(81) 168 B4
Puygros(73) 132 A4
Puyjourdes(46) 153 F5
Puylagarde(82) 153 F5
Puylaroque(82) 152 D6
Puylaurens(81) 184 C1
Puylausic(32) 182 B2
Puyloubier(13) 191 F2
Puymangou(24) 136 B3
Puymaurin(31) 182 B3
Puyméras(84) 158 D5
Puymiclan(47) 150 D4
Puymirol(47) 151 G6
Puymoyen(16) 122 C4
Puynormand(33) 136 A5
Puyol-Cazalet(40) 163 H6
Puyoô(64) 179 G1
Puyravault(17) 107 F5
Puyravault(85) 107 E3
Puyréaux(16) 122 C2
Puyrenier(24) 122 D6
Puyrolland(17) 107 G6
Puységur(32) 165 G5
Puysségur(31) 166 C5
Puysserampion(47) 150 C3
Puyvalador(66) 199 F4
Puyvert(84) 173 H5
Puzeaux(80) 12 A6
Puzieux(57) 49 E3
Puzieux(88) 69 F2
Py(66) 199 H5
la Pyle(27) 20 C6
Pys(80) 11 H4

Q

Quaëdypre(59) 3 G2
Quaix-en-Chartreuse(38) 145 G2
Quantilly(18) 97 G2
Quarante(34) 186 B3
Quarouble(59) 13 E1
Quarré-les-Tombes(89) 84 A5
la Quarte(70) 86 D1
le Quartier(63) 113 E6
Quasquara(2A) 206 D1
Quatre-Champs(08) 26 C2
les Quatre-Routes-du-Lot(46) 138 D5
Quatremare(27) 20 D6
Quatzenheim(67) 51 E6
Quéant(62) 12 B3
Queaux(86) 109 H4
Québriac(35) 35 G6
Quédillac(35) 34 C6
Queige(73) 132 D3
Quelaines-Saint-Gault(53) 58 C5
Quelmes(62) 3 E4
Quelneuc(56) 56 C5
Quéménéven(29) 53 F2
Quemigny-Poisot(21) 101 F1
Quemigny-sur-Seine(21) 85 E3
Quemper-Guézennec(22) 33 E3
Quemperven(22) 32 D2
Quend(80) 10 B2
Quenne(89) 83 F2
Quenoche(70) 87 G4
Quenza(2A) 207 E3
Quercamps(62) 2 D4
Quercitello(2B) 205 F2
Quérénaing(59) 13 E2
Quérigut(09) 199 F3
Quernes(62) 3 F5
Querqueville(50) 16 D1
Querré(49) 76 C3
Querrien(29) 54 B3
Querrieu(80) 11 F5
Quers(70) 88 A2

Quesmy(60) 23 H2
le Quesne(80) 10 C6
le Quesnel(80) 23 F1
le Quesnel-Aubry(60) 22 D3
le Quesnoy(59) 13 E2
le Quesnoy-en-Artois(62) 10 D2
Quesnoy-le-Montant(80) 10 B4
Quesnoy-sur-Airaines(80) 10 D5
Quesnoy-sur-Deûle(59) 5 E3
Quesques(62) 2 D4
Quessigny(27) 40 D3
Quessoy(22) 33 H5
Questembert(56) 73 G2
Questrecques(62) 2 B4
Quet-en-Beaumont(38) 145 H5
Quetigny(21) 85 H6
Quettehou(50) 17 F2
Quettetot(50) 16 D3
Quetteville(14) 19 G3
Quettreville-sur-Sienne(50) 36 C2
Queudes(51) 45 E5
la Queue-en-Brie(94) 43 E4
la Queue-les-Yvelines(78) 41 G4
Queuille(63) 126 D1
Quevauvillers(80) 10 D6
Quéven(56) 54 B5
Quévert(22) 34 C4
Quevillon(76) 20 C4
Quevilloncourt(54) 48 D6
Quévreville-la-Poterie(76) 21 E5
Queyrac(33) 120 C6
Queyrières(43) 142 D4
Queyssac(24) 137 E5
Queyssac-les-Vignes(19) 139 E5
Quézac(15) 153 H1
Quézac(48) 156 A5
Quiberon(56) 72 B3
Quiberville(76) 9 E2
Quibou(50) 37 E1
Quié(09) 198 C2
Quiers(77) 43 G6
Quiers-sur-Bézonde(45) 63 G5
Quiéry-la-Motte(62) 5 E6
Quié(02) 24 A3
Quiestède(62) 3 F4
Quiévelon(59) 13 H2
Quiévrechain(59) 13 E1
Quiévrecourt(76) 9 H4
Quiévy(59) 12 D3
Quilen(62) 2 D6
Quillan(11) 199 G2
Quillebeuf-sur-Seine(27) 8 C6
le Quillio(22) 55 F1
Quilly(08) 26 B3
Quilly(44) 74 B3
Quimper(29) 53 F4
Quimperlé(29) 54 B4
Quincampoix(76) 9 G6
Quincampoix-Fleuzy(60) 21 H1
Quinçay(86) 109 E1
Quincerot(21) 84 C3
Quincerot(89) 66 B6
Quincey(21) 101 G2
Quincey(70) 87 G3
Quincié-en-Beaujolais(69) 116 A5
Quincieu(38) 145 E2
Quincieux(69) 129 H2
Quincy(18) 97 E2
Quincy-Basse(02) 24 B3
Quincy-Landzécourt(55) 15 H6
Quincy-le-Vicomte(21) 84 C3
Quincy-sous-le-Mont(02) 24 C5
Quincy-sous-Sénart(91) 43 E5
Quincy-Voisins(77) 43 G3
Quinéville(50) 17 F3
Quingey(25) 103 E2
Quinquempoix(60) 22 D3
Quins(12) 154 A6
Quinsac(24) 123 F6
Quinsac(33) 149 F1
Quinson(04) 175 E5
Quinssaines(03) 112 D4
Quint-Fonsegrives(31) 167 F6
Quintal(74) 132 A2
la Quinte(72) 59 H4
Quintenas(07) 143 H3
Quintenic(22) 34 A4
Quintigny(39) 102 C5
Quintillan(11) 200 C1
Quintin(22) 33 F5
le Quiou(22) 34 D6
Quirbajou(11) 199 G2
Quiry-le-Sec(60) 22 D2
Quissac(30) 171 F4
Quissac(46) 153 E2
Quistinic(56) 54 D4
Quittebeuf(27) 40 C1
Quivières(80) 12 B6
Quœux-Haut-Maînil(62) 10 D2

R

Rabastens(81) 167 G4
Rabastens-de-Bigorre(65) 181 F3
Rabat-les-Trois-Seigneurs(09) 198 C2
la Rabatelière(85) 91 G3
Rablay-sur-Layon(49) 76 C6
Rabodanges(61) 38 C3
Rabou(05) 160 B2
Rabouillet(66) 199 H3
Racécourt(88) 69 F3
Rachecourt-sur-Marne(52) 47 E6
Rachecourt-Suzémont(52) 67 G1
Râches(59) 5 F6
la Racineuse(71) 101 H5
Racquinghem(62) 3 F4
Racrange(57) 49 G2
Raddon-et-Chapendu(70) 69 H6
Radenac(56) 55 G4
Radepont(27) 21 F5

268

Radinghem(62) 3 E5
Radinghem-en-Weppes(59) 4 D4
Radon(61) 39 E6
Radonvilliers(10) 66 D2
Raedersdorf(68) 89 G4
Raedersheim(68) 89 F1
Raffetot(76) 8 C5
Rageade(15) 141 G4
Rahart(41) 79 F1
Rahay(72) 61 E6
Rahling(57) 50 B3
Rahon(25) 88 B6
Rahon(39) 102 C3
Rai(61) 39 H4
Raids(50) 17 E5
Raillencourt-Sainte-Olle(59) ...12 C3
Railleu(66) 199 G4
Raillicourt(08) 14 D5
Raillimont(02) 14 A5
Raimbeaucourt(59) 5 F6
Rainans(39) 102 C1
Raincheval(80) 11 F4
Raincourt(70) 69 E6
le Raincy(93) 43 E3
Rainfreville(76) 9 E3
Rainneville(80) 11 F5
Rainsars(59) 13 G4
Rainville(88) 69 E2
Rainvillers(60) 22 B4
les Rairies(49) 77 E3
Raismes(59) 5 H6
Raissac(09) 198 D1
Raissac-d'Aude(11) 186 B4
Raissac-sur-Lampy(11) 184 D4
Raival(55) 47 F3
Raix(16) 122 B1
Raizeux(78) 41 G6
Ramasse(01) 117 F5
Ramatuelle(83) 193 E4
Rambaud(05) 160 C3
Rambervillers(88) 70 A3
Rambluzin-et-Benoite-Vaux(55) ..27 F6
Rambouillet(78) 41 H5
Rambucourt(55) 48 B5
Ramburelles(80) 10 B5
Rambures(80) 10 B5
Ramecourt(62) 4 A6
Ramecourt(88) 69 F2
Ramerupt(10) 45 H6
Ramicourt(02) 12 D5
Ramillies(59) 12 C3
Rammersmatt(68) 89 E2
Ramonchamp(88) 88 C1
Ramonville-Saint-Agne(31) 183 G1
Ramoulu(45) 63 F3
Ramous(64) 179 G1
Ramousies(59) 13 H3
Ramouzens(32) 165 E4
Rampan(50) 17 G6
Rampieux(24) 151 G2
Rampillon(77) 43 H6
Rampoux(46) 152 B2
Rancé(01) 130 A1
Rancenay(25) 103 E1
Rancennes(08) 15 E1
Rances(10) 66 D1
Ranchal(69) 115 H5
Ranchot(39) 102 D1
Ranchy(14) 18 A4
Rancogne(16) 122 D4
Rancon(87) 110 C6
Rançonnières(52) 68 C6
Rancourt(80) 12 A5
Rancourt(88) 69 F3
Rancourt-sur-Ornain(55) 46 D3
Rancy(71) 116 D1
Randan(63) 127 G1
Randens(73) 132 C4
Randevillers(25) 88 B6
Randonnai(61) 39 H5
Rânes(61) 38 C5
Rang(25) 88 B5
Rang-du-Fliers(62) 10 B1
Rangecourt(52) 68 B5
Rangen(67) 50 D5
Ranguevaux(57) 28 C3
Rannée(35) 57 H4
Ranrupt(67) 71 E2
Rans(39) 102 D2
Ransart(62) 11 H4
Ranspach(68) 89 E1
Ranspach-le-Bas(68) 89 H3
Ranspach-le-Haut(68) 89 G3
Rantechaux(25) 103 H2
Rantigny(60) 23 E5
Ranton(86) 93 G3
Rantzwiller(68) 89 G3
Ranville(14) 18 D4
Ranville-Breuillaud(16) 122 A2
Ranzevelle(70) 69 E6
Ranzières(55) 27 G6
Raon-aux-Bois(88) 70 A5
Raon-lès-Leau(54) 70 D1
Raon-l'Étape(88) 70 B2
Raon-sur-Plaine(88) 70 D1
Rapaggio(2B) 205 G2
Rapale(2B) 203 F5
Rapey(88) 69 G2
Rapilly(14) 38 B3
Rapsécourt(51) 26 C6
Raray(60) 23 F6
Rarécourt(55) 27 E5
Rasiguères(66) 200 B3
Raslay(86) 93 G2
Rasteau(84) 158 C6
Ratenelle(71) 116 D2
Ratières(26) 144 B3
Ratte(71) 102 B6
Ratzwiller(67) 50 C3
Raucoules(43) 143 F3
Raucourt(54) 48 D2
Raucourt-au-Bois(59) 13 E3
Raucourt-et-Flaba(08) 15 F5

Raulhac(15) 140 C6
Rauret(43) 142 B6
Rauville-la-Bigot(50) 16 D3
Rauville-la-Place(50) 17 E4
Rauwiller(67) 50 B4
Rauzan(33) 135 H6
Raveau(58) 98 C2
Ravel(63) 127 G3
Ravenel(60) 23 E3
Ravenoville(50) 17 F3
Raves(88) 70 D3
Ravières(89) 84 C2
Ravigny(53) 59 H1
Raville(57) 29 E5
Raville-sur-Sânon(54) 49 F5
Ravilloles(39) 118 A2
la Ravoire(73) 131 H4
Ray-sur-Saône(70) 87 E3
Raye-sur-Authie(62) 10 D2
Rayet(47) 151 G2
Raymond(18) 98 A5
Raynans(25) 88 C4
Rayol-Canadel-sur-Mer(83) 192 D5
Rayssac(81) 168 D5
Razac-de-Saussignac(24) 136 C6
Razac-d'Eymet(24) 150 D2
Razac-sur-l'Isle(24) 137 E3
Raze(70) 87 F3
Razecueillé(31) 197 E3
Razengues(32) 166 B6
Razès(87) 124 B1
Razimet(47) 150 C5
Razines(37) 94 B4
Réal(66) 199 F4
Réalcamp(76) 10 B6
Réallon(05) 160 D2
Réalmont(81) 168 B5
Réalville(82) 167 E2
Réans(32) 164 D4
Réau(77) 43 E6
Réaumont(38) 131 F6
Réaumur(85) 92 B5
Réaup-Lisse(47) 165 E2
Réauville(26) 158 B4
Réaux(17) 121 G6
Rebais(77) 44 B4
Rebecques(62) 3 F5
Rébénacq(64) 180 B5
Rebergues(62) 2 D1
Rebets(76) 9 H6
Rebeuville(88) 68 D2
Rebigue(31) 183 G2
Rebourguil(12) 169 F4
Reboursin(36) 96 C3
Rebréchien(45) 63 E6
Rebreuve-Ranchicourt(62) 4 B6
Rebreuve-sur-Canche(62) 11 F2
Rebreuviette(62) 11 F2
Recanoz(39) 102 C5
Recey-sur-Ource(21) 85 F2
Réchésy(90) 89 F4
Réchicourt-la-Petite(54) 49 F4
Réchicourt-le-Château(57) 49 H4
Récicourt(55) 27 E5
Réclainville(28) 62 C2
Reclesne(71) 100 C3
Reclinghem(62) 3 E5
Réclonville(54) 49 G6
Recloses(77) 63 H2
Recologne(25) 87 E6
Recologne(70) 87 E3
Recologne-lès-Rioz(70) 87 F4
Recoubeau-Jansac(26) 159 E2
Recoules-d'Aubrac(48) 155 E2
Recoules-de-Fumas(48) 155 G2
Recoules-Prévinquières(12) 155 E5
Récourt(62) 12 B2
Récourt-le-Creux(55) 27 G6
Recouvrance(90) 89 E4
le Recoux(48) 155 F5
Recques-sur-Course(62) 2 C6
Recques-sur-Hem(62) 2 D3
Recquignies(59) 13 H2
le Reculey(14) 37 G2
Reculfoz(25) 103 G5
Recurt(65) 181 H4
Recy(51) 45 H2
Rédange(57) 28 B2
Rédené(29) 54 B4
Redessan(30) 172 B4
Réding(57) 50 B5
Redon(35) 74 A2
la Redorte(11) 185 G4
Redortiers(04) 174 B2
Réez-Fosse-Martin(60) 43 G1
Reffannes(79) 108 C2
Reffroy(55) 47 G5
Reffuveille(50) 37 E4
Régades(31) 182 B6
Régat(09) 184 B6
Regnauville(62) 10 D2
Regnévelle(88) 69 E5
Regnéville-sur-Mer(50) 36 B1
Regnéville-sur-Meuse(55) 27 F4
Regney(88) 69 G2
Régnié-Durette(69) 116 B5
Regnière-Écluse(80) 10 B2
Regniowez(08) 14 C2
Régny(02) 12 D6
Régny(42) 129 E1
la Regrippière(44) 75 G6
Réguiny(56) 55 G3
Réguisheim(68) 71 F6
Régusse(83) 175 F6
Rehaincourt(88) 69 H2
Rehainviller(54) 49 F5
Rehaupal(88) 70 B5
Reherrey(54) 49 H6
Réhon(54) 28 A2
Reichsfeld(67) 71 F2
Reichshoffen(67) 51 E3
Reichstett(67) 51 F5
Reignac(16) 121 H6

Reignac(33) 135 E2
Reignac-sur-Indre(37) 95 E1
Reignat(63) 127 G3
Reigneville-Bocage(50) 17 E4
Reignier(74) 118 D5
Reigny(18) 112 C2
Reilhac(15) 140 A5
Reilhac(46) 153 E2
Reilhaguet(46) 152 C1
Reilhanette(26) 159 F6
Reillanne(04) 174 B4
Reillon(54) 49 G5
Reilly(60) 22 A6
Reims(51) 25 F6
Reims-la-Brûlée(51) 46 C4
Reinhardsmunster(67) 50 C5
Reiningue(68) 89 F2
Reipertswiller(67) 50 D3
Reithouse(39) 117 G1
Réjaumont(32) 165 G4
Réjaumont(65) 181 H5
Rejet-de-Beaulieu(59) 13 E4
Relanges(88) 69 E4
Relans(39) 102 C5
le Relecq-Kerhuon(29) 31 E5
Relevant(01) 116 C6
Rely(62) 3 F5
Remaisnil(80) 11 E3
Rémalard(61) 61 E2
Remaucourt(02) 12 D5
Remaucourt(08) 14 B5
la Remaudière(44) 75 F6
Remaugies(80) 23 F2
Remauville(77) 64 B4
Rembercourt-Sommaisne(55) 47 F3
Rembercourt-sur-Mad(54) 28 B6
Rémécourt(60) 23 E4
Rémelfang(57) 29 E4
Rémeling(57) 29 E2
Remennecourt(55) 46 D4
Remenoville(54) 49 F6
Rémérangles(60) 22 D4
Réméréville(54) 49 E4
Rémering(57) 29 F4
Rémering-lès-Puttelange(57) 29 H6
Remicourt(51) 46 D2
Remicourt(88) 69 F2
Remiencourt(80) 22 D1
Remies(02) 24 C2
Remigny(02) 24 B1
Remigny(71) 101 F4
Rémilly(57) 29 E6
Rémilly(58) 99 H5
Remilly-Aillicourt(08) 15 F5
Remilly-en-Montagne(21) 85 F6
Remilly-les-Pothées(08) 14 C4
Remilly-sur-Lozon(50) 17 F6
Remilly-sur-Tille(21) 86 A6
Remilly-Wirquin(62) 3 E4
Réminiac(56) 56 B5
Remiremont(88) 70 A6
Remollon(05) 160 C3
Remomeix(88) 70 C3
Remoncourt(54) 49 G5
Remoncourt(88) 69 F3
Rémondans-Vaivre(25) 88 C5
Remoray-Boujeons(25) 103 G5
Remouillé(44) 91 F1
Remoulins(30) 172 C3
Removille(88) 68 D2
Rempnat(87) 125 F4
la Remuée(76) 8 B6
Remungol(56) 55 F4
Rémuzat(26) 159 E4
Remy(60) 23 F4
Rémy(62) 12 A2
Renac(35) 56 C6
Renage(38) 145 F1
Renaison(42) 115 E6
Renansart(02) 24 C1
Renaucourt(70) 87 E3
la Renaudie(63) 128 B3
la Renaudière(49) 92 A2
Renauvoid(88) 69 H4
Renay(41) 79 F2
Renazé(53) 75 H1
Rencurel(38) 145 F3
René(72) 60 A3
Renédale(25) 103 H2
Renescure(59) 3 F4
Renève(21) 86 B5
Rennemoulin(78) 42 B4
Rennepont(52) 67 F4
Rennes(35) 57 E3
Rennes-en-Grenouilles(53) 37 H6
Rennes-le-Château(11) 199 G1
Rennes-les-Bains(11) 199 H1
Rennes-sur-Loue(25) 103 E3
Renneval(02) 25 F1
Renneville(08) 14 A5
Renneville(27) 21 F4
Renneville(31) 184 A3
Renno(2A) 204 C4
le Renouard(61) 39 E3
Rentières(63) 127 F6
Renty(62) 2 D5
Renung(40) 164 A5
Renwez(08) 14 D3
la Réole(33) 150 A3
la Réorthe(85) 91 H6
Réotier(05) 161 E1
Repaix(54) 49 H5
la Répara-Auriples(26) 158 C2
Réparsac(16) 121 H3
Repel(88) 69 E2
Repentigny(14) 19 F4
Replonges(01) 116 C4
le Reposoir(74) 119 F6
les Repôts(39) 102 B6
Reppe(90) 89 E3
Requeil(72) 77 H2

Réquista(12) 169 E3
Résenlieu(61) 39 F4
la Résie-Saint-Martin(70) 86 D6
Résigny(02) 14 A4
Resson(55) 47 F4
Ressons-l'Abbaye(60) 22 B5
Ressons-le-Long(02) 24 A4
Ressons-sur-Matz(60) 23 F3
les Ressuintes(28) 40 B3
Restigné(37) 77 H6
Restinclières(34) 171 G5
le Retail(79) 108 A1
Rétaud(17) 121 F4
Reterre(23) 112 D6
Rethel(08) 14 B6
Retheuil(02) 23 H5
Rethondes(60) 23 G4
Rethonvillers(80) 23 G1
Réthoville(50) 17 F1
Retiers(35) 57 G4
Retjons(40) 164 B2
Retonfey(57) 28 D5
Rétonval(76) 10 A6
Retournac(43) 142 D3
Retschwiller(67) 51 F3
Rettel(57) 28 D2
Rety(62) 2 C3
Retzwiller(68) 89 E3
Reugney(25) 103 G3
Reugny(03) 112 D3
Reugny(37) 79 E5
Reuil(51) 45 E1
Reuil-en-Brie(77) 43 H3
Reuil-sur-Brêche(60) 22 C3
Reuilly(27) 40 D1
Reuilly(36) 97 E3
Reuilly-Sauvigny(02) 44 C2
Reulle-Vergy(21) 101 G1
Reumont(59) 12 D4
la Réunion(47) 150 B5
Reutenbourg(67) 50 D5
Reuves(51) 45 E4
Reuville(76) 9 E4
Reux(14) 19 F4
Réveillon(51) 44 C4
Réveillon(61) 60 D1
Revel(31) 184 C2
Revel(38) 145 H2
Revel-Tourdan(38) 130 C6
Revelles(80) 10 D6
Revens(30) 170 B2
Reventin-Vaugris(38) 130 A6
Revercourt(28) 40 C5
Revest-des-Brousses(04) 174 C3
Revest-du-Bion(04) 174 B2
le Revest-les-Eaux(83) 191 G5
Revest-les-Roches(06) 177 E3
Revest-Saint-Martin(04) 174 D2
Reviers(14) 18 C3
Revigny(39) 102 D6
Revigny-sur-Ornain(55) 47 E3
Réville(50) 17 F2
Réville-aux-Bois(55) 27 F3
Révillon(02) 24 D5
Revin(08) 14 D2
Revonnas(01) 117 F5
Rexingen(67) 50 B3
Rexpoëde(59) 3 G2
Reyersviller(57) 50 C2
Reygade(19) 139 F4
Reynel(52) 68 A3
Reynès(66) 200 C5
Reyniès(82) 167 E3
Reyrevignes(46) 153 F2
Reyrieux(01) 130 A1
Reyssouze(01) 116 C3
Reyvroz(74) 119 F3
Rezay(18) 112 B1
Rezé(44) 75 E6
Rézentières(15) 141 F3
Rezonville(57) 28 B5
Rezza(2A) 204 D4
Rhèges(10) 45 F6
Rhinau(67) 71 H2
Rhodes(57) 49 H4
Rhodon(41) 79 G2
Rhuis(60) 23 F5
Ri(61) 38 C4
Ria-Sirach(66) 199 H4
Riaillé(44) 75 F3
le Rialet(81) 185 F1
Rians(18) 97 H2
Rians(83) 174 C6
Riantec(56) 54 C6
Riaucourt(52) 67 H4
Riaville(55) 27 H5
Ribagnac(24) 151 E1
Ribarrouy(64) 180 C1
Ribaute(11) 185 G5
Ribaute-les-Tavernes(30) 171 G3
le Ribay(53) 59 F1
Ribeaucourt(55) 47 G6
Ribeaucourt(80) 10 D4
Ribeauvillé(02) 13 E4
Ribeauvillé(68) 71 E4
Ribécourt-Dreslincourt(60) 23 G3
Ribécourt-la-Tour(59) 12 B4
Ribemont(02) 12 D6
Ribemont-sur-Ancre(80) 11 G5
Ribennes(48) 155 H2
Ribérac(24) 136 C2
Ribes(07) 157 F4
Ribeyret(05) 159 F4
Ribiers(05) 160 A6
Ribouisse(11) 184 B5
Riboux(83) 191 F4
la Ricamarie(42) 129 F6
Ricarville(76) 8 C5
Ricarville-du-Val(76) 9 G3
Ricaud(11) 184 B3
Ricaud(65) 181 G5
les Riceys(10) 66 C5

la Richardais(35) 34 D3
Richardménil(54) 48 D5
Richarville(91) 62 D1
la Riche(37) 78 C6
Riche(57) 49 G2
Richebourg(52) 67 G5
Richebourg(62) 3 H5
Richebourg(78) 41 G4
Richecourt(55) 48 B3
Richelieu(37) 94 B3
Richeling(57) 29 H6
Richemont(57) 28 C4
Richemont(76) 10 B6
Richerenches(84) 158 C5
Richeval(57) 50 A5
Richeville(27) 21 G5
Richtolsheim(67) 71 G3
Richwiller(68) 89 F2
Ricourt(32) 181 F2
Ricquebourg(60) 23 F3
Riec-sur-Belon(29) 53 H5
Riedisheim(68) 89 G2
Riedseltz(67) 51 G2
Riedwihr(68) 71 F4
Riel-les-Eaux(21) 67 E6
Riencourt(80) 10 D5
Riencourt-lès-Bapaume(62) 12 A4
Riencourt-lès-Cagnicourt(62) ...12 A3
Riervescemont(90) 88 D2
Riespach(68) 89 G4
Rieucazé(31) 182 B6
Rieucros(09) 184 B6
Rieulay(59) 5 F6
Rieumajou(31) 184 B3
Rieumes(31) 183 E3
Rieupeyroux(12) 153 H5
Rieussec(34) 185 H3
Rieutort-de-Randon(48) 155 H2
Rieux(31) 183 E4
Rieux(51) 44 C3
Rieux(56) 74 A2
Rieux(60) 23 E5
Rieux(76) 10 A5
Rieux-de-Pelleport(09) 183 H6
Rieux-en-Cambrésis(59) 12 D3
Rieux-en-Val(11) 185 G6
Rieux-Minervois(11) 185 G4
Riez(04) 175 E4
Rigarda(66) 200 B4
Rigaud(06) 176 D3
Rignac(12) 154 A5
Rignac(46) 138 D6
Rigney(25) 87 G5
Rignieux-le-Franc(01) 130 C1
Rignosot(25) 87 G5
Rignovelle(70) 88 B2
Rigny(70) 86 D4
Rigny-la-Nonneuse(10) 65 G3
Rigny-la-Salle(55) 48 A5
Rigny-le-Ferron(10) 65 F4
Rigny-Saint-Martin(55) 48 A5
Rigny-sur-Arroux(71) 115 E2
Rigny-Ussé(37) 94 B1
Riguepeu(32) 165 F6
Rilhac-Lastours(87) 124 A4
Rilhac-Rancon(87) 124 B2
Rilhac-Treignac(19) 124 D5
Rilhac-Xaintrie(19) 139 G3
Rillans(25) 87 H4
Rillé(37) 77 H5
Rillieux-la-Pape(69) 130 B2
Rilly-la-Montagne(51) 25 F6
Rilly-Sainte-Syre(10) 65 H1
Rilly-sur-Aisne(08) 26 B2
Rilly-sur-Loire(41) 79 F5
Rilly-sur-Vienne(37) 94 C3
Rimaucourt(52) 68 A3
Rimbach-près-Guebwiller(68) 71 E6
Rimbach-près-Masevaux(68) 88 D2
Rimbachzell(68) 71 E6
Rimbez-et-Baudiets(40) 164 D2
Rimboval(62) 2 D6
Rimeize(48) 155 G2
Rimling(57) 50 C2
Rimogne(08) 14 C3
Rimon-et-Savel(26) 159 E2
Rimondeix(23) 112 A5
Rimons(33) 150 B2
Rimont(09) 183 F6
Rimou(35) 35 G5
Rimplas(06) 177 E2
Rimsdorf(67) 50 B3
Ringeldorf(67) 51 E4
Ringendorf(67) 51 E4
Rinxent(62) 2 B5
Riocaud(33) 150 C2
Riolas(31) 182 C3
Riols(34) 185 H2
le Riols(81) 167 H1
Riom(63) 127 F2
Riom-Ès-Montagnes(15) 140 C2
Rioms(26) 159 F4
Rion-des-Landes(40) 163 E3
Rions(33) 149 G2
Riorges(42) 115 F6
Riotord(43) 143 F5
Rioux(17) 121 F4
Rioux-Martin(16) 136 A1
Rioz(70) 87 F4
Riquewihr(68) 71 E4
Ris(63) 127 H1
Ris(65) 196 B6
Ris-Orangis(91) 42 D5
Riscle(32) 164 C4
Risoul(05) 161 F2
Ristolas(05) 147 H5
Rittershoffen(67) 51 G3
Ritzing(57) 29 E2
Riupeyrous(64) 180 C5
Rivarennes(36) 111 E4
Rivarennes(37) 94 B1
Rivas(42) 129 E5
Rive-de-Gier(42) 129 G5

Rivecourt(60).....23 F5
Rivedoux-Plage(17).....106 C5
Rivehaute(64).....179 G3
Rivel(11).....199 E1
Riventosa(2B).....205 E3
Rivèrenert(09).....197 H3
Riverie(69).....129 G4
Rivery(80).....11 F5
les Rives(34).....170 B4
Rives(38).....145 F1
Rives(47).....151 F2
Rivesaltes(66).....200 D3
la Rivière(33).....135 G5
Rivière(37).....94 A2
la Rivière(38).....145 F2
Rivière(62).....11 H3
la Rivière-de-Corps(10).....66 A3
la Rivière-Drugeon(25).....103 G4
la Rivière-Enverse(74).....119 F5
Rivière-les-Fosses(52).....86 A3
Rivière-Saas-et-Gourby(40).....162 C5
la Rivière-Saint-Sauveur(14).....19 G2
Rivière-sur-Tarn(12).....169 H1
Rivières(16).....122 D3
Rivières(30).....157 F6
Rivières(81).....168 A4
les Rivières-Henruel(51).....46 B5
Rivières-le-Bois(52).....86 B2
Riville(76).....8 C4
Rivolet(69).....129 G1
Rix(39).....103 F5
Rix(58).....83 F5
Rixheim(68).....89 G2
la Rixouse(39).....118 A2
Rizaucourt-Buchey(52).....67 F3
Roaillan(33).....149 G3
Roaix(84).....158 C6
Roanne(42).....115 F6
Roannes-Saint-Mary(15).....140 A6
Robécourt(88).....68 D4
Robecq(62).....3 G5
Robersart(59).....13 E3
Robert-Espagne(55).....47 E4
Robert-Magny-
Laneuville-à-Rémy(52).....67 F1
Robertot(76).....8 D4
Roberval(60).....23 F5
Robiac-Rochessadoule(30).....157 E6
la Robine-sur-Galabre(04).....160 C6
Robion(84).....173 F4
le Roc(46).....138 C6
le Roc-Saint-André(56).....55 H5
Rocamadour(46).....138 D6
Rocbaron(83).....192 A3
Rocé(41).....79 F2
Roche(38).....130 C4
Roche(42).....128 C4
la Roche-Bernard(56).....73 G3
la Roche-Blanche(44).....75 G4
la Roche-Blanche(63).....127 F4
la Roche-Canillac(19).....139 F3
la Roche-Chalais(24).....136 A3
Roche-Charles-la-Mayrand(63).....127 E6
la Roche-Clermault(37).....94 A2
Roche-d'Agoux(63).....113 E6
la Roche-de-Glun(26).....144 B4
la Roche-de-Rame(05).....147 E6
la Roche-Derrien(22).....32 D2
la Roche-des-Arnauds(05).....160 A2
la Roche-en-Brenil(21).....84 B5
Roche-en-Régnier(43).....142 C2
Roche-et-Raucourt(70).....86 D3
la Roche-Guyon(95).....41 G1
Roche-la-Molière(42).....129 F6
la Roche-l'Abeille(87).....124 B5
Roche-le-Peyroux(19).....126 A6
Roche-lès-Clerval(25).....88 B6
Roche-lez-Beaupré(25).....87 G6
la Roche-Mabile(61).....38 D6
la Roche-Maurice(29).....31 F4
la Roche-Morey(70).....86 D2
la Roche-Noire(63).....127 F4
la Roche-Posay(86).....95 E5
la Roche-Rigault(86).....94 A3
Roche-Saint-Secret-Béconne(26).....158 C4
la Roche-sur-Foron(74).....118 D5
la Roche-sur-Grane(26).....158 B4
la Roche-sur-le-Buis(26).....159 E5
Roche-sur-Linotte-
et-Sorans-les-Cordiers(70).....87 G4
la Roche-sur-Yon(85).....91 F5
la Roche-Vanneau(21).....84 D4
la Roche-Vineuse(71).....116 B3
Rochebaudin(26).....158 C3
la Rochebeaucourt-et-Argentine(24).....122 D6
Rochebrune(05).....160 C3
Rochebrune(26).....159 E5
Rochechinard(26).....144 D4
Rochechouart(87).....123 G3
Rochecolombe(07).....157 G3
Rochecorbon(37).....78 D5
Rochefort(17).....120 C1
Rochefort(21).....85 E2
Rochefort(73).....131 G4
Rochefort-du-Gard(30).....172 C3
Rochefort-en-Terre(56).....56 A6
Rochefort-en-Valdaine(26).....158 B3
Rochefort-en-Yvelines(78).....42 A6
Rochefort-Montagne(63).....126 D4
Rochefort-Samson(26).....144 D4
Rochefort-sur-la-Côte(52).....67 H3
Rochefort-sur-Loire(49).....76 B5
Rochefort-sur-Nenon(39).....102 C2
la Rochefoucauld(16).....122 D3
Rochefourchat(26).....158 D3
la Rochegiron(04).....174 B2
Rochegude(26).....158 B6
Rochegude(30).....157 F6
Rochejean(25).....103 H5
la Rochelle(17).....106 D5
la Rochelle(70).....86 D2
la Rochelle-Normande(50).....35 G2
Rochemaure(07).....158 A3

la Rochénard(79).....107 H5
Rochepaule(07).....143 G4
la Rochepot(21).....101 E4
Rocher(07).....157 F3
le Rochereau(86).....93 H6
Roches(23).....112 A4
Roches(41).....79 H2
Roches-Bettaincourt(52).....68 A2
les Roches-de-Condrieu(38).....130 A6
Roches-lès-Blamont(25).....88 D6
les Roches-l'Évêque(41).....79 E2
Roches-Prémarie-Andillé(86).....109 F2
Roches-sur-Marne(52).....47 E5
Rocheservière(85).....91 F2
Rochessauve(07).....157 H2
Rochetaillée(52).....85 H1
Rochetaillée-sur-Saône(69).....130 A2
Rochetoirin(38).....131 E4
Rochetrejoux(85).....92 A5
la Rochette(04).....176 C3
la Rochette(05).....160 C2
la Rochette(07).....143 E5
la Rochette(16).....122 C3
la Rochette(73).....132 B5
la Rochette(77).....63 H1
la Rochette-du-Buis(26).....159 F5
Rocheville(76).....16 D3
Rochonvillers(57).....28 B2
Rochy-Condé(60).....22 C4
Rocles(03).....113 G3
Rocles(07).....157 E3
Rocles(48).....156 C2
Roclincourt(62).....11 H2
Rocourt(88).....68 D4
Rocourt-Saint-Martin(02).....44 B1
Rocquancourt(14).....18 D5
la Rocque(14).....37 H3
Rocquefort(76).....8 D5
Rocquemont(60).....23 G6
Rocquemont(76).....9 G5
Rocquencourt(60).....22 D2
Rocquencourt(78).....42 B4
Rocques(14).....19 G5
Rocquigny(02).....13 G4
Rocquigny(08).....14 B5
Rocquigny(62).....12 A4
Rocroi(08).....14 C2
Rodalbe(57).....49 G2
Rodelinghem(62).....2 D3
Rodelle(12).....154 C4
Rodemack(57).....28 D2
Roderen(68).....89 E2
Rodern(68).....71 F3
Rodès(66).....200 B4
Rodez(12).....154 C5
Rodilhan(30).....172 B4
Rodome(11).....199 F2
Roëllecourt(62).....4 A6
Rœschwoog(67).....51 G4
Rœulx(59).....12 D2
Rœux(62).....12 A2
Roézé-sur-Sarthe(72).....59 H6
Roffey(89).....65 H6
Roffiac(15).....141 E4
Rogécourt(02).....24 C2
Rogerville(76).....8 A6
Rogéville(54).....48 C3
Roggenhouse(68).....71 F6
Rogliano(2B).....203 G1
Rogna(39).....117 H3
Rognaix(73).....132 D4
Rognes(13).....173 H6
Rognon(25).....87 H4
Rognonas(13).....172 D4
Rogny(02).....25 E1
Rogny-les-Sept-Écluses(89).....82 B2
Rogues(30).....170 D4
Rogy(80).....22 C2
Rohaire(28).....40 B5
Rohan(56).....55 G3
Rohrbach-lès-Bitche(57).....50 C2
Rohrwiller(67).....51 G4
Roiffé(86).....93 H2
Roiffieux(07).....143 H2
Roiglise(80).....23 G2
Roilly(21).....84 C5
Roinville(28).....62 C1
Roinville(91).....63 E1
Roinvilliers(91).....63 F2
Roisel(80).....12 B5
les Roises(55).....68 C1
Roisey(42).....129 H6
Roissard(38).....145 G5
Roissy-en-Brie(77).....43 E4
Roissy-en-France(95).....43 E2
Roiville(61).....39 F3
Roizy(08).....25 G4
Rolampont(52).....68 A6
Rolbing(57).....50 D1
Rollainville(88).....68 D2
Rollancourt(62).....10 D1
Rolleboise(78).....41 F2
Rolleville(76).....8 A5
Rollot(80).....23 F3
Rom(79).....109 E4
Romagnat(63).....127 F4
la Romagne(08).....14 B5
Romagné(35).....35 H6
Romagne(49).....92 A2
Romagne(86).....109 F4
Romagne-sous-les-Côtes(55).....27 G3
Romagne-sous-Montfaucon(55).....27 E3
Romagnieu(38).....131 F4
Romagny(27).....37 F5
Romagny(68).....89 E3
Romagny-sous-Rougemont(90).....89 E2
Romain(39).....102 D1

Romain(51).....25 E5
Romain(54).....49 E6
Romain-aux-Bois(88).....68 D4
Romain-sur-Meuse(52).....68 C4
Romainville(93).....42 D3
Roman(27).....40 C3
Romanèche-Thorins(71).....116 B5
Romange(39).....102 C1
Romans(01).....116 D5
Romans(79).....108 B3
Romans-sur-Isère(26).....144 C4
Romanswiller(67).....50 D6
Romazières(17).....121 H1
Romazy(35).....35 G5
Rombach-le-Franc(68).....71 E3
Rombas(57).....28 C4
Rombies-et-Marchipont(59).....13 E1
Rombly(62).....3 F5
Romegoux(17).....120 D2
Romelfing(57).....50 A4
Romenay(71).....116 D2
Romeny-sur-Marne(02).....44 B2
Romeries(59).....13 E3
Romery(02).....13 F5
Romery(51).....45 F1
Romescamps(60).....22 A2
Romestaing(47).....150 A4
Romeyer(26).....145 E6
le Romieu(32).....165 G3
Romigny(51).....25 E6
Romiguières(34).....170 A5
Romillé(35).....56 D2
Romilly(41).....61 F6
Romilly-la-Puthenaye(27).....40 B2
Romilly-sur-Aigre(28).....61 H6
Romilly-sur-Andelle(27).....21 E5
Romilly-sur-Seine(10).....65 G1
Romont(88).....70 A3
Romorantin-Lanthenay(41).....80 B6
Rompon(07).....144 A6
Roncey(50).....36 D1
Ronchamp(70).....88 C3
Ronchaux(25).....103 E2
Ronchères(02).....44 D1
Roncherolles-en-Bray(76).....21 F2
Roncherolles-sur-le-Vivier(76).....9 G6
Ronchin(59).....5 F4
Ronchois(76).....21 G1
Roncourt(57).....28 C4
Roncq(59).....5 F3
la Ronde(17).....107 F4
la Ronde-Haye(50).....17 E6
Rondefontaine(25).....103 G5
Ronel(81).....168 B5
Ronfeugerai(61).....38 A4
Rongères(03).....114 B4
Ronnet(03).....113 E5
Ronno(69).....129 F1
Ronquerolles(95).....42 C1
Ronsenac(16).....122 C6
Ronssoy(80).....12 C5
Rontalon(69).....129 H4
Rontignon(64).....180 C4
Ronvaux(55).....27 G5
Roost-Warendin(59).....5 E6
Roppe(90).....88 D3
Roppenheim(67).....51 G4
Roppentzwiller(68).....89 G4
Roppeviller(57).....50 D1
la Roque-Alric(84).....173 F1
la Roque-Baignard(14).....19 F5
la Roque-d'Anthéron(13).....173 H5
la Roque-Esclapon(83).....176 A5
la Roque-Gageac(24).....138 A6
la Roque-Sainte-Marguerite(12).....170 A2
la Roque-sur-Cèze(30).....157 G6
la Roque-sur-Pernes(84).....173 F3
Roquebillière(06).....177 F2
Roquebrun(34).....186 C2
Roquebrune(32).....165 E5
Roquebrune(33).....150 B2
Roquebrune-Cap-Martin(06).....177 G4
Roquebrune-sur-Argens(83).....193 E2
la Roquebrussanne(83).....191 H3
Roquecor(82).....151 H5
Roquecourbe(81).....168 C6
Roquecourbe-Minervois(11).....185 G4
Roquedur(30).....170 D3
Roquefère(11).....185 F3
Roquefeuil(11).....199 E2
Roquefixade(09).....198 D1
Roquefort(32).....165 G5
Roquefort(40).....164 A2
Roquefort(47).....165 G1
Roquefort-de-Sault(11).....199 G3
Roquefort-des-Corbières(11).....200 D1
Roquefort-la-Bédoule(13).....191 E4
Roquefort-les-Cascades(09).....198 D1
Roquefort-les-Pins(06).....176 D5
Roquefort-sur-Garonne(31).....182 D5
Roquefort-sur-Soulzon(12).....169 G3
Roquelaure(32).....165 G5
Roquelaure-Saint-Aubin(32).....166 B5
Roquemaure(30).....172 D2
Roquemaure(81).....167 F4
Roquepine(32).....165 F3
Roqueredonde(34).....170 A5
Roques(31).....183 G2
Roques(32).....165 E4
Roquesérière(31).....167 F5
Roquessels(34).....186 D1
Roquestéron(06).....176 D4
Roquestéron-Grasse(06).....176 D4
Roquetaillade(11).....184 D6
Roquetoire(62).....3 F4
la Roquette(27).....21 H6
la Roquette-sur-Siagne(06).....176 D6
la Roquette-sur-Var(06).....177 E4
Roquettes(31).....183 F2
Roquevaire(13).....191 E3

Roquevidal(81).....167 H6
Roquiague(64).....179 G4
la Roquille(33).....136 C6
Rorbach-lès-Dieuze(57).....49 H3
Rorschwihr(68).....71 F4
Rosans(05).....159 F4
Rosay(39).....117 F2
Rosay(76).....9 G4
Rosay(78).....41 G3
Rosay-sur-Lieure(27).....21 F4
Rosazia(2A).....204 C4
Rosbruck(57).....29 G4
Roscanvel(29).....30 D5
Roscoff(29).....31 H2
Rosel(14).....18 C4
Rosenau(68).....89 H3
Rosenwiller(67).....71 F1
Roset-Fluans(25).....103 E1
Rosey(70).....87 F3
Rosey(71).....101 F5
Rosheim(67).....71 F1
la Rosière(70).....88 B1
Rosières(07).....157 F4
Rosières(43).....142 D3
Rosières(60).....23 G6
Rosières(81).....168 B2
Rosières-aux-Salines(54).....49 E5
Rosières-en-Haye(54).....48 C4
Rosières-en-Santerre(80).....11 H6
Rosières-près-Troyes(10).....66 A3
Rosières-sur-Barbèche(25).....88 C6
Rosières-sur-Mance(70).....87 E1
Rosiers-de-Juillac(19).....138 B2
Rosiers-D'Égletons(19).....139 F1
les Rosiers-sur-Loire(49).....77 E6
Rosis(34).....169 H6
Rosnay(36).....95 G6
Rosnay(51).....25 E6
Rosnay(85).....91 G6
Rosnay-l'Hôpital(10).....66 D1
Rosnoën(29).....31 F6
Rosny-sous-Bois(93).....42 D3
Rosny-sur-Seine(78).....41 G2
Rosoy(60).....23 E5
Rosoy-en-Multien(60).....43 G1
Rosoy-le-Vieil(45).....64 B4
Rospez(22).....32 C2
Rospigliani(2B).....205 F4
Rosporden(29).....53 H4
Rosselange(57).....28 C4
Rossfeld(67).....71 G2
Rossillon(01).....131 F2
Rosteig(67).....50 C3
Rostrenen(22).....54 C1
Rosult(59).....5 G5
Rosureux(25).....105 E1
Rotalier(39).....117 G1
les Rotours(61).....38 C4
Rots(14).....18 C4
Rott(67).....51 F2
Rottelsheim(67).....51 F4
Rottier(26).....159 F4
Rou-Marson(49).....93 F1
Rouairoux(81).....185 G2
Rouans(44).....74 C6
la Rouaudière(53).....57 H5
Roubaix(59).....5 F3
Roubia(11).....185 H4
Roubion(06).....176 D2
Roucamps(14).....18 A6
Roucourt(59).....12 B2
Roucy(02).....25 E5
Roudouallec(56).....54 A2
Rouécourt(52).....67 G2
Rouède(31).....182 C6
Rouellé(61).....37 G5
Rouelles(52).....85 H1
Rouen(76).....20 D4
Rouessé-Fontaine(72).....60 A3
Rouessé-Vassé(72).....59 G4
Rouet(34).....171 E5
Rouez(72).....59 G4
Rouffach(68).....71 E6
Rouffange(39).....86 D6
Rouffiac(15).....139 G4
Rouffiac(16).....136 B2
Rouffiac(17).....121 F4
Rouffiac(81).....168 A4
Rouffiac-d'Aude(11).....185 E5
Rouffiac-des-Corbières(11).....200 B5
Rouffiac-Tolosan(31).....167 F6
Rouffignac(17).....135 F1
Rouffignac-de-Sigoulès(24).....150 D1
Rouffignac-
Saint-Cernin-de-Reilhac(24).....137 G4
Rouffigny(50).....36 D3
Rouffilhac(46).....152 C1
Rouffy(51).....45 G3
Rougé(44).....57 G6
Rouge-Perriers(27).....40 B1
Rougefay(62).....11 E2
Rougegoutte(90).....88 D2
Rougemont(21).....84 C3
Rougemont(25).....87 H4
Rougemont-le-Château(90).....89 E2
Rougemontiers(27).....20 B5
Rougemontot(25).....87 H5
Rougeou(41).....80 A6
Rougeries(02).....13 F6
Rougeux(52).....86 C1
le Rouget(15).....139 H6
Rougiers(83).....191 G3
Rougnac(16).....122 D5
Rougnat(23).....112 D6

Rougon(04).....175 G4
Rouhe(25).....103 F2
Rouhling(57).....29 H5
Rouillac(14).....122 A3
Rouillac(22).....34 B6
Rouillé(86).....108 D3
Rouillon(72).....60 A5
Rouilly(77).....44 B6
Rouilly-Sacey(10).....66 B2
Rouilly-Saint-Loup(10).....66 B3
Roujan(34).....186 D2
Roulans(25).....87 G5
le Roulier(88).....70 A4
Roullée(72).....60 A3
Roullens(11).....185 E5
Roullet-Saint-Estèphe(16).....122 B5
Roullours(14).....37 G3
Roumagne(47).....150 D2
Roumare(76).....9 F6
Roumazières-Loubert(16).....123 E2
Roumégoux(15).....139 G6
Roumégoux(81).....168 C5
Roumengoux(09).....184 C5
Roumens(31).....184 C2
Roumoules(04).....175 F4
Rountzenheim(67).....51 G4
Roupeldange(57).....29 E4
Rouperroux(61).....38 D6
Rouperroux-le-Coquet(72).....60 C4
Roupy(02).....12 C6
la Rouquette(12).....153 F5
Roure(06).....176 D2
le Rouret(06).....176 D5
Rousies(59).....13 G2
Roussac(87).....110 C6
Roussas(26).....158 B4
Roussay(49).....92 A2
Roussayrolles(81).....167 H2
Rousseloy(60).....22 D5
Roussennac(12).....153 H4
Rousset(05).....160 C3
Rousset(13).....191 E2
le Rousset(71).....115 H1
Rousset-les-Vignes(26).....158 C4
la Roussière(27).....39 H2
Roussieux(26).....159 F5
Roussillon(38).....130 A6
Roussillon(84).....173 G4
Roussillon-en-Morvan(71).....100 B3
Roussines(16).....123 E4
Roussines(36).....111 E3
Rousson(30).....157 E6
Rousson(89).....64 D5
Roussy-le-Village(57).....28 C2
Routelle(25).....103 E1
Routes(76).....8 D4
Routier(11).....184 D5
Routot(27).....20 B4
Rouvenac(11).....199 F1
Rouves(54).....48 D3
la Rouvière(30).....171 H3
Rouvignies(59).....12 D2
Rouville(60).....23 G6
Rouville(76).....8 C5
Rouvillers(60).....23 F4
Rouvray(21).....84 B5
Rouvray(27).....41 E2
Rouvray(89).....65 G6
Rouvray-Catillon(76).....21 G3
Rouvray-Saint-Denis(28).....62 D3
Rouvray-Saint-Florentin(28).....62 B3
Rouvray-Sainte-Croix(45).....62 C5
Rouvrel(80).....22 D1
Rouvres(14).....18 D6
Rouvres(28).....41 F4
Rouvres(77).....43 F2
Rouvres-en-Multien(60).....43 H1
Rouvres-en-Plaine(21).....85 H6
Rouvres-en-Woëvre(55).....27 H4
Rouvres-en-Xaintois(88).....69 E2
Rouvres-la-Chétive(88).....68 D2
Rouvres-les-Bois(36).....96 B3
Rouvres-les-Vignes(10).....67 F3
Rouvres-Saint-Jean(45).....63 F3
Rouvres-sous-Meilly(21).....101 E1
Rouvrois-sur-Meuse(55).....47 H2
Rouvrois-sur-Othain(55).....27 H3
Rouvroy(02).....12 C6
Rouvroy(62).....4 D6
Rouvroy-en-Santerre(80).....23 F1
Rouvroy-les-Merles(60).....22 D2
Rouvroy-Ripont(51).....26 C4
Rouvroy-sur-Audry(08).....14 C4
Rouvroy-sur-Marne(52).....67 H2
Rouvroy-sur-Serre(02).....14 A4
le Roux(07).....157 E2
Rouxeville(50).....37 F1
la Rouxière(44).....75 H4
Rouxmesnil-Bouteilles(76).....9 F2
Rouy(58).....99 F3
Rouy-le-Grand(80).....23 H1
Rouy-le-Petit(80).....23 H1
Rouze(09).....199 F3
Rouzède(16).....123 E4
Rouziers(15).....153 H1
Rouziers-de-Touraine(37).....78 C4
le Rove(13).....190 C3
Roville-aux-Chênes(88).....70 A2
Roville-devant-Bayon(54).....49 E6
Rovon(38).....145 E2
Roy-Boissy(60).....22 B3
Royan(17).....120 C4
Royas(38).....130 C5
Royat(63).....127 E4
Royaucourt(60).....23 E2
Royaucourt-et-Chailvet(02).....24 C3
Royaumeix(54).....48 B4
Roybon(38).....144 D2
Roye(70).....88 B3

270

Roye(80) 23 G2
Roye-sur-Matz(60) 23 F3
Royer(71) 116 C1
Royère-de-Vassivière(23) 125 F3
Royères(87) 124 C2
Roynac(26) 158 B2
Royon(62) 2 D6
Royville(76) 9 E4
Roz-Landrieux(35) 35 E4
Roz-sur-Couesnon(35) 35 F4
Rozay-en-Brie(77) 43 G5
le Rozel(50) 16 C3
Rozelieures(54) 69 H1
Rozérieulles(57) 28 C5
Rozerotte(88) 69 F3
Rozès(32) 165 F4
Rozet-Saint-Albin(02) 24 B4
le Rozier(48) 170 A1
Rozier-Côtes-d'Aurec(42) 142 D1
Rozier-en-Donzy(42) 129 E3
Rozières-en-Beauce(45) 62 C6
Rozières-sur-Crise(02) 24 B5
Rozières-sur-Mouzon(88) 68 D4
Roziers-Saint-Georges(87) 124 D4
Rozoy-Bellevalle(02) 44 C3
Rozoy-sur-Serre(02) 14 A4
Ruages(58) 83 G6
Ruan(45) 62 D4
Ruan-sur-Egvonne(41) 61 G6
Ruaudin(72) 60 B6
Rubécourt-et-Lamécourt(08) 15 F5
Rubelles(77) 43 E6
Rubempré(80) 11 F4
Rubercy(14) 17 H5
Rubescourt(80) 23 E4
Rubigny(08) 14 A5
Rubrouck(59) 3 F3
Ruca(22) 34 B3
Ruch(33) 136 A6
Rucqueville(14) 18 B4
Rudeau-Ladosse(24) 123 E6
Rudelle(46) 153 F2
Rue(80) 10 B2
la Rue-Saint-Pierre(60) 22 D4
la Rue-Saint-Pierre(76) 9 G5
Ruederbach(68) 89 F4
Rueil-la-Gadelière(28) 40 C5
Rueil-Malmaison(92) 42 C3
Ruelisheim(68) 89 G1
Ruelle-sur-Touvre(16) 122 C4
les Rues-des-Vignes(59) 12 C4
Ruesnes(59) 13 E2
Rueyres(46) 153 F1
Ruffec(16) 109 E6
Ruffec(36) 110 C1
Ruffey-le-Château(25) 87 E6
Ruffey-lès-Beaune(21) 101 G3
Ruffey-lès-Echirey(21) 85 H5
Ruffey-sur-Seille(39) 102 C5
Ruffiac(56) 56 B5
Ruffieu(01) 117 H6
Ruffieux(73) 131 H2
Ruffigné(44) 57 F6
Rugles(27) 39 H3
Rugney(88) 69 G2
Rugny(89) 66 B6
Ruhans(70) 87 G4
Ruillé-en-Champagne(72) 59 G4
Ruillé-Froid-Fonds(53) 58 D6
Ruillé-le-Gravelais(53) 58 B4
Ruillé-sur-Loir(72) 78 C2
Ruisseauville(62) 3 E6
Ruitz(62) 3 G6
Rullac-Saint-Cirq(12) 168 D2
Rully(14) 37 G3
Rully(60) 23 F6
Rully(71) 101 F4
Rumaucourt(62) 12 B2
Rumegies(59) 5 G5
Rumersheim-le-Haut(68) 89 H1
Rumesnil(14) 19 F4
Rumigny(08) 14 B4
Rumigny(80) 11 E6
Rumilly(62) 2 D5
Rumilly(74) 131 H2
Rumilly-en-Cambrésis(59) 12 C3
Rumilly-lès-Vaudes(10) 66 B4
Ruminghem(62) 3 E3
Rumont(55) 47 F3
Rumont(77) 63 G3
Runan(22) 32 D3
Rungis(94) 42 H4
Ruoms(07) 157 F4
Rupéreux(77) 44 B5
Ruppes(88) 68 D1
Rupt(52) 67 H1
Rupt-aux-Nonains(55) 47 E5
Rupt-devant-Saint-Mihiel(55) 47 G3
Rupt-en-Woëvre(55) 27 G6
Rupt-sur-Moselle(88) 70 B6
Rupt-sur-Othain(55) 27 G2
Rupt-sur-Saône(70) 87 E3
Rurange-lès-Thionville(57) 28 D4
Rurey(25) 103 F2
Rusio(2B) 205 F2
Russ(67) 71 E1
Russange(57) 28 B2
le Russey(25) 105 E1
Russy(14) 18 A3
Russy-Bémont(60) 23 H6
Rustenhart(68) 71 F4
Rustiques(11) 185 F4
Rustrel(84) 174 A3
Rustroff(57) 28 D2
Rutali(2B) 203 G5
Ruvigny(10) 66 B3
Ruy(38) 130 D4
Ruyaulcourt(62) 12 B4
Ruynes-en-Margeride(15) 141 F5
Ry(76) 9 H6
Rye(39) 102 B4
Ryes(14) 18 B3

S

Saâcy-sur-Marne(77) 44 A3
Saales(67) 70 D2
Saâne-Saint-Just(76) 9 E4
Saasenheim(67) 71 G3
Sabadel-Latronquière(46) 153 G2
Sabadel-Lauzès(46) 152 D3
Sabaillan(32) 182 C2
Sabalos(65) 181 F4
Sabarat(09) 183 G5
Sabarros(65) 181 H4
Sabazan(32) 164 D5
Sablé-sur-Sarthe(72) 59 F6
les Sables-d'Olonne(85) 90 D6
Sablet(84) 158 C6
Sablières(07) 156 D3
Sablonceaux(17) 120 D3
Sablonnières(77) 44 B3
Sablons(33) 135 G4
Sablons(38) 144 A1
Sabonnères(31) 182 D2
la Sabotterie(08) 14 D6
Sabran(30) 172 C1
Sabres(40) 163 F1
Saccourvielle(31) 196 C4
Sacé(53) 58 D3
Sacey(50) 35 G4
Saché(37) 94 C1
Sachin(62) 3 F6
Sachy(08) 15 G5
Sacierges-Saint-Martin(36) 111 E2
Saclas(91) 63 E2
Saclay(91) 42 B5
Saconin-et-Breuil(02) 24 B5
Sacoué(65) 182 A6
le Sacq(27) 40 C3
Sacquenay(21) 86 B3
Sacquenville(27) 40 C1
Sacy(51) 25 F6
Sacy(89) 83 H3
Sacy-le-Grand(60) 23 E5
Sacy-le-Petit(60) 23 F5
Sadeillan(32) 181 G3
Sadillac(24) 151 E1
Sadirac(33) 135 F6
Sadournin(65) 181 G3
Sadroc(19) 138 C2
Saessolsheim(67) 50 D5
Saffais(54) 49 E6
Saffloz(39) 103 E6
Saffré(44) 74 D3
Saffres(21) 85 E5
Sagelat(24) 151 H1
Sagnat(23) 111 F4
Sagnes-et-Goudoulet(07) 143 E6
Sagonne(18) 98 B5
Sagy(71) 117 F1
Sagy(95) 42 A2
Sahorre(66) 199 H5
Sahune(26) 159 E4
Sahurs(76) 20 C5
Sai(61) 38 D4
Saignes(15) 140 B2
Saignes(46) 153 E1
Saigneville(80) 10 B3
Saignon(84) 173 H4
Saiguède(31) 183 E2
Sail-les-Bains(42) 114 D5
Sail-sous-Couzan(42) 128 C3
Sailhan(65) 196 B4
Sailhac(19) 138 D4
Sailhac(46) 153 E5
Saillagouse(66) 199 F6
Saillans(26) 158 D2
Saillans(33) 135 G5
Saillant(63) 128 C6
Saillat-sur-Vienne(87) 123 G2
Saillenard(71) 102 B6
Sailly(08) 15 G5
Sailly(52) 68 A1
Sailly(71) 116 A2
Sailly(78) 41 H2
Sailly-Achâtel(57) 49 E2
Sailly-au-Bois(62) 11 G4
Sailly-en-Ostrevent(62) 12 B2
Sailly-Flibeaucourt(80) 10 B3
Sailly-Labourse(62) 3 H6
Sailly-Laurette(80) 11 G5
Sailly-le-Sec(80) 11 G5
Sailly-lez-Cambrai(59) 12 C3
Sailly-lez-Lannoy(59) 5 F4
Sailly-Saillisel(80) 12 A4
Sailly-sur-la-Lys(62) 3 H5
Sain-Bel(69) 129 G3
Saincaize-Meauce(58) 98 C4
Sainghin-en-Mélantois(59) 5 F4
Sainghin-en-Weppes(59) 4 D5
Sainneville(76) 8 B5
Sainpuits(89) 82 D4
Sains(35) 35 H4
Sains-du-Nord(59) 13 G4
Sains-en-Amiénois(80) 11 F6
Sains-en-Gohelle(62) 3 H6
Sains-lès-Fressin(62) 2 D6
Sains-lès-Marquion(62) 12 B3
Sains-lès-Pernes(62) 3 F6
Sains-Morainvillers(60) 23 E3
Sains-Richaumont(02) 13 H5
le Saint(56) 54 B2
Saint-Abit(64) 180 C4
Saint-Abraham(56) 56 A5
Saint-Acheul(80) 11 E3
Saint-Adjutory(16) 122 D3
Saint-Adrien(22) 33 E4
Saint-Affrique(12) 169 G3
Saint-Affrique-les-Montagnes(81) .. 184 D1
Saint-Agathon(22) 33 E4
Saint-Agil(41) 61 F5
Saint-Agnan(02) 44 B2
Saint-Agnan(58) 84 B6
Saint-Agnan(71) 115 E2
Saint-Agnan(81) 167 G5

Saint-Agnan(89) 64 C3
Saint-Agnan-de-Cernières(27) .. 39 G2
Saint-Agnan-en-Vercors(26) .. 145 E5
Saint-Agnan-le-Malherbe(14) ... 18 B6
Saint-Agnan-sur-Erre(61) 61 E3
Saint-Agnan-sur-Sarthe(61) 39 G5
Saint-Agnant(17) 120 C2
Saint-Agnant-de-Versillat(23) .. 111 E4
Saint-Agnant-près-Crocq(23) .. 126 A3
Saint-Agne(24) 137 E6
Saint-Agnet(40) 164 B6
Saint-Agnin-sur-Bion(38) 130 D5
Saint-Agoulin(63) 113 H6
Saint-Agrève(07) 143 F4
Saint-Aignan(08) 15 E5
Saint-Aignan(33) 135 G5
Saint-Aignan(41) 95 H1
Saint-Aignan(56) 55 E2
Saint-Aignan(72) 60 B4
Saint-Aignan(82) 166 C2
Saint-Aignan-de-Couptrain(53) .. 59 F1
Saint-Aignan-de-Cramesnil(14) .. 18 D5
Saint-Aignan-des-Gués(45) 81 F2
Saint-Aignan-des-Noyers(18) 98 B6
Saint-Aignan-Grandlieu(44) 91 E1
Saint-Aignan-le-Jaillard(45) 81 G2
Saint-Aignan-sur-Roë(53) 58 A6
Saint-Aignan-sur-Ry(76) 9 H6
Saint-Aigny(36) 110 B1
Saint-Aigulin(17) 136 A3
Saint-Ail(54) 28 B5
Saint-Alban(01) 116 C3
Saint-Alban(22) 34 A4
Saint-Alban(31) 167 E5
Saint-Alban-Auriolles(07) 157 F4
Saint-Alban-d'Ay(07) 143 H3
Saint-Alban-de-Montbel(73) ... 131 G5
Saint-Alban-de-Roche(38) 130 D4
Saint-Alban-des-Hurtières(73) .. 132 C5
Saint-Alban-des-Villards(73) .. 146 C1
Saint-Alban-du-Rhône(38) 129 H6
Saint-Alban-en-Montagne(07) .. 156 C2
Saint-Alban-les-Eaux(42) 128 C1
Saint-Alban-Leysse(73) 131 H4
Saint-Alban-sur-Limagnole(48) .. 155 H1
Saint-Albin-de-Vaulserre(38) .. 131 G5
Saint-Alexandre(30) 157 H6
Saint-Algis(02) 13 F5
Saint-Allouestre(56) 55 G4
Saint-Alpinien(23) 125 H1
Saint-Alyre-d'Arlanc(63) 142 A1
Saint-Alyre-Es-Montagne(63) .. 141 E1
Saint-Amadou(09) 184 A5
Saint-Amancet(81) 184 D2
Saint-Amand(23) 125 H1
Saint-Amand(50) 37 F1
Saint-Amand(62) 11 G3
Saint-Amand-de-Belvès(24) ... 151 H1
Saint-Amand-de-Coly(24) 138 A4
Saint-Amand-de-Vergt(24) 137 F5
Saint-Amand-des-Hautes-Terres(27) .. 20 C6
Saint-Amand-en-Puisaye(58) ... 82 C4
Saint-Amand-Jartoudeix(23) .. 124 D2
Saint-Amand-le-Petit(87) 125 E3
Saint-Amand-les-Eaux(59) 5 G6
Saint-Amand-Longpré(41) 79 E3
Saint-Amand-Magnazeix(87) .. 110 D5
Saint-Amand-Montrond(18) 97 G6
Saint-Amand-sur-Fion(51) 46 B4
Saint-Amand-sur-Ornain(55) 47 G5
Saint-Amand-sur-Sèvre(79) 92 B4
Saint-Amandin(15) 140 C2
Saint-Amans(09) 183 H5
Saint-Amans(11) 184 B4
Saint-Amans(48) 155 H2
Saint-Amans-de-Pellagal(82) .. 152 A6
Saint-Amans-des-Cots(12) 154 A1
Saint-Amans-du-Pech(82) 151 G5
Saint-Amans-Soult(81) 185 F2
Saint-Amans-Valtoret(81) 185 F2
Saint-Amant(16) 122 B6
Saint-Amant-de-Boixe(16) 122 B3
Saint-Amant-de-Bonnieure(16) .. 122 C2
Saint-Amant-de-Nouère(16) ... 122 A3
Saint-Amant-Roche-Savine(63) .. 128 A5
Saint-Amant-Tallende(63) 127 F4
Saint-Amarin(68) 89 E1
Saint-Ambreuil(71) 101 G6
Saint-Ambroix(18) 97 E4
Saint-Ambroix(30) 157 G6
Saint-Amé(88) 87 B5
Saint-Amé(88) 70 B6
Saint-Amour(39) 117 F2
Saint-Amour-Bellevue(71) 116 B4
Saint-Andelain(58) 82 B6
Saint-Andéol(26) 144 D6
Saint-Andéol(38) 145 F4
Saint-Andéol-de-Berg(07) 157 G3
Saint-Andéol-de-Clerguemort(48) .. 156 C5
Saint-Andéol-de-Fourchades(07) .. 143 F6
Saint-Andéol-de-Vals(07) 157 G2
Saint-Andéol-le-Château(69) .. 129 H5
Saint-Andeux(21) 84 B5
Saint-Andiol(13) 173 E4
Saint-André(06) 177 F5
Saint-André(31) 182 C4
Saint-André(32) 182 C1
Saint-André(66) 201 E5
Saint-André(73) 147 E2
Saint-André(81) 168 D3
Saint-André-Capcèze(48) 156 D4
Saint-André-d'Allas(24) 138 A6
Saint-André-d'Apchon(42) 115 G6
Saint-André-de-Bâgé(01) 116 C4
Saint-André-de-Boëge(74) 119 E4
Saint-André-de-Bohon(50) 17 F5
Saint-André-de-Briouze(61) 38 B4
Saint-André-de-Buèges(34) ... 170 D4
Saint-André-de-Chalencon(43) .. 142 C2
Saint-André-de-Corcy(01) 130 B1
Saint-André-de-Cruzières(07) .. 157 E5
Saint-André-de-Cubzac(33) ... 135 F4

Saint-André-de-Double(24) 136 C3
Saint-André-de-la-Marche(49) .. 92 A2
Saint-André-de-Lancize(48) ... 156 C6
Saint-André-de-l'Épine(50) 17 G6
Saint-André-de-l'Eure(27) 40 D3
Saint-André-de-Lidon(17) 120 D4
Saint-André-de-Majencoules(30) .. 170 D3
Saint-André-de-Messei(61) 37 H4
Saint-André-de-Najac(12) 168 A1
Saint-André-de-Roquelongue(11) .. 186 A5
Saint-André-de-Roquepertuis(30) .. 157 G6
Saint-André-de-Rosans(05) 159 F4
Saint-André-de-Sangonis(34) .. 170 C6
Saint-André-de-Seignanx(40) .. 162 B6
Saint-André-de-Valborgne(30) .. 170 D2
Saint-André-de-Vézines(12) ... 170 A2
Saint-André-d'Embrun(05) 161 E2
Saint-André-des-Eaux(22) 34 D5
Saint-André-des-Eaux(44) 73 G5
Saint-André-d'Hébertot(14) 19 G3
Saint-André-d'Huiriat(01) 116 C5
Saint-André-d'Olérargues(30) .. 172 B1
Saint-André-du-Bois(33) 149 H2
Saint-André-en-Barrois(55) 27 F6
Saint-André-en-Bresse(71) 101 H6
Saint-André-en-Morvan(58) 83 H5
Saint-André-en-Royans(38) ... 145 E3
Saint-André-en-Terre-Plaine(89) .. 84 B4
Saint-André-en-Vivarais(07) ... 143 F3
Saint-André-et-Appelles(33) ... 136 B6
Saint-André-Farivillers(60) 22 D3
Saint-André-Goule-d'Oie(85) ... 91 H3
Saint-André-la-Côte(69) 129 G4
Saint-André-Lachamp(07) 157 E4
Saint-André-le-Bouchoux(01) .. 116 D5
Saint-André-le-Coq(63) 127 G1
Saint-André-le-Désert(71) 116 A2
Saint-André-le-Gaz(38) 131 F5
Saint-André-le-Puy(42) 129 E4
Saint-André-les-Alpes(04) 175 H3
Saint-André-les-Vergers(10) 66 A3
Saint-André-lez-Lille(59) 5 E4
Saint-André-sur-Cailly(76) 9 G6
Saint-André-sur-Orne(14) 18 C5
Saint-André-sur-Vieux-Jonc(01) .. 117 E5
Saint-André-Treize-Voies(85) ... 91 F3
Saint-Androny(33) 135 E3
Saint-Ange-et-Torçay(28) 40 D5
Saint-Ange-le-Viel(77) 64 B3
Saint-Angeau(16) 122 C2
Saint-Angel(03) 113 E4
Saint-Angel(19) 125 H6
Saint-Angel(63) 127 E1
Saint-Anthème(63) 128 C5
Saint-Anthot(21) 85 E6
Saint-Antoine(15) 154 A1
Saint-Antoine(25) 103 H5
Saint-Antoine(32) 166 A2
Saint-Antoine(33) 135 F4
Saint-Antoine-Cumond(24) 136 B2
Saint-Antoine-d'Auberoche(24) .. 137 G3
Saint-Antoine-de-Breuilh(24) .. 136 B6
Saint-Antoine-de-Ficalba(47) .. 151 F5
Saint-Antoine-du-Queyret(33) .. 150 B1
Saint-Antoine-du-Rocher(37) ... 78 C5
Saint-Antoine-la-Forêt(76) 8 C6
Saint-Antoine-l'Abbaye(38) 144 D3
Saint-Antoine-sur-l'Isle(33) 136 A4
Saint-Antonin(06) 176 D3
Saint-Antonin(32) 166 A5
Saint-Antonin-de-Lacalm(81) .. 168 C5
Saint-Antonin-de-Sommaire(27) .. 39 H3
Saint-Antonin-du-Var(83) 192 B2
Saint-Antonin-Noble-Val(82) .. 167 G1
Saint-Antonin-sur-Bayon(13) .. 191 E2
Saint-Aoustrille(36) 96 D4
Saint-Août(36) 96 D6
Saint-Apollinaire(05) 160 D2
Saint-Apollinaire(21) 85 H6
Saint-Apollinaire-de-Rias(07) .. 143 H5
Saint-Appolinaire(69) 129 F1
Saint-Appolinard(38) 144 D2
Saint-Appolinard(42) 143 H1
Saint-Aquilin(24) 136 D3
Saint-Aquilin-de-Corbion(61) ... 39 G5
Saint-Aquilin-de-Pacy(27) 41 E2
Saint-Araille(31) 182 D3
Saint-Arailles(32) 165 F6
Saint-Arcons-d'Allier(43) 142 A4
Saint-Arcons-de-Barges(43) .. 142 C6
Saint-Arey(38) 145 G5
Saint-Armel(35) 57 F4
Saint-Armel(56) 73 E2
Saint-Armou(64) 180 C2
Saint-Arnac(66) 200 B3
Saint-Arnoult(14) 19 F3
Saint-Arnoult(41) 78 D3
Saint-Arnoult(60) 22 A4
Saint-Arnoult(76) 8 D6
Saint-Arnoult-des-Bois(28) 61 H1
Saint-Arnoult-en-Yvelines(78) .. 41 H6
Saint-Arroman(32) 181 H2
Saint-Arroman(65) 181 G6
Saint-Arroumex(82) 166 B3
Saint-Astier(24) 137 E3
Saint-Astier(47) 150 C1
Saint-Auban(06) 176 B4
Saint-Auban-d'Oze(05) 159 H3
Saint-Auban-sur-l'Ouvèze(26) .. 159 F5
Saint-Aubert(59) 12 D3
Saint-Aubert-sur-Orne(61) 38 B4
Saint-Aubin(02) 24 A4
Saint-Aubin(10) 101 F4
Saint-Aubin(36) 96 D5
Saint-Aubin(39) 101 H3
Saint-Aubin(40) 163 H6
Saint-Aubin(47) 151 G4
Saint-Aubin(59) 13 G4
Saint-Aubin(62) 2 B6
Saint-Aubin(91) 42 B5
Saint-Aubin-Celloville(76) 21 E4

Saint-Aubin-Château-Neuf(89) .. 82 D2
Saint-Aubin-d'Appenai(61) 39 F6
Saint-Aubin-d'Arquenay(14) 18 D4
Saint-Aubin-d'Aubigné(35) 57 F1
Saint-Aubin-de-Blaye(33) 135 E2
Saint-Aubin-de-Bonneval(61) ... 39 F2
Saint-Aubin-de-Branne(33) 135 H6
Saint-Aubin-de-Cadelech(24) .. 151 E2
Saint-Aubin-de-Courteraie(61) .. 39 G5
Saint-Aubin-de-Crétot(76) 8 D5
Saint-Aubin-de-Lanquais(24) .. 137 E6
Saint-Aubin-de-Locquenay(72) .. 59 H3
Saint-Aubin-de-Luigné(49) 76 B6
Saint-Aubin-de-Médoc(33) 134 D5
Saint-Aubin-de-Nabirat(24) 152 B1
Saint-Aubin-de-Scellon(27) 19 H5
Saint-Aubin-de-Terregatte(50) .. 35 H4
Saint-Aubin-D'Écrosville(27) 40 C1
Saint-Aubin-des-Bois(14) 37 E3
Saint-Aubin-des-Bois(28) 61 H1
Saint-Aubin-des-Châteaux(44) .. 57 F6
Saint-Aubin-des-Chaumes(58) .. 83 G5
Saint-Aubin-des-Coudrais(72) .. 60 D4
Saint-Aubin-des-Grois(61) 60 D2
Saint-Aubin-des-Hayes(27) 39 H2
Saint-Aubin-des-Landes(35) 57 H3
Saint-Aubin-des-Ormeaux(85) .. 92 A3
Saint-Aubin-des-Préaux(50) 35 G2
Saint-Aubin-du-Cormier(35) 57 G1
Saint-Aubin-du-Désert(53) 59 G2
Saint-Aubin-du-Pavail(35) 57 G3
Saint-Aubin-du-Perron(50) 17 E6
Saint-Aubin-du-Plain(79) 92 D4
Saint-Aubin-du-Thenney(27) 19 H6
Saint-Aubin-en-Bray(60) 22 A4
Saint-Aubin-en-Charollais(71) .. 115 G2
Saint-Aubin-Épinay(76) 21 E4
Saint-Aubin-Fosse-Louvain(53) .. 37 F6
Saint-Aubin-la-Plaine(85) 107 E2
Saint-Aubin-le-Cauf(76) 9 G3
Saint-Aubin-le-Cloud(79) 93 E6
Saint-Aubin-le-Dépeint(37) 78 B3
Saint-Aubin-le-Guichard(27) 39 H1
Saint-Aubin-le-Monial(03) 113 G2
Saint-Aubin-le-Vertueux(27) 39 H1
Saint-Aubin-lès-Elbeuf(76) 20 D5
Saint-Aubin-les-Forges(58) 98 D2
Saint-Aubin-Montenoy(80) 10 D6
Saint-Aubin-Rivière(80) 10 B6
Saint-Aubin-Routot(76) 8 B6
Saint-Aubin-sous-Erquery(60) .. 23 E4
Saint-Aubin-sur-Aire(55) 47 G4
Saint-Aubin-sur-Gaillon(27) 41 E1
Saint-Aubin-sur-Loire(71) 114 D2
Saint-Aubin-sur-Mer(14) 18 C3
Saint-Aubin-sur-Mer(76) 9 E3
Saint-Aubin-sur-Quillebeuf(27) ... 8 C6
Saint-Aubin-sur-Scie(76) 9 F3
Saint-Aubin-sur-Yonne(89) 65 E6
Saint-Augustin(17) 120 B3
Saint-Augustin(19) 125 E6
Saint-Augustin(77) 43 H4
Saint-Augustin-des-Bois(49) 76 B4
Saint-Aulaire(19) 138 B3
Saint-Aulais-la-Chapelle(16) .. 122 A6
Saint-Aulaye(24) 136 B3
Saint-Aunès(34) 171 F6
Saint-Aunix-Lengros(32) 164 D6
Saint-Aupre(38) 131 G6
Saint-Austremoine(43) 141 G3
Saint-Auvent(87) 123 G2
Saint-Avaugourd-des-Landes(85) .. 91 F6
Saint-Avé(56) 55 F6
Saint-Aventin(31) 196 C4
Saint-Avertin(37) 78 D6
Saint-Avit(16) 136 B2
Saint-Avit(26) 144 B2
Saint-Avit(40) 163 H3
Saint-Avit(41) 61 F5
Saint-Avit(47) 150 C3
Saint-Avit(63) 126 B2
Saint-Avit(81) 184 D2
Saint-Avit-de-Soulège(33) 136 B6
Saint-Avit-de-Tardes(23) 125 H2
Saint-Avit-de-Vialard(24) 137 F5
Saint-Avit-Frandat(32) 165 H3
Saint-Avit-le-Pauvre(23) 125 G1
Saint-Avit-les-Guespières(28) .. 61 H3
Saint-Avit-Rivière(24) 151 G1
Saint-Avit-Saint-Nazaire(33) .. 136 C6
Saint-Avit-Sénieur(24) 151 G1
Saint-Avold(57) 29 G5
Saint-Avre(73) 132 C6
Saint-Ay(45) 80 B1
Saint-Aybert(59) 6 D6
Saint-Babel(63) 127 G5
Saint-Baldoph(73) 131 H5
Saint-Bandry(02) 24 A5
Saint-Baraing(39) 102 B3
Saint-Barbant(87) 110 A5
Saint-Bard(23) 126 A2
Saint-Bardoux(26) 144 B3
Saint-Barnabé(22) 55 G3
Saint-Barthélemy(38) 144 C1
Saint-Barthélemy(40) 178 D1
Saint-Barthélemy(50) 37 F4
Saint-Barthélemy(56) 55 E4
Saint-Barthélemy(70) 88 B2
Saint-Barthélemy(77) 44 B4
Saint-Barthélemy-d'Agenais(47) .. 150 D3
Saint-Barthélemy-d'Anjou(49) .. 76 C4
Saint-Barthélemy-de-Bellegarde(24) .. 136 B4
Saint-Barthélemy-de-Bussière(24) .. 123 F4
Saint-Barthélemy-de-Séchilienne(38) .. 145 H4
Saint-Barthélemy-de-Vals(26) .. 144 B3
Saint-Barthélemy-Grozon(07) .. 143 H5
Saint-Barthélemy-le-Meil(07) .. 143 G5
Saint-Barthélemy-le-Plain(07) .. 144 A4
Saint-Barthélemy-Lestra(42) .. 129 F3
Saint-Basile(07) 143 G5
Saint-Baslemont(88) 69 F4
Saint-Baudel(18) 97 F5

Saint-Baudelle(53) 58 D2
Saint-Baudille-de-la-Tour(38) 130 D3
Saint-Baudille-et-Pipet(38) 145 H6
Saint-Bauld(37) 95 E2
Saint-Baussant(54) 48 B3
Saint-Bauzeil(09) 183 H6
Saint-Bauzély(30) 171 H4
Saint-Bauzile(07) 157 H2
Saint-Bauzille-de-la-Sylve(34) 170 C6
Saint-Bauzille-de-Montmel(34) 171 H4
Saint-Bauzille-de-Putois(34) 171 E4
Saint-Bazile(87) 123 G3
Saint-Bazile-de-la-Roche(19) 139 F3
Saint-Bazile-de-Meyssac(19) 138 D4
Saint-Béat(31) 196 D3
Saint-Beaulize(12) 169 H4
Saint-Beauzeil(82) 151 G5
Saint-Beauzély(12) 169 G1
Saint-Beauzile(81) 167 H2
Saint-Beauzire(43) 141 G2
Saint-Beauzire(63) 127 F2
Saint-Bénézet(30) 171 G3
Saint-Bénigne(01) 116 C3
Saint-Benin(59) 13 E4
Saint-Benin-d'Azy(58) 99 E3
Saint-Benin-des-Bois(58) 99 E2
Saint-Benoist-sur-Mer(85) 106 C2
Saint-Benoist-sur-Vanne(10) 65 G3
Saint-Benoît(01) 131 F3
Saint-Benoît(04) 176 B3
Saint-Benoît(11) 184 C6
Saint-Benoît(86) 109 F3
Saint-Benoît-de-Carmaux(81) 168 B2
Saint-Benoît-des-Ombres(27) 20 A4
Saint-Benoît-des-Ondes(35) 35 E3
Saint-Benoît-d'Hébertot(14) 19 G3
Saint-Benoît-du-Sault(36) 111 E3
Saint-Benoît-en-Diois(26) 159 E2
Saint-Benoît-la-Chipotte(88) 70 B2
Saint-Benoît-la-Forêt(37) 94 B1
Saint-Benoît-sur-Loire(45) 81 F2
Saint-Benoît-sur-Seine(10) 66 A2
Saint-Bérain(42) 142 A4
Saint-Berain-sous-Sanvignes(71) ...100 C6
Saint-Bérain-sur-Dheune(71) 101 E5
Saint-Bernard(01) 129 H1
Saint-Bernard(21) 101 G2
Saint-Bernard(38) 145 H1
Saint-Bernard(68) 89 F3
Saint-Béron(73) 131 G5
Saint-Berthevin(53) 58 C4
Saint-Berthevin-la-Tannière(53) 58 B1
Saint-Bertrand-de-Comminges(31) ..182 A6
Saint-Biez-en-Belin(72) 77 H1
Saint-Bihy(22) 33 F6
Saint-Blaise(06) 177 E4
Saint-Blaise(74) 118 C6
Saint-Blaise-du-Buis(38) 131 F6
Saint-Blaise-la-Roche(67) 70 D2
Saint-Blancard(32) 182 B3
Saint-Blimont(80) 10 A4
Saint-Blin(52) 68 B3
Saint-Boès(64) 179 G1
Saint-Bohaire(41) 79 G3
Saint-Boil(71) 101 F6
Saint-Boingt(54) 69 H1
Saint-Bois(01) 131 F3
Saint-Bomer(28) 61 E4
Saint-Bômer-les-Forges(61) 37 H5
Saint-Bon(51) 44 C5
Saint-Bon-Tarentaise(73) 133 E5
Saint-Bonnet(16) 122 A6
Saint-Bonnet-Avalouze(19) 139 E2
Saint-Bonnet-Briance(87) 124 C4
Saint-Bonnet-de-Bellac(87) 110 B5
Saint-Bonnet-de-Chavagne(38) 144 D3
Saint-Bonnet-de-Chirac(48) 155 G4
Saint-Bonnet-de-Condat(15) 140 D2
Saint-Bonnet-de-Cray(71) 115 F5
Saint-Bonnet-de-Four(03) 113 F4
Saint-Bonnet-de-Joux(71) 115 H2
Saint-Bonnet-de-Montauroux(48) 142 B6
Saint-Bonnet-de-Mure(69) 130 B4
Saint-Bonnet-de-Rochefort(03) 113 H5
Saint-Bonnet-de-Salendrinque(30) ..171 E3
Saint-Bonnet-de-Salers(15) 140 B3
Saint-Bonnet-de-Valclérieux(26) ...144 C2
Saint-Bonnet-de-Vieille-Vigne(71) .115 G2
Saint-Bonnet-des-Bruyères(69) 115 H4
Saint-Bonnet-des-Quarts(42) 114 D5
Saint-Bonnet-du-Gard(30) 172 G3
Saint-Bonnet-Elvert(19) 139 F3
Saint-Bonnet-en-Bresse(71) 102 A4
Saint-Bonnet-en-Champsaur(05) 160 B1
Saint-Bonnet-la-Rivière(19) 138 B2
Saint-Bonnet-le-Bourg(63) 128 A6
Saint-Bonnet-le-Chastel(63) 128 A6
Saint-Bonnet-le-Château(42) 128 D6
Saint-Bonnet-le-Courreau(42) 128 C4
Saint-Bonnet-le-Froid(43) 143 F3
Saint-Bonnet-le-Troncy(69) 115 H6
Saint-Bonnet-l'Enfantier(19) 138 C2
Saint-Bonnet-lès-Allier(63) 127 G3
Saint-Bonnet-les-Oules(42) 129 F5
Saint-Bonnet-les-
  Tours-de-Merle(19) 139 G4
Saint-Bonnet-près-Bort(19) 126 A6
Saint-Bonnet-près-Orcival(63) 126 D4
Saint-Bonnet-près-Riom(63) 127 F2
Saint-Bonnet-sur-Gironde(17) 135 E1
Saint-Bonnet-Tronçais(03) 113 E1
Saint-Bonnot(58) 99 E1
Saint-Bouize(18) 82 B6
Saint-Brancher(89) 84 A5
Saint-Branchs(37) 94 D1
Saint-Brandan(22) 33 F5
Saint-Brès(19) 157 E6
Saint-Brès(32) 165 H5
Saint-Brès(34) 171 G6
Saint-Bresson(30) 170 D3
Saint-Bresson(70) 88 B1
Saint-Bressou(46) 153 F2

Saint-Brevin-les-Pins(44) 73 H5
Saint-Briac-sur-Mer(35) 34 C3
Saint-Brice(16) 121 G4
Saint-Brice(33) 149 H2
Saint-Brice(50) 35 H3
Saint-Brice(53) 59 E6
Saint-Brice(61) 37 H6
Saint-Brice(77) 44 B6
Saint-Brice-Courcelles(51) 25 E4
Saint-Brice-de-Landelles(50) 37 E6
Saint-Brice-en-Coglès(35) 35 H5
Saint-Brice-sous-Forêt(95) 42 D2
Saint-Brice-sous-Rânes(61) 38 C5
Saint-Brice-sur-Vienne(87) 123 H2
Saint-Brieuc(22) 33 G4
Saint-Brieuc-de-Mauron(56) 56 A3
Saint-Brieuc-des-Iffs(35) 35 E6
Saint-Bris-des-Bois(17) 121 F3
Saint-Bris-le-Vineux(89) 83 G2
Saint-Brisson(58) 84 B6
Saint-Brisson-sur-Loire(45) 81 H3
Saint-Broing(70) 86 D4
Saint-Broing-les-Moines(21) 85 F2
Saint-Broingt-le-Bois(52) 86 B2
Saint-Broingt-les-Fosses(52) 86 A2
Saint-Broladre(35) 35 F4
Saint-Bueil(38) 131 G5
Saint-Calais(72) 61 E6
Saint-Calais-du-Désert(53) 38 C6
Saint-Calez-en-Saosnois(72) 60 B3
Saint-Cannat(13) 173 H6
Saint-Caprais(03) 113 E2
Saint-Caprais(18) 97 F4
Saint-Caprais(32) 166 A6
Saint-Caprais-de-Blaye(33) 135 E2
Saint-Caprais-de-Bordeaux(33) 149 F1
Saint-Caprais-de-Lerm(47) 151 F5
Saint-Capraise-de-Lalinde(24) 137 E6
Saint-Capraise-d'Eymet(24) 151 E2
Saint-Caradec(22) 55 F2
Saint-Caradec-Trégomel(56) 54 C3
Saint-Carné(22) 34 C5
Saint-Carreux(22) 33 G5
Saint-Cassien(24) 151 G2
Saint-Cassien(38) 131 F6
Saint-Cassin(73) 131 H5
Saint-Cast-le-Guildo(22) 34 B3
Saint-Castin(64) 180 C3
Saint-Célerin(72) 60 C4
Saint-Cénéré(53) 58 D4
Saint-Céneri-le-Gérei(61) 59 H2
Saint-Céols(18) 97 H2
Saint-Céré(46) 139 F6
Saint-Cergues(74) 118 D4
Saint-Cernin(15) 140 A4
Saint-Cernin(46) 152 D3
Saint-Cernin-de-Labarde(24) 151 E1
Saint-Cernin-de-Larche(19) 138 C4
Saint-Cernin-de-l'Herm(24) 151 H2
Saint-Césaire(17) 121 F3
Saint-Césaire-de-Gauzignan(30) 171 H3
Saint-Césaire-sur-Siagne(06) 176 C6
Saint-Cézert(31) 166 D4
Saint-Chabrais(23) 112 B6
Saint-Chaffrey(05) 147 E4
Saint-Chamant(15) 140 A4
Saint-Chamant(19) 139 F3
Saint-Chamarand(46) 152 C2
Saint-Chamas(13) 190 A2
Saint-Chamassy(24) 137 G6
Saint-Chamond(42) 129 G6
Saint-Champ(01) 131 G3
Saint-Chaptes(30) 171 H3
Saint-Charles-de-Percy(14) 37 G2
Saint-Charles-la-Forêt(53) 58 D6
Saint-Chartier(36) 111 H1
Saint-Chef(38) 131 E4
Saint-Chels(46) 153 E3
Saint-Chély-d'Apcher(48) 141 G6
Saint-Chély-d'Aubrac(12) 155 E3
Saint-Chéron(51) 46 B5
Saint-Chéron(91) 42 B6
Saint-Chinian(34) 186 B3
Saint-Christ-Briost(80) 12 A6
Saint-Christaud(31) 183 E5
Saint-Christaud(32) 181 G1
Saint-Christo-en-Jarez(42) 129 G5
Saint-Christol(07) 143 G5
Saint-Christol(34) 171 G5
Saint-Christol(84) 174 A2
Saint-Christol-de-Rodières(30) 157 G6
Saint-Christol-lès-Alès(30) 171 G2
Saint-Christoly-de-Blaye(33) 135 E3
Saint-Christoly-Médoc(33) 134 D1
Saint-Christophe(03) 114 C5
Saint-Christophe(16) 123 G1
Saint-Christophe(17) 107 F5
Saint-Christophe(23) 111 H6
Saint-Christophe(28) 61 H5
Saint-Christophe(69) 116 A4
Saint-Christophe(73) 131 G5
Saint-Christophe(81) 168 A2
Saint-Christophe(86) 94 B4
Saint-Christophe-à-Berry(02) 24 A4
Saint-Christophe-d'Allier(43) 142 B6
Saint-Christophe-de-Chaulieu(61) ...37 G4
Saint-Christophe-de-Double(33) 136 A4
Saint-Christophe-des-Valains(35) ...35 G6
Saint-Christophe-des-Bardes(33) ...135 H5
Saint-Christophe-des-Bois(35) 57 H2
Saint-Christophe-Dodinicourt(10) ...66 D1
Saint-Christophe-du-Bois(49) 92 A3
Saint-Christophe-du-Foc(50) 16 C2
Saint-Christophe-du-Jambet(72) 59 H3
Saint-Christophe-du-Ligneron(85) ...90 D2
Saint-Christophe-du-Luat(53) 59 E4
Saint-Christophe-en-Bazelle(36) 96 C2
Saint-Christophe-en-Boucherie(36) .112 A1
Saint-Christophe-en-Bresse(71) 101 G5
Saint-Christophe-en-Brionnais(71) .115 F4
Saint-Christophe-
  en-Champagne(72) 59 G5

Saint-Christophe-en-Oisans(38) 146 C4
Saint-Christophe-et-le-Laris(26) ..144 C2
Saint-Christophe-la-Couperie(49) ...75 G6
Saint-Christophe-le-Chaudry(18) ...112 C2
Saint-Christophe-le-Jajolet(61) 38 D5
Saint-Christophe-sur-Avre(27) 40 B5
Saint-Christophe-sur-Condé(27) 20 A5
Saint-Christophe-sur-Dolaison(43) .142 C4
Saint-Christophe-sur-Guiers(38) ...131 G6
Saint-Christophe-sur-le-Nais(37) ...78 B4
Saint-Christophe-sur-Roc(79) 108 B3
Saint-Christophe-Vallon(12) 154 A4
Saint-Cibard(33) 136 A5
Saint-Cierge-la-Serre(07) 143 H6
Saint-Cierge-sous-le-Cheylard(07) .143 G5
Saint-Ciergues(52) 68 A6
Saint-Ciers-Champagne(17) 121 G6
Saint-Ciers-d'Abzac(33) 135 G4
Saint-Ciers-de-Canesse(33) 135 E4
Saint-Ciers-du-Taillon(17) 121 E6
Saint-Ciers-sur-Bonnieure(16) 122 C2
Saint-Ciers-sur-Gironde(33) 135 E2
Saint-Cirgue(81) 168 C3
Saint-Cirgues(43) 141 H3
Saint-Cirgues(46) 153 G2
Saint-Cirgues-de-Jordanne(15) 140 B4
Saint-Cirgues-de-Malbert(15) 140 A4
Saint-Cirgues-de-Prades(07) 157 F2
Saint-Cirgues-en-Montagne(07) 157 E1
Saint-Cirgues-la-Loutre(19) 139 G4
Saint-Cirgues-sur-Couze(63) 127 F5
Saint-Cirice(82) 166 A2
Saint-Cirq(24) 137 G5
Saint-Cirq(82) 167 F1
Saint-Cirq-Lapopie(46) 152 D4
Saint-Cirq-Madelon(46) 152 B1
Saint-Cirq-Souillaguet(46) 152 C2
Saint-Civran(36) 111 E2
Saint-Clair(07) 143 H2
Saint-Clair(46) 152 C2
Saint-Clair(82) 166 B1
Saint-Clair(86) 93 H4
Saint-Clair-d'Arcey(27) 39 H1
Saint-Clair-de-Halouze(61) 37 H4
Saint-Clair-de-la-Tour(38) 131 E4
Saint-Clair-du-Rhône(38) 130 A6
Saint-Clair-sur-Epte(95) 21 H4
Saint-Clair-sur-Galaure(38) 144 C2
Saint-Clair-sur-l'Elle(50) 17 G6
Saint-Clair-sur-les-Monts(76) 8 D5
Saint-Clar(32) 165 H4
Saint-Clar-de-Rivière(31) 183 E2
Saint-Claud(16) 122 D2
Saint-Claude(39) 118 A3
Saint-Claude-de-Diray(41) 79 H4
Saint-Clément(02) 14 A4
Saint-Clément(03) 114 C6
Saint-Clément(07) 143 E5
Saint-Clément(15) 140 C5
Saint-Clément(19) 138 D2
Saint-Clément(54) 49 G6
Saint-Clément(89) 64 D4
Saint-Clément-à-Arnes(08) 26 A4
Saint-Clément-de-la-Place(49) 76 B4
Saint-Clément-de-Régnat(63) 127 G1
Saint-Clément-de-Rivière(34) 171 E6
Saint-Clément-de-Valorgue(63) 128 C5
Saint-Clément-de-Vers(69) 115 H5
Saint-Clément-des-Baleines(17) 106 B4
Saint-Clément-des-Levées(49) 77 E6
Saint-Clément-les-Places(69) 129 F3
Saint-Clément-Rancoudray(50) 37 F4
Saint-Clément-sur-Durance(05) 161 E2
Saint-Clément-sur-Guye(71) 116 A1
Saint-Clément-sur-Valsonne(69) 129 F2
Saint-Clémentin(79) 92 D3
Saint-Clet(22) 33 E3
Saint-Cloud(92) 42 C4
Saint-Cloud-en-Dunois(28) 62 A5
Saint-Colomb-de-Lauzun(47) 151 E2
Saint-Colomban(44) 91 E2
Saint-Colomban-des-Villards(73) ...146 C1
Saint-Côme(30) 149 H4
Saint-Côme-de-Fresné(14) 18 B3
Saint-Côme-d'Olt(12) 154 D4
Saint-Côme-du-Mont(50) 17 F4
Saint-Côme-et-Maruéjols(30) 171 H4
Saint-Congard(56) 56 A5
Saint-Connan(22) 33 E5
Saint-Connec(22) 55 F2
Saint-Constant(15) 153 H2
Saint-Contest(14) 18 C4
Saint-Corneille(72) 60 B5
Saint-Cornier-des-Landes(61) 37 G3
Saint-Cosme(68) 89 E3
Saint-Cosme-en-Vairais(72) 60 C3
Saint-Couat-d'Aude(11) 185 G4
Saint-Couat-du-Razès(11) 184 D6
Saint-Coulitz(29) 53 F2
Saint-Coulomb(35) 34 D3
Saint-Coutant(16) 122 D1
Saint-Coutant(79) 108 D5
Saint-Coutant-le-Grand(17) 120 D1
Saint-Créac(32) 166 A3
Saint-Créac(65) 181 E6
Saint-Crépin(05) 147 E6
Saint-Crépin(17) 107 G6
Saint-Crépin-aux-Bois(60) 23 H4
Saint-Crépin-d'Auberoche(24) 137 G3
Saint-Crépin-de-Richemont(24) 137 F2
Saint-Crépin-et-Carlucet(24) 138 B5
Saint-Crépin-Ibouvillers(60) 22 B6
Saint-Crépy(02) 23 F4
Saint-Crespin(76) 9 F4
Saint-Crespin-sur-Moine(49) 91 H1
Saint-Cricq(32) 166 B5
Saint-Cricq-Chalosse(40) 163 F6
Saint-Cricq-du-Gave(40) 179 F1
Saint-Cricq-Villeneuve(40) 164 A3
Saint-Cybardeaux(16) 122 A3
Saint-Cybranet(24) 152 A1
Saint-Cyprien(19) 138 D2
Saint-Cyprien(24) 137 H6

Saint-Cyprien(42) 129 E5
Saint-Cyprien(46) 152 B5
Saint-Cyprien(66) 201 E4
Saint-Cyprien-sur-Dourdou(12) 154 A3
Saint-Cyr(07) 143 H2
Saint-Cyr(50) 17 E3
Saint-Cyr(71) 101 G6
Saint-Cyr(86) 94 B6
Saint-Cyr(87) 123 H3
Saint-Cyr-au-Mont-d'Or(69) 130 A2
Saint-Cyr-de-Favières(42) 128 D1
Saint-Cyr-de-Salerne(27) 20 B6
Saint-Cyr-de-Valorges(42) 129 E2
Saint-Cyr-des-Gâts(85) 107 F1
Saint-Cyr-du-Bailleul(50) 37 G5
Saint-Cyr-du-Doret(17) 107 F4
Saint-Cyr-du-Gault(41) 79 E4
Saint-Cyr-du-Ronceray(14) 19 G6
Saint-Cyr-en-Arthies(95) 41 G2
Saint-Cyr-en-Bourg(49) 93 G1
Saint-Cyr-en-Pail(53) 59 G1
Saint-Cyr-en-Talmondais(85) 106 C2
Saint-Cyr-en-Val(45) 80 D2
Saint-Cyr-la-Campagne(27) 20 D5
Saint-Cyr-la-Lande(79) 93 F3
Saint-Cyr-la-Rivière(91) 63 E2
Saint-Cyr-la-Roche(19) 138 B2
Saint-Cyr-la-Rosière(61) 60 D3
Saint-Cyr-le-Chatoux(69) 116 A6
Saint-Cyr-le-Gravelais(53) 58 B4
Saint-Cyr-l'École(78) 42 B4
Saint-Cyr-les-Champagnes(24) 138 B1
Saint-Cyr-les-Colons(89) 83 G2
Saint-Cyr-les-Vignes(42) 129 E4
Saint-Cyr-Montmalin(39) 102 D3
Saint-Cyr-sous-Dourdan(91) 42 B6
Saint-Cyr-sur-Loire(37) 78 C5
Saint-Cyr-sur-le-Rhône(69) 130 A5
Saint-Cyr-sur-Menthon(01) 116 D4
Saint-Cyr-sur-Mer(83) 191 F5
Saint-Cyr-sur-Morin(77) 44 A3
Saint-Cyran-du-Jambot(36) 95 G3
Saint-Dalmas-le-Selvage(06) 161 G5
Saint-Daunès(46) 152 B5
Saint-Denis(11) 185 E3
Saint-Denis(30) 157 F6
Saint-Denis(89) 64 D3
Saint-Denis(93) 42 D3
Saint-Denis-Catus(46) 152 C3
Saint-Denis-Combarnazat(63) 127 G1
Saint-Denis-d'Aclon(76) 9 F3
Saint-Denis-d'Anjou(53) 76 D2
Saint-Denis-d'Augerons(27) 39 G2
Saint-Denis-d'Authou(28) 61 F3
Saint-Denis-de-Cabanne(42) 115 G5
Saint-Denis-de-Gastines(53) 58 C2
Saint-Denis-de-Jouhet(36) 111 H2
Saint-Denis-de-l'Hôtel(45) 81 E1
Saint-Denis-de-Mailloc(14) 19 G5
Saint-Denis-de-Méré(14) 38 A3
Saint-Denis-de-Palin(18) 97 H4
Saint-Denis-de-Pile(33) 135 G4
Saint-Denis-de-Villenette(61) 37 H6
Saint-Denis-des-Coudrais(72) 60 C4
Saint-Denis-des-Monts(27) 20 C5
Saint-Denis-des-Murs(87) 124 D3
Saint-Denis-des-Puits(28) 61 G2
Saint-Denis-d'Oléron(17) 106 C6
Saint-Denis-d'Orques(72) 59 F5
Saint-Denis-du-Béhélan(27) 40 C3
Saint-Denis-du-Maine(53) 59 E5
Saint-Denis-du-Payré(85) 106 D3
Saint-Denis-du-Pin(17) 121 F1
Saint-Denis-en-Bugey(01) 130 D1
Saint-Denis-en-Margeride(48) 155 H2
Saint-Denis-en-Val(45) 80 D1
Saint-Denis-la-Chevasse(85) 91 G4
Saint-Denis-le-Ferment(27) 21 H5
Saint-Denis-le-Gast(50) 36 B2
Saint-Denis-le-Thiboult(76) 21 F4
Saint-Denis-lès-Bourg(01) 117 E5
Saint-Denis-lès-Martel(46) 138 D5
Saint-Denis-les-Ponts(28) 61 H5
Saint-Denis-lès-Rebais(77) 44 A4
Saint-Denis-Maisoncelles(14) 37 G2
Saint-Denis-sur-Coise(42) 129 F4
Saint-Denis-sur-Huisne(61) 60 C1
Saint-Denis-sur-Loire(41) 79 H4
Saint-Denis-sur-Ouanne(89) 82 C2
Saint-Denis-sur-Sarthon(61) 59 H1
Saint-Denis-sur-Scie(76) 9 F4
Saint-Deniscourt(60) 22 A4
Saint-Denoeux(62) 2 C6
Saint-Denoual(22) 34 B4
Saint-Derrien(29) 31 F4
Saint-Désert(71) 101 F5
Saint-Désir(14) 19 G5
Saint-Désirat(07) 144 A2
Saint-Désiré(03) 112 C2
Saint-Dézéry(30) 171 H3
Saint-Didier(21) 84 B6
Saint-Didier(35) 57 G3
Saint-Didier(58) 83 F6
Saint-Didier(84) 102 C5
Saint-Didier-au-Mont-d'Or(69) 130 A2
Saint-Didier-d'Allier(43) 142 B5
Saint-Didier-d'Aussiat(01) 116 D4
Saint-Didier-de-Bizonnes(38) 131 E5
Saint-Didier-de-Formans(01) 116 C6
Saint-Didier-de-la-Tour(38) 131 E5
Saint-Didier-en-Bresse(71) 101 H4
Saint-Didier-en-Brionnais(71) 115 F4
Saint-Didier-en-Donjon(03) 114 D3
Saint-Didier-en-Velay(43) 143 E2
Saint-Didier-la-Forêt(03) 114 A5
Saint-Didier-sous-Aubenas(07) 157 G3
Saint-Didier-sous-Écouves(61) 38 D6
Saint-Didier-sous-Riverie(69) 129 G4
Saint-Didier-sur-Arroux(71) 100 B5

Saint-Didier-sur-Beaujeu(69) 116 A5
Saint-Didier-sur-Chalaronne(01) ...116 C5
Saint-Didier-sur-Doulon(43) 141 H2
Saint-Didier-sur-Rochefort(42) 128 C3
Saint-Dié(88) 70 C3
Saint-Dier-d'Auvergne(63) 127 H4
Saint-Diéry(63) 127 E5
Saint-Dionizy(30) 171 H5
Saint-Disdier(05) 145 H6
Saint-Divy(29) 31 E4
Saint-Dizant-du-Bois(17) 121 E6
Saint-Dizant-du-Gua(17) 121 E6
Saint-Dizier(52) 46 D5
Saint-Dizier-en-Diois(26) 159 F3
Saint-Dizier-la-Tour(23) 112 B6
Saint-Dizier-les-Domaines(23) 112 A4
Saint-Dizier-l'Évêque(90) 89 E4
Saint-Dizier-Leyrenne(23) 125 E1
Saint-Dolay(56) 73 H3
Saint-Domet(23) 112 C6
Saint-Domineuc(35) 35 E5
Saint-Donan(22) 33 F5
Saint-Donat(63) 126 C6
Saint-Donat-sur-l'Herbasse(26) 144 B3
Saint-Dos(64) 179 F2
Saint-Doulchard(18) 97 F3
Saint-Drézéry(34) 171 F5
Saint-Dyé-sur-Loire(41) 79 H3
Saint-Ébremond-de-Bonfossé(50) 37 E1
Saint-Edmond(71) 115 G5
Saint-Égrève(38) 145 G2
Saint-Élier(27) 40 C2
Saint-Éliph(28) 61 F2
Saint-Élix(32) 182 C2
Saint-Élix-le-Château(31) 183 E4
Saint-Élix-Séglan(31) 182 C5
Saint-Élix-Theux(32) 181 H2
Saint-Ellier-du-Maine(53) 58 B1
Saint-Ellier-les-Bois(61) 38 D6
Saint-Éloi(01) 130 C1
Saint-Éloi(23) 111 G6
Saint-Éloi(58) 98 D4
Saint-Éloi-de-Fourques(27) 20 B6
Saint-Éloy(29) 31 G5
Saint-Éloy-d'Allier(03) 112 C2
Saint-Éloy-de-Gy(18) 97 F2
Saint-Éloy-la-Glacière(63) 128 A5
Saint-Éloy-les-Mines(63) 113 F5
Saint-Éloy-les-Tuileries(19) 124 B6
Saint-Éman(28) 61 G3
Saint-Émiland(71) 100 D4
Saint-Émilion(33) 135 H5
Saint-Ennemond(03) 99 E6
Saint-Épain(37) 94 C2
Saint-Epvre(57) 29 E6
Saint-Erblon(35) 57 F2
Saint-Erblon(53) 57 H6
Saint-Erme-Outre-et-
  Ramecourt(02) 25 E3
Saint-Escobille(91) 62 D2
Saint-Esteben(64) 179 E3
Saint-Estèphe(24) 123 F5
Saint-Estèphe(33) 134 D2
Saint-Estève(66) 200 D3
Saint-Estève-Janson(13) 173 H5
Saint-Étienne(42) 129 F6
Saint-Étienne-à-Arnes(08) 26 A3
Saint-Étienne-au-Mont(62) 2 B4
Saint-Étienne-au-Temple(51) 26 A6
Saint-Étienne-aux-Clos(19) 126 B5
Saint-Étienne-Cantalès(15) 139 H5
Saint-Étienne-d'Albagnan(34) 186 A2
Saint-Étienne-de-Baïgorry(64) 178 D4
Saint-Étienne-de-Boulogne(07) 157 G2
Saint-Étienne-de-Brillouet(85) 107 E2
Saint-Étienne-de-Carlat(15) 140 B5
Saint-Étienne-de-Chigny(37) 78 B6
Saint-Étienne-de-Chomeil(15) 140 B2
Saint-Étienne-de-Crossey(38) 131 F6
Saint-Étienne-de-Cuines(73) 132 C6
Saint-Étienne-de-Fontbellon(07) ...157 F3
Saint-Étienne-de-Fougères(47) 151 E4
Saint-Étienne-de-Fursac(23) 111 E5
Saint-Étienne-de-Gourgas(34) 170 B5
Saint-Étienne-de-Lisse(33) 135 H5
Saint-Étienne-de-l'Olm(30) 171 G2
Saint-Étienne-de-Lugdarès(07) 156 D2
Saint-Étienne-de-Maurs(15) 153 H2
Saint-Étienne-de-Mer-Morte(44) 90 D2
Saint-Étienne-de-Montluc(44) 74 C5
Saint-Étienne-de-Puycorbier(24) ...136 C4
Saint-Étienne-de-Saint-Geoirs(38) .145 E1
Saint-Étienne-de-Serre(07) 143 G6
Saint-Étienne-de-Tinée(06) 161 H5
Saint-Étienne-de-Tulmont(82) 167 E2
Saint-Étienne-de-Valoux(07) 144 A2
Saint-Étienne-de-Vicq(03) 114 B5
Saint-Étienne-de-Villeréal(47) 151 F3
Saint-Étienne-des-Champs(63) 126 B3
Saint-Étienne-des-Guérets(41) 79 F4
Saint-Étienne-des-Oullières(69) ...116 B6
Saint-Étienne-des-Sorts(30) 158 A6
Saint-Étienne-d'Orthe(40) 162 C6
Saint-Étienne-du-Bois(01) 117 F4
Saint-Étienne-du-Bois(85) 91 E3
Saint-Étienne-du-Grès(13) 172 D5
Saint-Étienne-du-Gué-de-l'Isle(22) .55 G2
Saint-Étienne-du-Rouvray(76) 20 D4
Saint-Étienne-du-Valdonnez(48) 156 A4
Saint-Étienne-du-Vauvray(27) 21 E6
Saint-Étienne-du-Vigan(43) 142 C6
Saint-Étienne-en-Bresse(71) 101 H6
Saint-Étienne-en-Coglès(35) 35 H5
Saint-Étienne-en-Dévoluy(05) 160 A1
Saint-Étienne-Estréchoux(34) 186 H6
Saint-Étienne-la-Cigogne(79) 107 H5
Saint-Étienne-la-Geneste(19) 126 A6
Saint-Étienne-la-Thillaye(14) 19 F4
Saint-Étienne-la-Varenne(69) 116 A6
Saint-Étienne-Lardeyrol(43) 142 D4
Saint-Étienne-le-Laus(05) 160 C3
Saint-Étienne-le-Molard(42) 128 D3

Saint-Étienne-les-Orgues(04) 174 C2
Saint-Étienne-lès-Remiremont(88)........70 A6
Saint-Étienne-Roilaye(60) 23 H5
Saint-Étienne-sous-Bailleul(27)............41 E1
Saint-Étienne-sous-Barbuise(10) 66 B1
Saint-Étienne-sur-Blesle(43)................141 F2
Saint-Étienne-sur-Chalaronne(01)........116 C5
Saint-Étienne-sur-Reyssouze(01) 116 D3
Saint-Étienne-sur-Suippe(51) 25 G4
Saint-Étienne-sur-Usson(63)................127 H6
Saint-Étienne-Vallée-Française(48)......171 E1
Saint-Eugène(02) 44 C2
Saint-Eugène(17)..............................121 G5
Saint-Eugène(71)..............................100 C6
Saint-Eulien(51) 46 D5
Saint-Euphraise-et-Clairizet(51) 25 E6
Saint-Euphrône(21)............................84 D4
Saint-Eusèbe(71)..............................100 D6
Saint-Eusèbe(74)..............................131 H1
Saint-Eusèbe-en-Champsaur(05)........146 B6
Saint-Eustache(74)............................132 B2
Saint-Eustache-la-Forêt(76)................8 C6
Saint-Eutrope(16)..............................122 B6
Saint-Eutrope-de-Born(47)..................151 F3
Saint-Évarzec(29)..............................53 F4
Saint-Evroult-de-Montfort(61)..............39 F3
Saint-Evroult-Notre-Dame-
  du-Bois(61)....................................39 G4
Saint-Exupéry(33)..............................150 A2
Saint-Exupéry-les-Roches(19)..............126 A5
Saint-Fargeau(89)..............................82 C3
Saint-Fargeau-Ponthierry(77)..............43 E6
Saint-Fargeol(03)..............................113 E6
Saint-Faust(64)..................................180 B4
Saint-Félicien(07)..............................143 H3
Saint-Féliu-d'Amont(66)......................200 C3
Saint-Féliu-d'Avall(66)........................200 C3
Saint-Félix(03)..................................114 B5
Saint-Félix(16)..................................136 A1
Saint-Félix(17)..................................107 H6
Saint-Félix(46)..................................153 G3
Saint-Félix(60)..................................22 D5
Saint-Félix(74)..................................131 H2
Saint-Félix-de-Bourdeilles(24)..............123 E6
Saint-Félix-de-Foncaude(33)................150 A2
Saint-Félix-de-l'Héras(34)....................170 B4
Saint-Félix-de-Lodez(34)......................170 C6
Saint-Félix-de-Lunel(12)......................154 B3
Saint-Félix-de-Pallières(30)..................171 F3
Saint-Félix-de-Reillac-
  et-Mortemart(24)............................137 G4
Saint-Félix-de-Rieutord(09)..................183 H6
Saint-Félix-de-Sorgues(12)..................169 G4
Saint-Félix-de-Tournegat(09)................184 A5
Saint-Félix-de-Villadeix(24)..................137 E5
Saint-Félix-Lauragais(31)....................184 B2
Saint-Fergeux(08)..............................14 B6
Saint-Ferjeux(70)..............................88 B4
Saint-Ferme(33)................................150 B2
Saint-Ferréol(31)................................182 B3
Saint-Ferréol(74)................................132 C2
Saint-Ferréol-d'Auroure(43)................143 E1
Saint-Ferréol-des-Côtes(63)................128 B5
Saint-Ferréol-Trente-Pas(26)..............158 D4
Saint-Ferriol(11)................................199 G2
Saint-Fiacre(22)................................33 E5
Saint-Fiacre(77)................................43 G3
Saint-Fiacre-sur-Maine(44)..................91 F1
Saint-Fiel(23)....................................111 H5
Saint-Firmin(05)................................146 B6
Saint-Firmin(54)................................69 F1
Saint-Firmin(58)................................99 E3
Saint-Firmin(71)................................100 D5
Saint-Firmin-des-Bois(45)....................64 B6
Saint-Firmin-des-Prés(41)....................79 F2
Saint-Firmin-sur-Loire(45)....................81 H3
Saint-Flavy(10)..................................65 G2
Saint-Florent(2B)................................203 F4
Saint-Florent(45)................................81 G3
Saint-Florent-des-Bois(85)..................91 G6
Saint-Florent-le-Vieil(49)....................75 H5
Saint-Florent-sur-Auzonnet(30)............157 E6
Saint-Florent-sur-Cher(18)..................97 F4
Saint-Florentin(36)............................96 C3
Saint-Florentin(89)............................65 G5
Saint-Floret(63)................................127 F5
Saint-Floris(62)................................3 E2
Saint-Flour(15)..................................141 F4
Saint-Flour(63)..................................127 H4
Saint-Flour-de-Mercoire(48)................156 C2
Saint-Flovier(37)................................95 F4
Saint-Floxel(50)................................17 E3
Saint-Folquin(62)..............................3 E2
Saint-Fons(69)..................................130 A3
Saint-Forgeot(71)..............................100 C3
Saint-Forget(78)................................42 B5
Saint-Forgeux(69)..............................129 G2
Saint-Forgeux-Lespinasse(42)..............115 G6
Saint-Fort(53)....................................76 B1
Saint-Fort-sur-Gironde(17)..................121 E6
Saint-Fort-sur-le-Né(16)......................121 G5
Saint-Fortunat-sur-Eyrieux(07)............143 H6
Saint-Fraigne(16)..............................122 A1
Saint-Fraimbault(61)..........................37 G6
Saint-Fraimbault-de-Prières(53)............58 D2
Saint-Frajou(31)................................182 G3
Saint-Franc(73)..................................131 G5
Saint-Franchy(58)..............................99 F2
Saint-François-de-Sales(73)................132 A3
Saint-François-Lacroix(57)..................29 E3
Saint-François-Longchamp(73)............132 C6
Saint-Frégant(29)..............................31 E3
Saint-Fréjoux(19)..............................126 A5
Saint-Frézal-d'Albuges(48)..................156 C3
Saint-Frézal-de-Ventalon(48)..............156 C6
Saint-Frichoux(11)............................185 G4
Saint-Frion(23)..................................125 H2
Saint-Fromond(50)............................17 G5
Saint-Front(16)..................................122 C2
Saint-Front(43)..................................143 E5
Saint-Front-d'Alemps(24)....................137 F2
Saint-Front-de-Pradoux(24)................136 C4
Saint-Front-la-Rivière(24)....................123 F6

Saint-Front-sur-Lémance(47)..............151 H3
Saint-Front-sur-Nizonne(24) 123 E6
Saint-Froult(17) 120 C1
Saint-Fulgent(85) 91 H3
Saint-Fulgent-des-Ormes(61) 60 C3
Saint-Fuscien(80)..............................11 F6
Saint-Gabriel-Brécy(14) 18 B4
Saint-Gal(48) 155 H2
Saint-Gal-sur-Sioule(63) 113 G6
Saint-Galmier(42)..............................129 F5
Saint-Gand(70)..................................87 E4
Saint-Ganton(35)..............................56 D6
Saint-Gatien-des-Bois(14)..................19 G3
Saint-Gaudens(31)............................182 B5
Saint-Gaudent(86)............................109 F6
Saint-Gaudéric(11)............................184 C5
Saint-Gaultier(36)..............................111 E1
Saint-Gauzens(81)............................167 H5
Saint-Gein(40)..................................164 A4
Saint-Gelais(79)................................108 A3
Saint-Gelven(22)................................55 E1
Saint-Gély-du-Fesc(34)......................171 E6
Saint-Génard(79)..............................108 C5
Saint-Gence(87)................................124 A2
Saint-Généroux(79)............................93 F4
Saint-Genès-Champanelle(63)............127 E4
Saint-Genès-Champespe(63)..............126 C6
Saint-Genès-de-Blaye(33)..................135 E3
Saint-Genès-de-Castillon(33)..............135 H5
Saint-Genès-de-Fronsac(33)................135 F4
Saint-Genès-de-Lombaud(33)..............149 G1
Saint-Genès-du-Retz(63)....................113 H6
Saint-Genès-la-Tourette(63)................127 H5
Saint-Genest(03)..............................112 D4
Saint-Genest(88)..............................69 H2
Saint-Genest-d'Ambière(86)..............94 B5
Saint-Genest-de-Beauzon(07)............157 E4
Saint-Genest-de-Contest(81)..............168 B5
Saint-Genest-Lachamp(07)................143 F6
Saint-Genest-Lerpt(42)......................129 F6
Saint-Genest-Malifaux(42)..................143 F1
Saint-Genest-sur-Roselle(87)..............124 C4
Saint-Geneys-près-
  Saint-Paulien(43)............................142 C3
Saint-Gengoulph(02)..........................44 A1
Saint-Gengoux-de-Scissé(71)..............116 B2
Saint-Gengoux-le-National(71)............116 B1
Saint-Geniès(24)................................138 A5
Saint-Geniès-Bellevue(31)..................167 E5
Saint-Geniès-de-Comolas(30)..............172 D2
Saint-Geniès-de-Fontedit(34)..............186 D2
Saint-Geniès-de-Malgoirès(30)............171 H3
Saint-Geniès-de-Varensal(34)............169 H6
Saint-Geniès-des-Mourgues(34)..........171 G6
Saint-Geniez(04)................................160 B5
Saint-Geniez-d'Olt(12)........................155 E4
Saint-Geniez-Ô-Merle(19)..................139 G4
Saint-Génis(05)................................159 H4
Saint-Génis-de-Saintonge(17)............121 F5
Saint-Génis-des-Fontaines(66)............200 D5
Saint-Genis-d'Hiersac(16)..................122 B3
Saint-Genis-du-Bois(33)....................149 H2
Saint-Genis-l'Argentière(69)................129 G4
Saint-Genis-Laval(69)........................130 A4
Saint-Genis-les-Ollières(69)................129 H3
Saint-Genis-Pouilly(01)......................118 B4
Saint-Genis-sur-Menthon(01)..............116 D4
Saint-Genix-sur-Guiers(73)................131 F4
Saint-Genou(36)................................95 H4
Saint-Genouph(37)............................78 C6
Saint-Geoire-en-Valdaine(38)..............131 F5
Saint-Geoirs(38)................................145 E1
Saint-Georges(15)............................141 F4
Saint-Georges(16)............................122 C1
Saint-Georges(32)............................166 B3
Saint-Georges(47)............................151 G4
Saint-Georges(57)............................50 A4
Saint-Georges(62)............................10 D1
Saint-Georges(82)............................152 D6
Saint-Georges-Antignac(17)..............121 F5
Saint-Georges-Armont(25)..................88 B5
Saint-Georges-Blancaneix(24)............136 C5
Saint-Georges-Buttavent(53)..............58 D2
Saint-Georges-d'Annebecq(61)............38 C5
Saint-Georges-d'Aunay(14)................18 A6
Saint-Georges-d'Aurac(43)................142 A3
Saint-Georges-de-Baroille(42)............128 D2
Saint-Georges-de-Bohon(50)..............17 F5
Saint-Georges-de-Chesné(35)............57 H1
Saint-Georges-de-Commiers(38)..........145 G4
Saint-Georges-de-Didonne(17)............120 C4
Saint-Georges-de-Gréhaigne(35)........35 G4
Saint-Georges-de-la-Couée(72)..........78 C1
Saint-Georges-de-la-Rivière(50)..........16 C4
Saint-Georges-de-Lévéjac(48)............155 G5
Saint-Georges-de-Livoye(50)..............36 D4
Saint-Georges-de-
  Longuepierre(17)............................108 A6
Saint-Georges-de-Luzençon(12)..........169 G2
Saint-Georges-de-Mons(63)................126 D2
Saint-Georges-de-Montaigu(85)..........91 G2
Saint-Georges-de-Montclard(24)..........137 E5
Saint-Georges-de-Noisné(79)..............108 A4
Saint-Georges-de-Pointindoux(85)........91 E5
Saint-Georges-de-Poisieux(18)............97 G6
Saint-Georges-de-
  Reintembault(35)............................35 H4
Saint-Georges-de-Reneins(69)............116 B6
Saint-Georges-de-Rex(79)..................107 G4
Saint-Georges-de-Rouelley(50)............37 G5
Saint-Georges-d'Elle(50)....................17 H6
Saint-Georges-des-Agoûts(17)............121 E6
Saint-Georges-des-Coteaux(17)..........121 E3
Saint-Georges-des-Groseillers(61)........37 H4
Saint-Georges-des-Hurtières(73)..........132 C5
Saint-Georges-des-Sept-Voies(49)......77 E6
Saint-Georges-d'Espéranche(38)..........130 C5
Saint-Georges-d'Oléron(17)................106 C6
Saint-Georges-d'Orques(34)................171 E6
Saint-Georges-du-Bois(17)................107 G5
Saint-Georges-du-Bois(49)................77 E4
Saint-Georges-du-Bois(72)................60 A6

Saint-Georges-du-Mesnil(27)..............20 A6
Saint-Georges-du-Rosay(72)..............60 C4
Saint-Georges-du-Vièvre(27)..............20 A6
Saint-Georges-en-Auge(14)................19 F6
Saint-Georges-en-Couzan(42)............128 C4
Saint-Georges-Haute-Ville(42)............128 D5
Saint-Georges-la-Pouge(23)..............125 F1
Saint-Georges-Lagricol(43)................142 C2
Saint-Georges-le-Fléchard(53)............59 E5
Saint-Georges-le-Gaultier(72)............59 G2
Saint-Georges-lès-Baillargeaux(86)....94 B6
Saint-Georges-les-Bains(07)..............144 A6
Saint-Georges-les-Landes(87)............110 D4
Saint-Georges-Montcocq(50)..............17 G6
Saint-Georges-Motel(27)....................41 E4
Saint-Georges-Nigremont(23)............125 H3
Saint-Georges-sur-Allier(63)..............127 F4
Saint-Georges-sur-Arnon(36)..............97 E4
Saint-Georges-sur-Baulche(89)..........83 F2
Saint-Georges-sur-Cher(41)................79 F6
Saint-Georges-sur-Erve(53)................59 F3
Saint-Georges-sur-Eure(28)................61 H2
Saint-Georges-sur-Fontaine(76)..........9 G6
Saint-Georges-sur-la-Prée(18)............96 D2
Saint-Georges-sur-l'Aa(59)................3 E2
Saint-Georges-sur-Layon(49)..............93 E1
Saint-Georges-sur-Loire(49)..............76 B5
Saint-Georges-sur-Moulon(18)............97 G2
Saint-Georges-sur-Renon(01)............116 D5
Saint-Geours-d'Auribat(40)................163 E5
Saint-Geours-de-Maremne(40)............162 C5
Saint-Gérand(56)..............................55 F2
Saint-Gérand-de-Vaux(03)..................114 B3
Saint-Gérand-le-Puy(03)....................114 B4
Saint-Géraud(47)..............................150 B2
Saint-Géraud-de-Corps(24)................136 C5
Saint-Géréon(44)..............................75 G4
Saint-Germain(07)..............................157 G3
Saint-Germain(10)............................66 A3
Saint-Germain(54)............................69 G1
Saint-Germain(70)............................88 B2
Saint-Germain(86)............................110 A2
Saint-Germain-au-Mont-d'Or(69)..........130 A2
Saint-Germain-Beaupré(23)................111 F4
Saint-Germain-Chassenay(58)............99 E5
Saint-Germain-d'Anxure(53)................58 D3
Saint-Germain-d'Arcé(72)..................77 H3
Saint-Germain-d'Aunay(61)................39 F2
Saint-Germain-de-Belvès(24)..............137 H6
Saint-Germain-de-Calberte(48)............156 C6
Saint-Germain-de-Clairefeuille(61)........39 F4
Saint-Germain-de-Confolens(16)..........109 H6
Saint-Germain-de-Coulamer(53)..........59 G3
Saint-Germain-de-Fresney(27)............41 E2
Saint-Germain-de-Grave(33)..............149 H2
Saint-Germain-de-Joux(01)................117 H5
Saint-Germain-de-la-Coudre(61)..........60 D3
Saint-Germain-de-la-Grange(78)..........41 H4
Saint-Germain-de-la-Rivière(33)..........135 G5
Saint-Germain-de-Livet(14)................19 G5
Saint-Germain-de-
  Longue-Chaume(79)........................93 E6
Saint-Germain-de-Lusignan(17)..........121 F6
Saint-Germain-de-
  Marencennes(17)............................107 F6
Saint-Germain-de-Martigny(61)............39 G5
Saint-Germain-de-Modéon(21)............84 B5
Saint-Germain-de-Montbron(16)..........122 D4
Saint-Germain-de-
  Montgommery(14)..........................39 E2
Saint-Germain-de-Pasquier(27)............20 D6
Saint-Germain-de-Prinçay(85)............92 A5
Saint-Germain-de-Salles(03)..............113 H5
Saint-Germain-de-Tallevende-
  la-Lande-Vaumont(14)....................37 H5
Saint-Germain-de-Tournebut(50)..........17 E2
Saint-Germain-de-Varreville(50)..........17 F3
Saint-Germain-de-Vibrac(17)..............121 G6
Saint-Germain-d'Ectot(14)..................18 A5
Saint-Germain-d'Elle(50)....................17 H6
Saint-Germain-des-Angles(27)............40 D1
Saint-Germain-des-Bois(18)................97 G4
Saint-Germain-des-Bois(58)................83 F6
Saint-Germain-des-Champs(89)..........83 H5
Saint-Germain-des-Essourts(76)..........9 H6
Saint-Germain-des-Fossés(03)............114 B5
Saint-Germain-des-Grois(61)..............61 E2
Saint-Germain-des-Prés(24)................137 H1
Saint-Germain-des-Prés(45)................64 B6
Saint-Germain-des-Prés(49)................76 A5
Saint-Germain-des-Prés(81)................184 D1
Saint-Germain-des-Vaux(50)..............16 B1
Saint-Germain-d'Esteuil(33)................134 C2
Saint-Germain-D'Étables(76)..............9 G3
Saint-Germain-du-Bel-Air(46)..............152 C2
Saint-Germain-du-Bois(71)................102 A5
Saint-Germain-du-Corbéis(61)............59 H1
Saint-Germain-du-Crioult(14)..............37 H3
Saint-Germain-du-Pert(14)..................17 G4
Saint-Germain-du-Pinel(35)................58 A5
Saint-Germain-du-Plain(71)................101 G6
Saint-Germain-du-Puch(33)................135 G6
Saint-Germain-du-Puy(18)..................97 G3
Saint-Germain-du-Salembre(24)..........136 D3
Saint-Germain-du-Seudre(17)..............121 E5
Saint-Germain-du-Teil(48)..................155 F4
Saint-Germain-en-Brionnais(71)..........115 G3
Saint-Germain-en-Coglès(35)..............35 H5
Saint-Germain-en-Laye(78)................42 B3
Saint-Germain-en-Montagne(39)..........103 F5
Saint-Germain-et-Mons(24)................137 E6
Saint-Germain-la-
  Blanche-Herbe(14)..........................18 C4
Saint-Germain-la-Campagne(27)..........19 H6
Saint-Germain-la-Chambotte(73)..........131 H3
Saint-Germain-la-Montagne(42)..........115 H5
Saint-Germain-la-Poterie(60)..............22 B4
Saint-Germain-la-Ville(51)..................46 A3
Saint-Germain-l'Aiguiller(85)..............92 B6
Saint-Germain-Langot(14)..................38 B2
Saint-Germain-Laprade(43)................142 C4
Saint-Germain-Laval(42)....................128 D2
Saint-Germain-Laval(77)....................64 C2

Saint-Germain-Lavolps(19) 125 H5
Saint-Germain-Laxis(77) 43 F6
Saint-Germain-le-Châtelet(90)............89 E2
Saint-Germain-le-Fouilloux(53)............58 C4
Saint-Germain-le-Gaillard(28)..............61 H2
Saint-Germain-le-Gaillard(50)..............16 C3
Saint-Germain-le-Guillaume(53)..........58 C3
Saint-Germain-le-Rocheux(21)............85 E2
Saint-Germain-le-Vasson(14)..............18 D6
Saint-Germain-Lembron(63)................127 F6
Saint-Germain-lès-Arlay(39)................102 C5
Saint-Germain-lès-Arpajon(91)............42 C6
Saint-Germain-les-Belles(87)..............124 C5
Saint-Germain-lès-Buxy(71)................101 F6
Saint-Germain-lès-Corbeil(91)............42 D6
Saint-Germain-les-Paroisses(01)..........131 F3
Saint-Germain-lès-Senailly(21)............84 C3
Saint-Germain-les-Vergnes(19)............138 D2
Saint-Germain-Lespinasse(42)............115 E6
Saint-Germain-l'Herm(63)..................127 H6
Saint-Germain-près-Herment(63)..........126 B4
Saint-Germain-Source-Seine(21)..........85 E4
Saint-Germain-sous-Cailly(76)............9 G5
Saint-Germain-sous-Doue(77)............43 H4
Saint-Germain-sur-Avre(27)................40 D4
Saint-Germain-sur-Ay(50)..................16 D5
Saint-Germain-sur-Bresle(80)..............10 B6
Saint-Germain-sur-Eaulne(76)............21 G1
Saint-Germain-sur-École(77)..............63 G1
Saint-Germain-sur-Ille(35)..................57 F1
Saint-Germain-sur-l'Arbresle(69)..........129 G2
Saint-Germain-sur-Meuse(55)..............48 A5
Saint-Germain-sur-Moine(49)..............91 H1
Saint-Germain-sur-Morin(77)..............43 F3
Saint-Germain-sur-Renon(01)............116 D6
Saint-Germain-sur-Rhône(74)............118 A6
Saint-Germain-sur-Sarthe(72)............60 A3
Saint-Germain-sur-Sèves(50)..............17 E5
Saint-Germain-sur-Vienne(37)............93 H1
Saint-Germain-Village(27)..................20 A5
Saint-Germainmont(08)......................14 A6
Saint-Germé(32)................................164 B5
Saint-Germer-de-Fly(60)....................21 H4
Saint-Germier(31)..............................184 A2
Saint-Germier(32)..............................166 B5
Saint-Germier(79)..............................108 D2
Saint-Germier(81)..............................168 C6
Saint-Géron(43)................................141 G1
Saint-Gérons(15)..............................139 H5
Saint-Gervais(30)..............................157 H6
Saint-Gervais(33)..............................135 F4
Saint-Gervais(38)..............................145 F2
Saint-Gervais(85)..............................90 C3
Saint-Gervais(95)..............................21 H6
Saint-Gervais-d'Auvergne(63)............126 D1
Saint-Gervais-de-Vic(72)....................78 D1
Saint-Gervais-des-Sablons(61)............39 E3
Saint-Gervais-du-Perron(61)..............39 E6
Saint-Gervais-en-Belin(72)..................77 H1
Saint-Gervais-en-Vallière(71)..............101 G4
Saint-Gervais-la-Forêt(41)..................79 G4
Saint-Gervais-les-Bains(74)................133 E1
Saint-Gervais-les-
  Trois-Clochers(86)..........................94 B4
Saint-Gervais-sous-Meymont(63)..........128 A4
Saint-Gervais-sur-Couches(71)............101 E4
Saint-Gervais-sur-Mare(34)................169 H6
Saint-Gervais-sur-Roubion(26)............158 B3
Saint-Gervazy(63)..............................127 F6
Saint-Gervy(24)................................136 C5
Saint-Géry(46)..................................152 D4
Saint-Geyrac(24)..............................137 G4
Saint-Gibrien(51)..............................45 H2
Saint-Gildas(22)................................33 F5
Saint-Gildas-de-Rhuys(56)................72 D3
Saint-Gildas-des-Bois(44)..................74 B3
Saint-Gilles(30)................................172 B6
Saint-Gilles(35)................................57 E2
Saint-Gilles(36)................................111 E2
Saint-Gilles(50)................................17 H6
Saint-Gilles(51)................................24 D5
Saint-Gilles(71)................................101 E4
Saint-Gilles-Croix-de-Vie(85)..............90 C5
Saint-Gilles-de-Crétot(76)..................8 D5
Saint-Gilles-de-la-Neuville(76)............8 D5
Saint-Gilles-des-Marais(61)................37 G5
Saint-Gilles-du-Mené(22)..................55 H1
Saint-Gilles-les-Bois(22)....................33 E3
Saint-Gilles-les-Forêts(87)..................124 D4
Saint-Gilles-Pligeaux(22)....................33 E5
Saint-Gilles-Vieux-Marché(22)............55 E1
Saint-Gineis-en-Coiron(07)................157 G2
Saint-Gingolph(74)............................119 G2
Saint-Girod(73)................................131 H2
Saint-Girons(09)................................197 G3
Saint-Girons-d'Aiguevives(33)............135 E3
Saint-Gladie-Arrive-Munein(64)............179 F2
Saint-Glen(22)..................................33 H6
Saint-Goazec(29)..............................53 H2
Saint-Gobain(02)..............................24 B3
Saint-Gobert(02)..............................13 F6
Saint-Gondon(45)..............................81 G3
Saint-Gondran(35)............................35 E6
Saint-Gonlay(35)..............................56 C2
Saint-Gonnery(56)............................55 F2
Saint-Gor(40)....................................164 B2
Saint-Gorgon(56)..............................73 H4
Saint-Gorgon(88)..............................70 A3
Saint-Gorgon-Main(25)......................103 H2
Saint-Gouéno(22)..............................55 H1
Saint-Gourgon(41)............................79 E3
Saint-Gourson(16)............................122 D1
Saint-Goussaud(23)..........................124 D1
Saint-Gratien(80)..............................11 F5
Saint-Gratien(95)..............................42 C2
Saint-Gratien-Savigny(58)..................99 G4
Saint-Gravé(56)................................56 B6
Saint-Grégoire(35)............................57 E2
Saint-Grégoire(81)............................168 C3

Saint-Grégoire-d'Ardennes(17)..........121 F5
Saint-Grégoire-du-Vièvre(27)............20 B6
Saint-Griède(32)................................164 C5
Saint-Groux(16)................................122 C2
Saint-Guen(22)..................................55 F1
Saint-Guilhem-le-Désert(34)..............170 C6
Saint-Guillaume(38)..........................145 F4
Saint-Guinoux(35)............................35 E4
Saint-Guiraud(34)..............................170 C6
Saint-Guyomard(56)..........................55 H5
Saint-Haon(43)..................................142 B6
Saint-Haon-le-Châtel(42)....................115 E6
Saint-Haon-le-Vieux(42)....................115 E6
Saint-Héand(42)................................129 F5
Saint-Hélen(22)................................34 D4
Saint-Hélier(21)................................85 E5
Saint-Herblain(44)............................74 D6
Saint-Herblon(44)............................75 G4
Saint-Hérent(63)..............................127 F6
Saint-Hernin(29)................................54 A1
Saint-Hervé(22)................................55 F1
Saint-Hilaire(03)................................113 G2
Saint-Hilaire(11)................................185 E5
Saint-Hilaire(25)................................87 H5
Saint-Hilaire(31)................................183 F3
Saint-Hilaire(38)................................145 H1
Saint-Hilaire(43)................................141 H1
Saint-Hilaire(46)................................153 H1
Saint-Hilaire(63)................................113 E6
Saint-Hilaire(91)................................63 E2
Saint-Hilaire-au-Temple(51)................26 A6
Saint-Hilaire-Bonneval(87)................124 B4
Saint-Hilaire-Cottes(62)....................3 F5
Saint-Hilaire-Cusson-
  la-Valmitte(42)..............................142 D1
Saint-Hilaire-de-Beauvoir(34)..............171 F5
Saint-Hilaire-de-Brens(38)..................130 D4
Saint-Hilaire-de-Brethmas(30)............171 G2
Saint-Hilaire-de-Briouze(61)................38 B4
Saint-Hilaire-de-Chaléons(44)............90 D1
Saint-Hilaire-de-Clisson(44)................91 G1
Saint-Hilaire-de-Court(18)..................96 D2
Saint-Hilaire-de-Gondilly(18)..............98 B3
Saint-Hilaire-de-la-Côte(38)................130 D6
Saint-Hilaire-de-la-Noaille(33)............150 B3
Saint-Hilaire-de-Lavit(48)..................156 C6
Saint-Hilaire-de-Loulay(85)................91 G2
Saint-Hilaire-de-Lusignan(47)............151 E6
Saint-Hilaire-de-Riez(85)....................90 C4
Saint-Hilaire-de-Villefranche(17)..........121 F2
Saint-Hilaire-de-Voust(85)..................107 H1
Saint-Hilaire-des-Landes(35)..............35 H6
Saint-Hilaire-des-Loges(85)................107 G2
Saint-Hilaire-d'Estissac(24)................136 D4
Saint-Hilaire-d'Ozilhan(30)................172 C3
Saint-Hilaire-du-Bois(17)....................121 F6
Saint-Hilaire-du-Bois(33)....................150 A2
Saint-Hilaire-du-Harcouët(50)............37 E5
Saint-Hilaire-du-Maine(53)................58 B3
Saint-Hilaire-du-Rosier(38)................144 D3
Saint-Hilaire-en-Lignières(18)............97 E6
Saint-Hilaire-en-Morvan(58)..............99 H3
Saint-Hilaire-en-Woëvre(55)..............27 H5
Saint-Hilaire-Foissac(19)....................139 G2
Saint-Hilaire-Fontaine(58)..................99 G5
Saint-Hilaire-la-Croix(63)..................113 G6
Saint-Hilaire-la-Forêt(85)..................106 B2
Saint-Hilaire-la-Gérard(61)................38 D5
Saint-Hilaire-la-Gravelle(41)..............61 G6
Saint-Hilaire-la-Palud(79)..................107 G4
Saint-Hilaire-la-Plaine(23)..................111 H6
Saint-Hilaire-la-Treille(87)..................110 D5
Saint-Hilaire-le-Château(23)..............125 F1
Saint-Hilaire-le-Châtel(61)..................39 G6
Saint-Hilaire-le-Grand(51)..................26 A5
Saint-Hilaire-le-Lierru(72)..................60 C5
Saint-Hilaire-le-Petit(51)....................25 H5
Saint-Hilaire-le-Vouhis(85)................91 H5
Saint-Hilaire-les-Andrésis(45)............64 C5
Saint-Hilaire-les-Courbes(19)............125 E5
Saint-Hilaire-les-Monges(63)..............126 C3
Saint-Hilaire-les-Places(87)................124 A4
Saint-Hilaire-lez-Cambrai(59)............12 D3
Saint-Hilaire-Luc(19)........................139 H1
Saint-Hilaire-Petitville(50)..................17 F5
Saint-Hilaire-Peyroux(19)..................138 D3
Saint-Hilaire-Saint-Mesmin(45)..........80 C1
Saint-Hilaire-sous-Charlieu(42)..........115 H6
Saint-Hilaire-sous-Romilly(10)............65 G1
Saint-Hilaire-sur-Benaize(36)............110 C2
Saint-Hilaire-sur-Erre(61)..................61 E3
Saint-Hilaire-sur-Helpe(59)................13 G3
Saint-Hilaire-sur-Puiseaux(45)............81 H1
Saint-Hilaire-sur-Risle(61)..................39 G4
Saint-Hilaire-sur-Yerre(28)................61 H5
Saint-Hilaire-Taurieux(19)..................139 E4
Saint-Hilarion(28)..............................41 G6
Saint-Hilliers(77)................................44 B6
Saint-Hippolyte(12)............................154 C2
Saint-Hippolyte(15)............................140 C3
Saint-Hippolyte(17)............................120 D1
Saint-Hippolyte(25)............................88 D6
Saint-Hippolyte(33)............................135 H5
Saint-Hippolyte(37)............................95 F3
Saint-Hippolyte(66)............................201 E3
Saint-Hippolyte(68)............................71 F2
Saint-Hippolyte-de-Caton(30)............171 H2
Saint-Hippolyte-de-Montaigu(30)........172 B3
Saint-Hippolyte-du-Fort(30)................171 E3
Saint-Hippolyte-le-Graveyron(84)........173 F2
Saint-Honoré(38)..............................145 H5
Saint-Honoré(76)..............................9 G4
Saint-Honoré-les-Bains(58)................99 H4
Saint-Hostien(43)..............................142 D4
Saint-Hubert(57)................................28 D4
Saint-Huruge(71)..............................116 A1
Saint-Hymer(14)................................19 G4
Saint-Hymetière(39)..........................117 G5
Saint-Igeaux(22)................................55 E1
Saint-Igest(12)..................................153 G4
Saint-Ignan(31)................................182 B5
Saint-Ignat(63)..................................127 G2

272

Saint-Igny-de-Roche(71)....................115 G5
Saint-Igny-de-Vers(69)......................115 H4
Saint-Illide(15)....................................139 H4
Saint-Illiers-la-Ville(78)............41 F2
Saint-Illiers-le-Bois(78)............41 F2
Saint-Ilpize(43).................................141 G3
Saint-Imoges(51)...............................45 F1
Saint-Inglevert(62)................................2 B3
Saint-Ismier(38)...............................145 H2
Saint-Izaire(12)..................................169 F3
Saint-Jacques(04)...........................175 G3
Saint-Jacques-d'Aliermont(76).........9 G3
Saint-Jacques-d'Ambur(63)............126 D2
Saint-Jacques-d'Atticieux(07).........143 H1
Saint-Jacques-de-la-Lande(35)......57 E3
Saint-Jacques-de-Néhou(50)............16 D3
Saint-Jacques-de-Thouars(79).......93 F3
Saint-Jacques-des-Arrêts(69)........116 A4
Saint-Jacques-des-Blats(15).........140 C4
Saint-Jacques-des-Guérets(41).......78 D2
Saint-Jacques-en-Valgodemard(05)..146 B6
Saint-Jacut-de-la-Mer(22).................34 C3
Saint-Jacut-du-Mené(22)....................34 A6
Saint-Jacut-les-Pins(56)....................56 B6
Saint-Jal(19)......................................138 D1
Saint-James(50).................................35 H4
Saint-Jammes(64).............................180 C1
Saint-Jans-Cappel(59)..........................3 H4
Saint-Jean(31)..................................167 F6
Saint-Jean-aux-Amognes(58)...........99 E3
Saint-Jean-aux-Bois(08).....................14 B4
Saint-Jean-aux-Bois(60).....................23 G5
Saint-Jean-Bonnefonds(42)............129 F6
Saint-Jean-Brévelay(56).....................55 G5
Saint-Jean-Cap-Ferrat(06)...............177 F5
Saint-Jean-Chambre(07)..................143 G5
Saint-Jean-d'Aigues-Vives(09)........199 E1
Saint-Jean-d'Alcapiès(12)................169 G3
Saint-Jean-d'Angély(17)...................121 F1
Saint-Jean-d'Angle(17)......................120 C2
Saint-Jean-d'Ardières(69)................116 B5
Saint-Jean-d'Arves(73).....................146 C2
Saint-Jean-d'Arvey(73).....................132 A4
Saint-Jean-d'Assé(72).........................60 A4
Saint-Jean-d'Ataux(24).....................136 D3
Saint-Jean-d'Aubrigoux(43).............142 B1
Saint-Jean-d'Aulps(74).....................119 F4
Saint-Jean-d'Avelanne(38)...............131 G5
Saint-Jean-de-Barrou(11).................200 D1
Saint-Jean-de-Bassel(57)...................50 A4
Saint-Jean-de-Beauregard(91)..........42 B5
Saint-Jean-de-Belleville(73).............132 D5
Saint-Jean-de-Beugné(85)..................91 H6
Saint-Jean-de-Blaignac(33).............135 H6
Saint-Jean-de-Bœuf(21)...................101 F1
Saint-Jean-de-Boiseau(44)................74 C6
Saint-Jean-de-Bonneval(10)..............66 A4
Saint-Jean-de-Bournay(38)..............130 C5
Saint-Jean-de-Braye(45)....................62 D6
Saint-Jean-de-Buèges(34)...............170 D4
Saint-Jean-de-Ceyrargues(30).........171 H2
Saint-Jean-de-Chevelu(73)..............131 G3
Saint-Jean-de-Côle(24)....................123 G6
Saint-Jean-de-Cornies(34)...............171 F5
Saint-Jean-de-Couz(73)....................131 H5
Saint-Jean-de-Crieulon(30)..............171 F3
Saint-Jean-de-Cuculles(34)..............171 E5
Saint-Jean-de-Daye(50)......................17 G5
Saint-Jean-de-Duras(47)..................150 C2
Saint-Jean-de-Folleville(76)................8 C6
Saint-Jean-de-Fos(34)......................170 C4
Saint-Jean-de-Gonville(01)...............118 B4
Saint-Jean-de-la-Blaquière(34)........170 C5
Saint-Jean-de-la-Croix(49).................76 C5
Saint-Jean-de-la-Forêt(61)..................60 D2
Saint-Jean-de-la-Haize(50)................35 H3
Saint-Jean-de-la-Léqueraye(27).........20 A6
Saint-Jean-de-la-Motte(72)................77 G2
Saint-Jean-de-la-Neuville(76)...............8 B5
Saint-Jean-de-la-Porte(73)...............132 B4
Saint-Jean-de-la-Rivière(50)..............16 C4
Saint-Jean-de-la-Ruelle(45)...............62 D6
Saint-Jean-de-Laur(46).....................153 F4
Saint-Jean-de-Lier(40)......................163 E4
Saint-Jean-de-Linières(49).................76 B4
Saint-Jean-de-Liversay(17)..............107 F4
Saint-Jean-de-Livet(14)......................19 G5
Saint-Jean-de-Losne(21)..................102 A2
Saint-Jean-de-Luz(64).......................178 B2
Saint-Jean-de-Marcel(81)................168 C2
Saint-Jean-de-Marsacq(40)..............162 C6
Saint-Jean-de-Maruéjols-
  et-Avéjan(30)...................................157 F6
Saint-Jean-de-Maurienne(73)..........146 C1
Saint-Jean-de-Minervois(34)............186 A3
Saint-Jean-de-Moirans(38)...............145 F1
Saint-Jean-de-Monts(85).....................90 B4
Saint-Jean-de-Muzols(07).................144 A3
Saint-Jean-de-Nay(43)......................142 B4
Saint-Jean-de-Niost(01)....................130 D2
Saint-Jean-de-Paracol(11)................199 F1
Saint-Jean-de-Rebervilliers(28).........40 D6
Saint-Jean-de-Rives(81)...................167 G5
Saint-Jean-de-Sauves(86)..................93 H4
Saint-Jean-de-Savigny(50).................17 G6
Saint-Jean-de-Serres(30)..................171 G3
Saint-Jean-de-Sixt(74)......................132 C1
Saint-Jean-de-Soudain(38)...............131 E4
Saint-Jean-de-Tholome(74)..............119 E5
Saint-Jean-de-Thouars(79).................93 F3
Saint-Jean-de-Thurac(47).................165 H1
Saint-Jean-de-Thurigneux(01)..........130 A1
Saint-Jean-de-Touslas(69)...............129 H5
Saint-Jean-de-Trézy(71)...................101 E5
Saint-Jean-de-Valériscle(30)............157 E6
Saint-Jean-de-Vals(81).....................168 C6
Saint-Jean-de-Vaulx(38)...................145 G4
Saint-Jean-de-Vaux(71)....................101 F5
Saint-Jean-de-Védas(34)..................187 H1
Saint-Jean-de-Verges(09).................183 H6
Saint-Jean-Delnous(12)....................168 D2
Saint-Jean-des-Baisants(50)..............37 F1

Saint-Jean-des-Bois(61) 37 G4
Saint-Jean-des-Champs(50)..............35 G1
Saint-Jean-des-Échelles(72)..............60 D4
Saint-Jean-des-Essartiers(14)...........37 G1
Saint-Jean-des-Mauvrets(49).............76 D5
Saint-Jean-des-Ollières(63).............127 H4
Saint-Jean-des-Vignes(69)...............129 H2
Saint-Jean-d'Estissac(24).................136 D4
Saint-Jean-d'Étreux(39)....................117 F3
Saint-Jean-devant-Possesse(51)........46 C3
Saint-Jean-d'Eyraud(24)...................136 D5
Saint-Jean-d'Hérans(38)...................145 G5
Saint-Jean-d'Heurs(63).....................127 H3
Saint-Jean-d'Illac(33)........................134 D6
Saint-Jean-d'Ormont(88).....................70 C3
Saint-Jean-du-Bois(72)........................59 H6
Saint-Jean-du-Bouzet(82).................166 A3
Saint-Jean-du-Cardonnay(76)..............9 F6
Saint-Jean-du-Castillonnais(09).......197 F3
Saint-Jean-du-Corail(50).....................37 F5
Saint-Jean-du-Corail-des-Bois(50)....36 D4
Saint-Jean-du-Doigt(29)......................32 A2
Saint-Jean-du-Falga(09)...................183 H6
Saint-Jean-du-Gard(30)....................171 F2
Saint-Jean-du-Pin(30).......................171 G2
Saint-Jean-du-Thenney(27)................19 H6
Saint-Jean-en-Royans(26)................144 D4
Saint-Jean-en-Val(63).......................127 G5
Saint-Jean-et-Saint-Paul(12)............169 H4
Saint-Jean-Froidmentel(41)................61 H6
Saint-Jean-Kerdaniel(22).....................33 F4
Saint-Jean-Kourtzerode(57)................50 B5
Saint-Jean-la-Bussière(69)...............129 F1
Saint-Jean-la-Fouillouse(48).............156 B2
Saint-Jean-la-Poterie(56)....................74 A2
Saint-Jean-la-Vêtre(42)....................128 B3
Saint-Jean-Lachalm(43)....................142 B5
Saint-Jean-Lagineste(46)..................139 E6
Saint-Jean-Lasseille(66)...................200 D4
Saint-Jean-le-Blanc(14).......................37 H2
Saint-Jean-le-Blanc(45).......................80 D1
Saint-Jean-le-Centenier(07)..............157 G3
Saint-Jean-le-Comtal(32)..................181 H1
Saint-Jean-le-Thomas(50)..................35 G4
Saint-Jean-le-Vieux(01).....................117 F6
Saint-Jean-le-Vieux(38)....................145 H2
Saint-Jean-le-Vieux(64)....................179 E4
Saint-Jean-lès-Buzy(55)......................28 A5
Saint-Jean-les-Deux-Jumeaux(77)....43 G3
Saint-Jean-lès-Longuyon(54)..............27 G2
Saint-Jean-Lespinasse(46)...............139 E6
Saint-Jean-Lherm(31)........................167 F5
Saint-Jean-Ligoure(87).....................124 B4
Saint-Jean-Mirabel(46).....................153 G3
Saint-Jean-Pied-de-Port(64).............178 D4
Saint-Jean-Pierre-Fixte(28)................61 E3
Saint-Jean-Pla-de-Corts(66).............200 C5
Saint-Jean-Poudge(64)......................180 D1
Saint-Jean-Poutge(32)......................165 F5
Saint-Jean-Roure(07)........................143 F5
Saint-Jean-Saint-Germain(37)............95 F3
Saint-Jean-Saint-Gervais(63)............127 G6
Saint-Jean-
  Saint-Maurice-sur-Loire(42) 128 D1
Saint-Jean-Saint-Nicolas(05).............160 C1
Saint-Jean-Saverne(67).......................50 C4
Saint-Jean-Soleymieux(42)...............128 D5
Saint-Jean-sur-Couesnon(35).............35 H6
Saint-Jean-sur-Erve(53).......................59 F5
Saint-Jean-sur-Mayenne(53)..............58 C4
Saint-Jean-sur-Moivre(51)...................46 B3
Saint-Jean-sur-Reyssouze(01)...........116 D3
Saint-Jean-sur-Tourbe(51)..................26 B5
Saint-Jean-sur-Veyle(01)....................116 C4
Saint-Jean-sur-Vilaine(35)...................57 G3
Saint-Jean-Trolimon(29)......................53 E5
Saint-Jeannet(04)...............................175 E3
Saint-Jeannet(06)...............................177 E5
Saint-Jeanvrin(18)..............................112 B1
Saint-Jeoire(74).................................119 E5
Saint-Jeoire-Prieuré(73)....................132 A5
Saint-Jeure-d'Andaure(07)................143 G4
Saint-Jeure-d'Ay(07)..........................143 H3
Saint-Jeures(43)................................143 E3
Saint-Joachim(44)................................73 H4
Saint-Jodard(42)................................128 D2
Saint-Joire(55).......................................47 G5
Saint-Jores(50).....................................17 E5
Saint-Jorioz(74).................................132 B2
Saint-Jory(31)....................................167 E5
Saint-Jory-de-Chalais(24).................123 G6
Saint-Jory-Las-Bloux(24)..................137 G1
Saint-Joseph(42)...............................129 G5
Saint-Joseph(50)..................................16 D2
Saint-Joseph-de-Rivière(38).............131 G6
Saint-Joseph-des-Bancs(07).............157 G1
Saint-Josse(62)......................................2 B6
Saint-Jouan-de-l'Isle(22)....................34 C6
Saint-Jouan-des-Guérets(35)..............34 D3
Saint-Jouin(34)....................................19 E4
Saint-Jouin-Bruneval(76).......................8 A4
Saint-Jouin-de-Blavou(61)..................60 C2
Saint-Jouin-de-Marnes(79)..................93 G4
Saint-Jouin-de-Milly(79).......................92 C5
Saint-Jouvent(87)..............................124 A1
Saint-Juan(25)......................................87 H6
Saint-Judoce(22)..................................34 D5
Saint-Juéry(12)...................................169 F4
Saint-Juéry(48)...................................141 F6
Saint-Juéry(81)...................................168 B3
Saint-Juire-Champgillon(85)..............107 E1
Saint-Julia(31)....................................184 B2
Saint-Julia-de-Bec(11).......................199 G2
Saint-Julien(21)....................................85 H5
Saint-Julien(22)....................................33 G5
Saint-Julien(31)..................................183 E4
Saint-Julien(34)..................................186 B1
Saint-Julien(39)..................................117 F3
Saint-Julien(69)..................................116 B6
Saint-Julien(83)..................................174 D5
Saint-Julien(88)....................................69 E5

Saint-Julien-aux-Bois(19)..................139 G3
Saint-Julien-Beychevelle(33).............134 D3
Saint-Julien-Boutières(07)................143 F5
Saint-Julien-Chapteuil(43).................142 D4
Saint-Julien-d'Ance(43).....................142 C2
Saint-Julien-d'Armagnac(40).............164 C3
Saint-Julien-d'Arpaon(48).................156 B5
Saint-Julien-d'Asse(04)....................175 E3
Saint-Julien-de-Bourdeilles(24)........137 E1
Saint-Julien-de-Briola(11).................184 C5
Saint-Julien-de-Cassagnas(30)........157 E6
Saint-Julien-de-Chédon(41)................79 G6
Saint-Julien-de-Civry(71)..................115 G3
Saint-Julien-de-Concelles(44).............75 E5
Saint-Julien-de-Coppel(63)...............127 G4
Saint-Julien-de-Crempse(24)...........136 D5
Saint-Julien-de-Gras-Capou(09)......184 B6
Saint-Julien-de-Jonzy(71).................115 F4
Saint-Julien-de-la-Liègue(27)..............41 E1
Saint-Julien-de-la-Nef(30).................170 D3
Saint-Julien-de-Lampon(24)..............138 B6
Saint-Julien-de-l'Escap(17)...............121 F1
Saint-Julien-de-l'Herms(38)..............130 C6
Saint-Julien-de-Mailloc(14)................19 G5
Saint-Julien-de-Peyrolas(30)............157 H5
Saint-Julien-de-Raz(38)....................131 G6
Saint-Julien-de-Toursac(15)..............153 H1
Saint-Julien-de-Vouvantes(44)...........75 G2
Saint-Julien-des-Chazes(43).............142 A4
Saint-Julien-des-Landes(85)..............90 D5
Saint-Julien-des-Points(48)...............156 D6
Saint-Julien-d'Eymet(24)...................150 D1
Saint-Julien-d'Oddes(42)...................128 D2
Saint-Julien-du-Gua(07)....................143 G6
Saint-Julien-du-Pinet(43)..................143 D4
Saint-Julien-du-Puy(81)....................168 A5
Saint-Julien-du-Sault(89).....................64 D5
Saint-Julien-du-Serre(07).................157 G2
Saint-Julien-du-Terroux(53)................38 B6
Saint-Julien-du-Tournel(48)..............156 B4
Saint-Julien-en-Beauchêne(05).........159 G2
Saint-Julien-en-Born(40)...................162 C2
Saint-Julien-en-Champsaur(05).........160 B2
Saint-Julien-en-Genevois(74)...........118 C5
Saint-Julien-en-Saint-Alban(07)........158 A1
Saint-Julien-en-Vercors(26)..............145 E4
Saint-Julien-Gaulène(81)...................168 C3
Saint-Julien-la-Geneste(63)..............113 E6
Saint-Julien-la-Genête(23)................112 D5
Saint-Julien-la-Vêtre(42)..................128 B3
Saint-Julien-Labrousse(07)...............143 G5
Saint-Julien-l'Ars(86)........................109 G2
Saint-Julien-le-Châtel(23).................112 B6
Saint-Julien-le-Faucon(14)..................19 F6
Saint-Julien-le-Pèlerin(19)................139 G4
Saint-Julien-le-Petit(87)....................125 E3
Saint-Julien-le-Roux(07)...................143 H5
Saint-Julien-le-Vendômois(19).........124 B6
Saint-Julien-lès-Gorze(54)..................28 B6
Saint-Julien-lès-Metz(57)....................28 D5
Saint-Julien-lès-Montbéliard(25).........88 C4
Saint-Julien-lès-Rosiers(30).............171 G1
Saint-Julien-lès-Russey(25)..............105 E1
Saint-Julien-les-Villas(10)...................66 B3
Saint-Julien-Maumont(19).................138 D4
Saint-Julien-Molhesabate(43)...........143 F3
Saint-Julien-Molin-Molette(42)..........143 H1
Saint-Julien-Mont-Denis(73).............146 D1
Saint-Julien-près-Bort(19)................126 A6
Saint-Julien-Puy-Lavèze(63)...........126 C4
Saint-Julien-sous-les-Côtes(55).........47 H3
Saint-Julien-sur-Bibost(69)...............129 G3
Saint-Julien-sur-Calonne(14).............19 G4
Saint-Julien-sur-Cher(41)...................96 C1
Saint-Julien-sur-Dheune(71).............101 E5
Saint-Julien-sur-Reyssouze(01)........116 D3
Saint-Julien-sur-Sarthe(61).................39 F6
Saint-Julien-sur-Veyle(01).................116 C5
Saint-Julien-Vocance(07)..................143 G3
Saint-Junien(87)................................123 G2
Saint-Junien-la-Bregère(23)..............125 E2
Saint-Junien-les-Combes(87)............110 C6
Saint-Jure(57)......................................48 D2
Saint-Jurs(04)....................................175 F3
Saint-Just(01).....................................117 E5
Saint-Just(07)....................................157 H5
Saint-Just(15)....................................141 F6
Saint-Just(18)......................................97 G4
Saint-Just(24)....................................136 D1
Saint-Just(27)......................................41 E1
Saint-Just(34)....................................171 G6
Saint-Just(35)......................................56 D6
Saint-Just(63)....................................128 B6
Saint-Just-Chaleyssin(38).................130 B4
Saint-Just-d'Avray(69)......................129 F1
Saint-Just-de-Claix(38)....................144 D3
Saint-Just-en-Bas(42)......................128 C3
Saint-Just-en-Brie(77)........................43 H6
Saint-Just-en-Chaussée(60)..............22 D3
Saint-Just-en-Chevalet(42)...............128 C2
Saint-Just-et-le-Bézu(11)..................199 G2
Saint-Just-et-Vacquières(30)............171 H2
Saint-Just-Ibarre(64)........................179 E4
Saint-Just-la-Pendue(42)..................129 E2
Saint-Just-Malmont(43)....................143 F1
Saint-Just-près-Brioude(43)..............141 G2
Saint-Just-Saint-Rambert(42)...........129 E5
Saint-Just-Sauvage(51).......................45 E6
Saint-Just-sur-Dive(49)......................93 G1
Saint-Just-sur-Viaur(12)....................168 C2
Saint-Justin(32).................................181 F2
Saint-Juvat(22).....................................34 D5
Saint-Juvin(08).....................................26 D3
Saint-Lactencin(36).............................96 A4
Saint-Lager(69)..................................116 B5
Saint-Lager-Bressac(07)...................158 A2
Saint-Lamain(39)...............................102 C5
Saint-Lambert(14)................................37 H2

Saint-Lambert(78)................................42 B5
Saint-Lambert-du-Lattay(49)...............76 C5
Saint-Lambert-et-Mont-de-Jeux(08)..14 D2
Saint-Lambert-la-Potherie(49)............76 B4
Saint-Langis-lès-Mortagne(61)...........39 G6
Saint-Lanne(65)..................................164 C6
Saint-Laon(86)......................................93 G3
Saint-Lary(09)....................................197 F3
Saint-Lary(32)....................................165 G5
Saint-Lary-Boujean(31).....................182 B4
Saint-Lary-Soulan(65).......................196 B4
Saint-Lattier(38).................................144 D3
Saint-Launeuc(22)................................56 A1
Saint-Laure(63)..................................127 G2
Saint-Laurent(08)..................................15 E4
Saint-Laurent(18)..................................97 F2
Saint-Laurent(23)...............................111 H5
Saint-Laurent(31)...............................182 C3
Saint-Laurent(47)...............................150 D6
Saint-Laurent(58)..................................82 C6
Saint-Laurent(74)...............................118 D6
Saint-Laurent-Blangy(62)....................11 H2
Saint-Laurent-Bretagne(64)..............180 D3
Saint-Laurent-Chabreuges(43)..........141 G2
Saint-Laurent-d'Agny(69)..................129 H4
Saint-Laurent-d'Aigouze(30).............171 H6
Saint-Laurent-d'Andenay(71).............100 D6
Saint-Laurent-d'Arce(33)...................135 F4
Saint-Laurent-de-Belzagot(16).........136 B1
Saint-Laurent-de-Brèvedent(76)...........8 A6
Saint-Laurent-de-Carnols(30)...........157 G6
Saint-Laurent-de-Cerdans(66)..........200 B6
Saint-Laurent-de-Céris(16)...............123 E2
Saint-Laurent-de-Chamousset(69)....129 F3
Saint-Laurent-de-Cognac(16)...........121 G4
Saint-Laurent-de-Condel(14)...............18 C6
Saint-Laurent-de-Cuves(50)................37 E4
Saint-Laurent-de-Gosse(40)..............178 D1
Saint-Laurent-de-Jourdes(86)...........109 G3
Saint-Laurent-de-la-Barrière(17).......107 G6
Saint-Laurent-de-la-Cabrerisse(11)...185 H6
Saint-Laurent-de-la-Plaine(49)............76 B6
Saint-Laurent-de-la-Prée(17)............107 E6
Saint-Laurent-de-la-Salanque(66).....201 E3
Saint-Laurent-de-la-Salle(85)............107 F1
Saint-Laurent-de-Lévézou(12)...........155 E6
Saint-Laurent-de-Lin(37)......................77 H4
Saint-Laurent-de-Mure(69)................130 C4
Saint-Laurent-de-Muret(48)...............155 G3
Saint-Laurent-de-Neste(65)...............181 H6
Saint-Laurent-de-Terregatte(50).........35 H4
Saint-Laurent-de-Trèves(48).............156 A6
Saint-Laurent-de-Vaux(69)...............129 H3
Saint-Laurent-de-Veyrès(48).............155 F1
Saint-Laurent-des-Arbres(30)...........172 D2
Saint-Laurent-des-Autels(49)..............75 G5
Saint-Laurent-des-Bâtons(24)...........137 F5
Saint-Laurent-des-Bois(27)................41 E4
Saint-Laurent-des-Bois(41)................79 H1
Saint-Laurent-des-Combes(16).........136 A1
Saint-Laurent-des-Combes(33).........135 H5
Saint-Laurent-des-Hommes(24)........136 C4
Saint-Laurent-des-Mortiers(53)..........76 C2
Saint-Laurent-des-Vignes(24)...........136 D6
Saint-Laurent-d'Oingt(69).................129 G1
Saint-Laurent-d'Olt(12).....................155 F4
Saint-Laurent-d'Onay(26)..................144 C3
Saint-Laurent-du-Bois(33)................149 H2
Saint-Laurent-du-Cros(05)................160 B2
Saint-Laurent-du-Mont(14)..................19 F5
Saint-Laurent-du-Mottay(49)...............75 H5
Saint-Laurent-du-Pape(07)...............144 A6
Saint-Laurent-du-Plan(33).................149 H2
Saint-Laurent-du-Pont(38).................131 G6
Saint-Laurent-du-Tencement(27)........39 G3
Saint-Laurent-du-Var(06)...................177 E5
Saint-Laurent-du-Verdon(04).............175 E5
Saint-Laurent-en-Beaumont(38)........145 H5
Saint-Laurent-en-Brionnais(71).........115 G4
Saint-Laurent-en-Caux(76)...................9 E4
Saint-Laurent-en-Gâtines(37).............78 D4
Saint-Laurent-en-Grandvaux(39).......118 B1
Saint-Laurent-en-Royans(26)............145 E4
Saint-Laurent-la-Conche(42).............129 E4
Saint-Laurent-la-Gâtine(28)................41 F5
Saint-Laurent-la-Roche(39)..............117 G1
Saint-Laurent-la-Vallée(24)..............152 A1
Saint-Laurent-le-Minier(30)...............170 D4
Saint-Laurent-les-Bains(07)..............156 D3
Saint-Laurent-les-Églises(87)............124 C2
Saint-Laurent-les-Tours(46)..............139 F6
Saint-Laurent-Lolmie(46)...................152 B5
Saint-Laurent-Médoc(33)..................134 C3
Saint-Laurent-Nouan(41).....................80 B3
Saint-Laurent-Rochefort(42).............128 C3
Saint-Laurent-sous-Coiron(07)..........157 G2
Saint-Laurent-sur-Gorre(87).............123 H3
Saint-Laurent-sur-Manoire(24).........137 F3
Saint-Laurent-sur-Mer(14)...................17 H4
Saint-Laurent-sur-Othain(55)..............27 G2
Saint-Laurent-sur-Oust(56).................56 A5
Saint-Laurent-sur-Saône(01).............116 C4
Saint-Laurent-sur-Sèvre(85)...............92 B3
Saint-Laurs(79)..................................107 H2
Saint-Léger(06)..................................176 C3
Saint-Léger(16)..................................122 B6
Saint-Léger(17)..................................121 E4
Saint-Léger(47)..................................150 C5
Saint-Léger(53)....................................59 H4
Saint-Léger(62)....................................12 A3
Saint-Léger(73)..................................132 C5
Saint-Léger(77)....................................44 B3
Saint-Léger-aux-Bois(60)....................23 H4
Saint-Léger-aux-Bois(76)....................10 B6
Saint-Léger-Bridereix(23).................111 F4
Saint-Léger-de-Balson(33)................149 F4
Saint-Léger-de-Fougeret(58)...............99 H3
Saint-Léger-de-la-Martinière(79).........93 G2
Saint-Léger-de-Montbrillais(86)..........93 G2
Saint-Léger-de-Montbrun(79)..............93 F3

Saint-Léger-de-Peyre(48)..................155 G3
Saint-Léger-de-Rôtes(27).....................39 H1
Saint-Léger-des-Aubées(28)...............62 C2
Saint-Léger-des-Bois(49).....................76 B4
Saint-Léger-des-Prés(35).....................35 F5
Saint-Léger-des-Vignes(58)................99 F5
Saint-Léger-du-Bois(71).....................100 D3
Saint-Léger-du-Bourg-Denis(76)........21 E4
Saint-Léger-du-Gennetey(27)..............20 B5
Saint-Léger-du-Malzieu(48)...............141 G6
Saint-Léger-du-Ventoux(84)..............159 E6
Saint-Léger-Dubosq(14)......................19 E4
Saint-Léger-en-Bray(60)......................22 B4
Saint-Léger-en-Yvelines(78)...............41 G5
Saint-Léger-la-Montagne(87).............124 C1
Saint-Léger-le-Guérétois(23).............111 G5
Saint-Léger-le-Petit(18)........................98 C2
Saint-Léger-lès-Authie(80)..................11 G4
Saint-Léger-lès-Domart(80).................11 H4
Saint-Léger-lès-Mélèzes(05).............160 C2
Saint-Léger-lès-Paray(71).................115 F2
Saint-Léger-lès-Vignes(44)................74 C6
Saint-Léger-Magnazeix(87)...............110 D4
Saint-Léger-près-Troyes(10)..............66 A3
Saint-Léger-sous-Beuvray(71)..........100 B4
Saint-Léger-sous-Brienne(10)............66 D2
Saint-Léger-sous-Cholet(49)...............92 B2
Saint-Léger-sous-la-Bussière(71)......116 A4
Saint-Léger-sous-Margerie(10)...........46 B6
Saint-Léger-sur-Bresle(80).................10 B6
Saint-Léger-sur-Dheune(71)..............101 E5
Saint-Léger-sur-Roanne(42)..............115 E6
Saint-Léger-sur-Sarthe(61)..................39 F6
Saint-Léger-sur-Vouzance(03)...........115 E3
Saint-Léger-Triey(21)...........................86 B6
Saint-Léger-Vauban(89).......................84 A5
Saint-Léomer(86)...............................110 B3
Saint-Léon(03)...................................114 C3
Saint-Léon(31)....................................183 H3
Saint-Léon(33)...................................149 G1
Saint-Léon(47)....................................150 C5
Saint-Léon-d'Issigeac(24)..................151 F2
Saint-Léon-sur-l'Isle(24)....................136 D3
Saint-Léon-sur-Vézère(24)................137 H4
Saint-Léonard(32)..............................165 H4
Saint-Léonard(51)................................25 G6
Saint-Léonard(62)..................................2 B4
Saint-Léonard(76)..................................8 B4
Saint-Léonard(88)................................70 C4
Saint-Léonard-de-Noblat(87).............124 C3
Saint-Léonard-des-Bois(72)................59 H2
Saint-Léonard-des-Parcs(61)..............39 F5
Saint-Léonard-en-Beauce(41).............79 H2
Saint-Léons(12).................................155 E6
Saint-Léopardin-d'Augy(03)................98 C6
Saint-Léry(56)......................................56 B3
Saint-Leu-d'Esserent(60).....................22 D6
Saint-Leu-la-Forêt(95).........................42 C2
Saint-Lézer(65)..................................181 E3
Saint-Lézin(49).....................................76 B6
Saint-Lieux-Lafenasse(81)................168 C5
Saint-Lieux-lès-Lavaur(81)................167 G5
Saint-Lin(79).......................................108 B2
Saint-Lions(04)...................................175 G4
Saint-Lizier(09)..................................183 E6
Saint-Lizier-du-Planté(32).................182 D3
Saint-Lô(50)...17 G6
Saint-Lô-d'Ourville(50).........................16 D4
Saint-Lon-les-Mines(40).....................162 D6
Saint-Longis(72)...................................60 B2
Saint-Lormel(22)...................................34 C4
Saint-Lothain(39)................................102 D4
Saint-Loube(32)..................................182 D2
Saint-Loubert(33)...............................149 H3
Saint-Loubès(33)................................135 F5
Saint-Loubouer(40)............................163 H5
Saint-Louet-sur-Seulles(14)................18 B5
Saint-Louet-sur-Vire(50)......................37 F2
Saint-Louis(57)....................................50 B5
Saint-Louis(68)....................................89 H3
Saint-Louis-de-Montferrand(33)........135 E5
Saint-Louis-en-l'Isle(24)....................136 D4
Saint-Louis-et-Parahou(11)...............199 H2
Saint-Louis-lès-Bitche(57)...................50 C3
Saint-Loup(03)...................................114 A4
Saint-Loup(17)...................................107 G6
Saint-Loup(23)...................................112 B6
Saint-Loup(39)...................................102 B3
Saint-Loup(41)......................................96 C1
Saint-Loup(50)......................................35 H3
Saint-Loup(51)......................................45 E4
Saint-Loup(58)......................................82 C5
Saint-Loup(69)...................................129 G2
Saint-Loup(82)...................................166 A2
Saint-Loup-Cammas(31)....................167 E5
Saint-Loup-Champagne(08).................25 G4
Saint-Loup-de-Buffigny(10)................65 F1
Saint-Loup-de-Fribois(14)...................19 F5
Saint-Loup-de-Gonois(45)...................64 B5
Saint-Loup-de-la-Salle(71)................101 G4
Saint-Loup-de-Naud(77).......................44 A6
Saint-Loup-de-Varennes(71).............101 G6
Saint-Loup-des-Chaumes(18).............97 G3
Saint-Loup-des-Vignes(45)..................63 G5
Saint-Loup-d'Ordon(89)........................64 D5
Saint-Loup-du-Dorat(53)......................59 E6
Saint-Loup-du-Gast(53)........................58 D7
Saint-Loup-en-Comminges(31)..........182 A4
Saint-Loup-Hors(14).............................18 A4
Saint-Loup-Lamairé(79)........................93 F5
Saint-Loup-Nantouard(70)....................86 D5
Saint-Loup-sur-Aujon(52).....................67 H6
Saint-Loup-sur-Semouse(70)..............69 G3
Saint-Loup-Terrier(08)..........................14 D6
Saint-Loyer-des-Champs(61)...............38 D4
Saint-Lubin-de-Cravant(28)..................40 C5
Saint-Lubin-de-la-Haye(28)..................41 F4
Saint-Lubin-des-Joncherets(28)..........40 D4
Saint-Lubin-en-Vergonnois(41)............79 G4
Saint-Luc(27)..40 D2
Saint-Lucien(28)...................................41 F5
Saint-Lumier-en-Champagne(51)........46 B4
Saint-Lumier-la-Populeuse(51)............46 C4

Saint-Lumine-de-Clisson(44) 91 G1
Saint-Lumine-de-Coutais(44) 90 D1
Saint-Lunaire(35) 34 C3
Saint-Luperce(28) 61 H2
Saint-Lupicin(39) 118 A3
Saint-Lupien(10) 65 E6
Saint-Lyé(10) 66 A2
Saint-Lyé-la-Forêt(45) 62 D5
Saint-Lyphard(44) 73 G4
Saint-Lys(31) 183 E2
Saint-Macaire(33) 149 H3
Saint-Macaire-du-Bois(49) 93 F2
Saint-Macaire-en-Mauges(49) 92 A2
Saint-Maclou(27) 19 H3
Saint-Maclou-de-Folleville(76) 9 F4
Saint-Maclou-la-Brière(76) 8 C5
Saint-Macoux(86) 109 G6
Saint-Maden(22) 34 C6
Saint-Magne(33) 149 E3
Saint-Magne-de-Castillon(33) 135 H6
Saint-Maigner(63) 113 E6
Saint-Maigrin(17) 121 G6
Saint-Maime(04) 174 C3
Saint-Maime-de-Péreyrol(24) 137 E4
Saint-Maixant(23) 125 H1
Saint-Maixant(33) 149 G3
Saint-Maixent(72) 60 D5
Saint-Maixent-de-Beugné(79) 107 H4
Saint-Maixent-l'École(79) 108 C3
Saint-Maixent-sur-Vie(85) 90 D4
Saint-Maixme-Hauterive(28) 40 D6
Saint-Malo(35) 34 D3
Saint-Malo-de-Beignon(56) 56 C4
Saint-Malo-de-Guersac(44) 73 H4
Saint-Malo-de-la-Lande(50) 36 C1
Saint-Malo-de-Phily(35) 57 E5
Saint-Malo-des-Trois-Fontaines(56) 55 H3
Saint-Malô-du-Bois(85) 92 B3
Saint-Malo-en-Donziois(58) 82 D6
Saint-Malon-sur-Mel(35) 56 C3
Saint-Mamert(69) 116 A4
Saint-Mamert-du-Gard(30) 171 H4
Saint-Mamet(31) 196 D4
Saint-Mamet-la-Salvetat(15) 139 H6
Saint-Mammès(77) 64 B2
Saint-Mandé(94) 42 D4
Saint-Mandé-sur-Brédoire(17) 108 B6
Saint-Mandrier-sur-Mer(83) 191 H6
Saint-Manvieu-Bocage(14) 37 F3
Saint-Manvieu-Norrey(14) 18 C4
Saint-Marc(15) 141 F5
Saint-Marc-à-Frongier(23) 125 G2
Saint-Marc-à-Loubaud(23) 125 F2
Saint-Marc-du-Cor(41) 61 F6
Saint-Marc-Jaumegarde(13) 191 G2
Saint-Marc-la-Lande(79) 108 B2
Saint-Marc-le-Blanc(35) 35 G6
Saint-Marc-sur-Couesnon(35) 35 H6
Saint-Marc-sur-Seine(21) 85 E2
Saint-Marcan(35) 35 F4
Saint-Marceau(08) 14 D4
Saint-Marceau(72) 60 A4
Saint-Marcel(01) 130 B1
Saint-Marcel(08) 14 D4
Saint-Marcel(27) 41 E1
Saint-Marcel(36) 111 E1
Saint-Marcel(54) 28 B5
Saint-Marcel(56) 56 A5
Saint-Marcel(70) 87 E1
Saint-Marcel(71) 101 G5
Saint-Marcel(73) 133 E2
Saint-Marcel-Bel-Accueil(38) 130 D4
Saint-Marcel-Campes(81) 168 A2
Saint-Marcel-d'Ardèche(07) 157 H5
Saint-Marcel-de-Careiret(30) 172 B2
Saint-Marcel-de-Félines(42) 129 E2
Saint-Marcel-du-Périgord(24) 137 F5
Saint-Marcel-d'Urfé(42) 128 C2
Saint-Marcel-en-Marcillat(03) 112 D5
Saint-Marcel-en-Murat(03) 113 G4
Saint-Marcel-l'Éclairé(69) 129 F2
Saint-Marcel-lès-Annonay(07) 143 H2
Saint-Marcel-lès-Sauzet(26) 158 B3
Saint-Marcel-lès-Valence(26) 144 B4
Saint-Marcel-Paulel(31) 167 F6
Saint-Marcel-sur-Aude(11) 186 B4
Saint-Marcelin-de-Cray(71) 116 A2
Saint-Marcellin(38) 145 E3
Saint-Marcellin-en-Forez(42) 129 E5
Saint-Marcellin-lès-Vaison(84) 158 D6
Saint-Marcet(31) 182 B5
Saint-Marcory(24) 151 H2
Saint-Marcouf(14) 17 G5
Saint-Marcouf(50) 17 F3
Saint-Mard(02) 24 D4
Saint-Mard(17) 107 G6
Saint-Mard(54) 49 E6
Saint-Mard(77) 43 F2
Saint-Mard(80) 23 F2
Saint-Mard-de-Réno(61) 39 H6
Saint-Mard-de-Vaux(71) 101 F5
Saint-Mard-lès-Rouffy(51) 45 G3
Saint-Mard-sur-Auve(51) 26 C6
Saint-Mard-sur-le-Mont(51) 46 D3
Saint-Mards(76) 9 F4
Saint-Mards-de-Blacarville(27) 20 A4
Saint-Mards-de-Fresne(27) 19 H6
Saint-Mards-en-Othe(10) 65 H2
Saint-Marien(23) 112 B3
Saint-Mariens(33) 135 F3
Saint-Mars-de-Coutais(44) 90 D1
Saint-Mars-de-Locquenay(72) 60 C6
Saint-Mars-D'Égrenne(61) 37 G6
Saint-Mars-d'Outillé(72) 78 A1
Saint-Mars-du-Désert(44) 75 E4
Saint-Mars-du-Désert(53) 59 G2
Saint-Mars-la-Brière(72) 60 B5
Saint-Mars-la-Jaille(44) 75 G3
Saint-Mars-la-Réorthe(85) 92 B4
Saint-Mars-sous-Ballon(72) 60 B4
Saint-Mars-sur-Colmont(53) 58 D1
Saint-Mars-sur-la-Futaie(53) 58 B1
Saint-Mars-Vieux-Maisons(77) 44 B4

Saint-Marsal(66) 200 B5
Saint-Martial(07) 143 E6
Saint-Martial(15) 141 E6
Saint-Martial(16) 136 B1
Saint-Martial(17) 108 A6
Saint-Martial(30) 171 E3
Saint-Martial(33) 149 H2
Saint-Martial-d'Albarède(24) 137 H2
Saint-Martial-d'Artenset(24) 136 B4
Saint-Martial-de-Gimel(19) 139 E2
Saint-Martial-de-Mirambeau(17) 121 E6
Saint-Martial-de-Nabirat(24) 152 B1
Saint-Martial-de-Valette(24) 123 F5
Saint-Martial-de-Vitaterne(17) 121 F6
Saint-Martial-Entraygues(19) 139 F4
Saint-Martial-le-Mont(23) 112 A6
Saint-Martial-le-Vieux(23) 125 H4
Saint-Martial-sur-Isop(87) 110 A5
Saint-Martial-sur-Né(17) 121 G5
Saint-Martial-Viveyrol(24) 136 C1
Saint-Martin(32) 181 G2
Saint-Martin(54) 49 H5
Saint-Martin(56) 56 B6
Saint-Martin(65) 181 E5
Saint-Martin(66) 200 A3
Saint-Martin(67) 71 E2
Saint-Martin(83) 174 D6
Saint-Martin-au-Bosc(76) 10 B6
Saint-Martin-au-Laërt(62) 3 E4
Saint-Martin-aux-Arbres(76) 9 E5
Saint-Martin-aux-Bois(60) 23 E3
Saint-Martin-aux-Buneaux(76) 8 C3
Saint-Martin-aux-Champs(51) 46 B4
Saint-Martin-aux-Chartrains(14) 19 F3
Saint-Martin-Belle-Roche(71) 116 C3
Saint-Martin-Bellevue(74) 132 B1
Saint-Martin-Boulogne(62) 2 B4
Saint-Martin-Cantalès(15) 139 H4
Saint-Martin-Château(23) 125 E2
Saint-Martin-Curton(47) 150 A5
Saint-Martin-d'Abbat(45) 81 F1
Saint-Martin-d'Ablois(51) 45 E2
Saint-Martin-d'Août(26) 144 B2
Saint-Martin-d'Arberoue(64) 179 E3
Saint-Martin-d'Arc(73) 146 D2
Saint-Martin-d'Arcé(49) 77 F4
Saint-Martin-d'Ardèche(07) 157 H5
Saint-Martin-d'Armagnac(32) 164 C5
Saint-Martin-d'Arrossa(64) 178 D4
Saint-Martin-d'Ary(17) 135 G2
Saint-Martin-d'Aubigny(50) 17 E6
Saint-Martin-d'Audouville(50) 17 E3
Saint-Martin-d'Auxigny(18) 97 G2
Saint-Martin-d'Auxy(71) 101 E6
Saint-Martin-de-Bavel(01) 131 F2
Saint-Martin-de-Beauville(47) 151 G6
Saint-Martin-de-Belleville(73) 132 D6
Saint-Martin-de-Bernegoue(79) 108 B4
Saint-Martin-de-Bienfaite-la-Cressonnière(14) 19 H6
Saint-Martin-de-Blagny(14) 17 H5
Saint-Martin-de-Bonfossé(50) 37 E1
Saint-Martin-de-Boscherville(76) 20 C4
Saint-Martin-de-Bossenay(10) 65 G2
Saint-Martin-de-Boubaux(48) 156 D6
Saint-Martin-de-Bréthencourt(78) 62 D1
Saint-Martin-de-Brômes(04) 174 D5
Saint-Martin-de-Caralp(09) 198 B1
Saint-Martin-de-Castillon(84) 174 B4
Saint-Martin-de-Cenilly(50) 36 D2
Saint-Martin-de-Clelles(38) 145 G5
Saint-Martin-de-Commune(71) 100 D4
Saint-Martin-de-Connée(53) 59 G3
Saint-Martin-de-Coux(17) 135 H3
Saint-Martin-de-Crau(13) 172 D6
Saint-Martin-de-Fontenay(14) 18 C5
Saint-Martin-de-Fraigneau(85) 107 G2
Saint-Martin-de-Fressengeas(24) 123 G6
Saint-Martin-de-Fugères(43) 142 C5
Saint-Martin-de-Goyne(32) 165 G3
Saint-Martin-de-Gurson(24) 136 B5
Saint-Martin-de-Hinx(40) 162 C6
Saint-Martin-de-Juillers(17) 121 G1
Saint-Martin-de-Jussac(87) 123 G2
Saint-Martin-de-la-Brasque(84) 174 B5
Saint-Martin-de-la-Cluze(38) 145 G4
Saint-Martin-de-la-Lieue(14) 19 G5
Saint-Martin-de-la-Mer(21) 100 C1
Saint-Martin-de-la-Place(49) 77 E6
Saint-Martin-de-la-Porte(73) 146 D1
Saint-Martin-de-Lamps(36) 96 A4
Saint-Martin-de-Landelles(50) 36 D6
Saint-Martin-de-Lansuscle(48) 156 B6
Saint-Martin-de-l'Arçon(34) 186 B1
Saint-Martin-de-Laye(33) 135 G4
Saint-Martin-de-Lenne(12) 155 E4
Saint-Martin-de-Lerm(33) 150 A2
Saint-Martin-de-Lixy(71) 115 G5
Saint-Martin-de-Londres(34) 171 E5
Saint-Martin-de-Mâcon(79) 93 G3
Saint-Martin-de-Mailloc(14) 19 G5
Saint-Martin-de-Mieux(14) 38 C3
Saint-Martin-de-Nigelles(28) 41 F6
Saint-Martin-de-Queyrières(05) 147 E5
Saint-Martin-de-Ré(17) 106 C4
Saint-Martin-de-Ribérac(24) 136 C3
Saint-Martin-de-Saint-Maixent(79) 108 C3
Saint-Martin-de-Salencey(71) 115 H2
Saint-Martin-de-Sallen(14) 18 B6
Saint-Martin-de-Sanzay(79) 93 F2
Saint-Martin-de-Seignanx(40) 162 B6
Saint-Martin-de-Sescas(33) 149 H3
Saint-Martin-de-Valamas(07) 143 F5
Saint-Martin-de-Valgalgues(30) 171 G1
Saint-Martin-de-Varreville(50) 17 F3
Saint-Martin-de-Vaulserre(38) 131 G5
Saint-Martin-de-Vers(46) 152 D3
Saint-Martin-de-Villeréal(47) 151 G2
Saint-Martin-de-Villereglan(11) 184 D5
Saint-Martin-des-Besaces(14) 37 G1

Saint-Martin-des-Bois(41) 78 D3
Saint-Martin-des-Champs(18) 98 B2
Saint-Martin-des-Champs(29) 31 H3
Saint-Martin-des-Champs(50) 35 H3
Saint-Martin-des-Champs(77) 44 B5
Saint-Martin-des-Champs(78) 41 G3
Saint-Martin-des-Champs(89) 82 C3
Saint-Martin-des-Combes(24) 137 E5
Saint-Martin-des-Entrées(14) 18 A4
Saint-Martin-des-Fontaines(85) 107 F1
Saint-Martin-des-Lais(03) 99 G6
Saint-Martin-des-Landes(61) 38 C6
Saint-Martin-des-Monts(72) 60 D4
Saint-Martin-des-Noyers(85) 91 H5
Saint-Martin-des-Olmes(63) 128 B5
Saint-Martin-des-Pézerits(61) 39 G5
Saint-Martin-des-Plains(63) 127 G6
Saint-Martin-des-Prés(22) 33 F6
Saint-Martin-des-Puits(11) 185 G6
Saint-Martin-des-Tilleuls(85) 92 A3
Saint-Martin-d'Estréaux(42) 114 D5
Saint-Martin-d'Hardinghem(62) 2 D5
Saint-Martin-d'Hères(38) 145 G3
Saint-Martin-d'Heuille(58) 98 D3
Saint-Martin-d'Ollières(63) 127 H6
Saint-Martin-Don(14) 37 F2
Saint-Martin-d'Oney(40) 163 G4
Saint-Martin-d'Ordon(89) 64 D5
Saint-Martin-d'Oydes(09) 183 G5
Saint-Martin-du-Bec(76) 8 A5
Saint-Martin-du-Bois(33) 135 G4
Saint-Martin-du-Bois(49) 76 B2
Saint-Martin-du-Boschet(77) 44 C5
Saint-Martin-du-Clocher(16) 109 E6
Saint-Martin-du-Fouilloux(49) 76 B5
Saint-Martin-du-Fouilloux(79) 108 C1
Saint-Martin-du-Frêne(01) 117 G5
Saint-Martin-du-Lac(71) 115 F4
Saint-Martin-du-Limet(53) 58 B6
Saint-Martin-du-Manoir(76) 8 A6
Saint-Martin-du-Mesnil-Oury(14) 19 F6
Saint-Martin-du-Mont(01) 117 F5
Saint-Martin-du-Mont(21) 85 F5
Saint-Martin-du-Mont(71) 102 B6
Saint-Martin-du-Puy(33) 150 A2
Saint-Martin-du-Puy(58) 83 H6
Saint-Martin-du-Tartre(71) 101 E6
Saint-Martin-du-Tertre(89) 64 D4
Saint-Martin-du-Tertre(95) 42 D1
Saint-Martin-du-Tilleul(27) 39 G1
Saint-Martin-du-Var(06) 177 E4
Saint-Martin-du-Vieux-Bellême(61) 60 C2
Saint-Martin-du-Vivier(76) 9 G6
Saint-Martin-d'Uriage(38) 145 H3
Saint-Martin-en-Bière(77) 63 H2
Saint-Martin-en-Bresse(71) 101 H5
Saint-Martin-en-Campagne(76) 9 G2
Saint-Martin-en-Gâtinois(71) 101 G4
Saint-Martin-en-Haut(69) 129 G4
Saint-Martin-en-Vercors(26) 145 E4
Saint-Martin-Gimois(32) 182 C2
Saint-Martin-la-Campagne(27) 40 C2
Saint-Martin-la-Garenne(78) 41 G2
Saint-Martin-la-Méanne(19) 139 F3
Saint-Martin-la-Patrouille(71) 116 A1
Saint-Martin-la-Plaine(42) 129 G5
Saint-Martin-la-Sauveté(42) 128 C2
Saint-Martin-Labouval(46) 153 E4
Saint-Martin-Lacaussade(33) 135 E3
Saint-Martin-Laguépie(81) 168 A2
Saint-Martin-l'Aiguillon(61) 38 C5
Saint-Martin-Lalande(11) 184 C4
Saint-Martin-l'Ars(86) 109 G5
Saint-Martin-Lars-en-Sainte-Hermine(85) 107 E1
Saint-Martin-l'Astier(24) 136 C4
Saint-Martin-le-Beau(37) 79 E6
Saint-Martin-le-Bouillant(50) 37 E3
Saint-Martin-le-Châtel(01) 116 D4
Saint-Martin-le-Colonel(26) 144 D4
Saint-Martin-le-Gaillard(76) 9 H2
Saint-Martin-le-Gréard(50) 16 D2
Saint-Martin-le-Hébert(50) 16 D3
Saint-Martin-le-Mault(87) 110 D3
Saint-Martin-le-Nœud(60) 22 B4
Saint-Martin-le-Pin(24) 123 E5
Saint-Martin-le-Redon(46) 151 H3
Saint-Martin-le-Vieil(11) 184 D4
Saint-Martin-le-Vieux(87) 124 A3
Saint-Martin-le-Vinoux(38) 145 G2
Saint-Martin-les-Eaux(04) 174 C4
Saint-Martin-lès-Langres(52) 68 A6
Saint-Martin-lès-Melle(79) 108 C5
Saint-Martin-lès-Seyne(04) 160 C4
Saint-Martin-Lestra(42) 129 F3
Saint-Martin-l'Heureux(51) 26 A4
Saint-Martin-l'Hortier(76) 9 H4
Saint-Martin-Longueau(60) 23 E5
Saint-Martin-Lys(11) 199 G2
Saint-Martin-Osmonville(76) 9 G5
Saint-Martin-Petit(47) 150 B3
Saint-Martin-Rivière(02) 13 E4
Saint-Martin-Saint-Firmin(27) 20 A5
Saint-Martin-Sainte-Catherine(23) 124 D1
Saint-Martin-Sepert(19) 124 C6
Saint-Martin-sous-Montaigu(71) 101 F5
Saint-Martin-sous-Vigouroux(15) 140 D5
Saint-Martin-sur-Armançon(89) 84 B1
Saint-Martin-sur-Cojeul(62) 12 A2
Saint-Martin-sur-Écaillon(59) 13 E2
Saint-Martin-sur-la-Chambre(73) 132 D6
Saint-Martin-sur-Lavezon(07) 157 H2
Saint-Martin-sur-le-Pré(51) 45 H2
Saint-Martin-sur-Nohain(58) 82 B6
Saint-Martin-sur-Ocre(45) 81 H3
Saint-Martin-sur-Ocre(89) 83 E2
Saint-Martin-sur-Ouanne(89) 82 C1
Saint-Martin-Terressus(87) 124 C2
Saint-Martin-Valmeroux(15) 140 A4
Saint-Martin-Vésubie(06) 177 E2
Saint-Martin(03) 112 D4
Saint-Martory(31) 182 D5
Saint-Mary(16) 122 D3

Saint-Mary-le-Plain(15) 141 F3
Saint-Masmes(51) 25 H5
Saint-Mathieu(87) 123 F4
Saint-Mathieu-de-Tréviers(34) 171 E5
Saint-Mathurin(85) 90 D6
Saint-Mathurin-sur-Loire(49) 76 D5
Saint-Matré(46) 152 A5
Saint-Maudan(22) 55 F2
Saint-Maugan(22) 34 C5
Saint-Maugan(35) 56 C2
Saint-Maulvis(80) 10 C5
Saint-Maur(18) 112 C2
Saint-Maur(32) 181 G2
Saint-Maur(36) 96 B5
Saint-Maur(39) 102 C6
Saint-Maur(60) 22 A2
Saint-Maur-des-Bois(50) 37 E3
Saint-Maur-des-Fossés(94) 42 D4
Saint-Maur-sur-le-Loir(28) 62 A4
Saint-Maurice(52) 86 B1
Saint-Maurice(58) 99 F2
Saint-Maurice(63) 127 F4
Saint-Maurice(67) 71 E3
Saint-Maurice(94) 42 D4
Saint-Maurice-aux-Forges(54) 49 H6
Saint-Maurice-aux-Riches-Hommes(89) 65 F2
Saint-Maurice-Colombier(25) 88 C5
Saint-Maurice-Crillat(39) 118 A1
Saint-Maurice-d'Ardèche(07) 157 G3
Saint-Maurice-de-Beynost(01) 130 B2
Saint-Maurice-de-Cazevieille(30) 171 H3
Saint-Maurice-de-Gourdans(01) 130 C2
Saint-Maurice-de-Lestapel(47) 151 E3
Saint-Maurice-de-Lignon(43) 143 E2
Saint-Maurice-de-Rémens(01) 130 D1
Saint-Maurice-de-Rotherens(73) 131 G4
Saint-Maurice-de-Satonnay(71) 116 B3
Saint-Maurice-de-Tavernole(17) 121 G6
Saint-Maurice-de-Ventalon(48) 156 C5
Saint-Maurice-des-Champs(71) 116 A1
Saint-Maurice-des-Lions(16) 123 F1
Saint-Maurice-des-Noues(85) 107 G1
Saint-Maurice-D'Ibie(07) 157 G4
Saint-Maurice-du-Désert(61) 38 B5
Saint-Maurice-en-Chalencon(07) 143 H6
Saint-Maurice-en-Cotentin(50) 16 C4
Saint-Maurice-en-Gourgois(42) 129 E6
Saint-Maurice-en-Quercy(46) 153 F1
Saint-Maurice-en-Rivière(71) 101 G4
Saint-Maurice-en-Trièves(38) 145 G6
Saint-Maurice-en-Valgodemard(05) 146 B5
Saint-Maurice-la-Clouère(86) 109 F3
Saint-Maurice-la-Fougereuse(79) 92 D3
Saint-Maurice-la-Souterraine(23) 111 E5
Saint-Maurice-le-Girard(85) 92 B6
Saint-Maurice-le-Vieil(89) 83 E2
Saint-Maurice-les-Brousses(87) 124 B4
Saint-Maurice-lès-Charencey(61) 40 A5
Saint-Maurice-lès-Châteauneuf(71) 115 G5
Saint-Maurice-lès-Couches(71) 101 E4
Saint-Maurice-l'Exil(38) 130 A6
Saint-Maurice-Montcouronne(91) 42 B6
Saint-Maurice-Navacelles(34) 170 C4
Saint-Maurice-près-Crocq(23) 126 A2
Saint-Maurice-près-Pionsat(63) 112 D6
Saint-Maurice-Saint-Germain(28) 61 G1
Saint-Maurice-sous-les-Côtes(55) 27 H6
Saint-Maurice-sur-Adour(40) 163 H4
Saint-Maurice-sur-Aveyron(45) 82 B1
Saint-Maurice-sur-Dargoire(69) 129 H5
Saint-Maurice-sur-Eygues(26) 158 C5
Saint-Maurice-sur-Fessard(45) 63 H6
Saint-Maurice-sur-Huisne(61) 60 D2
Saint-Maurice-sur-Mortagne(88) 70 A2
Saint-Maurice-sur-Moselle(88) 88 D1
Saint-Maurice-sur-Vingeanne(21) 86 B3
Saint-Maurice-Thizouaille(89) 83 E1
Saint-Maurin(47) 151 G6
Saint-Max(54) 48 D4
Saint-Maxent(80) 10 B5
Saint-Maximin(30) 172 B3
Saint-Maximin(38) 132 A6
Saint-Maximin(60) 23 E6
Saint-Maximin-la-Sainte-Baume(83) 191 G2
Saint-Maxire(79) 108 A3
Saint-May(26) 159 E4
Saint-Mayeux(22) 55 E1
Saint-Méard(87) 124 D4
Saint-Méard-de-Drône(24) 136 D2
Saint-Méard-de-Gurçon(24) 136 B5
Saint-Médard(16) 121 H5
Saint-Médard(17) 121 G6
Saint-Médard(31) 182 C5
Saint-Médard(32) 181 H2
Saint-Médard(36) 95 G4
Saint-Médard(46) 152 B3
Saint-Médard(57) 49 G3
Saint-Médard(64) 180 A1
Saint-Médard(79) 108 B5
Saint-Médard-d'Aunis(17) 107 E5
Saint-Médard-de-Guizières(33) 135 H4
Saint-Médard-de-Mussidan(24) 136 C4
Saint-Médard-de-Presque(46) 139 E6
Saint-Médard-d'Excideuil(24) 137 H1
Saint-Médard-d'Eyrans(33) 149 F1
Saint-Médard-en-Forez(42) 129 F4
Saint-Médard-en-Jalles(33) 134 D5
Saint-Médard-la-Rochette(23) 112 B6
Saint-Médard-Nicourby(46) 153 G1
Saint-Médard-sur-Ille(35) 57 F6
Saint-Méen(56) 31 F3
Saint-Méen-le-Grand(35) 56 B2
Saint-Melaine-sur-Aubance(49) 76 C5
Saint-Mélany(07) 157 E3
Saint-Méloir-des-Bois(22) 34 B5
Saint-Méloir-des-Ondes(35) 35 E3
Saint-Même-le-Tenu(44) 90 D2
Saint-Même-les-Carrières(16) 121 H4
Saint-Memmie(51) 45 H2
Saint-Menge(88) 69 E2

Saint-Menges(08) 15 F4
Saint-Menoux(03) 113 H2
Saint-Merd-de-Lapleau(19) 139 G2
Saint-Merd-la-Breuille(23) 126 A3
Saint-Merd-les-Oussines(19) 125 G4
Saint-Méry(77) 43 F6
Saint-Meslin-du-Bosc(27) 20 C6
Saint-Mesmes(77) 43 F2
Saint-Mesmin(10) 65 H1
Saint-Mesmin(21) 85 E6
Saint-Mesmin(24) 138 A1
Saint-Mesmin(85) 92 C5
Saint-Mexant(19) 138 D2
Saint-Mézard(32) 165 G2
Saint-M'Hervé(35) 58 A3
Saint-M'Hervon(35) 56 C1
Saint-Micaud(71) 101 E6
Saint-Michel(02) 13 H5
Saint-Michel(09) 183 G5
Saint-Michel(16) 122 B4
Saint-Michel(31) 183 E5
Saint-Michel(32) 181 H2
Saint-Michel(34) 170 B4
Saint-Michel(45) 63 G5
Saint-Michel(64) 178 D6
Saint-Michel(82) 166 B2
Saint-Michel-Chef-Chef(44) 73 H6
Saint-Michel-de-Bannières(46) 138 D5
Saint-Michel-de-Boulogne(07) 157 G2
Saint-Michel-de-Castelnau(33) 149 H5
Saint-Michel-de-Chabrillanoux(07) 143 H6
Saint-Michel-de-Chaillol(05) 160 C1
Saint-Michel-de-Chavaignes(72) 60 D5
Saint-Michel-de-Dèze(48) 156 C6
Saint-Michel-de-Double(24) 136 C4
Saint-Michel-de-Feins(53) 76 C2
Saint-Michel-de-Fronsac(33) 135 G5
Saint-Michel-de-la-Pierre(50) 17 E6
Saint-Michel-de-la-Roë(53) 58 A6
Saint-Michel-de-Lanès(11) 184 B3
Saint-Michel-de-Lapujade(33) 150 B3
Saint-Michel-de-Livet(14) 19 F6
Saint-Michel-de-Llotes(66) 200 B4
Saint-Michel-de-Maurienne(73) 146 D2
Saint-Michel-de-Montaigne(24) 136 A6
Saint-Michel-de-Montjoie(50) 37 E4
Saint-Michel-de-Plélan(22) 34 C4
Saint-Michel-de-Rieufret(33) 149 F2
Saint-Michel-de-Saint-Geoirs(38) 145 E1
Saint-Michel-de-Vax(81) 167 G2
Saint-Michel-de-Veisse(23) 125 G2
Saint-Michel-de-Villadeix(24) 137 F5
Saint-Michel-de-Volangis(18) 97 G2
Saint-Michel-des-Andaines(61) 38 B5
Saint-Michel-d'Euzet(30) 157 H6
Saint-Michel-en-Beaumont(38) 145 H5
Saint-Michel-en-Brenne(36) 95 G5
Saint-Michel-en-Grève(22) 32 B3
Saint-Michel-en-l'Herm(85) 106 D3
Saint-Michel-Escalus(40) 162 C3
Saint-Michel-et-Chanveaux(49) 75 G2
Saint-Michel-Labadié(81) 168 D3
Saint-Michel-le-Cloucq(85) 107 G2
Saint-Michel-les-Portes(38) 145 F5
Saint-Michel-l'Observatoire(04) 174 C3
Saint-Michel-Loubéjou(46) 139 E6
Saint-Michel-Mont-Mercure(85) 92 B4
Saint-Michel-sous-Bois(62) 2 D6
Saint-Michel-sur-Loire(37) 78 A6
Saint-Michel-sur-Meurthe(88) 70 C3
Saint-Michel-sur-Orge(91) 42 C5
Saint-Michel-sur-Rhône(42) 129 H6
Saint-Michel-sur-Savasse(26) 144 C3
Saint-Michel-sur-Ternoise(62) 4 A6
Saint-Michel-Tubœuf(61) 39 H4
Saint-Mihiel(55) 47 H3
Saint-Mitre-les-Remparts(13) 190 A3
Saint-Molf(44) 73 G4
Saint-Momelin(59) 3 E3
Saint-Mont(32) 164 B6
Saint-Montant(07) 157 H4
Saint-Moré(89) 83 G4
Saint-Moreil(23) 124 D2
Saint-Morel(08) 26 B3
Saint-Morillon(33) 149 F2
Saint-Mury-Monteymond(38) 145 H2
Saint-Myon(63) 127 F1
Saint-Nabor(67) 71 F1
Saint-Nabord(88) 70 A5
Saint-Nabord-sur-Aube(10) 45 G6
Saint-Nauphary(82) 167 E3
Saint-Nazaire(30) 157 H6
Saint-Nazaire(44) 73 H5
Saint-Nazaire(66) 201 E4
Saint-Nazaire-d'Aude(11) 186 B4
Saint-Nazaire-de-Ladarez(34) 186 A1
Saint-Nazaire-de-Pézan(34) 171 G6
Saint-Nazaire-de-Valentane(82) 151 H6
Saint-Nazaire-des-Gardies(30) 171 F3
Saint-Nazaire-en-Royans(26) 144 D4
Saint-Nazaire-le-Désert(26) 159 E3
Saint-Nazaire-les-Eymes(38) 145 H2
Saint-Nazaire-sur-Charente(17) 120 C1
Saint-Nectaire(63) 127 E5
Saint-Nexans(24) 137 E6
Saint-Nic(29) 53 E2
Saint-Nicodème(22) 32 C6
Saint-Nicolas(62) 11 H2
Saint-Nicolas-aux-Bois(02) 24 C3
Saint-Nicolas-d'Aliermont(76) 9 G3
Saint-Nicolas-d'Attez(27) 40 B4
Saint-Nicolas-de-Bliquetuit(76) 8 D6
Saint-Nicolas-de-Bourgueil(37) 77 G6
Saint-Nicolas-de-la-Balerme(47) 165 H1
Saint-Nicolas-de-la-Grave(82) 166 B1
Saint-Nicolas-de-la-Haie(76) 8 C6
Saint-Nicolas-de-la-Taille(76) 8 B6
Saint-Nicolas-de-Macherin(38) 131 F6
Saint-Nicolas-de-Pierrepont(50) 16 C4
Saint-Nicolas-de-Port(54) 49 E5
Saint-Nicolas-de-Redon(44) 74 B2

Saint-Nicolas-de-Sommaire(61).........39 H3
Saint-Nicolas-des-Biefs(03).........114 D6
Saint-Nicolas-des-Bois(50).........36 D4
Saint-Nicolas-des-Bois(61).........38 D6
Saint-Nicolas-des-Laitiers(61).........39 G3
Saint-Nicolas-des-Motets(37).........79 E4
Saint-Nicolas-du-Bosc(27).........20 C6
Saint-Nicolas-du-Pélem(22).........33 E6
Saint-Nicolas-la-Chapelle(10).........44 C6
Saint-Nicolas-la-Chapelle(73).........132 D2
Saint-Nicolas-lès-Cîteaux(21).........101 H2
Saint-Nizier-d'Azergues(69).........115 H6
Saint-Nizier-de-Fornas(42).........128 D6
Saint-Nizier-du-Moucherotte(38).........145 G3
Saint-Nizier-le-Bouchoux(01).........117 E2
Saint-Nizier-le-Désert(01).........117 E6
Saint-Nizier-sous-Charlieu(42).........115 F5
Saint-Nolff(56).........55 G6
Saint-Nom-la-Bretèche(78).........42 B4
Saint-Offenge-Dessous(73).........132 A3
Saint-Offenge-Dessus(73).........132 A3
Saint-Omer(14).........38 B2
Saint-Omer(62).........3 E4
Saint-Omer-Capelle(62).........3 E2
Saint-Omer-en-Chaussée(60).........22 B3
Saint-Ondras(38).........131 F5
Saint-Onen-la-Chapelle(35).........56 C2
Saint-Oradoux-de-Chirouze(23).........126 A4
Saint-Oradoux-près-Crocq(23).........126 A2
Saint-Orens(32).........166 B5
Saint-Orens-de-Gameville(31).........183 H1
Saint-Orens-Pouy-Petit(32).........165 F3
Saint-Ost(32).........181 H3
Saint-Ouen(17).........121 H2
Saint-Ouen(41).........79 F2
Saint-Ouen(80).........10 D4
Saint-Ouen(93).........42 C3
Saint-Ouen-d'Attez(27).........40 C4
Saint-Ouen-d'Aunis(17).........107 E4
Saint-Ouen-de-la-Cour(61).........60 D2
Saint-Ouen-de-Mimbré(72).........59 H2
Saint-Ouen-de-Pontcheuil(27).........20 C6
Saint-Ouen-de-Sécherouvre(61).........39 G5
Saint-Ouen-de-Thouberville(27).........20 C5
Saint-Ouen-des-Alleux(35).........35 G6
Saint-Ouen-des-Besaces(14).........37 G1
Saint-Ouen-des-Champs(27).........20 A4
Saint-Ouen-des-Toits(53).........58 B4
Saint-Ouën-des-Vallons(53).........59 E3
Saint-Ouen-Domprot(51).........46 A5
Saint-Ouen-du-Breuil(76).........9 F5
Saint-Ouen-du-Mesnil-Oger(14).........19 E5
Saint-Ouen-du-Tilleul(27).........20 C5
Saint-Ouen-en-Belin(72).........77 H1
Saint-Ouen-en-Brie(77).........43 G6
Saint-Ouen-en-Champagne(72).........59 G5
Saint-Ouen-la-Rouërie(35).........35 G5
Saint-Ouen-l'Aumône(95).........42 B2
Saint-Ouen-le-Brisoult(61).........38 B6
Saint-Ouen-le-Houx(14).........19 G6
Saint-Ouen-le-Mauger(76).........9 F4
Saint-Ouen-le-Pin(14).........19 F5
Saint-Ouen-lès-Parey(88).........68 D3
Saint-Ouen-les-Vignes(37).........79 E5
Saint-Ouen-Marchefroy(28).........41 F3
Saint-Ouen-sous-Bailly(76).........9 G2
Saint-Ouen-sur-Gartempe(87).........110 C5
Saint-Ouen-sur-Iton(61).........39 H4
Saint-Ouen-sur-Loire(58).........99 E4
Saint-Ouen-sur-Maire(61).........38 C4
Saint-Ouen-sur-Morin(77).........44 A3
Saint-Oulph(10).........65 H1
Saint-Ours(63).........126 D2
Saint-Ours(73).........132 A3
Saint-Outrille(18).........96 C2
Saint-Ovin(50).........35 H3
Saint-Oyen(73).........132 D5
Saint-Pabu(29).........30 D3
Saint-Paër(76).........9 E6
Saint-Pair(14).........18 D5
Saint-Pair-sur-Mer(50).........35 G1
Saint-Pal-de-Chalencon(43).........142 C1
Saint-Pal-de-Mons(43).........143 E2
Saint-Pal-de-Senouire(43).........142 A2
Saint-Palais(03).........112 C3
Saint-Palais(18).........97 G1
Saint-Palais(33).........135 E1
Saint-Palais(64).........179 F3
Saint-Palais-de-Négrignac(17).........135 G2
Saint-Palais-de-Phiolin(17).........121 E5
Saint-Palais-du-Né(16).........121 G5
Saint-Palais-sur-Mer(17).........120 B4
Saint-Pancrace(24).........123 F6
Saint-Pancrace(73).........146 C1
Saint-Pancrasse(38).........145 H1
Saint-Pancré(54).........27 H1
Saint-Pandelon(40).........162 D5
Saint-Pantaléon(46).........152 B5
Saint-Pantaléon(84).........173 G4
Saint-Pantaléon-de-Lapleau(19).........139 H2
Saint-Pantaléon-de-Larche(19).........138 C3
Saint-Pantaléon-les-Vignes(26).........158 C4
Saint-Pantaly-d'Ans(24).........137 G2
Saint-Pantaly-d'Excideuil(24).........137 H2
Saint-Papoul(11).........184 C3
Saint-Pardon-de-Conques(33).........149 H3
Saint-Pardoult(17).........121 F1
Saint-Pardoux(63).........113 G6
Saint-Pardoux(79).........108 B3
Saint-Pardoux(87).........110 D6
Saint-Pardoux-Corbier(19).........124 C6
Saint-Pardoux-d'Arnet(23).........126 A2
Saint-Pardoux-de-Drône(24).........136 D2
Saint-Pardoux-du-Breuil(47).........150 C4
Saint-Pardoux-et-Vielvic(24).........151 H1
Saint-Pardoux-Isaac(47).........150 D2
Saint-Pardoux-la-Croisille(19).........139 F2
Saint-Pardoux-la-Rivière(24).........123 F6
Saint-Pardoux-le-Neuf(19).........126 A5
Saint-Pardoux-le-Neuf(23).........125 H2
Saint-Pardoux-le-Vieux(19).........125 H5

Saint-Pardoux-les-Cards(23).........112 A6
Saint-Pardoux-l'Ortigier(19).........138 D2
Saint-Pardoux-Morterolles(23).........125 E2
Saint-Pargoire(34).........187 F2
Saint-Parize-en-Viry(58).........99 E6
Saint-Parize-le-Châtel(58).........98 D5
Saint-Parres-aux-Tertres(10).........66 B3
Saint-Parres-lès-Vaudes(10).........66 B4
Saint-Parthem(12).........154 A3
Saint-Pastour(47).........151 E4
Saint-Pastous(65).........180 D6
Saint-Paterne(72).........60 B2
Saint-Paterne-Racan(37).........78 B4
Saint-Pathus(77).........43 F2
Saint-Patrice(37).........77 H6
Saint-Patrice-de-Claids(50).........17 E5
Saint-Patrice-du-Désert(61).........38 B6
Saint-Paul(04).........161 G3
Saint-Paul(06).........177 G5
Saint-Paul(19).........139 F3
Saint-Paul(33).........135 E3
Saint-Paul(60).........22 B4
Saint-Paul(61).........37 H4
Saint-Paul(65).........181 H6
Saint-Paul(73).........131 G3
Saint-Paul(87).........124 C3
Saint-Paul(88).........69 E2
Saint-Paul-aux-Bois(02).........24 A3
Saint-Paul-Cap-de-Joux(81).........168 A6
Saint-Paul-de-Baïse(32).........165 F5
Saint-Paul-de-Fenouillet(66).........200 A2
Saint-Paul-de-Fourques(27).........20 B6
Saint-Paul-de-Jarrat(09).........198 C1
Saint-Paul-de-Loubressac(46).........152 C5
Saint-Paul-de-Salers(15).........140 B3
Saint-Paul-de-Serre(24).........137 E4
Saint-Paul-de-Tartas(43).........142 C6
Saint-Paul-de-Varax(01).........117 E6
Saint-Paul-de-Varces(38).........145 G3
Saint-Paul-de-Vern(46).........139 F6
Saint-Paul-de-Vézelin(42).........128 D2
Saint-Paul-des-Landes(15).........139 H5
Saint-Paul-d'Espis(82).........166 B1
Saint-Paul-d'Izeaux(38).........145 E1
Saint-Paul-d'Oueil(31).........196 C4
Saint-Paul-du-Bois(49).........92 D2
Saint-Paul-du-Vernay(14).........18 A4
Saint-Paul-d'Uzore(42).........128 D4
Saint-Paul-en-Born(40).........148 B6
Saint-Paul-en-Chablais(74).........119 F3
Saint-Paul-en-Cornillon(42).........129 E6
Saint-Paul-en-Forêt(83).........193 E1
Saint-Paul-en-Gâtine(79).........92 C6
Saint-Paul-en-Jarez(42).........129 G6
Saint-Paul-en-Pareds(85).........92 A4
Saint-Paul-et-Valmalle(34).........170 D6
Saint-Paul-la-Coste(30).........171 F2
Saint-Paul-la-Roche(24).........123 H6
Saint-Paul-le-Froid(48).........142 A6
Saint-Paul-le-Gaultier(72).........59 G2
Saint-Paul-le-Jeune(07).........157 E5
Saint-Paul-lès-Dax(40).........162 D5
Saint-Paul-lès-Durance(13).........174 C5
Saint-Paul-les-Fonts(30).........172 C2
Saint-Paul-lès-Monestier(38).........145 G5
Saint-Paul-lès-Romans(26).........144 C4
Saint-Paul-Lizonne(24).........136 C2
Saint-Paul-Mont-Penit(85).........91 E4
Saint-Paul-sur-Isère(73).........132 D4
Saint-Paul-sur-Save(31).........166 D5
Saint-Paul-Trois-Châteaux(26).........158 A5
Saint-Paulet(11).........184 B3
Saint-Paulet-de-Caisson(30).........157 H6
Saint-Paulien(43).........142 B3
Saint-Pavace(72).........60 A5
Saint-Pé-d'Ardet(31).........196 D3
Saint-Pé-de-Bigorre(65).........180 D5
Saint-Pé-de-Léren(64).........179 F2
Saint-Pé-Delbosc(31).........182 B4
Saint-Pé-Saint-Simon(47).........164 D3
Saint-Pée-sur-Nivelle(64).........178 B3
Saint-Pellerin(28).........61 G5
Saint-Pellerin(50).........17 F5
Saint-Péran(35).........56 C3
Saint-Péravy-la-Colombe(45).........62 C5
Saint-Péray(07).........144 B5
Saint-Perdon(40).........163 G4
Saint-Perdoux(24).........151 E1
Saint-Perdoux(46).........153 G2
Saint-Père(35).........34 D3
Saint-Père(58).........82 B5
Saint-Père(89).........83 G5
Saint-Père-en-Retz(44).........74 A6
Saint-Père-sur-Loire(45).........81 F2
Saint-Péreuse(58).........99 H3
Saint-Pern(35).........34 D6
Saint-Perreux(56).........56 C6
Saint-Péver(22).........33 E5
Saint-Pey-d'Armens(33).........135 H6
Saint-Pey-de-Castets(33).........135 H6
Saint-Phal(10).........66 A4
Saint-Philbert-de-Bouaine(85).........91 F2
Saint-Philbert-de-Grand-Lieu(44).........91 E2
Saint-Philbert-des-Champs(14).........19 G4
Saint-Philbert-du-Peuple(49).........77 F5
Saint-Philbert-en-Mauges(49).........92 A1
Saint-Philbert-sur-Boissey(27).........20 B5
Saint-Philbert-sur-Orne(61).........38 B3
Saint-Philbert-sur-Risle(27).........20 B5
Saint-Philibert(21).........101 G1
Saint-Philibert(56).........72 C2
Saint-Philippe-d'Aiguille(33).........136 A5
Saint-Philippe-du-Seignal(33).........136 C6
Saint-Piat(28).........41 F6
Saint-Pierre(15).........140 A1
Saint-Pierre(31).........167 F6
Saint-Pierre(51).........45 H3
Saint-Pierre(67).........71 F2
Saint-Pierre-à-Arnes(08).........26 A4
Saint-Pierre-Aigle(02).........24 A5
Saint-Pierre-Avez(05).........159 H5

Saint-Pierre-Azif(14).........19 F3
Saint-Pierre-Bellevue(23).........125 F2
Saint-Pierre-Bénouville(76).........9 F4
Saint-Pierre-Bois(67).........71 F2
Saint-Pierre-Brouck(59).........3 E2
Saint-Pierre-Canivet(14).........38 C2
Saint-Pierre-Chérignat(23).........124 D1
Saint-Pierre-Colamine(63).........127 E5
Saint-Pierre-d'Albigny(73).........132 B4
Saint-Pierre-d'Allevard(38).........132 A6
Saint-Pierre-d'Alvey(73).........131 G4
Saint-Pierre-d'Amilly(17).........107 G5
Saint-Pierre-d'Argençon(05).........159 G3
Saint-Pierre-d'Arthéglise(50).........16 C3
Saint-Pierre-d'Aubézies(32).........164 D6
Saint-Pierre-d'Aurillac(33).........149 H3
Saint-Pierre-d'Autils(27).........41 E1
Saint-Pierre-de-Bailleul(27).........41 E1
Saint-Pierre-de-Bat(33).........149 H2
Saint-Pierre-de-Belleville(73).........132 C5
Saint-Pierre-de-Bœuf(42).........129 H6
Saint-Pierre-de-Bressieux(38).........144 D1
Saint-Pierre-de-Buzet(47).........150 C6
Saint-Pierre-de-Cernières(27).........39 G2
Saint-Pierre-de-Chandieu(69).........130 B4
Saint-Pierre-de-Chartreuse(38).........145 H1
Saint-Pierre-de-Chérennes(38).........145 E3
Saint-Pierre-de-Chevillé(72).........78 B3
Saint-Pierre-de-Chignac(24).........137 G3
Saint-Pierre-de-Clairac(47).........165 H1
Saint-Pierre-de-Côle(24).........137 F1
Saint-Pierre-de-Colombier(07).........157 F2
Saint-Pierre-de-Cormeilles(27).........19 H4
Saint-Pierre-de-Coutances(50).........36 C1
Saint-Pierre-de-Curtille(73).........131 G3
Saint-Pierre-de-Frugie(24).........123 H5
Saint-Pierre-de-Fursac(23).........111 E5
Saint-Pierre-de-Genebroz(73).........131 G5
Saint-Pierre-de-Jards(36).........96 D3
Saint-Pierre-de-Juillers(17).........121 G1
Saint-Pierre-de-la-Fage(34).........170 C5
Saint-Pierre-de-Lages(31).........183 H1
Saint-Pierre-de-Lamps(36).........96 A4
Saint-Pierre-de-l'Île(17).........108 A6
Saint-Pierre-de-Maillé(86).........95 E6
Saint-Pierre-de-Mailloc(14).........19 G6
Saint-Pierre-de-Manneville(76).........20 C4
Saint-Pierre-de-Méaroz(38).........145 H5
Saint-Pierre-de-Mésage(38).........145 G4
Saint-Pierre-de-Mézoargues(13).........172 C4
Saint-Pierre-de-Mons(33).........149 H3
Saint-Pierre-de-Nogaret(48).........155 F4
Saint-Pierre-de-Plesguen(35).........34 D5
Saint-Pierre-de-Rivière(09).........198 C1
Saint-Pierre-de-Salerne(27).........20 B6
Saint-Pierre-de-Semilly(50).........17 G6
Saint-Pierre-de-Soucy(73).........132 B5
Saint-Pierre-de-Trivisy(81).........168 D5
Saint-Pierre-de-Varengeville(76).........9 E6
Saint-Pierre-de-Varennes(71).........100 D5
Saint-Pierre-de-Vassols(84).........173 F2
Saint-Pierre-Dels-Forcats(66).........199 F5
Saint-Pierre-d'Entremont(38).........131 H6
Saint-Pierre-d'Entremont(61).........37 H3
Saint-Pierre-d'Entremont(73).........131 H6
Saint-Pierre-des-Bois(72).........59 G5
Saint-Pierre-des-Champs(11).........185 G6
Saint-Pierre-des-Corps(37).........78 D6
Saint-Pierre-des-
Échaubrognes(79).........92 C3
Saint-Pierre-des-Fleurs(27).........20 C6
Saint-Pierre-des-Ifs(14).........19 G5
Saint-Pierre-des-Ifs(27).........20 A5
Saint-Pierre-des-Jonquières(76).........9 H3
Saint-Pierre-des-Landes(53).........58 B2
Saint-Pierre-des-Loges(61).........39 G4
Saint-Pierre-des-Nids(53).........59 G1
Saint-Pierre-des-Ormes(72).........60 C3
Saint-Pierre-des-Tripiers(48).........155 G6
Saint-Pierre-d'Exideuil(86).........109 E5
Saint-Pierre-d'Eyraud(24).........136 C6
Saint-Pierre-d'Irube(64).........178 C2
Saint-Pierre-d'Oléron(17).........120 A1
Saint-Pierre-du-Bosguérard(27).........20 C5
Saint-Pierre-du-Bû(14).........38 C3
Saint-Pierre-du-Champ(43).........142 C2
Saint-Pierre-du-Chemin(85).........92 C6
Saint-Pierre-du-Fresne(14).........18 A6
Saint-Pierre-du-Jonquet(14).........19 E5
Saint-Pierre-du-Lorouër(72).........78 B2
Saint-Pierre-du-Mesnil(27).........39 H2
Saint-Pierre-du-Mont(14).........17 H4
Saint-Pierre-du-Mont(40).........163 H4
Saint-Pierre-du-Mont(58).........83 E5
Saint-Pierre-du-Palais(17).........135 H3
Saint-Pierre-du-Perray(91).........42 D6
Saint-Pierre-du-Regard(61).........37 H3
Saint-Pierre-du-Val(27).........19 H3
Saint-Pierre-du-Vauvray(27).........21 E6
Saint-Pierre-Église(50).........17 E1
Saint-Pierre-en-Faucigny(74).........119 E5
Saint-Pierre-en-Port(76).........8 C3
Saint-Pierre-en-Val(76).........9 H1
Saint-Pierre-en-Vaux(21).........100 D3
Saint-Pierre-Es-Champs(60).........21 H4
Saint-Pierre-Eynac(43).........142 D4
Saint-Pierre-la-Bourlhonne(63).........128 B4
Saint-Pierre-la-Bruyère(61).........61 E2
Saint-Pierre-la-Cour(53).........58 B4
Saint-Pierre-la-Garenne(27).........21 F6
Saint-Pierre-la-Noaille(42).........115 F5
Saint-Pierre-la-Palud(69).........129 G3
Saint-Pierre-la-Rivière(61).........39 E3
Saint-Pierre-la-Roche(07).........157 H2
Saint-Pierre-la-Vieille(14).........37 H2
Saint-Pierre-Lafeuille(46).........152 C3
Saint-Pierre-Langers(50).........35 G2
Saint-Pierre-Laval(03).........114 D5
Saint-Pierre-Lavis(76).........8 D5
Saint-Pierre-le-Bost(23).........112 B3
Saint-Pierre-le-Chastel(63).........126 D3
Saint-Pierre-le-Moûtier(58).........98 C5
Saint-Pierre-le-Vieux(48).........141 G6

Saint-Pierre-le-Vieux(71).........116 A4
Saint-Pierre-le-Vieux(76).........9 E3
Saint-Pierre-le-Vieux(85).........107 G3
Saint-Pierre-le-Viger(76).........9 E3
Saint-Pierre-lès-Bitry(60).........23 H4
Saint-Pierre-lès-Bois(18).........112 B1
Saint-Pierre-lès-Elbeuf(76).........20 D5
Saint-Pierre-les-Étieux(18).........97 H6
Saint-Pierre-lès-Franqueville(02).........13 F6
Saint-Pierre-lès-Nemours(77).........64 A3
Saint-Pierre-Montlimart(49).........75 H5
Saint-Pierre-Quiberon(56).........72 B3
Saint-Pierre-Roche(63).........126 D4
Saint-Pierre-Saint-Jean(07).........157 E4
Saint-Pierre-sur-Dives(14).........19 E6
Saint-Pierre-sur-Doux(07).........143 G3
Saint-Pierre-sur-Dropt(47).........150 C2
Saint-Pierre-sur-Erve(53).........59 E5
Saint-Pierre-sur-Orthe(53).........59 G3
Saint-Pierre-sur-Vence(08).........14 D5
Saint-Pierre-Tarentaine(14).........18 A6
Saint-Pierre-Toirac(46).........153 F3
Saint-Pierremont(02).........25 E1
Saint-Pierremont(08).........15 F6
Saint-Pierremont(88).........70 A2
Saint-Pierreville(07).........143 G6
Saint-Pierrevillers(55).........27 H3
Saint-Plaisir(03).........113 G1
Saint-Plancard(31).........182 A5
Saint-Planchers(50).........35 G1
Saint-Plantaire(36).........111 F3
Saint-Point(71).........116 A3
Saint-Point-Lac(25).........103 H4
Saint-Pois(50).........37 E4
Saint-Poix(53).........58 B5
Saint-Pol-de-Léon(29).........31 H2
Saint-Pol-sur-Mer(59).........3 F1
Saint-Pol-sur-Ternoise(62).........4 A6
Saint-Polgues(42).........128 C2
Saint-Pompain(79).........107 H2
Saint-Pompont(24).........152 A2
Saint-Poncy(15).........141 F3
Saint-Pons(04).........161 F4
Saint-Pons(07).........157 H3
Saint-Pons-de-Mauchiens(34).........187 F2
Saint-Pons-de-Thomières(34).........185 H2
Saint-Pons-la-Calm(30).........172 C2
Saint-Pont(03).........114 A3
Saint-Porchaire(17).........120 D5
Saint-Porquier(82).........166 C3
Saint-Pôtan(22).........34 B4
Saint-Pouange(10).........66 A3
Saint-Pourçain-sur-Besbre(03).........114 C2
Saint-Pourçain-sur-Sioule(03).........114 A4
Saint-Prancher(88).........69 E2
Saint-Préjet-Armandon(43).........141 H2
Saint-Préjet-d'Allier(43).........142 A5
Saint-Prest(28).........62 B1
Saint-Preuil(16).........121 H5
Saint-Priest(07).........157 G2
Saint-Priest(23).........112 C6
Saint-Priest(69).........130 B3
Saint-Priest-Bramefant(63).........127 H1
Saint-Priest-d'Andelot(03).........113 H6
Saint-Priest-des-Champs(63).........126 C1
Saint-Priest-en-Jarez(42).........129 F6
Saint-Priest-en-Murat(03).........113 H4
Saint-Priest-la-Feuille(23).........111 F5
Saint-Priest-la-Marche(18).........112 B3
Saint-Priest-la-Plaine(23).........111 F5
Saint-Priest-la-Prugne(42).........128 B1
Saint-Priest-la-Roche(42).........128 D2
Saint-Priest-la-Vêtre(42).........128 B3
Saint-Priest-les-Fougères(24).........123 H5
Saint-Priest-Ligoure(87).........124 B4
Saint-Priest-Palus(23).........124 D2
Saint-Priest-sous-Aixe(87).........123 H3
Saint-Priest-Taurion(87).........124 C2
Saint-Prim(07).........130 A6
Saint-Privat(07).........157 G2
Saint-Privat(19).........139 G3
Saint-Privat(34).........170 C5
Saint-Privat-d'Allier(43).........142 B4
Saint-Privat-de-Champclos(30).........157 F5
Saint-Privat-de-Vallongue(48).........156 C6
Saint-Privat-des-Prés(24).........136 C2
Saint-Privat-des-Vieux(30).........171 G2
Saint-Privat-du-Dragon(43).........141 H3
Saint-Privat-du-Fau(48).........141 G5
Saint-Privat-la-Montagne(57).........28 C4
Saint-Privé(71).........101 E6
Saint-Privé(89).........82 C3
Saint-Prix(03).........114 C5
Saint-Prix(07).........143 G5
Saint-Prix(71).........100 B4
Saint-Prix(95).........42 C2
Saint-Prix-lès-Arnay(21).........100 D2
Saint-Projet(46).........152 C1
Saint-Projet(82).........153 E5
Saint-Projet-Saint-Constant(16).........122 D3
Saint-Prouant(85).........92 A5
Saint-Pryvé-Saint-Mesmin(45).........80 C1
Saint-Puy(32).........165 F4
Saint-Python(59).........12 D3
Saint-Quantin-de-Rançanne(17).........121 E5
Saint-Quay-Perros(22).........32 C2
Saint-Quay-Portrieux(22).........33 G3
Saint-Quentin(02).........12 C6
Saint-Quentin-au-Bosc(76).........9 H2
Saint-Quentin-de-Baron(33).........135 G6
Saint-Quentin-de-Blavou(61).........60 C1
Saint-Quentin-de-Caplong(33).........136 B6
Saint-Quentin-de-Chalais(16).........136 B2
Saint-Quentin-des-Isles(27).........39 H1
Saint-Quentin-des-Prés(60).........21 H3
Saint-Quentin-du-Dropt(47).........151 E2
Saint-Quentin-en-Mauges(49).........75 H5
Saint-Quentin-en-Tourmont(80).........10 A2
Saint-Quentin-Fallavier(38).........130 C4
Saint-Quentin-la-Chabanne(23).........125 G2

Saint-Quentin-
la-Motte-Croix-au-Bailly(80).........10 A4
Saint-Quentin-la-Poterie(30).........172 B2
Saint-Quentin-la-Tour(09).........184 B6
Saint-Quentin-le-Petit(08).........14 A6
Saint-Quentin-le-Verger(51).........45 E6
Saint-Quentin-les-Anges(53).........76 A2
Saint-Quentin-lès-Beaurepaire(49).........77 F3
Saint-Quentin-les-Chardonnets(61).........37 G4
Saint-Quentin-les-Marais(51).........46 C4
Saint-Quentin-sur-Charente(16).........123 F3
Saint-Quentin-sur-Coole(51).........45 H3
Saint-Quentin-sur-Indrois(37).........95 F2
Saint-Quentin-sur-Isère(38).........145 F2
Saint-Quentin-sur-le-Homme(50).........35 H3
Saint-Quentin-sur-Nohain(58).........82 C6
Saint-Quentin-sur-Sauxillanges(63).........127 G5
Saint-Quintin-sur-Sioule(63).........113 G6
Saint-Quirc(09).........183 G4
Saint-Quirin(57).........50 B6
Saint-Racho(71).........115 H4
Saint-Rambert-d'Albon(26).........144 A2
Saint-Rambert-en-Bugey(01).........131 E1
Saint-Raphaël(24).........137 H2
Saint-Raphaël(83).........193 F2
Saint-Régis-du-Coin(42).........143 F2
Saint-Règle(37).........79 F5
Saint-Remèze(07).........157 G4
Saint-Remimont(54).........49 E6
Saint-Remimont(88).........69 E3
Saint-Rémy(01).........117 E5
Saint-Rémy(12).........153 G5
Saint-Rémy(14).........38 A4
Saint-Rémy(19).........125 H4
Saint-Rémy(21).........84 C3
Saint-Rémy(24).........136 B5
Saint-Remy(70).........87 F1
Saint-Rémy(71).........101 F5
Saint-Rémy(79).........107 H3
Saint-Rémy(88).........70 B3
Saint-Rémy-au-Bois(62).........10 C1
Saint-Rémy-aux-Bois(54).........69 H1
Saint-Rémy-Blanzy(02).........24 B6
Saint-Rémy-Boscrocourt(76).........9 H2
Saint-Remy-Chaussée(59).........13 G3
Saint-Rémy-de-Blot(63).........113 F6
Saint-Rémy-de-Chargnat(63).........127 G5
Saint-Rémy-de-
Chaudes-Aigues(15).........155 E1
Saint-Rémy-de-Maurienne(73).........132 C6
Saint-Rémy-de-Provence(13).........172 D5
Saint-Rémy-de-Sillé(72).........59 G3
Saint-Rémy-des-Landes(50).........16 D5
Saint-Rémy-des-Monts(72).........60 B2
Saint-Rémy-du-Nord(59).........13 G2
Saint-Rémy-du-Plain(35).........35 F6
Saint-Rémy-du-Val(72).........60 B2
Saint-Remy-en-Bouzemont-
Saint-Genest-et-Isson(51).........46 C5
Saint-Rémy-en-l'Eau(60).........22 D4
Saint-Rémy-en-Mauges(49).........75 G5
Saint-Rémy-en-Rollat(03).........114 B5
Saint-Rémy-la-Calonne(55).........27 H6
Saint-Rémy-la-Vanne(77).........44 B4
Saint-Rémy-la-Varenne(49).........76 D5
Saint-Rémy-lès-Chevreuse(78).........42 B5
Saint-Rémy-l'Honoré(78).........41 H4
Saint-Remy-sous-Barbuise(10).........66 B3
Saint-Remy-sous-Broyes(51).........45 E5
Saint-Rémy-sur-Avre(28).........40 D4
Saint-Rémy-sur-Bussy(51).........26 B6
Saint-Rémy-sur-Creuse(86).........94 D4
Saint-Rémy-sur-Durolle(63).........128 A2
Saint-Renan(29).........30 D4
Saint-Restitut(26).........158 A5
Saint-Révérend(85).........90 D5
Saint-Révérien(58).........99 F1
Saint-Rieul(22).........34 A5
Saint-Rigomer-des-Bois(72).........60 A2
Saint-Rimay(41).........79 E2
Saint-Riquier(80).........10 C3
Saint-Riquier-en-Rivière(76).........10 A6
Saint-Riquier-Ès-Plains(76).........8 D3
Saint-Rirand(42).........114 D6
Saint-Rivoal(29).........31 G5
Saint-Robert(19).........138 B2
Saint-Robert(47).........151 G6
Saint-Roch(37).........78 C5
Saint-Roch-sur-Égrenne(61).........37 G5
Saint-Rogatien(17).........107 E5
Saint-Romain(16).........136 B2
Saint-Romain(21).........101 F3
Saint-Romain(63).........128 C6
Saint-Romain(86).........109 F5
Saint-Romain-au-Mont-d'Or(69).........130 A2
Saint-Romain-d'Ay(07).........143 H3
Saint-Romain-de-Benet(17).........120 D3
Saint-Romain-de-Colbosc(76).........8 B6
Saint-Romain-de-Jalionas(38).........130 D3
Saint-Romain-de-Lerps(07).........144 A4
Saint-Romain-de-Monpazier(24).........151 G2
Saint-Romain-de-Popey(69).........129 G2
Saint-Romain-de-Surieu(38).........130 B6
Saint-Romain-d'Urfé(42).........128 B2
Saint-Romain-en-Gal(69).........130 A5
Saint-Romain-en-Gier(69).........129 H5
Saint-Romain-en-Jarez(42).........129 G5
Saint-Romain-en-Viennois(84).........158 D6
Saint-Romain-et-Saint-Clément(24).........123 G6
Saint-Romain-la-Motte(42).........115 E6
Saint-Romain-la-Virvée(33).........135 F5
Saint-Romain-Lachalm(43).........143 F2
Saint-Romain-le-Noble(47).........166 A1
Saint-Romain-le-Preux(89).........64 D6
Saint-Romain-le-Puy(42).........128 D5
Saint-Romain-les-Atheux(42).........143 F1
Saint-Romain-sous-Gourdon(71).........115 H1
Saint-Romain-sous-Versigny(71).........100 B6
Saint-Romain-sur-Cher(41).........79 H6
Saint-Romain-sur-Gironde(17).........120 D6
Saint-Roman(26).........159 F2

Saint-Roman-de-Codières(30) 171 E3
Saint-Roman-de-Malegarde(84) 158 C6
Saint-Romans(38) 145 E3
Saint-Romans-des-Champs(79) 108 B5
Saint-Romans-lès-Melle(79) 108 C5
Saint-Rome-de-Cernon(12)..........169 G3
Saint-Rome-de-Dolan(48) 155 G6
Saint-Rome-de-Tarn(12)..............169 G2
Saint-Romphaire(50) 37 E1
Saint-Rustice(31)..........................166 D4
Saint-Saëns(76) 9 G5
Saint-Saire(76) 21 G2
Saint-Salvadou(12) 153 G6
Saint-Salvadour(19) 139 E1
Saint-Salvi-de-Carcavès(81).........169 E5
Saint-Salvy(47) 150 D5
Saint-Salvy-de-la-Balme(81).........168 D6
Saint-Samson(14) 19 E4
Saint-Samson(53) 38 C6
Saint-Samson-de-Bonfossé(50)......37 E1
Saint-Samson-de-la-Roque(27) 19 H2
Saint-Samson-la-Poterie(60) 21 H2
Saint-Samson-sur-Rance(22) 34 D4
Saint-Sandoux(63)........................127 F4
Saint-Santin(12)...........................153 H2
Saint-Santin-Cantalès(15) 139 H4
Saint-Santin-de-Maurs(15) 153 H2
Saint-Sardos(47) 151 E5
Saint-Sardos(82)..........................166 C3
Saint-Satur(18).............................82 B6
Saint-Saturnin(15).......................140 D2
Saint-Saturnin(16) 122 B4
Saint-Saturnin(18) 112 B2
Saint-Saturnin(48) 155 F4
Saint-Saturnin(51) 45 F6
Saint-Saturnin(63)........................127 F4
Saint-Saturnin(72) 60 A5
Saint-Saturnin-de-Lenne(12).........155 F4
Saint-Saturnin-de-Lucian(34).........170 C6
Saint-Saturnin-du-Bois(17)...........107 G5
Saint-Saturnin-du-Limet(53)..........58 A4
Saint-Saturnin-lès-Apt(84)...........173 H3
Saint-Saturnin-lès-Avignon(84) 173 E3
Saint-Saturnin-sur-Loire(49)..........76 D5
Saint-Saud-Lacoussière(24)..........123 G5
Saint-Sauflieu(80) 22 C1
Saint-Saulge(58) 99 F2
Saint-Saulve(59) 5 H6
Saint-Saury(15)............................139 G6
Saint-Sauvant(17)........................121 F3
Saint-Sauvant(86) 108 D3
Saint-Sauves-d'Auvergne(63)........126 C5
Saint-Sauveur(05) 161 E3
Saint-Sauveur(21)..........................86 B5
Saint-Sauveur(29) 137 E6
Saint-Sauveur(29) 31 G4
Saint-Sauveur(31)........................167 E5
Saint-Sauveur(33)........................134 C2
Saint-Sauveur(38) 145 E3
Saint-Sauveur(54) 70 C1
Saint-Sauveur(60) 23 G5
Saint-Sauveur(70) 87 H1
Saint-Sauveur(80) 11 E5
Saint-Sauveur(86) 94 C5
Saint-Sauveur-Camprieu(30)........170 C2
Saint-Sauveur-d'Aunis(17)...........107 F4
Saint-Sauveur-de-Carrouges(61)....38 C5
Saint-Sauveur-de-Cruzières(07)....157 F5
Saint-Sauveur-de-Flée(49)............76 B2
Saint-Sauveur-de-Ginestoux(48)...156 A2
Saint-Sauveur-de-Landemont(49)...75 F5
Saint-Sauveur-de-Meilhan(47).......150 A4
Saint-Sauveur-de-Montagut(07).....143 G6
Saint-Sauveur-de-Peyre(48) 155 G2
Saint-Sauveur-de-Pierrepont(50)....16 D4
Saint-Sauveur-de-Puynormand(33) ...136 A4
Saint-Sauveur-D'Émalleville(76)......8 B5
Saint-Sauveur-des-Landes(35).......35 H6
Saint-Sauveur-en-Diois(26)...........158 D2
Saint-Sauveur-en-Puisaye(89)........82 D3
Saint-Sauveur-en-Rue(42) 143 G2
Saint-Sauveur-Gouvernet(26)........159 E5
Saint-Sauveur-la-Pommeraye(50) ...35 H1
Saint-Sauveur-la-Sagne(63)..........142 A1
Saint-Sauveur-la-Vallée(46)..........152 D3
Saint-Sauveur-Lalande(24)...........136 C5
Saint-Sauveur-le-Vicomte(50).........16 D4
Saint-Sauveur-Lendelin(50)............17 E6
Saint-Sauveur-lès-Bray(77)...........64 D2
Saint-Sauveur-Marville(28)............40 D6
Saint-Sauveur-sur-École(77)..........63 H1
Saint-Sauveur-sur-Tinée(06)..........176 D2
Saint-Sauvier(03).........................112 C3
Saint-Sauvy(32)...........................166 A5
Saint-Savin(33)............................135 F3
Saint-Savin(38) 130 D4
Saint-Savin(65) 180 D6
Saint-Savin(86) 110 A2
Saint-Savinien(17)........................121 E2
Saint-Saviol(86) 109 E5
Saint-Savournin(13)......................191 E3
Saint-Sébastien(23)......................111 F3
Saint-Sébastien(38)......................145 H5
Saint-Sébastien-d'Aigrefeuille(30)...171 F2
Saint-Sébastien-de-Morsent(27)......40 C2
Saint-Sébastien-de-Raids(50).........17 E6
Saint-Sébastien-sur-Loire(44).........75 E6
Saint-Secondin(86).......................109 G4
Saint-Ségal(29)..............................31 G6
Saint-Séglin(35).............................56 C5
Saint-Seine(58) 99 H6
Saint-Seine-en-Bâche(21)..............102 B2
Saint-Seine-l'Abbaye(21)...............85 F5
Saint-Seine-sur-Vingeanne(21)........86 B4
Saint-Selve(33)............................149 F2
Saint-Senier-de-Beuvron(50)..........35 H4
Saint-Senier-sous-Avranches(50)....35 H3
Saint-Senoch(37)...........................95 F3
Saint-Senoux(35)...........................57 E4
Saint-Sériès(34)...........................171 G5
Saint-Sernin(07)...........................157 F3
Saint-Sernin(11)...........................184 B4

Saint-Sernin(47) 150 C2
Saint-Sernin-du-Bois(71)..............100 D5
Saint-Sernin-du-Plain(71).............101 E4
Saint-Sernin-lès-Lavaur(81)..........184 C1
Saint-Sérotin(89) 64 D3
Saint-Servais(22) 32 C5
Saint-Servais(29) 31 G4
Saint-Servant(56) 55 H4
Saint-Seurin-de-Bourg(33).............135 E4
Saint-Seurin-de-Cadourne(33).......134 D2
Saint-Seurin-de-Cursac(33)...........135 E3
Saint-Seurin-de-Palenne(17)..........121 F4
Saint-Seurin-de-Prats(24) 136 B6
Saint-Seurin-sur-l'Isle(33)............136 A4
Saint-Sève(33) 150 A2
Saint-Sever(40) 163 G5
Saint-Sever-Calvados(14) 37 E3
Saint-Sever-de-Rustan(65) 181 F3
Saint-Sever-de-Saintonge(17)........121 F4
Saint-Séverin(16) 136 C2
Saint-Séverin-d'Estissac(24)..........136 D4
Saint-Séverin-sur-Boutonne(17)......108 A6
Saint-Siffret(30)...........................172 B3
Saint-Sigismond(45) 62 B6
Saint-Sigismond(49).......................75 H4
Saint-Sigismond(74)......................119 F5
Saint-Sigismond(85)......................107 G3
Saint-Sigismond-de-Clermont(17)...121 F6
Saint-Silvain-Bas-le-Roc(23)..........112 B4
Saint-Silvain-Bellegarde(23) 125 H1
Saint-Silvain-Montaigut(23)...........111 H6
Saint-Silvain-sous-Toulx(23)..........112 B4
Saint-Siméon(27) 20 A5
Saint-Siméon(61) 37 G6
Saint-Siméon-de-Bressieux(38).......144 D1
Saint-Simeux(16) 122 A4
Saint-Simon(02) 24 A1
Saint-Simon(15) 140 B5
Saint-Simon(16) 122 A4
Saint-Simon(46) 153 F2
Saint-Simon-de-Bordes(17) 121 F6
Saint-Simon-de-Pellouaille(17).......121 E4
Saint-Sixt(74) 118 D6
Saint-Sixte(42) 128 C3
Saint-Sixte(47) 166 A1
Saint-Solve(19) 138 B2
Saint-Sorlin(69) 129 H4
Saint-Sorlin-d'Arves(73) 146 C2
Saint-Sorlin-de-Conac(17) 134 D1
Saint-Sorlin-de-Morestel(38)..........131 E4
Saint-Sorlin-de-Vienne(38)............130 B6
Saint-Sorlin-en-Bugey(01).............131 E2
Saint-Sorlin-en-Valloire(26)...........144 B2
Saint-Sornin(03) 113 G3
Saint-Sornin(16) 122 D4
Saint-Sornin(17) 120 C3
Saint-Sornin-la-Marche(87)...........110 B5
Saint-Sornin-Lavolps(19)...............138 B1
Saint-Sornin-Leulac(87).................110 D5
Saint-Soulan(32)..........................182 C2
Saint-Souplet(59) 13 E4
Saint-Souplet-sur-Py(51)...............26 A4
Saint-Soupplets(77) 43 F2
Saint-Sozy(46) 138 C6
Saint-Stail(88) 70 D2
Saint-Suliac(35).............................34 D4
Saint-Sulpice(01)..........................116 D4
Saint-Sulpice(41) 79 G4
Saint-Sulpice(46) 153 E3
Saint-Sulpice(49) 76 D5
Saint-Sulpice(53) 58 D6
Saint-Sulpice(58) 99 E3
Saint-Sulpice(60) 22 C5
Saint-Sulpice(63) 126 C4
Saint-Sulpice(70) 88 A4
Saint-Sulpice(73) 131 H4
Saint-Sulpice(81) 167 G5
Saint-Sulpice-d'Arnoult(17)...........120 D2
Saint-Sulpice-de-Cognac(16).........121 G3
Saint-Sulpice-de-Faleyrens(33) ...135 G6
Saint-Sulpice-de-Favières(91)........42 C6
Saint-Sulpice-de-Grimbouville(27) ...19 H3
Saint-Sulpice-de-Guilleragues(33)...150 B2
Saint-Sulpice-de-Mareuil(24).........123 E6
Saint-Sulpice-de-Pommiers(33)......149 H2
Saint-Sulpice-de-Roumagnac(24)....136 D3
Saint-Sulpice-de-Royan(17)...........120 C4
Saint-Sulpice-de-Ruffec(16)..........122 D2
Saint-Sulpice-des-Landes(35).........57 F6
Saint-Sulpice-des-Landes(44).........75 G3
Saint-Sulpice-des-Rivoires(38)........131 F5
Saint-Sulpice-d'Excideuil(24).........137 H1
Saint-Sulpice-en-Pareds(85)..........107 F1
Saint-Sulpice-et-Cameyrac(33)......135 F5
Saint-Sulpice-la-Forêt(35)............57 F2
Saint-Sulpice-Laurière(87).............111 E6
Saint-Sulpice-le-Dunois(23)..........111 G4
Saint-Sulpice-le-Guérétois(23).......111 G5
Saint-Sulpice-le-Verdon(85)............91 F3
Saint-Sulpice-les-Bois(19).............125 G5
Saint-Sulpice-les-Champs(23)........125 G1
Saint-Sulpice-les-Feuilles(87).........111 E4
Saint-Sulpice-sur-Lèze(31)............183 F3
Saint-Sulpice-sur-Risle(61)............39 H4
Saint-Supplet(54) 28 A3
Saint-Sylvain(14) 18 D6
Saint-Sylvain(19) 139 E3
Saint-Sylvain(76) 8 D3
Saint-Sylvain-d'Anjou(49)...............76 D4
Saint-Sylvestre(07)........................144 A4
Saint-Sylvestre(74)........................132 A2
Saint-Sylvestre(87)........................124 C1
Saint-Sylvestre-Cappel(59)..............3 G3
Saint-Sylvestre-de-Cormeilles(27)...19 H4
Saint-Sylvestre-Pragoulin(63).........114 B6
Saint-Sylvestre-sur-Lot(47)...........151 G4
Saint-Symphorien(18) 97 F5
Saint-Symphorien(27) 19 H3
Saint-Symphorien(33)....................149 F4

Saint-Symphorien(48) 142 A6
Saint-Symphorien(72) 59 G4
Saint-Symphorien(79) 107 H4
Saint-Symphorien-d'Ancelles(71)....116 B5
Saint-Symphorien-de-Lay(42).........129 E1
Saint-Symphorien-de-Mahun(07)....143 G3
Saint-Symphorien-de-
  Marmagne(71).............................100 C5
Saint-Symphorien-de-Thénières(12)...154 D2
Saint-Symphorien-des-Bois(71)......115 G4
Saint-Symphorien-des-
  Bruyères(61) 39 H4
Saint-Symphorien-des-Monts(50) ...37 F6
Saint-Symphorien-d'Ozon(69).........130 A4
Saint-Symphorien-le-Château(28) ...62 C1
Saint-Symphorien-le-Valois(50).......16 D5
Saint-Symphorien-
  sous-Chomérac(07) 158 A2
Saint-Symphorien-sur-Coise(69).....129 F4
Saint-Symphorien-sur-Couze(87)....110 D6
Saint-Symphorien-sur-Saône(21)....102 B2
Saint-Thégonnec(29) 31 H4
Saint-Thélo(22) 55 H1
Saint-Théodorit(30)........................171 G3
Saint-Théoffrey(38) 145 G4
Saint-Thibaud-de-Couz(73)............131 H5
Saint-Thibault(10) 66 B4
Saint-Thibault(21) 84 D5
Saint-Thibault(60) 22 A2
Saint-Thibault-des-Vignes(77)..........43 F3
Saint-Thibéry(34) 187 E3
Saint-Thiébaud(39) 103 E3
Saint-Thiébault(52) 68 C3
Saint-Thierry(51) 25 F5
Saint-Thois(29) 53 G2
Saint-Thomas(02) 25 E3
Saint-Thomas(31) 183 E2
Saint-Thomas-de-Conac(17)..........121 E6
Saint-Thomas-de-Courceriers(53) ...59 F2
Saint-Thomas-en-Argonne(51)........26 C4
Saint-Thomas-en-Royans(26).........144 D4
Saint-Thomas-la-Garde(42)............128 D5
Saint-Thomé(07) 157 H3
Saint-Thonan(29) 31 E4
Saint-Thual(35) 34 D6
Saint-Thurial(35)............................56 D3
Saint-Thuriau(56) 55 E3
Saint-Thurien(29) 54 A3
Saint-Thurin(42) 128 C3
Saint-Tricat(62) 2 C2
Saint-Trimoël(22) 33 H6
Saint-Trinit(84) 174 A2
Saint-Trivier-de-Courtes(01)..........116 D2
Saint-Trivier-sur-Moignans(01).......116 C6
Saint-Trojan(33) 135 E4
Saint-Trojan-les-Bains(17) 120 B2
Saint-Tropez(83) 193 E4
Saint-Tugdual(56) 54 C2
Saint-Ulphace(72) 61 E4
Saint-Ulrich(68) 89 F3
Saint-Uniac(35) 56 C2
Saint-Urbain(29) 31 F5
Saint-Urbain(85) 90 C3
Saint-Urbain-Maconcourt(52)..........67 H2
Saint-Urcisse(47) 166 A1
Saint-Urcisse(81) 167 F3
Saint-Urcize(15) 155 F2
Saint-Usage(10) 67 E4
Saint-Usage(21) 102 A2
Saint-Usuge(71) 102 A6
Saint-Utin(51) 46 B6
Saint-Uze(26) 144 B3
Saint-Vaast-de-Longmont(60) 23 F5
Saint-Vaast-D'Équiqueville(76).........9 G3
Saint-Vaast-Dieppedalle(76) 8 D4
Saint-Vaast-du-Val(76) 9 F4
Saint-Vaast-en-Auge(14) 19 F4
Saint-Vaast-en-Cambrésis(59)........12 D3
Saint-Vaast-la-Chaussée(80)..........11 E5
Saint-Vaast-la-Hougue(50).............17 F2
Saint-Vaast-lès-Mello(60)..............22 D6
Saint-Vaast-sur-Seulles(14) 18 B5
Saint-Vaize(17) 121 E2
Saint-Valbert(70) 69 H6
Saint-Valentin(36) 96 C4
Saint-Valérien(85).........................107 F2
Saint-Valérien(89) 64 C4
Saint-Valéry(60) 21 H1
Saint-Valery-en-Caux(76).................8 D3
Saint-Valery-sur-Somme(80)...........10 B3
Saint-Vallerin(71)..........................101 E6
Saint-Vallier(16) 135 H4
Saint-Vallier(26) 144 A3
Saint-Vallier(71) 100 D6
Saint-Vallier(88) 69 G2
Saint-Vallier-de-Thiey(06)..............176 C5
Saint-Vallier-sur-Marne(52).............86 B1
Saint-Varent(79) 93 F4
Saint-Vaury(23) 111 G5
Saint-Venant(62) 3 G5
Saint-Vénérand(43) 142 B6
Saint-Vérain(58) 82 C5
Saint-Véran(05) 147 G6
Saint-Vérand(38) 145 E3
Saint-Vérand(69) 129 G2
Saint-Vérand(71) 116 B4
Saint-Vert(43) 141 H1
Saint-Viance(19) 138 C3
Saint-Viâtre(41) 80 D4
Saint-Viaud(44) 74 B5
Saint-Victeur(72) 59 H2
Saint-Victor(03) 112 D3
Saint-Victor(07) 143 H3
Saint-Victor(15) 139 H5
Saint-Victor(24) 136 D2
Saint-Victor-de-Buthon(28).............61 F2
Saint-Victor-de-Cessieu(38)...........131 E5
Saint-Victor-de-Chrétienville(27)......39 G1
Saint-Victor-de-Malcap(30)............157 E6
Saint-Victor-de-Morestel(38)..........131 E3
Saint-Victor-de-Réno(61)................39 H6

Saint-Victor-D'Épine(27)...................20 A6
Saint-Victor-des-Oules(30).............172 B2
Saint-Victor-en-Marche(23)............111 G6
Saint-Victor-et-Melvieu(12)............169 F2
Saint-Victor-la-Coste(30)...............172 C2
Saint-Victor-la-Rivière(63)..............127 E5
Saint-Victor-l'Abbaye(76) 9 F4
Saint-Victor-Malescours(43)...........143 F2
Saint-Victor-Montvianeix(63)..........128 A2
Saint-Victor-Rouzaud(09)...............183 H6
Saint-Victor-sur-Arlanc(43)............142 B1
Saint-Victor-sur-Avre(27)................40 B5
Saint-Victor-sur-Ouche(21).............101 F1
Saint-Victor-sur-Rhins(42)..............129 E1
Saint-Victoret(13)..........................190 C3
Saint-Victour(19)..........................126 A6
Saint-Victurnien(87)......................123 H2
Saint-Vidal(43).............................142 B4
Saint-Vigor(27) 40 D1
Saint-Vigor-des-Mézerets(14)..........37 H2
Saint-Vigor-des-Monts(50)..............37 E2
Saint-Vigor-d'Ymonville(76)..............8 B6
Saint-Vigor-le-Grand(14) 18 B3
Saint-Vincent(31)..........................184 B2
Saint-Vincent(43)..........................142 C3
Saint-Vincent(63)..........................127 F5
Saint-Vincent(64)..........................180 D5
Saint-Vincent(82)..........................167 E1
Saint-Vincent-Bragny(71)...............115 F2
Saint-Vincent-Cramesnil(76).............8 B6
Saint-Vincent-de-
  Barbeyrargues(34) 171 F6
Saint-Vincent-de-Barrès(07)..........158 A2
Saint-Vincent-de-Boisset(42)..........128 D1
Saint-Vincent-de-Connezac(24).......136 D3
Saint-Vincent-de-Cosse(24)...........137 H6
Saint-Vincent-de-Durfort(07)..........143 H6
Saint-Vincent-de-Lamontjoie(47).....165 G2
Saint-Vincent-de-Mercuze(38)........131 H6
Saint-Vincent-de-Paul(33)..............135 F5
Saint-Vincent-de-Paul(40)..............162 D5
Saint-Vincent-de-Pertignas(33).......135 H6
Saint-Vincent-de-Reins(69)............115 H6
Saint-Vincent-de-Salers(15)...........140 B3
Saint-Vincent-de-Tyrosse(40).........162 B5
Saint-Vincent-des-Bois(27).............41 E1
Saint-Vincent-des-Landes(44)..........75 E2
Saint-Vincent-des-Prés(71).............116 A2
Saint-Vincent-des-Prés(72)..............60 B3
Saint-Vincent-d'Olargues(34).........186 B1
Saint-Vincent-du-Boulay(27)...........19 H5
Saint-Vincent-du-Lorouër(72)..........78 B2
Saint-Vincent-du-Pendit(46)...........139 F6
Saint-Vincent-en-Bresse(71)...........101 H6
Saint-Vincent-Jalmoutiers(24).........136 B3
Saint-Vincent-la-Châtre(79)............108 D5
Saint-Vincent-la-Commanderie(26)...144 C5
Saint-Vincent-le-Paluel(24).............138 B6
Saint-Vincent-les-Forts(04)............160 D3
Saint-Vincent-Lespinasse(82)..........166 B1
Saint-Vincent-Rive-d'Olt(46)..........152 B4
Saint-Vincent-Sterlanges(85)...........91 H4
Saint-Vincent-sur-Graon(85)............91 F6
Saint-Vincent-sur-Jabron(04)..........159 H6
Saint-Vincent-sur-Jard(85).............106 B2
Saint-Vincent-sur-l'Isle(24)............137 G2
Saint-Vincent-sur-Oust(56)..............56 B6
Saint-Vit(25).................................103 E1
Saint-Vital(73)..............................132 C4
Saint-Vitte(18)..............................112 D2
Saint-Vitte-sur-Briance(87).............124 D4
Saint-Vivien(17)............................107 E6
Saint-Vivien(24)............................136 B5
Saint-Vivien-de-Blaye(33)..............135 E3
Saint-Vivien-de-Médoc(33).............120 C6
Saint-Vivien-de-Monségur(33).........150 B2
Saint-Voir(03)...............................114 B3
Saint-Vougay(29)............................31 G3
Saint-Vrain(51)...............................46 C5
Saint-Vrain(91)...............................42 C6
Saint-Vran(22)................................34 A6
Saint-Vulbas(01)...........................130 D2
Saint-Waast(59).............................13 F2
Saint-Wandrille-Rançon(76)..............8 D6
Saint-Witz(95)...............................43 E1
Saint-Xandre(17)..........................107 E4
Saint-Yaguen(40)..........................163 F3
Saint-Yan(71)...............................115 F3
Saint-Ybard(19)............................124 C6
Saint-Ybars(09)............................183 G4
Saint-Yon(91)..............................42 C6
Saint-Yorre(03).............................114 B6
Saint-Yrieix-la-Montagne(23)..........125 G2
Saint-Yrieix-la-Perche(87)..............124 A5
Saint-Yrieix-le-Déjalat(19).............125 F6
Saint-Yrieix-les-Bois(23)................111 H6
Saint-Yrieix-sous-Aixe(87)..............123 H2
Saint-Yrieix-sur-Charente(16)..........122 B4
Saint-Ythaire(71)..........................116 A1
Saint-Yvoine(63)...........................127 G5
Saint-Yvy(29)................................53 G4
Saint-Yzan-de-Soudiac(33).............135 F3
Saint-Yzans-de-Médoc(33).............134 D1
Saint-Zacharie(83)........................191 F3
Sainte-Adresse(76).........................19 F2
Sainte-Agathe(63).........................128 A3
Sainte-Agathe-d'Aliermont(76)..........9 H3
Sainte-Agathe-en-Donzy(42)..........129 E2
Sainte-Agathe-la-Bouteresse(42)....128 D3
Sainte-Agnès(06)..........................177 G4
Sainte-Agnès(38)..........................145 H2
Sainte-Agnès(39)..........................102 C6
Sainte-Alauzie(46).........................152 B5
Sainte-Alvère(24)..........................137 F5
Sainte-Anastasie(15).....................141 E3
Sainte-Anastasie(30).....................171 H3
Sainte-Anastasie-sur-Issole(83)......192 A3
Sainte-Anne(25)...........................103 E3
Sainte-Anne(32)...........................166 B5
Sainte-Anne(41).............................79 F2
Sainte-Anne-d'Auray(56).................55 E6
Sainte-Anne-Saint-Priest(87)..........124 D4

Sainte-Anne-sur-Brivet(44)..............74 B3
Sainte-Anne-sur-Gervonde(38).......130 D5
Sainte-Anne-sur-Vilaine(35).............56 D6
Sainte-Aulde(77) 44 A2
Sainte-Aurence-Cazaux(32)............181 H3
Sainte-Austreberthe(62).................10 D1
Sainte-Austreberthe(76)...................9 F4
Sainte-Barbe(57)............................28 D5
Sainte-Barbe(88)............................70 B2
Sainte-Barbe-sur-Gaillon(27)...........21 E5
Sainte-Bazeille(47)........................150 B3
Sainte-Beuve-en-Rivière(76)............21 G1
Sainte-Blandine(38).......................131 E5
Sainte-Blandine(79).......................108 B4
Sainte-Brigitte(56)..........................54 D2
Sainte-Camelle(11)........................184 B4
Sainte-Catherine(62).......................11 H2
Sainte-Catherine(63).....................127 H6
Sainte-Catherine(69).....................129 G4
Sainte-Catherine-de-Fierbois(37)...94 D3
Sainte-Cécile(36)............................96 B2
Sainte-Cécile(50)............................36 D3
Sainte-Cécile(71)..........................116 A3
Sainte-Cécile(85)............................91 H4
Sainte-Cécile-d'Andorge(30)..........156 D6
Sainte-Cécile-du-Cayrou(81)..........167 G3
Sainte-Cécile-les-Vignes(84)..........158 B6
Sainte-Céronne-lès-Mortagne(61) ...39 G6
Sainte-Cérotte(72)..........................78 C1
Sainte-Christie(32)........................165 G5
Sainte-Christie-d'Armagnac(32)......164 C5
Sainte-Christine(49)........................76 A6
Sainte-Christine(63).......................113 H6
Sainte-Colombe(05).......................159 G5
Sainte-Colombe(16).......................122 C2
Sainte-Colombe(17).......................135 G2
Sainte-Colombe(21)........................84 D5
Sainte-Colombe(25).......................103 H4
Sainte-Colombe(33).......................135 H6
Sainte-Colombe(35)........................57 G5
Sainte-Colombe(40).......................163 G5
Sainte-Colombe(46).......................153 G2
Sainte-Colombe(50)........................16 D3
Sainte-Colombe(69).......................130 A5
Sainte-Colombe(76)..........................8 D3
Sainte-Colombe(77)........................44 B6
Sainte-Colombe(89)........................84 A4
Sainte-Colombe-de-Duras(47)........150 B2
Sainte-Colombe-
  de-la-Commanderie(66) 200 C4
Sainte-Colombe-de-Peyre(48)........155 G2
Sainte-Colombe-de-Villeneuve(47)...151 F5
Sainte-Colombe-des-Bois(58)..........82 C6
Sainte-Colombe-en-Bruilhois(47)...151 E6
Sainte-Colombe-la-
  Commanderie(27).........................40 B1
Sainte-Colombe-près-Vernon(27)...41 E1
Sainte-Colombe-sur-Gand(42)........129 E2
Sainte-Colombe-sur-Guette(11)......199 G3
Sainte-Colombe-sur-l'Hers(11)......199 E1
Sainte-Colombe-sur-Loing(89)........82 D4
Sainte-Colombe-sur-Seine(21)........84 D1
Sainte-Colombe(64).......................180 B5
Sainte-Consorce(69)......................129 H3
Sainte-Croix(01)............................130 C2
Sainte-Croix(02)............................25 E4
Sainte-Croix(12)............................153 F4
Sainte-Croix(24)............................151 G1
Sainte-Croix(26)............................144 D6
Sainte-Croix(46)............................152 A5
Sainte-Croix(71)............................117 E?
Sainte-Croix(81)............................168 A?
Sainte-Croix-à-Lauze(04)...............174 B?
Sainte-Croix-aux-Mines(68)............71 E3
Sainte-Croix-de-Caderle(30)..........171 E2
Sainte-Croix-de-Mareuil(24)...........122 D6
Sainte-Croix-de-Quintillargues(34)...171 F5
Sainte-Croix-de-Verdon(04)............175 F5
Sainte-Croix-du-Mont(33)..............149 G3
Sainte-Croix-en-Jarez(42)..............129 H6
Sainte-Croix-en-Plaine(68)..............71 F5
Sainte-Croix-Grand-Tonne(14)........18 B4
Sainte-Croix-Hague(50)..................16 C1
Sainte-Croix-sur-Aizier(27)............20 A?
Sainte-Croix-sur-Buchy(76)..............9 H6
Sainte-Croix-sur-Mer(14)...............18 C3
Sainte-Croix-Vallée-Française(48)...171 E1
Sainte-Croix-Volvestre(09).............183 E?
Sainte-Dode(32)............................181 G?
Sainte-Eanne(79)..........................108 C3
Sainte-Engrâce(64)........................179 G6
Sainte-Enimie(48)..........................155 H2
Sainte-Eugénie-de-Villeneuve(43)...142 A3
Sainte-Eulalie(07)..........................143 E6
Sainte-Eulalie(11)..........................184 D4
Sainte-Eulalie(15)..........................140 A4
Sainte-Eulalie(33)..........................135 F5
Sainte-Eulalie(48)..........................155 H1
Sainte-Eulalie-d'Ans(24)................137 H4
Sainte-Eulalie-de-Cernon(12).........169 G4
Sainte-Eulalie-d'Eymet(24).............150 D2
Sainte-Eulalie-d'Olt(12)................155 E4
Sainte-Eulalie-en-Born(40).............148 A5
Sainte-Eulalie-en-Royans(26).........145 E4
Sainte-Euphémie(01).....................130 A3
Sainte-Euphémie-sur-Ouvèze(26)...159 E5
Sainte-Eusoye(60).........................22 C5
Sainte-Fauste(36)..........................96 C5
Sainte-Féréole(19)........................138 D3
Sainte-Feyre(23)...........................111 H6
Sainte-Feyre-la-Montagne(23)........125 H6
Sainte-Flaive-des-Loups(85)...........91 E5
Sainte-Florence(85)........................91 H4
Sainte-Florence(33).......................135 H6
Sainte-Florine(43).........................141 G1
Sainte-Foi(09)..............................184 C4
Sainte-Fortunade(19).....................139 E3
Sainte-Foy(40).............................164 A4
Sainte-Foy(71).............................115 F4
Sainte-Foy(76)...............................9 G3
Sainte-Foy(85).............................90 D6
Sainte-Foy-d'Aigrefeuille(31)...........183 H?

Sainte-Foy-de-Belvès(24) ...151 H1	Sainte-Même(17) ...121 F2	Salignac(33) ...135 F4	San-Damiano(2B) ...205 G2	Sare(64) ...178 B3
Sainte-Foy-de-Longas(24) ...137 F5	Sainte-Menehould(51) ...26 D5	Salignac-de-Mirambeau(17) ...135 F1	San-Gavino-d'Ampugnani(2B) ...205 G2	Sargé-lès-le-Mans(72) ...60 B5
Sainte-Foy-de-Montgommery(14) ...39 E2	Sainte-Mère(32) ...165 H3	Salignac-Eyvignes(24) ...138 B5	San-Gavino-di-Carbini(2A) ...207 E3	Sargé-sur-Braye(41) ...61 E6
Sainte-Foy-de-Peyrolières(31) ...183 E2	Sainte-Mère-Église(50) ...17 F4	Salignac-sur-Charente(17) ...121 F4	San-Gavino-di-Fiumorbo(2B) ...205 F6	Sari-d'Orcino(2A) ...204 C5
Sainte-Foy-la-Grande(33) ...136 B6	Sainte-Mesme(78) ...62 D1	Saligney(39) ...86 D6	San-Gavino-di-Tenda(2B) ...203 F5	Sari-Solenzara(2A) ...207 F2
Sainte-Foy-la-Longue(33) ...149 H2	Sainte-Mondane(24) ...138 B6	Saligny(85) ...91 F4	San-Giovanni-di-Moriani(2B) ...205 G2	Sariac-Magnoac(65) ...181 H3
Sainte-Foy-l'Argentière(69) ...129 G4	Sainte-Montaine(18) ...81 F5	Saligny(89) ...65 E4	San-Giuliano(2B) ...205 G3	Sarlabous(65) ...181 G6
Sainte-Foy-lès-Lyon(69) ...130 A3	Sainte-Nathalène(24) ...138 B5	Saligny-le-Vif(18) ...98 A3	San-Lorenzo(2B) ...205 F2	Sarlande(24) ...124 A6
Sainte-Foy-Saint-Sulpice(42) ...128 D3	Sainte-Néomaye(79) ...108 B3	Saligny-sur-Roudon(03) ...114 D2	San-Martino-di-Lota(2B) ...203 G4	Sarlat-la-Canéda(24) ...138 A6
Sainte-Foy-Tarentaise(73) ...133 G4	Sainte-Olive(01) ...116 C6	Saligos(65) ...195 G3	San-Nicolao(2B) ...205 G2	Sarliac-sur-l'Isle(24) ...137 G2
Sainte-Gauburge-Sainte-Colombe(61) ...39 G4	Sainte-Opportune(61) ...38 B4	Salindres(30) ...171 G1	Sana(31) ...182 D4	Sarniguet(65) ...181 E3
Sainte-Gemme(17) ...120 D3	Sainte-Opportune-du-Bosc(27) ...20 C6	Salinelles(30) ...171 G5	Sanary-sur-Mer(83) ...191 G5	Sarnois(60) ...22 A2
Sainte-Gemme(32) ...166 A4	Sainte-Opportune-la-Mare(27) ...20 A4	Salins(15) ...140 A3	Sancé(71) ...116 C3	Saron-sur-Aube(51) ...45 E6
Sainte-Gemme(33) ...150 B2	Sainte-Orse(24) ...137 H3	Salins(77) ...64 C2	Sancergues(18) ...98 B2	Sarp(65) ...182 A6
Sainte-Gemme(36) ...95 H5	Sainte-Osmane(72) ...78 C1	Salins-les-Bains(39) ...103 E3	Sancerre(18) ...82 B6	Sarpourenx(64) ...179 H2
Sainte-Gemme(51) ...44 D1	Sainte-Ouenne(79) ...108 A3	Salins-les-Thermes(73) ...132 D5	Sancey-le-Grand(25) ...88 B6	Sarragachies(32) ...164 C5
Sainte-Gemme(79) ...93 E4	Sainte-Pallaye(89) ...83 G3	Salives(21) ...85 G3	Sancey-le-Long(25) ...88 C6	Sarrageois(25) ...103 G5
Sainte-Gemme(81) ...168 B2	Sainte-Pazanne(44) ...90 D1	Sallagriffon(06) ...176 C4	Sancheville(28) ...62 B4	Sarraguzan(32) ...181 G3
Sainte-Gemme-en-Sancerrois(18) ...82 A5	Sainte-Pexine(85) ...91 H6	la Salle(71) ...116 C3	Sanchey(88) ...69 H3	Sarralbe(57) ...50 A3
Sainte-Gemme-la-Plaine(85) ...107 E2	Sainte-Pience(50) ...35 H2	la Salle(88) ...70 B3	Sancoins(18) ...98 B5	Sarraltroff(57) ...50 B5
Sainte-Gemme-Martaillac(47) ...150 B5	Sainte-Pôle(54) ...49 H6	la Salle-de-Vihiers(49) ...92 C2	Sancourt(27) ...21 H5	Sarran(19) ...139 F1
Sainte-Gemme-Moronval(28) ...41 E4	Sainte-Preuve(02) ...25 E2	la Salle-en-Beaumont(38) ...145 H5	Sancourt(59) ...12 C3	Sarrance(64) ...179 H6
Sainte-Gemmes(41) ...79 G2	Sainte-Radegonde(12) ...154 C5	la Salle-et-Chapelle-Aubry(49) ...75 H6	Sancourt(80) ...23 H1	Sarrancolin(65) ...196 B3
Sainte-Gemmes-d'Andigné(49) ...76 A2	Sainte-Radegonde(17) ...120 D2	la Salle-Prunet(48) ...156 B5	Sancy(54) ...28 B3	Sarrant(32) ...166 B5
Sainte-Gemmes-le-Robert(53) ...59 F3	Sainte-Radegonde(24) ...151 F2	Sallebœuf(33) ...135 F6	Sancy(77) ...43 G3	Sarras(07) ...144 A3
Sainte-Gemmes-sur-Loire(49) ...76 C5	Sainte-Radegonde(32) ...165 G4	Sallèdes(63) ...127 G4	Sancy-les-Cheminots(02) ...24 C4	Sarrazac(24) ...123 H6
Sainte-Geneviève(02) ...14 A4	Sainte-Radegonde(33) ...136 A6	Sallèles-Cabardès(11) ...185 F3	Sancy-les-Provins(77) ...44 C5	Sarrazac(46) ...138 D4
Sainte-Geneviève(50) ...17 F1	Sainte-Radegonde(71) ...100 B6	Sallèles-d'Aude(11) ...186 B3	Sand(67) ...71 G2	Sarraziet(40) ...163 H5
Sainte-Geneviève(54) ...48 D3	Sainte-Radegonde(79) ...93 F3	la Salle les Alpes(05) ...147 E4	Sandarville(28) ...61 H3	Sarre-Union(67) ...50 B3
Sainte-Geneviève(60) ...22 C5	Sainte-Radegonde(86) ...109 H1	Sallen(14) ...17 H6	Sandaucourt(88) ...68 D3	Sarrebourg(57) ...50 B5
Sainte-Geneviève(76) ...9 H5	Sainte-Radégonde-des-Noyers(85) ...107 E3	Sallenelles(14) ...18 D4	Sandillon(45) ...80 D1	Sarrecave(31) ...182 A4
Sainte-Geneviève-des-Bois(45) ...82 A2	Sainte-Ramée(17) ...121 E6	Sallenôves(74) ...118 B6	Sandouville(76) ...8 B6	Sarreguemines(57) ...50 A2
Sainte-Geneviève-des-Bois(91) ...42 C5	Sainte-Reine(70) ...87 E4	Sallertaine(85) ...90 C3	Sandrans(01) ...116 D6	Sarreinsming(57) ...50 A2
Sainte-Geneviève-lès-Gasny(27) ...41 F1	Sainte-Reine(73) ...132 B4	les Salles(42) ...128 B2	Sangatte(62) ...2 C2	Sarremezan(31) ...182 B4
Sainte-Geneviève-sur-Argence(12) ...140 C6	Sainte-Reine-de-Bretagne(44) ...73 H4	Salles(33) ...148 B3	Sanghen(62) ...2 C3	Sarrewerden(67) ...50 B3
Sainte-Hélène(33) ...134 C5	Sainte-Ruffine(57) ...28 C5	Salles(47) ...151 G3	Sanguinet(40) ...148 B3	Sarrey(52) ...68 B5
Sainte-Hélène(48) ...156 A3	Sainte-Sabine(21) ...101 E1	Salles(65) ...180 D6	Sanilhac(07) ...157 F3	Sarriac-Bigorre(65) ...181 F3
Sainte-Hélène(56) ...54 D6	Sainte-Sabine-Born(24) ...151 F2	Salles(79) ...108 C3	Sanilhac-Sagriès(30) ...172 B3	Sarrians(84) ...173 E3
Sainte-Hélène(71) ...101 E5	Sainte-Sabine-sur-Longève(72) ...60 A4	Salles(81) ...168 A2	Sannat(23) ...112 C6	Sarrigné(49) ...76 D4
Sainte-Hélène(88) ...70 A3	Sainte-Savine(10) ...66 A3	Salles-Adour(65) ...181 E5	Sannerville(14) ...18 D4	Sarrogna(39) ...117 G2
Sainte-Hélène-Bondeville(76) ...8 C4	Sainte-Scolasse-sur-Sarthe(61) ...39 F6	Salles-Arbuisonnas-en-Beaujolais(69) ...116 A6	Sannes(84) ...174 A5	Sarrola-Carcopino(2A) ...204 C5
Sainte-Hélène-du-Lac(73) ...132 A5	Sainte-Segrée(80) ...22 A1	Salles-Courbatiès(12) ...153 G4	Sannois(95) ...42 C2	Sarron(40) ...164 B6
Sainte-Hélène-sur-Isère(73) ...132 C4	Sainte-Sève(29) ...31 H4	Salles-Curan(12) ...169 F1	Sanous(65) ...181 E3	Sarrouilles(65) ...181 F4
Sainte-Hermine(85) ...91 H6	Sainte-Sévère(16) ...121 H3	Salles-d'Angles(16) ...121 G4	Sanry-lès-Vigy(57) ...28 D4	Sarroux(19) ...126 A6
Sainte-Honorine-de-Ducy(14) ...18 A5	Sainte-Sévère-sur-Indre(36) ...112 A2	Salles-d'Armagnac(32) ...164 C4	Sanry-sur-Nied(57) ...28 D6	Sarry(51) ...46 A3
Sainte-Honorine-des-Pertes(14) ...18 A3	Sainte-Sigolène(43) ...143 E2	Salles-d'Aude(11) ...186 C4	Sans-Vallois(88) ...69 F4	Sarry(71) ...115 F4
Sainte-Honorine-du-Fay(14) ...18 C5	Sainte-Solange(18) ...97 H2	Salles-de-Barbezieux(16) ...121 H6	Sansa(66) ...199 G4	Sarry(89) ...84 B3
Sainte-Honorine-la-Chardonne(61) ...38 A3	Sainte-Soline(79) ...108 D4	Salles-de-Belvès(24) ...151 H2	Sansac-de-Marmiesse(15) ...140 A6	le Sars(62) ...11 H4
Sainte-Honorine-la-Guillaume(61) ...38 B4	Sainte-Souline(16) ...136 A1	les Salles-de-Castillon(33) ...136 A5	Sansac-Veinazès(15) ...154 B2	Sars-et-Rosières(59) ...5 G6
Sainte-Innocence(24) ...150 D1	Sainte-Soulle(17) ...107 E5	Salles-de-Villefagnan(16) ...122 C1	Sansais(79) ...107 H4	Sars-le-Bois(62) ...11 F2
Sainte-Jalle(26) ...159 E5	Sainte-Suzanne(09) ...183 G5	les Salles-du-Gardon(30) ...156 D6	Sansan(32) ...182 B2	Sars-Poteries(59) ...13 H3
Sainte-Jamme-sur-Sarthe(72) ...60 A4	Sainte-Suzanne(25) ...88 C4	Salles-et-Pratviel(31) ...196 D4	Sanssac-l'Église(43) ...142 B4	Sartène(2A) ...206 D4
Sainte-Julie(01) ...130 D2	Sainte-Suzanne(53) ...59 F4	Salles-la-Source(12) ...154 B4	Sanssat(03) ...114 B4	Sartes(88) ...68 C3
Sainte-Juliette(82) ...152 A6	Sainte-Suzanne-sur-Vire(50) ...37 E1	Salles-Lavalette(16) ...136 C1	Santa-Lucia-di-Mercurio(2B) ...205 F3	Sartilly(50) ...35 G2
Sainte-Juliette-sur-Viaur(12) ...154 B6	Sainte-Terre(33) ...135 H6	les Salles-Lavauguyon(87) ...123 F3	Santa-Lucia-di-Moriani(2B) ...205 G2	Sarton(62) ...11 F4
Sainte-Léocadie(66) ...199 F6	Sainte-Thérence(03) ...112 D5	Salles-Mongiscard(64) ...179 G1	Santa-Maria-di-Lota(2B) ...203 G3	Sartrouville(78) ...42 B3
Sainte-Lheurine(17) ...121 G5	Sainte-Thorette(18) ...97 E3	Salles-sous-Bois(26) ...158 B4	Santa-Maria-Figaniella(2A) ...206 D3	Sarzay(36) ...111 H1
Sainte-Livrade(31) ...166 C6	Sainte-Tréphine(22) ...54 D1	Salles-sur-Garonne(31) ...183 E4	Santa-Maria-Poggio(2B) ...205 G2	Sarzeau(56) ...73 E3
Sainte-Livrade-sur-Lot(47) ...151 E4	Sainte-Trie(24) ...138 A2	Salles-sur-l'Hers(11) ...184 B4	Santa-Maria-Siché(2A) ...206 D2	Sasnières(41) ...79 E3
Sainte-Lizaigne(36) ...96 D3	Sainte-Tulle(04) ...174 C4	Salles-sur-Mer(17) ...107 E5	Santa-Reparata-di-Balagna(2B) ...202 D5	Sassangy(71) ...101 E6
Sainte-Luce(38) ...146 A5	Sainte-Valière(11) ...186 A4	les Salles-sur-Verdon(83) ...175 F4	Santa-Reparata-di-Moriani(2B) ...205 G2	Sassay(41) ...79 H6
Sainte-Luce-sur-Loire(44) ...75 E5	Sainte-Vaubourg(08) ...26 B2	Sallespisse(64) ...179 H1	Sant'Andréa-di-Bozio(2B) ...205 F3	Sassegnies(59) ...13 F3
Sainte-Lucie-de-Tallano(2A) ...206 D3	Sainte-Verge(79) ...93 F3	Salmagne(55) ...47 G4	Sant'Andréa-di-Cotone(2B) ...205 G3	Sassenage(38) ...145 G2
Sainte-Lunaise(18) ...97 F4	Sainte-Vertu(89) ...83 H2	Salmaise(21) ...85 E5	Sant'Andréa-d'Orcino(2A) ...204 C5	Sassenay(71) ...101 G5
Sainte-Magnance(89) ...84 B5	Sainteny(50) ...17 F5	Salmbach(67) ...51 H2	Santans(39) ...102 D3	Sassetot-le-Malgardé(76) ...9 E4
Sainte-Marguerite(43) ...142 A3	Saintes(17) ...121 E3	Salmiech(12) ...169 E1	Sant'Antonino(2B) ...202 D5	Sassetot-le-Mauconduit(76) ...8 C3
Sainte-Marguerite(88) ...70 C3	Saintes-Maries-de-la-Mer(13) ...189 E5	Salomé(59) ...4 D5	Santeau(45) ...63 E5	Sasseville(76) ...8 D3
Sainte-Marguerite-de-Carrouges(61) ...38 C5	Saintines(60) ...23 F5	Salon(10) ...45 F5	Santec(29) ...31 G2	Sassey(27) ...40 D2
Sainte-Marguerite-de-l'Autel(27) ...40 B3	Saintry-sur-Seine(91) ...42 D6	Salon(24) ...137 F4	Santenay(21) ...101 F4	Sassey-sur-Meuse(55) ...27 E2
Sainte-Marguerite-de-Viette(14) ...19 F6	Saints(77) ...43 H4	Salon-de-Provence(13) ...173 F6	Santenay(41) ...79 F4	Sassierges-Saint-Germain(36) ...96 D6
Sainte-Marguerite-d'Elle(14) ...17 G6	Saints(89) ...82 D3	Salon-la-Tour(19) ...124 C6	Santeny(94) ...43 E5	Sassis(65) ...195 G4
Sainte-Marguerite-des-Loges(14) ...19 G6	Saints-Geosmes(52) ...86 B1	Salonnes(57) ...49 F3	Santes(59) ...5 E4	Sassy(14) ...19 E6
Sainte-Marguerite-en-Ouche(27) ...39 H2	Sainville(28) ...62 D2	Salornay-sur-Guye(71) ...116 A2	Santeuil(28) ...62 C2	Sathonay-Camp(69) ...130 A2
Sainte-Marguerite-Lafigère(07) ...156 D4	Saires(86) ...94 A4	Salouël(80) ...11 E6	Santeuil(95) ...42 A1	Sathonay-Village(69) ...130 A2
Sainte-Marguerite-sur-Duclair(76) ...8 D5	Saires-la-Verrerie(61) ...38 A4	Salperwick(62) ...3 E3	Santigny(89) ...84 B4	Satillieu(07) ...143 H3
Sainte-Marguerite-sur-Fauville(76) ...8 C4	Saissac(11) ...184 D3	Salsein(09) ...197 F3	Santilly(28) ...62 D4	Satolas-et-Bonce(38) ...130 C3
Sainte-Marguerite-sur-Mer(76) ...9 E2	Saisseval(80) ...10 D6	Salses-le-Château(66) ...200 D2	Santilly(71) ...116 B1	Saturargues(34) ...171 G5
Sainte-Marie(05) ...159 F4	Saissy(71) ...101 E4	Salsigne(11) ...185 E3	Santo-Pietro-di-Tenda(2B) ...203 F5	Saubens(31) ...183 F2
Sainte-Marie(08) ...26 B3	Saivres(79) ...108 B3	Salt-en-Donzy(42) ...129 E3	Santo-Pietro-di-Venaco(2B) ...205 E3	Saubion(40) ...162 B5
Sainte-Marie(15) ...140 D6	le Saix(05) ...159 H3	Salvagnac(81) ...167 G3	Santoche(25) ...88 B5	Saubole(64) ...180 D3
Sainte-Marie(25) ...88 C4	Saïx(81) ...184 D1	Salvagnac-Cajarc(12) ...153 F4	Santosse(21) ...101 E3	Saubrigues(40) ...162 B6
Sainte-Marie(32) ...166 A6	Saix(86) ...93 G2	la Salvetat-Belmontet(82) ...167 F3	Santranges(18) ...82 A4	Saubusse(40) ...162 C5
Sainte-Marie(35) ...56 C6	Saizenay(39) ...103 E3	la Salvetat-Lauragais(31) ...184 B1	Sanvensa(12) ...153 G6	Saucats(33) ...149 E2
Sainte-Marie(58) ...99 E2	Saizerais(54) ...48 C4	la Salvetat-Peyralès(12) ...153 H6	Sanvignes-les-Mines(71) ...100 C6	Saucède(64) ...179 H4
Sainte-Marie(65) ...196 B3	Saizy(58) ...83 G6	la Salvetat-Saint-Gilles(31) ...166 D6	Sanxay(86) ...108 D3	la Saucelle(28) ...40 C5
Sainte-Marie(66) ...201 E3	Sajas(31) ...182 D3	la Salvetat-sur-Agout(34) ...185 H1	Sanzay(79) ...93 E3	Sauchay(76) ...9 G2
Sainte-Marie-à-Py(51) ...26 A4	Salagnac(24) ...138 A2	Salvezines(11) ...199 H3	Sanzey(54) ...48 B4	Sauchy-Cauchy(62) ...12 B2
Sainte-Marie-au-Bosc(76) ...8 A4	Salagnon(38) ...130 D4	Salviac(46) ...152 B2	Saon(14) ...17 H5	Sauchy-Lestrée(62) ...12 B3
Sainte-Marie-aux-Chênes(57) ...28 B4	Salaise-sur-Sanne(38) ...144 A1	Salvizinet(42) ...129 E3	Saône(25) ...87 G6	Sauclières(12) ...170 B3
Sainte-Marie-aux-Mines(68) ...71 E3	Salans(39) ...103 E1	Salza(11) ...200 A1	Saonnet(14) ...17 H5	Saudemont(62) ...12 B2
Sainte-Marie-Cappel(59) ...3 G3	Salasc(34) ...170 B6	Salzuit(43) ...141 H3	Saorge(06) ...177 G2	Saudoy(51) ...44 D5
Sainte-Marie-d'Alloix(38) ...132 A6	Salaunes(33) ...134 C5	le Sap(61) ...39 F3	Saosnes(72) ...60 B3	Saudron(52) ...47 G6
Sainte-Marie-d'Alvey(73) ...131 G4	Salavas(07) ...157 F4	le Sap-André(61) ...39 F3	Saou(26) ...158 C2	Saudrupt(55) ...47 E5
Sainte-Marie-de-Chignac(24) ...137 F3	Salavre(01) ...117 F3	Samadet(40) ...163 H6	le Sappey(74) ...118 C5	Saugeot(39) ...103 E6
Sainte-Marie-de-Cuines(73) ...132 C6	Salazac(30) ...157 G6	Saman(31) ...182 B4	le Sappey-en-Chartreuse(38) ...145 G2	Saugnac-et-Cambran(40) ...162 D5
Sainte-Marie-de-Gosse(40) ...162 C6	Salbris(41) ...80 D5	Samaran(32) ...181 H3	Saramon(32) ...182 C2	Saugnacq-et-Muret(40) ...148 D4
Sainte-Marie-de-Ré(17) ...106 C5	les Salces(48) ...155 F3	Samatan(32) ...182 B2	Saran(45) ...62 D6	Saugon(33) ...135 F3
Sainte-Marie-de-Vatimesnil(27) ...21 G5	Saléchan(65) ...196 D3	Samazan(47) ...150 B4	Saraz(25) ...103 F3	Saugues(43) ...142 A5
Sainte-Marie-de-Vaux(87) ...123 H2	Saleich(31) ...182 D6	Sambin(41) ...79 G5	Sarbazan(40) ...164 A2	Sauguis-Saint-Étienne(64) ...179 G5
Sainte-Marie-des-Champs(76) ...8 D5	Saleignes(17) ...121 H1	Sambourg(89) ...84 A2	Sarcé(72) ...77 H2	Saugy(18) ...97 E4
Sainte-Marie-du-Bois(50) ...37 F5	Saleilles(66) ...200 D4	Saméon(59) ...5 G5	Sarceaux(61) ...38 D4	Saujac(12) ...153 F4
Sainte-Marie-du-Bois(53) ...38 A6	les Salelles(07) ...157 E4	Samer(62) ...2 B5	Sarcelles(95) ...42 D2	Saujon(17) ...120 C4
Sainte-Marie-du-Lac-Nuisement(51) ...46 C5	les Salelles(48) ...155 G4	Samerey(21) ...102 B2	Sarcenas(38) ...145 G2	la Saulce(05) ...160 B4
Sainte-Marie-du-Mont(38) ...131 H6	Salency(60) ...23 H3	Sames(64) ...179 E1	Sarcey(52) ...68 A5	Saulce-sur-Rhône(26) ...158 B2
Sainte-Marie-du-Mont(50) ...17 F4	Salenthal(67) ...50 D5	Sammarçolles(86) ...93 H3	Sarcey(69) ...129 G2	Saulces-Champenoises(08) ...26 A2
Sainte-Marie-en-Chanois(70) ...88 B1	Saléon(05) ...159 H5	Sammeron(77) ...43 H3	Sarcos(32) ...182 B3	Saulces-Monclin(08) ...14 C6
Sainte-Marie-en-Chaux(70) ...87 H1	Salérans(05) ...159 H6	Samoëns(74) ...119 G5	Sarcus(60) ...22 A2	Saulcet(03) ...114 A4
Sainte-Marie-Kerque(62) ...3 E2	Salerm(31) ...182 C4	Samognat(01) ...117 G4	Sardan(30) ...171 G4	Saulchery(02) ...44 B2
Sainte-Marie-la-Blanche(21) ...101 G3	Salernes(83) ...175 F6	Samogneux(55) ...27 F4	Sardent(23) ...111 H6	le Saulchoy(60) ...22 C2
Sainte-Marie-la-Robert(61) ...38 C5	Salers(15) ...140 B3	Samois-sur-Seine(77) ...64 A1	Sardieu(38) ...130 D6	Saulchoy(62) ...10 C1
Sainte-Marie-Lapanouze(19) ...126 A6	Sales(74) ...131 H2	Samonac(33) ...135 E4	Sardon(63) ...127 F1	Saulchoy-sous-Poix(80) ...22 B1
Sainte-Marie-Laumont(14) ...37 F2	Salesches(59) ...13 E3	Samoreau(77) ...64 A2	Sardy-lès-Épiry(58) ...99 G2	Saulcy(10) ...67 F3
Sainte-Marie-Outre-l'Eau(14) ...37 F2	la Salette-Fallavaux(38) ...146 A5	Samouillan(31) ...182 D4		le Saulcy(88) ...70 D2
Sainte-Marie-sur-Ouche(21) ...85 F6	Salettes(26) ...158 C3	Sampans(39) ...102 B2		Saulcy-sur-Meurthe(88) ...70 C3
Sainte-Marthe(27) ...40 B2	Salettes(43) ...142 D6	Sampigny(55) ...47 H3		Saules(25) ...103 G2
Sainte-Marthe(47) ...150 B4	Saleux(80) ...11 E6	Sampigny-lès-Maranges(71) ...101 E4		Saules(71) ...101 E6
Sainte-Maure(10) ...66 A2	Salice(2A) ...204 C4	Sampolo(2A) ...205 E6		Saulgé(86) ...110 A3
Sainte-Maure-de-Peyriac(47) ...164 D2	Saliceto(2B) ...205 F2	Sampzon(07) ...157 F4		Saulgé-l'Hôpital(49) ...76 D6
Sainte-Maure-de-Touraine(37) ...94 C2	Saliès(81) ...168 B4	Samson(25) ...103 E2		Saulges(53) ...59 E5
Sainte-Maxime(83) ...193 E3	Salies-de-Béarn(64) ...179 F2	Samsons-Lion(64) ...180 D2		Saulgond(16) ...123 F2
	Salies-du-Salat(31) ...182 D5	Samuran(65) ...196 D3		Sauliac-sur-Célé(46) ...153 E3
	Salignac(04) ...160 B6			Saulieu(21) ...84 C6
				Saulles(52) ...86 C2

Saulmory-et-Villefranche(55)............27 E2
Saulnay(36)...........................95 G5
Saulnes(54)...........................28 A1
Saulnières(28)........................40 D5
Saulnières(35)........................57 F4
Saulnot(70)...........................88 C4
Saulny(57)............................28 C5
Saulon-la-Chapelle(21)...............101 H1
Saulon-la-Rue(21)....................101 H1
la Saulsotte(10)......................44 C6
Sault(84)............................173 H2
Sault-Brénaz(01).....................131 E2
Sault-de-Navailles(64)...............179 H1
Sault-lès-Rethel(08)..................14 B6
Sault-Saint-Remy(08)..................25 G4
Saultain(59)..........................13 E2
Saulty(62)............................11 G3
Saulvaux(55)..........................47 H4
Saulx(70).............................87 H2
Saulx-le-Duc(21)......................85 G4
Saulx-lès-Champlon(55)................27 H5
Saulx-lès-Chartreux(91)...............42 C5
Saulx-Marchais(78)....................41 H4
Saulxerotte(54).......................69 E1
Saulxures(67).........................70 D2
Saulxures-lès-Bulgnéville(88).........68 D3
Saulxures-lès-Nancy(54)...............48 D4
Saulxures-lès-Vannes(54)..............48 B6
Saulxures-sur-Moselotte(88)...........70 B6
Saulzais-le-Potier(18)...............112 D1
Saulzet(03)..........................113 H6
Saulzet-le-Froid(63).................126 D4
Saulzoir(59)..........................12 D2
Saumane(04)..........................174 C2
Saumane(30)..........................171 E2
Saumane-de-Vaucluse(84)..............173 F3
Sauméjan(47).........................150 A6
Saumeray(28)..........................61 H3
Saumont(47)..........................165 F2
Saumont-la-Poterie(76)................21 G3
Saumos(33)...........................134 B5
Saumur(49)............................93 G1
Saunay(37)............................79 E4
la Saunière(23)......................111 H6
Saunières(71)........................101 H4
Sauqueville(76)........................9 F3
Saurais(79)..........................108 C1
Saurat(09)...........................198 B2
Sauret-Besserve(63).................126 D1
Saurier(63)..........................127 E5
Sausheim(68)..........................89 G1
Saussan(34)..........................187 G1
Saussay(28)...........................41 E3
Saussay(76)............................9 E5
Saussay-la-Campagne(27)...............21 G5
la Saussaye(27).......................20 D5
Saussemesnil(50)......................17 E2
Saussenac(81)........................168 C3
Saussens(31).........................167 G6
Saussey(21)..........................101 E3
Saussey(50)...........................36 C1
Saussignac(24).......................136 C6
Saussines(34)........................171 G5
Saussy(21)............................85 G4
Sautel(09)...........................198 D1
Sauternes(33)........................149 G3
Sauteyrargues(34)....................171 F4
Sauto(66)............................199 F5
Sautron(44)...........................74 D5
la Sauvagère(61)......................38 B5
les Sauvages(69).....................129 F2
Sauvagnac(16)........................123 F3
Sauvagnas(47)........................151 F6
Sauvagnat(63)........................126 C3
Sauvagnat-Sainte-Marthe(63)..........127 F5
Sauvagney(25).........................87 E5
Sauvagnon(64)........................180 B2
Sauvagny(03).........................113 F3
Sauvain(42)..........................128 C4
Sauvat(15)...........................140 A2
Sauve(30)............................171 F3
la Sauve(33).........................149 G1
Sauvelade(64)........................179 H2
Sauverny(01).........................118 C3
Sauvessanges(63).....................142 C1
la Sauvetat(32)......................165 G4
la Sauvetat(63)......................127 F4
la Sauvetat-de-Savères(47)...........151 G6
la Sauvetat-du-Dropt(47).............150 D2
la Sauvetat-sur-Lède(47).............151 F4
Sauveterre(30).......................172 D3
Sauveterre(32).......................182 C2
Sauveterre(65).......................181 F2
Sauveterre(81).......................185 G2
Sauveterre(82).......................152 B6
Sauveterre-de-Béarn(64)..............179 F2
Sauveterre-de-Comminges(31)..........182 B6
Sauveterre-de-Guyenne(33)............150 A2
Sauveterre-de-Rouergue(54)...........154 A6
Sauveterre-la-Lémance(47)............151 H3
Sauveterre-Saint-Denis(47)...........165 H1
Sauviac(32)..........................181 H3
Sauviac(33)..........................149 H4
Sauvian(34)..........................186 D4
Sauviat(63)..........................127 H4
Sauviat-sur-Vige(87).................124 D2
Sauvignac(16)........................135 H2
Sauvigney-lès-Gray(70)................86 D4
Sauvigney-lès-Pesmes(70)..............86 C6
Sauvigny(55)..........................48 A6
Sauvigny-le-Beuréal(89)...............84 B4
Sauvigny-le-Bois(89)..................83 H4
Sauvigny-les-Bois(58).................98 D4
Sauville(08)..........................15 E6
Sauville(88)..........................68 D4
Sauvillers-Mongival(80)...............23 E1
Sauvimont(32)........................182 D2
Sauvoy(55)............................47 H5
Saux(46).............................152 A5
Saux-et-Pomarède(31).................182 B5

Sauxillanges(63).....................127 G5
Sauze(06)............................176 C2
le Sauze-du-Lac(05)..................160 D3
Sauzé-Vaussais(79)...................108 C5
Sauzelles(36)........................110 B1
Sauzet(26)...........................158 B3
Sauzet(30)...........................171 H3
Sauzet(46)...........................152 B4
la Sauzière-Saint-Jean(81)...........167 F3
Sauzon(56)............................72 B4
Savarthès(31)........................182 C5
Savas(07)............................143 H2
Savas-Mépin(38)......................130 C5
Savasse(26)..........................158 A3
Savenay(44)...........................74 B4
Savenès(82)..........................166 D4
Savennes(23).........................111 H6
Savennes(63).........................126 B5
Saverdun(09).........................183 H4
Savères(31)..........................183 E3
Saverne(67)...........................50 C5
Saveuse(80)...........................11 E6
Savianges(71)........................101 E6
Savières(10)..........................65 H2
Savigna(39)..........................117 G2
Savignac(12).........................153 F5
Savignac(33).........................149 H3
Savignac-de-Duras(47)................150 C2
Savignac-de-l'Isle(33)...............135 G4
Savignac-de-Miremont(24).............137 G5
Savignac-de-Nontron(24)..............123 F5
Savignac-Lédrier(24).................138 A1
Savignac-les-Églises(24).............137 G2
Savignac-les-Ormeaux(09).............198 D3
Savignac-Mona(32)....................182 D2
Savignac-sur-Leyze(47)...............151 G4
Savignargues(30).....................171 G3
Savigné(86)..........................109 F5
Savigné-l'Évêque(72)..................60 B5
Savigné-sous-le-Lude(72)..............77 G3
Savigné-sur-Lathan(37)................77 H5
Savigneux(01)........................130 A1
Savigneux(42)........................128 D4
Savignies(60).........................22 B4
Savigny(50)...........................36 D1
Savigny(52)...........................86 D2
Savigny(69)..........................129 G3
Savigny(74)..........................118 B6
Savigny(88)...........................69 G2
Savigny-en-Revermont(71).............102 B6
Savigny-en-Sancerre(18)...............82 A5
Savigny-en-Septaine(18)...............97 H3
Savigny-en-Terre-Plaine(89)...........84 B4
Savigny-en-Véron(37)..................93 H1
Savigny-le-Sec(21)....................85 H5
Savigny-le-Temple(77).................43 E6
Savigny-le-Vieux(50)..................37 E6
Savigny-lès-Beaune(21)...............101 F3
Savigny-Lévescault(86)...............109 G2
Savigny-Poil-Fol(58)..................99 H5
Savigny-sous-Faye(86).................94 A5
Savigny-sous-Mâlain(21)...............85 F6
Savigny-sur-Aisne(08).................26 C3
Savigny-sur-Ardres(51)................25 E6
Savigny-sur-Braye(41).................78 D1
Savigny-sur-Clairis(89)...............64 C5
Savigny-sur-Grosne(71)...............116 B1
Savigny-sur-Orge(91)..................42 D5
Savigny-sur-Seille(71)...............116 D1
Savilly(21)..........................100 C2
Savines-le-Lac(05)...................160 D3
Savins(77)............................64 D1
Savoillan(84)........................159 E6
Savoisy(21)...........................84 D2
Savolles(21)..........................86 B5
Savonnières(37).......................78 B6
Savonnières-devant-Bar(55)............47 H4
Savonnières-en-Perthois(55)...........47 E5
Savouges(21).........................101 H1
Savournon(05)........................159 H4
Savoyeux(70)..........................86 D3
Savy(02)..............................12 C6
Savy-Berlette(62)......................4 B6
Saxel(74)............................119 E4
Saxi-Bourdon(58)......................99 F3
Saxon-Sion(54)........................69 F1
Sayat(63)............................127 E3
Saze(30).............................172 C3
Sazeray(36)..........................112 A3
Sazeret(03)..........................113 G4
Sazilly(37)...........................94 B2
Sazos(65)............................195 G4
Scaër(29).............................54 A3
Scata(2B)............................205 G2
Sceau-Saint-Angel(24)................123 F6
Sceautres(07)........................157 H2
Sceaux(89)............................84 A4
Sceaux(92)............................42 C4
Sceaux-d'Anjou(49)....................76 C3
Sceaux-du-Gâtinais(45)................63 H5
Sceaux-sur-Huisne(72).................60 D5
Scey-Maisières(25)...................103 F2
Scey-sur-Saône-et-Saint-Albin(70).....87 F2
Schaeffersheim(67)....................71 G2
Schaffhouse-près-Seltz(67)............51 H3
Schaffhouse-sur-Zorn(67)..............51 E5
Schalbach(57).........................50 B4
Schalkendorf(67)......................51 E4
Scharrachbergheim-Irmstett(67)........50 D6
Scheibenhard(67)......................51 H2
Scherlenheim(67)......................50 D4
Scherwiller(67).......................71 F3
Schillersdorf(67).....................50 D4
Schiltigheim(67)......................51 E6
Schirmeck(67).........................71 E1
Schirrhein(67)........................51 G4
Schirrhoffen(67)......................51 G4
Schleithal(67)........................51 G2
Schlierbach(68).......................89 G2
Schmittviller(57).....................50 B2
Schneckenbusch(57)....................50 B5
Schnersheim(67).......................51 E5

Schœnau(67)...........................71 G3
Schœnbourg(67)........................50 C4
Schœneck(57)..........................29 H4
Schœnenbourg(67)......................51 G3
Schopperten(67).......................50 A3
Schorbach(57).........................50 D2
Schweighouse-sur-Moder(67)............51 F4
Schweighouse-Thann(68)................89 F2
Schwenheim(67)........................50 D5
Schwerdorff(57).......................29 F3
Schweyen(57)..........................50 C1
Schwindratzheim(67)...................51 E5
Schwobsheim(67).......................71 G3
Sciecq(79)...........................108 A3
Scientrier(74).......................118 D5
Scieurac-et-Flourès(32)..............181 F1
Sciez(74)............................118 D3
Scillé(79)...........................107 H1
Scionzier(74)........................119 F5
Scolca(2B)...........................203 F5
Scorbé-Clairvaux(86)..................94 B5
Scrignac(29)..........................32 B5
Scrupt(51)............................46 C4
Scy-Chazelles(57).....................28 C5
Scye(70)..............................87 F2
Séailles(32).........................164 D5
la Séauve-sur-Semène(43).............143 E2
Sébazac-Concourès(12)................154 C5
Sébécourt(27).........................40 B2
Sébéville(50).........................17 F4
Seboncourt(02)........................12 D5
Sebourg(59)...........................13 E1
Sébrazac(12).........................154 C3
Séby(64).............................180 B2
Secenans(70)..........................88 B4
Séchault(08)..........................26 C4
Sécheras(07).........................144 A3
Sécheval(08)..........................14 D3
Séchilienne(38)......................145 H4
Séchin(25)............................87 H5
Seclin(59).............................5 E5
Secondigné-sur-Belle(79).............108 B5
Secondigny(79).......................108 A1
Secourt(57)...........................49 E2
Secqueville-en-Bessin(14).............18 B4
Sedan(08).............................15 F4
Sédeilhac(31)........................182 A5
Séderon(26)..........................159 F6
Sedze-Maubecq(64)....................180 D3
Sedzère(64)..........................180 D3
Seebach(67)...........................51 G2
Sées(61)..............................39 E5
Séez(73).............................133 F4
Ségalas(47)..........................151 E3
Ségalas(65)..........................181 F3
la Ségalassière(15)..................139 H6
Séglien(56)...........................54 D2
Ségny(01)............................118 C3
Segonzac(16).........................121 H4
Segonzac(19).........................138 B2
Segonzac(24).........................136 D3
Ségos(32)............................164 B6
Ségoufielle(32)......................166 C6
Segré(49).............................76 A2
Ségreville(31).......................184 A2
Ségrie(72)............................59 H3
Ségrie-Fontaine(61)...................38 B3
Segrois(21)..........................101 G2
Ségry(36).............................97 E5
la Séguinière(49).....................92 B2
Ségur(12)............................154 D6
le Ségur(81).........................168 A2
Ségur-le-Château(19).................124 B6
Ségur-les-Villas(15).................140 D3
Ségura(09)...........................184 A6
Séguret(84)..........................158 C6
Ségus(65)............................180 D6
Seich(65)............................181 H6
Seichamps(54).........................49 E4
Seichebrières(45).....................63 F6
Seicheprey(54)........................48 B3
Seiches-sur-le-Loir(49)...............76 D3
Seignalens(11).......................184 C5
Seigné(17)...........................121 H1
Seignelay(89).........................65 F6
Seigneulles(55).......................47 H3
Seignosse(40)........................162 B5
Seigny(21)............................84 D4
Seigy(41).............................95 H1
Seilh(31)............................167 E5
Seilhac(19)..........................138 D1
Seilhan(31)..........................182 A6
Seillac(41)...........................79 F4
Seillans(83).........................176 B6
Seillonnaz(01).......................131 E2
Seillons-Source-d'Argens(83).........191 G2
Seine-Port(77)........................43 E6
Seingbouse(57)........................29 G5
Seissan(32)..........................182 A2
Seix(09).............................197 H4
le Sel-de-Bretagne(35)................57 F5
Selaincourt(54).......................48 C6
Selens(02)............................24 A3
Sélestat(67)..........................71 F3
Séligné(79)..........................108 B5
Séligney(39).........................102 C3
la Selle-Craonnaise(53)...............58 B6
la Selle-en-Coglès(35)................35 H5
la Selle-en-Hermoy(45)................64 B5
la Selle-en-Luitré(35)................58 A2
la Selle-Guerchaise(35)...............57 H4
la Selle-la-Forge(61).................37 H4
la Selle-sur-le-Bied(45)..............64 B5
Selles(27)............................19 H4
Selles(51)............................25 H5
Selles(62).............................2 C4
Selles(70)............................69 F5
Selles-Saint-Denis(41)................80 C6
Selles-sur-Cher(41)...................96 B1
Selles-sur-Nahon(36)..................96 A3
Sellières(39)........................102 C4
Selommes(41)..........................79 F2

Seloncourt(25)........................88 D5
Selongey(21)..........................85 H3
Selonnet(04).........................160 D4
Seltz(67).............................51 H3
la Selve(02)..........................25 F3
la Selve(12).........................169 E2
Sem(09)..............................198 B3
Sémalens(81).........................184 D1
Semallé(61)...........................60 A1
Semarey(21)...........................85 E6
Sembadel(43).........................142 B2
Semblançay(37)........................78 C5
Semblecay(36).........................96 B2
Sembouès(32).........................181 F2
Séméac(65)...........................181 F4
Séméacq-Blachon(64)..................180 D2
Semécourt(57).........................28 C4
Semelay(58)...........................99 H5
Semens(33)...........................149 H2
Sementron(89).........................83 E3
Séméries(59)..........................13 G3
Semerville(41)........................61 H6
Semezanges(21).......................101 F1
Sémézies-Cachan(32)..................182 B2
Semide(08)............................26 B3
Semillac(17).........................121 E6
Semmadon(70)..........................87 E2
Semoine(10)...........................45 G5
Semond(21)............................85 E2
Semondans(25).........................88 C4
Semons(38)...........................130 D6
Semousies(59).........................13 G3
Semoussac(17)........................121 E6
Semoutiers-Montsaon(52)...............67 G5
Semoy(45).............................62 D6
Sempesserre(32)......................165 H3
Sempigny(60)..........................23 H3
Semond(21)............................85 E2
Semur-en-Auxois(21)...................84 C4
Semur-en-Brionnais(71)...............115 F4
Semur-en-Vallon(72)...................60 D5
Semussac(17).........................120 C4
Semuy(08).............................14 D6
le Sen(40)...........................163 H1
Sénac(65)............................181 F3
Senaide(88)...........................68 D5
Sénaillac-Latronquière(46)...........139 G6
Sénaillac-Lauzès(46).................152 D3
Senailly(21)..........................84 C3
Senan(89).............................65 E6
Senantes(28)..........................41 F5
Senantes(60)..........................22 A4
Sénarens(31).........................182 D3
Senargent-Mignafans(70)...............88 B4
Senarpont(80).........................10 B6
Sénas(13)............................173 F5
Senaud(39)...........................117 F3
Senaux(81)...........................169 E5
Sencenac-Puy-de-Fourches(24).........137 F2
Senconac(09).........................198 D2
Sendets(33)..........................150 A4
Séné(56)..............................73 E2
Sénéchas(30).........................156 D5
Sénergues(12)........................154 B3
Sénestis(47).........................150 C4
Séneujols(43)........................142 B5
Senez(04)............................175 G3
Sénezergues(15)......................154 A2
Sengouagnet(31)......................197 E3
Sénierges(46)........................152 D2
Senillé(86)...........................94 C5
Seninghem(62)..........................2 D4
Senlecques(62).........................2 D5
Senlis(60)............................23 E6
Senlis(62).............................3 E6
Senlis-le-Sec(80).....................11 G4
Senlisse(78)..........................42 A5
Sennecey-le-Grand(71)................101 G6
Sennecey-lès-Dijon(21)................85 H6
Sennely(45)...........................81 E3
Sennevières(37).......................95 F3
Senneville-sur-Fécamp(76)..............8 B4
Sennevoy-le-Bas(89)...................84 C1
Sennevoy-le-Haut(89)..................84 C1
Senon(55).............................27 H3
Senonches(28).........................40 C6
Senoncourt(70)........................87 F1
Senoncourt-les-Maujouy(55)............27 H4
Senones(88)...........................70 C2
Senonges(88)..........................69 F4
Senonnes(53)..........................57 H6
Senots(60)............................22 B6
Senouillac(81).......................168 A3
Sénoville(50).........................16 C3
Senozan(71)..........................116 C3
Sens(89)..............................64 D4
Sens-Beaujeu(18)......................81 H6
Sens-de-Bretagne(35)..................35 G6
Sens-sur-Seille(71)..................102 B5
Sentein(09)..........................197 H4
Sentelie(80)..........................22 B1
Sentenac-de-Sérou(09)................198 A1
Sentenac-d'Oust(09)..................197 G4
Sentheim(68)..........................89 E2
Sentilly(61)..........................38 C4
la Sentinelle(59)......................5 H6
Sentous(65)..........................181 G4
Senuc(08).............................26 C3
Senven-Léhart(22).....................33 E5
Sépeaux(89)...........................64 D6
Sepmeries(59).........................13 E2
Sepmes(37)............................94 D3
Seppois-le-Bas(68)....................89 F4
Seppois-le-Haut(68)...................89 F4
Sept-Forges(61).......................37 H6
Sept-Frères(14).......................37 E3
Sept-Meules(76).......................9 H2
Sept-Saulx(51)........................45 H1
Sept-Sorts(77)........................43 H3
Sept-Vents(14)........................18 A5
Septème(38)..........................130 B5

Septèmes-les-Vallons(13).............190 D3
Septeuil(78)..........................41 G3
Septfonds(82)........................167 F1
Septfontaines(25)....................103 G3
Septmoncel(39).......................118 B3
Septmonts(02).........................24 B5
Septsarges(55)........................27 E4
Septvaux(02)..........................24 B3
Sepvigny(55)..........................48 A6
Sepvret(79)..........................108 C4
Sepx(31).............................182 C5
Sequedin(59)...........................5 E4
Sequehart(02).........................12 D5
le Sequestre(81).....................168 B4
Serain(02)............................12 D4
Seraincourt(08).......................14 A5
Seraincourt(95).......................41 H2
Sérandon(19).........................139 H1
Serans(60)............................41 H2
Serans(61)............................38 C4
Seranville(54)........................49 F6
Séranvillers-Forenville(59)...........12 C3
Seraucourt-le-Grand(02)...............24 A1
Seraumont(88).........................68 C1
Serazereux(28)........................41 E6
Serbannes(03)........................114 A6
Serbonnes(89).........................64 D3
Serches(02)...........................24 C5
Sercœur(88)...........................70 A3
Sercus(59).............................3 E4
Sercy(71)............................116 B1
Serdinya(66).........................199 H5
Sère(32).............................182 B3
Sère-en-Lavedan(65)..................180 D6
Sère-Lanso(65).......................181 E6
Sère-Rustaing(65)....................181 G4
Serécourt(88).........................68 D5
Séreilhac(87)........................123 H3
Serémange-Erzange(57).................28 C3
Sérempuy(32).........................166 A5
Sérénac(81)..........................168 C3
Sérent(56)............................55 H5
Sérévillers(60).......................22 D2
Serez(27).............................41 E3
Sérézin-de-la-Tour(38)...............130 D5
Sérézin-du-Rhône(69).................130 A4
Sergeac(24)..........................137 H5
Sergenaux(39)........................102 C4
Sergenon(39).........................102 C4
Sergines(89)..........................64 D2
Sergy(01)............................118 B4
Sergy(02).............................24 D6
Séricourt(62).........................11 F2
Sériers(15)..........................141 E5
Sérifontaine(60)......................21 H5
Sérignac(46).........................152 A4
Sérignac(82).........................166 B3
Sérignac-Péboudou(47)................151 E2
Sérignac-sur-Garonne(47).............151 E6
Sérignan(34).........................186 D4
Sérignan-du-Comtat(84)...............158 B6
Sérigny(85)..........................107 F2
Sérigny(61)...........................60 D2
Sérigny(86)...........................94 B4
Sérilhac(19).........................138 D4
Seringes-et-Nesles(02)................24 C6
Séris(41).............................79 H2
Serley(71)...........................102 A5
Sermages(58)..........................99 H3
Sermaise(49)..........................77 E4
Sermaise(91)..........................42 B6
Sermaises(45).........................63 F3
Sermaize(60)..........................23 H2
Sermaize-les-Bains(51)................46 D4
Sermamagny(90)........................88 D3
Sermange(39).........................102 D1
Sermano(2B)..........................205 F3
Sermentizon(63)......................127 H3
Sermérieu(38)........................131 E4
Sermersheim(67).......................71 G2
Sermesse(71).........................101 H4
Sermiers(51)..........................45 F1
Sermizelles(89).......................83 G4
Sermoise(02)..........................24 C5
Sermoise-sur-Loire(58)................98 D4
Sermoyer(01).........................116 D2
Sermur(23)...........................126 A1
Sernhac(30)..........................172 C4
Serocourt(88).........................69 E4
Séron(65)............................180 D3
Serpaize(38).........................130 B5
la Serpent(11).......................199 G1
Serques(62)............................3 E3
Serqueux(52)..........................68 D5
Serqueux(76)..........................21 G2
Serquigny(27).........................40 A1
Serra-di-Ferro(2A)...................206 C3
Serra-di-Fiumorbo(2B)................205 F6
Serra-di-Scopamène(2A)...............207 E3
Serralongue(66)......................200 B6
Serraval(74).........................132 C2
la Serre(12).........................169 E4
la Serre-Bussière-Vieille(23)........112 C1
Serre-les-Moulières(39)..............102 C1
Serre-les-Sapins(25)..................87 F6
Serre-Nerpol(38).....................145 E2
Serres(05)...........................159 H4
Serres(11)...........................199 H1
Serres(54)............................49 F4
Serres-Castet(64)....................180 C3
Serres-et-Montguyard(24).............150 D2
Serres-Gaston(40)....................163 H6
Serres-Morlaàs(64)...................180 C3
Serres-Sainte-Marie(64)..............180 A2
Serres-sur-Arget(09).................198 B1
Serreslous-et-Arribans(40)...........163 G5
Serriera(2A).........................204 B3
Serrières(07)........................144 A1
Serrières(71)........................116 B4
Serrières-de-Briord(01)..............131 E2
Serrières-en-Chautagne(73)...........131 G2
Serrières-sur-Ain(01)................117 G5

278

Serrigny(89) 83 H1
Serrigny-en-Bresse(71) 101 H5
Serris(77) 43 F4
Serrouville(54) 28 B3
Serruelles(18) 97 G5
Sers(16) 122 C5
Sers(65) 195 G4
Servais(02) 24 B2
Serval(02) 24 D5
Servance(70) 88 C1
Servanches(24) 136 B3
Servant(63) 113 F6
Servas(01) 117 E5
Servas(30) 171 H1
Servaville-Salmonville(76) 9 G6
Serverette(48) 155 H2
Serves-sur-Rhône(26) 144 A3
Servian(34) 186 D2
Servières(48) 155 H3
Servières-le-Château(19) 139 F3
Serviers-et-Labaume(30) 172 A3
Serviès(81) 168 A6
Serviès-en-Val(11) 185 G6
Servignat(01) 116 D3
Servigney(70) 87 H2
Servigny(50) 17 E6
Servigny-lès-Raville(57) 29 E5
Servigny-lès-Sainte-Barbe(57) 28 D5
Serville(28) 41 F4
Servilly(03) 114 C4
Servin(25) 88 B6
Servins(62) 4 C6
Servon(50) 35 G3
Servon(77) 43 E5
Servon-Melzicourt(51) 26 C4
Servon-sur-Vilaine(35) 57 G3
Servoz(74) 133 F1
Sery(08) 14 B6
Sery(89) 83 G3
Séry-lès-Mézières(02) 24 C1
Séry-Magneval(60) 23 G6
Serzy-et-Prin(51) 25 E6
Sessenheim(67) 51 G4
Sète(34) 187 G3
Setques(62) 3 E4
Seugy(95) 42 D1
Seuil(08) 26 A2
Seuil-d'Argonne(55) 27 E6
Seuillet(03) 114 B5
Seuilly(37) 93 H2
Seur(41) 79 G5
le Seure(17) 121 G3
Seurre(21) 101 H3
Seux(80) 10 D6
Seuzey(55) 27 H6
Sevelinges(42) 115 G6
Sevenans(90) 88 D3
Sévérac(44) 74 A3
Sévérac-le-Château(12) 155 F5
Sévérac-l'Église(12) 154 D5
Seveux(70) 86 D3
Sévignac(22) 34 B6
Sévignacq(64) 180 C2
Sévignacq-Meyracq(64) 180 B5
Sévigny(61) 38 D4
Sévigny-la-Forêt(08) 14 C3
Sévigny-Waleppe(08) 14 A5
Sévis(76) 9 G4
Sevrai(61) 38 C4
Sevran(93) 43 E3
Sèvres(92) 42 C4
Sèvres-Anxaumont(86) 109 G2
Sevrey(71) 101 F5
Sévrier(74) 132 B2
Sévry(18) 98 B2
Sewen(88) 88 D1
Sexcles(19) 139 F4
Sexey-aux-Forges(54) 48 C5
Sexey-les-Bois(54) 48 C4
Sexfontaines(52) 67 G3
Seychalles(63) 127 G3
Seyches(47) 150 C3
Seyne(04) 160 D4
la Seyne-sur-Mer(83) 191 G5
Seynes(30) 171 H2
Seynod(74) 132 A1
Seyre(31) 184 A3
Seyresse(40) 162 D5
Seyssel(01) 131 G1
Seyssel(74) 131 G1
Seysses(31) 183 F2
Seysses-Savès(32) 182 D2
Seyssinet-Pariset(38) 145 G3
Seyssins(38) 145 G3
Seyssuel(38) 130 A5
Seythenex(74) 132 C3
Seytroux(74) 119 F4
Sézanne(51) 44 D5
Siarrouy(65) 181 E3
Siaugues-Sainte-Marie(43) 142 A4
Sibiril(29) 31 G3
Sibiville(62) 11 F2
Siccieu-Saint-Julien-et-Carisieu(38) 130 D3
Sichamps(58) 98 D2
Sickert(68) 89 E2
Sideville(50) 16 D2
Sidiailles(18) 112 C2
Siecq(17) 121 H2
Siegen(67) 51 G3
les Sièges(89) 65 F4
Sierck-les-Bains(57) 28 D2
Sierentz(68) 89 H3
Siersthal(57) 50 C2
Sierville(76) 9 F5
Siest(40) 162 D5
Sieurac(81) 168 B5
Sieuras(09) 183 F5
Siévoz(38) 145 H5
Siewiller(67) 50 B4
Sigale(06) 176 D4
Sigalens(33) 150 A4
Sigean(11) 186 B6
Sigloy(45) 81 E2

Signac(31) 196 D3
Signes(83) 191 G4
Signéville(52) 68 A3
Signy-l'Abbaye(08) 14 C5
Signy-le-Petit(08) 14 B3
Signy-Montlibert(08) 15 H5
Signy-Signets(77) 43 H3
Sigogne(16) 121 H3
Sigogne(16) 121 H3
Sigolsheim(68) 71 E4
Sigonce(04) 174 D3
Sigottier(05) 159 G4
Sigoulès(24) 150 D1
Sigournais(85) 92 A5
Sigoyer(05) 160 A5
Sigoyer(05) 160 B3
Siguer(09) 198 C3
Sigy(77) 64 D1
Sigy-en-Bray(76) 21 G3
Sigy-le-Châtel(71) 116 A2
Silfiac(56) 54 D2
Silhac(07) 143 H5
Sillans(38) 145 E1
Sillans-la-Cascade(83) 175 F6
Sillars(86) 110 A3
Sillas(33) 150 A4
Sillé-le-Guillaume(72) 59 G3
Sillé-le-Philippe(72) 60 B5
Sillegny(57) 28 C6
Sillery(51) 25 G6
Silley-Amancey(25) 103 G2
Silley-Bléfond(25) 87 H5
Sillingy(74) 132 A1
Silly-en-Gouffern(61) 39 E4
Silly-en-Saulnois(57) 28 D6
Silly-la-Poterie(02) 24 A6
Silly-le-Long(60) 43 F1
Silly-sur-Nied(57) 29 E5
Silly-Tillard(60) 22 C5
Silmont(55) 47 F4
Siltzheim(67) 50 B2
Silvareccio(2B) 203 G6
Silvarouvres(52) 67 F5
Simacourbe(64) 180 D2
Simandre(71) 116 D1
Simandre-sur-Suran(01) 117 F4
Simandres(69) 130 A4
Simard(71) 102 A5
Simencourt(62) 11 G2
Simeyrols(24) 138 B5
Simiane-Collongue(13) 190 D3
Simiane-la-Rotonde(04) 174 B3
Simorre(32) 182 B2
Simplé(53) 58 C6
Sin-le-Noble(59) 5 F6
Sinard(38) 145 G5
Sinceny(02) 24 B3
Sincey-lès-Rouvray(21) 84 B5
Sindères(40) 163 E2
Singles(63) 126 B5
Singleyrac(24) 151 E1
Singly(08) 14 D5
Singrist(67) 50 D5
Sinsat(09) 198 C2
Sinzos(65) 181 F4
Sion(32) 164 C5
Sion-les-Mines(44) 57 F6
Sioniac(19) 139 E5
Sionne(88) 68 C2
Sionviller(54) 49 F5
Siorac-de-Ribérac(24) 136 C3
Siorac-en-Périgord(24) 137 G6
Siouville-Hague(50) 16 C2
Sirac(32) 166 B5
Siracourt(62) 4 A6
Siradan(65) 196 C3
Siran(15) 139 G5
Siran(34) 185 G3
Sireix(65) 180 D6
Sireuil(16) 122 B4
Sirod(39) 103 F5
Siros(64) 180 B3
Sisco(2B) 203 G3
Sissonne(02) 25 E3
Sissy(02) 12 D6
Sistels(82) 166 A2
Sisteron(04) 160 A6
Sivergues(84) 173 H4
Sivignon(71) 115 H3
Sivry(54) 48 D3
Sivry-Ante(51) 26 C6
Sivry-Courtry(77) 64 A1
Sivry-la-Perche(55) 27 F5
Sivry-sur-Meuse(55) 27 H3
Six-Fours-les-Plages(83) 191 G6
Sixt-Fer-à-Cheval(74) 119 G5
Sixt-sur-Aff(35) 56 C6
Sizun(29) 31 G5
Smarves(86) 109 F2
Smermesnil(76) 10 A6
Soccia(2A) 204 C4
Sochaux(25) 88 D4
Socourt(88) 69 G1
Socx(59) 3 F2
Sode(31) 196 D4
Sœurdres(49) 76 C2
Sognolles-en-Montois(77) 64 D1
Sogny-aux-Moulins(51) 46 A3
Sogny-en-l'Angle(51) 46 C4
Soignolles(14) 18 D6
Soignolles-en-Brie(77) 43 F5
Soindres(78) 41 G3
Soing-Cubry-Charentenay(70) 87 E3
Soings-en-Sologne(41) 79 H5
Soirans(21) 102 A1
Soissons(02) 24 B5
Soissons-sur-Nacey(21) 86 C6
Soisy-Bouy(77) 64 D1
Soisy-sous-Montmorency(95) 42 C2
Soisy-sur-École(91) 63 G1
Soisy-sur-Seine(91) 42 D5
Soize(02) 14 A5
Soizé(28) 61 E4
Soizy-aux-Bois(51) 45 E4

Solaize(69) 130 A4
Solaro(2B) 207 F1
Solbach(67) 71 E2
Soleilhas(04) 176 B4
Solemont(25) 88 C6
Solente(60) 23 G2
le Soler(66) 200 C3
Solérieux(26) 158 B5
Solers(77) 43 F5
Solesmes(59) 12 D3
Solesmes(72) 59 F6
Soleymieu(38) 130 D3
Soleymieux(42) 128 D5
Solférino(40) 163 E1
Solgne(57) 28 D6
Soliers(14) 18 D5
Solignac(87) 124 B3
Solignac-sous-Roche(43) 142 D2
Solignac-sur-Loire(43) 142 C5
Solignat(63) 127 F5
Soligny-la-Trappe(61) 39 G5
Soligny-les-Étangs(10) 65 F2
Sollacaro(2A) 206 C3
Sollières-Sardières(73) 147 F1
Solliès-Pont(83) 191 H5
Solliès-Toucas(83) 191 H4
Solliès-Ville(83) 191 H5
Sologny(71) 116 B3
Solomiac(32) 166 B4
Solre-le-Château(59) 13 H3
Solrinnes(59) 13 H3
Solterre(45) 64 A6
Solutré-Pouilly(71) 116 B4
Somain(59) 5 G6
Sombacour(25) 103 G3
Sombernon(21) 85 F6
Sombrin(62) 11 G2
Sombrun(65) 181 E2
Somloire(49) 92 D3
Sommaing(59) 12 D2
Sommancourt(52) 47 E6
Sommant(71) 100 C3
Sommauthe(08) 15 F6
Somme-Bionne(51) 26 C5
Somme-Suippe(51) 26 B5
Somme-Tourbe(51) 26 B5
Somme-Vesle(51) 26 B6
Somme-Yèvre(51) 46 C2
Sommecaise(89) 82 D1
Sommedieue(55) 27 G5
Sommeilles(55) 46 D3
Sommelans(02) 44 B1
Sommelonne(55) 47 E5
Sommepy-Tahure(51) 26 B4
Sommerance(08) 26 D3
Sommerécourt(52) 68 C3
Sommereux(60) 22 B2
Sommeron(02) 13 G5
Sommervieu(14) 18 B3
Sommerviller(54) 49 E5
Sommery(76) 9 H5
Sommesnil(76) 8 D4
Sommesous(51) 45 G4
la Sommette(25) 104 D1
Sommette-Eaucourt(02) 24 A1
Sommeval(10) 66 A4
Sommevoire(52) 67 F2
Sommières(30) 171 G5
Sommières-du-Clain(86) 109 F4
Sompt(79) 108 C5
Sompuis(51) 45 H5
Somsois(51) 46 B6
Son(08) 14 B6
Sonac(46) 153 F2
Sonchamp(78) 41 H6
Soncourt(88) 69 E2
Soncourt-sur-Marne(52) 67 H3
Sondernach(68) 70 D6
Sondersdorf(68) 89 G4
la Sône(38) 144 D3
Songeons(60) 22 A3
Songeson(39) 103 E6
Songieu(01) 131 G1
Songy(51) 46 B4
Sonnac(12) 153 G3
Sonnac(17) 121 G2
Sonnac-sur-l'Hers(11) 184 C6
Sonnay(38) 144 B1
Sonnaz(73) 131 H4
Sonneville(16) 121 H3
Sons-et-Ronchères(02) 24 D1
Sonthonnax-la-Montagne(01) 117 G4
Sonzay(37) 78 B4
Soorts-Hossegor(40) 162 B5
Soppe-le-Bas(68) 89 E2
Soppe-le-Haut(68) 89 E2
Sor(09) 197 F3
Sorans-lès-Breurey(70) 87 F5
Sorbais(02) 13 G5
Sorbets(32) 164 C5
Sorbets(40) 164 A6
Sorbey(55) 27 H2
Sorbey(57) 28 D6
Sorbier(03) 114 C3
Sorbiers(05) 159 G4
Sorbiers(42) 129 F5
Sorbo-Ocagnano(2B) 203 G6
Sorbollano(2A) 207 E6
Sorbon(08) 14 B6
Sorbs(34) 170 B4
Sorcy-Bauthémont(08) 14 C6
Sorcy-Saint-Martin(55) 47 H4
Sorde-l'Abbaye(40) 179 F1
Soréac(65) 181 F3
Sorède(66) 200 D5
Sorel(80) 12 B4
Sorel-en-Vimeu(80) 10 C5
Sorel-Moussel(28) 41 E4
Sorèze(81) 184 D2
Sorgeat(09) 198 D3
Sorges(24) 137 G2
Sorgues(84) 173 E3

Sorigny(37) 94 D1
les Sorinières(44) 75 E6
Sorio(2B) 203 F5
Sormery(89) 65 G5
Sormonne(08) 14 D4
Sornac(19) 125 H4
Sornay(70) 86 D6
Sornay(71) 102 A6
Sornéville(54) 49 E4
Sorquainville(76) 8 C4
Sorrus(62) 2 B6
Sort-en-Chalosse(40) 163 E5
Sortosville(50) 17 E3
Sortosville-en-Beaumont(50) 16 C3
Sos(47) 164 D2
Sospel(06) 177 G3
Sossais(86) 94 B3
Sost(65) 196 C3
Sotta(2A) 207 E5
Sottevast(50) 16 D3
Sotteville(50) 16 C2
Sotteville-lès-Rouen(76) 20 D4
Sotteville-sous-le-Val(76) 20 D5
Sotteville-sur-Mer(76) 9 E3
Soturac(46) 151 H4
Sotzeling(57) 49 G3
Souain-Perthes-lès-Hurlus(51) 26 B5
Soual(81) 184 D1
Souancé-au-Perche(28) 61 E3
Souanyas(66) 199 G5
Souastre(62) 11 G3
Soubès(34) 170 B5
Soubise(17) 120 C1
Soublecause(65) 181 E1
Soubran(17) 135 E1
Soubrebost(23) 125 E2
Soucé(53) 37 G6
Soucelles(49) 76 B4
la Souche(07) 157 E2
Souchez(62) 4 C6
Soucht(57) 50 C3
Soucia(39) 117 H1
Soucieu-en-Jarrest(69) 129 H4
Souclin(01) 131 E2
Soucy(02) 24 A5
Soucy(89) 65 E3
Soudaine-Lavinadière(19) 125 E5
Soudan(44) 57 H6
Soudan(79) 108 C3
Soudat(24) 123 E4
Souday(41) 61 E5
Soudé(51) 45 H4
Soudeilles(19) 125 G6
Soudorgues(30) 171 E2
Soudron(51) 45 G4
Soueich(31) 182 C6
Soueix-Rogalle(09) 197 H3
Souel(81) 168 A3
Soues(65) 181 E4
Soues(80) 10 D5
Souesmes(41) 81 E5
Souffelweyersheim(67) 51 F6
Soufflenheim(67) 51 G4
Souffrignac(16) 123 E5
Sougé(36) 96 A4
Sougé(41) 78 D2
Sougé-le-Ganelon(72) 59 H2
Sougéal(35) 35 G4
Sougères-en-Puisaye(89) 83 E4
Sougraigne(11) 199 H2
Sougy(45) 62 C5
Sougy-sur-Loire(58) 99 E5
les Souhesmes-Rampont(55) 27 F5
Souhey(21) 84 D4
le Souich(62) 11 F3
Souilhanels(11) 184 C3
Souilhe(11) 184 C3
Souillac(46) 138 C6
Souilly(72) 60 A4
Souilly(55) 27 F6
Soula(09) 198 C1
Soulac-sur-Mer(33) 120 B5
Soulages(15) 141 G4
Soulages-Bonneval(12) 154 D2
Soulaines-Dhuys(10) 67 E2
Soulaines-sur-Aubance(49) 76 C5
Soulaire-et-Bourg(49) 76 C3
Soulaires(28) 62 B1
Soulan(09) 197 H3
Soulanges(51) 46 B4
Soulangis(18) 97 G2
Soulaucourt-sur-Mouzon(52) 68 C3
Soulaures(24) 151 G2
Soulce-Cernay(25) 88 D6
Soulgé-sur-Ouette(53) 58 D4
le Soulié(34) 185 H1
Soulières(51) 45 F3
Soulignac(33) 149 G2
Souligné-Flacé(72) 59 H5
Souligné-sous-Ballon(72) 60 B4
Soulignonne(17) 120 D3
Souligny(10) 66 A4
Soulitré(72) 60 C5
Soullans(85) 90 C4
Soulles(50) 37 E1
Soulom(65) 195 G3
Soulomès(46) 152 D2
Soulosse-sous-Saint-Élophe(88) 68 D2
Soultz-Haut-Rhin(68) 89 F1
Soultz-les-Bains(67) 50 D6
Soultz-sous-Forêts(67) 51 F3
Soultzbach-les-Bains(68) 71 E5
Soultzeren(68) 70 D5
Soultzmatt(68) 71 E6
Soulvache(44) 57 G5
Soumaintrain(89) 65 H5
Soumans(23) 112 C4
Soumensac(47) 150 D2
Souméras(17) 135 F2
Soumont(34) 170 B5

Soumont-Saint-Quentin(14) 18 D6
Soumoulou(64) 180 D4
Soupex(11) 184 B3
Soupir(02) 24 D4
Souppes-sur-Loing(77) 64 A4
Souprosse(40) 163 F4
Souraïde(64) 178 C3
Sourans(25) 88 C5
Sourcieux-les-Mines(69) 129 G3
le Sourd(02) 13 F6
Sourdeval(50) 37 H4
Sourdeval-les-Bois(50) 36 D2
Sourdon(80) 22 B6
Sourdun(77) 44 B6
le Sournia(56) 55 E3
Sournia(66) 199 H3
Sourniac(15) 139 H2
Sourribes(04) 160 B6
Sours(28) 62 B2
Soursac(19) 139 G2
Sourzac(24) 136 D4
Sous-Parsat(23) 111 H6
Sousceyrac(46) 139 F6
Sousmoulins(17) 135 G2
Souspierre(26) 158 C3
Soussac(33) 150 B1
Soussans(33) 134 D4
Soustelle(30) 171 F1
Soustons(40) 162 B4
Souvans(38) 145 H5
Souternon(42) 128 C2
la Souterraine(23) 111 E5
Soutiers(79) 108 B1
Souvans(39) 102 C3
Souvignargues(30) 171 G5
Souvigné(16) 122 B1
Souvigné(37) 78 B4
Souvigné(79) 108 C3
Souvigné-sur-Même(72) 60 D4
Souvigné-sur-Sarthe(72) 76 D1
Souvigny(03) 113 H2
Souvigny-de-Touraine(37) 79 F5
Souvigny-en-Sologne(41) 81 E3
Souyeaux(65) 181 F4
Souzay-Champigny(49) 93 G1
Souzy(69) 129 F4
Souzy-la-Briche(91) 63 E1
Soveria(2B) 205 E2
Soyans(26) 158 C2
Soyaux(16) 122 C4
Soye(25) 88 B5
Soye-en-Septaine(18) 97 G3
Soyécourt(80) 11 H6
Soyers(52) 68 D6
Soyons(07) 144 B5
Sparsbach(67) 50 D4
Spay(57) 60 A6
Spechbach-le-Bas(68) 89 F3
Spechbach-le-Haut(68) 89 F2
Speloncato(2B) 202 D5
Spéracèdes(06) 176 C6
Spézet(29) 54 A1
Spicheren(57) 29 H4
Spincourt(55) 27 H3
Sponville(54) 28 A6
Spoy(10) 67 E3
Spoy(21) 86 A4
Spycker(59) 3 F2
Squiffiec(22) 33 E3
Staffelfelden(68) 89 F1
Stains(93) 42 D3
Stainville(55) 47 F5
Staple(59) 3 G4
Stattmatten(67) 51 G4
Stazzona(2B) 205 G2
Steenbecque(59) 3 G4
Steene(59) 3 F2
Steenvoorde(59) 3 G3
Steenwerck(59) 3 H4
Steige(67) 71 E2
Steinbach(68) 89 F1
Steinbourg(67) 50 D4
Steinbrunn-le-Bas(68) 89 G2
Steinbrunn-le-Haut(68) 89 G3
Steinseltz(67) 51 G2
Steinsoultz(68) 89 G4
Stenay(55) 15 G6
Sternenberg(68) 89 E2
Stetten(68) 89 G3
Stigny(89) 84 C2
Still(67) 50 D6
Stiring-Wendel(57) 29 H4
Stonne(08) 15 F6
Storckensohn(68) 88 D1
Stosswihr(68) 70 D5
Stotzheim(67) 71 F2
Strasbourg(67) 51 F6
Strazeele(59) 3 H4
Strenquels(46) 138 D5
Strueth(68) 89 F3
Struth(67) 50 C3
Stuckange(57) 28 D3
Stundwiller(67) 51 G3
Sturzelbronn(57) 51 E2
Stutzheim-Offenheim(67) 51 E6
Suarce(90) 89 E4
Suaux(16) 123 E2
le Subdray(18) 97 F3
Sublaines(37) 95 F1
Subles(14) 18 A4
Subligny(18) 82 A5
Subligny(50) 35 H2
Subligny(89) 64 D2
Suc-et-Sentenac(09) 198 B3
Succieu(38) 130 D3
Sucé-sur-Erdre(44) 75 E5
Sucy-en-Brie(94) 43 E4
Suèvres(41) 79 H3
Sugères(63) 127 H5
Sugny(08) 26 B3
Suhescun(64) 179 E4
Suilly-la-Tour(58) 82 C6

279

Suin(71)......115 H3
Suippes(51)......26 A5
Suisse(57)......29 F6
Suizy-le-Franc(51)......45 E3
Sulignat(01)......116 D5
Sully(14)......18 A3
Sully(60)......21 H3
Sully(71)......100 D3
Sully-la-Chapelle(45)......63 E6
Sully-sur-Loire(45)......81 F2
Sulniac(56)......55 G6
Sumène(30)......170 D3
Sundhoffen(68)......71 F5
Sundhouse(67)......71 G5
Supt(39)......103 F4
Surat(63)......127 G2
Surba(09)......198 C2
Surbourg(67)......51 F3
Surcamps(80)......10 D4
Surdoux(87)......124 D5
Suré(61)......60 C2
Suresnes(92)......42 C3
Surfonds(72)......60 C6
Surfontaine(02)......24 C1
Surgères(17)......107 G5
Surgy(58)......83 F4
Suriauville(88)......69 E4
Surin(79)......108 A2
Surin(86)......109 F6
Suris(16)......123 F2
Surjoux(01)......118 A6
Surmont(25)......88 C6
Surques(62)......2 C4
Surrain(14)......17 H4
Surtainville(50)......16 C3
Surtauville(27)......20 D6
Survie(61)......39 E3
Surville(14)......19 G3
Surville(27)......20 D6
Surville(50)......16 D5
Survilliers(95)......43 E1
Sury(08)......14 D4
Sury-aux-Bois(45)......63 F6
Sury-en-Vaux(18)......82 A6
Sury-Ès-Bois(18)......81 H5
Sury-le-Comtal(42)......129 E5
Sury-près-Léré(18)......82 B5
Surzur(56)......73 E2
Sus(64)......179 G3
Sus-Saint-Léger(62)......11 F3
Susmiou(64)......179 G3
Sussac(87)......124 D4
Sussargues(34)......171 F5
Sussat(03)......113 G5
Sussey(21)......100 C1
Susville(38)......145 H5
Sutrieu(01)......131 F1
Suzan(09)......183 G6
Suzanne(08)......14 D6
Suzanne(80)......11 H5
Suzannecourt(52)......67 H1
Suzay(27)......21 G5
Suze(26)......144 C6
Suze-la-Rousse(26)......158 B5
la Suze-sur-Sarthe(72)......59 H6
Suzette(84)......158 C6
Suzoy(60)......23 H3
Suzy(02)......24 C3
Sy(08)......15 E6
Syam(39)......103 F5
Sylvains-les-Moulins(27)......40 C3
Sylvanès(12)......169 G4
le Syndicat(88)......70 B5

T

Tabaille-Usquain(64)......179 G3
Tabanac(33)......149 G1
la Table(73)......132 B5
le Tablier(85)......91 G6
Tabre(09)......184 B6
la Tâche(16)......122 D2
Tachoires(32)......182 B2
Tacoignières(78)......41 G4
Taconnay(58)......83 F6
Taden(22)......34 D4
Tadousse-Ussau(64)......180 D1
Taglio-Isolaccio(2B)......205 G2
la Tagnière(71)......100 C5
Tagnon(08)......25 H4
Tagolsheim(68)......89 F3
Tagsdorf(68)......89 G3
Tailhac(43)......141 H4
Taillades(84)......173 F4
le Taillan-Médoc(33)......134 D5
Taillancourt(55)......48 A6
Taillant(17)......121 E2
Taillebois(61)......38 B3
Taillebourg(17)......121 E2
Taillebourg(47)......150 C4
Taillecavat(33)......150 B2
Taillecourt(25)......88 D4
la Taillée(85)......107 F3
Taillefontaine(02)......23 H5
Taillepied(50)......16 D4
Taillet(66)......200 C6
Taillette(08)......14 C2
Taillis(35)......57 H2
Tailly(08)......27 C4
Tailly(21)......101 F3
Tailly(80)......10 C5
Tain-l'Hermitage(26)......144 B4
Taingy(89)......83 E3
Taintrux(88)......70 C3
Taisnières-en-Thiérache(59)......13 H3
Taisnières-sur-Hon(59)......13 F2
Taissy(51)......25 G6
Taïx(81)......168 B3
Taizé(71)......116 B2
Taizé(79)......93 G4
Taizé-Aizie(16)......109 E6
Taizy(08)......14 B6

Tajan(65)......181 H5
Talairan(11)......185 G6
Talais(33)......120 B5
Talange(57)......28 C4
Talant(21)......85 G6
Talasani(2B)......205 G2
la Talaudière(42)......129 F6
Talazac(65)......181 E3
Talcy(41)......79 H2
Talcy(89)......84 B4
Talence(33)......135 E6
Talencieux(07)......144 A2
Talensac(35)......56 D3
Talissieu(01)......131 G2
Talizat(15)......141 E4
Tallans(25)......87 H4
Tallard(05)......160 B3
Tallenay(25)......87 F6
Tallende(63)......127 F4
Taller(40)......162 D3
Talloires(74)......132 B2
Tallone(2B)......205 G3
le Tallud(79)......93 E6
Tallud-Sainte-Gemme(85)......92 B6
Talmas(80)......11 F4
Talmay(21)......86 C5
Talmont-Saint-Hilaire(85)......106 A2
Talmont-sur-Gironde(17)......120 C5
Talmontiers(60)......21 H4
Talon(58)......83 F6
Talus-Saint-Prix(51)......45 E4
Taluyers(69)......129 H4
Tamerville(50)......17 E2
Tamnay-en-Bazois(58)......99 G3
Tamniès(24)......138 A5
Tanavelle(15)......141 E4
Tanay(21)......86 B5
Tancarville(76)......8 C6
Tancoigné(49)......93 E1
Tancon(71)......115 G5
Tanconville(54)......50 A6
Tancrou(77)......43 H2
Tancua(39)......118 B1
Tangry(62)......3 F6
Taninges(74)......119 F5
Tanis(50)......35 G4
Tanlay(89)......84 B1
Tannay(08)......15 E6
Tannay(58)......83 F6
Tanneron(83)......176 C6
Tannerre-en-Puisaye(89)......82 C2
Tannières(02)......24 C5
Tannois(55)......47 F4
Tanques(80)......38 D4
Tantonville(54)......48 D6
le Tanu(50)......35 H2
Tanus(81)......168 C2
Tanville(61)......38 D6
Tanzac(17)......121 E5
Taponas(69)......116 B5
Taponnat-Fleurignac(16)......122 D3
Tarabel(31)......184 A2
Taradeau(83)......192 C2
Tarare(69)......129 F2
Tarascon(13)......172 C5
Tarascon-sur-Ariège(09)......198 C2
Tarasteix(65)......181 E3
Tarbes(65)......181 E4
Tarcenay(25)......103 F1
Tardets-Sorholus(64)......179 G5
la Tardière(85)......92 C6
Tardinghen(62)......2 B3
Tarentaise(42)......143 G1
Tarerach(66)......200 A3
Target(03)......113 G4
Targon(33)......149 G1
Tarnac(19)......125 F4
Tarnès(33)......135 F5
Tarnos(40)......162 A6
Taron-Sadirac-Viellenave(64)......180 C2
Tarquimpol(57)......49 G3
Tarrano(2B)......205 G2
Tarsac(32)......164 C6
Tarsacq(64)......180 A3
Tarsul(21)......85 G4
Tart-l'Abbaye(21)......102 A1
Tart-le-Bas(21)......102 A1
Tart-le-Haut(21)......102 A1
Tartaras(42)......129 H5
Tartas(40)......163 F4
Tartécourt(70)......87 F1
Tartiers(02)......24 B4
Tartigny(60)......22 D2
Tartonne(04)......175 G2
le Tartre(71)......102 B5
le Tartre-Gaudran(78)......41 F5
Tarzy(08)......14 B3
Tasque(32)......164 C6
Tassenières(39)......102 C4
Tassillé(72)......59 G5
Tassin-la-Demi-Lune(69)......129 H3
Tasso(2A)......205 G4
Tatinghem(62)......3 E4
le Tâtre(16)......121 H6
Taugon(17)......107 F4
Taulé(29)......31 H3
Taulignan(26)......158 C4
Taulis(66)......200 B5
Taupont(56)......55 H4
Tauriac(33)......135 E4
Tauriac(46)......139 E5
Tauriac(81)......167 F4
Tauriac-de-Camarès(12)......169 H5
Tauriac-de-Naucelle(12)......168 C2
Tauriers(07)......157 F3
Taurignan-Castet(09)......183 E6
Taurignan-Vieux(09)......183 E6
Taurinya(66)......199 H4
Taurize(11)......185 F6
Taussac(12)......140 C6

Taussac-la-Billière(34)......169 H6
Tautavel(66)......200 D3
Tauves(63)......126 C5
Tauxières-Mutry(51)......45 G1
Tauxigny(37)......95 G2
Tavaco(2A)......204 C5
Tavant(37)......94 B2
Tavaux(39)......102 B3
Tavaux-et-Pontséricourt(02)......25 E1
Tavel(30)......172 D3
Tavera(2A)......204 D5
Tavernay(71)......100 C3
Tavernes(83)......175 E6
Taverny(95)......42 C2
Tavers(45)......80 B2
Tavey(70)......88 C4
Taxat-Senat(03)......113 H5
Taxenne(39)......86 D6
Tayac(33)......136 A5
Taybosc(32)......165 H5
Tayrac(12)......153 H6
Tayrac(47)......151 G6
Tazilly(58)......99 H5
le Tech(66)......200 B6
Tèche(38)......145 E2
Técou(81)......167 H4
le Teich(33)......148 C2
Teigny(58)......83 G5
le Teil(07)......157 H3
Teilhède(63)......127 E2
Teilhet(09)......184 B5
Teilhet(63)......113 F6
Teillay(35)......57 F5
Teillé(44)......75 F4
Teillé(72)......60 A4
Teillet(81)......168 C4
Teillet-Argenty(03)......112 D4
le Teilleul(50)......37 F6
Teillots(24)......138 A2
Teissières-de-Cornet(15)......140 A5
Teissières-lès-Bouliès(15)......140 B6
Telgruc-sur-Mer(29)......31 E6
Tellancourt(54)......27 H1
Tellecey(21)......86 B6
Tellières-le-Plessis(61)......39 F5
Teloché(72)......77 H1
le Temple(33)......134 B5
le Temple(41)......61 F6
le Temple-de-Bretagne(44)......74 C5
Temple-Laguyon(24)......137 H2
le Temple-sur-Lot(47)......151 E5
Templemars(59)......5 E4
Templeuve(59)......5 F5
Templeux-la-Fosse(80)......12 B5
Templeux-le-Guérard(80)......12 C5
Tenay(01)......131 E1
Tence(43)......143 F3
Tencin(38)......146 A1
Tende(06)......177 H1
Tendon(88)......70 B5
Tendron(18)......98 B4
Tendu(36)......111 F1
Teneur(62)......3 E6
Tennie(72)......59 G4
Tenteling(57)......29 H5
Tercé(86)......109 G2
Tercillat(23)......112 A3
Tercis-les-Bains(40)......162 D5
Terdeghem(59)......3 G3
Tergnier(02)......24 B2
Terjat(03)......113 E5
Termes(08)......26 C3
Termes(11)......185 G6
Termes(48)......141 F6
Termes-d'Armagnac(32)......164 C6
Termignon(73)......147 F1
Terminiers(28)......62 C5
Ternand(69)......129 G1
Ternant(17)......121 F1
Ternant(21)......101 F1
Ternant(58)......99 H6
Ternant-les-Eaux(63)......127 F6
Ternas(62)......11 F2
Ternat(52)......67 H6
Ternay(41)......78 D3
Ternay(69)......130 A4
Ternay(86)......93 G3
les Ternes(15)......141 E5
Ternuay-Melay-et-Saint-Hilaire(70)......88 C2
Terny-Sorny(02)......24 B4
Terramesnil(80)......11 F4
la Terrasse(38)......145 H1
la Terrasse-sur-Dorlay(42)......129 G6
Terrasson-la-Villedieu(24)......138 B3
Terrats(66)......200 C4
Terraube(32)......165 G3
Terre-Clapier(81)......168 C4
Terre-Natale(52)......68 C6
Terrebasse(31)......182 D4
Terrefondrée(21)......85 F2
Terrehault(72)......60 C4
les Terres-de-Chaux(25)......88 C6
la Terrisse(12)......154 D1
Terroles(11)......199 H1
Terron-sur-Aisne(08)......26 B2
Terrou(46)......153 F1
Tersannes(26)......144 C2
Tersanne(87)......110 C4
Terssac(81)......168 B4
le Tertre-Saint-Denis(78)......41 F3
Tertry(80)......11 B4
Terville(57)......28 C3
Tessancourt-sur-Aubette(78)......41 H2
Tessé-Froulay(61)......38 B6
Tessé-la-Madeleine(61)......38 B6
Tessel(14)......18 B5
Tesson(17)......121 E4
Tessonnière(79)......93 F5
la Tessoualle(49)......92 B3
Tessy-sur-Vire(50)......37 E2
la Teste-de-Buch(33)......148 B2
Tétaigne(08)......15 G5
Téteghem(59)......3 F1

Téterchen(57)......29 F4
Téthieu(40)......163 E5
Teting-sur-Nied(57)......29 F5
Teuillac(33)......135 E3
Teulat(81)......167 G6
Teurthéville-Bocage(50)......17 E2
Teurthéville-Hague(50)......16 C2
Teyjat(24)......123 E5
Teyran(34)......171 F6
Teyssières(26)......158 D4
Teyssieu(46)......139 F5
Teyssode(81)......167 H6
Thaas(51)......45 E5
Thaims(17)......120 D4
Thairé(17)......107 E6
Thaix(58)......99 G5
Thal-Drulingen(67)......50 B3
Thal-Marmoutier(67)......50 C5
Thalamy(19)......126 B6
Thann(68)......89 E1
Thannenkirch(68)......71 E3
Thanvillé(67)......71 E3
Thaon(14)......18 C4
Thaon-les-Vosges(88)......69 H3
Tharaux(30)......157 F6
Tharoiseau(89)......83 G5
Tharot(89)......83 H4
Thaumiers(18)......97 H5
Thauron(23)......125 E1
Thauvenay(18)......82 B6
Thèbe(65)......196 D3
Théding(57)......29 H5
Thédirac(46)......152 B3
Thégra(46)......139 E6
Théhillac(56)......74 A2
le Theil(03)......113 H4
le Theil(50)......17 E2
le Theil(61)......60 D3
le Theil-Bocage(14)......37 G3
le Theil-de-Bretagne(35)......57 G4
le Theil-en-Auge(14)......19 G3
le Theil-Nolent(27)......20 A6
Theil-Rabier(16)......108 D6
Theil-sur-Vanne(89)......65 E4
Theillay(41)......80 D6
Theillement(27)......20 C5
Theix(56)......73 E2
Theizé(69)......129 G1
Thel(69)......115 H6
Théligny(72)......61 E4
Thélis-la-Combe(42)......143 G1
Thélod(54)......48 C6
Thelonne(08)......15 F5
Thélus(62)......4 D6
Théméricourt(95)......41 H1
Thémines(46)......153 F2
Théminettes(46)......153 F2
Thénac(17)......121 E4
Thénac(24)......150 D1
Thenailles(02)......13 G6
Thenay(36)......111 E1
Thenay(41)......79 G6
Thenelles(02)......12 D6
Thénésol(73)......132 C3
Theneuil(37)......94 B3
Theneuille(03)......113 F2
Thénezay(79)......93 G6
Thénioux(18)......96 D1
Thenissey(21)......85 E4
Thénisy(77)......64 D1
Thennelières(10)......66 B3
Thennes(80)......11 G6
Thenon(24)......137 H3
Thénorgues(08)......26 D2
Théoule-sur-Mer(06)......193 G1
Therdonne(60)......22 C4
Thérines(28)......62 A2
Thermes-Magnoac(65)......182 A4
Thérondels(12)......140 C6
Thérouanne(62)......3 E5
Thérouldeville(76)......8 C4
Thervay(39)......86 D6
Thésée(41)......79 G6
Thésy(39)......103 E4
Theuley(70)......87 E3
Théus(05)......160 C3
Theuville(28)......62 B2
Theuville-aux-Maillots(76)......8 C4
Theuville-Saint-Julien(36)......112 A1
Théville(50)......17 E1
Thevray(27)......40 A2
They-sous-Montfort(88)......69 E3
They-sous-Vaudemont(54)......69 F1
Theys(38)......146 A1
Théza(66)......200 D4
Thézac(17)......120 D4
Thézac(47)......151 H4
Thézan-des-Corbières(11)......185 H5
Thézan-lès-Béziers(34)......186 C3
Thèze(04)......160 A5
Thèze(64)......180 C2
Thézey-Saint-Martin(54)......49 E2
Théziers(30)......172 C4
Thézillieu(01)......131 F2
Thézy-Glimont(80)......11 F6
Thiais(94)......42 D4
Thiancourt(90)......89 E4
Thianges(58)......99 F4
Thiant(59)......12 D2
Thiat(87)......110 B4
Thiaucourt-Regniéville(54)......48 B2
Thiaville-sur-Meurthe(54)......70 B2
Thiberville(27)......19 H5
Thibie(51)......45 G3
Thibivillers(60)......22 A5
Thibouville(27)......20 B4
Thicourt(57)......29 F6
Thiébauménil(54)......49 G5
Thiéblemont-Farémont(51)......46 C5
Thiébouhans(25)......88 D6
Thieffrain(10)......66 D4
Thieffrans(70)......87 H4

Thiéfosse(88)......70 B6
Thiel-sur-Acolin(03)......114 C2
Thiembronne(62)......2 D5
Thiénans(70)......87 H4
Thiennes(59)......3 G3
Thiepval(80)......11 H4
Thiergeville(76)......8 C4
Thiernu(02)......25 E1
Thiers(63)......127 H2
Thiers-sur-Thève(60)......43 E1
Thierville(27)......20 B5
Thierville-sur-Meuse(55)......27 F4
Thiéry(06)......176 D3
Thiescourt(60)......23 G3
Thiétreville(76)......8 C4
le Thieulin(28)......61 G2
Thieulloy-la-Ville(80)......22 B1
Thieulloy-l'Abbaye(80)......10 C6
Thieuloy-Saint-Antoine(60)......22 B2
la Thieuloye(62)......4 B6
Thieux(60)......22 D3
Thieux(77)......43 E2
Thiéville(14)......19 E6
Thièvres(62)......11 F3
Thièvres(80)......11 F3
Thiézac(15)......140 C4
Thignonville(45)......63 E3
Thil(01)......130 B2
Thil(10)......67 F2
le Thil(27)......21 G5
Thil(31)......166 C5
Thil(51)......25 F5
Thil(54)......28 B2
Thil-Manneville(76)......9 F3
le Thil-Riberpré(76)......21 G2
Thil-sur-Arroux(71)......100 B5
Thilay(08)......15 E3
le Thillay(95)......42 D2
Thilleux(52)......67 F1
les Thilliers-en-Vexin(27)......21 G4
Thilois(51)......25 F6
Thillombois(55)......27 G6
Thillot(55)......27 H6
le Thillot(88)......88 C1
Thilouze(37)......94 C1
Thimert-Gâtelles(28)......40 D6
Thimonville(57)......29 E6
Thimory(45)......63 H6
Thin-le-Moutier(08)......14 C4
Thiolières(63)......128 B5
Thionne(03)......114 C3
Thionville(57)......28 C3
Thiouville(76)......8 D4
Thiraucourt(88)......69 F2
Thiré(85)......107 E1
Thiron Gardais(28)......61 F3
This(08)......14 D4
Thise(25)......87 G6
Thivars(28)......62 A2
Thivencelle(59)......6 D6
Thiverny(60)......22 D6
Thiverval-Grignon(78)......41 H3
Thivet(52)......68 A5
Thiviers(24)......123 G6
Thiville(28)......61 H5
Thizay(36)......96 D6
Thizay(37)......93 H2
Thizy(69)......115 G6
Thizy(89)......84 B4
Thoard(04)......160 C6
Thodure(38)......144 D1
Thoigné(72)......60 B3
Thoiras(30)......171 F2
Thoiré-sous-Contensor(72)......60 A3
Thoiré-sur-Dinan(72)......78 B2
Thoires(21)......67 E6
Thoirette(39)......117 G2
Thoiria(39)......117 H1
Thoiry(01)......118 B4
Thoiry(73)......132 A4
Thoiry(78)......41 H3
Thoissey(01)......116 B5
Thoissia(39)......117 F3
Thoisy-la-Berchère(21)......84 C6
Thoisy-le-Désert(21)......100 D1
Thoix(80)......22 B2
Thol-lès-Millières(52)......68 B4
Thollet(86)......110 C3
Thollon-les-Mémises(74)......119 F2
le Tholonet(13)......191 E2
le Tholy(88)......70 B5
Thomer-la-Sôgne(27)......40 D3
Thomery(77)......64 A2
Thomirey(21)......101 E2
Thonac(24)......137 H4
Thônes(74)......132 C1
Thonnance-lès-Joinville(52)......67 H1
Thonnance-les-Moulins(52)......68 A2
Thonne-la-Long(55)......27 G1
Thonne-le-Thil(55)......15 H6
Thonne-les-Près(55)......15 H6
Thonnelle(55)......15 H6
Thonon-les-Bains(74)......119 E3
les Thons(88)......69 E5
Thonville(57)......29 F6
le Thor(84)......173 E3
Thoralle(95)......64 B5
Thoraise(25)......103 E1
Thorame-Basse(04)......175 H1
Thorame-Haute(04)......175 H1
Thoras(43)......142 A6
Thoré-la-Rochette(41)......79 E2
Thorée-les-Pins(72)......77 H3
Thorens-Glières(74)......118 D6
Thorey(89)......66 B6
Thorey-en-Plaine(21)......101 H1
Thorey-Lyautey(54)......69 E1
Thorey-sous-Charny(21)......84 D6
Thorey-sur-Ouche(21)......101 E2
Thorigné(79)......108 B4
Thorigné-d'Anjou(49)......76 B3
Thorigné-en-Charnie(53)......59 F5
Thorigné-Fouillard(35)......57 F2

280

Thorigné-sur-Dué(72) 60 C5
Thorigny(79) 107 H5
Thorigny(85) 91 G5
Thorigny-sur-Marne(77) 43 F3
Thorigny-sur-Oreuse(89) 65 E3
le Thoronet(83) 192 C2
Thorrenc(07) 144 A2
Thors(10) 67 F3
Thors(17) 121 G2
Thory(80) 23 E1
Thory(89) 83 H4
Thoste(21) 84 C5
le Thou(17) 107 F6
Thou(18) 81 H5
Thou(79) 82 B4
Thouarcé(49) 76 C6
Thouaré-sur-Loire(44) 75 E5
Thouars(79) 93 F3
Thouars-sur-Arize(09) 183 F5
Thouars-sur-Garonne(47) 150 D6
Thouarsais-Bouildroux(85) 92 B6
le Thoult-Trosnay(51) 44 D3
le Thour(08) 14 A6
le Thoureil(49) 77 E5
Thourie(35) 57 G5
Thouron(87) 124 B1
Thourotte(60) 23 G4
Thoury(41) 80 A3
Thoury-Férottes(77) 64 B3
Thoux(32) 166 B5
Thubœuf(53) 38 A6
le Thuel(02) 14 A5
Thuès-Entre-Valls(66) 199 G5
Thueyts(07) 157 E2
Thugny-Trugny(08) 26 A2
la Thuile(73) 132 A5
les Thuiles(04) 161 E4
Thuilley-aux-Groseilles(54) 48 C5
Thuillières(88) 69 E4
le Thuit(27) 21 F5
le Thuit-Anger(27) 20 C5
le Thuit-Hébert(27) 20 C5
le Thuit-Signol(27) 20 C5
le Thuit-Simer(27) 20 C5
Thulay(25) 88 D5
Thumeréville(54) 28 A4
Thumeries(59) 5 E5
Thun-l'Évêque(59) 12 C3
Thun-Saint-Amand(59) 5 H5
Thun-Saint-Martin(59) 12 C3
Thurageau(86) 94 A5
Thuré(86) 94 B5
Thuret(63) 127 G1
Thurey(71) 101 H5
Thurey-le-Mont(25) 87 G5
Thurins(69) 129 H4
Thury(21) 100 D3
Thury(89) 82 D4
Thury-en-Valois(60) 43 H1
Thury-Harcourt(14) 18 C6
Thury-sous-Clermont(60) 22 D5
Thusy(74) 131 H1
Thuy(65) 181 F4
Thyez(74) 119 E5
Tibiran-Jaunac(65) 181 H6
Ticheville(61) 39 F3
Tichey(21) 102 A3
Tieffenbach(67) 50 C3
Tiercé(49) 76 D3
Tiercelet(54) 28 B2
le Tiercent(35) 35 G6
Tierceville(14) 18 B3
Tieste-Uragnoux(32) 181 E1
la Tieule(48) 155 F5
Tiffauges(85) 91 H2
Tigeaux(77) 43 G4
Tigery(91) 42 D5
Tignac(09) 198 D3
Tigné(49) 93 E1
Tignécourt(88) 69 E5
Tignes(73) 133 G5
le Tignet(06) 176 C6
Tignieu-Jameyzieu(38) 130 C3
Tigny-Noyelle(62) 10 B1
Tigy(45) 81 E2
Til-Châtel(21) 85 H4
Tilh(40) 163 E6
Tilhouse(65) 181 G5
Tillac(32) 181 G2
Tillay-le-Péneux(28) 62 C4
Tillé(60) 22 C4
Tillenay(21) 102 B1
le Tilleul(76) 8 A4
Tilleul-Dame-Agnès(27) 40 B2
Tilleul-Lambert(27) 40 C1
le Tilleul-Othon(27) 40 B1
Tilleux(88) 68 D2
Tillières(49) 91 H1
Tillières-sur-Avre(27) 40 C4
Tilloloy(80) 23 F2
Tillou(79) 108 C5
Tilloy-et-Bellay(51) 26 B6
Tilloy-Floriville(80) 10 B5
Tilloy-lès-Conty(80) 22 C1
Tilloy-lès-Hermaville(62) 11 G2
Tilloy-lès-Mofflaines(62) 11 H2
Tilloy-lez-Cambrai(59) 12 C3
Tilloy-lez-Marchiennes(59) 5 G6
Tilly(27) 41 F1
Tilly(36) 110 D3
Tilly(78) 41 F3
Tilly-Capelle(62) 11 E1
Tilly-la-Campagne(14) 18 D5
Tilly-sur-Meuse(55) 27 G6
Tilly-sur-Seulles(14) 18 B4
Tilques(62) 3 E3
Tincey-et-Pontrebeau(70) 87 E3
Tinchebray(61) 37 G4
Tincourt-Boucly(80) 12 B5
Tincques(62) 4 B6
Tincry(57) 49 E2
Tingry(62) 2 B5

Tinqueux(51) 25 F6
Tinténiac(35) 35 E6
Tintry(71) 100 D4
Tintury(58) 99 F3
Tiranges(43) 142 D2
Tirent-Pontéjac(32) 182 C1
Tirepied(50) 35 H3
Tissey(89) 83 H1
le Titre(80) 10 C3
Tivernon(45) 62 D4
Tiviers(15) 141 F4
Tizac-de-Curton(33) 135 G6
Tizac-de-Lapouyade(33) 135 G4
Tocane-Saint-Apre(24) 136 D2
Tocqueville(27) 20 A4
Tocqueville(50) 17 F1
Tocqueville-en-Caux(76) 9 E4
Tocqueville-les-Murs(76) 8 C4
Tocqueville-sur-Eu(76) 9 G2
Tœufles(80) 10 B4
Toges(08) 26 C2
Togny-aux-Bœufs(51) 46 A3
Tolla(2A) 204 D6
Tollaincourt(88) 68 D4
Tollent(62) 10 D2
Tollevast(50) 16 D2
la Tombe(77) 64 C2
Tombebœuf(47) 150 D3
Tomblaine(54) 48 D4
Tomino(2B) 203 G2
les Tonils(26) 158 D3
Tonnac(81) 167 H2
Tonnay-Boutonne(17) 121 E1
Tonnay-Charente(17) 120 D1
Tonneins(47) 150 C4
Tonnerre(89) 84 A1
Tonneville(50) 16 C1
Tonnoy(54) 49 E6
Tonquédec(22) 32 C3
Torcé(35) 57 H3
Torcé-en-Vallée(72) 60 C4
Torcé-Viviers-en-Charnie(53) 59 F4
Torcenay(52) 86 C1
Torchamp(61) 37 G6
Torchefelon(38) 131 E5
Torcieu(01) 131 E1
Torcy(62) 2 D6
Torcy(71) 100 D5
Torcy(77) 43 E4
Torcy-en-Valois(02) 44 B1
Torcy-et-Pouligny(21) 84 C4
Torcy-le-Grand(10) 45 G6
Torcy-le-Grand(76) 9 G3
Torcy-le-Petit(10) 45 G6
Torcy-le-Petit(76) 9 G3
Tordères(66) 200 C5
Tordouet(14) 19 G6
Torfou(49) 91 H2
Torfou(91) 63 F1
Torigni-sur-Vire(50) 37 F1
Tornac(30) 171 F3
Tornay(52) 86 D2
le Torp-Mesnil(76) 9 E4
Torpes(25) 103 E1
Torpes(71) 102 B4
le Torpt(27) 19 H3
le Torquesne(14) 19 G4
Torreilles(66) 201 E3
Torsac(16) 122 C5
Torsiac(43) 141 F1
Tortebesse(63) 126 C4
Tortefontaine(62) 10 C2
Tortequesne(62) 12 B2
Torteron(18) 98 C3
Torteval-Quesnay(14) 18 A5
Tortezais(03) 113 F3
Torvilliers(10) 66 A3
Torxé(17) 121 E1
Tosny(27) 21 F6
Tosse(40) 162 B5
Tossiat(01) 117 F5
Tostat(65) 181 F3
Tostes(27) 20 D5
Totainville(88) 69 E2
Tôtes(76) 9 F4
Touchay(18) 97 F6
la Touche(26) 158 B3
les Touches(44) 75 E4
les Touches-de-Périgny(17) 121 H2
Toucy(89) 82 D2
Toudon(06) 177 E3
Touët-de-l'Escarène(06) 177 F4
Touët-sur-Var(06) 176 D3
Touffailles(82) 151 H6
Toufflers(59) 5 F4
Touffréville(14) 18 D4
Touffreville(27) 21 F5
Touffreville-la-Cable(76) 8 C6
Touffreville-la-Corbeline(76) 8 D5
Touffreville-sur-Eu(76) 9 H2
Touget(32) 166 B5
Touille(31) 182 D6
Touillon-et-Loutelet(25) 103 H4
Touligny(08) 14 D5
Toulis-et-Attencourt(02) 24 D2
Toulon(83) 191 H5
Toulon-sur-Allier(03) 114 A2
Toulon-sur-Arroux(71) 100 B6
Toulouges(66) 200 D4
Toulouse(31) 167 E6
Toulouse-le-Château(39) 102 C4
Toulouzette(40) 163 F5
Toulx-Sainte-Croix(23) 112 B4
Touques(14) 19 F3
le Touquet-Paris-Plage(62) 2 B6
Touquettes(61) 39 G4

Touquin(77) 43 G5
la Tour(06) 177 E3
la Tour(74) 119 E5
la Tour-Blanche(24) 136 D1
la Tour-d'Aigues(84) 174 B5
la Tour-d'Auvergne(63) 126 C5
Tour-de-Faure(46) 153 E4
la Tour-de-Salvagny(69) 129 H3
la Tour-de-Sçay(25) 87 G5
la Tour-du-Crieu(09) 183 H5
la Tour-du-Meix(39) 117 H2
le Tour-du-Parc(56) 73 E3
la Tour-du-Pin(38) 131 E5
Tour-en-Bessin(14) 18 A3
la Tour-en-Jarez(42) 129 F6
Tour-en-Sologne(41) 79 H4
la Tour-Saint-Gelin(37) 94 B3
la Tour-sur-Orb(34) 170 A6
Tourailles(41) 79 F3
les Tourailles(61) 38 B4
Tourbes(34) 187 E2
Tourcelles-Chaumont(08) 26 B3
Tourch(29) 53 H3
Tourcoing(59) 5 F3
Tourdun(32) 181 F1
la Tourette(42) 128 D6
la Tourette-Cabardès(11) 185 E3
Tourette-du-Château(06) 177 E3
Tourgéville(14) 19 F3
la Tourlandry(49) 92 C2
Tourlaville(50) 16 D1
Tourliac(47) 151 G2
Tourly(60) 22 B6
Tourmignies(59) 5 E5
Tourmont(39) 102 D4
Tournai-sur-Dive(61) 38 D3
Tournan(32) 182 D2
Tournan-en-Brie(77) 43 F5
Tournans(25) 87 H4
Tournay(65) 181 F5
Tournay-sur-Odon(14) 18 B5
le Tourne(33) 149 G1
Tournebu(14) 18 C6
Tournecoupe(32) 166 A4
Tournedos-Bois-Hubert(27) 40 C1
Tournedos-sur-Seine(27) 21 E5
Tournefeuille(31) 166 D6
Tournefort(06) 177 E3
Tournehem-sur-la-Hem(62) 2 D3
Tournemire(12) 169 H3
Tournemire(15) 140 B4
Tournes(08) 14 D4
le Tourneur(14) 18 A6
Tourneville(27) 40 D1
Tournières(14) 17 H5
Tournissan(11) 185 G6
Tournoisis(45) 62 B5
Tournon(73) 132 C4
Tournon-d'Agenais(47) 151 H4
Tournon-Saint-Martin(36) 95 E6
Tournon-Saint-Pierre(37) 95 E6
Tournon-sur-Rhône(07) 144 B4
Tournous-Darré(65) 181 G4
Tournous-Devant(65) 181 H4
Tournus(71) 116 C1
Tourny(27) 21 G6
Tourouvre(61) 39 H5
Tourouzelle(11) 185 H4
Tourreilles(11) 184 D6
les Tourrettes(31) 182 A5
Tourrenquets(32) 165 H5
Tourrette-Levens(06) 177 F4
les Tourrettes(26) 158 B2
Tourrettes(83) 176 B4
Tourrettes-sur-Loup(06) 176 D5
Tourriers(16) 122 C3
Tours(37) 78 C6
Tours-en-Savoie(73) 132 D3
Tours-en-Vimeu(80) 10 B4
Tours-sur-Marne(51) 45 G2
Tours-sur-Meymont(63) 128 A4
Tourtenay(79) 93 G3
Tourteron(08) 14 D6
Tourtoirac(24) 137 H2
Tourtour(83) 175 G6
Tourtouse(09) 183 E6
Tourtrès(47) 150 D3
Tourtrol(09) 184 B6
Tourves(83) 191 G5
Tourville-en-Auge(14) 19 G3
Tourville-la-Campagne(27) 20 C6
Tourville-la-Chapelle(76) 9 G2
Tourville-la-Rivière(76) 20 D5
Tourville-les-Ifs(76) 8 B4
Tourville-sur-Arques(76) 9 F3
Tourville-sur-Odon(14) 18 C5
Tourville-sur-Pont-Audemer(27) 20 A5
Tourville-sur-Sienne(50) 36 B1
Toury(28) 62 D4
Toury-Lurcy(58) 99 E6
Toury-sur-Jour(58) 98 D6
Tourzel-Ronzières(63) 127 F5
Toussaint(76) 8 B4
Toussieu(69) 130 B4
Toussieux(01) 130 A1
Tousson(77) 63 G2
Toussus-le-Noble(78) 42 B5
Toutainville(27) 19 H3
Toutenant(71) 101 H4
Toutencourt(80) 11 H4
Toutens(31) 184 A2
Toutlemonde(49) 92 C2
Toutry(21) 84 B4
Touvérac(16) 135 G1
le Touvet(38) 131 H6
Touville(27) 20 B5
Touvois(44) 91 E3
Touvre(16) 122 C4
Touzac(16) 121 H5
Touzac(46) 151 H4
Tox(2B) 205 G3
Toy-Viam(19) 125 F4

Tracy-Bocage(14) 18 A5
Tracy-le-Mont(60) 23 H4
Tracy-le-Val(60) 23 H4
Tracy-sur-Loire(58) 82 B6
Tracy-sur-Mer(14) 18 B3
Trades(69) 116 A4
Traenheim(67) 50 D6
Tragny(57) 29 E6
Traînel(10) 65 E2
Traînou(45) 63 E6
le Trait(76) 9 E6
Traitiéfontaine(70) 87 G5
Traize(73) 131 G3
Tralaigues(63) 126 B2
Tralonca(2B) 205 E2
Tramain(22) 34 A5
Tramayes(71) 116 A4
Trambly(71) 116 A4
Tramecourt(62) 3 E6
Tramery(51) 25 E6
Tramezaïgues(65) 196 B4
Tramolé(38) 130 D5
Tramont-Émy(54) 69 E1
Tramont-Lassus(54) 69 E2
Tramont-Saint-André(54) 69 E1
Tramoyes(01) 130 B2
la Tranche-sur-Mer(85) 106 C3
la Tranclière(01) 117 E5
Trancrainville(28) 62 D3
Trangé(72) 60 A5
le Tranger(36) 95 E4
Trannes(10) 66 D3
Tranqueville-Graux(88) 68 D1
Trans(53) 59 F2
Trans-en-Provence(83) 192 D2
Trans-la-Forêt(35) 35 H4
Trans-sur-Erdre(44) 75 F3
le Translay(80) 10 B5
le Transloy(62) 12 A4
Tranzault(36) 111 H1
Trappes(78) 42 A4
Trassanel(11) 185 F3
Traubach-le-Bas(68) 89 E3
Traubach-le-Haut(68) 89 E3
Trausse(11) 185 G3
Travaillan(84) 158 B6
Travecy(02) 24 B2
Traversères(32) 182 B1
Traves(70) 87 F3
le Travet(81) 168 C5
Trayes(79) 92 D6
Tréal(56) 56 B5
Tréauville(50) 16 C2
Trébabu(29) 30 C5
Treban(03) 113 H3
Trébas(81) 168 C2
Trébédan(22) 34 C5
Trèbes(11) 185 F4
Trébeurden(22) 32 B2
Trébons(65) 181 F5
Trébons-de-Luchon(31) 196 C4
Trébons-sur-la-Grasse(31) 184 A2
Trébrivan(22) 32 C6
Trébry(22) 33 H6
Tréclun(21) 102 A1
Trécon(51) 45 G3
Trédaniel(22) 33 H6
Trédarzec(22) 33 E2
Trédias(22) 34 B5
Trédion(56) 55 G5
Trédrez(22) 32 B2
Tréduder(22) 32 B3
Trefcon(02) 12 B6
Treffendel(35) 56 C3
Treffiagat(29) 53 E5
Treffieux(44) 75 E2
Trefflean(56) 55 G6
Treffort(38) 145 G5
Treffort-Cuisiat(01) 117 F4
Treffrin(22) 32 B6
Tréflaouénan(29) 31 G3
Tréflévénez(29) 31 F5
Tréflez(29) 31 F3
Tréfols(51) 44 C4
Tréfumel(22) 34 C5
Trégarantec(29) 31 F3
Trégarvan(29) 31 F6
Trégastel(22) 32 C1
Tréglamus(22) 32 D4
Tréglonou(29) 30 D3
Trégomeur(22) 33 F4
Trégon(22) 34 C4
Trégonneau(22) 33 E3
Trégourez(29) 53 H3
Trégrom(22) 32 C3
Tréguennec(29) 53 E4
Trégueux(22) 33 G5
Tréguidel(22) 33 F4
Tréguier(22) 33 E2
Trégunc(29) 53 G5
Tréhet(41) 78 C2
Tréhorenteuc(56) 56 B3
le Tréhou(29) 31 G5
Treignac(19) 125 E5
Treignat(03) 112 C4
Treigny(89) 82 D4
Treilles(11) 200 D1
Treilles-en-Gâtinais(45) 63 H5
Treillières(44) 74 D5
Treix(52) 67 H4
Treize-Septiers(85) 91 G2
Treize-Vents(85) 92 B4
Tréjouls(82) 152 B6
Trélans(48) 155 F4
Trélazé(49) 76 D5
Trélévern(22) 32 D2
Trelins(42) 128 D3
Trélissac(24) 137 F3
Trélivan(22) 34 C5
Trelly(50) 36 C2
Trélon(59) 13 H4

Trélou-sur-Marne(02) 44 D1
Trémaouézan(29) 31 F4
Trémargat(22) 32 D6
Trémauville(76) 8 C5
la Tremblade(17) 120 B3
Tremblay(35) 35 G5
le Tremblay(49) 75 H2
Tremblay-en-France(93) 43 E2
Tremblay-les-Villages(28) 41 E6
le Tremblay-Omonville(27) 40 B1
le Tremblay-sur-Mauldre(78) 41 H4
Tremblecourt(54) 48 C3
le Tremblois(70) 86 C5
Tremblois-lès-Carignan(08) 15 H5
Tremblois-lès-Rocroi(08) 14 C3
Trémeheuc(35) 35 F5
Trémel(22) 32 B3
Trémentines(49) 92 B2
Tréméoc(29) 53 E4
Tréméreuc(22) 34 D4
Trémery(57) 28 D4
Tréméven(22) 33 F3
Tréméven(29) 54 B4
Tréminis(38) 145 H6
Trémoins(70) 88 C4
Trémolat(24) 137 F6
Trémons(47) 151 G4
Trémont(49) 93 E2
Trémont(61) 39 F5
Trémont-sur-Saulx(55) 47 E4
Trémonzey(88) 69 G5
Trémorel(22) 56 B2
la Trémouille(15) 140 C1
Trémouille-Saint-Loup(63) 126 B6
Trémouilles(12) 154 C6
Trémoulet(09) 184 A5
Trémuson(22) 33 G4
Trenal(39) 102 C6
Trensacq(40) 148 D6
Trentels(47) 151 G4
Tréogan(22) 54 B1
Tréogat(29) 53 E4
Tréon(28) 41 E5
Tréouergat(29) 30 D4
Trépail(51) 45 G1
le Tréport(76) 9 H1
Trépot(25) 103 G1
Tréprel(14) 38 B3
Trept(38) 130 D3
Trésauvaux(55) 27 H5
Trescault(62) 12 B4
Treschenu-Creyers(26) 159 F1
Trescléoux(05) 159 H5
Trésilley(70) 87 F4
Treslon(51) 25 E6
Tresnay(58) 98 D6
Trespoux-Rassiels(46) 152 C4
Tresques(30) 172 C2
Tressan(34) 187 F1
Tressandans(25) 87 H4
Tressange(57) 28 B2
Tressé(35) 35 E4
Tresserre(66) 200 D5
Tresserve(73) 131 H3
Tresses(33) 135 F6
Tressignaux(22) 33 F3
Tressin(59) 5 F4
Tresson(72) 78 C1
Treteau(03) 114 B3
la Trétoire(77) 44 B3
Trets(13) 191 F2
Treux(80) 11 G5
Treuzy-Levelay(77) 64 A3
Trévé(22) 55 F1
Trévenans(90) 88 D4
Tréveneuc(22) 33 F3
Tréveray(55) 47 G5
Trévérec(22) 33 E3
Trévérien(35) 34 D5
Trèves(30) 170 B2
Trèves(69) 129 H5
Trévien(81) 168 B2
Trévières(14) 17 H5
Trévignin(73) 131 H3
Trévillach(66) 200 B3
Tréville(11) 184 C3
Trévillers(25) 88 D6
Trévilly(89) 84 B4
Trévol(03) 114 A1
Trévou-Tréguignec(22) 32 D1
Trévoux(01) 129 H1
le Trévoux(29) 54 A4
Trévron(22) 34 C5
Trézelles(03) 114 C4
Trézény(22) 32 D2
Tréziers(11) 184 C6
Trézilidé(29) 31 G3
Trézioux(63) 127 H4
Triac-Lautrait(16) 121 H4
le Triadou(34) 171 E5
Triaize(85) 106 D3
Tribehou(50) 17 F5
Trichey(89) 66 B6
Tricot(60) 23 E3
Trie-Château(60) 22 A5
Trie-la-Ville(60) 22 A5
Trie-sur-Baïse(65) 181 G3
Triel-sur-Seine(78) 42 B2
Triembach-au-Val(67) 71 E2
Trieux(54) 28 B3
Trigance(83) 175 H4
Trigavou(22) 34 C4
Trignac(44) 73 H4
Trigny(51) 25 E5
Triguères(45) 64 C6
Trilbardou(77) 43 F3
Trilla(66) 200 B3
Trilport(77) 43 G3
Trimbach(67) 51 G3
Trimer(35) 34 D6
la Trimouille(86) 110 C3

Trinay(45)......62 D5
la Trinitat(15)......155 E1
la Trinité(06)......177 F5
la Trinité(27)......40 D2
la Trinité(50)......36 D3
la Trinité(73)......132 B5
la Trinité-de-Réville(27)......39 G2
la Trinité-de-Thouberville(27)......20 C4
la Trinité-des-Laitiers(61)......39 F4
la Trinité-du-Mont(76)......8 C6
la Trinité-Porhoët(56)......55 H2
la Trinité-sur-Mer(56)......72 C2
la Trinité-Surzur(56)......73 F2
Triors(26)......144 C3
le Trioulou(15)......153 H2
Tripleville(41)......62 A6
Triquerville(76)......8 D6
Triqueville(27)......19 H3
Trith-Saint-Léger(59)......12 D2
Tritteling(57)......29 F5
Trivy(71)......115 H3
Trizac(15)......140 B2
Trizay(17)......120 D2
Trizay-Coutretot-Saint-Serge(28)......61 E3
Trizay-lès-Bonneval(28)......61 H4
Troarn(14)......18 D4
Troche(19)......138 C1
Trochères(21)......86 B5
Trocy-en-Multien(77)......43 G2
Troësnes(02)......24 A6
Troguéry(22)......32 D2
Trogues(37)......94 C2
les Trois-Domaines(55)......27 F6
Trois-Fonds(23)......112 B5
Trois-Fontaines-l'Abbaye(51)......46 D4
Trois-Monts(14)......18 C6
les Trois-Moutiers(86)......93 G2
Trois-Palis(16)......122 B4
les Trois-Pierres(76)......8 B6
Trois-Puits(51)......25 F6
Trois-Vèvres(58)......99 E4
Trois-Villes(64)......179 G5
Troisfontaines(57)......50 B5
Troisfontaines-la-Ville(52)......47 E6
Troisgots(50)......37 E1
Troissereux(60)......22 B4
Troissy(51)......44 D1
Troisvaux(62)......4 A6
Troisvilles(59)......12 D4
Tromarey(70)......86 D5
Tromborn(57)......29 F4
Troncens(32)......181 F2
la Tronche(38)......145 G2
le Tronchet(35)......35 E4
le Tronchet(72)......59 H3
Tronchoy(89)......65 H6
Tronchy(71)......101 H6
le Troncq(27)......20 C6
Trondes(54)......48 B4
Tronget(03)......113 G3
le Tronquay(14)......18 A4
le Tronquay(27)......21 G4
Tronsanges(58)......98 C2
Tronville(54)......28 B5
Tronville-en-Barrois(55)......47 F4
Troo(41)......78 D2
Trosly-Breuil(60)......23 H4
Trosly-Loire(02)......24 A3
Trouans(10)......45 H5
Troubat(65)......196 D3
Trouhans(21)......102 A2
Trouhaut(21)......85 F5
Trouillas(66)......200 C4
Trouley-Labarthe(65)......181 F3
Troussencourt(60)......22 C2
Troussey(55)......48 A4
Troussures(60)......22 B4
Trouvans(25)......87 H4
Trouville(76)......8 C5
Trouville-la-Haule(27)......20 A4
Trouville-sur-Mer(14)......19 F3
Trouy(18)......97 F3
Troye-d'Ariège(09)......184 B6
Troyes(10)......66 A3
Troyon(55)......27 G6
la Truchère(71)......116 C2
Truchtersheim(67)......51 E5
Trucy(02)......24 D4
Trucy-l'Orgueilleux(58)......83 E5
Trucy-sur-Yonne(89)......83 G3
le Truel(12)......169 F2
Trugny(21)......101 H3
Truinas(26)......158 C3
Trumilly(60)......23 G6
Trun(61)......38 D3
Trungy(14)......18 A4
Truttemer-le-Grand(14)......37 G4
Truttemer-le-Petit(14)......37 G4
Truyes(37)......95 E1
Tubersent(62)......2 B6
Tuchan(11)......200 C2
Tucquegnieux(54)......28 B3
Tudeils(19)......139 E4
Tudelle(65)......165 E5
Tuffé(72)......60 C5
Tugéras-Saint-Maurice(17)......135 F1
Tugny-et-Pont(02)......24 A1
la Tuilière(42)......128 B1
Tulette(26)......158 C5
Tulle(19)......139 E2
Tullins(38)......145 F1
Tully(80)......10 A4
Tupigny(02)......13 E5
Tupin-et-Semons(69)......130 A5
la Turballe(44)......73 F4
la Turbie(06)......177 F6
Turcey(21)......85 F5
Turckheim(68)......71 E5
Turenne(19)......138 D4
Turgon(16)......122 D1
Turgy(10)......66 A4
Turny(89)......65 G5
Turquant(49)......93 G1

Turquestein-Blancrupt(57)......50 B6
Turqueville(50)......17 F4
Turretot(76)......8 A5
Turriers(04)......160 C4
Tursac(24)......137 H5
Tusson(16)......122 B2
Tuzaguet(65)......181 H6
le Tuzan(33)......149 E4
Tuzie(16)......122 C1

U

Uberach(67)......51 E4
Ubexy(88)......69 G2
Ubraye(04)......176 B3
Ucciani(2A)......204 D5
Ucel(07)......157 F2
Uchacq-et-Parentis(40)......163 G3
Uchaud(30)......171 H5
Uchaux(84)......158 B6
Uchentein(09)......197 F3
Uchizy(71)......116 C2
Uchon(71)......100 C5
Uckange(57)......28 C3
Ueberstrass(68)......89 F4
Uffheim(68)......89 G3
Uffholtz(68)......89 F1
Ugine(73)......132 D3
Uglas(65)......181 H5
Ugnouas(65)......181 F3
Ugny(54)......27 H2
Ugny-le-Gay(02)......24 A2
Ugny-l'Équipée(80)......12 B6
Ugny-sur-Meuse(55)......48 A5
Uhart-Cize(64)......178 D4
Uhart-Mixe(64)......179 F3
Uhlwiller(67)......51 E4
Uhrwiller(67)......51 E3
Ulcot(79)......93 E3
les Ulis(91)......42 B5
Ully-Saint-Georges(60)......22 D5
les Ulmes(49)......93 F1
Umpeau(28)......62 B1
Unac(09)......198 D3
Uncey-le-Franc(21)......85 E6
Unchair(51)......25 E5
Ungersheim(68)......89 G1
Unias(42)......129 E4
Unienville(10)......66 D2
Unieux(42)......129 E6
l'Union(31)......167 E6
Unverre(28)......61 G4
Unzent(09)......183 G5
Upaix(05)......160 A5
Upie(26)......144 C6
Ur(66)......199 E5
Urau(31)......182 D6
Urbalacone(2A)......206 D2
Urbanya(66)......199 G4
Urbeis(67)......71 E3
Urbès(68)......88 D1
Urbise(42)......115 E4
Urçay(03)......112 D1
Urcel(02)......24 C4
Urcerey(90)......88 D3
Urciers(36)......112 A2
Urcuit(64)......178 D1
Urcy(21)......85 F6
Urdens(32)......165 H4
Urdès(64)......180 A2
Urdos(64)......194 D4
Urepel(64)......178 C5
Urgons(40)......163 H6
Urgosse(32)......164 C5
Uriménil(88)......69 H4
Urmatt(67)......71 E1
Urost(64)......180 D3
Urou-et-Crennes(61)......38 D4
Urrugne(64)......178 A2
Urschenheim(68)......71 F5
Urs(09)......198 D3
Urt(64)......178 D1
Urtaca(2B)......203 E5
Urtière(25)......89 E6
Uruffe(54)......48 B6
Urval(24)......137 G6
Urville(10)......67 E4
Urville(14)......18 D6
Urville(50)......17 E3
Urville(88)......68 D3
Urville-Nacqueville(50)......16 C1
Urvillers(02)......24 B1
Ury(77)......63 H2
Urzy(58)......98 D3
Us(95)......42 A1
Usclades-et-Rieutord(07)......143 E6
Usclas-d'Hérault(34)......187 E2
Usclas-du-Bosc(34)......170 B5
Usinens(74)......118 A6
Ussac(19)......138 C3
Ussat(09)......198 C2
Usseau(79)......107 H5
Usseau(86)......94 C5
Ussel(15)......141 E4
Ussel(19)......125 H5
Ussel(46)......152 C3
Ussel-d'Allier(03)......113 H5
Usson(63)......127 G5
Usson-du-Poitou(86)......109 G4
Usson-en-Forez(42)......142 C1
Ussy(14)......38 C2
Ussy-sur-Marne(77)......43 H3
Ustaritz(64)......178 C2
Ustou(09)......197 H4
Utelle(06)......177 E3
Uttenheim(67)......71 G2
Uttenhoffen(67)......51 E3
Uttwiller(67)......50 D4
Uvernet-Fours(04)......161 F4
Uxeau(71)......100 A6
Uxegney(88)......69 H3
Uxelles(39)......103 E6

Uxem(59)......3 G1
Uz(65)......195 G3
Uza(40)......162 C2
Uzan(64)......180 B2
Uzay-le-Venon(18)......97 G5
Uzech(46)......152 C3
Uzein(64)......180 B2
Uzel(22)......55 F1
Uzelle(25)......88 A5
Uzemain(88)......69 G4
Uzer(07)......157 F3
Uzer(65)......181 F6
Uzerche(19)......124 D6
Uzès(30)......172 B3
Uzeste(33)......149 G4
Uzos(64)......180 C4

V

Vaas(72)......78 A3
Vabre(81)......168 D6
Vabre-Tizac(12)......153 H6
Vabres(15)......141 F4
Vabres(30)......171 F5
Vabres-l'Abbaye(12)......169 F3
Vacherauville(55)......27 F4
Vachères(04)......174 B3
Vachères-en-Quint(26)......144 D6
Vacheresse(74)......119 F3
la Vacheresse-et-la-Rouillie(88)......68 D4
la Vacherie(27)......40 D1
Vacognes-Neuilly(14)......18 B5
la Vacquerie(14)......37 G1
la Vacquerie-et-
Saint-Martin-de-Castries(34)......170 C5
Vacquerie-le-Boucq(62)......11 E2
Vacqueriette-Erquières(62)......10 D2
Vacqueville(54)......49 H6
Vacqueyras(84)......173 E1
Vacquières(34)......171 F4
Vacquiers(31)......167 E5
Vadans(39)......102 D3
Vadelaincourt(55)......27 F5
Vadenay(51)......26 A6
Vadencourt(02)......13 E5
Vadencourt(80)......11 G5
Vadonville(55)......47 H4
Vagnas(07)......157 F5
Vagney(88)......70 B6
Vahl-Ebersing(57)......29 G5
Vahl-lès-Bénestroff(57)......49 H2
Vahl-lès-Faulquemont(57)......29 F6
Vaiges(53)......59 E5
Vailhan(34)......186 D1
Vailhauquès(34)......171 E6
Vailhourles(12)......153 F5
Vaillac(46)......152 D2
Vaillant(52)......85 H2
Vailly(10)......66 B2
Vailly(74)......119 E3
Vailly-sur-Aisne(02)......24 C4
Vailly-sur-Sauldre(18)......81 H5
Vains(50)......35 G3
Vairé(85)......90 D5
Vaire-Arcier(25)......87 G6
Vaire-le-Petit(25)......87 G6
Vaire-sous-Corbie(80)......11 G5
Vaires-sur-Marne(77)......43 E3
Vaison-la-Romaine(84)......158 C6
Vaïssac(82)......167 F2
Vaite(70)......86 D3
la Vaivre(70)......69 H6
Vaivre-et-Montoille(70)......87 G3
Val(83)......191 H2
le Val-d'Ajol(88)......69 H6
Val-d'Auzon(10)......66 C2
le Val-David(27)......40 D2
Val-de-Bride(57)......49 G3
Val-de-Chalvagne(04)......176 C3
Val-de-Fier(74)......131 H1
le Val-de-Gouhenans(70)......87 H3
le Val-de-Guéblange(57)......29 H6
Val-de-la-Haye(76)......20 D4
Val-de-Mercy(89)......83 F3
Val-de-Meuse(52)......68 B5
Val-de-Reuil(27)......21 E6
Val-de-Roulans(25)......87 H5
Val-de-Saâne(76)......9 F4
Val-de-Vesle(51)......25 G6
Val-de-Vière(51)......46 C4
Val-D'Épy(39)......117 F3
Val-des-Marais(51)......45 F3
Val-des-Prés(05)......147 F4
le Val-d'Esnoms(52)......86 A2
Val-d'Isère(73)......133 G5
Val-d'Izé(35)......57 H2
Val-d'Ornain(55)......47 E4
Val-d'Orvin(10)......65 F2
Val-et-Châtillon(54)......70 C1
Val-Maravel(26)......159 G3
le Val-Saint-Éloi(70)......87 G2
le Val-Saint-Germain(91)......42 B6
le Val-Saint-Père(50)......35 H3
Val-Suzon(21)......85 G5
Valady(12)......154 B4
Valailles(27)......39 H1
Valaire(41)......79 G5
Valanjou(49)......92 D1
Valavoire(04)......160 B5
Valay(70)......86 D5
Valbelle(04)......160 A6
Valbois(55)......47 H2
Valbonnais(38)......145 H5
Valbonne(06)......176 D6
Valcabrère(31)......182 A6
Valcanville(50)......17 F1
Valcebollère(66)......199 F6
Valcivières(63)......128 B5
Valcourt(52)......46 D5

Valdahon(25)......103 H1
Valdampierre(60)......22 B5
Valdeblore(06)......177 E2
le Valdécie(50)......16 D3
Valderiès(81)......168 C3
Valderoure(06)......176 B4
Valdieu-Lutran(68)......89 E3
Valdivienne(86)......109 H2
Valdoie(90)......88 D3
Valdrôme(26)......159 G3
Valdurenque(81)......185 E1
Valeille(42)......129 E4
Valeilles(82)......151 G5
Valeins(01)......116 C5
Valempoulières(39)......103 E4
Valençay(36)......96 B2
Valence(16)......122 C2
Valence(26)......144 B5
Valence(82)......166 B2
Valence-d'Albigeois(81)......168 D3
Valence-en-Brie(77)......64 B2
Valence-sur-Baïse(32)......165 F4
Valenciennes(59)......5 H6
Valencin(38)......130 B4
Valencogne(38)......131 F5
Valennes(72)......61 E6
Valensole(04)......175 E4
Valentigney(25)......88 D5
Valentine(31)......182 B5
Valenton(94)......42 D5
Valergues(34)......171 G6
Valernes(04)......160 B5
Valescourt(60)......23 E4
Valette(15)......140 B2
la Valette(38)......145 H5
la Valette-du-Var(83)......191 H5
Valeuil(24)......137 E2
Valeyrac(33)......120 C6
Valezan(73)......133 E4
Valff(67)......71 F2
Valfin-sur-Valouse(39)......117 G3
Valflaunès(34)......171 E5
Valfleury(42)......129 G5
Valframbert(61)......60 A1
Valfroicourt(88)......69 F3
Valgorge(07)......157 E3
Valhey(54)......49 F4
Valhuon(62)......4 A6
Valiergues(19)......125 H6
Valignat(03)......113 G5
Valigny(03)......98 B6
Valines(80)......10 B4
Valjouffrey(38)......146 B5
Valjouze(15)......141 E3
la Valla(42)......128 C3
la Valla-en-Gier(42)......129 G6
Vallabrègues(30)......172 C4
Vallabrix(30)......172 B2
Vallan(89)......83 F2
Vallangoujard(95)......42 B1
Vallans(79)......107 H4
Vallant-Saint-Georges(10)......65 H1
Vallauris(06)......176 D6
Valle-d'Alesani(2B)......205 G3
Valle-di-Campoloro(2B)......205 H3
Valle-di-Mezzana(2A)......204 C5
Valle-di-Rostino(2B)......203 F6
Valle-d'Orezza(2B)......205 G2
Vallecalle(2B)......203 F5
la Vallée(17)......120 D2
la Vallée-au-Blé(02)......13 F6
la Vallée-Mulâtre(02)......13 E4
Vallègue(31)......184 A2
Valleiry(74)......118 B5
Vallenay(18)......97 G5
Vallentigny(10)......66 D1
Vallerange(57)......29 G6
Vallérargues(30)......172 A2
Valleraugue(30)......170 D2
Vallères(37)......78 B6
Valleret(52)......67 G1
Vallereuil(24)......136 D4
Vallerois-le-Bois(70)......87 H3
Vallerois-Lorioz(70)......87 G3
Valleroy(25)......87 G5
Valleroy(52)......86 D2
Valleroy(54)......28 B4
Valleroy-aux-Saules(88)......69 E3
Valleroy-le-Sec(88)......69 E3
Vallery(89)......64 C3
Vallesvilles(31)......167 F6
Vallet(44)......75 F6
Valletot(27)......20 A4
Vallica(2B)......203 D5
Vallière(23)......125 G2
Vallières(10)......66 A5
Vallières(74)......131 H1
Vallières-les-Grandes(41)......79 F5
Valliguières(30)......172 C3
Valliquerville(76)......8 D5
Valloire(73)......146 D2
Vallois(54)......49 F6
les Vallois(88)......69 F4
Vallon-en-Sully(03)......112 D2
Vallon-Pont-d'Arc(07)......157 G4
Vallon-sur-Gée(72)......59 G5
Vallorcine(74)......119 H5
Vallouise(05)......147 E5
Valmanya(66)......200 B5
Valmascle(34)......186 D1
Valmeinier(73)......146 D2
Valmestroff(57)......28 D3
Valmigère(11)......199 H1
Valmondois(95)......42 C1
Valmont(57)......29 G5
Valmont(76)......8 C4
Valmunster(57)......29 E4
Valmy(51)......26 C5
Valognes(50)......17 E3
Valojoulx(24)......137 H4
Valonne(25)......88 C6
Valoreille(25)......88 C6
Valouse(26)......158 D4

Valprionde(46)......152 A5
Valprivas(43)......142 D2
Valpuiseaux(91)......63 F2
Valras-Plage(34)......186 D4
Valréas(84)......158 C4
Valros(34)......187 E3
Valroufie(46)......152 C3
Vals(09)......184 B5
Vals-des-Tilles(52)......85 H2
Vals-le-Chastel(43)......141 H2
Vals-les-Bains(07)......157 F2
Vals-près-le-Puy(43)......142 C4
Valsemé(14)......19 F4
Valserres(05)......160 B5
Valsonne(69)......129 F3
le Valtin(88)......70 D5
Valuéjols(15)......141 E4
Valvignères(07)......157 H4
Valz-sous-Châteauneuf(63)......127 G6
Valzergues(12)......153 H4
Vanault-le-Châtel(51)......46 C3
Vanault-les-Dames(51)......46 C3
Vançais(79)......108 D4
Vancé(72)......78 C2
la Vancelle(67)......71 E3
Vanclans(25)......103 H2
Vandeins(01)......116 D4
Vandelainville(54)......28 B6
Vandelans(70)......87 G5
Vandeléville(54)......69 E1
Vandélicourt(60)......23 G3
Vandenesse(58)......99 G4
Vandenesse-en-Auxois(21)......101 E1
Vandeuil(51)......25 E5
Vandières(51)......45 E1
Vandières(54)......48 C1
Vandœuvre-lès-Nancy(54)......48 D4
Vandoncourt(25)......88 D3
Vandré(17)......107 G6
Vandrimare(27)......21 F4
Vandy(08)......26 B2
Vanlay(10)......66 A5
Vannaire(21)......66 D6
Vanne(70)......87 E3
le Vanneau(79)......107 H4
Vannecourt(57)......49 F3
Vannecrocq(27)......19 H3
Vannes(56)......55 F2
Vannes-le-Châtel(54)......48 B6
Vannes-sur-Cosson(45)......81 E2
Vannoz(39)......103 E5
Vanosc(07)......143 G2
les Vans(07)......157 E4
Vantoux(57)......28 D5
Vantoux-et-Longevelle(70)......87 E4
Vanves(92)......42 C4
Vanvey(21)......85 E1
Vanvillé(77)......43 H6
Vanxains(24)......136 C3
Vany(57)......28 D5
Vanzac(17)......135 G1
Vanzay(79)......108 D5
Vanzy(74)......118 A6
Vaour(81)......167 G2
Varacieux(38)......145 E2
Varades(44)......75 H4
Varages(83)......175 E6
Varaignes(24)......123 E5
Varaire(46)......153 E5
Varaize(17)......121 G2
Varambon(01)......117 F7
Varanges(21)......102 A1
Varangéville(54)......49 E4
Varaville(14)......19 E4
Varces-Allières-et-Risset(38)......145 G3
Vareilles(23)......111 E4
Vareilles(71)......115 G4
Vareilles(89)......65 E2
Varen(82)......167 H1
Varengeville-sur-Mer(76)......9 F2
Varenguebec(50)......17 E4
la Varenne(49)......75 F5
Varenne-l'Arconce(71)......115 F7
Varenne-Saint-Germain(71)......115 E6
Varennes(24)......137 E2
Varennes(31)......184 A2
Varennes(37)......95 E1
Varennes(80)......11 G4
Varennes(82)......167 E1
Varennes(86)......94 A4
Varennes(89)......65 G6
Varennes-Changy(45)......81 H1
Varennes-en-Argonne(55)......26 D4
Varennes-Jarcy(91)......43 E5
Varennes-le-Grand(71)......101 G2
Varennes-lès-Mâcon(71)......116 C5
Varennes-lès-Narcy(58)......98 C1
Varennes-Saint-Honorat(43)......142 A3
Varennes-Saint-Sauveur(71)......117 E2
Varennes-sous-Dun(71)......115 G5
Varennes-sur-Allier(03)......114 A4
Varennes-sur-Fouzon(36)......96 B3
Varennes-sur-Loire(49)......93 H1
Varennes-sur-Morge(63)......127 F2
Varennes-sur-Seine(77)......64 B2
Varennes-sur-Tèche(03)......114 C4
Varennes-sur-Usson(63)......127 G5
Varennes-Vauzelles(58)......98 C2
Varès(47)......150 D4
Varesnes(60)......23 H3
Varessia(39)......117 G2
Varetz(19)......138 C3
Varilhes(09)......183 H6
Varinfroy(60)......43 H1
Variscourt(02)......25 F4
Varize(28)......62 A5
Varize(57)......29 E4
Varmonzey(88)......69 G2
Varnéville(55)......48 A4
Varneville-Bretteville(76)......9 F5
Varogne(70)......87 G2
Varois-et-Chaignot(21)......85 H5
Varouville(50)......17 F1

Varrains(49) 93 G1
Varreddes(77) 43 G2
Vars(05) 161 F2
Vars(16) 122 B3
Vars(70) 86 C4
Vars-sur-Roseix(19) 138 B2
Varsberg(57) 29 F4
Varzay(17) 121 E3
Varzy(58) 83 E6
Vascœuil(27) 21 F4
Vasles(79) 108 D1
Vasperviller(57) 50 B6
Vassel(63) 127 G3
Vasselay(18) 97 G2
Vasselin(38) 131 E4
Vassens(02) 24 A4
Vasseny(02) 24 C5
Vassieux-en-Vercors(26) 145 E5
Vassimont-et-Chapelaine(51) 45 G4
Vassincourt(55) 47 E4
Vassogne(02) 24 D4
Vassonville(76) 9 F4
Vassy(14) 37 H3
Vassy(89) 84 B4
le Vast(50) 17 E2
Vasteville(50) 16 C2
les Vastres(43) 143 E4
Vatan(36) 96 C3
Vathiménil(54) 49 G6
Vatierville(76) 21 G1
Vatilieu(38) 145 E2
Vatimont(57) 29 E6
Vatry(51) 45 H4
Vattetot-sous-Beaumont(76) 8 B5
Vattetot-sur-Mer(76) 8 B4
Vatteville(27) 21 E5
Vatteville-la-Rue(76) 8 D6
Vaubadon(14) 17 H6
Vauban(71) 115 G4
Vaubecourt(55) 47 E2
Vaubexy(88) 69 G2
Vaucelles(14) 18 A3
Vaucelles-et-Beffecourt(02) 24 C3
Vauchamps(25) 87 H6
Vauchamps(51) 44 D3
Vauchassis(10) 65 H3
Vauchelles(80) 23 H3
Vauchelles-lès-Authie(80) 11 G4
Vauchelles-lès-Domart(80) 10 D4
Vauchelles-les-Quesnoy(80) 10 C4
Vauchignon(21) 101 E3
Vauchonvilliers(10) 66 D3
Vauchoux(70) 87 F2
Vauchrétien(49) 76 D6
Vauciennes(51) 45 E2
Vauciennes(60) 23 H6
Vauclaix(58) 99 H1
Vauclerc(51) 46 C5
Vaucluse(25) 88 C6
Vauclusotte(25) 88 C6
Vaucogne(10) 45 H6
Vauconcourt-Nervezain(70) 87 E2
Vaucouleurs(55) 48 A5
Vaucourt(54) 49 G4
Vaucourtois(77) 43 G3
Vaucresson(92) 42 B4
Vaudancourt(60) 21 H6
Vaudebarrier(71) 115 G3
Vaudelnay(49) 93 F2
Vaudeloges(14) 38 D2
Vaudemanges(51) 45 G1
Vaudémont(54) 69 F1
Vaudes(10) 66 B4
Vaudesincourt(51) 26 A4
Vaudesson(02) 24 C4
Vaudeurs(89) 65 F4
Vaudevant(07) 143 H3
Vaudeville(54) 69 F1
Vaudéville(88) 70 A4
Vaudeville-le-Haut(55) 68 C1
Vaudherland(95) 42 D2
Vaudigny(54) 69 F1
le Vaudioux(39) 103 F5
Vaudoncourt(55) 27 H3
Vaudoncourt(88) 68 D3
le Vaudoué(77) 63 H2
Vaudoy-en-Brie(77) 43 H5
Vaudreching(57) 29 E3
Vaudrecourt(52) 68 C3
Vaudrémont(52) 67 F4
le Vaudreuil(27) 21 E5
Vaudreville(31) 184 C2
Vaudreville(50) 17 E3
Vaudrey(39) 102 D3
Vaudricourt(62) 3 G6
Vaudricourt(80) 10 A4
Vaudrimesnil(50) 17 E6
Vaudringhem(62) 2 D4
Vaudrivillers(25) 88 A6
Vaudry(14) 37 F3
Vaufrey(25) 88 D6
Vaugines(84) 173 H5
Vaugneray(69) 129 H3
Vaugrigneuse(91) 42 B6
Vauhallan(91) 42 C5
Vaujany(38) 146 B2
Vaujours(93) 43 E3
Vaulandry(49) 77 F3
le Vaulmier(15) 140 B3
Vaulnaveys-le-Bas(38) 145 H3
Vaulnaveys-le-Haut(38) 145 H3
Vaulry(87) 123 H1
Vault-de-Lugny(89) 83 H4
Vaulx(62) 10 D2
Vaulx(74) 132 A1
Vaulx-en-Velin(69) 130 B3
Vaulx-Milieu(38) 130 C4
Vaulx-Vraucourt(62) 12 A3
le Vaumain(60) 22 A5
Vaumas(03) 114 D3
Vaumeilh(04) 160 B5
Vaumoise(60) 23 H6
Vaumort(89) 65 G4

Vaunac(24) 137 G1
Vaunaveys-la-Rochette(26) 144 C6
Vaunoise(61) 60 C2
la Vaupalière(76) 9 F6
Vaupillon(28) 61 F2
Vaupoisson(10) 45 H6
Vauquois(55) 27 E4
Vauréal(95) 42 B2
Vaureilles(12) 153 H4
le Vauroux(60) 22 B5
Vausseroux(79) 108 C2
Vautebis(79) 108 C2
Vauthiermont(90) 89 E3
Vautorte(53) 58 C2
Vauvenargues(13) 191 E1
Vauvert(30) 171 H6
Vauville(14) 19 F3
Vauville(50) 16 C1
Vauvillers(70) 69 F6
Vauvillers(80) 11 H6
Vaux(03) 112 D3
Vaux(31) 184 B2
Vaux(57) 28 C5
Vaux(86) 109 E4
Vaux-Andigny(02) 13 E4
Vaux-Champagne(08) 26 B2
Vaux-devant-Damloup(55) 27 G4
Vaux-en-Amiénois(80) 11 E5
Vaux-en-Beaujolais(69) 116 A6
Vaux-en-Bugey(01) 130 D1
Vaux-en-Dieulet(08) 15 F6
Vaux-en-Pré(71) 116 A1
Vaux-en-Vermandois(02) 12 B6
Vaux-et-Chantegrue(25) 103 H4
Vaux-Lavalette(16) 122 C6
Vaux-le-Moncelot(70) 87 E4
Vaux-lès-Mouron(08) 26 C3
Vaux-lès-Mouzon(08) 15 G5
Vaux-lès-Palameix(55) 27 G6
Vaux-lès-Prés(25) 87 E6
Vaux-lès-Rubigny(08) 14 A5
Vaux-lès-Saint-Claude(39) 117 H3
Vaux-Marquenneville(80) 10 C5
Vaux-Montreuil(08) 14 D6
Vaux-Rouillac(16) 122 A3
Vaux-Saules(21) 85 F4
Vaux-sous-Aubigny(52) 86 B3
Vaux-sur-Aure(14) 18 A3
Vaux-sur-Blaise(52) 67 G1
Vaux-sur-Eure(27) 41 E2
Vaux-sur-Lunain(77) 64 B4
Vaux-sur-Mer(17) 120 B4
Vaux-sur-Poligny(39) 102 D4
Vaux-sur-Saint-Urbain(52) 67 H2
Vaux-sur-Seine(78) 42 A2
Vaux-sur-Seulles(14) 18 B4
Vaux-sur-Somme(80) 11 G5
Vaux-sur-Vienne(86) 94 C4
Vaux-Villaine(08) 14 C4
Vauxaillon(02) 24 C4
Vauxbons(52) 67 H6
Vauxbuin(02) 24 B5
Vauxcéré(02) 24 D5
Vauxrenard(69) 116 B5
Vauxrezis(02) 24 B4
Vauxtin(02) 24 D5
Vavincourt(55) 47 F3
Vavray-le-Grand(51) 46 C4
Vavray-le-Petit(51) 46 C4
Vaxainville(54) 49 H6
Vaxoncourt(88) 69 H2
Vaxy(57) 49 F3
Vay(44) 74 D3
Vaychis(09) 198 D3
Vaylats(46) 152 D5
Vayrac(46) 138 D5
Vayres(33) 135 G5
Vayres(87) 123 G3
Vayres-sur-Essonne(91) 63 G2
Vazeilles-Limandre(43) 142 B3
Vazeilles-près-Saugues(43) 142 A5
Vazerac(82) 152 B6
Veauce(03) 113 G5
Veauche(42) 129 E5
Veauchette(42) 129 E5
Veaugues(18) 98 A1
Veaunes(26) 144 B3
Veauville-lès-Baons(76) 8 D5
Veauville-lès-Quelles(76) 8 D4
Vèbre(09) 198 D3
Vebret(15) 140 B2
Vebron(48) 156 A6
Veckersviller(57) 50 B4
Veckring(57) 29 E3
Vecoux(88) 70 A6
Vecquemont(80) 11 F6
Vecqueville(52) 67 H1
Vedène(84) 173 E3
Védrines-Saint-Loup(15) 141 G4
Végennes(19) 139 E5
Vého(54) 49 G5
Veigné(37) 94 D1
Veigy-Foncenex(74) 118 D4
Veilhes(81) 167 H6
Veilleins(41) 80 B5
Veilly(21) 101 E2
Veix(19) 125 E6
Velaine-en-Haye(54) 48 C4
Velaine-sous-Amance(54) 49 E4
Velaines(55) 47 F4
Velanne(38) 131 F5
Velars-sur-Ouche(21) 85 G6
Velaux(13) 190 C2
Velennes(60) 22 C4
Velennes(80) 22 C1
Velesmes-Échevanne(70) 86 D5
Velesmes-Essarts(25) 103 E1
Velet(70) 86 C5
Vélieux(34) 185 H3
Vélines(24) 136 B6
Vélizy-Villacoublay(78) 42 B4
Velle-le-Châtel(70) 87 F3

Velle-sur-Moselle(54) 49 E6
Vellèches(86) 94 C4
Vellechevreux-et-Courbenans(70) 88 B4
Velleclaire(70) 87 E4
Vellefaux(70) 87 G3
Vellefrey-et-Vellefrange(70) 87 E4
Vellefrie(70) 87 G2
Velleguindry-et-Levrecey(70) 87 G3
Velleminfroy(70) 87 H2
Vellemoz(70) 87 E4
Velleron(84) 173 F3
les Vellerots(36) 96 B6
Velles(52) 86 D1
Vellescot(90) 89 E4
Vellevans(25) 88 B6
Vellexon-Queutrey-et-Vaudey(70) 87 E3
Velloreille-lès-Choye(70) 86 D5
Velluire(85) 107 F3
Velogny(21) 84 D5
Velone-Orneto(2B) 205 G2
Velorcey(70) 87 G1
Velosnes(55) 27 G1
Velotte-et-Tatignécourt(88) 69 F3
Vélu(62) 12 A4
Velving(57) 29 E4
Velye(51) 45 G3
Vémars(95) 43 E2
Venables(27) 21 E6
Venaco(2B) 205 E3
Venansault(85) 91 E5
Venanson(06) 177 E2
Venarey-les-Laumes(21) 84 D4
Venarsal(19) 138 D3
Venas(03) 113 E3
Venasque(84) 173 F3
Vence(06) 177 E5
Vendargues(34) 171 F6
Vendat(03) 114 A5
Vendays-Montalivet(33) 134 B1
Vendegies-au-Bois(59) 13 E3
Vendegies-sur-Écaillon(59) 13 E2
Vendel(35) 35 H6
la Vendelée(50) 36 C1
Vendelles(02) 12 B5
Vendémian(34) 187 F1
Vendenesse-lès-Charolles(71) 115 G3
Vendenesse-sur-Arroux(71) 115 F1
Vendenheim(67) 51 F5
Vendes(14) 18 B5
Vendeuil(02) 24 B1
Vendeuil-Caply(60) 22 D2
Vendeuvre(14) 19 E6
Vendeuvre-du-Poitou(86) 94 A6
Vendeuvre-sur-Barse(10) 66 D3
Vendeville(59) 5 H4
Vendhuile(02) 12 C4
Vendières(02) 44 C3
Vendin-le-Vieil(62) 4 D5
Vendin-lès-Béthune(62) 3 G6
Vendine(31) 167 G6
Vendœuvres(36) 95 H5
Vendoire(24) 122 C6
Vendôme(41) 79 F2
Vendranges(42) 128 D1
Vendrennes(85) 91 H4
Vendres(34) 186 D4
Vendresse(08) 15 E5
Vendresse-Beaulne(02) 24 D4
Vendrest(77) 43 H2
la Vendue-Mignot(10) 66 B4
Vénéjan(30) 157 H6
Venelles(13) 174 A6
Vénérand(17) 121 F3
Venère(70) 86 D5
Vénérieu(38) 130 D4
Vénérolles(02) 13 E5
Venerque(31) 183 G2
Vénès(81) 168 B5
Venesmes(18) 97 F5
Vénestanville(76) 9 E3
Venette(60) 23 G4
Veneux-les-Sablons(77) 64 A2
Veney(54) 49 H6
Vengeons(50) 37 F4
Venisey(70) 87 F1
Vénissieux(69) 130 B3
Venizel(02) 24 B5
Venizy(89) 65 G5
Vennans(25) 87 G5
Vennecy(45) 63 E6
Vennes(25) 104 D2
Vennezey(54) 69 H1
Venon(27) 20 D6
Venon(38) 145 H2
Vénosc(38) 146 B4
Venouse(89) 83 G1
Venoy(89) 83 F2
Vensac(33) 120 B6
Vensat(63) 113 H6
Ventabren(13) 190 C2
Ventavon(05) 160 A4
Ventelay(51) 25 E5
Ventenac(09) 184 A6
Ventenac-Cabardès(11) 185 E4
Ventenac-en-Minervois(11) 186 A4
Venterol(04) 160 B4
Venterol(26) 158 D4
les Ventes(27) 40 C3
les Ventes-de-Bourse(61) 39 F6
Ventes-Saint-Rémy(76) 9 H4
Venteuges(43) 141 H5
Venteuil(51) 45 E1
Venthon(73) 132 D3
Ventiseri(2B) 205 F6
Ventouse(16) 122 D2
Ventron(88) 70 C6
la Ventrouze(61) 39 H5
Venzolasca(2B) 203 G6
Ver(50) 35 H1

Ver-lès-Chartres(28) 62 A2
Ver-sur-Launette(60) 43 F1
Ver-sur-Mer(14) 18 B3
Vérac(33) 135 F4
Véranne(42) 143 H1
Vérargues(34) 171 G5
Véraza(11) 199 H1
Verberie(60) 23 F5
Verbiesles(52) 67 H5
Vercel-Villedieu-le-Camp(25) 103 H1
Verchain-Maugré(59) 12 D2
Verchaix(74) 119 F5
les Verchers-sur-Layon(49) 93 E2
Verchin(62) 3 E6
Verchocq(62) 2 D5
Vercia(39) 117 F1
Verclause(26) 159 F4
Vercoiran(26) 159 E5
Verdaches(04) 160 D5
Verdalle(81) 184 D2
Verdelais(33) 149 H3
Verdelot(77) 44 B3
Verdenal(54) 49 H5
Verderel-lès-Sauqueuse(60) 22 C3
Verderonne(60) 23 E5
Verdèse(2B) 205 F2
Verdets(64) 179 H4
le Verdier(81) 167 H3
la Verdière(83) 174 D6
Verdigny(18) 82 A6
Verdille(16) 122 A2
Verdilly(02) 44 C2
Verdon(24) 137 E6
Verdon(51) 44 D3
le Verdon-sur-Mer(33) 120 B5
Verdonnet(21) 84 C2
Verdun(09) 198 C2
Verdun(55) 27 G5
Verdun-en-Lauragais(11) 184 C3
Verdun-sur-Garonne(82) 166 D4
Verdun-sur-le-Doubs(71) 101 H4
Vereaux(18) 98 B4
Vérel-de-Montbel(73) 131 G5
Vérel-Pragondran(73) 131 H4
Véretz(37) 78 D6
Verfeil(31) 167 G6
Verfeil(82) 167 H1
Verfeuil(30) 172 B1
Vergaville(57) 49 G3
Vergéal(35) 57 H3
la Vergenne(70) 88 B3
le Verger(35) 56 D3
Vergeroux(17) 120 C1
Verges(39) 117 F1
Vergetot(76) 8 B5
Vergezac(43) 142 B4
Vergèze(30) 171 H5
Vergheas(63) 126 C1
Vergies(80) 10 C5
Vergigny(89) 65 G6
Vergisson(71) 116 B4
Vergné(17) 107 H6
Vergoignan(32) 164 B5
Vergoncey(50) 35 G4
Vergongheon(43) 141 G1
Vergonnes(49) 75 H1
Vergons(04) 176 A3
Vergranne(25) 87 H5
Vergt(24) 137 F4
Vergt-de-Biron(24) 151 G2
le Verguier(02) 12 C5
Véria(39) 117 F2
Vérignon(83) 175 G5
Vérigny(28) 61 H1
Vérin(42) 129 H6
Vérines(17) 107 E5
Vérissey(71) 101 H6
Verjon(01) 117 F3
Verjux(71) 101 G4
Verlans(70) 88 C4
Verlhac-Tescou(82) 167 F3
Verlin(89) 64 D5
Verlincthun(62) 2 B5
Verlinghem(59) 5 E3
Verlus(32) 164 B6
Vermand(02) 12 C6
Vermandovillers(80) 11 H6
Vermelles(62) 3 H6
Vermenton(89) 83 G3
le Vermont(88) 70 D2
Vern-d'Anjou(49) 76 A3
Vern-sur-Seiche(35) 57 F3
Vernais(18) 98 A6
Vernaison(69) 130 A4
Vernajoul(09) 198 C1
Vernancourt(51) 46 D3
Vernantes(49) 77 H5
Vernantois(39) 102 C6
la Vernarède(30) 156 D6
Vernas(38) 130 D3
Vernassal(43) 142 B3
Vernaux(09) 198 D3
Vernay(69) 116 A5
la Vernaz(74) 119 F3
Verne(25) 87 H5
Vernègues(13) 173 G6
Verneiges(23) 112 C4
Verneil-le-Chétif(72) 77 H2
Verneix(03) 113 E3
la Vernelle(36) 96 A1
le Vernet(03) 114 B6
le Vernet(04) 160 D5
le Vernet(09) 183 H5
Vernet(31) 183 G2
le Vernet(43) 142 B4
Vernet-la-Varenne(63) 127 H6
Vernet-les-Bains(66) 199 H5

le Vernet-Sainte-Marguerite(63) 127 E5
Verneugheol(63) 126 B3
Verneuil(16) 123 F3
Verneuil(18) 97 H5
Verneuil(51) 44 D1
Verneuil(58) 99 F5
Verneuil-en-Bourbonnais(03) 114 A4
Verneuil-en-Halatte(60) 23 E5
Verneuil-Grand(55) 27 G1
Verneuil-le-Château(37) 94 B3
Verneuil-l'Étang(77) 43 F5
Verneuil-Moustiers(87) 110 C4
Verneuil-Petit(55) 27 G1
Verneuil-sous-Coucy(02) 24 B3
Verneuil-sur-Avre(27) 40 B4
Verneuil-sur-Igneraie(36) 112 A1
Verneuil-sur-Indre(37) 95 F3
Verneuil-sur-Seine(78) 42 A2
Verneuil-sur-Serre(02) 24 D2
Verneuil-sur-Vienne(87) 124 A2
Verneusses(27) 39 G3
Vernéville(57) 28 B5
Vernie(72) 59 H3
Vernierfontaine(25) 103 H2
Vernines(63) 126 D4
Verniolle(09) 183 H6
Verniois(38) 130 B6
Vernix(50) 36 D4
Vernoil(49) 77 G5
le Vernois(39) 102 C5
Vernois-lès-Belvoir(25) 88 C6
Vernois-lès-Vesvres(21) 85 H3
Vernois-sur-Mance(70) 87 E1
Vernols(15) 140 D3
Vernon(07) 157 E3
Vernon(27) 41 F1
Vernon(86) 109 G3
Vernonvilliers(10) 67 E3
Vernosc-lès-Annonay(07) 143 H2
Vernot(21) 85 G4
la Vernotte(70) 87 E4
Vernou-en-Sologne(41) 80 B5
Vernou-la-Celle-sur-Seine(77) 64 B2
Vernou-sur-Brenne(37) 78 D5
Vernouillet(28) 41 E5
Vernouillet(78) 42 A2
Vernoux(01) 116 D2
Vernoux-en-Gâtine(79) 92 D6
Vernoux-en-Vivarais(07) 143 H5
Vernoux-sur-Boutonne(79) 108 B5
le Vernoy(25) 88 C4
Vernoy(89) 64 C5
Vernusse(03) 113 G4
Verny(57) 28 D6
Vero(2A) 204 D5
Véron(89) 65 E4
Véronne(26) 158 D1
Véronnes(21) 86 A4
Verosvres(71) 115 H3
Verpel(08) 26 D3
la Verpillière(38) 130 C4
Verpillières(80) 23 G2
Verpillières-sur-Ource(10) 66 D5
Verquières(13) 173 E4
Verquin(62) 3 H6
Verrens-Arvey(73) 132 C3
Verreries-de-Moussans(34) 185 H2
Verrey-sous-Drée(21) 85 E5
Verrey-sous-Salmaise(21) 85 E5
Verricourt(10) 66 C1
Verrie(49) 77 E6
la Verrie(85) 92 A3
la Verrière(78) 42 A4
Verrières(08) 15 E6
Verrières(10) 66 B3
Verrières(12) 155 F6
Verrières(16) 121 G5
Verrières(51) 26 D6
Verrières(61) 61 E2
Verrières(63) 127 E5
Verrières(86) 109 H3
Verrières-de-Joux(25) 104 D4
Verrières-du-Grosbois(25) 87 H6
Verrières-en-Forez(42) 128 D5
Verrières-le-Buisson(91) 42 C5
Verrue(86) 93 H4
Verruyes(79) 108 B2
Vers(46) 152 D4
Vers(71) 116 C1
Vers(74) 118 B5
Vers-en-Montagne(39) 103 E4
Vers-Pont-du-Gard(30) 172 B3
Vers-sous-Sellières(39) 102 C4
Vers-sur-Méouge(26) 159 G6
Vers-sur-Selles(80) 11 E6
Versailles(78) 42 B4
Versailleux(01) 130 C1
Versainville(14) 38 C2
la Versanne(42) 143 G1
Versaugues(71) 115 F3
Verseilles-le-Bas(52) 86 B2
Verseilles-le-Haut(52) 86 B2
Versigny(02) 24 C2
Versigny(60) 43 F1
Versols-et-Lapeyre(12) 169 G4
Verson(14) 18 C5
Versonnex(01) 118 C3
Versonnex(74) 131 H1
le Versoud(38) 145 H2
Vert(40) 163 G2
Vert(78) 41 G3
le Vert(79) 108 A6
Vert-en-Drouais(28) 41 E4
Vert-le-Grand(91) 42 D6
Vert-le-Petit(91) 42 D6
Vert-Saint-Denis(77) 43 E6
Vert-Toulon(51) 45 F3
Vertain(59) 13 E3
Vertaizon(63) 127 G3
Vertamboz(39) 117 H1
Vertault(21) 66 C6
Verteillac(24) 136 D1
Verteuil-d'Agenais(47) 150 D4

Verteuil-sur-Charente(16)...122 C1
Verthemex(73)...131 G4
Vertheuil(33)...134 C2
Vertolaye(63)...128 B4
Verton(62)...10 B1
Vertou(44)...75 E6
Vertrieu(38)...131 E2
Vertus(51)...45 F3
Vervant(16)...122 B2
Vervant(17)...121 F1
Vervezelle(88)...70 B4
Vervins(02)...13 G6
Véry(55)...27 E4
Verzé(71)...116 B3
Verzeille(11)...185 E5
Verzenay(51)...25 G6
Verzy(51)...45 G1
Vesaignes-sous-Lafauche(52)...68 B3
Vesaignes-sur-Marne(52)...68 A5
Vesancy(01)...118 C3
Vesc(26)...158 D3
Vescemont(90)...88 D2
Vescheim(57)...50 C4
Vescles(39)...117 G3
Vescours(01)...116 D2
Vescovato(2B)...203 G6
Vesdun(18)...112 C2
Vésigneul-sur-Marne(51)...46 A3
Vésines(01)...116 C3
le Vésinet(78)...42 B3
Vesles-et-Caumont(02)...25 E2
Veslud(02)...24 D3
Vesly(27)...21 H6
Vesly(50)...16 D5
Vesoul(70)...87 G3
la Vespière(14)...19 H6
Vesseaux(07)...157 G2
Vessey(50)...35 G4
Vestric-et-Candiac(30)...171 H5
Vesvres(21)...84 D5
Vesvres-sous-Chalancey(52)...85 H2
Vétheuil(95)...41 G2
Vétraz-Monthoux(74)...118 D5
Vétrigne(90)...88 D3
Veuil(36)...96 A2
Veuilly-la-Poterie(02)...44 A1
Veules-les-Roses(76)...9 E3
Veulettes-sur-Mer(76)...8 C3
le Veurdre(03)...98 C6
Veurey-Voroize(38)...145 F2
la Veuve(51)...45 H2
Veuves(41)...79 F5
Veuvey-sur-Ouche(21)...101 F1
Veuxhaulles-sur-Aube(21)...67 F6
Vevy(39)...102 D6
Vexaincourt(88)...70 D1
le Vey(14)...38 A2
Veynes(05)...159 H3
Veyrac(87)...124 A2
Veyras(07)...157 H1
Veyre-Monton(63)...127 F4
Veyreau(12)...170 B1
Veyrier-du-Lac(74)...132 B1
Veyrières(15)...140 A2
Veyrières(19)...126 A6
Veyrignac(24)...138 B6
Veyrines-de-Domme(24)...137 H6
Veyrines-de-Vergt(24)...137 F4
Veyrins-Thuellin(38)...131 F4
les Veys(50)...17 G5
Veyssilieu(38)...130 D4
Vez(60)...23 H6
Vézac(15)...140 B6
Vézac(24)...138 A6
Vézannes(89)...83 H1
Vézaponin(02)...24 A4
Vèze(15)...141 E2
la Vèze(25)...87 G6
Vézelay(89)...83 G5
Vézelise(54)...48 D6
Vézelois(90)...88 D3
Vezels-Roussy(15)...140 B6
Vézénobres(30)...171 G2
Vézeronce-Curtin(38)...131 E4
Vezet(70)...87 E3
Vézézoux(43)...141 G1
le Vézier(51)...44 C4
Vézières(86)...93 H2
Vézillon(27)...21 F6
Vézilly(02)...24 D6
Vezin-le-Coquet(35)...57 E3
Vézinnes(89)...66 A6
Vezins(49)...92 C2
Vézins-de-Lévézou(12)...155 E6
Vezot(72)...60 B2
Vezzani(2B)...205 F4
Viabon(28)...62 C4
Viala-du-Pas-de-Jaux(12)...169 H3
Viala-du-Tarn(12)...169 H2
Vialas(48)...156 C5
Vialer(64)...180 D2
Viam(19)...125 F5
Viane(81)...169 E5
Vianges(21)...100 C2
Vianne(47)...150 C6
Viâpres-le-Petit(10)...45 F6
Viarmes(95)...42 D1
Vias(34)...187 E3
Viazac(46)...153 G2
le Vibal(12)...154 D5
Vibersviller(57)...50 A3
Vibeuf(76)...9 E4
Vibrac(16)...122 A4
Vibrac(17)...135 G1
Vibraye(72)...61 E5
Vic-de-Chassenay(21)...84 C4
Vic-des-Prés(21)...101 E2
Vic-en-Bigorre(65)...181 E4
Vic-Fezensac(32)...165 E5
Vic-la-Gardiole(34)...187 H2
Vic-le-Comte(63)...127 G4
Vic-le-Fesq(30)...171 G4
Vic-sous-Thil(21)...84 C5

Vic-sur-Aisne(02)...24 A4
Vic-sur-Cère(15)...140 C5
Vic-sur-Seille(57)...49 F3
Vicdessos(09)...198 B3
le Vicel(50)...17 F2
Vichel(63)...127 G6
Vichel-Nanteuil(02)...24 B6
Vichères(28)...61 F3
Vicherey(88)...69 E2
Vichy(03)...114 B6
Vico(2A)...204 C4
la Vicogne(80)...11 F4
la Vicomté-sur-Rance(22)...34 D4
Vicq(03)...113 G5
Vicq(52)...68 C6
Vicq(59)...5 H6
Vicq(78)...41 H4
Vicq-d'Auribat(40)...163 E4
Vicq-Exemplet(36)...112 B1
Vicq-sur-Breuilh(87)...124 B4
Vicq-sur-Gartempe(86)...95 E6
Vicq-sur-Nahon(36)...96 A3
Vicques(14)...38 D2
Victot-Pontfol(14)...19 E5
Vidai(61)...60 B1
Vidaillac(46)...153 E5
Vidaillat(23)...125 F2
Vidauban(83)...192 C2
Videcosville(50)...17 F2
Videix(87)...123 F3
Videlles(91)...63 G1
Vidou(65)...181 G4
Vidouville(50)...37 F1
Vidouze(65)...181 E2
Viefvillers(60)...22 C2
le Vieil-Baugé(49)...77 F4
le Vieil-Dampierre(51)...26 D6
le Vieil-Évreux(27)...40 D2
Vieil-Hesdin(62)...10 D1
Vieil-Moutier(62)...2 C4
Vieille-Brioude(43)...141 H2
Vieille-Chapelle(62)...3 H4
Vieille-Église(62)...2 D2
Vieille-Église-en-Yvelines(78)...41 H5
la Vieille-Loye(39)...102 D2
la Vieille-Lyre(27)...40 A3
Vieille-Toulouse(31)...183 G2
Vieilles-Maisons-sur-Joudry(45)...81 G1
Vieillespesse(15)...141 F3
Vieillevie(15)...154 B2
Vieillevigne(31)...183 H3
Vieillevigne(44)...91 F2
Vieilley(25)...87 G5
Vieilmoulin(21)...85 E6
Viel-Arcy(02)...24 D4
Viel-Saint-Remy(08)...14 C5
Viella(32)...164 B6
Viella(65)...195 G4
Vielle-Adour(65)...181 F5
Vielle-Aure(65)...196 B4
Vielle-Louron(65)...196 B4
Vielle-Saint-Girons(40)...162 B3
Vielle-Soubiran(40)...164 B2
Vielle-Tursan(40)...163 H5
Viellenave-d'Arthez(64)...180 B2
Viellenave-de-Navarrenx(64)...179 G3
Vielleségure(64)...179 H3
Vielmanay(58)...98 C1
Vielmur-sur-Agout(81)...168 B6
Vielprat(43)...142 C6
Viels-Maisons(02)...44 C3
Vielverge(21)...86 C6
Viennay(79)...93 F6
Vienne(38)...130 B5
Vienne-en-Arthies(95)...41 G2
Vienne-en-Bessin(14)...18 B3
Vienne-en-Val(45)...81 E2
Vienne-la-Ville(51)...26 C5
Vienne-le-Château(51)...26 D4
Viens(84)...174 B4
Vienville(88)...70 C4
Vier-Bordes(65)...180 D6
Viersat(23)...112 C4
Vierville(28)...62 D2
Vierville(50)...17 F4
Vierville-sur-Mer(14)...17 H4
Vierzon(18)...97 E2
Vierzy(02)...24 B5
Viesly(59)...12 D3
Viessoix(14)...37 G3
Viéthorey(25)...88 A5
Vieu(01)...131 F1
Vieu-d'Izenave(01)...117 G6
Vieure(03)...113 F2
Vieussan(34)...186 B1
Vieuvicq(28)...61 G3
Vieuvy(53)...58 C1
Vieux(14)...18 C5
Vieux(81)...167 H3
Vieux-Berquin(59)...3 H4
Vieux-Boucau-les-Bains(40)...162 B4
Vieux-Bourg(14)...19 G3
le Vieux-Bourg(22)...33 F5
le Vieux-Cérier(16)...122 D1
Vieux-Champagne(77)...43 H6
Vieux-Charmont(25)...88 D4
Vieux-Château(21)...84 B5
Vieux-Condé(59)...5 H5
Vieux-Ferrette(68)...89 G4
Vieux-Fumé(14)...19 E6
Vieux-lès-Asfeld(08)...25 G4
Vieux-Lixheim(57)...50 B5
Vieux-Manoir(76)...9 G5
le Vieux-Marché(22)...32 C3
Vieux-Mareuil(24)...123 E6
Vieux-Mesnil(59)...13 G2
Vieux-Moulin(60)...23 G4
Vieux-Moulin(88)...70 C2
Vieux-Pont(14)...19 F6
Vieux-Pont(61)...38 C3
Vieux-Port(27)...20 A4
Vieux-Reng(59)...13 H2
Vieux-Rouen-sur-Bresle(76)...10 B6

la Vieux-Rue(76)...9 G6
Vieux-Ruffec(16)...122 D1
Vieux-Thann(68)...89 E1
Vieux-Viel(35)...35 G4
Vieux-Villez(27)...21 E6
Vieux-Vy-sur-Couesnon(35)...35 G6
Vieuzos(65)...181 H4
Viévigne(21)...86 A5
Viéville(52)...67 H3
Viéville-en-Haye(54)...48 B2
Viévy(21)...100 D3
Viey(65)...195 G4
Vif(38)...145 G4
Viffort(02)...44 C2
le Vigan(30)...170 D3
le Vigan(46)...152 C1
le Vigean(15)...140 A3
le Vigeant(86)...109 H5
le Vigen(87)...124 B3
Vigeois(19)...138 C1
Viger(65)...180 D6
Vigeville(23)...112 A5
Viggianello(2A)...206 D3
Viglain(45)...81 F3
Vignacourt(80)...11 E5
Vignale(2B)...203 G5
Vignats(61)...38 D3
le Vignau(40)...164 A4
Vignaux(31)...166 C5
les Vigneaux(05)...147 E5
Vignec(65)...196 B4
Vignely(77)...43 F3
Vignemont(60)...23 G3
les Vignes(48)...155 G6
Vignes(64)...180 B1
Vignes(89)...84 B4
Vignes-la-Côte(52)...68 A3
Vigneul-sous-Montmédy(55)...15 H6
Vigneulles(54)...49 E6
Vigneulles-lès-Hattonchâtel(55)...28 A6
Vigneux-de-Bretagne(44)...74 C5
Vigneux-Hocquet(02)...25 F1
Vigneux-sur-Seine(91)...42 D5
Vignevieille(11)...185 G6
Vignieu(38)...131 E4
Vignoc(35)...57 E1
Vignol(58)...83 G6
Vignoles(21)...101 G3
Vignolles(16)...122 A5
Vignols(19)...138 B2
Vignonet(33)...135 H6
Vignory(52)...67 H3
Vignot(55)...47 H4
Vignoux-sous-les-Aix(18)...97 G2
Vignoux-sur-Barangeon(18)...97 E2
Vigny(57)...28 D6
Vigny(95)...41 H1
Vigoulant(36)...112 A3
Vigoulet-Auzil(31)...183 G2
Vigoux(36)...111 E2
Vigueron(82)...166 C4
Vigy(57)...28 D4
Vihiers(49)...92 D2
Vijon(36)...112 A3
Vilcey-sur-Trey(54)...48 C2
Vildé-Guingalan(22)...34 C5
le Vilhain(03)...113 F2
Vilhonneur(16)...122 D4
Villabé(91)...42 D6
Villabon(18)...97 H3
Villac(24)...138 B3
Villacerf(10)...66 A2
Villacourt(54)...69 G1
Villadin(10)...65 G3
Villafans(70)...88 B4
Village-Neuf(68)...89 H3
Villaines-en-Duesmois(21)...84 D3
Villaines-la-Carelle(72)...60 B2
Villaines-la-Gonais(72)...60 D4
Villaines-la-Juhel(53)...59 F2
Villaines-les-Prévôtes(21)...84 C4
Villaines-les-Rochers(37)...94 C1
Villaines-sous-Bois(95)...42 D2
Villaines-sous-Lucé(72)...78 B1
Villaines-sous-Malicorne(72)...77 F2
Villainville(76)...8 A5
Villalet(27)...40 C3
Villalier(11)...185 F4
Villamblain(45)...62 B6
Villamblard(24)...137 E4
Villamée(35)...36 D6
Villampuy(28)...62 A5
Villandraut(33)...149 G4
Villandry(37)...94 C1
Villanière(11)...185 E3
Villanova(2A)...204 B6
Villapourçon(58)...100 A4
Villar-d'Arêne(05)...146 B3
Villar-en-Val(11)...185 F6
Villar-Loubière(05)...146 B5
Villar-Saint-Anselme(11)...185 E5
Villar-Saint-Pancrace(05)...147 E5
Villard(23)...111 G4
Villard(74)...119 E4
Villard-Bonnot(38)...145 H2
Villard-de-Lans(38)...145 F3
Villard-d'Héry(73)...132 B5
Villard-Léger(73)...132 B5
Villard-Notre-Dame(38)...146 B4
Villard-Reculas(38)...146 A3
Villard-Reymond(38)...146 A3
Villard-Saint-Christophe(38)...145 H4
Villard-Saint-Sauveur(39)...118 A3
Villard-Sallet(73)...132 B5
Villard-sur-Bienne(39)...118 A2
Villard-sur-Doron(73)...132 D3
Villardebelle(11)...185 F6
Villardonnel(11)...185 E3
Villards-d'Héria(39)...117 H3
les Villards-sur-Thônes(74)...132 C1
Villarembert(73)...146 C1
Villargent(70)...88 B4

Villargoix(21)...84 C6
Villargondran(73)...146 D1
Villariès(31)...167 F5
Villarlurin(73)...132 D5
Villarodin-Bourget(73)...147 F2
Villaroger(73)...133 F4
Villaroux(73)...132 A5
Villars(24)...123 F6
Villars(28)...62 B3
Villars(42)...129 F6
le Villars(71)...116 C2
Villars(84)...173 H3
Villars-Colmars(04)...161 F6
Villars-en-Azois(52)...67 E5
Villars-en-Pons(17)...121 E4
Villars-et-Villenotte(21)...84 D4
Villars-Fontaine(21)...101 G2
Villars-le-Pautel(70)...69 E6
Villars-le-Sec(90)...89 E5
Villars-lès-Blamont(25)...88 D5
Villars-les-Bois(17)...121 F3
Villars-les-Dombes(01)...116 D6
Villars-Saint-Georges(25)...103 E2
Villars-Santenoge(52)...85 G2
Villars-sous-Dampjoux(25)...88 C5
Villars-sous-Écot(25)...88 C5
Villars-sur-Var(06)...176 D3
Villarzel-Cabardès(11)...185 F4
Villarzel-du-Razès(11)...184 D5
Villasavary(11)...184 C4
Villate(31)...183 G2
Villaudric(31)...167 E4
Villautou(11)...184 B5
Villavard(41)...79 E2
Villaz(74)...132 B1
Villé(67)...71 E2
Ville(60)...23 G3
Ville-au-Montois(54)...28 A2
Ville-au-Val(54)...48 D3
la Ville-aux-Bois(10)...67 E2
la Ville-aux-Bois-lès-Dizy(02)...25 F2
la Ville-aux-Bois-lès-Pontavert(02)...25 E4
la Ville-aux-Clercs(41)...61 G6
la Ville-aux-Dames(37)...78 D6
Ville-d'Avray(92)...42 C4
Ville-devant-Belrain(55)...47 G3
Ville-devant-Chaumont(55)...27 G3
Ville-di-Paraso(2B)...202 D5
Ville-di-Pietrabugno(2B)...203 G4
la Ville-Dieu-du-Temple(82)...166 D2
Ville-Dommange(51)...25 G6
la Ville-du-Bois(91)...42 C5
Ville-du-Pont(25)...104 D3
Ville-en-Blaisois(52)...67 G1
Ville-en-Sallaz(74)...119 E5
Ville-en-Selve(51)...45 G1
Ville-en-Tardenois(51)...25 E6
Ville-en-Vermois(54)...49 E5
Ville-en-Woëvre(55)...27 H5
la Ville-ès-Nonais(35)...34 D4
Ville-Houdlémont(54)...27 H1
Ville-la-Grand(74)...118 D4
Ville-Langy(58)...99 F4
Ville-le-Marclet(80)...10 D4
Ville-Saint-Jacques(77)...64 B2
Ville-Savoye(02)...24 D5
Ville-sous-Anjou(38)...130 A6
Ville-sous-la-Ferté(10)...67 F4
la Ville-sous-Orbais(51)...44 D2
Ville-sur-Ancre(80)...11 G5
Ville-sur-Arce(10)...66 D4
Ville-sur-Cousances(55)...27 E5
Ville-sur-Illon(88)...69 G3
Ville-sur-Jarnioux(69)...129 G1
Ville-sur-Lumes(08)...15 E4
Ville-sur-Retourne(08)...26 A3
Ville-sur-Saulx(55)...47 E4
Ville-sur-Terre(10)...67 E2
Ville-sur-Tourbe(51)...26 C4
Ville-sur-Yron(54)...28 B5
Villeau(28)...62 B5
Villebadin(61)...39 E4
Villebarou(41)...79 H4
Villebaudon(50)...37 E2
Villebazy(11)...185 E6
Villebéon(77)...64 B4
Villebernier(49)...93 G1
Villeberny(21)...85 E5
Villebichot(21)...101 H2
Villeblevin(89)...64 C3
Villebois(01)...131 E2
Villebois-Lavalette(16)...122 C6
Villebois-les-Pins(26)...159 G5
Villebon(28)...61 G2
Villebon-sur-Yvette(91)...42 C5
Villebougis(89)...64 D4
Villebourg(37)...78 B3
Villebout(41)...61 G6
Villebramar(47)...151 E3
Villebret(03)...113 E4
Villebrumier(82)...167 E3
Villecelin(18)...97 E5
Villecerf(77)...64 B3
Villecey-sur-Mad(54)...28 B6
Villechantria(39)...117 F3
Villechauve(41)...79 F3
Villechenève(69)...129 F3
Villechétif(10)...66 B3
Villechétive(89)...65 F5
Villechien(50)...37 F5
Villécloye(55)...27 F1
Villecomtal(12)...154 B3
Villecomtal-sur-Arros(32)...181 F3
Villecomte(21)...85 H4
Villeconin(91)...63 E1
Villecourt(80)...12 A6
Villecresnes(94)...43 E5
Villecroze(83)...175 G6
Villedaigne(11)...186 A4
Villedieu(15)...141 E5
la Villedieu(17)...108 B6
Villedieu(21)...66 C6

la Villedieu(23)...125 F4
les Villedieu(25)...103 H5
la Villedieu(48)...156 A2
Villedieu(84)...158 C5
la Villedieu-du-Clain(86)...109 E4
la Villedieu-en-Fontenette(70)...87 G1
Villedieu-la-Blouère(49)...92 A2
Villedieu-le-Château(41)...78 C3
Villedieu-lès-Bailleul(61)...38 D3
Villedieu-les-Poêles(50)...36 D3
Villedieu-sur-Indre(36)...96 A5
Villedômain(37)...95 H3
Villedômer(37)...79 E4
Villedoux(17)...107 E4
Villedubert(11)...185 E4
Villefagnan(16)...122 B1
Villefargeau(89)...83 F2
Villefavard(87)...110 D5
Villeferry(21)...84 D5
Villefloure(11)...185 F5
Villefollet(79)...108 B5
Villefontaine(38)...130 C4
Villefort(11)...199 F1
Villefort(48)...156 C4
Villefranche(32)...182 B3
Villefranche(89)...64 C6
Villefranche-d'Albigeois(81)...168 C4
Villefranche-d'Allier(03)...113 F3
Villefranche-de-Conflent(66)...199 H4
Villefranche-de-Lauragais(31)...184 A3
Villefranche-de-Lonchat(24)...136 A5
Villefranche-de-Panat(12)...169 F2
Villefranche-de-Rouergue(12)...153 G5
Villefranche-du-Périgord(24)...152 A2
Villefranche-du-Queyran(47)...150 C5
Villefranche-le-Château(26)...159 F6
Villefranche-sur-Cher(41)...96 C1
Villefranche-sur-Mer(06)...177 F5
Villefranche-sur-Saône(69)...129 H1
Villefrancœur(41)...79 G3
Villefrancon(70)...86 D5
Villefranque(64)...178 C2
Villefranque(65)...181 E2
Villegailhenc(11)...185 E4
Villegats(16)...122 C1
Villegats(27)...41 F2
Villegaudin(71)...101 H5
Villegenon(18)...81 H5
Villegly(11)...185 E4
Villegongis(36)...96 B4
Villegouge(33)...135 G5
Villegouin(36)...95 H4
Villegusien-le-Lac(52)...86 B2
Villeherviers(41)...80 C6
Villejésus(16)...122 B2
Villejoubert(16)...122 C3
Villejuif(94)...42 D4
Villejust(91)...42 C5
Villelaure(84)...173 H5
Villeloin-Coulangé(37)...95 G2
Villelongue(65)...195 G3
Villelongue-d'Aude(11)...184 D6
Villelongue-de-la-Salanque(66)...201 E3
Villelongue-Dels-Monts(66)...200 D5
Villeloup(10)...65 H2
Villemade(82)...166 D2
Villemagne(11)...184 D3
Villemagne-l'Argentière(34)...169 H5
Villemain(79)...108 C6
Villemandeur(45)...64 A5
Villemanoche(89)...64 D3
Villemardy(41)...79 F3
Villemaréchal(77)...64 B3
Villemareuil(77)...43 G3
Villematier(31)...167 F4
Villemaur-sur-Vanne(10)...65 G3
Villembits(65)...181 G4
Villembray(60)...22 A4
Villemer(77)...64 B3
Villemer(89)...65 F6
Villemereuil(10)...66 A4
Villemeux-sur-Eure(28)...41 F5
Villemoirieu(38)...130 D3
Villemoiron-en-Othe(10)...65 G4
Villemoisan(49)...76 A4
Villemoisson-sur-Orge(91)...42 D5
Villemolaque(66)...200 D4
Villemomble(93)...42 D3
Villemontais(42)...128 C1
Villemontoire(02)...24 B5
Villemorien(10)...66 C5
Villemorin(17)...121 G1
Villemort(86)...110 B2
Villemotier(01)...117 F3
Villemoustaussou(11)...185 E4
Villemoutiers(45)...63 H6
Villemoyenne(10)...66 B4
Villemur(65)...182 A4
Villemur-sur-Tarn(31)...167 F4
Villemurlin(45)...81 G3
Villemus(04)...174 C4
Villenauxe-la-Grande(10)...44 C6
Villenauxe-la-Petite(77)...65 E2
Villenave(40)...163 F3
Villenave-de-Rions(33)...149 G2
Villenave-d'Ornon(33)...135 E6
Villenave-près-Béarn(65)...180 D3
Villenave-près-Marsac(65)...181 E3
Villenavotte(89)...64 D3
Villeneuve(01)...116 C6
Villeneuve(04)...174 C4
Villeneuve(09)...197 F3
Villeneuve(12)...153 G4
la Villeneuve(23)...126 A2
Villeneuve(33)...135 E3
Villeneuve(63)...127 F6
la Villeneuve(71)...102 A3
Villeneuve-au-Châtelot(10)...65 E3
la Villeneuve-au-Chemin(10)...65 H5
Villeneuve-au-Chêne(10)...66 C3
la Villeneuve-Bellenoye-
    et-la-Maize(70)...87 G2
Villeneuve-d'Allier(43)...141 G3

Villeneuve-d'Amont(25) 103 F3
Villeneuve-d'Ascq(59) 5 F4
Villeneuve-d'Aval(39) 102 D3
Villeneuve-de-Berg(07) 157 G3
Villeneuve-de-Duras(47) 150 C1
Villeneuve-de-la-Raho(66) 200 D4
Villeneuve-de-Marc(38) 130 C5
Villeneuve-de-Marsan(40) 164 A3
Villeneuve-de-Rivière(31) 182 B5
Villeneuve-d'Entraunes(06) 161 G6
Villeneuve-d'Olmes(09) 198 D1
Villeneuve-du-Latou(09) 183 G5
Villeneuve-du-Paréage(09) 183 H5
la Villeneuve-en-Chevrie(78) 41 F2
Villeneuve-en-Montagne(71) 101 E5
Villeneuve-Frouville(41) 79 G2
Villeneuve-la-Comptal(11) 184 C4
Villeneuve-la-Comtesse(17) 107 H5
Villeneuve-la-Dondagre(89) 64 C4
Villeneuve-la-Garenne(92) 42 C3
Villeneuve-la-Guyard(89) 64 C2
Villeneuve-la-Lionne(51) 44 C4
Villeneuve-la-Rivière(66) 200 C3
Villeneuve-l'Archevêque(89) 65 F3
Villeneuve-le-Comte(77) 43 F4
Villeneuve-le-Roi(94) 42 D5
Villeneuve-Lécussan(31) 181 H5
Villeneuve-lès-Avignon(30) 172 D3
Villeneuve-lès-Béziers(34) 186 D3
Villeneuve-lès-Bordes(77) 64 C1
Villeneuve-lès-Bouloc(31) 167 E5
Villeneuve-lès-Cerfs(63) 127 G1
Villeneuve-lès-Charleville(51) 44 D4
Villeneuve-lès-Charnod(39) 117 G3
la Villeneuve-lès-Convers(21) 85 E4
Villeneuve-lès-Corbières(11) 200 C1
Villeneuve-lès-Genêts(89) 82 C2
Villeneuve-lès-Lavaur(81) 167 G6
Villeneuve-lès-Maguelone(34) 187 H1
Villeneuve-lès-Montréal(11) 184 D5
Villeneuve-lès-Sablons(60) 22 B6
Villeneuve-Loubet(06) 177 E5
Villeneuve-Minervois(11) 185 F3
Villeneuve-Renneville-
  Chevigny(51) 45 F3
Villeneuve-Saint-Denis(77) 43 F4
Villeneuve-Saint-Georges(94) 42 D5
Villeneuve-Saint-Germain(02) 24 B5
Villeneuve-Saint-Nicolas(28) 62 B3
Villeneuve-Saint-Salves(89) 83 F1
Villeneuve-Saint-Vistre-et-
  Villevotte(51) 45 E5
Villeneuve-sous-Charigny(84) 84 D5
Villeneuve-sous-Dammartin(77) 43 E2
Villeneuve-sous-Pymont(39) 102 C6
la Villeneuve-sous-Thury(60) 43 H1
Villeneuve-sur-Allier(03) 113 H1
Villeneuve-sur-Auvers(91) 63 F1
Villeneuve-sur-Bellot(77) 44 B3
Villeneuve-sur-Cher(18) 97 F3
Villeneuve-sur-Conie(45) 62 B5
Villeneuve-sur-Fère(02) 24 C6
Villeneuve-sur-Lot(47) 151 F4
Villeneuve-sur-Verberie(60) 23 F5
Villeneuve-sur-Vère(81) 168 A3
Villeneuve-sur-Yonne(89) 64 D5
Villeneuve-Tolosane(31) 183 F2
Villeneuvette(34) 187 E1
Villennes-sur-Seine(78) 42 A3
Villenouvelle(31) 183 H2
Villenoy(77) 43 G3
Villentrois(36) 96 A2
Villeny(41) 80 B3
Villepail(53) 59 F1
Villeparisis(77) 43 E3
Villeparois(70) 87 G2
Villeperdrix(26) 159 E4
Villeperdue(37) 94 D2
Villeperrot(89) 64 D3
Villepinte(11) 184 D4
Villepinte(93) 43 E3
Villeporcher(41) 79 E3
Villepot(44) 57 H6
Villepreux(78) 42 B4
Villequier(76) 8 D6
Villequier-Aumont(02) 24 A2
Villequiers(18) 98 B3
Viller(57) 29 F6
Villerable(41) 79 E2
Villerbon(41) 79 H3
Villeréal(47) 151 F2
Villereau(45) 62 D5
Villereau(59) 13 E2
Villerest(42) 128 D1
Villeret(02) 12 C5
Villeret(10) 66 D1
Villereversure(01) 117 F5
Villermain(41) 80 A1
Villeromain(41) 79 F3
Villeron(95) 43 E2
Villerouge-Termenès(11) 185 G6
Villeroy(77) 43 F2
Villeroy(80) 10 B5
Villeroy(89) 64 D4
Villeroy-sur-Méholle(55) 47 H5
Villers(42) 115 G6
Villers(88) 69 F2
Villers-Agron-Aiguizy(02) 44 D1
Villers-Allerand(51) 25 F6
Villers-au-Bois(62) 4 C6
Villers-au-Flos(62) 12 A4
Villers-au-Tertre(59) 12 C2
Villers-aux-Bois(51) 45 F3
Villers-aux-Érables(80) 23 E1
Villers-aux-Nœuds(51) 25 F6
Villers-aux-Vents(55) 47 E3
Villers-Bocage(14) 18 B5
Villers-Bocage(80) 11 F5
Villers-Bouton(70) 87 F4
Villers-Bretonneux(80) 11 G6
Villers-Brûlin(62) 4 B6
Villers-Buzon(25) 87 E6
Villers-Campsart(80) 10 C6

Villers-Canivet(14) 38 C2
Villers-Carbonnel(80) 12 A6
Villers-Cernay(08) 15 F4
Villers-Châtel(62) 4 C6
Villers-Chemin-
  et-Mont-lès-Étrelles(70) 87 E4
Villers-Chief(25) 104 C1
Villers-Cotterêts(02) 23 H6
Villers-devant-Dun(55) 27 E3
Villers-devant-le-Thour(08) 14 A6
Villers-devant-Mouzon(08) 15 F5
Villers-Écalles(76) 9 E6
Villers-en-Argonne(51) 26 D6
Villers-en-Arthies(95) 41 G1
Villers-en-Cauchies(59) 12 D3
Villers-en-Haye(54) 48 C3
Villers-en-Ouche(61) 39 G3
Villers-en-Prayères(02) 24 D4
Villers-en-Vexin(27) 21 G6
Villers-Farlay(39) 102 D3
Villers-Faucon(80) 12 B5
Villers-Franqueux(51) 25 F5
Villers-Grélot(25) 87 G5
Villers-Guislain(59) 12 C4
Villers-Hélon(02) 24 B6
Villers-la-Chèvre(54) 27 H1
Villers-la-Combe(25) 104 C1
Villers-la-Faye(21) 101 G2
Villers-la-Montagne(54) 28 A2
Villers-la-Ville(70) 88 B4
Villers-le-Château(51) 45 H2
Villers-le-Lac(25) 105 E2
Villers-le-Rond(54) 27 G2
Villers-le-Sec(02) 24 C1
Villers-le-Sec(51) 46 D4
Villers-le-Sec(55) 47 F5
Villers-le-Sec(70) 87 G3
Villers-le-Tilleul(08) 14 D5
Villers-le-Tourneur(08) 14 D5
Villers-les-Bois(39) 102 C4
Villers-lès-Cagnicourt(62) 12 B3
Villers-lès-Guise(02) 13 F5
Villers-lès-Luxeuil(70) 87 H1
Villers-lès-Mangiennes(55) 27 G3
Villers-lès-Moivrons(54) 48 D3
Villers-lès-Nancy(54) 48 D5
Villers-lès-Ormes(36) 96 B5
Villers-lès-Pots(21) 102 B1
Villers-lès-Roye(80) 23 F2
Villers-l'Hôpital(62) 11 E3
Villers-Marmery(51) 45 G1
Villers-Outréaux(59) 12 C4
Villers-Pater(70) 87 G4
Villers-Patras(21) 66 D6
Villers-Plouich(59) 12 B4
Villers-Pol(59) 13 E2
Villers-Robert(39) 102 C3
Villers-Rotin(21) 102 B1
Villers-Saint-Barthélemy(60) 22 B4
Villers-Saint-Christophe(02) 23 H1
Villers-Saint-Frambourg(60) 23 F6
Villers-Saint-Genest(60) 43 G1
Villers-Saint-Martin(25) 88 A6
Villers-Saint-Paul(60) 23 E5
Villers-Saint-Sépulcre(60) 22 C5
Villers-Semeuse(08) 15 E4
Villers-Sir-Simon(62) 11 G2
Villers-Sire-Nicole(59) 13 G1
Villers-sous-Ailly(80) 10 D4
Villers-sous-Chalamont(25) 103 F4
Villers-sous-Châtillon(51) 45 E1
Villers-sous-Foucaucourt(76) 10 A6
Villers-sous-Montrond(25) 103 F1
Villers-sous-Pareid(55) 28 A5
Villers-sous-Prény(54) 48 C2
Villers-sous-Saint-Leu(60) 22 D6
Villers-Stoncourt(57) 29 E6
Villers-sur-Auchy(60) 21 H3
Villers-sur-Authie(80) 10 B2
Villers-sur-Bar(08) 15 E5
Villers-sur-Bonnières(60) 22 B3
Villers-sur-Coudun(60) 23 G4
Villers-sur-Fère(02) 24 C6
Villers-sur-le-Mont(08) 14 D5
Villers-sur-le-Roule(27) 21 F6
Villers-sur-Mer(14) 19 F3
Villers-sur-Meuse(55) 27 G6
Villers-sur-Nied(57) 49 F2
Villers-sur-Port(70) 87 F2
Villers-sur-Saulnot(70) 88 C4
Villers-sur-Trie(60) 22 A5
Villers-Tournelle(80) 23 E2
Villers-Vaudey(70) 86 D2
Villers-Vermont(60) 21 H3
Villers-Vicomte(60) 22 C2
Villerserine(39) 102 D4
Villersexel(70) 88 A4
Villerupt(54) 28 B2
Villerville(14) 19 F3
Villery(10) 66 A4
Villes(01) 118 A5
Villes-sur-Auzon(84) 173 G2
Villeselve(60) 24 A2
Villeseneux(51) 45 G4
Villesèque(46) 152 B5
Villesèque-des-Corbières(11) 186 A6
Villesèquelande(11) 185 E4
Villesiscle(11) 184 D4
Villespassans(34) 186 B3
Villespy(11) 184 D3
Villetaneuse(93) 42 D3
la Villetelle(23) 126 A2
Villethierry(89) 64 C3
Villeton(47) 150 C5
Villetoureix(24) 136 D2
Villetritouls(11) 185 F6
Villetrun(41) 79 F2
la Villette(14) 37 H2
Villette(54) 27 G2
Villette(78) 41 G3
Villette-d'Anthon(38) 130 C3
Villette-de-Vienne(38) 130 B4

Villette-lès-Arbois(39) 102 D4
Villette-lès-Dole(39) 102 C2
Villette-sur-Ain(01) 130 D1
Villette-sur-Aube(10) 45 G6
Villettes(27) 40 C1
les Villettes(43) 143 E2
Villeurbanne(69) 130 A3
Villevallier(89) 65 E5
Villevaudé(77) 43 E3
Villevenard(51) 45 E4
Villevêque(49) 76 D4
Villeveyrac(34) 187 F2
Villevieille(30) 171 G5
Villevieux(39) 102 C5
Villevocance(07) 143 G2
Villevoques(45) 63 H5
Villexanton(41) 79 H2
Villexavier(17) 135 F1
le Villey(39) 102 C4
Villey-le-Sec(54) 48 C5
Villey-Saint-Étienne(54) 48 C4
Villey-sur-Tille(21) 85 H3
Villez-sous-Bailleul(27) 41 E1
Villez-sur-le-Neubourg(27) 20 C6
Villié-Morgon(69) 116 B5
Villiers(36) 95 G5
Villiers(86) 93 H6
Villiers-Adam(95) 42 C2
Villiers-au-Bouin(37) 77 H4
Villiers-aux-Corneilles(51) 44 D6
Villiers-Charlemagne(53) 58 D6
Villiers-Couture(17) 121 H1
Villiers-en-Bière(77) 63 H1
Villiers-en-Bois(79) 108 A5
Villiers-en-Désœuvre(27) 41 F3
Villiers-en-Lieu(52) 46 D5
Villiers-en-Morvan(21) 100 C2
Villiers-en-Plaine(79) 107 H3
Villiers-Fossard(50) 17 G6
Villiers-Herbisse(10) 45 G5
Villiers-le-Bâcle(91) 42 B5
Villiers-le-Bel(95) 42 D2
Villiers-le-Bois(10) 66 B6
Villiers-le-Duc(21) 85 E1
Villiers-le-Mahieu(78) 41 G3
Villiers-le-Morhier(28) 41 F6
Villiers-le-Pré(50) 35 G4
Villiers-le-Roux(16) 108 D6
Villiers-le-Sec(14) 18 A3
Villiers-le-Sec(52) 67 G4
Villiers-le-Sec(58) 83 E6
Villiers-le-Sec(95) 42 D2
Villiers-lès-Aprey(52) 86 A2
Villiers-les-Hauts(89) 84 B3
Villiers-Louis(89) 65 E4
Villiers-Saint-Benoît(89) 82 D2
Villiers-Saint-Denis(02) 44 B2
Villiers-Saint-Fréderic(78) 41 H4
Villiers-Saint-Georges(77) 44 C5
Villiers-Saint-Orien(28) 62 A4
Villiers-sous-Grez(77) 63 H3
Villiers-sous-Mortagne(61) 39 H6
Villiers-sous-Praslin(10) 66 B5
Villiers-sur-Chizé(79) 108 B6
Villiers-sur-Loir(41) 79 E2
Villiers-sur-Marne(94) 43 E4
Villiers-sur-Morin(77) 43 G3
Villiers-sur-Orge(91) 42 C5
Villiers-sur-Seine(77) 65 E1
Villiers-sur-Suize(52) 67 H5
Villiers-sur-Tholon(89) 83 E1
Villiers-sur-Yonne(58) 83 F5
Villiers-Vineux(89) 65 H6
Villiersfaux(41) 79 E2
Villieu-Loyes-Mollon(01) 130 D1
Villing(57) 29 F3
Villognon(16) 122 B2
Villon(89) 66 B6
Villoncourt(88) 69 H3
Villons-les-Buissons(14) 18 C4
Villorceau(45) 80 B2
Villosanges(63) 126 C2
Villotran(60) 22 B5
Villotte(88) 68 D4
Villotte-devant-Louppy(55) 47 E3
Villotte-Saint-Seine(21) 85 F5
Villotte-sur-Aire(55) 47 G3
Villotte-sur-Ource(21) 85 E1
Villouxel(88) 68 C2
Villuis(77) 65 E2
Villy(08) 15 G5
Villy(89) 83 G1
Villy-Bocage(14) 18 B5
Villy-en-Auxois(21) 85 E5
Villy-en-Trodes(10) 66 C4
Villy-le-Bas(76) 9 H2
Villy-le-Bois(50) 66 B4
Villy-le-Bouveret(74) 118 C6
Villy-le-Maréchal(10) 66 A4
Villy-le-Moutier(21) 101 G3
Villy-le-Pelloux(74) 118 C6
Villy-lez-Falaise(14) 38 C3
Vilory(70) 87 G2
Vilosnes-Haraumont(55) 27 F3
Vilsberg(57) 50 C4
Vimarcé(53) 59 G3
Vimenet(12) 155 E5
Viménil(88) 70 A4
Vimines(73) 131 H5
Vimont(14) 18 D5
Vimory(45) 64 A6
Vimoutiers(61) 39 E2
Vimpelles(77) 64 D1
Vimy(62) 4 D6
Vinantes(77) 43 F2
Vinassan(11) 186 D5
Vinax(17) 108 B6
Vinay(38) 145 E2
Vinay(51) 45 E2
Vinça(66) 200 B4
Vincelles(39) 117 G1
Vincelles(51) 44 D1
Vincelles(71) 102 A6

Vincelles(89) 83 F3
Vincelottes(89) 83 F3
Vincennes(94) 42 D4
Vincent(39) 102 C5
Vincey(88) 69 G2
Vinchy(62) 3 E5
Vincy-Manœuvre(77) 43 G2
Vincy-Reuil-et-Magny(02) 25 F1
Vindecy(71) 115 E3
Vindefontaine(50) 17 E4
Vindelle(16) 122 B3
Vindey(51) 44 D5
Vindrac-Alayrac(81) 167 H2
Vinets(10) 45 H6
Vineuil(36) 96 B4
Vineuil(41) 79 H4
Vineuil-Saint-Firmin(60) 23 E6
la Vineuse(71) 116 A2
Vinezac(07) 157 F3
Vingrau(66) 200 C2
Vingt-Hanaps(61) 39 E6
Vinnemerville(76) 8 C3
Vinneuf(89) 64 C2
Vinon(18) 82 B6
Vinon-sur-Verdon(83) 174 D5
Vins-sur-Caramy(83) 192 A2
Vinsobres(26) 158 C5
le Vintrou(81) 185 F2
Vinzelles(63) 127 G2
Vinzelles(71) 116 B4
Vinzier(74) 119 F3
Vinzieux(07) 143 H1
Viocourt(88) 68 D2
Viodos-Abense-de-Bas(64) 179 G4
Violaines(62) 4 D5
Violay(42) 129 F2
Violès(84) 173 E1
Violot(52) 86 B2
Viols-en-Laval(34) 171 E5
Viols-le-Fort(34) 170 D5
Vioménil(88) 69 F4
Vion(07) 144 A3
Vion(72) 77 E1
Vions(73) 131 G2
Vionville(57) 28 B5
Viozan(32) 181 H3
Viplaix(03) 112 C3
Vira(09) 184 A6
Vira(66) 199 H3
Virac(81) 167 H1
Virandeville(50) 16 C2
Virargues(15) 140 D3
Virazeil(47) 150 C3
Vire(14) 37 F3
Viré(71) 116 C2
Viré-en-Champagne(72) 59 F5
Vire-sur-Lot(46) 152 A4
Vireaux(89) 84 A2
Virecourt(54) 49 E6
Virelade(33) 149 G2
Vireux-Molhain(08) 14 D1
Vireux-Wallerand(08) 14 D1
Virey(50) 37 E5
Virey-le-Grand(71) 101 G5
Virey-sous-Bar(10) 66 C4
Virginy(51) 26 C5
Viriat(01) 117 E4
Viricelles(42) 129 F4
Virieu(38) 131 E5
Virieu-le-Grand(01) 131 F2
Virieu-le-Petit(01) 131 G1
Virignin(01) 129 F4
Viriville(38) 144 D1
Virlet(63) 113 E5
Virming(57) 29 G6
Viroflay(78) 42 B4
Virollet(17) 121 E5
Vironchaux(80) 10 C2
Vironvay(27) 21 E6
Virsac(33) 135 F4
Virson(17) 107 F5
Virville(76) 8 B5
Viry(39) 117 H4
Viry(71) 115 G2
Viry(74) 118 B5
Viry-Châtillon(91) 42 D5
Viry-Noureuil(02) 24 B2
Vis-en-Artois(62) 12 A2
Visan(84) 158 C5
Viscomtat(63) 128 B3
Viscos(65) 195 G3
Viserny(21) 84 C4
Visker(65) 181 E5
Vismes(80) 10 B5
Visoncourt(70) 87 H1
Vissac-Auteyrac(43) 142 A3
Vissec(30) 170 C4
Visseiche(35) 57 H4
Viterbe(81) 167 H5
Viterne(54) 48 C5
Vitot(27) 20 C6
Vitrac(15) 139 H6
Vitrac(24) 138 A6
Vitrac(63) 126 D1
Vitrac-en-Viadène(12) 140 D6
Vitrac-Saint-Vincent(16) 123 E3
Vitrai-sous-Laigle(61) 39 H4
Vitray(03) 113 E1
Vitray-en-Beauce(28) 62 A3
Vitré(35) 57 H3
Vitré(79) 108 C4
Vitreux(39) 102 D6
Vitrey(54) 48 C6
Vitrey-sur-Mance(70) 86 D1
Vitrimont(54) 49 F5
Vitrolles(05) 160 A4
Vitrolles(13) 190 C2
Vitrolles-en-Lubéron(84) 174 B4
Vitry-aux-Loges(45) 63 F6
Vitry-en-Artois(62) 12 A2
Vitry-en-Charollais(71) 115 F3

Vitry-en-Montagne(52) 85 H1
Vitry-en-Perthois(51) 46 B4
Vitry-la-Ville(51) 46 A3
Vitry-Laché(58) 99 F2
Vitry-le-Croisé(10) 66 C4
Vitry-le-François(51) 46 B4
Vitry-lès-Cluny(71) 116 A2
Vitry-lès-Nogent(52) 68 A5
Vitry-sur-Loire(71) 99 G6
Vitry-sur-Orne(57) 28 C4
Vitry-sur-Seine(94) 42 D4
Vittarville(55) 27 G2
Vitteaux(21) 85 E5
Vittefleur(76) 8 D3
Vittel(88) 69 E3
Vittersbourg(57) 29 H6
Vittoncourt(57) 29 E6
Vittonville(54) 48 C2
Vitz-sur-Authie(80) 10 D2
Viuz-en-Sallaz(74) 119 E5
Viuz-la-Chiésaz(74) 132 A2
Vivaise(02) 24 C2
Vivans(42) 115 E5
Vivario(2B) 205 E4
Viven(64) 180 B2
Viverols(63) 128 C6
Vivès(66) 200 C5
Vivey(52) 85 H2
le Vivier(66) 200 A3
Vivier-au-Court(08) 15 E4
le Vivier-sur-Mer(35) 35 E3
Vivières(02) 24 A5
Viviers(07) 158 A4
Viviers(57) 49 F3
Viviers(89) 83 H2
Viviers-du-Lac(73) 131 H4
Viviers-le-Gras(88) 69 E4
Viviers-lès-Lavaur(81) 167 G6
Viviers-lès-Montagnes(81) 184 D1
Viviers-lès-Offroicourt(88) 69 E3
Viviers-sur-Artaut(10) 66 D5
Viviers-sur-Chiers(54) 27 H2
Viviès(09) 184 B6
Viviez(12) 153 H3
Viville(16) 121 H5
Vivoin(72) 60 A3
Vivonne(86) 109 F3
Vivy(49) 77 F6
Vix(21) 66 D6
Vix(85) 107 F3
Vizille(38) 145 G3
Vizos(65) 195 G4
Vocance(07) 143 G2
Vodable(63) 127 F6
Vœgtlinshoffen(68) 71 E5
Vœlfling-lès-Bouzonville(57) 29 G3
Vœllerdingen(67) 50 B3
Vœuil-et-Giget(16) 122 B5
Vogelgrun(68) 71 G5
Voglans(73) 131 H4
Vogüé(07) 157 G3
Vohéries(02) 25 E1
Void-Vacon(55) 47 H4
Voigny(10) 67 E3
Voilemont(51) 26 C6
Voillans(25) 88 A5
Voillecomte(52) 46 D6
Voimhaut(57) 29 E6
Voinémont(54) 48 D6
Voingt(63) 126 B3
Voinsles(77) 43 G5
Voipreux(51) 45 F3
Voires(25) 103 G2
Voiron(38) 131 F6
Voiscreville(27) 20 B5
Voise(28) 62 C2
Voisenon(77) 43 E6
Voisey(52) 68 D6
Voisines(52) 85 H1
Voisines(89) 65 E3
Voisins-le-Bretonneux(78) 42 B4
Voissant(38) 131 G5
Voissay(17) 121 E1
Voiteur(39) 102 D5
la Voivre(70) 88 B1
la Voivre(70) 70 C3
les Voivres(88) 69 G5
Voivres-lès-le-Mans(72) 59 H6
Volckerinckhove(59) 3 F3
Volesvres(71) 115 F2
Volgelsheim(68) 71 G5
Volgré(89) 65 E6
Volksberg(67) 50 C3
Vollore-Montagne(63) 128 B3
Vollore-Ville(63) 128 A3
Volmerange-lès-Boulay(57) 29 E4
Volmerange-les-Mines(57) 28 C2
Volmunster(57) 50 C1
Volnay(21) 101 G6
Volnay(72) 60 C6
Volon(70) 86 D3
Volonne(04) 175 E1
Volpajola(2B) 203 G3
Volstroff(57) 28 D3
Volvent(26) 159 E3
Volvic(63) 127 E2
Volx(04) 174 D4
Vomécourt(88) 70 A3
Vomécourt-sur-Madon(88) 69 F2
Voncourt(52) 86 D2
Voncq(08) 26 B2
Vonges(21) 102 B2
Vonges(21) 86 B6
Vongnes(01) 131 G2
Vonnas(01) 116 D2
Voray-sur-l'Ognon(70) 87 F5
Voreppe(38) 145 G3
Vorey(43) 142 C3
Vorges(02) 24 D3
Vorges-les-Pins(25) 103 E1
Vorly(18) 97 G4
Vornay(18) 97 H4
Vosbles(39) 117 G3
Vosne-Romanée(21) 101 G2

285

Vosnon(10) 65 H4
Vou(37) 95 E3
Vouarces(51) 45 F6
Voudenay(21) 100 D2
Voué(10) 66 B1
Vouécourt(52) 67 H3
Vougécourt(70) 69 E6
Vougeot(21) 101 G1
Vougrey(10) 66 B5
Vougy(42) 115 F6
Vougy(74) 119 E5
Vouharte(16) 122 B3
Vouhé(17) 107 F5
Vouhé(79) 108 B2
Vouhenans(70) 88 B3
Vouillé(79) 108 B4
Vouillé(86) 93 H6
Vouillé-les-Marais(85) 107 F3
Vouillers(51) 46 D5
Vouillon(36) 96 D5
Vouilly(14) 17 G5
Voujeaucourt(25) 88 D5
Voulaines-les-Templiers(21) 85 F1
Voulême(86) 109 E6
Voulgézac(16) 122 B5
Voulon(86) 109 E3
Voulpaix(02) 13 F6
la Voulte-sur-Rhône(07) 144 A6
Voultegon(79) 92 D4
Voulton(77) 44 B6
Voulx(77) 64 B3
Vouneuil-sous-Biard(86) 109 F1
Vouneuil-sur-Vienne(86) 94 C6
Vourey(38) 145 F1
Vourles(69) 130 A4
Voussac(03) 113 G4
Voutenay-sur-Cure(89) 83 G4
Voutezac(19) 138 C2
Vouthon(16) 122 D4
Vouthon-Bas(55) 47 H6
Vouthon-Haut(55) 47 H6
Voutré(53) 59 F4
Vouvant(85) 107 G1
Vouvray(37) 78 D5
Vouvray-sur-Huisne(72) 60 C5
Vouvray-sur-Loir(72) 78 B3
Vouxey(88) 68 D2
Vouzailles(86) 93 H6
Vouzan(16) 122 D5
Vouzeron(18) 97 F1
Vouziers(08) 26 B3
Vouzon(41) 80 D3
Vouzy(51) 45 G3
Voves(28) 62 B3
Vovray-en-Bornes(74) 118 C5
Voyenne(02) 24 D1
Voyennes(80) 23 H1
Voyer(57) 50 B6
la Vraie-Croix(56) 55 H6
Vraignes-en-Vermandois(80) 12 B6
Vraignes-lès-Hornoy(80) 10 C6
Vraincourt(52) 67 H3
Vraiville(27) 20 D6
Vraux(51) 45 G2
Vrécourt(88) 68 D4
Vred(59) 5 F6
Vregille(70) 87 E5
Vregny(02) 24 C4
Vrély(80) 23 F1
le Vrétot(50) 16 C3
Vriange(39) 102 C1
Vrigne-aux-Bois(08) 15 E4
Vrigne-Meuse(08) 15 E4
Vrigny(45) 63 F5
Vrigny(51) 25 F6
Vrigny(61) 38 D5
Vritz(44) 75 H3
Vrizy(08) 26 B2
Vrocourt(60) 22 A3
Vroil(51) 46 D3
Vron(80) 10 B2
Vroncourt(54) 69 F1
Vroncourt-la-Côte(52) 68 B4
Vroville(88) 69 F2
Vry(57) 28 D4
Vue(44) 74 B6
Vuillafans(25) 103 G2

Vuillecin(25) 103 H3
Vuillery(02) 24 B4
Vulaines(10) 65 F3
Vulaines-lès-Provins(77) 44 A6
Vulaines-sur-Seine(77) 64 A2
Vulbens(74) 118 B5
Vulmont(57) 49 E2
Vulvoz(39) 118 A3
Vy-le-Ferroux(70) 87 F3
Vy-lès-Filain(70) 87 G4
Vy-lès-Lure(70) 88 A3
Vy-lès-Rupt(70) 87 E3
Vyans-le-Val(70) 88 C4
Vyt-lès-Belvoir(25) 88 C6

W

Waben(62) 10 B1
Wacquemoulin(60) 23 F3
Wacquinghen(62) 2 B3
Wadelincourt(08) 15 F5
Wagnon(08) 14 C5
Wahagnies(59) 5 E5
Wahlbach(68) 89 G3
Wahlenheim(67) 51 E4
Waill(62) 11 E2
Wailly(62) 11 H2
Wailly-Beaucamp(62) 10 B1
Walbach(68) 71 E5
Walbourg(67) 51 F3
la Walck(67) 51 E4
Waldersbach(67) 71 E2
Waldhambach(67) 50 B3
Waldhouse(57) 50 D1
Waldighofen(68) 89 G4
Waldolwisheim(67) 50 D5
Waldweistroff(57) 29 E3
Waldwisse(57) 29 E2
Walheim(68) 89 F3
Walincourt-Selvigny(59) 12 D4
Wallers(59) 5 G6
Wallers-Trélon(59) 14 A1
Wallon-Cappel(59) 3 G4
Walschbronn(57) 50 D1
Walscheid(57) 50 B6
Waltembourg(57) 50 B5
Waltenheim(68) 89 G3
Waltenheim-sur-Zorn(67) 51 E5
Waly(55) 27 E6
Wambaix(59) 12 C3
Wambercourt(62) 10 D1
Wambez(60) 22 A3
Wambrechies(59) 5 E3
Wamin(62) 10 D1
Wanchy-Capval(76) 9 H3
Wancourt(62) 12 A2
Wandignies-Hamage(59) 5 G6
Wangen(67) 50 D6
Wangenbourg-Engenthal(67) 50 C6
Wannehain(59) 5 F4
Wanquetin(62) 11 G2
la Wantzenau(67) 51 F5
Warcq(08) 14 D4
Warcq(55) 27 H4
Wardrecques(62) 3 F4
Wargemoulin-Hurlus(51) 26 B5
Wargnies(80) 11 E4
Wargnies-le-Grand(59) 13 E2
Wargnies-le-Petit(59) 13 E2
Warhem(59) 3 G2
Warlaing(59) 5 G6
Warlencourt-Eaucourt(62) 11 H4
Warlincourt-lès-Pas(62) 11 G3
Warloy-Baillon(80) 11 G5
Warluis(60) 22 C4
Warlus(62) 11 H2
Warlus(80) 10 C5
Warluzel(62) 11 F3
Warmeriville(51) 25 G5
Warnécourt(08) 14 D4
Warneton(59) 5 E3
Warsy(80) 23 F2
Warvillers(80) 23 F1
Wasigny(08) 14 B5
Wasnes-au-Bac(59) 12 C2
Wasquehal(59) 5 F4
Wasselonne(67) 50 D6

Wasserbourg(68) 71 E6
Wassigny(02) 13 G4
Wassy(52) 46 D6
le Wast(62) 2 C4
Watigny(02) 14 A3
Watronville(55) 27 G5
Watten(59) 3 E3
Wattignies(59) 5 E4
Wattignies-la-Victoire(59) 13 G3
Wattrelos(59) 5 F3
Wattwiller(68) 89 F1
Wavignies(60) 22 D3
Waville(54) 28 B6
Wavrans-sur-l'Aa(62) 3 E4
Wavrans-sur-Ternoise(62) 4 A6
Wavrechain-sous-Denain(59) 12 D2
Wavrechain-sous-Faulx(59) 12 C2
Wavrille(55) 27 F3
Wavrin(59) 5 E4
Waziers(59) 5 F6
Weckolsheim(68) 71 G5
Wegscheid(68) 88 D2
Weinbourg(67) 50 D4
Weislingen(67) 50 C3
Weitbruch(67) 51 F4
Weiterswiller(67) 50 D4
Welles-Pérennes(60) 23 E2
Wemaers-Cappel(59) 3 F3
Wentzwiller(68) 89 H4
Werentzhouse(68) 89 G4
Wervicq-Sud(59) 5 E3
West-Cappel(59) 3 G2
Westhalten(68) 71 E6
Westhoffen(67) 50 D6
Westhouse(67) 71 E6
Westhouse-Marmoutier(67) 50 D5
Westrehem(62) 3 F6
Wettolsheim(68) 71 E5
Weyer(67) 50 B4
Weyersheim(67) 51 F5
Wickerschwihr(68) 71 F4
Wickersheim-Wilshausen(67) 50 D4
Wicquinghem(62) 2 D5
Wicres(59) 4 D4
Widehem(62) 2 B5
Widensolen(68) 71 F5
Wiège-Faty(02) 13 F6
Wiencourt-l'Équipée(80) 11 G6
Wierre-au-Bois(62) 2 C5
Wierre-Effroy(62) 2 B3
Wiesviller(57) 50 B2
Wignehies(59) 13 G4
Wignicourt(08) 14 D6
Wihr-au-Val(68) 71 E5
Wildenstein(68) 70 C6
Wildersbach(67) 71 E2
Willeman(62) 11 E1
Willems(59) 5 F4
Willencourt(62) 10 D2
Willer(68) 89 G3
Willer-sur-Thur(68) 89 E1
Willeroncourt(55) 47 G4
Willerval(62) 4 D6
Willerwald(57) 50 A2
Willgottheim(67) 50 D5
Williers(08) 15 H5
Willies(59) 13 H3
Wilwisheim(67) 50 D5
Wimereux(62) 2 B3
Wimille(62) 2 B4
Wimmenau(67) 50 D3
Wimy(02) 13 G5
Windstein(67) 51 E2
Wingen(67) 51 F2
Wingen-sur-Moder(67) 50 C3
Wingersheim(67) 51 E5
Wingles(62) 4 D5
Winkel(68) 89 F4
Winnezeele(59) 3 G3
Wintersbourg(57) 50 B4
Wintershouse(67) 51 E4
Wintzenbach(67) 51 H3
Wintzenheim(68) 71 E5
Wintzenheim-Kochersberg(67) 50 D5
Wirwignes(62) 2 C4
Wiry-au-Mont(80) 10 C5
Wisches(67) 71 E1
Wisembach(88) 70 D3

Wiseppe(55) 27 E2
Wismes(62) 2 D5
Wisques(62) 3 E4
Wissant(62) 2 B2
Wissembourg(67) 51 G2
Wissignicourt(02) 24 C3
Wissous(91) 42 C5
Witry-lès-Reims(51) 25 G5
Wittelsheim(68) 89 F1
Wittenheim(68) 89 G1
Witternesse(62) 3 F5
Witternheim(67) 71 G3
Wittersdorf(68) 89 F3
Wittersheim(67) 51 E4
Wittes(62) 3 F4
Wittisheim(67) 71 G3
Wittring(57) 50 B2
Wiwersheim(67) 51 E6
Wizernes(62) 3 E4
Woël(55) 28 A4
Woerth(67) 51 F3
Woignarue(80) 10 A4
Woimbey(55) 27 G6
Woincourt(80) 10 A4
Woippy(57) 28 C5
Woirel(80) 10 C5
Wolfersdorf(68) 89 E3
Wolfgantzen(68) 71 G5
Wolfisheim(67) 51 E6
Wolfskirchen(67) 50 B4
Wolschheim(67) 50 D5
Wolschwiller(68) 89 G4
Wolxheim(67) 50 D6
Wormhout(59) 3 G2
Woustviller(57) 29 H5
Wuenheim(68) 89 F1
Wuisse(57) 49 G3
Wulverdinghe(59) 3 E3
Wy-dit-Joli-Village(95) 41 H1
Wylder(59) 3 G2

X

Xaffévillers(88) 70 A2
Xaintrailles(47) 150 C6
Xaintray(79) 108 A2
Xambes(16) 122 B3
Xammes(54) 28 B6
Xamontarupt(88) 70 A5
Xanrey(57) 49 F4
Xanton-Chassenon(85) 107 G2
Xaronval(88) 69 F2
Xermaménil(54) 49 F6
Xertigny(88) 69 H5
Xeuilley(54) 48 D6
Xirocourt(54) 69 F1
Xivray-et-Marvoisin(55) 48 A3
Xivry-Circourt(54) 28 A3
Xocourt(57) 49 E2
Xonrupt-Longemer(88) 70 C5
Xonville(54) 28 B6
Xouaxange(57) 50 A5
Xousse(54) 49 G5
Xures(54) 49 G4

Y

Y(80) 12 B6
Yainville(76) 20 C4
Yaucourt-Bussus(80) 10 D4
Ychoux(40) 148 C5
Ydes(15) 140 B2
Yébleron(76) 8 C5
Yèbles(77) 43 F5
Yenne(73) 131 G3
Yermenonville(28) 41 F6
Yerres(91) 42 D5
Yerville(76) 9 E5
Yèvre-la-Ville(45) 63 F4
Yèvres(28) 61 G4
Yèvres-le-Petit(10) 66 D1
Yffiniac(22) 33 H5
Ygos-Saint-Saturnin(40) 163 F3
Ygrande(03) 113 G2
Ymare(76) 21 E5

Ymeray(28) 62 C1
Ymonville(28) 62 C3
Yolet(15) 140 B5
Yoncq(08) 15 F6
Yonval(80) 10 C4
Youx(63) 113 F5
Yport(76) 8 B4
Ypreville-Biville(76) 8 C4
Yquebeuf(76) 9 G5
Yquelon(50) 35 G1
Yronde-et-Buron(63) 127 G5
Yrouerre(89) 83 H2
Yssac-la-Tourette(63) 127 F2
Yssandon(19) 138 B3
Yssingeaux(43) 142 D3
Ytrac(15) 140 A5
Ytres(62) 12 B4
Yutz(57) 28 C3
Yvecrique(76) 9 E4
Yvernaumont(08) 14 D5
Yversay(86) 94 A6
Yves(17) 107 E4
les Yveteaux(61) 38 C4
Yvetot(76) 8 D5
Yvetot-Bocage(50) 17 E3
Yvias(22) 33 E2
Yviers(16) 136 A2
Yvignac(22) 34 C6
Yville-sur-Seine(76) 20 C4
Yvoire(74) 118 D3
Yvoy-le-Marron(41) 80 C3
Yvrac(33) 135 F7
Yvrac-et-Malleyrand(16) 122 D3
Yvrandes(61) 37 G4
Yvré-le-Pôlin(72) 77 G1
Yvré-l'Évêque(72) 60 B5
Yvrench(80) 10 D3
Yvrencheux(80) 10 D3
Yzengremer(80) 10 A4
Yzernay(49) 92 C3
Yzeron(69) 129 G4
Yzeure(03) 114 A2
Yzeures-sur-Creuse(37) 95 E5
Yzeux(80) 10 D5
Yzosse(40) 162 D5

Z

Zaessingue(68) 89 G3
Zalana(2B) 205 G3
Zarbeling(57) 49 G2
Zegerscappel(59) 3 F2
Zehnacker(67) 50 D5
Zeinheim(67) 50 D5
Zellenberg(68) 71 E4
Zellwiller(67) 71 F2
Zermezeele(59) 3 F3
Zérubia(2A) 206 E3
Zetting(57) 50 B2
Zévaco(2A) 207 E1
Zicavo(2A) 207 E1
Zigliara(2A) 206 D2
Zilia(2B) 202 C5
Zilling(57) 50 C4
Zillisheim(68) 89 G2
Zimmerbach(68) 71 E5
Zimmersheim(68) 89 G2
Zimming(57) 29 F5
Zincourt(88) 69 H2
Zinswiller(67) 51 E2
Zittersheim(67) 50 C3
Zœbersdorf(67) 50 D4
Zommange(57) 49 H3
Zonza(2A) 207 E3
Zoteux(62) 2 C5
Zouafques(62) 2 D3
Zoufftgen(57) 28 C3
Zoza(2A) 206 D5
Zuani(2B) 205 F3
Zudausques(62) 3 E4
Zutkerque(62) 2 D3
Zuydcoote(59) 3 G2
Zuytpeene(59) 3 F2